westermann

Autoren: Thomas Berndt, Detlef Gebert, Svenja Hausener, Gerhard Kühn, Karl Lutz, Peter Möhlmann

Herausgeberin: Svenja Hausener

Unter Mitarbeit von: Maria Löffler

Automobilkaufleute

1. Ausbildungsjahr

3. Auflage

Bestellnummer 61441

Die in diesem Produkt gemachten Angaben zu Unternehmen (Namen, Internet- und E-Mail-Adressen, Handelsregistereintragungen, Bankverbindungen, Steuer-, Telefon- und Faxnummern und alle weiteren Angaben) sind i. d. R. fiktiv, d. h., sie stehen in keinem Zusammenhang mit einem real existierenden Unternehmen in der dargestellten oder einer ähnlichen Form. Dies gilt auch für alle Kunden, Lieferanten und sonstigen Geschäftspartner der Unternehmen wie z. B. Kreditinstitute, Versicherungsunternehmen und andere Dienstleistungsunternehmen. Ausschließlich zum Zwecke der Authentizität werden die Namen real existierender Unternehmen und z. B. im Fall von Kreditinstituten auch deren IBANs und BICs verwendet.

Die in diesem Werk aufgeführten Internetadressen sind auf dem Stand zum Zeitpunkt der Drucklegung. Die ständige Aktualität der Adressen kann vonseiten des Verlages nicht gewährleistet werden. Darüber hinaus übernimmt der Verlag keine Verantwortung für die Inhalte dieser Seiten.

inkl. E-Book

Dieses Lehrwerk ist auch als BiBox erhältlich. In unserem Webshop unter www.westermann.de finden Sie hierzu unter der Bestellnummer des Ihnen vorliegenden Bandes weiterführende Informationen zum passenden digitalen Schulbuch.

Unter BuchPlusWeb finden Sie ergänzende Materialien zu diesem Titel. Geben Sie auf der Internetseite www.westermann.de die ISBN in das Suchfeld ein und klicken Sie auf den Schriftzug BuchPlusWeb.

service@westermann.de
www.westermann.de

Bildungsverlag EINS GmbH
Ettore-Bugatti-Straße 6-14, 51149 Köln

ISBN 978-3-427-**61441**-8

westermann GRUPPE

© Copyright 2020: Bildungsverlag EINS GmbH, Köln

Das Werk und seine Teile sind urheberrechtlich geschützt. Jede Nutzung in anderen als den gesetzlich zugelassenen Fällen bedarf der vorherigen schriftlichen Einwilligung des Verlages.

Vorwort

Die Unterrichtsreihe für den Ausbildungsberuf „Automobilkaufmann und Automobilkauffrau" orientiert sich am neuen Lehrplan, seit dem Schuljahr 2017/2018. Die Bände sind in Jahrgangsbände gegliedert:

- Band 1 umfasst die Lernfelder 1 bis 4,
- Band 2 umfasst die Lernfelder 5 bis 8,
- Band 3 umfasst die Lernfelder 9 bis 12.

Zusätzlich wird im Band 1 ein Englisch-Teil angeboten, um die Fremdsprachen-Kompetenz der Schülerinnen und Schüler gemäß den Vorgaben im Lehrplan zu fördern. Bei der Konzeption der Unterrichtsreihe steht die lernfeldübergreifende Kompetenzentwicklung im Vordergrund. Umfassende berufsbezogene und berufsübergreifende Handlungskompetenz wird gefördert und vermittelt. Dadurch sind die Schülerinnen und Schüler in der Lage, sachgerecht und durchdacht zu agieren und sich in beruflichen, gesellschaftlichen und privaten Situationen individuell und sozial richtig zu verhalten.

Damit der geforderte Bezug zur Praxis sowie die Vorgaben aus dem Lehrplan hergestellt sind, wird durchgängig mit dem Modellunternehmen „Autohaus Köppel GmbH" gearbeitet. Berufstypische Ausgangssituationen bzw. Einstiegssituationen und Aufgabenstellungen leiten die Schülerinnen und Schüler zum selbstständigen Handeln an. Sie erkennen Probleme und entwickeln Lösungen. Auf eine Reflexion des gewählten Weges und die gefundenen Lösungen sowie das Geben von konstruktivem Feedback wird ebenfalls großen Wert gelegt.

Struktur der Bücher – in Anlehnung an das Modell der vollständigen Handlung (Informieren, Planen, Entscheiden, Durchführen, Bewerten, Reflektieren/Feedback üben)

- Ausgangssituation (Lernsituation) mit Arbeitsaufträgen zu Beginn jedes Kapitels
- Einstiegssituation zu jedem Unterkapitel mit Bezug zur Ausgangssituation
- Informationstexte
- Zusammenfassung jedes Kapitels
- Aufgaben zu jedem Kapitel

Zusätzlich zu den Schülerbüchern werden Arbeitsbücher angeboten, mit welchen das Wissen der Schülerinnen und Schüler vertieft werden kann. Eine optimale Prüfungsvorbereitung für die Abschlussprüfungen (gestreckter Teil 1 und Teil 2 sowie die mündliche Prüfung) ist durch die Konzeption der Bücher gegeben.

Hinweis: In den Werken wird aus Gründen der besseren Lesbarkeit bei Personenbezeichnungen sowie personenbezogenen Hauptwörtern die männliche Form verwendet. Die weibliche Form ist in diesen eingeschlossen.

Erläuterung der im Buch stehenden Symbole:

 Dieses Zeichen deutet auf inhaltliche Parallelen zu anderen Lernfeldern des Lehrplans hin.

Inhaltsverzeichnis

EINLEITUNG

Modellunternehmen Autohaus Köppel GmbH 10

LERNFELD 1

Den Betrieb präsentieren und die betriebliche Zusammenarbeit aktiv mitgestalten. 19

1 Der Kraftfahrzeugbetrieb in der Gesamtwirtschaft   19
- 1.1 Grundtatbestände wirtschaftlichen Handelns........................... 24
  - 1.1.1 Zusammenhang zwischen Bedürfnissen und Gütern 24
  - 1.1.2 Produktionsfaktoren und ihr Einsatz nach dem ökonomischen Prinzip...................................... 27
  - 1.1.3 Der Kraftfahrzeugbetrieb in der arbeitsteiligen Wirtschaft 29
  - 1.1.4 Stellung der Unternehmen im einfachen Wirtschaftskreislauf........ 31
- 1.2 Organisation und Aufgaben eines Kraftfahrzeugbetriebs 32
  - 1.2.1 Leistungsangebot eines Kraftfahrzeugbetriebs 32
  - 1.2.2 Aufbauorganisation eines Kraftfahrzeugbetriebs 33
  - 1.2.3 Aufgaben der Geschäftsleitung und der Abteilungen 37
  - 1.2.4 Leitungssysteme – wer hat wem was zu sagen?.................... 41
  - 1.2.5 Projektorganisation – Teams auf Zeit 44
  - 1.2.6 Informelle Organisation – wer kennt wen? 46
- 1.3 Vertretungsmacht – Entlastung und Motivation 47
  - 1.3.1 Handlungsvollmacht – nur für gewöhnliche Rechtsgeschäfte 48
  - 1.3.2 Prokura – auch für außergewöhnliche Rechtsgeschäfte 49
- 1.4 Rechtsformen von Kraftfahrzeugbetrieben............................ 50
  - 1.4.1 Handelsrechtliche Grundlagen – Kaufleute, Firma und Handelsregister 51
  - 1.4.2 Bestimmungsgründe für die Wahl der Rechtsform 55
  - 1.4.3 Einzelunternehmen – alleine schalten und walten 56
  - 1.4.4 Kommanditgesellschaft – mitgegangen, aber nicht mitgehangen 58
  - 1.4.5 Gesellschaft mit beschränkter Haftung – wer hat das Sagen? 61
  - 1.4.6 Aktiengesellschaft – ideal für Großunternehmen 66
- 1.5 Geschäftspartner in der Kraftfahrzeugbranche 72
  - 1.5.1 Innen- und Außenorganisation im Überblick 73
  - 1.5.2 Direkter Vertrieb durch Hersteller und Importeure 73
  - 1.5.3 Vertrieb durch Handelsorganisationen der Hersteller und Importeure 73
  - 1.5.4 Vertrieb durch Handelsvertreter – Agenturgeschäft 75
  - 1.5.5 Vertrieb über das Internet – Vertriebsweg der Zukunft?............. 75
  - 1.5.6 Vertrieb durch freie Kraftfahrzeugbetriebe 76

		1.5.7	Vertrieb durch Großbetriebsformen des Einzelhandels – Super Retailing	77
		1.5.8	Wettbewerbsregeln auf dem Kraftfahrzeugmarkt – Gruppenfreistellung	78
2	**Berufsausbildung im dualen System**			**96**
	2.1	Berufsausbildungsvertrag –Niederschrift erforderlich		97
		2.1.1	Duales System – zwei Lernorte	98
		2.1.2	Form und Mindestinhalte des Ausbildungsvertrags	100
		2.1.3	Rechte und Pflichten nach dem Berufsbildungsgesetz	101
		2.1.4	Beginn und Ende des Berufsausbildungsverhältnisses	103
	2.2	Jugendarbeitsschutzgesetz – Schutz des jugendlichen Arbeitnehmers		105
		2.2.1	Geltungsbereich	106
		2.2.2	Wesentliche Schutzvorschriften	106
		2.2.3	Überwachung der Vorschriften des JArbSchG	107
	2.3	Arbeitssicherheit und Unfallschutz am Arbeitsplatz		108
		2.3.1	Definition und Grundlagen des Arbeits- und Gesundheitsschutzes	108
		2.3.2	Organisation des betrieblichen Arbeits- und Gesundheitsschutzes	109
		2.3.3	Maßnahmen des Arbeits- und Gesundheitsschutzes	110
		2.3.4	Betriebliches Gesundheitsmanagementsystem (BGM)	115
	2.4	Tarifvertrag – Garant des sozialen Friedens		117
		2.4.1	Abschluss und Beendigung des Tarifvertrags	117
		2.4.2	Arten und Funktionen des Tarifvertrags	119
		2.4.3	Tarifverhandlungen mit Kampfmaßnahmen	121
	2.5	Mitwirkung und Mitbestimmung der Arbeitnehmer		126
		2.5.1	Ebenen der Mitbestimmung im Überblick	126
		2.5.2	Mitwirkungsrechte des einzelnen Arbeitnehmers	127
		2.5.3	Betriebsrat – Interessenvertretung der Arbeitnehmer vor Ort	128
		2.5.4	Jugend- und Auszubildendenvertretung – nur mit Betriebsrat	130
		2.5.5	Betriebsvereinbarung – Arbeitgeber mit Betriebsrat	131

LERNFELD 2

Bestände und Erfolgsvorgänge erfassen und den Jahresabschluss vorbereiten ... 144

1	**Das Rechnungswesen im Autohaus**		**144**
	1.1	Aufgaben des Rechnungswesens	144
	1.2	Das Inventar	146
	1.3	Die Bilanz	149
2	**Buchungen auf Bestandskonten**		**157**
	2.1	Wertveränderungen in der Bilanz	157
	2.2	Auflösung der Bilanz in Konten	159
	2.3	Aktive und passive Bestandskonten	161
	2.4	Abschluss der Bestandskonten	163

Inhaltsverzeichnis

3 Organisation der Buchführung **170**
    3.1   Der Kontenrahmen 170
    3.2   Bearbeitung von Belegen 173
    3.3   Grundsätze ordnungsmäßiger Buchführung 177
    3.4   Grundbuch, Hauptbuch, Nebenbücher 178

4 Die Erfolgskonten **184**
    4.1   Aufwendungen 184
    4.2   Erträge 186
    4.3   Abschluss der Erfolgskonten 187

5 Die Umsatzsteuer mit Prozentrechnen **194**
    5.1   Prozentrechnen 194
    5.2   Umsatzsteuer 196
    5.3   Abschluss der Umsatzsteuerkonten 200

6 Vorbereitung des Jahresabschlusses **204**

7 Der Jahresabschluss **226**

LERNFELD 3

Teile und Zubehör beschaffen und lagern 234

1 Die Beschaffung **234**
    1.1   Die Beschaffungsanbahnung 235
        1.1.1   Prozessübersicht 235
        1.1.2   Bedarfsermittlung 237
        1.1.3   Einkaufsdisposition 238
        1.1.4   Sortimentsplanung 238
        1.1.5   Mengenplanung 240
        1.1.6   Zeitplanung 242
        1.1.7   Bezugsquellenermittlung 245
    1.2   Die Vorbereitung der Bestellung 246
        1.2.1   Warenanpreisung 247
        1.2.2   Die Anfrage 248
        1.2.3   Das Angebot 250
        1.2.4   Inhalte des Angebots 252
        1.2.5   Angebotsbearbeitung 260
    1.3   Beschaffungsdurchführung 264
        1.3.1   Bestellung 264
        1.3.2   Auftragsbestätigung 265
        1.3.3   Wareneingang 266
        1.3.4   Störungen des Kaufvertrags 267

2 Die Lagerhaltung **278**
    2.1   Grundlagen der Lagerhaltung 278

2.2	Organisation eines Lagers	283
2.3	Wirtschaftlichkeit des Lagers	289
	2.3.1 Lagerkennzahlen	291
	2.3.2 Lagerbewegungskennzahlen	294
	2.3.3 Bedeutung der Lagerkennzahlen	298

3 Der Absatz 306
3.1	Verbrauch und Verkauf	306
3.2	Allgemeine Geschäftsbedingungen	308

4 Der Zahlungsverkehr und der Wareneinkauf 317
4.1	Zahlungsmittel	317
4.2	Zahlungsarten	318
	4.2.1 Barzahlung	319
	4.2.2 Halbbare Zahlung	320
	4.2.3 Bargeldlose Zahlung	321
	4.2.4 Halbbare und bargeldlose Zahlung mit Scheck	324
	4.2.5 Zahlungen mit Girokarte, per Kreditkarte oder Electronic Cash, kontaktlosem Zahlverfahren, ELV/Sepa-Lastschriftverfahren und Home- bzw. Onlinebanking	326
	4.2.6 Weitere Zahlungsmöglichkeiten	330
4.3	Der Wareneinkauf	332
4.4	Währungsrechnen beim Wareneinkauf	336

5 Umweltschutz im Autohaus 341
5.1	Allgemeine Aspekte	341
5.2	Umweltschutz beim Einkauf	343
5.3	Umweltschutz beim Transport	344
5.4	Umweltschutz bei der Lagerung	346
5.5	Umweltgerechte Entsorgung	348

6 EDV im Autohaus 353
6.1	Grundlagen	353
6.2	Warenwirtschaftssysteme	359

LERNFELD 4

Teile und Zubehör verkaufen 363

1 Das Sortiment 363
1.1	Sortimentsaufbau und Sortimentsbegriffe	364
1.2	Sortimentspolitik	365

2 Produktplatzierung und -präsentation 368
2.1	Produktpräsentation im Autohaus	369
2.2	Präsentation von Neuwagen in Schauräumen	371
2.3	Visual Merchandising	373

Inhaltsverzeichnis

3 Kundenerwartungen ... **375**
- 3.1 Kundenerwartungen an die Automobilkauffrau/den Automobilkaufmann ... 376
- 3.2 Erwartungen an das Autohaus und seine Produkte ... 378

4 Verbale und nonverbale Kommunikation ... **382**
- 4.1 Die Sprache ... 383
  - 4.1.1 Gesprächsstörer ... 383
  - 4.1.2 Gesprächsförderer ... 385
  - 4.1.3 Kundenorientierte Sprache ... 386
- 4.2 Körpersprache ... 389

5 Richtiges Verhalten in unterschiedlichen Gesprächssituationen ... **394**
- 5.1 Frageformen ... 395
- 5.2 Situationsgerechte Kontaktaufnahme ... 398

6 Bedarfsermittlung bei beratungsintensiven Produkten ... **403**
- 6.1 Vertrauensauslöser verwenden ... 404
- 6.2 Direkte Bedarfsermittlung ... 405
- 6.3 Indirekte Bedarfsermittlung ... 406

7 Kaufmotive ermitteln und passende Produkte vorführen ... **409**
- 7.1 Kaufmotive und Nutzenerwartungen ... 410
- 7.2 Produkte vorführen ... 412

8 Mit Argumenten vom Produkt und Preis überzeugen ... **417**
- 8.1 Produkt- und kundenbezogene Verkaufsargumente ... 418
  - 8.1.1 Produktbezogene Verkaufsargumente ... 418
  - 8.1.2 Kundenbezogene Verkaufsargumente ... 419
- 8.2 Motiv- und umweltbezogene Verkaufsargumente ... 420
  - 8.2.1 Motivbezogene Verkaufsargumente ... 421
  - 8.2.2 Umweltbezogene Verkaufsargumente ... 421
- 8.3 Argumentationstechnik ... 422
- 8.4 Preisgespräche überzeugend führen ... 423
  - 8.4.1 Das Preis-Leistungs-Verhältnis ... 423
  - 8.4.2 Die richtige Preisargumentation verhindert Preisschocks ... 424
  - 8.4.3 Preisvorstellungen des Kunden beachten ... 425

9 Kundeneinwände und Verkaufsabschluss ... **429**
- 9.1 Gründe für Kundeneinwände ... 429
- 9.2 Methoden der Einwandbehandlung ... 431
- 9.3 Der Verkaufsabschluss ... 433
  - 9.3.1 Der Kunde signalisiert Kaufbereitschaft ... 433
  - 9.3.2 Abschlusstechniken ... 434
  - 9.3.3 Abschlussverstärker sichern die Kaufentscheidung des Kunden ab ... 435

10 Besondere Verkaufssituationen bewältigen ... **439**
- 10.1 Verkauf von Zubehör ... 440

10.2	Alternativangebote richtig unterbreiten	441
10.3	Kunden mit Begleitpersonen	442
10.4	Reklamation und Umtausch	445
	10.4.1 Reklamationen	445
	10.4.2 Umtausch	448
10.5	Kaufvertragsstörungen	449
10.6	Kommunikation mit Vertragspartnern bei Kaufvertragsstörungen	450
	10.6.1 Mahnwesen	450
	10.6.2 Verjährung	454

11 Der Warenverkauf — **460**
- 11.1 Buchung des Warenverkaufs … 460
- 11.2 Abschluss der Wareneinkaufs- und Warenverkaufskonten … 465

12 Währungsrechnen und Privatbuchungen — **467**
- 12.1 Währungsrechnen beim Warenverkauf … 467
- 12.2 Eigenverbrauch, Privatentnahmen, Privateinlagen … 468

13 Buchungen beim Zahlungsverkehr — **472**
- 13.1 Zahlungsverkehr mit Lieferanten und Kunden … 472
- 13.2 Zahlungsformen … 473
- 13.3 Buchung von Zahlungseingängen und Zahlungsausgängen … 474
- 13.4 Zahlung mit Skontoabzug … 477
- 13.5 Kontoführungsgebühren und Nebenkosten des Geldverkehrs … 481
- 13.6 Rücksendungen und Gutschriften … 482

ENGLISCH – LERNFELD 3

Teile und Zubehör beschaffen und lagern … 489

1 Anfragen in englischer Sprache verfassen und Korrespondenzen führen — **489**
- 1.1 Schreiben in ausländischer Sprache verfassen … 489
- 1.2 Formulieren einer Anfrage … 493

ENGLISCH – LERNFELD 4

Teile und Zubehör verkaufen … 497

1 Kunden in fremder Sprache beraten — **497**
- 1.1 Cockpit-Handbuch (Manuals – Book of Instructions) … 497
- 1.2 Gespräche am Telefon führen (On the Phone) … 500
- 1.3 Gespräche im Verkaufsraum (Receiving a Visitor and Sales Talks) … 503
  - 1.3.1 Besucher empfangen (Receiving a Visitor) … 503
  - 1.3.2 Verkaufsgespräche führen (Sales Talks) … 505

Glossary — **510**
Sachwortverzeichnis — **516**
Bildquellenverzeichnis — **523**

Einleitung

Modellunternehmen Autohaus Köppel GmbH

Firmengeschichte

Als Geburtsstunde unseres Unternehmens kann man den 19.08.1982 bezeichnen. An diesem Tag haben wir den Mietvertrag für unsere ersten Räumlichkeiten in der Franz-Georg-Straße. in Trier unterschrieben. Nach einigen Renovierungsarbeiten und Umbauten feierten wir am 13.10.1982 die Eröffnung unseres Autohauses. Unser Personal bestand zum damaligen Zeitpunkt aus sechs Mitarbeitern.

Im Laufe der Jahre wurden unser Kundenstamm sowie unsere Produktpalette immer größer und wir entschieden uns, einen modernen Neubau in der Diedenhofener Straße in Trier zu errichten, der über eine großzügige Ausstellungsfläche, ansprechende Büroräume, einen voll ausgestatteten Werkstatt- sowie Lagerbereich, eine eigene lackschonende Waschstraße und weitere Betriebsanlagen verfügt.

Am 01.12.1999 feierten wir mit mittlerweile 18 Mitarbeiterinnen und Mitarbeitern die Neueröffnung unser heutigen Geschäftsräume.

Nach und nach wurden weitere Betriebszweige erschlossen. Dabei stand vor allem das Motto „Die Umwelt lacht" im Vordergrund. So z. B. wird der von uns benötigte Strom zum Betreiben der Waschstraße sowie einer neuen Lackieranlage zu 90 % aus erneuerbaren Energien gewonnen. Außerdem bereiten wir das Wasser unserer Waschstraße wieder neu auf und verwenden es nochmals.

Neben der persönlichen Kundenberatung bieten wir unsere Fahrzeuge selbstverständlich auch über Online-Plattformen zum Kauf an.

Um das Bewusstsein für die Umwelt bei Autofahrern zu „wecken und zu stärken", bieten wir in Zusammenarbeit mit einer hiesigen Fahrschule kostenlose ECO-Trainings an und stellen einen Teil unseres Betriebsgeländes für Fahrsicherheitstrainings zur Verfügung.

Seit 2010 ist auch die „zweite Generation" in Form von Nora Köppel, Tochter von Matti Köppel, als Geschäftsführerin beim Autohaus Köppel GmbH tätig. Unter anderem leitet sie den Bereich Verwaltung und ist für das Personal sowie das Marketing des Autohauses zuständig.

Kundenzufriedenheit, faire Preise sowie eine kompetente Beratung zeichnen uns aus. Wir arbeiten stets daran, neue Technologien zu präsentieren und uns in den Bereichen der Automobilbranche weiterzubilden.

Für Anregungen, Verbesserungsvorschläge und Lob sind wir jederzeit offen.

Ihre Familie Köppel und das gesamte Team

Modellunternehmen Autohaus Köppel GmbH

Firmenphilosophie

„Wir stehen für die Zufriedenheit der Kunden und den nachhaltigen Umgang mit Ressourcen"

Autohaus	Importeur	Hersteller
Autohaus Köppel GmbH	**Michaelis Import GmbH**	**Cars Best Ltd.**
Diedenhofener Str. 6 54294 Trier Tel.: 0651 7155-0 Fax: 0651 7155-23 E-Mail: info@autohaus-koeppel.de Homepage: www.autohaus-koeppel.de	Dr. Gottfried-Cremer Allee 77 b 50226 Frechen Tel.: 02234 12335-0 Fax: 02234 12335-1 Zuständiger Sachbearbeiter: Stephan Breidt E-Mail: stephan.breidt@michaelis.de	15010 Northeast, 32 th Street, Redmond WA 98052 – Vereinigte Staaten Tel.: +1 350-710-4711 Fax: +1 350-710-4712 E-Mail: info@carsbest.us
Bankverbindung Sparkasse Trier IBAN: DE01 5855 0130 3011 2222 15 BIC: TRISDE55XXX	**Bankverbindung** Pax Bank eG IBAN: DE03 3706 0193 1505 0515 01 BIC: GENODE1PAX	
HRB 33345 **UmsatzsteuerID-Nr.** DE000111339	**HRB** 66779 **UmsatzsteuerID-Nr.** DE112226688	

Unser Sortiment

Modelle (jeweils mit Ausstattungspaket 1)	UPE brutto	UPE netto	Händlerrabatt	Einkaufspreis netto
Maximo-Limousine, 3-türig, 145 PS (106,62 KW), Benziner	29 000,00 €	24 369,75 €	12 %	21 445,38 €
Maximo-Limousine, 5-türig, 180 PS (132,35 KW), Benziner	32 000,00 €	26 890,76 €	10 %	24 201,68 €
Maximo-Kombi „Sports Tourer", 160 PS (117,65 KW), Benziner	36 200,00 €	30 420,17 €	13 %	26 465,55 €
Maximo-Kombi „Sports Tourer", 170 PS (125 KW), Diesel	39 000,00 €	32 773,11 €	12 %	28 840,34 €
Phantasia-Limousine, 3-türig, 125 PS (91,91 KW), Diesel	19 500,00 €	16 386,55 €	11 %	14 584,03 €

Einleitung

Modelle (jeweils mit Ausstattungspaket 1)	UPE brutto	UPE netto	Händlerrabatt	Einkaufspreis netto
Phantasia-Limousine, 5-türig, 150 PS (110,29 KW), Diesel	21 500,00 €	18 067,23 €	11 %	16 079,83 €
Phantasia-Kombi „Sports Tourer", 170 PS (125 KW), Diesel	26 900,00 €	22 605,04 €	15 %	19 214,29 €
Luxor-Limousine, 5-türig, 220 PS (161,76 KW), Benziner	34 000,00 €	28 571,43 €	14 %	24 571,43 €
Big Bag-SUV, 5-türig, 250 PS (183,82 KW), Benziner	49 000,00 €	41 176,47 €	12 %	36 235,29 €
Big Bag Plus-SUV, 5-türig, 300 PS (220,59 KW), Diesel	55 000,00 €	46 218,49 €	12 %	40 672,27 €
Spiders-Cabrio, 3-türig, 220 PS (161,76 KW), Benziner	31 500,00 €	26 470,59 €	13 %	23 029,41 €
Best Circle-electric car, 3-türig, 90 PS (66,18 KW), Elektro-motor	31 501,00 €	26 471,43 €	12 %	23 294,86 €
Best Circle-Hybrid 3-türig 140 PS Benziner, 40 PS Elektromotor = 180 PS (132,35 KW)	40 000,00 €	33 613,45 €	11 %	29 915,97 €
Big House-Großraumlimousine, 5-türig, 170 PS (125 KW), Diesel	50 000,00 €	42 016,81 €	15 %	35 714,29 €

Ausstattungspaket 1:
- elektrische Fensterheber vorne
- Klimaanlage
- Zentralverriegelung
- Teppichpaket „Velour"

Ausstattungspaket 2: 2 090,00 € Aufpreis
- elektrische Fensterheber vorne und hinten
- Klimaautomatik – Fahrer und Beifahrer getrennt regelbar
- Zentralverriegelung
- Schiebedach
- Nebelscheinwerfer
- Xenon-Scheinwerfer

Ausstattungspaket 3: 4 490,00 € Aufpreis
- elektrische Fensterheber vorne und hinten
- Klimaautomatik – Fahrer und Beifahrer getrennt regelbar
- Sitzheizung, Fahrersitz und Beifahrersitz
- Fahrersitz und Beifahrersitz elektrisch einstellbar
- Geschwindigkeitsregel-Anlage (GRA) – Tempomat
- Einparksensoren vorne und hinten – akustisch und optisch
- Xenon-Scheinwerfer
- Zentralverriegelung
- Schiebedach
- Nebelscheinwerfer

Unsere Kunden

Kunde	Name und Anschrift	Bemerkung
Privatkunde	Herrn Jörn Kolz, Trierer Str. 128, 54295 Trier, Tel: 0651 7965, E-Mail joern.kolz@tonline.de	
Privatkunde	Familie Neuhaus, Ansprechpartner Peter Neuhaus, Hermeskeiler Str. 1, 54295 Trier-Olewig, Tel.: 0176 62233554, E-Mail: peter.neuhaus@gmx.de	an einem SUV interessiert, 3 Kinder
Geschäftskunde	Ehni GmbH & Co. KG, Ansprechpartner Andrea Ehni, Luxemburger Str. 11, 54294 Trier, Tel: 0651 100-44, E-Mail: andrea.ehni@ehnigmbh.de	Flotte „Maximo Limousine, 5-türig, Ausstattungspaket 2 – 8 Fahrzeuge, Leasingverträge immer auf 4 Jahre bzw. 160000 km
Geschäftskunde	Gabelstapler GmbH, Ansprechpartner: Max Frisch, Weinbergstr. 1, 54441 Wellen, E-Mail: gabelstapler@wellen.de	Flotte „Phantasia Kombi – Sports Tourer, Ausstattungspaket 3 – 5 Fahrzeuge, Leasingverträge immer auf 4 Jahre bzw. 160000 km
Geschäftskunde	Schuhhaus „Lofti", Ansprechpartner Luca Schara, Schulstr. 80, 54411 Hermeskeil, Tel.: 06503 800879, E-Mail: Luca.schara@lofti.de	Spiders Cabrio, 2 Fahrzeuge – Sonderaufdruck „Lofti Schuhhaus" Leasingverträge auf 3 Jahre bzw. 120000 km, Ausstattungspaket 3
Privatkunde	Frau Marion Dillerle, Kornhausgasse 10, 54329 Konz, Tel.: 06501 1001	
Privatkunde	Herrn Björn Löser, Hermeskeiler Str. 1, 54413 Gusenburg, E-Mail: loesers@t-online.de	hat an SUV Interesse
Privatkunde	Herrn Alexander Grau, Tulpenweg 22, 54317 Osburg, 06500 301140	
Privatkunde	Herrn Thomas Oleniza, 54344 Kenn, Bahnhofstr. 33, Tel.: 06502 40012	Führerscheinneuling
Geschäftskunde	Mr Paul Smith, Amerikanisches Generalkonsulat, Gießener Str. 30, 60435 Frankfurt am Main, Tel.: 069 7534-1212	Mitarbeiter des amerikanischen Generalkonsulats, zahlt meist per Kreditkarte
Privatkunde	Dr. med. Kolz, Hunsrückstr. 25, 54295 Trier, Tel.: 0651 1122-0	

Einleitung

Unsere Lieferanten

Name	Produkte/Leistungen
Gumeros AG Herr Künkel Industriepark 22-2 12380 Berlin	Dichtungen, Gummi, Scheibenwischer, Schmierstoffe, Öle
Zahn & Rad GmbH Gattinger Str. 123 97076 Würzburg Tel.: 0931 1011-0	Reifen
Glasoform OHG Frau Anna Eberhard Grethe-Weiser-Weg 43 12380 Berlin	Scheiben, Glas, Spiegel
Eberhard OHG Herr Eberhard Willi-Hörter-Platz 1 56068 Koblenz Tel.: 0261 1284-0 E-Mail: eberhard@ohg.de	Autoradio, Tuning
Elektro Köhler GmbH & Co. KG Ravenestr. 22 56812 Cochem Tel.: 02671 3434-0 Fax: 02671 3434-12 Ansprechpartner: Chiara Werle	Autoelektrik, Batterien
Boxengasse KG Herrn Francesco Sacci Pfauengasse 7 89073 Ulm Tel.: 0731 1616-0 Fax: 0731 1616-100	Werkstatt-Ausstattungen und Zubehör
Rieth KG Herrn Alexander Rieth Kornhausplatz 1 89073 Ulm Tel: 0731 5667-0	Trägersysteme, Behälter

Organigramm der Autohaus Köppel GmbH

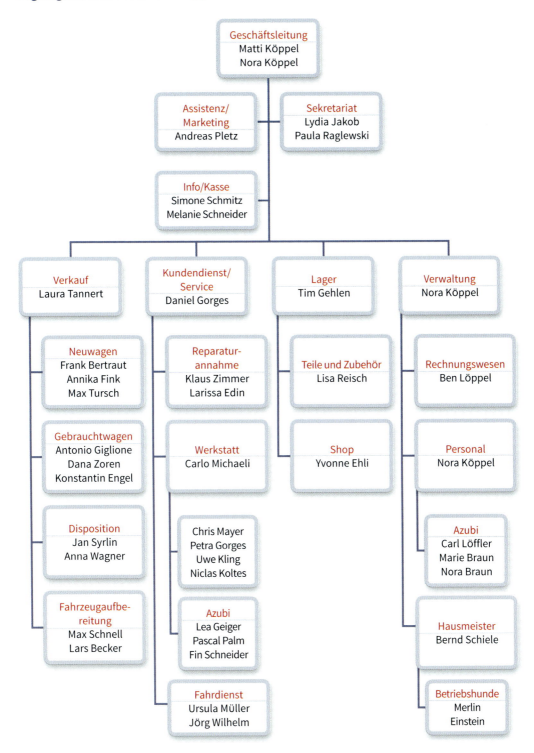

Einleitung

Prozessübersicht

Der stationäre Handel mit Kraftfahrzeugen findet meist in spezialisierten Handelseinrichtungen statt, den sogenannten Autohäusern. Im Vergleich zu anderen Unternehmen, z. B. einem Stahlwerk, erscheinen Unternehmen des Automobilhandels auf den ersten Blick einfacher und übersichtlicher. Bei näherer Betrachtung zeigt sich jedoch, dass auch in einem solchen Handelsunternehmen eine Reihe komplexer Prozesse reibungslos ablaufen müssen, wenn das Unternehmen langfristig überleben soll.

Bedingt durch den wachsenden Wettbewerb, gestiegene Kundenanforderungen und immer kürzere Produktlebenszyklen sind alle Unternehmen gezwungen, sich an schnell wechselnde Marktbedingungen anzupassen. Wichtige Aspekte sind dabei einerseits eine genaue Kenntnis der eigenen Arbeitsabläufe, mit dem Ziel diese so effizient wie möglich zu gestalten, und auf der anderen Seite die Fokussierung auf die Kundenbedürfnisse. Zur Lösung dieser anspruchsvollen Aufgaben haben sich in der jüngeren Vergangenheit neue Managementansätze entwickelt und weitgehend in der Wirtschaft durchgesetzt. Einer dieser Ansätze ist ein umfassendes **Qualitätsmanagement**. Dabei geht es u. a. um die Vermeidung von Kosten durch Mängel in den Arbeitsabläufen und um die Bedienung gestiegener Kundenanforderungen an Produkte und Leistungen in gesättigten Märkten. Ein Weg dazu ist eine stärkere Auseinandersetzung mit den Arbeitsabläufen und nicht mehr nur mit der Qualität der eingesetzten Arbeitsmittel, Rohstoffe usw. Infolgedessen haben sich die Darstellung, Analyse und Optimierung von Prozessen als Managementwerkzeuge unter der Bezeichnung **Prozessmanagement** in vielen Bereichen etabliert. Stark vereinfacht werden Arbeitsabläufe als Prozesse verstanden.

Mit der Darstellung und Analyse von Prozessen entsteht auch mehr Transparenz. Transparenz schafft eine bessere Übersicht über das Geschehen im Unternehmen. Dies soll hier genutzt werden, um die innere Logik der Arbeit in einem Autohaus besser verständlich zu machen. Zudem zeigt eine solche Prozesslandkarte die Zusammenhänge zwischen Teilprozessen. Üblich ist dabei eine Unterscheidung zwischen Führungs-, Kern- und Unterstützungsprozessen.

Kernprozesse umfassen alle direkt auf den Kunden gerichteten Aktivitäten, die die Kernkompetenz des Unternehmens darstellen und über die es sich vom Wettbewerb differenziert. Im Autohaus sind dies Beschaffungs-, Werkstatt- und Absatzprozesse.

Unterstützungsprozesse erbringen Dienstleistungen für die Sicherstellung der Kernprozesse. Es handelt sich dabei meist um auf unternehmensinterne Nutzer ausgerichtete Abläufe, wie z. B. Informations- und Logistikprozesse.

Jede Organisation bedarf der Koordinierung. Folglich sind **Führungsprozesse** erforderlich, die zur Planung, Organisation und Kontrolle dienen.

Nicht alle diese Prozesse betreffen einen Auszubildenden in gleichem Maße. Die Prozesslandkarte verdeutlicht dies mit der Zuordnung der Lernfelder. Mit der Nennung ausgewählter weiterer Wissensgebiete wird zudem deutlich, dass ein zukünftiger Mitarbeiter im Automobilhandel über weitere Kompetenzen verfügen muss, die nicht explizit im Lehrplan ausgewiesen sind, bzw. gesonderte Lehrgebiete betreffen (**Basiswissen**).

Modellunternehmen Autohaus Köppel GmbH

Prozesslandkarte Autohaus

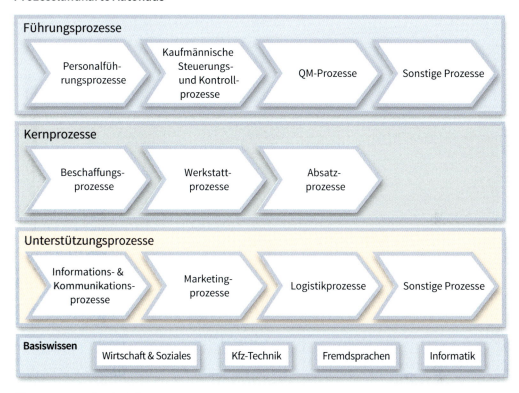

Kernprozesse im Autohaus

Lernfeld 1

Den Betrieb präsentieren und die betriebliche Zusammenarbeit aktiv mitgestalten

1 Der Kraftfahrzeugbetrieb in der Gesamtwirtschaft

AUSGANGSSITUATION

Die Ausbilderin Nora Köppel bittet heute alle Auszubildenden zu sich in den Sitzungsraum. „Unsere Geschäftsleitung möchte in nächster Zeit einen Tag der offenen Tür durchführen. Es wäre schön, wenn wir bei dieser Gelegenheit unsere Ausbildungsabteilung ins rechte Licht rücken könnten." Der Auszubildende Carl Löffler macht folgenden Vorschlag: „Wir Auszubildenden könnten eine PowerPoint-Präsentation erstellen, die wir dann im Vortragssaal allen Interessierten vorführen. Ihr wisst schon, das volle Programm wie Firmengeschichte, Eigentumsverhältnisse, Leitbild, Leistungsangebot, Organisatorisches usw." Frau Köppel ist begeistert: „Die PowerPoint-Präsentation könnten wir durch Plakate, Flyer usw. ergänzen und durch kleine Rollenspiele auflockern. Dabei sollten wir einen Kriterienkatalog für Präsentationen erstellen. Ihr wisst, man lernt nie aus. Also ran an die Arbeit."

ARBEITSAUFTRÄGE

1. Suchen und bewerten Sie Informationen und deren Quellen zur Darstellung Ihres eigenen Ausbildungsbetriebs. Erschließen Sie dabei im Einzelnen
   - Stellung in der Gesamtwirtschaft,
   - Organisation und Aufgaben,
   - Vollmachten des Personals,
   - Rechtsform,
   - Geschäftspartner bzw. Vertriebsorganisation.

   Tipps: Sie bilden thementeilige Arbeitsgruppen und lesen zuerst die folgenden Kapitel im Buch. Einen Methoden- und Präsentationspool sowie wichtige Hinweise zur Projektarbeit finden Sie unter BuchPlusWeb.

2. Wählen Sie für die Darstellung Ihrer Ergebnisse geeignete Präsentationsformen und Medien aus, z. B. Protokolle, Handouts, Plakatwände, PowerPoint. Beachten Sie dabei die entsprechenden Präsentationsregeln.
   Tipp: Einen Methoden- und Präsentationspool finden Sie unter BuchPlusWeb.

3. Veranstalten Sie eine Generalprobe und präsentieren Sie Ihren Ausbildungsbetrieb zunächst im Klassenverband. Reagieren Sie auf Fragen und Anmerkungen aus dem Zuhörerkreis.

Lernfeld 1

4. Erstellen Sie mithilfe eines Brainstormings oder einer Kartenabfrage einen Kriterienkatalog für Vorträge mit Gewichtung und Notenstufen. Bewerten Sie Ihre Präsentationen mithilfe dieses Katalogs. Nehmen Sie Kritikpunkte zur Vorgehensweise, Vollständigkeit und inhaltlichen Richtigkeit auf. Ergänzen Sie Ihre Ausarbeitungen und korrigieren Sie Fehler.
5. Reflektieren Sie über Ihre Präsentation, indem Sie konstruktives Feedback des Publikums annehmen und Schlüsse für zukünftige Präsentationen ziehen.

EXKURS: Rechtsfähigkeit und Geschäftsfähigkeit

AUSGANGSSITUATION

Die Auszubildenden der Autohaus Köppel GmbH beschäftigen sich in den ersten Unterrichtsstunden mit dem Themengebiet Geschäftsfähigkeit und Rechtsfähigkeit.

Nora Braun ist 16 Jahre alt und möchte sich von ihrem Ersparten einen Motorroller kaufen. Sie diskutiert dies mit ihrem Mitauszubildenden Pascal Palm und behauptet, dass der Kauf kein Problem sei.

Pascal Palm widerspricht jedoch. Er ist der Meinung, dass Nora die Zustimmung ihrer Eltern benötige. Der Roller kostet immerhin 2 500,00 €.

ARBEITSAUFTRÄGE

1. **Informieren** Sie sich über den Themenbereich.
2. **Notieren** Sie wichtige Informationen auf einem Spickzettel.
3. **Erstellen** Sie ein Plakat zum Thema Rechtsfähigkeit/Geschäftsfähigkeit und stellen Sie die Unterschiede an passenden Beispielen heraus.
4. **Gestalten** Sie das Plakat ansprechend.
5. **Bereiten** Sie sich auf die Präsentation vor.
6. **Präsentieren** Sie Ihre Ergebnisse mithilfe Ihrer Plakate und erläutern Sie die von Ihnen gefundenen Beispiele.
7. **Prüfen** Sie die Inhalte auf Vollständigkeit und Richtigkeit und **geben** Sie sich gegenseitig ein Feedback.
8. **Nehmen** Sie Stellung zu Noras und Pascals Meinung in Bezug auf den Rollerkauf und **begründen** Sie Ihre Meinung.
9. **Ziehen** Sie aus Ihren Erkenntnissen Schlüsse für Ihr zukünftiges Handeln.

Was versteht man unter Rechtsfähigkeit?

Rechtsfähigkeit bedeutet, dass man ein Träger von Rechten und Pflichten ist. Genaue Regelungen sind im Bürgerlichen Gesetzbuch (BGB) verankert.

> Auszug aus dem Bürgerlichen Gesetzbuch
> Buch 1 – Allgemeiner Teil (§§ 1 bis 240)
> Abschnitt 1 – Personen (§§ 1 bis 89)
>
> Titel 1 – natürliche Personen, Verbraucher, Unternehmer, §§ 1 bis 14
>
> **§ 1 – Beginn der Rechtsfähigkeit**
> Die Rechtsfähigkeit des Menschen beginnt mit Vollendung der Geburt.
>
> **§ 2 – Beginn der Volljährigkeit**
> Die Volljährigkeit tritt mit der Vollendung des 18. Lebensjahres ein.
>
> [...]
>
> **§ 13 – Verbraucher**
> Verbraucher ist jede natürliche Person, die ein Rechtsgeschäft zu Zwecken abschließt, die überwiegend weder ihrer gewerblichen noch ihrer selbständigen beruflichen Tätigkeit zugerechnet werden können.
>
> **§ 14 – Unternehmer**
> (1) Unternehmer ist eine natürliche oder juristische Person oder eine rechtsfähige Personengesellschaft, die bei Abschluss eines Rechtsgeschäfts in Ausübung ihrer gewerblichen oder selbständigen beruflichen Tätigkeit handelt.
>
> (2) Eine rechtsfähige Personengesellschaft ist eine Personengesellschaft, die mit der Fähigkeit ausgestattet ist, Rechte zu erwerben und Verbindlichkeiten einzugehen.
>
> [...]

Beispiele für Rechte und Pflichten, die mit der Rechtsfähigkeit in Zusammenhang stehen, sind nachfolgend aufgeführt:

Rechte	Pflichten
• Recht auf Leben und Eigentum • Recht auf freie Wahl des Berufes • Recht auf freie Meinungsäußerung	• Schulpflicht • Steuerpflicht • sonstige Pflichten, die z. B. in Zusammenhang mit Verträgen stehen (BBiG)

Wichtig in Zusammenhang mit der Rechtsfähigkeit ist die Unterscheidung von natürlichen und juristischen Personen.

Bei natürlichen Personen handelt es sich um Menschen. Ihre Rechtsfähigkeit beginnt, wie bereits oben erwähnt, mit Vollendung der Geburt und endet mit dem Tod.

Lernfeld 1

Bei juristischen Personen handelt es sich um Vereinigungen, die künstlich von natürlichen Menschen geschaffen wurden. Beispiele hierfür können Aktiengesellschaften, öffentliche Einrichtungen oder Vereine sein. Hier beginnt die Rechtsfähigkeit mit der Gründung bzw. Eintragung in einem Register (Handelsregister, Vereinsregister) und endet mit der Auflösung/Löschung der Eintragung aus dem jeweiligen Register.

Die Register, in denen juristische Personen eingetragen sind, werden vom Amtsgericht geführt.

Sowohl natürliche als auch juristische Personen haben die Möglichkeit, vor Gericht zu klagen bzw. verklagt zu werden.

Was versteht man unter Geschäftsfähigkeit?

Die **Geschäftsfähigkeit** wird im BGB ab § 104 geregelt. Man unterscheidet dabei verschiedene Stufen:

Geschäftsunfähig	• 0 bis 7 Jahre • bzw. bei dauerhafter Störung der Geistestätigkeit • Willenserklärungen sind nichtig.
Beschränkt geschäftsfähig	• 7 bis 18 Jahre, wenn nicht geschäftsunfähig • Willenserklärungen bedürfen der Zustimmung des gesetzlichen Vertreters (Eltern bzw. Vormund) und sind dementsprechend wirksam bzw. unwirksam. • Willenserklärungen sind wirksam, wenn sie innerhalb eines bestimmten Rahmens abgegeben werden (vgl. Taschengeldparagraf).
Voll geschäftsfähig	• ab 18 Jahren, wenn nicht geschäftsunfähig • Willenserklärungen sind rechtsgültig.

Auszug aus dem Bürgerlichen Gesetzbuch (BGB) zur Geschäftsfähigkeit

§ 104 – Geschäftsunfähigkeit
Geschäftsunfähig ist:
- wer nicht das siebente Lebensjahr vollendet hat;
- wer sich in einem die freie Willensbestimmung ausschließenden Zustand krankhafter Störung der Geistestätigkeit befindet, sofern nicht der Zustand seiner Natur nach ein vorübergehender ist.

§ 105 – Nichtigkeitsgründe bei Willenserklärungen
Die Willenserklärung eines Geschäftsunfähigen ist nichtig. Nichtig ist auch eine Willenserklärung, die im Zustand der Bewusstlosigkeit oder vorübergehender Störung der Geistestätigkeit abgegeben wird.

§ 106 – Beschränkte Geschäftsfähigkeit Minderjähriger
Ein Minderjähriger, der das siebente Lebensjahr vollendet hat, ist [...] in der Geschäftsfähigkeit beschränkt.

§ 107 – Einwilligung des gesetzlichen Vertreters
Der Minderjährige bedarf zu einer Willenserklärung, durch die er nicht lediglich einen rechtlichen Vorteil erlangt, der Einwilligung seines gesetzlichen Vertreters.

§ 108 – Vertragsabschluss ohne Einwilligung
(1) Schließt der Minderjährige einen Vertrag ohne die erforderliche Einwilligung des gesetzlichen Vertreters, so hängt die Wirksamkeit des Vertrags von der Genehmigung des Vertreters ab.

(2) Fordert der andere Teil den Vertreter zur Erklärung über die Genehmigung auf, so kann die Erklärung nur ihm gegenüber erfolgen; eine vor der Aufforderung dem Minderjährigen gegenüber erklärte Genehmigung oder Verweigerung der Geneh-migung wird unwirksam. Die Genehmigung kann nur bis zum Ablaufe von zwei Wochen nach dem Empfange der Aufforderung erklärt werden; wird sie nicht erklärt, so gilt sie als verweigert.

(3) Ist der Minderjährige unbeschränkt geschäftsfähig geworden, so tritt seine Genehmigung an die Stelle der Genehmigung des Vertreters. [...]

§ 109 – Widerrufsrecht des anderen Teils
Bis zur Genehmigung des Vertrags ist der andere Teil zum Widerruf berechtigt. Der Widerruf kann auch dem Minderjährigen gegenüber erklärt werden.
Hat der andere Teil die Minderjährigkeit gekannt, so kann er nur widerrufen, wenn der Minderjährige der Wahrheit zuwider die Einwilligung des Vertreters behauptet hat; er kann auch in diesem Falle nicht widerrufen, wenn ihm das Fehlen der Einwilligung bei dem Abschluss des Vertrags bekannt war.

Lernfeld 1

§ 110 – Bewirken der Leistung mit eigenen Mitteln [„Taschengeldparagraf"]
Ein von dem Minderjährigen ohne Zustimmung des gesetzlichen Vertreters geschlossener Vertrag gilt als von Anfang an wirksam, wenn der Minderjährige die vertragsmäßige Leistung mit Mitteln bewirkt, die ihm zu diesem Zwecke oder zu freier Verfügung von dem Vertreter oder mit dessen Zustimmung von einem Dritten überlassen worden sind.

§ 111 Einseitige Rechtsgeschäfte
Ein einseitiges Rechtsgeschäft, das der Minderjährige ohne die erforderliche Einwilligung des gesetzlichen Vertreters vornimmt, ist unwirksam. Nimmt der Minderjährige mit dieser Einwilligung ein solches Rechtsgeschäft einem anderen gegenüber vor, so ist das Rechtsgeschäft unwirksam, wenn der Minderjährige die Einwilligung nicht in schriftlicher Form vorlegt und der andere das Rechtsgeschäft aus diesem Grunde unverzüglich zurückweist. Die Zurückweisung ist ausgeschlossen, wenn der Vertreter den anderen von der Einwilligung in Kenntnis gesetzt hatte.

1.1 Grundtatbestände wirtschaftlichen Handelns

EINSTIEGSSITUATION

Produktpalette eines Automobilherstellers

Beschreiben Sie die dargestellten Fahrzeugtypen und nennen Sie einige Kaufmotive und Merkmale der entsprechenden Zielgruppen.

1.1.1 Zusammenhang zwischen Bedürfnissen und Gütern

Empfindet der Mensch einen Mangel (z. B. Durst) und ist er bestrebt, dieses Mangelgefühl zu beseitigen, dann hat er ein **Bedürfnis**. Bedürfnisse steuern das menschliche Verhalten und sind für die Leistungsmotivation von besonderer Bedeutung. Je nach ihrer Dringlichkeit für die menschliche Existenzsicherung sind Bedürfnisse hierarchisch angeordnet.

Bedürfnispyramide nach Maslow[1]

Wenn ein Bedürfnis befriedigt ist, hört es nach Maslow auf, handlungsmotivierend zu wirken, bis es später als unbefriedigt wieder auftaucht. Menschliches Verhalten wird grundsätzlich durch das stärkste unbefriedigte Bedürfnis beeinflusst. Der Mensch versucht zunächst, seine **Defizit- und Mangelbedürfnisse** zu befriedigen. Ist dies geschehen, dann geben diese Bedürfnisse keinen Handlungsanreiz mehr. Der Mensch versucht dann, sein Bedürfnis nach Selbstverwirklichung zu befriedigen. Dieses letzte Bedürfnis kann nie abschließend befriedigt werden. Es ist nach Maslow ein **Wachstumsbedürfnis**.

Physiologische Bedürfnisse und Sicherheitsbedürfnisse sind lebensnotwendig. Sie werden deshalb als Existenz- oder **Primärbedürfnisse** bezeichnet und müssen von allen Menschen befriedigt werden können. Daneben werden lebensbereichernde Wahl- oder **Sekundärbedürfnisse** wie *Kulturbedürfnisse* (z. B. modisches Outfit, gehobener Lebensstil, Theaterbesuch) und *Luxusbedürfnisse* (z. B. Maßkleidung, Premiummarken) unterschieden. Kulturbedürfnisse sollten von einer Mehrheit der Menschen befriedigt werden können, Luxusbedürfnisse können nur von einer Minderheit der Menschen befriedigt werden.

Bedürfnisse, die jeder Einzelne allein (individuell) befriedigt, nennt man **Individualbedürfnisse**, z. B. Essen, Trinken, Zugehörigkeit. Bedürfnisse, die nur gemeinsam (kollektiv)

---

1 vgl. Maslow, Abraham H.: Motivation und Persönlichkeit, Reinbek: Rowohlt 1981.

mit anderen Menschen befriedigt werden können, nennt man **Kollektivbedürfnisse**, z. B. Erhaltung einer natürlichen Umwelt, funktionierende Verkehrs-, Kommunikations-, Energienetze, Wasser-, Gesundheitsversorgung. Zwischen den Individualbedürfnissen (z. B. Bedürfnis des Autofahrers nach freier und bequemer Mobilität) und den Kollektivbedürfnissen (z. B. Bedürfnis der Allgemeinheit nach gesunder Umwelt) kann es zu Konflikten kommen.

Alle Mittel, die geeignet sind, Bedürfnisse zu befriedigen, werden als **Güter** bezeichnet. Es werden freie und wirtschaftliche Güter unterschieden. **Freie Güter** stehen zur freien Verfügung, d. h. sie können der Natur unbegrenzt entnommen werden, z. B. Atemluft, Wasser aus einem Wildbach. Sobald ein Gut nicht unbegrenzt zur Verfügung steht, handelt es sich um ein **wirtschaftliches Gut**. Wirtschaftliche Güter haben einen Preis, der ihre Knappheit ausdrückt. Wirtschaftliche Güter stiften einen Nutzen und können nach ihrer Beschaffenheit und ihrer Verwendung eingeteilt werden.

Güter nach ihrer Beschaffenheit

Materielle Güter	**Sachgüter**, also körperliche Gegenstände, deren Erzeugung und Nutzung meist zeitlich auseinanderfallen, z. B. Fahrrad, Auto, Gebäude
Immaterielle Güter	**Dienstleistungen**, hier fallen Erzeugung und Nutzung meist zeitlich zusammen. Sie können *personenbezogen* sein (z. B. Beratung, Haareschneiden des Friseurs) oder *sachbezogen* sein (z. B. Reparaturen, Sicherheitscheck, Radmontage).
	Rechte beziehen sich meist auf die Nutzung und Verwertung fremden geistigen und körperlichen Eigentums (z. B. Leasing bzw. Miete eines Autos, Zugangsrechte).

Güter nach ihrer Verwendung

Konsumgüter	Sie dienen der privaten Verwendung und der unmittelbaren Bedürfnisbefriedigung, z. B. privater Pkw, privates Essen, Heizöl zu Hause.
Produktionsgüter	Sie dienen der gewerblichen Verwendung also der Herstellung anderer Güter, z. B. Geschäftswagen, Essen in der Kantine, Heizöl im Betrieb.
Verbrauchsgüter	Sie gehen bei ihrer Verwendung unter oder werden in andere Güter umgewandelt, z. B. Nahrungsmittel, Kraftstoffe, Motoröl.
Gebrauchsgüter	Sie sind über längere Zeit verwendbar, z. B. Auto, Gebäude, Maschine.

1.1.2 Produktionsfaktoren und ihr Einsatz nach dem ökonomischen Prinzip

Da fast alle Güter knapp, die Bedürfnisse jedoch unbegrenzt sind, ist der Mensch zum **Wirtschaften** gezwungen.

Alle Güter durchlaufen einen Produktionsprozess, in dem verschiedene nicht unmittelbar nutzbare Einsatzgüter (Input) in ein für den Menschen nutzbare Güter (Output) umgewandelt werden. Die Einsatzgüter werden als **Produktionsfaktoren** bezeichnet.

Die Volkswirtschaft (Gesamtwirtschaft) unterscheidet die *ursprünglichen (originären) Produktionsfaktoren* **Natur** (z. B. Anbau-, Abbauflächen zur Rohstoffgewinnung) und **Arbeit** (körperliche und geistige Arbeitskraft) und den *abgeleiteten (derivativen) Produktionsfaktor* **Kapital** (Geld- oder Sachkapital).

Geldkapital entsteht durch Ersparnisse, Sachkapital (Produktionsgüter) entsteht im Wege der Umwegproduktion. In beiden Fällen ist während der Ansparphase bzw. der Schaffung des Sachkapitals ein vorübergehender Konsumverzicht notwendig.

Herstellung von Produktionsgütern durch Umwegproduktion

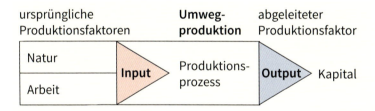

Sachkapital ist nicht unmittelbar zum Konsum bestimmt; es wird gewonnen, um die Produktion von Konsumgütern zu ermöglichen und die Arbeit ergiebiger zu machen.

Der Betrieb kombiniert zur Leistungserstellung (z. B. Herstellung von Konsumgütern) alle drei Produktionsfaktoren.

Produktionsfaktoren

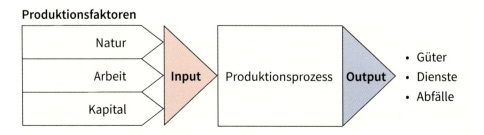

Lernfeld 1

Wie alle Güter sind auch die Produktionsfaktoren nicht unbegrenzt vorhanden, sodass sie wirtschaftlich eingesetzt werden müssen. Ein Betrieb handelt wirtschaftlich, wenn er das **ökonomische Prinzip** beachtet. Es werden zwei Ausprägungen des ökonomischen Prinzips unterschieden: Maximalprinzip und Minimalprinzip.

Wirtschaften nach dem Maximalprinzip

Bestimmter Input	Ziel	Maximaler Output
vorgegebene Menge von Produktionsfaktoren, z. B. vorhandene Anbaufläche, vorhandener Vorrat eines Materials, vorhandene Arbeitskräfte	→	möglichst hohe Zahl von gefertigten Fahrzeugen, möglichst hoher Umsatz

Wirtschaften nach dem Minimalprinzip

Minimaler Input	Ziel	Bestimmter Output
möglichst geringe Menge von Produktionsfaktoren, z. B. minimale Materialmenge, möglichst geringe Zahl von Arbeitskräften	→	vorgegebene Zahl von gefertigten Fahrzeugen bzw. Reparaturen, geplanter Umsatz

Es ist unmöglich, beide Ausprägungen des ökonomischen Prinzips gleichzeitig zu verwirklichen. Wenn zum Beispiel ein Unternehmen seinen Materialverbrauch minimieren (z. B. kein Verbrauch) will, dann kann es nicht gleichzeitig seinen Absatz maximieren. Es kann lediglich eine möglichst große Differenz zwischen dem Ergebnis seiner Tätigkeit und dem dazu notwendigen Mitteleinsatz anstreben.

In der Regel strebt jeder Betrieb im Produktionsprozess die **Minimalkostenkombination** an. Dabei will er eine bestimmte (geplante) Gütermenge mit möglichst geringen Kosten erzeugen. Die Kosten ergeben sich durch Multiplikation der Preise für die Produktionsfaktoren mit den eingesetzten Mengen.

Fallbeispiel: Eine Arbeitsstunde (Produktionsfaktor Arbeit) kostet dem Betrieb 40,00 €, eine Maschinenstunde (Produktionsfaktor Kapital) kostet 25,00 €. Der Betrieb hat drei Möglichkeiten (Produktionsverfahren), die Produktionsfaktoren zu kombinieren.

Verfahren	Arbeitsstunden	Arbeitskosten	Maschinenstunden	Maschinenkosten	Gesamtkosten
A	1	40,00 €	2	50,00 €	90,00 €
B	2	80,00 €	1	25,00 €	105,00 €
C	3	120,00 €	0	0,00 €	120,00 €

Ergebnis des Fallbeispiels: Das kapitalintensive Produktionsverfahren A ist das kostengünstigste. Das arbeitsintensive Produktionsverfahren C verursacht die höchsten Gesamtkosten.

Das Beispiel zeigt, warum der Produktionsfaktor Arbeit immer mehr durch den Faktor Kapital (z. B. Industrieroboter, Digitalisierung) ersetzt wird. Ein solches Verhalten ist im globalen Wettbewerb mit Betrieben aus Ländern mit geringeren Sozial- und Umweltstandards zum Überleben notwendig.

Eine kompromisslose Verwirklichung des ökonomischen Prinzips ist aus gesellschaftlicher Sicht jedoch nicht erwünscht. Wenn zum Beispiel ein Unternehmen einen bestimmten Umsatz mit minimalen Kosten anstrebt, dann wird es aufwendige Umweltschutz- oder Arbeitsschutzmaßnahmen so lange unterlassen, bis es gesetzlich dazu gezwungen wird. Zudem würde die Arbeitslosenzahl noch mehr ansteigen. Letztendlich würde das Unternehmen seiner gesellschaftlichen Verantwortung und seinen eigenen sozialen und ökologischen Zielen nicht gerecht.

1.1.3 Der Kraftfahrzeugbetrieb in der arbeitsteiligen Wirtschaft

Nur wenige Sachgüter können so verbraucht werden, wie sie in der Natur vorkommen. Meist müssen vorher Veränderungen an ihnen vorgenommen werden. Diese Aufgabe übernehmen die Betriebe.

Der einzelne Betrieb hat in der modernen arbeitsteiligen Wirtschaft bei der Herstellung eines Gutes nur einen mehr oder weniger großen Anteil am gesamten Produktionsprozess.

Die Gütererstellung erfolgt stufenweise in verschiedenen **Wirtschaftssektoren**. Sie beginnt mit der Urerzeugung (primärer Wirtschaftssektor) und geht über die Weiterverarbeitung (sekundärer Wirtschaftssektor) bis hin zur Verteilung und anderen Dienstleistungen (tertiärer Wirtschaftssektor). Jedes Sachgut durchläuft diese drei Wirtschaftsstufen in einem Prozess der **vertikalen volkswirtschaftlichen Arbeitsteilung**. Jede Wirtschaftsstufe umfasst wiederum eine Vielzahl von Betrieben. Daraus ergibt sich eine **horizontale volkswirtschaftliche Arbeitsteilung**.

Lernfeld 1

Vertikale und horizontale volkswirtschaftliche Arbeitsteilung

Primärer Wirtschaftssektor (Urerzeugungs-, Urproduktionsbetriebe)	Anbau und Abbau von Naturgütern, z. B. Land-, Forst-, Viehwirtschaft, Bergbau, Fischerei	Beispiel Kraftfahrzeug: Eisenerz-Abbau, Kautschukgewinnung, Erdölförderung
Sekundärer Wirtschaftssektor (Erzeugungs-, Produktionsbetriebe)	Weiterverarbeitung der Naturgüter, z. B. Investitionsgüterindustrie (z. B. Maschinenbau), Konsumgüterindustrie (z. B. Lebensmittel-, Auto-, Pharma-, Elektro-, Möbelindustrie)	Beispiel Kraftfahrzeug: Investitionsgüterindustrie (Stahl-, Aluminium-, Reifenhersteller, Kunststoffindustrie), Konsumgüterindustrie (Kraftfahrzeughersteller, Hersteller von Kraftfahrzeugzubehör usw.)
Tertiärer Wirtschaftssektor (Handels- und andere Dienstleistungsbetriebe – sie können auf allen Wirtschaftsstufen tätig sein)	Verteilung der gewonnenen Naturgüter und erstellten Investitionsgüter (Großhandel) und der Konsumgüter (Einzelhandel), Leistung von Diensten (Verkehrsbetriebe, Berater, Versicherer, Banken usw.)	Beispiel Kraftfahrzeug: Kraftfahrzeuggroßhandel, Kraftfahrzeug-Einzelhandel, Versicherungen (Haftpflicht, Rechtsschutz usw.) Finanzierung von Kraftfahrzeugen, Rechtsberatung bei Unfällen

Der Prozess der zunehmenden weltumspannenden Vernetzung der Produktions-, Informations-, Personen-, Waren-, Dienstleistungs- und Finanzströme wird als **Globalisierung** bezeichnet. Globalisierungsbefürworter verweisen darauf, dass nur die **internationale Arbeitsteilung**, aufgrund der ungleich verteilten natürlichen Ressourcen, die zufriedenstellende Versorgung aller Menschen sichern kann und für einen Wohlstandsgewinn für alle beteiligten Staaten sorgt. Dies wird durch die *komparativen Kostenvorteile*[1] ermöglicht. Danach sollten die Produktionsfaktoren dort zum Einsatz kommen, wo sie den höchsten Ertrag versprechen.

Beispiel: Berechnung der komparativen Kostenvorteile (Arbeitszeit in Tagen)

Am Handel beteiligte Länder	Land A		Land B		Gesamtzeit
Hergestellte Produkte	Tuch	Wein	Tuch	Wein	
Arbeitszeit ohne internationale Arbeitsteilung (Autarkie)	90 Tage	80 Tage	100 Tage	120 Tage	390 Tage
Arbeitszeit mit internationaler Arbeitsteilung (Freihandel)	–	160 Tage	200 Tage	–	360 Tage
Komparative Kostenvorteile	10 Tage		20 Tage		30 Tage

---

[1] „Gesetz der komparativen Kosten" (David Ricardo, engl. Nationalökonom, 1772–1823)

Dieses einfache Beispiel zeigt, dass die internationale Arbeitsteilung selbst dann vorteilhaft ist, wenn eines der beteiligten Länder alle fraglichen Güter günstiger produzieren könnte. Spezialisiert sich Land A auf die Produktion von Wein und Land B auf die Produktion von Tuch, dann erreichen beide Länder einen höheren Wohlstand.

1.1.4 Stellung der Unternehmen im einfachen Wirtschaftskreislauf

Im **einfachen Wirtschaftskreislauf** werden nur die Beziehungen der *Wirtschaftssubjekte Unternehmen und private Haushalte* modellhaft dargestellt. Dabei werden die Wirtschaftssubjekte Staat, Kapitalsammelstellen und Ausland ausgeblendet.

Die **privaten Haushalte** stellen den Unternehmen die Produktionsfaktoren Natur, Arbeit und Kapital zur Verfügung. Mit diesen Produktionsfaktoren stellen die **Unternehmen** Konsumgüter her, die sie an die privaten Haushalte verkaufen. In der Gesamtwirtschaft werden also Produktionsfaktoren gegen Konsumgüter ausgetauscht (**Güterkreislauf**).

Für die zur Verfügung gestellten Produktionsfaktoren erhalten die privaten Haushalte von den Unternehmen **Einkommen** (z. B. Pachten, Mieten, Arbeitsentgelte, Gewinnanteile). Dieses Einkommen geben die Haushalte für Konsumgüter aus. Aus der Sicht der Unternehmen stellen die Einkommen der Haushalte Ausgaben dar. Umgekehrt stellen die **Konsumausgaben** der Haushalte für die Unternehmen Einnahmen dar. Dem Güterstrom fließt also immer ein Geldstrom entgegen (**Geldkreislauf**).

Einfacher Wirtschaftskreislauf

Ausgaben und Einnahmen der *Unternehmen* decken sich im einfachen Wirtschaftskreislauf:

Ausgaben	=	Einnahmen
Einkommen	=	Konsumausgaben
(Entgelt für Produktionsfaktoren)	=	(Verkaufserlöse)

1.2 Organisation und Aufgaben eines Kraftfahrzeugbetriebs

EINSTIEGSSITUATION

... Gebraucht- und Neuwagenpark ...

... der Zubehörshop ...

... und die Werkstatt des Autohauses Köppel

Erkundigen Sie sich in Ihrem Ausbildungsbetrieb über das Leistungsangebot, den organisatorischen Aufbau und die Aufgaben der einzelnen Abteilungen.

1.2.1 Leistungsangebot eines Kraftfahrzeugbetriebs

Die Hauptaufgabe eines Unternehmens besteht darin, Leistungen zu erbringen, für die am Markt ein Bedarf vorhanden ist. Alle Bestrebungen sind auf dieses eine Ziel ausgerichtet.

Das Leistungsangebot eines Kraftfahrzeugunternehmens unterteilt sich in Handels-, Handwerks- und Serviceleistungen.

Leistungsangebot eines Kraftfahrzeugbetriebs		
Handelsleistungen	Handwerksleistungen	Serviceleistungen
• Neuwagenhandel • Gebrauchtwagenhandel • Ersatzteilverkauf • Zubehörverkauf	• Werkstattarbeiten (Wartung, Kundendienst einschließlich Garantie- und Kulanzarbeiten, Instandsetzung) • Altautoverwertung und Fahrzeugaufbereitung	• Leasing, Finanzierungen • Versicherungen • Leihwagenservice, Auto-Abo • Express-Service (z. B. Auto-Abhol- und Bringdienst) • Licht-Test-Aktion im Herbst • Reifenlagerung • Flottenmanagement • Auto auf Abruf

1.2.2 Aufbauorganisation eines Kraftfahrzeugbetriebs

Zur Erstellung dieses Leistungsangebots werden die Elementarfaktoren – Arbeitskräfte, Material und Waren, Anlagegegenstände und Finanzmittel – unter Anleitung des dispositiven Faktors (Geschäftsleitung) eingesetzt. Damit dies gelingt, müssen die Geschäftsleitung und alle Mitarbeiter eines Unternehmens Hand in Hand zusammenarbeiten. Es kann nicht jeder tun, was er gerade für richtig hält – Chaos wäre die Folge. Um Chaos zu verhindern, sind Regelungen notwendig, die die Tätigkeiten der einzelnen Mitarbeiter in die richtigen Bahnen lenken.

Aus dem Leistungsangebot eines Unternehmens ergibt sich dessen organisatorischer Aufbau.

Aufgaben der Aufbauorganisation

Die Aufbauorganisation

- gliedert das Unternehmen in *funktionsfähige Teileinheiten*,
- regelt die *dauerhaften Beziehungen zwischen diesen Teileinheiten* und
- schafft ein *System von Weisungsbefugnissen* und Kommunikationswegen.

Die kleinste funktionsfähige Teileinheit in einem Unternehmen wird *Stelle* genannt. Sie ist letztlich der Wirkungsbereich einer Arbeitsperson. Mehrere aufgabenmäßig verwandte Stellen bilden eine *Abteilung*.

Prinzipien der Aufbauorganisation

Werden die Abteilungen nach den Aufgaben (bzw. Funktionen) gebildet, dann ergibt sich eine Aufbauorganisation nach dem **Funktionsprinzip**. Auf diese Weise entsteht eine **funktionsorientierte Gliederung** des Betriebs in die Abteilungen Verkauf, Lager, Werkstatt und Verwaltung.

Lernfeld 1

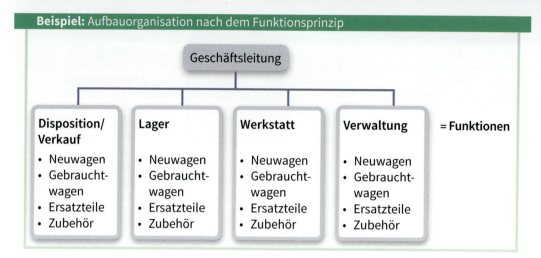

Beispiel: Aufbauorganisation nach dem Funktionsprinzip

Der Hauptvorteil des Funktionsprinzips ist die Aufgabenspezialisierung der Stelleninhaber. Dafür werden mangelnde Kundennähe (nur die Verkaufsabteilung hat Kundenkontakt) und erschwerte Kontrollierbarkeit (jede Abteilung ist für alle Leistungen verantwortlich) in Kauf genommen.

Beim **Objektprinzip** werden die Abteilungen nach den Leistungen bzw. Arbeitsobjekten gebildet. Auf diese Weise entsteht eine **objektorientierte Gliederung** des Betriebs z. B. in die Abteilungen Neuwagen, Gebrauchtwagen, Ersatzteile und Zubehör.

Beispiel: Aufbauorganisation nach dem Objektprinzip

Die Hauptvorteile des Objektprinzips sind die große Kundennähe (alle Abteilungen haben Kundenkontakt) und die leichte Kontrollierbarkeit der Stelleninhaber. Dafür werden mangelnde Aufgabenspezialisierung und Doppel- bzw. Mehrfacharbeit in Kauf genommen, da jede Abteilung alle Funktionen durchführt.

In der Praxis ist eine Mischung aus Funktionsprinzip und Objektprinzip verbreitet, sodass die Vorteile beider Prinzipien ausgeschöpft werden können (siehe Seite 35).

Der Kraftfahrzeugbetrieb in der Gesamtwirtschaft

Beispiel: Organigramm des Autohauses Köppel

Die Aufbauorganisation ist eine Mischung aus Objekt- und Funktionsprinzip.

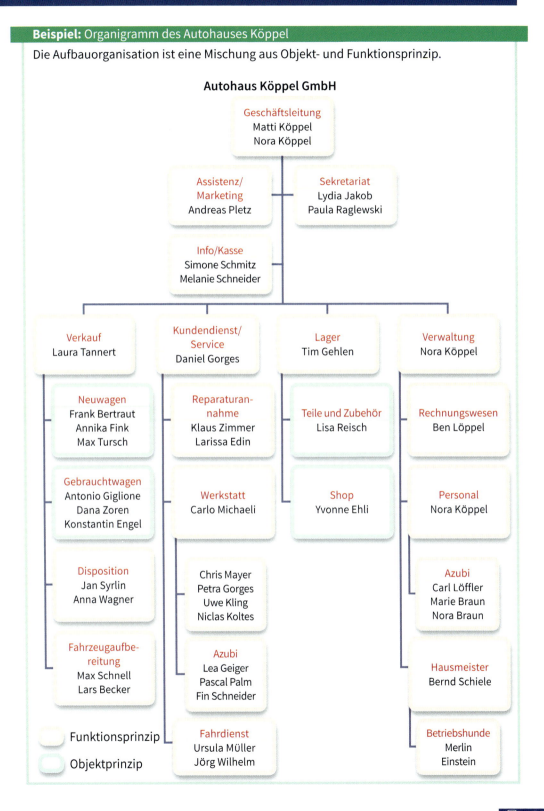

Das Ergebnis der Aufbauorganisation ist eine horizontale und vertikale Gliederung des Unternehmens – die Organisationsstruktur. Diese wird in **Organigrammen** bzw. Organisationsplänen und -schaubildern grafisch bzw. schriftlich festgehalten. Die **horizontale Gliederung** macht die gleichrangigen Abteilungen (z. B. Verkauf, Kundendienst, Lager und Verwaltung), die **vertikale Gliederung** die über- bzw. untergeordneten Abteilungen (z. B. ist die Abteilung Verkauf der Geschäftsleitung untergeordnet) sichtbar. Aus dieser Gliederung ergibt sich die Hierarchie innerhalb des Unternehmens.

In letzter Zeit gehen viele Unternehmen dazu über, die Grenzen zwischen den Abteilungen aufzuheben und die Verantwortung zu teilen. Sie orientieren ihre Aufbauorganisation an den Geschäftsabläufen und erreichen dadurch eine **prozessorientierte Gliederung** des Betriebs. Unter einem Prozess verstehen diese Unternehmen eine Folge von Tätigkeiten, die alle darauf abzielen, einen Kundennutzen zu erzielen.

Die Vorteile der prozessorientierten Aufbauorganisation:

- *Mitarbeiterorientierung:* Ganzheitliche Aufgabenbereiche erhöhen die Arbeitszufriedenheit der Mitarbeiter und die Motivation;
- *Marktorientierung:* Teams ermöglichen eine flexible Auftragsabwicklung und eine hohe Reaktionsgeschwindigkeit auf Kundenwünsche und Veränderungen des Marktes;
- *kurze Informationswege:* Durch die Orientierung an den Geschäftsabläufen werden Schnittstellen vermieden und der Informationsfluss optimiert.

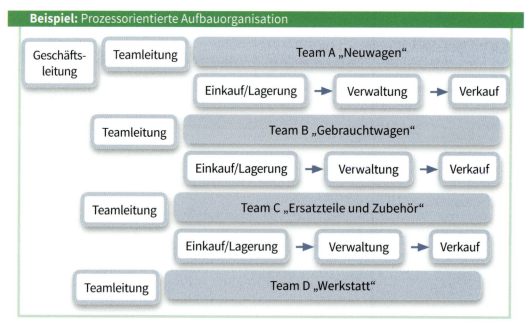

Beispiel: Prozessorientierte Aufbauorganisation

1.2.3 Aufgaben der Geschäftsleitung und der Abteilungen

An der Spitze der Unternehmenshierarchie steht die Geschäftsleitung. In einem Autohaus sind der Geschäftsleitung die Abteilungsleiter der Teilbereiche Verkauf, Kundendienst, Lager und Verwaltung unmittelbar untergeordnet. Diesen Teilbereichen sind wiederum Abteilungen mit den jeweiligen Einzelaufgaben untergeordnet. Für wichtige Stellen werden **Stellenbeschreibungen** schriftlich verfasst. Diese beinhalten eine detaillierte Beschreibung des Aufgabenbereichs der Stelle, die Einordnung in die Unternehmenshierarchie (Über- und Unterordnung), Vertretungsregelungen, Unterschriftsbefugnisse und Anforderungen, die an den Stelleninhaber gestellt werden (Qualifikation, Persönlichkeitsmerkmale).

Aufgaben der Geschäftsleitung

Die Geschäftsleitung legt die Zielsetzung (langfristige Gewinnerzielung, soziale und ökologische Ziele) des Unternehmens fest und entscheidet über die Maßnahmen zur Zielerreichung (z. B. Preis-, Produkt-, Vertriebspolitik). Zu den wichtigsten Aufgaben gehören daneben die Betriebs- und Personalführung sowie die Planung und Kontrolle des Betriebsgeschehens. Außerdem ist die Geschäftsleitung verantwortlich für das Erscheinungsbild des Unternehmens nach innen und nach außen („Corporate Identity").

Aufgaben der Abteilung Verkauf

Der Fahrzeugverkauf erwirtschaftet den Hauptanteil des Umsatzes eines Kraftfahrzeugbetriebs. Um die Verkaufszahlen zu erhalten und zu vergrößern, sind eine Reihe von Maßnahmen erforderlich. Zuerst muss das Verkaufsgebiet analysiert werden (mögliche Kunden, Konkurrenten, Zulassungszahlen). Auf dieser Grundlage erstellt der Verkaufsleiter die Absatzplanung der Neuwagen (Verkaufspläne nach Typen und Ausstattung, Vertriebskosten- und Werbekostenplan). Oft werden jedoch bestimmte Jahresabnahmequoten von den Herstellern bzw. Importeuren vorgegeben.

Die Teilaufgaben des Verkaufs	
Verkaufsleiter	• führt das Verkaufspersonal • beobachtet und analysiert das Marktgeschehen • erstellt und kontrolliert die Absatzplanung • schafft grundsätzliche Kontakte zu Großkunden und unterstützt die Verkaufsberater bei schwierigen Verkaufsverhandlungen • führt regelmäßige Verkäuferbesprechungen durch, um die Markt- bzw. Unternehmenssituation und die Verkaufserfolge zu erörtern • stellt sicher, dass die Verkaufsberater ständig geschult werden • organisiert die Fahrzeugpräsentation im Verkaufsraum • plant und kontrolliert Werbe- und Verkaufsförderungsmaßnahmen für die Fahrzeuge

Lernfeld 1

Verkaufsberater (ihm stehen in größeren Betrieben Verkaufsassistenten oder Juniorverkaufsberater zur Seite)	• wirbt ständig Kunden durch Kundenbesuche, Kontaktbriefe, Telefonate und Einschaltung von Vermittlern • bemüht sich um den Abverkauf des Zubehörangebots • wickelt die Kaufabschlüsse ab • steuert den Gebrauchtwagenzukauf • kalkuliert die hereingenommenen Gebrauchtwagen • berät Kunden bei der Auswahl von Ersatzteilen • kümmert sich um die verkaufsfördernde Präsentation des Warenangebots im Schaufenster oder im Zubehörshop
Fahrzeugdisponent	• bestellt verkaufte Fahrzeuge beim Hersteller bzw. Importeur, sodass sie zum gewünschten Termin bereitstehen • legt Zahl, Typ und Ausstattung der Lagerfahrzeuge und Vorführwagen fest • erstellt und aktualisiert die Gebrauchtwagenlisten • überprüft Fahrzeugpapiere und Fahrzeugrechnungen

 Aufgaben der Abteilung Kundendienst

Zum Kundendienst gehören die Reparaturannahme und die Werkstatt.

Die **Reparaturannahme** ist für den Kunden nach dem Kauf seines Fahrzeugs der Anlaufpunkt, wenn er Probleme mit dem Auto hat oder wenn er die Inspektionsarbeiten durchführen lässt. Die Art, wie der Kundendienstberater Gespräche mit den Kunden führt, hat erheblichen Einfluss auf die Kundenbindung. Kunden, denen kein Verständnis für ihre Probleme entgegengebracht wird, sind meist verlorene Kunden.

Zur Betreuung des Kunden gehört die Annahme des Kundenfahrzeugs mit korrekter Fehlerdiagnose (möglichst im Beisein des Kunden auf der Annahmehebebühne), die korrekte Endabnahme (wurden alle Arbeiten ausgeführt?) nach erfolgter termingerechter Reparaturdurchführung und die anschließende Fahrzeugübergabe an den Kunden. Die Reparaturannahme entscheidet über den langfristigen Erfolg oder Misserfolg des ganzen Unternehmens. Die eindeutige Aufnahme der Arbeitsaufträge, die fachmännische Diagnose mit verbindlicher Preisangabe und die termingerechte Reparaturausführung beugen Ärger mit den Kunden vor.

Weitere Aufgaben des Kundendienstes sind das Ausfüllen der Kundendienstscheckhefte, das Erstellen von Garantie- und Kulanzanträgen und die Pflege der Kundendatei.

Die **Werkstatt** erhält vom Kundendienstberater (Reparaturannahme) den Werkstattauftrag bzw. die Reparaturanweisung. Der Werkstattmeister ist für die mangelfreie und vollständige Ausführung des Werkstattauftrags verantwortlich. Der Werkstattmeister nimmt die Endkontrolle vor und gibt eine Fertigmeldung an den Kundendienstberater.

Stellt sich während der Arbeiten heraus, dass der Reparaturaufwand den Zeitwert des Autos übersteigt, dann muss sich der Werkstattmeister unverzüglich mit der Reparaturannahme in Verbindung setzen. Dieser berät den Kunden und stellt ggf. Kontakt zu einem Verkaufsberater zwecks Kauf eines Neuwagens oder Gebrauchtwagens her.

Aufgaben der Abteilung Lager

In kleineren Betrieben wird die **Lagerhaltung** meist vom Kundendienstleiter übernommen. Nur in großen Betrieben mit mehr als 100 Fahrzeugdurchgängen pro Tag gibt es eine eigenständige Besetzung des Lagerleiters. Die Hauptaufgabe des Lagerleiters besteht darin, Ersatzteile und Zubehör bedarfsgerecht bereitzustellen. Dadurch stellt er sicher, dass in der Werkstatt keine Verzögerungen des Arbeitsablaufs entstehen. Für die meisten Teile richtet sich der Lagerleiter jedoch nach den Bestellvorschlägen des Herstellers.

Die Teilaufgaben des Teile- und Zubehörlagers	
Lagerleiter, manchmal auch als Teiledienstleiter bezeichnet	• führt das Lagerpersonal • verantwortet den Einkauf von Original-, Ersatz- und Zubehörteilen • handelt die Lieferkonditionen mit Lieferanten und Großkunden aus • stellt die Einhaltung von Mindestbeständen sicher • achtet auf eine wirtschaftliche Lagerhaltung • erkundet Absatzmöglichkeiten für Ersatzteile und Zubehör, indem er Kunden besucht (z. B. Tankstellen, freie Werkstätten, Betriebe mit größerem Fuhrpark) • plant und kontrolliert Werbe- und Verkaufsfördermaßnahmen für Ersatz- und Zubehörteile • kümmert sich um die verkaufsfördernde Präsentation des angebotenen Zubehörs • stellt sicher, dass Vorschriften eingehalten werden (z. B. Unfallverhütung, Gefahrstoffe, Inventur)
Lagerdisponent	• kontrolliert anhand von Bestandslisten den aktuellen Lagerbestand • bestellt fehlende und ausgegebene Teile termingerecht nach
Lagerist (ihm stehen in größeren Betrieben Teilegreifer, Lagerfahrer und Teileverkäufer zur Seite)	• lagert neue Ware ein und zeichnet deren Preise aus • gibt die bestellten Teile aus und verpackt diese gegebenenfalls • kommissioniert die Ware, er stellt die Teile anhand einer Bestellliste (Pickliste) zu Kundenaufträgen zusammen • pflegt die eingelagerten Waren
Lagerbuchhalter	• hält die Warenzugänge und -abgänge fest • erstellt Lieferscheine, Ausgangsrechnungen, Mahnungen • überprüft eingegangene Lieferscheine und Rechnungen • führt die Lagerkasse und erstellt die tägliche Kassenabrechnung

Aufgaben der Abteilung Verwaltung

Die wichtigsten Aufgaben der Verwaltung sind das **Rechnungswesen** (Finanz- und Betriebsbuchhaltung, Controlling, Betriebsstatistik) und die Personalwirtschaft.

Die meisten Betriebe wickeln ihre **Finanzbuchhaltung** (Buchung der Geschäftsvorfälle, Führen der Kunden- und Lieferantenkonten, termingerechte Steuerzahlungen usw.) in enger

Zusammenarbeit mit einem Steuerberater ab. In kleineren Betrieben übernimmt die Finanzbuchhaltung auch die Lohn- und Gehaltsabrechnung, die sonst zu den Aufgaben der Personalwirtschaft gehört.

Zu den Aufgaben der **Betriebsbuchhaltung** gehören die Feststellung des Betriebsergebnisses (Gewinn, der mit der Verfolgung des Betriebszwecks erreicht wird), die wirtschaftliche Kontrolle der Abteilungen (Kostenstellen) und die Kalkulation. Die Kalkulation von Neuwagen, Originalersatzteilen und -zubehör wird meist in Zusammenarbeit mit dem Hersteller bzw. Importeur vorgenommen.

Aufgabe des **Controllings** ist der Vergleich der Planzahlen mit den Istzahlen. Abweichungen müssen festgehalten und auf ihre Ursachen hin analysiert werden. Hierbei ist eine enge Zusammenarbeit mit der **Betriebsstatistik** erforderlich, da diese das Datenmaterial zu Kennzahlen und Grafiken übersichtlich zusammenstellt. Dadurch werden inner- und zwischenbetriebliche Vergleiche sowie Vergleiche mit vorausgegangenen Perioden und mit Planzahlen erleichtert. Ein wichtiges Ergebnis des Controllings ist die Erstellung und Vorgabe von kurz- und mittelfristigen Plandaten für alle Abteilungen (Budgetierung).

Die Hauptaufgabe der **Personalwirtschaft** besteht in der Bereitstellung von Arbeitskräften in der richtigen Zahl und Qualifikation zum richtigen Zeitpunkt.

Daraus ergeben sich folgende Teilaufgaben der Personalwirtschaft:

Planungsaufgaben	• Bedarfs-, Beschaffungs-, Einsatz-, Entwicklungsplanung
Durchführungsaufgaben	• Beschaffung und Entlassung von Mitarbeitern (z. B. Abschluss von Arbeitsverträgen) • Organisation der Weiterqualifizierung der Arbeitnehmer • Personalverwaltung (z. B. Führen der Personalakte und der Personalkartei) • Umsetzung von Tarifverträgen, Betriebsvereinbarungen und Arbeitsschutzvorschriften, Unterstützung der betrieblichen Mitbestimmung (z. B. des Betriebsrats) • Entwicklung neuer Arbeitszeit- und Entgeltmodelle • Entgeltabrechnung, Erstellung der Lohnbescheinigung für die Einkommensteuererklärung der Arbeitnehmer usw.
Kontrollaufgaben	• Personalbeurteilung • Erstellung und Auswertung von Personalstatistiken auf der Grundlage von Personalinformationssystemen usw.
sonstige Aufgaben	• Entwicklung eines Unternehmensleitbilds und Schaffung eines unverwechselbaren Erscheinungsbilds des Unternehmens (Corporate Identity) • Sozialwesen (z. B. Betreuung der Werkskantine) usw.

1.2.4 Leitungssysteme – wer hat wem was zu sagen?

Begriff Leitungssystem

Die Beziehungen zwischen Vorgesetzten und Untergebenen werden im **Leitungssystem** (Weisungssystem) geregelt. Stellen, die anderen Stellen Weisungen erteilen dürfen, werden als **Instanzen** bezeichnet. Jeder Betrieb schafft sich ein Leitungssystem (**Instanzenaufbau**), das seiner Größe und seinen Aufgaben am besten gerecht wird. Aufgrund des Instanzenaufbaus wissen alle Mitarbeiter, von wem sie Anweisungen bekommen können und alle Vorgesetzte, wem sie Anweisungen erteilen dürfen.

Das Leitungssystem zeigt die horizontale und vertikale Gliederung bzw. Breiten- und Tiefengliederung des Unternehmens. Je mehr Organisationseinheiten sich auf derselben gleichrangigen (horizontalen) Leitungsebene befinden, desto größer ist die **Instanzenbreite**. Die **Instanzentiefe** ergibt sich aus der Zahl der Leitungsebenen, also der unter- und übergeordneten Abteilungen.

Beispiel: Hierarchieebenen bzw. Leitungsebenen

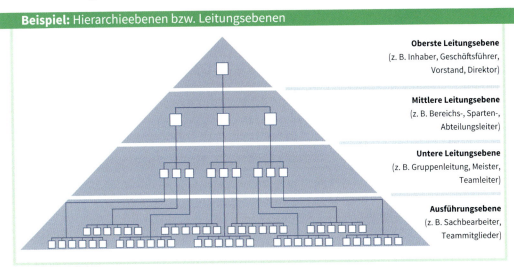

In der Praxis sind Einlinien-, Mehrlinien- und Stabliniensysteme von Bedeutung.

Einliniensystem – einheitliche Auftragserteilung

Bekommt jede Stelle nur von einer einzigen übergeordneten Stelle (Instanz) Anweisungen und ist sie nur dieser Stelle verantwortlich, dann spricht man von einem **Einliniensystem**. Dieses folgt konsequent dem *Grundsatz der einheitlichen Auftragserteilung*.

Verfolgt man alle Stellen von der Führungsebene bis zur Ausführungsebene, so erhält man jeweils eine Linie. Sie beschreibt den **Instanzenweg** (Dienstweg). Dieser legt den **Weisungsweg** (dieser ist bindend) nach unten und den **Informationsweg** (dieser ist meist nur informativ) nach oben fest. Die vertikale Linie ist der einzig zulässige **Kommunikationsweg** (Weisungs- und Informationsweg). Horizontale Verbindungen sind nicht vorgesehen, sodass gleichrangige

Lernfeld 1

Stellen nur über die gemeinsame Instanz (Vorgesetztenstelle) kommunizieren können. Es ist nicht zulässig, Instanzen zu überspringen.

Beispiel: Organisationsstruktur eines Einliniensystems

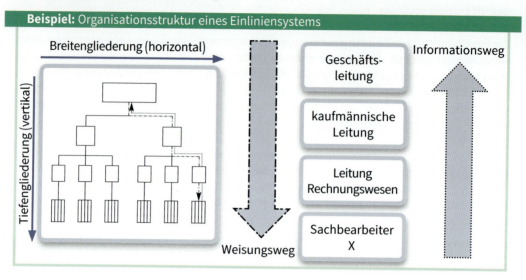

Je breiter und tiefer das Einliniensystem ausgebaut wird, umso schwerfälliger ist es. Die Weisungs- und Informationswege werden zu lang, die Weisungen kommen zu spät bei den untergeordneten Stellen an und werden auf dem Instanzenweg oft verfälscht. Die Informationswege von unten nach oben sind häufig verstopft, wichtige Informationen von unten bleiben auf dem Informationsweg stecken oder erreichen die Entscheidungsträger oft zu spät.

Beispiel: Weisungs- und Informationsweg im Autohaus Köppel

Will im Autohaus der Leiter des Rechnungswesens, Ben Löppel, erreichen, dass er die Lohnscheine der Werkstattmitarbeiter zwecks Lohnabrechnung schneller erhält, so muss er sich zuerst an die Leitung der Verwaltung wenden (Informationsweg), die Verwaltungsleitung leitet dann diesen Wunsch an die Unternehmensleitung weiter. Diese weist den Kundendienstleiter, Herrn Daniel Gorges an, das Anliegen von Ben Löppel der Werkstattleitung mitzuteilen (Weisungsweg). Erst dann kann der verantwortliche Werkstattleiter seinen Gesellen entsprechende Anweisungen geben.

Vor- und Nachteile des Einliniensystems	
Vorteile	Nachteile
• eindeutige Anordnungsbefugnis • keine Kompetenzstreitigkeiten • erleichterte Kontrolle	• Überlastung der Führungsspitze • Gefahr von Fehlentscheidungen, da der Führung Detailkenntnisse fehlen • Informationsverluste aufgrund langer Dienstwege (Schwerfälligkeit)

Mehrliniensystem – wer kommt zuerst?

Bekommt eine Stelle von mehreren übergeordneten Stellen Anweisungen, so handelt es sich um ein **Mehrliniensystem** oder Funktionalsystem. Jede Abteilung kann entsprechend ihrer Funktion (Aufgabe), auf die sie spezialisiert ist, jeder anderen „nachgeordneten" Abteilung Weisungen erteilen und Meldungen entgegennehmen.

Beispiel: Mehrliniensystem

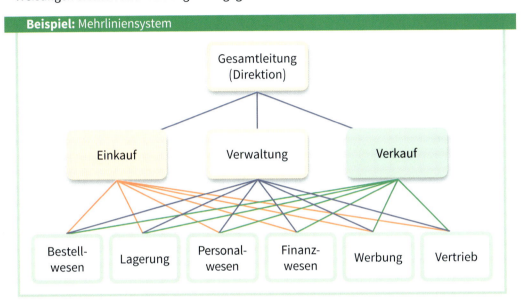

Beim Mehrliniensystem wird der Grundsatz der einheitlichen Auftragserteilung aufgegeben und durch den *Grundsatz der Arbeitsteilung* (Spezialisierung) ersetzt. Gegenüber dem Einliniensystem sind die Vorgesetzten jetzt fachlich nicht mehr überfordert. Die Mitarbeiter haben jedoch mehrere Vorgesetzte und wissen nicht, wessen Weisungen sie zuerst ausführen sollen. Die Vorgesetzten haben nur einen unzureichenden Überblick über den Auslastungsgrad ihrer Mitarbeiter.

Beispiel

Der Personalabteilung wird die Weisungsbefugnis gegenüber allen Mitarbeitern erteilt, wenn es um Fragen der Lohnabrechnung, Arbeitszeit, Überstundenbezahlung oder der Urlaubseinteilung geht. Die Mitarbeiter/-innen sind in diesen Fällen nicht nur ihrer Abteilungsleitung unterstellt, sondern auch an die Anordnungen der Personalleitung gebunden.

Stabliniensystem – Stab kontra Linie?

Aus dem Versuch, die Vorteile des Einlinien- und Mehrliniensystems miteinander zu verbinden, hat sich das **Stabliniensystem** entwickelt.

Die fachliche Kompetenz der Geschäftsleitung und einzelner Hauptabteilungen wird verbessert, indem diesen Spezialisten (z. B. Juristen, Organisatoren, EDV- oder IT-Fachleute) Berater, sogenannte **Stäbe bzw. Leitungshilfsstellen**, zur Seite gestellt werden. Die Entscheidungen werden dadurch verbessert und beschleunigt, ohne dass die Instanz zusätzlich belastet wird. Die systematische Entscheidungsvorbereitung obliegt den Stabsstellen, die Entscheidung selbst trifft die Linienstelle. Sie hat damit die letzte Verantwortung. Die Stäbe haben keine Weisungsbefugnis. Somit ist sowohl der Grundsatz der einheitlichen Auftragserteilung als auch der Grundsatz der Arbeitsteilung (Spezialisierung) erfüllt.

Beispiel: Stabliniensystem

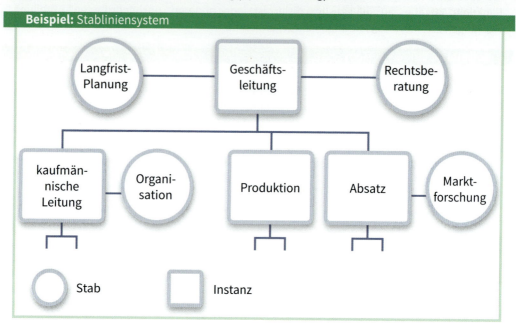

In der Praxis entsteht die Gefahr, dass die Stäbe aufgrund ihrer **Expertenmacht** die eigentlichen Entscheidungsträger sind. Die Linienstellen sind dann nur noch Marionetten der Stäbe und treffen allenfalls noch Ja-/Nein-Entscheidungen, da sie die immer schwieriger werdenden Entscheidungssituationen nicht mehr überblicken. Es kann auch dazukommen, dass Vorschläge der Stäbe von den Linienmanagern abgeblockt werden, da sie als praxisfremd (Experten sind meist Akademiker ohne genügend Linienerfahrung) oder auch als Bedrohung und Einmischung angesehen werden, wenn sie eingefahrene Verhaltensweisen infrage stellen (sog. Stab-Linien-Konflikt).

1.2.5 Projektorganisation – Teams auf Zeit

Reibungsverluste und Kosten wären unvertretbar hoch, wenn bei allen Abstimmungsfragen immer der vorgeschriebene Dienstweg eingehalten würde. Moderne Leitungssysteme zeichnen sich durch kurze Kommunikationswege aus. Eine solche **flache Hierarchie** (Lean Management) bewirkt eine bessere Flexibilität gegenüber Neuerungen und Änderungen durch die höhere Kommunikationsdichte und die größere Marktnähe aller Abteilungen. Die Zahl der Mitarbeiter, die einer Instanz unterstellt sind, die **Kontrollspanne**, wird dadurch größer. Das bleibt jedoch ohne Nachteile, da die persönliche Anweisung der Mitarbeiter aufgrund der Vernetzung aller Abteilungen durch die computergestützte Sachbearbeitung in Teams immer unwichtiger wird. Auf Abteilungsleiter- und Teambesprechungen werden Abstimmungsprobleme und Konflikte zwischen den Abteilungen bzw. Teams geklärt.

Schwierige abteilungs- und funktionsübergreifende Aufgaben (**Projekte**) werden durch Arbeitsgruppen (**Teams**) gelöst, die für eine bestimmte Zeit zusammengestellt werden und die sich aus Mitarbeitern aus allen für das Projekt bedeutsamen Abteilungen (auch aus unterschiedlichen hierarchischen Ebenen) zusammensetzen. Zur Erfüllung ihrer Aufgabe erhalten die Teams zeitlich und sachlich begrenzte Weisungsbefugnisse. Wenn das Projekt beendet ist, kehren die Teammitglieder wieder an ihren ursprünglichen Arbeitsplatz zurück.

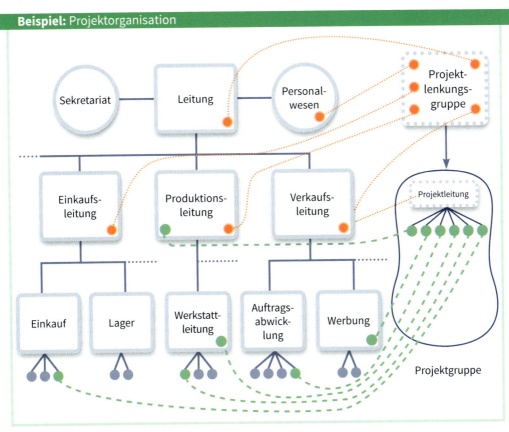

Beispiel: Projektorganisation

Da in Projektgruppen Mitarbeiter aus unterschiedlichen Abteilungen und Hierarchieebenen zusammenarbeiten, kann in den Entscheidungsprozess das unterschiedlichste Fachwissen einfließen. Dadurch werden Kreativität und Fantasie gefördert und Abteilungsegoismus und „Scheuklappendenken" verhindert. Projektteams bereiten Entscheidungen lediglich vor und lösen sich danach wieder auf. Sie sind daher mit Stäben vergleichbar. Die Entscheidung selbst und deren Durchführung obliegt den Linienstellen.

Projektgruppen sollten nicht mit **Ausschüssen** verwechselt werden. Während Projektgruppen für relativ kurze Zeit (bis das Problem gelöst ist) tätig sind, werden Ausschüsse meist für längere Zeit eingerichtet. Die Arbeit in den Ausschüssen erfolgt jedoch unregelmäßig. Die Ausschussmitglieder kommen bei Bedarf zusammen und sind nebenamtlich tätig (z. B. Prüfungsausschüsse der Kammern, die den praktischen Teil der Abschlussprüfung abnehmen).

1.2.6 Informelle Organisation – wer kennt wen?

In Organisationen werden Menschen für gewöhnlich bestimmten Abteilungen zugeordnet. Dieser schriftlich festgelegte, aus dem Unternehmensziel abgeleitete Aufbau eines Unternehmens wird als **formelle Organisation** bezeichnet. Gruppen, die sich aus der organisatorischen Gliederung ergeben, heißen formelle Gruppen (z. B. Mitarbeiter einer Abteilung). Sie sind bewusst geplant und dienen der Aufgabenerfüllung.

Neben den formell geplanten Beziehungen können in Arbeitssituationen auch nicht vorgesehene Kontakte, sogenannte **informelle Beziehungen,** auftreten. Sind solche informellen Gruppen netzwerkartig über sämtliche Abteilungen des Betriebs hinweg miteinander verbunden, dann spricht man von der **informellen Organisation**.

Informelle Gruppen bilden sich weniger aufgrund der gemeinsamen Arbeit, sondern eher aufgrund gemeinsamer **persönlicher Interessen** und **Sympathiegefühle**. So bilden sich informelle Beziehungen durch

- Aufenthalt in Gemeinschaftsräumen, z. B. im Multifunktionsraum des Kombibüros; in den Toiletten, beim Kopiergerät, bei der Kaffeemaschine; in Raucherecken treffen sich flüchtige Gruppen und „Korridor-Politiker" zum Klatsch;
- alte Freundschaften (Schule, Studentenverbindung, Bundeswehr, ehemalige Nachbarschaft usw.); diese alten Freunde sind in den verschiedensten Teilen des Unternehmens tätig und treffen sich regelmäßig zum Mittagessen;
- Mitgliedschaft im gleichen Verein (Sport-, Musik-, Reservistenverein usw.);
- Teilnahme an Betriebsausflügen, betrieblichen Sportgemeinschaften (Kegel-, Fußballmannschaften usw.) oder Fortbildungslehrgängen;
- gemeinsame Religionszugehörigkeit (vor allem bei wenig verbreiteten Religionsgemeinschaften);
- Wohnen im selben Wohngebiet, Fahrgemeinschaften usw.

Offensichtlich erfüllt die informelle Organisation eine Reihe menschlicher Bedürfnisse, die von der formellen Organisation vernachlässigt werden. So kann die informelle Organisation der offiziellen Organisation entgegenarbeiten, wenn der **informelle Führer** über mehr Autorität, Experten-, Belohnungs-, Zwangs- oder Vorbildmacht verfügt als die/der formelle Vorgesetzte.

Der Widerstreit zwischen formeller und informeller Organisation kann verschiedene Formen annehmen:

- Bestimmten Leuten wird der Zugang zu wichtigen Informationen versperrt, sie werden systematisch „kaltgestellt" (Mobbing),
- Verlangsamung des Arbeitstempos (Dienst nach Vorschrift),
- Zurückhalten von benötigtem Material bzw. Informationen,
- Vandalismus, Sabotage usw.

Informelle Gruppen können aber auch ein schwächeres Mitglied „mittragen". Günstlingswirtschaft, Bevorzugung, Trittbrettfahrer und „Amtsmissbrauch" werden von informellen Gruppen streng beobachtet. Die informelle Organisation kann die formelle Organisation ergänzen und Führungskräften Informationen zuspielen sowie Sachkenntnisse liefern, die diesen fehlen. Für eine Führungskraft ist diese Abkürzung des Informationswegs von unschätzbarem Wert, vor allem dann, wenn sie sich erst in eine Position hineinfinden muss. Manche Vorgänge werden durch informelle Beziehungen schneller erledigt, als es durch offizielle Kanäle möglich wäre.

1.3 Vertretungsmacht – Entlastung und Motivation

EINSTIEGSSITUATION

Der Leidende: „Alles muss man selbst machen!"

1. Wie könnte der „Leidende" entlastet werden. Machen Sie Vorschläge.
2. „Endlich geschafft!" Annika Fink, Neuwagenverkäuferin im Autohaus Köppel, hat soeben ein Angebot über vier Neuwagen Phantasia-Kombi fertiggestellt. Es muss unbedingt heute noch an den Firmenkunden, die Gabelstapler GmbH geschickt werden. „Ach du meine Güte! Wer unterschreibt mir jetzt den Brief? War etwa die ganze Hektik umsonst?" Ihre Vorgesetzte, Laura Tannert, ist bis nächste Woche auf einem Führungsseminar.
   - Darf Annika Fink den Brief selbst unterschreiben und abschicken?
   - Machen Sie einen sinnvollen Lösungsvorschlag für diese Situation.

Die betriebliche Arbeitsteilung bringt es mit sich, dass der Unternehmer Verantwortung auf seine Mitarbeiter übertragen muss. Dadurch entlastet er sich selbst und motiviert gleichzeitig seine Mitarbeiter.

Die Vertretungsmacht erlaubt es dem Bevollmächtigten, Willenserklärungen im Namen des Vertretenen abzugeben, die *für oder gegen den Vertretenen* wirken können (BGB § 164).

Für die Vertretung in einem Handelsgewerbe enthält das HGB (§ 48 ff.) genaue Regelungen. Das Handelsrecht unterscheidet zwischen **Handlungsvollmacht** und **Prokura**.

Bestimmte Personen werden durch Gesetze zur Vertretung bestimmt. Sie heißen daher **gesetzliche Vertreter**.

> **Beispiel**
>
> Elterliche Sorge von Vater und Mutter für das minderjährige Kind (BGB § 1626); Vertretung der Aktiengesellschaft durch den Vorstand (AktG § 78).

Davon zu unterscheiden sind die Bevollmächtigten, die ihre Vollmacht durch ein Rechtsgeschäft (Willenserklärung) des Vollmachtgebers erhalten. Sie sind **rechtsgeschäftliche Vertreter**.

1.3.1 Handlungsvollmacht – nur für gewöhnliche Rechtsgeschäfte

Nach dem Umfang werden drei Arten von Handlungsvollmachten unterschieden (HGB § 54):

Arten der Handlungsvollmacht	
allgemeine Handlungsvollmacht (Generalvollmacht)	höchste Vollmacht; Vertretungsmacht für **alle gewöhnlichen Geschäfte** eines bestimmten Handelsgewerbes (HGB § 54)
Artvollmacht	Vollmacht, eine **bestimmte Art von Geschäften** und Rechtshandlungen regelmäßig vorzunehmen (z. B. Einkäufer, Buchhalter)
Einzel- bzw. Sonder- oder Spezialvollmacht	Vollmacht, ein **einzelnes Rechtsgeschäft** einmalig vorzunehmen (z. B. Botengang, Quittierung einer Zahlung)

Für die Erteilung von Vollmachten gibt es **keine Formvorschrift**. Die allgemeine Handlungsvollmacht kann nur vom Geschäftsinhaber oder seinem gesetzlichen Vertreter (z. B. Gesellschafterversammlung) erteilt werden. Bevollmächtigte können wiederum **Untervollmachten** erteilen. So kann ein Mitarbeiter mit allgemeiner Handlungsvollmacht innerhalb seines Verantwortungsbereichs Art- und Einzelvollmachten erteilen.

> **Beispiel**
>
> Die kaufmännische Leiterin eines Handelsbetriebs kann eine Verkaufskraft einstellen. Der Kassierer kann einen Auszubildenden zur Bank schicken, um Wechselgeld zu holen.

Zur Veräußerung und Belastung von Grundstücken, zur Eingehung von Wechselverbindlichkeiten, zur Aufnahme von Darlehen und zur Prozessführung ist der Handlungsbevollmächtigte nur ermächtigt, wenn ihm eine **besondere Befugnis** erteilt worden ist. Sonstige **Beschränkungen** der Handlungsvollmacht sind Dritten gegenüber nur wirksam, wenn diese sie kannten oder kennen mussten.

Handlungsbevollmächtige unterzeichnen **Geschäftsbriefe** mit einem Zusatz, der das Vollmachtsverhältnis ausdrückt, z. B. mit „i. A." (im Auftrag) oder „i. V." (in Vollmacht) vor der Unterschrift (HGB § 57).

Die Einzelvollmacht erlischt mit der Erledigung des Auftrags. Die Artvollmacht und die allgemeine Handlungsvollmacht erlöschen durch formlosen Widerruf.

1.3.2 Prokura – auch für außergewöhnliche Rechtsgeschäfte

Die Prokura[1] ist die höchste Vertretungsmacht, die einem Mitarbeiter übertragen werden kann. Deshalb ist sie nur besonders vertrauenswürdigen und gewissenhaften Mitarbeitern vorbehalten.

Die Prokura ermächtigt zu allen Arten von gerichtlichen und außergerichtlichen Geschäften und Rechtshandlungen, die der Betrieb eines Handelsgewerbes mit sich bringt (HGB § 48).

Arten der Prokura	
Einzelprokura (HGB § 49)	Ein **einzelner Prokurist** hat allein die Vertretungsmacht für alle gerichtlichen und außergerichtlichen Geschäfte eines Handelsgewerbes (höchste Prokura).
Filialprokura (HGB § 50)	Die Prokura beschränkt sich auf **eine von mehreren Niederlassungen** des Geschäftsinhabers. Die Firmen der Zweigniederlassungen müssen sich wenigstens durch einen Zusatz unterscheiden (z. B. Filiale Bergheim).
Gesamtprokura (HGB § 48)	Die Prokura wird an **mehrere Personen gemeinschaftlich** erteilt. Die Prokuristen handeln und unterschreiben Geschäftsbriefe gemeinsam (niedrigste Prokura).

Die Prokura kann nur von Kaufleuten[2] (Geschäftsinhaber bzw. Gesellschafterversammlung) und nur durch **ausdrückliche Erklärung** erteilt werden (HGB § 48). Der Geschäftsinhaber muss die Prokura zur **Eintragung ins Handelsregister** (siehe Seite 53 f.) anmelden (HGB § 53). Die Prokura entsteht jedoch bereits mit der Erklärung des Inhabers.

Prokuristen unterzeichnen **Geschäftsbriefe** mit einem Zusatz, der die Prokura andeutet, z. B. mit „pp." oder „ppa." (per procura) vor der Unterschrift (HGB § 51).

Unterzeichnung bei den verschiedenen Arten der Prokura		
Einzelprokura	Gesamtprokura	Filialprokura
... Mit freundlichen Grüßen Autohaus Köppel GmbH ppa. *Pletz*	... Mit freundlichen Grüßen Autohaus Köppel GmbH ppa. *Pletz* ppa. *Tannert*	... Mit freundlichen Grüßen Autohaus Köppel GmbH Filiale Brandenburg ppa. *Pletz*

Zur Veräußerung und Belastung von Grundstücken ist der Prokurist nur ermächtigt, wenn ihm diese Befugnis besonders erteilt worden ist (HGB § 49). Eine weitere **Beschränkung des Umfangs der Prokura ist Dritten gegenüber unwirksam** (HGB § 50).

---

1 procurare (lat.) = besorgen, verwalten
2 Begriff der Kaufleute, siehe Seite 51 f.

> **Beispiel**
>
> Die Gesellschafterversammlung des Autohauses Köppel erteilt der Verkaufsleiterin Laura Tannert Einzelprokura mit der Einschränkung, dass sie bei allen Geschäften, deren Umfang 50 000,00 € überschreitet, die Erlaubnis der Geschäftsleitung einholen muss. Sie schließt mit dem Firmenkunden Gabelstapler GmbH einen Kaufvertrag über zehn Neufahrzeuge im Wert von 300 000,00 € ab. Die Finanzierung ist nicht gesichert. Der Vertrag ist gegenüber der Gabelstapler GmbH rechtswirksam, auch wenn Laura Tannert die Geschäftsleitung nicht um Erlaubnis gefragt hat. Die Geschäftsleitung kann gegen die Prokuristin nur im Innenverhältnis vorgehen.

Die Prokura ist nicht übertragbar und erlischt durch Widerruf seitens des Inhabers, durch Ausscheiden des Prokuristen aus dem Unternehmen oder durch Auflösung des Unternehmens. Das Erlöschen der Prokura ist zur Eintragung ins Handelsregister anzumelden (HGB § 53). Zu beachten ist, dass die Prokura durch den Tod des Inhabers nicht erlischt (HGB § 52).

Für folgende Rechtshandlungen kann weder eine Handlungsvollmacht noch eine Prokura erteilt werden, da sie allein **dem Inhaber vorbehalten** sind: Steuererklärungen für das Unternehmen und für sich selbst unterzeichnen, Bilanz unterschreiben, Prokura erteilen, Gesellschafter aufnehmen, Eintragungen zum Handelsregister anmelden, Unternehmen veräußern, Eid leisten.

1.4 Rechtsformen von Kraftfahrzeugbetrieben

> **EINSTIEGSSITUATION**
>
> Der Kfz-Geselle Niclas Koltes und der Auszubildende zum Automobilkaufmann, Carl Löffler, unterhalten sich im Pausenraum über eine Anzeige in der Tageszeitung:
>
> > Wegen Geschäftserweiterung sucht erfolgreiche Kfz-Werkstatt
> >
> > **eine/-n geeignete/-n Geschäftspartner/-in**
> >
> > mit Erfahrung in der Kfz-Branche.
> >
> > Zuschriften an: Kfz-Werkstatt Rolf Weber e. K. Am Brunnen 2, 54294 Trier
>
> Carl: „Schau mal! Hast du das schon gelesen?"
> Niclas: „Du meinst die Anzeige der Kfz-Werkstatt Weber?"
> Carl: „Das wär' doch was für dich! Du machst doch gerade deinen Meisterkurs. Der ist doch bald fertig."
> Niclas: „Ja, in drei Monaten ist die Meisterprüfung. Das wäre schon eine gute Gelegenheit, auf eigenen Beinen zu stehen. Keinen Chef über mir. Wäre nicht schlecht. In unserem Betrieb gehöre ich ja schon bald zum Inventar."

Carl: „Erfahrung hast du ja. Der Meisterbrief kann auch nicht schaden. Was überlegst du da eigentlich noch?"

Niclas: „Langsam, langsam. Als Geschäftspartner brauchst du eine Menge Kohle. Das wird auch der Grund sein, weshalb der Weber einen Kompagnon sucht."

Carl: „Kohle hast du ja, denk mal an die 30 000,00 €, die deine Eltern dir zum Meisterbrief vermachen wollen. Das müsste doch reichen! Sei kein Frosch, Niclas, nur wer was wagt, der gewinnt!"

Niclas: „Du mit deinen schlauen Sprüchen! Weißt du eigentlich, was es heißt, selbstständig zu sein? Kein Feierabend, ein Haufen Rechtskram, Steuerbescheide jeden Tag. Was heißt eigentlich die Abkürzung e. K. hinter dem Namen von Rolf Weber? Der wird doch nicht schon in Konkurs gehen?"

Carl: „Das haben wir schon in der Schule gehabt. Die Abkürzung bedeutet ‚eingetragener Kaufmann'. Das bedeutet, dass der Weber noch keinen Mitgesellschafter hat. Mensch, da streichst du ja die Hälfte des Gewinns ein. Da kannst du dir bald ein nagelneues Sportcabrio leisten."

Niclas: „Das würde mir schon zustehen. Ich werde mal ein Schreiben aufsetzen. Mehr als eine Absage kann ich ja nicht bekommen."

Carl: „Dein Sportcabrio darf ich dann auch mal ausleihen. Schließlich kam der Tipp von mir! An deiner Stelle würde ich mir schon mal Gedanken machen, wie der Gesellschaftsvertrag mit Rolf Weber aussehen könnte. Ich bringe dir morgen das Handelsgesetzbuch mit. Ich wünsche dir schon heute viel Spaß bei der Lektüre …"

1. Suchen Sie Gründe, die den Einzelunternehmer Rolf Weber bewogen haben, einen Geschäftspartner bzw. eine Geschäftspartnerin zu suchen.
2. Welche Probleme könnten durch ein gemeinschaftliches Unternehmen entstehen?
3. Entwerfen Sie einen Gesellschaftsvertrag, der die wichtigsten Probleme regelt. Nehmen Sie das Handelsgesetzbuch zu Hilfe (insbesondere die §§ 8 ff., 17 ff. und 105 ff. HGB).

1.4.1 Handelsrechtliche Grundlagen – Kaufleute, Firma und Handelsregister

Kaufleute

Zu den **Kaufleuten** gehört, wer ein Handelsgewerbe betreibt. Als Handelsgewerbe *gilt jeder Gewerbebetrieb*, es sei denn, dass das Unternehmen nach Art und Umfang einen in *kaufmännischer Weise eingerichteten Geschäftsbetrieb* nicht erfordert (HGB § 1).

Gewerbe ist jede berufsmäßige und von der *Absicht dauernder Gewinnerzielung beherrschte selbstständige Geschäftstätigkeit* auf wirtschaftlichem Gebiet. Die sogenannten freien Berufe (Rechtsanwälte, Steuerberater, Ärzte usw.) fallen nicht darunter.

Ob ein in **kaufmännischer Weise eingerichteter Geschäftsbetrieb** erforderlich ist, hängt im Einzelfall von der Gesamtbetrachtung verschiedener Merkmale wie Höhe des Umsatzes und des Kapitals, Anzahl der Kunden und Mitarbeiter, Angebotspalette von Waren und Leistungen,

Anzahl der Betriebsstätten, Vorhandensein einer kaufmännischen Buchführung oder von Auslandsgeschäften ab.

Gewerbetreibende, die sich der Strenge des Handelsrechts entziehen wollen, müssen darlegen und beweisen, dass sie keinen kaufmännisch eingerichteten Geschäftsbetrieb benötigen. Gelingt ihnen dies, dann sind sie **Kleingewerbetreibende**, die nicht den Vorschriften des HGB unterliegen. Gelingt ihnen dies nicht, dann sind sie **Kaufleute kraft Gewerbebetriebs (Istkaufleute** nach § 1 HGB) und damit zur Eintragung ins Handelsregister verpflichtet [1].

Kleingewerbetreibende können die Kaufmannseigenschaft durch freiwillige Eintragung ihres Betriebs ins Handelsregister erwerben (**Kannkaufleute** nach § 2 HGB). Sie können die Eintragung wieder rückgängig machen und wieder den Status eines Nichtkaufmanns erlangen, da sie keine kaufmännische Einrichtung haben. *Land- und forstwirtschaftliche Unternehmen* mit kaufmännischer Einrichtung können sich ebenfalls freiwillig eintragen lassen und werden dann zu Kaufleuten (**Kannkaufleute** nach § 3 HGB), obwohl sie nicht zu den Gewerbebetrieben zählen, da ihnen die Absicht dauernder Gewinnerzielung fehlt. Im Gegensatz zu den Kleingewerbetreibenden können Land- und Forstwirte mit kaufmännischer Einrichtung ihre Eintragung in das Handelsregister nicht mehr rückgängig machen.

Juristischen Personen[2] kann die Kaufmannseigenschaft durch ein Gesetz beigelegt werden, und zwar unabhängig vom Gegenstand und der Gewinnabsicht des Unternehmens. Sie gelten aufgrund ihrer Rechtsform als Handelsgesellschaften, werden also **Kaufleute kraft Rechtsform** (**Formkaufleute** nach § 6 HGB). Dies gilt vor allem für Kapitalgesellschaften wie die Gesellschaft mit beschränkter Haftung (GmbH) und die Aktiengesellschaft (AG).

> **Beispiel**
>
> Die Aktiengesellschaft gilt als Handelsgesellschaft, auch wenn der Gegenstand des Unternehmens nicht im Betrieb eines Handelsgewerbes besteht (§ 3 AktG).

Als **Sonderfälle** gelten Handelsvertreter, Handelsmakler, Kommissionäre, Spediteure, Lagerhalter und Frachtführer. Die sie betreffenden Vorschriften des Handelsrechts gelten unabhängig davon, ob sie im Handelsregister eingetragen sind. Sie sind keine Kaufleute, sondern werden allgemein als Gewerbetreibende bezeichnet.

---

1 Für Istkaufleute, die der Eintragungspflicht nicht nachkommen, gilt das Handelsrecht trotzdem im vollen Umfang.

2 **Juristische Personen** sind künstliche Rechtsgebilde in Form von Personenvereinigungen oder Vermögensmassen. Im Gegensatz zu den natürlichen Personen (Menschen) erlangen juristische Personen ihre Rechtsfähigkeit durch die Eintragung in ein öffentliches Register (z.B. Handels-, Vereinsregister) bzw. durch Gesetz oder Verwaltungsakt.

Firma

Die **Firma** ist der *Geschäftsname eines Kaufmanns*, unter dem er seine Handelsgeschäfte betreibt und seine Unterschriften abgibt (§ 17 HGB). Die Firma muss zur Kennzeichnung des Kaufmanns geeignet sein und *Unterscheidungskraft* besitzen und darf keine Zusätze enthalten, die eine Täuschung über Art und Umfang des Geschäfts herbeiführen (HGB § 18).

Arten der Firma	
Personenfirma	Namen eines Gesellschafters bzw. mehrerer Gesellschafter; z. B. „Bernd Müller KG", „Conny Meinrad GmbH"
Sachfirma	Unternehmenszweck ist sichtbar; z. B. „Maschinenbau AG"
Fantasiefirma	z. B. „42 Plus KG", „BayWatchers AG", „Bingo GmbH"
Mischfirma	z. B. „Müller Mobilfunk e. K.", „42 Plus Software KG"

Die Firma muss einen **Zusatz** enthalten, der die Rechtsform angibt (HGB § 19), z. B. Müller e. K. („eingetragener Kaufmann" bei Einzelunternehmen), Bingo AG (Aktiengesellschaft), Hard- und Software KG (Kommanditgesellschaft), Maschinenfabrik Maier GmbH (Gesellschaft mit beschränkter Haftung).

Firmengrundsätze	
Firmenausschließlichkeit	Eine neue Firma muss sich von den am Ort bereits bestehenden unterscheiden (§ 18 Abs. 1 HGB).
Firmenwahrheit	Der Name darf keine falschen Tatsachen über Art und Umfang des Betriebs vortäuschen (§ 18 Abs. 2 HGB).
Firmenbeständigkeit	Die Firma ist nicht ohne das zugehörige Handelsgeschäft veräußerbar, ein Erwerber kann die bisherige Firma fortführen, wenn der bisherige Inhaber einverstanden ist (HGB §§ 22, 24).
Firmenöffentlichkeit	Jeder Kaufmann muss seine Firma, den Ort (Sitz) und die inländische Geschäftsanschrift in das Handelsregister eintragen lassen (§ 29 HGB). Auf allen **Geschäftsbriefen des Kaufmanns,** die an einen bestimmten Empfänger gerichtet sind, müssen seine Firma, der Rechtsformzusatz, der Ort seiner Handelsniederlassung, das Registergericht und die Nummer, unter der die Firma in das Handelsregister eingetragen ist, angegeben werden (§ 37a HGB).

Handelsregister

Das Handelsregister ist ein **öffentliches, elektronisch geführtes Verzeichnis aller Kaufleute**, das vom Amtsgericht geführt wird (§ 8 HGB). Das Handelsregister teilt sich in zwei **Abteilungen**. Die Abteilung A (HRA) ist für Einzelunternehmen und Personengesellschaften zuständig, die Abteilung B (HRB) für Kapitalgesellschaften.

Lernfeld 1

Folgende **Tatsachen** werden im Handelsregister eingetragen: Firma, Sitz der Gesellschaft bzw. Ort der Niederlassung, Gegenstand des Unternehmens, Höhe des Kapitals bei Kapitalgesellschaften, Geschäftsinhaber bzw. persönlich haftender Gesellschafter bzw. Vorstand oder Geschäftsführer, Prokura, sonstige Rechtsverhältnisse (z. B. Kapitalanteile der Kommanditisten einer KG, Beginn der Gesellschaft, Einrichtung einer Zweigniederlassung).[1]

Die Eintragungen des Handelsregisters haben vielfach nur *rechtsbezeugende* (deklaratorische) Wirkung, das heißt, die ins Register aufgenommenen Tatbestände werden durch die Eintragung lediglich öffentlich bekannt gemacht, sind aber auch unabhängig davon schon rechtswirksam. Dies gilt z. B. für die Eigenschaft als Istkaufmann oder die Eintragung einer Prokura. Manche Tatbestände werden dagegen erst durch die Aufnahme ins Handelsregister rechtswirksam, sodass die Eintragung *rechtserzeugende* (konstitutive) Wirkung hat. Formkaufleute, z. B. Kapitalgesellschaften (GmbH, AG) entstehen erst durch die Eintragung.

> **Beispiel:** Handelregister-Auszug Abteilung A (Auto-Berger KG) und Abteilung B (Autohaus Köppel GmbH)

Amtsgericht Trier   HR A 55

Nummer der Eintragung	a) Firma b) Ort der Niederlassung (Sitz der Gesellschaft) c) Gegenstand des Unternehmens (bei juristischen Personen)	Geschäftsinhaber Persönlich haftende Gesellschafter Geschäftsführer Abwickler	Prokura	Rechtsverhältnisse	a) Tag der Eintragung b) Bemerkungen
1	2	3	4	5	B
1	a) Auto-Berger KG b) Trier	Eva Berger, Trier Janine Wenzel, Trier	Einzelprokura: Gertrud Lorenz, Trier	Kommanditgesellschaft Kommanditistin Elli Kuhn, geb. Köppf, in Berlin mit einer Einlage von 100 000 EUR.	a) 5. März 2007

Amtsgericht Trier   HR B 33345

Nr. der Eintragung	a) Firma b) Sitz c) Gegenstand des Unternehmens	Grund- oder Stammkapital EUR	Vorstand Persönlich haftende Gesellschafter Geschäftsführer Abwickler	Prokura	Rechtsverhältnisse	a) Tag der Eintragung b) Bemerkungen
1	2	3	4	5	6	7
1	a) Autohaus Köppel GmbH b) Trier c) Handel mit Neuwagen der Cars Best Ltd., USA, Handel mit Kfz-Teilen und Gebrauchtfahrzeugen, Reparaturen	700 000 EUR	Geschäftsführer: Nora Köppel Matti Köppel	Einzelprokura: Andreas Pletz Gesamtprokura: Laura Tannert gemeinsam mit Einzelprokurist Andreas Pletz	Gesellschaft mit beschränkter Haftung. Der Gesellschaftsvertrag ist am 19.08.1982 abgeschlossen. Die Gesellschaft wird vertreten, wenn mehrere Geschäftsführer vorhanden, durch zwei Geschäftsführer oder durch einen Geschäftsführer und einem Einzelprokuristen.	a) 28. August 1982

Die **Einsicht** ins Handelsregister ist jedem gestattet (HGB § 9). Alle Tatsachen, die im Handelsregister eingetragen und bekannt gemacht worden sind, muss ein Dritter gegen sich gelten lassen (**öffentlicher Glaube** des Handelsregisters). Das gilt auch für den Fall, dass die Eintragungen unrichtig sind (HGB § 15).

---

[1] Im zentralen **Unternehmensregister** sind alle Unternehmensdaten online unter www.unternehmensregister.de abrufbar.

1.4.2 Bestimmungsgründe für die Wahl der Rechtsform

Die **Rechtsform** ist der rechtliche Rahmen, in dem sich ein Betrieb bewegt. Unsere Rechtsordnung eröffnet den Unternehmen eine Vielzahl von Rechtsformen und überlässt die Entscheidung grundsätzlich den Eigentümern oder Gründern. Nach der Zahl der Gesellschafter und der Rechtsfähigkeit unterscheidet man vor allem zwischen folgenden Rechtsformen:

	Einzelunternehmen	Personen-gesellschaften	Kapital-gesellschaften
Gesellschafter	eine/-r	relativ wenige	relativ viele
Unternehmen ist	keine juristische Person	keine juristische Person	eine juristische Person
Existenz ist vom	Gesellschafterbestand abhängig		Gesellschafterbestand unabhängig
Beispiele	Einzelunternehmen	offene Handelsgesellschaft (OHG), Kommanditgesellschaft (KG)	Gesellschaft mit beschränkter Haftung (GmbH), Aktiengesellschaft (AG)

Bei Personengesellschaften stehen die **persönliche Mitarbeit** und Haftung der Eigentümer im Vordergrund, bei Kapitalgesellschaften ist die **Kapitalaufbringung** ausschlaggebend für die Wahl der Rechtsreform. Die Genossenschaft (eG) ist eine besondere Rechtsform. Bei ihr steht die gegenseitige Unterstützung der Mitglieder im Vordergrund.

Folgende Entscheidungskriterien sind für die Wahl der Rechtsform besonders wichtig:

- Kapitalaufbringung und Gründungsvoraussetzungen
- Haftung für eingegangene Schulden
- Geschäftsführung
- Vertretung
- Ergebnisverteilung

Es gibt keine Rechtsform, die auf Dauer in allen Situationen für ein Unternehmen und seine Gesellschafter die vorteilhafteste ist. Die Frage der Rechtsform stellt sich nicht nur bei der Gründung, sondern bei jeder Änderung wichtiger Entscheidungsgrundlagen (persönliche, wirtschaftliche, rechtliche und steuerliche).

1.4.3 Einzelunternehmen – alleine schalten und walten

Einen Gewerbebetrieb, dessen Eigenkapital von einer Person aufgebracht wird, die das Risiko allein trägt, bezeichnet man rechtlich als **Einzelunternehmen**.

Kapitalaufbringung und Gründungsvoraussetzungen

Der Unternehmer bringt das Eigenkapital bei der Gründung alleine auf, indem er Vermögenswerte (Sach- und Barmittel, Rechte) aus seinem privaten Bereich in das Unternehmen einbringt. Sachmittel können Grundstücke, Fahrzeuge oder Einrichtungsgegenstände sein. Bei den Rechtswerten handelt es sich um Patente oder Wertpapiere.

Die Erhöhung des Eigenkapitals ist bei dem Einzelunternehmen durch das Vermögen des Einzelunternehmers begrenzt. Eine Eigenfinanzierung erfolgt in erster Linie im Wege der Selbstfinanzierung, d. h. der Thesaurierung[1] (Wiederanlage) erzielter Gewinne.

Die Gewährung langfristiger Kredite wird häufig davon abhängig gemacht, inwieweit dem Kreditgeber gewisse Mitsprache- und Kontrollrechte eingeräumt werden.

Die **Firma des Einzelunternehmens** kann eine Sach-, Personen-, Fantasie- oder Mischfirma sein. Sie muss den Zusatz „eingetragener Kaufmann", „eingetragene Kauffrau" oder eine verständliche Abkürzung dieser Bezeichnung enthalten, z. B. „e. K.", „e. Kfr." (HGB § 19 Abs. 1 Nr. 1).

> **Beispiele**
>
> Nora & Matti Köppel e. K., Großhandel für Autos und Zubehör Köppel e. Kfm, Autohaus Köppel e. K.

---

[1] „Thesaurieren" bedeutet, die Gewinne eines Unternehmens nicht auszuschütten, sondern im Unternehmen zu belassen.

Haftung

Der Einzelunternehmer haftet für die Verbindlichkeiten seines Unternehmens grundsätzlich **alleine, persönlich** und **unbeschränkt**.

Persönliche Haftung bedeutet, dass der Einzelunternehmer auch dann noch haftet, wenn er selbst nichts mehr mit dem Unternehmen zu tun hat und ausgeschieden ist. Die Ansprüche der Gläubiger gegen den früheren Inhaber verjähren erst nach fünf Jahren, falls nicht nach den allgemeinen Vorschriften die Verjährung schon früher eintritt (HGB § 26).

Unbeschränkte Haftung heißt, dass der Einzelunternehmer nicht nur mit dem Teil seines Vermögens haftet, den er in den Betrieb eingebracht hat, sondern auch mit seinem gesamten Privatvermögen.

Die persönliche und unbeschränkte Haftung verleihen dem Einzelunternehmer eine gewisse materielle und persönliche Kreditwürdigkeit.

Geschäftsführung und Vertretung

Der Einzelunternehmer ist alleiniger Eigentümer seines Unternehmens und hat daher auch die alleinige Entscheidungsgewalt. Sie umfasst einerseits die **Geschäftsführung**, also das Recht und die Pflicht, das Unternehmen *im Inneren* zu führen, andererseits die **Vertretung** des Unternehmens *nach außen*, also Dritten (Kunden, Lieferanten usw.) gegenüber Willenserklärungen abzugeben. Die Geschicke des Betriebs sind damit unlösbar mit dem persönlichen Schicksal des Unternehmers verbunden.

Unterscheidung zwischen Geschäftsführung und Vertretung

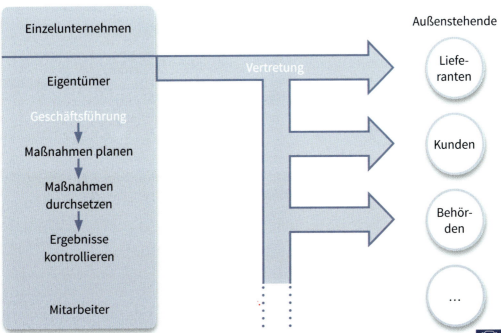

Lernfeld 1

Ergebnisverteilung

Dem Einzelunternehmer steht der Gewinn alleine zu. Er hat aber auch den Verlust alleine zu tragen. Für Chancen und Risiken ist er alleine verantwortlich.

Der Gewinn muss jedoch versteuert werden. **Einkommensteuerpflichtig** ist nicht das Einzelunternehmen, sondern die Person des Einzelunternehmers. Sein Gewinn gehört zu den Einkünften aus Gewerbebetrieb und wird nach Abzug der Sonderausgaben, der außergewöhnlichen Belastungen und Freibeträge (z. B. Kinderfreibetrag) versteuert.

Der Einzelunternehmer stellt seinen Gewinn im Rahmen seines **Jahresabschlusses** (Bilanz mit Gewinn- und Verlustrechnung) fest. Eine Vergütung für die Mitarbeit in seinem Betrieb (**Unternehmerlohn**) ist ebenso wie die Bildung einer Pensionsrückstellung für seine eigene Altersversorgung nicht als Betriebsausgabe abzugsfähig. Da das Einzelunternehmen keine juristische Person ist, können entstandene Verluste mit anderen positiven Einkünften (z. B. aus Kapitalvermögen oder Vermietung und Verpachtung) verrechnet werden.

Vor- und Nachteile des Einzelunternehmens	
Vorteile	Nachteile
• freie Entfaltungsmöglichkeiten • alleinige Entscheidungsbefugnis • schnelle Entscheidungen • keine Aufteilung des Gewinns	• begrenzte Kapitalbasis • Gefahr von Fehlentscheidungen wegen mangelnden Fachwissens • alleiniges Verlustrisiko • Schicksal des Unternehmens ist unlösbar mit der Person des Eigentümers verbunden • unbeschränkte Haftung

1.4.4 Kommanditgesellschaft – mitgegangen, aber nicht mitgehangen

Wird das Eigenkapital eines Unternehmens von zwei oder mehreren Personen aufgebracht, von denen mindestens eine Person unbeschränkt und eine Person nur mit ihrer Einlage haftet, dann liegt eine **Kommanditgesellschaft (KG)** vor (HGB § 161).

Kapitalaufbringung und Firma

Das Eigenkapital wird durch Einlage der Gesellschafter aufgebracht. Alle Teilhaber sind **Miteigentümer** des Unternehmens und damit am tatsächlichen Betriebsvermögen beteiligt. Ein Mindestkapital ist gesetzlich nicht festgelegt.

Die weitere Kapitalzufuhr ist wie bei dem Einzelunternehmen geregelt: Einbehalten erzielter Gewinne, Kapitalerhöhung durch Erhöhung vorhandener Einlagen oder Aufnahme neuer Gesellschafter oder durch Aufnahme von Fremdkapital. Die Rechtsform der Kommanditgesellschaft wird häufig deshalb gewählt, weil das Eigenkapital durch Einlagen erhöht werden kann, ohne dass den Kapitalgebern ein erhebliches Mitspracherecht eingeräumt werden muss.

Der Kraftfahrzeugbetrieb in der Gesamtwirtschaft

Die **Firma der KG** kann eine Sach-, Personen-, Fantasie- oder Mischfirma sein. Sie muss den Zusatz „Kommanditgesellschaft" oder eine verständliche Abkürzung dieser Bezeichnung enthalten, z. B. „KG" (HGB § 19 Abs. 1 Nr. 3).

> **Beispiele**
> Auto-Berger KG, Großhandel für Werkstattausstattungen KG, Werkstatt Berger KG

Haftung

Für die Verbindlichkeiten haften die Gesellschafter in unterschiedlichem Umfang. **Komplementäre** (Vollhafter) haften unbeschränkt, die **Kommanditisten** (Teilhafter) haften nur mit ihrer **Kommanditeinlage**. Die Höhe der Kommanditeinlage wird im Handelsregister (beim Amtsgericht) eingetragen. Solange der Kommanditist seine eingetragene Einlage nicht voll geleistet hat, haftet auch er mit seinem Privatvermögen für den ausstehenden Betrag (HGB § 176). Die ausstehende Einlage des Kommanditisten ist in der Bilanz zu aktivieren, da im Eigenkapital das gesamte einzubringende Kommanditkapital auszuweisen ist.

Jeder Komplementär haftet (nach § 128 HGB) **unbeschränkt, gesamtschuldnerisch** (solidarisch) und **unmittelbar** (direkt). *Gesamtschuldnerische Haftung* heißt, dass ein Gläubiger sich mit dem gesamten zu zahlenden Betrag an ihn wenden kann; der Komplementär kann nicht einwenden, dass er nur z. B. zur Hälfte an der KG beteiligt ist und daher auch nur für die Hälfte der Schulden einzustehen habe. Jeder Vollhafter muss für die gesamten Schulden des Unternehmens geradestehen und kann vom Gläubiger nicht verlangen, auch die anderen Gesellschafter zu verklagen, wenn er selbst verklagt wird *(solidarische Haftung)*. Dies unterscheidet die KG von der *offenen Handelsgesellschaft* (OHG), in der alle Gesellschafter unbeschränkt haften (HGB § 105 ff.). *Unmittelbare Haftung* bedeutet, dass der Komplementär einen Gläubiger nicht an seine Mitgesellschafter verweisen darf. Auch die Kommanditisten haften bis zur Höhe ihrer Einlage unmittelbar, wenn sie ihre Einlage noch nicht voll geleistet haben oder diese noch nicht im Handelsregister eingetragen ist (HGB § 171).

Ausscheidende Gesellschafter haften noch fünf Jahre für die Verbindlichkeiten, die bei ihrem Ausscheiden vorhanden waren (bei Teilhaftern auf die Einlage begrenzt) (HGB § 160).

Geschäftsführung und Vertretung

Zur Geschäftsführung sind nur die Komplementäre berechtigt und verpflichtet, und zwar jeder alleine (**Einzelgeschäftsführung**). Die Befugnisse erstrecken sich auf alle Handlungen, die der *gewöhnliche Betrieb* des Handelsgewerbes der Gesellschaft mit sich bringt (HGB § 116). *Außergewöhnliche Handlungen* (z. B. Bestellung eines Prokuristen, Auflösung des Unternehmens, Aufnahme eines neuen Gesellschafters) bedürfen der Zustimmung aller Vollhafter (Gesellschafterbeschluss). Die Kommanditisten sind von der Geschäftsführung ausgeschlossen. Sie können nur bei außergewöhnlichen Handlungen der Vollhafter widersprechen (HGB § 164).

Nach außen wird die KG durch ihre Komplementäre vertreten. Jeder Vollhafter hat **Einzelvertretungsmacht** für alle gerichtlichen und außergerichtlichen Geschäfte. Eine Beschränkung der Vertretungsmacht ist Dritten gegenüber unwirksam (HGB §§ 125, 126). Die Kommanditisten haben keine Vertretungsmacht (HGB § 170).

Ergebnisverteilung

Ist im Gesellschaftsvertrag nichts anderes vereinbart, erhalten alle Gesellschafter zunächst eine Verzinsung von 4 % auf ihren tatsächlich erbrachten Kapitalanteil. Übersteigt der Gewinn diesen Betrag, dann ist der Rest in einem **angemessenen** Verhältnis zu verteilen (HGB § 168).

Verluste sind auf die Gesellschafter in einem angemessenen Verhältnis zu verteilen. An einem Verlust ist der Kommanditist nur bis zum Betrag seines Kapitalanteils und seiner noch ausstehenden Einlage beteiligt (HGB § 167).

Eine Tätigkeitsvergütung (Unternehmerlohn) für die Vollhafter kann nicht als Betriebsausgabe Gewinn mindernd abgesetzt werden. Einkommensteuer wird von der KG nicht abgeführt, da sie nicht rechtsfähig ist. Die Gesellschafter müssen ihre Gewinnanteile selbst bei ihrer persönlichen Einkommensteuererklärung als Einkünfte aus Gewerbebetrieb angeben (siehe Einzelunternehmen).

Beispiel

Die Gewinnverteilung bei der Auto-Berger KG ist im Gesellschaftsvertrag wie folgt festgeschrieben: „Vorab erfolgt eine Kapitalverzinsung von 5 % pro Jahr. Jeder Komplementär erhält darüber hinaus eine jährliche Vergütung in Höhe von 40 000,00 €. Der Restgewinn ist auf die Gesellschafter im Verhältnis der Kapitalanteile zu verteilen." Der Gesamtgewinn beträgt in diesem Jahr 145 000,00 €.

Gesellschafter	Kapitalanteil	5 % Verzinsung	Tätigkeitsvergütung		Restgewinn	Gesamtgewinn
Berger jun. (Komplementär)	200 000,00 €	10 000,00 €	40 000,00 €	4	60 000,00 €	110 000,00 €
Ute Fusch (Kommanditistin)	50 000,00 €	2 500,00 €	–	1	15 000,00 €	17 500,00 €
Jens Flaig (Kommanditist)	50 000,00 €	2 500,00 €	–	1	15 000,00 €	17 500,00 €
Summen	300 000,00 €	15 000,00 €	40 000,00 €		90 000,00 €	145 000,00 €

145 000,00 €
− 55 000,00 €

Gründe für die Errichtung einer KG	
aus der Sicht der Komplementäre	aus der Sicht der Kommanditisten
• Erweiterung der Kapitalbasis • keine Zins- und Tilgungsverpflichtung • keine Einschränkung der Rechte der Geschäftsführung und Vertretung	• beschränkte Haftung • persönliches Interesse (Förderung des Familienbetriebs usw.) • ggf. höhere Rendite als bei anderen Kapitalanlagen

1.4.5 Gesellschaft mit beschränkter Haftung – wer hat das Sagen?

Wird das Eigenkapital eines Unternehmens durch einen oder mehrere Gesellschafter aufgebracht, von denen keiner persönlich haftet, und hat die Gesellschaft eine eigene Rechtspersönlichkeit, dann liegt eine **Gesellschaft mit beschränkter Haftung (GmbH)** vor.

Kapitalaufbringung und Gründungsvoraussetzungen

Das Eigenkapital der GmbH wird dadurch aufgebracht, dass die Gesellschafter ihre im notariellen Gesellschaftsvertrag vereinbarten **Stammeinlagen** einbringen. Jeder Gesellschafter kann bei der Gründung mehrere Stammeinlagen übernehmen, diese bestimmen seinen **Geschäftsanteil**. Die Stammeinlage jedes Gesellschafters muss auf volle Euro lauten, mindestens 1,00 € betragen und kann bei den Gesellschaftern unterschiedlich hoch sein (GmbHG § 5). Bei der Einpersonen-GmbH wird das **Stammkapital von mindestens 25 000,00 €** nur von einer Person eingebracht. In der Bilanz wird das Stammkapital als „*Gezeichnetes Kapital*" ausgewiesen. Es stellt die Summe der Nennwerte aller Geschäftsanteile dar (GmbHG § 42). Der Gesellschaftsvertrag kann bestimmen, dass die Gesellschafter im Bedarfsfall (z. B. Verlustsituation) über ihre Stammeinlage hinaus noch weitere Einzahlungen in beschränkter oder unbeschränkter Höhe im Verhältnis ihrer Geschäftsanteile zu leisten haben (GmbHG § 26, **Nachschusspflicht**).

Der Geschäftsanteil ist veräußerlich. Hierzu bedarf es jedoch der notariellen Form.

Der Gesellschaftsvertrag in notarieller Form (**Satzung**) kann bestimmen, dass die Gesellschafter im Bedarfsfall (z. B. Verlustsituation) über ihre Stammeinlage hinaus noch weitere Einzahlungen (Nachschüsse) zu leisten haben (GmbHG § 26).

Die **Firma der GmbH** kann eine Sach-, Personen-, Fantasie- oder Mischfirma sein. Sie muss den Zusatz „Gesellschaft mit beschränkter Haftung" oder eine verständliche Abkürzung dieser Bezeichnung enthalten, z. B. „GmbH", „mbH" (GmbHG § 4).

> **Beispiele**
> Nora Köppel GmbH, Großhandel für Autos und Zubehör Köppel GmbH, Autohaus Köppel GmbH

Haftung

Sind *vor der Eintragung* ins Handelsregister Geschäfte im Namen der GmbH vorgenommen worden, dann haften die Handelnden persönlich und solidarisch (GmbHG § 11). *Nach der Eintragung* gibt es **keine Durchgriffshaftung** mehr, die den Zugriff der Gläubiger auf das Vermögen der Gesellschafter ermöglichen würde.

Für Verbindlichkeiten der GmbH haftet den Gläubigern der Gesellschaft nur das **Gesellschaftsvermögen** (GmbHG § 13). Die GmbH als juristische Person wird strikt getrennt vom Vermögen ihrer Gesellschafter, die nur mit ihrer Einlage haften (Trennungsprinzip).

Wenn die Gesellschafter das Gesellschafts- mit ihrem Privatvermögen aufgrund einer undurchsichtigen Buchführung oder einer verschleierten Vermögensabgrenzung derart vermischt haben, dass unklar ist, was zum Gesellschafts- und was zum Privatvermögen gehört, dann haften sie auch mit ihrem Privatvermögen.

Geschäftsführung und Vertretung

Im Gegensatz zu einer natürlichen Person ist die GmbH als juristische Person nicht in der Lage, selbst zu handeln. Sie kann nur über ihre gesetzlich dafür vorgesehenen **Gesellschaftsorgane** handeln. Dazu gehören die Gesellschafterversammlung, der bzw. die Geschäftsführer und ggf. der Aufsichtsrat.

Gesellschafterversammlung – sie bestimmt die Geschäftsführer
Im Gegensatz zu Personengesellschaften arbeiten die Gesellschafter einer Kapitalgesellschaft in der Regel nicht selbst im Unternehmen mit. Ihre Aufgabe ist die Einzahlung ihrer Stammeinlage und die Mitwirkung an Beschlüssen der Gesellschafterversammlung. Im Einzelnen beschließt die Gesellschafterversammlung über folgende Sachverhalte (GmbHG § 46):

- Feststellung des Jahresabschlusses und der Beschluss über die Gewinnverwendung,
- Einforderung von Einzahlungen auf die Stammeinlagen,
- Rückzahlung von Nachschüssen (diese sind im Verlustfall von den Gesellschaftern zu leisten),
- Teilung sowie Einziehung von Geschäftsanteilen,
- Bestellung, Überwachung und Abberufung der Geschäftsführer sowie deren Entlastung,
- Bestellung von Prokuristen und Gesamtbevollmächtigten,
- Geltendmachung von Ersatzansprüchen gegen Geschäftsführer oder Gesellschafter sowie Vertretung der Gesellschaft in Prozessen gegen die Geschäftsführer.

Organe einer GmbH

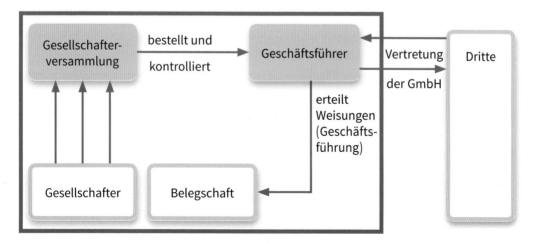

Beschlüsse werden in der Gesellschafterversammlung mit der Mehrheit der abgegebenen Stimmen gefasst. Dabei gewährt jeder Euro eines Geschäftsanteils eine Stimme (GmbHG § 47).

> **Beispiel**
>
> Ein Gesellschafter ist mit 10 000,00 € an der GmbH beteiligt. Damit hat er auf der Gesellschafterversammlung 10 000 Stimmen.

Geschäftsführer – Gesamtgeschäftsführung und Gesamtvertretung

Die Geschäftsführer führen die Geschäfte nach innen und vertreten die Gesellschaft gerichtlich und außergerichtlich nach außen. Jede Willenserklärung und Zeichnung muss durch sämtliche Geschäftsführer erfolgen (**Gesamtgeschäftsführung und Gesamtvertretung**, GmbHG § 35). Aus der Erfordernis der einheitlichen Willensbildung ergibt sich eine solidarische Verantwortlichkeit jedes einzelnen Geschäftsführers für die Geschäftsführung im Ganzen; auch wenn wegen der Größe des Geschäftsbetriebs die Geschäfte unter den Geschäftsführern aufgeteilt werden.

Im Innenverhältnis kann die Geschäftsführung und Vertretungsmacht durch Gesellschafterbeschluss auf gewisse Arten von Geschäften oder zeitlich beschränkt werden. Gegen dritte Personen, also im Außenverhältnis, haben solche Beschränkungen keine rechtliche Wirkung (GmbHG § 37).

Die Bestellung des Geschäftsführers kann durch Gesellschafterbeschluss jederzeit widerrufen werden, es sei denn, der Gesellschaftsvertrag schreibt bestimmte Widerrufsgründe vor (GmbHG § 38). In Gesellschaften mit regelmäßig über 500 Arbeitnehmern muss ein **Aufsichtsrat** vorhanden sein. Bei Gesellschaften mit über 500 bis 2 000 Arbeitnehmern ist ein Drittel der Aufsichtsratsmitglieder von der Belegschaft zu wählen (DrittelbG § 1). Bei Gesellschaften mit regelmäßig mehr als 2 000 Arbeitnehmern ist er paritätisch, d. h. je zur Hälfte von Anteilseignern und Arbeitnehmervertretern zu besetzen (MitbestG §§ 1, 7). Der Aufsichtsrat bestimmt über alle wichtigen Geschäfte mit (siehe hierzu Seite 69).

Ergebnisverteilung

Die Gesellschafter haben Anspruch auf den Jahresüberschuss (Gewinn vor der Verteilung) im **Verhältnis ihrer Geschäftsanteile** (GmbHG § 29 Abs. 3). In der Satzung kann ein anderer Maßstab festgelegt werden. Die Verlustbeteiligung ist analog geregelt. Die Entscheidung über die Gewinnverwendung (Ausschüttung oder Einbehaltung) obliegt der Gesellschafterversammlung.

> **Beispiel**
>
> Der Jahresüberschuss der Cars & Fun GmbH beträgt 200 000,00 €. Davon werden 50 000,00 € einbehalten; der Rest nach § 29 GmbHG unter den drei Gesellschaftern verteilt.

Gesellschafter	Kapitalanteil	Schlüssel	Gewinn
Krüger jun.	200 000,00 €	4	100 000,00 €
Krüger sen.	50 000,00 €	1	25 000,00 €
Fleitmann	50 000,00 €	1	25 000,00 €
Summen	300 000,00 €	6 ≙	150 000,00 €
		1 ≙	25 000,00 €

Der einbehaltene Teil des Gewinns geht in die Rücklagen der GmbH und ist mit Gewerbesteuer und 15 % **Körperschaftsteuer** belastet. Die ausbezahlten Gewinnanteile unterliegen ebenfalls dem Körperschaftsteuersatz von 15 % und beim GmbH-Gesellschafter zusätzlich der 25 %-igen Abgeltungssteuer, dessen Einkommensteuer damit abgegolten ist.

Die **Vergütung** der Geschäftsführer mindert als Betriebsausgaben den steuerpflichtigen Gewinn der GmbH: Allerdings sind unangemessen hohe Vergütungen als verdeckte Gewinnausschüttung steuerpflichtig.

GmbH & Co. KG – die Unternehmensform des Mittelstands

Die GmbH & Co. KG ist eine **Personengesellschaft** in der Rechtsform der KG, deren einzig persönlich haftende Gesellschafterin eine GmbH (Kapitalgesellschaft) ist. Die Gesellschafter der GmbH und die Kommanditisten der KG können dieselben Personen sein (**typische GmbH & Co. KG**). Bei der *atypischen GmbH & Co. KG* sind die Kommanditisten und die GmbH-Gesellschafter nicht identisch.

Die GmbH & Co. KG entsteht durch einen formlosen Gesellschaftsvertrag zwischen einer **bereits bestehenden** (und im Handelsregister eingetragenen) **GmbH** und den Kommanditisten. Die Geschäftsführung und Vertretung der GmbH & Co. KG wird regelmäßig der Komplementär-GmbH übertragen, die ihrerseits durch ihre Geschäftsführer handelt.

Diese Konstruktion ist mit zahlreichen Vorteilen verbunden:

- Der Vollhafter der GmbH & Co.KG ist unsterblich, da die Komplementär-GmbH keine natürliche Person ist, sondern eine juristische Person.
- Der Betrieb ist losgelöst vom persönlichen Schicksal seiner Eigentümer. Im Extremfall können die Geschäftsführer als Fremdgeschäftsführer weitermachen, obwohl keiner der Eigentümer mehr am Leben ist, sofern die Erben dies wollen. Die Fremdgeschäftsführer können auch jederzeit neu besetzt werden. Damit ist auch der Bestand des Betriebs im Nachfolgefall gesichert.
- Die Haftung aller Gesellschafter ist auf ihre Kapitaleinlagen begrenzt. Trotzdem wird die Kreditwürdigkeit in aller Regel höher eingestuft als bei einer „reinen" GmbH.
- Die Gesellschafter sind nicht selbst zur Mitarbeit (Geschäftsführung) verpflichtet, da die Komplementär-GmbH durch gewählte Geschäftsführer handelt.
- Eigenkapitalbeschaffung über Kommanditeinlagen ist möglich, ohne dass die „neuen" Kommanditisten Einfluss auf die Geschäftsführung der Gesellschaft ausüben können.

Der Kraftfahrzeugbetrieb in der Gesamtwirtschaft

Beispiel: Entstehung einer typischen GmbH & Co. KG

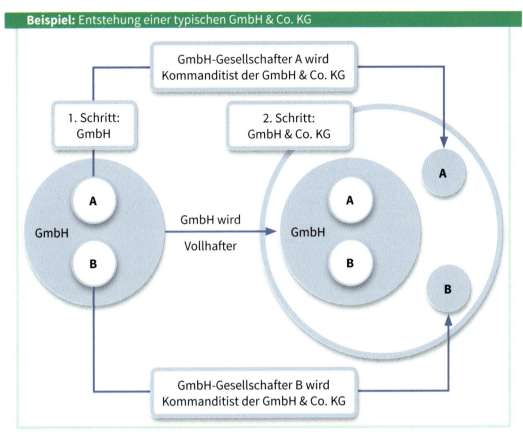

Unternehmergesellschaft (haftungsbeschränkt)

Die Unternehmergesellschaft (haftungsbeschränkt) oder kurz UG (haftungsbeschränkt) ist eine Kapitalgesellschaft und kann mit einem Startkapital zwischen 1,00 € und 24 999,00 € gegründet werden (GmbHG § 5a). Sie wird deshalb auch als Mini-GmbH oder Ein-Euro-GmbH bezeichnet. Die Anmeldung für das Handelsregister (Abteilung B) kann erst erfolgen, wenn das Stammkapital bar eingezahlt ist. Sacheinlagen sind ausgeschlossen. In der Bilanz ist eine gesetzliche Rücklage zu bilden, in die ein Viertel des Jahresüberschusses einzustellen ist. Die Rücklagepflicht endet erst, wenn ein Kapitalerhöhungsbeschluss auf 25 000,00 € vorgenommen und dieser im Handelsregister eingetragen wird. Die UG (haftungsbeschränkt) kann dann entscheiden, ob sie an der Bezeichnung UG (haftungsbeschränkt) festhält oder ob sie zur GmbH umfirmiert. Eine Umwandlung von der GmbH zur UG (haftungsbeschränkt) ist nicht möglich.

Die GmbH im europäischen Ausland

Limited (Ltd.) – Private Company Limited by Shares	Die Limited (Ltd.) ist eine Kapitalgesellschaft, deren Haftungskapital auf ein englisches Pfund begrenzt werden kann. Die Gründung der Ltd. erfolgt am Registersitz in England ohne Notar innerhalb 24 Stunden durch mindestens zwei Personen, dem Director (Geschäftsführer) und dem Secretary (Schriftführer). Der Secretary

Lernfeld 1

Limited (Ltd.) – Private Company Limited by Shares	ist die Kontaktperson für die englischen Behörden. Eine Ltd. mit Geschäftssitz in Deutschland muss in das deutsche Handelsregister eingetragen werden und Körperschaftssteuer nach deutschem Recht abführen.
Europa GmbH bzw. Europäische Privatgesellschaft (EPG)	Die Europa GmbH bzw. Europäischen Privatgesellschaft (SPE = Societas Privata Europaea) ist zz. in Planung. Viele kleine und mittlere Unternehmen haben ein Problem, im Ausland Tochtergesellschaften zu gründen, da jeder EU-Mitgliedstaat andere Rechtsformen und Vorschriften kennt. Die Vorschriften zur Europa GmbH sollen europaweit einheitlich sein. Das spart Zeit, Gründungs-, Beratungs- und Verwaltungskosten. Das Mindestkapital der EPG soll einen Euro betragen, wenn die Gesellschafter nachweislich zahlungskräftig sind. Anderenfalls ist ein Mindestkapital von 8 000,00 € notwendig.

1.4.6 Aktiengesellschaft – ideal für Großunternehmen

Wird das Eigenkapital von einer meist sehr großen Zahl von Gesellschaftern aufgebracht, von denen keiner persönlich haftet, und sind die Gesellschaftsanteile leicht übertragbar, dann handelt es sich um eine **Aktiengesellschaft (AG)**.

Kapitalaufbringung

Das Eigenkapital der AG wird dadurch aufgebracht, dass ein oder mehrere Gründer die im notariellen Gesellschaftsvertrag (Satzung) vereinbarten **Anteile (Aktien)** übernehmen und in entsprechender Höhe Bar-, Sacheinlagen oder Rechte einbringen (AktG § 2). Jeder Gesellschafter kann bei der Gründung mehrere Aktien übernehmen.

Die Aktien können entweder als **Nennbetragsaktien** oder als **Stückaktien** begründet werden (AktG § 8). *Stückaktien* lauten auf keinen Nennbetrag und müssen am Grundkapital in gleichem Umfang beteiligt sein. Der auf eine einzelne Aktie entfallende Bruchteil darf den Mindestnennwert nicht unterschreiten (AktG § 9). *Nennbetragsaktien* müssen auf mindestens **1,00 €** lauten. Höhere Nennbeträge müssen auf volle Euro lauten. Das *Grundkapital* muss mindestens **50 000,00 €** betragen (AktG § 7). Der Anteil am Grundkapital bestimmt sich bei Nennbetragsaktien nach dem Verhältnis ihres Nennbetrags zum Grundkapital, bei Stückaktien nach der Zahl der Aktien.

> **Beispiel**
>
> Grundkapital: 50 000,00 €; Nennbetrag einer Aktie sei 5,00 €; Aktienzahl: 10 000 Stück
> Anteil einer Nennbetragsaktie am Grundkapital: 5/50 000 = 1/10 000
> Anteil einer Stückaktie am Grundkapital: 1/10 000 (der Bruchteil darf in diesem Fall 1/50 000 nicht unterschreiten, sonst läge der Anteil unter dem „geringsten Ausgabebetrag")

Der Kraftfahrzeugbetrieb in der Gesamtwirtschaft

Aktienarten

nach der Übertragungsweise

- **Inhaberaktien**
  Der Inhaber weist sich damit als Eigentümer aus und kann sie durch einfache Übergabe weitergeben.
- **Namensaktien**
  Der Inhaber ist namentlich im Aktienbuch der AG eingetragen. Die Übertragung erfolgt durch Umschreibung im Aktienbuch.
- **vinkulierte Namensaktien**
  Der Inhaber ist namentlich im Aktienbuch der AG eingetragen und kann diese Aktien nur mit Zustimmung der AG auf jemand anderen übertragen.

nach den mit den Aktien verbundenen Rechten

- **Stammaktien**
  gewähren die normalen Aktionärsrechte, wie Teilnahme und Stimmrecht in der Hauptversammlung, Anspruch auf Gewinnanteil (Dividende), Recht auf Bezug junger Aktien bei Kapitalerhöhungen, Anspruch auf Anteil am Liquidationserlös bei Auflösung (Beendigung) der AG, Anspruch auf Auskunft durch den Vorstand
- **Vorzugsaktien**
  gewähren besondere Rechte, wie z. B. erhöhte Dividende; dabei wird das Stimmrecht häufig ausgeschlossen.

nach dem Ausgabezeitpunkt

- **alte Aktien**
  vor einer Kapitalerhöhung bereits vorhandene Aktien; mit der alten Aktie ist ein Bezugsrecht auf die neuen Aktien verbunden, damit der Altaktionär sein Anteilsverhältnis wahren kann.
- **neue Aktien**
  Diese werden bei Kapitalerhöhungen neu ausgegeben (junge Aktien).

Die **Aktie** ist ein Wertpapier, das normalerweise als Inhaberpapier auf dem Kapitalmarkt (Börse) unter bestimmten Voraussetzungen frei handelbar ist. Nicht alle Aktiengesellschaften erfüllen die Zulassungsvoraussetzungen für den Börsenhandel.

Soll neues Eigenkapital zugeführt werden, dann muss das gezeichnete Kapital erhöht werden. Dies geschieht durch Ausgabe neuer (junger) Aktien. Voraussetzung einer **Kapitalerhöhung** ist eine Dreiviertelmehrheit der Gesellschafter, da hierfür die Satzung geändert werden muss (neues Grundkapital).

Einbehaltene Gewinne fließen in die **Gewinnrücklagen**; denn das gezeichnete Kapital (Grundkapital) darf nicht verändert werden. Gewinn- und Kapitalrücklagen müssen zusammen den zehnten oder den in der Satzung bestimmten höheren Teil des Grundkapitals erreichen (gesetzliche Rücklage, AktG § 150).

Die **Firma der Aktiengesellschaft** kann eine Sach-, Personen-, Fantasie- oder Mischfirma sein. Sie muss den Zusatz „Aktiengesellschaft" oder eine verständliche Abkürzung dieser Bezeichnung enthalten, z. B. „AG", „AktG" (AktG § 4).

> **Beispiele**
>
> Gumeros AG, Schmierstofffabrik Kinkel AG, Oilana AG

Haftung

Für Verbindlichkeiten der AG haftet nur das **Gesellschaftsvermögen** (AktG § 1). Die Eigentümer der AG, die Aktionäre, haften lediglich mit ihrem Kapitalanteil.

Haben Aktionäre jedoch ihre Einlage noch nicht in voller Höhe geleistet, dann haften sie mit dem ausstehenden Teil persönlich, also auch mit ihrem Privatvermögen. Das Gleiche gilt für alle Verbindlichkeiten, die vor der Eintragung der AG ins Handelsregister von den Gründer-Aktionären eingegangen wurden.

Geschäftsführung und Vertretung

Die Aktiengesellschaft wird durch ihren Vorstand geführt und vertreten (AktG §§ 76, 78). Besteht er aus mehreren Mitgliedern, so haben diese lediglich **Gesamtgeschäftsführungsbefugnis** und **Gesamtvertretungsmacht** (Kollegialprinzip, AktG §§ 77, 78). Abweichende Regelungen in der Satzung müssen im Handelsregister eingetragen werden.

Vorstandsmitglieder sind im Regelfall nicht gleichzeitig Aktionäre, sondern Angestellte des Unternehmens (Manager). Die Gesellschafter (Aktionäre) selbst sind lediglich an einer Kapitalanlage interessiert. Sie wollen ihr Kapital in einem Unternehmen arbeiten lassen, ohne sich weiter um den Betrieb kümmern zu müssen. Die Aktionäre sind so zahlreich (oft 1 000 und mehr), dass sie sich gegenseitig nicht persönlich kennen (Publikumsgesellschaft, anonyme Gesellschaft – franz. „Société Anonyme" = S. A.).

Einmal jährlich treffen sich die Aktionäre der AG oder deren Vertreter (die meisten Aktionäre lassen sich durch ihre Banken vertreten – Depotstimmrecht) auf der **Hauptversammlung** (**HV**). Sie wird durch den Vorstand einberufen und beschließt über (AktG § 119):

- die Bestellung der Mitglieder des Aufsichtsrats, soweit sie nicht in den Aufsichtsrat zu entsenden oder als Aufsichtsratsmitglieder der Arbeitnehmer nach dem Mitbestimmungsgesetz oder dem Betriebsverfassungsgesetz zu wählen sind
- die Bestellung des Abschlussprüfers
- Satzungsänderungen
- Maßnahmen der Kapitalbeschaffung und der Kapitalherabsetzung
- die Bestellung von Prüfern zur Prüfung von Vorgängen bei der Gründung oder der Geschäftsführung
- die Auflösung der Gesellschaft

Über Fragen der Geschäftsführung kann die HV nur entscheiden, wenn der Vorstand es verlangt (AktG § 119 Abs. 2). Die Vorstandsmitglieder werden vom **Aufsichtsrat** auf höchstens fünf Jahre bestellt und abberufen. Die/der Vorstandsvorsitzende wird ebenfalls vom Aufsichtsrat ernannt. Der Aufsichtsrat hat die Geschäftsführung der AG zu überwachen. Aufgaben der Geschäftsführung können ihm jedoch nicht übertragen werden (AktG § 111).

Die Zusammensetzung des Aufsichtsrats richtet sich nach den Bestimmungen des Drittelbeteiligungsgesetzes (501 bis 2 000 Arbeitnehmer) und Mitbestimmungsgesetzes (über 2 000 Arbeitnehmer). Er muss mindestens drei Mitglieder haben (AktG § 95).

Organe der Aktiengesellschaft[1]

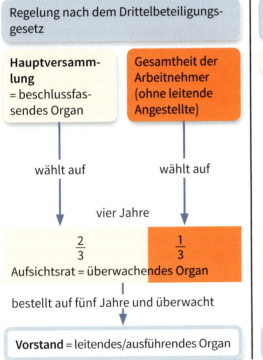
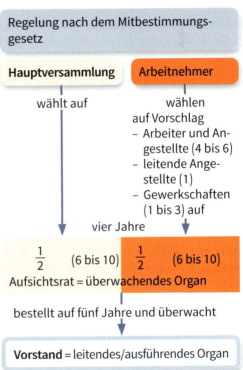

Ergebnisverteilung

Die Hauptversammlung beschließt über die Verwendung des Bilanzgewinns (AktG § 174). Die Aktiengesellschaft muss so lange jährlich 5 % des Jahresüberschusses in die gesetzliche Rücklage einstellen, bis ihre gesetzliche Rücklage 10 % des Grundkapitals erreicht hat (AktG § 150).

---

[1] AG mit bis zu 500 Arbeitnehmern, die nach dem 10. August 1994 ins Handelsregister eingetragen wurden, müssen keine Arbeitnehmervertreter in den Aufsichtsrat entsenden (AktG § 96 i. V. m. DrittelbG § 1).

Lernfeld 1

Der **Anteil eines Aktionärs am Bilanzgewinn** (Dividende) bestimmt sich nach der Zahl seiner Aktien, d. h. nach seinem Anteil am Grundkapital (AktG § 60).

Bei Kapitalerträgen (Zinsen, Dividenden und Kursgewinne aus Wertpapiergeschäften) wird die Einkommensteuer durch Abzug vom Kapitalertrag erhoben (EStG § 43). Diese **Kapitalertragsteuer (KESt)** hat abgeltende Wirkung, das heißt, es besteht grundsätzlich keine Pflicht mehr, Kapitalerträge in der Einkommensteuererklärung anzugeben (**Abgeltungssteuer**). Der Abgeltungssteuersatz von 25 % (EStG § 43a) gilt für alle Kapitalerträge. Die Abgeltungssteuer wird von der Bank direkt einbehalten (Quellensteuer) und an das Finanzamt abgeführt[1]. Die Banken ziehen auch den Solidaritätszuschlag (5,5 % der KESt) und die Kirchensteuer (je nach Bundesland 8 % bzw. 9 % der KESt) ab.

> **Beispiel:** Berechnung des Dividendenertrags nach Steuern nach dem Quellenabzugsverfahren (**Abgeltungssteuerverfahren**)

Die Autohaus Werner AG schüttet eine Bardividende von 4,60 € je Aktie aus. Jennifer Fritz besitzt 100 Aktien der Werner AG in ihrem Wertpapierdepot ihrer Hausbank. Ihre Bardividende beträgt also insgesamt 460,00 €. Jennifer Fritz erhält die Bardividende von ihrer Depotbank in voller Höhe ausgezahlt, wenn sie ihren Sparerpauschbetrag in Höhe von 801,00 € noch nicht ausgeschöpft hat und ihrer Depotbank einen Freistellungsauftrag (EStG § 9a, § 20) bzw. eine Nichtveranlagungsbescheinigung ihres Finanzamts (EStG § 36b) vorgelegt hat.

Wenn Jennifer Fritz ihren Sparerpauschbetrag bereits ausgeschöpft hat, überweist die Depotbank die Nettodividende, das ist die Bardividende abzüglich Kapitalertragsteuer bzw. Abgeltungssteuer (25 % der Bardividende), Solidaritätszuschlag (5,5 % der KESt) und Kirchensteuer (je nach Bundesland 8 % bzw. 9 % der KESt).

Steuerbelastung des Ausschüttungsgewinns bei der Gesellschaft

Ausschüttungsgewinn der AG vor Steuern	
(Anteil der Jennifer Fritz)	655,50 €
– Gewerbesteuer (GewSt)[1]	91,77 €
– Körperschaftsteuer (KSt) 15 %	98,32 €
– Solidaritätszuschlag (SolZ) 5,5 % v. KSt	5,41 €
= **Bardividende** (Ausschüttung nach Steuern)	460,00 €

Steuerbelastung der Bardividende beim Anteilseigner

- **Aktionär mit Freistellungsauftrag** (Sparerpauschbetrag ist nicht ausgeschöpft):

Bardividende = Auszahlung der Depotbank	460,00 €

---

1 Annahme: Hebesatz der Gemeinde: 400 %, Messzahl: 3,5 %

Aktionär ohne Freistellungsauftrag (bzw. Sparerpauschbetrag ist ausgeschöpft):

Bardividende	460,00 €
− Kapitalertragsteuer (KESt) bzw. Abgeltungssteuer 25 %	115,00 €
− Solidaritätszuschlag (SolZ) 5,5 % von der KESt	6,33 €
− Kirchensteuer (KiSt) 8,0 % von der KESt	9,20 €
= **Nettodividende (Auszahlung der Depotbank)**	329,47 €

Europäische Aktiengesellschaft

Die **Europa-AG** (Europäische Aktiengesellschaft, abgekürzt **SE** = Societas Europaea, Europäische Gesellschaft) ist eine Rechtsform für Unternehmen, die in verschiedenen EU-Mitgliedstaaten tätig sind oder tätig werden wollen. Eine AG kann sich zu einer SE umfirmieren, wenn sie seit mindestens zwei Jahren eine Tochtergesellschaft in einem anderen Mitgliedsstaat unterhält. Fusionieren zwei Aktiengesellschaften zu einer SE müssen sie in unterschiedlichen Mitgliedsstaaten ansässig sein[1].

Das Mindestkapital der Europa-AG beträgt in jedem Fall **120 000,00 €**. Die Europa-AG wird in das Register des Mitgliedstaats eingetragen, in dem sie ihren satzungsmäßig bestimmten Sitz hat. Dieser Sitz muss dem Ort ihrer Hauptverwaltung entsprechen. Es ist später möglich, den Sitz innerhalb der Europäischen Union zu verlegen, ohne dass dies zur Auflösung oder der Gründung einer neuen Europa-AG führt. Zusätzlich wird die Eintragung im Amtsblatt der Europäischen Gemeinschaften veröffentlicht.

Die Beteiligung der Arbeitnehmer umfasst sowohl ein Verfahren zur Unterrichtung und Anhörung (in Deutschland grundsätzlich durch den SE-Betriebsrat verwirklicht) als auch die Mitbestimmung in den Organen der SE. Das deutsche Mitbestimmungsrecht z. B. MitbestG, DrittelbG) findet nach § 47 SE-Beteiligungsgesetz (SEBG) auf die SE keine Anwendung. Die großen deutschen SEs (z. B. E.ON, BASF, Allianz, Fresenius) haben jedoch die paritätische Mitbestimmung im Aufsichtsrat beibehalten.

---

[1] Rechtsgrundlage für die Societas Europaea ist die EG-Verordnung 2157/2001 über das Statut der Europäischen Gesellschaft (SE-Verordnung) ergänzt durch Richtlinie Nr. 2001/86/EG (SE-Richtlinie). Ende Dezember 2004 wurde die Verordnung in Deutschland mit dem Gesetz zur Einführung der Europäischen Gesellschaft (SE-Einführungsgesetz SEEG) umgesetzt.

Lernfeld 1

1.5 Geschäftspartner in der Kraftfahrzeugbranche

Überblick über die Geschäftspartner in der Kraftfahrzeugbranche

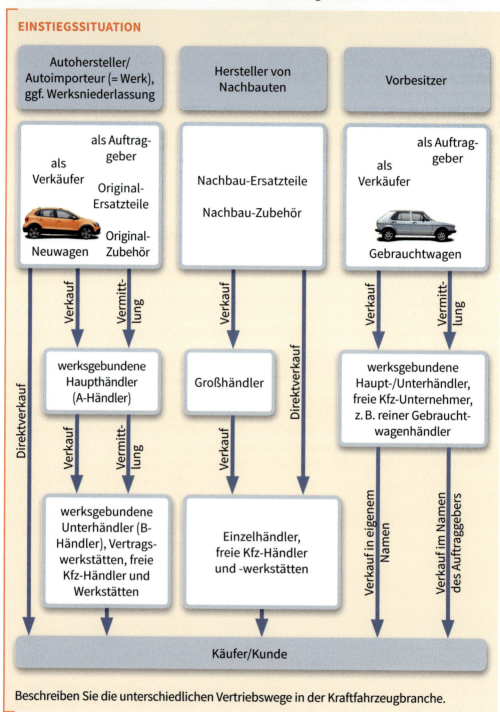

Beschreiben Sie die unterschiedlichen Vertriebswege in der Kraftfahrzeugbranche.

1.5.1 Innen- und Außenorganisation im Überblick

Die Vertriebsorganisation unterscheidet nach der Zugehörigkeit der Vertriebsorgane zum Unternehmen die Innen- und Außenorganisation des Vertriebs.

Werden die Vertriebsaufgaben von unternehmenseigenen Abteilungen durchgeführt, dann spricht man von der **Innenorganisation**. Zur Innenorganisation gehören die Bereiche Innen- und Außendienst. Den *Innendienst* bilden vor allem die Abteilungen Marktforschung, Produkt-, Sortiments-, Preis- und Kommunikationsmanagement, Auftragsbearbeitung, Kundenmanagement. Zum *Außendienst* zählen unternehmenseigene Vertriebswege wie Verkaufsniederlassungen, Informations- und Beratungsbüros und Reisende.

Die **Außenorganisation** regelt die Beziehungen zwischen dem Unternehmen und seinen externen, unternehmensfremden Geschäftspartnern (Distributionsorgane).

In der Kraftfahrzeugbranche sind folgende **Vertriebswege** üblich:

- Direktvertrieb der Hersteller bzw. Importeure
- Vertrieb über Eigenhändler des Fahrzeugherstellers
- Vertrieb über freie Kraftfahrzeug-Unternehmen
- Vertrieb über Handelsvertreter (Agenturgeschäft)
- Vertrieb über das Internet (elektronischer Handel, E-Commerce)

Der Markt für Kraftfahrzeuge besteht aus dem Neu- und Gebrauchtwagenmarkt, dem sogenannten „Primärmarkt", und dem Kfz-Teile- und Servicemarkt, der als „Sekundärmarkt" oder „Aftermarket" bezeichnet wird. Der Kfz-Aftermarket (z. B. Bosch Car Service) beschäftigt sich mit der Produktion und dem Vertrieb von Kfz-Ersatzteilen sowie mit der Wartung und Reparatur von Krafträdern, Pkw und Nutzfahrzeugen.

1.5.2 Direkter Vertrieb durch Hersteller und Importeure

In Ballungsgebieten unterhalten einige Hersteller bzw. Importeure eigene **Werksniederlassungen**. Dies sind Verkaufsfilialen, die von der Zentrale des Herstellers bzw. des Importeurs Anweisungen bekommen.

Teilweise verkaufen Hersteller bzw. Importeure Neuwagen an ihre Mitarbeiter als sogenannte **Jahreswagen**.

Großkunden wie Bahn, Post, Behörden oder große Autovermietungen (sogenannte Firmenflotten) werden meist direkt beliefert.

1.5.3 Vertrieb durch Handelsorganisationen der Hersteller und Importeure

Der Verkauf von Neuwagen, Originalersatzteilen und Originalzubehör geschieht vorwiegend über die Mitglieder einer dem Fahrzeughersteller bzw. Importeur angeschlossenen

Lernfeld 1

Handelsorganisation. Von den gegenwärtig rund 36 750 Kraftfahrzeugbetrieben in Deutschland sind rund 15 200 fabrikatsgebundene Betriebe (Stand: 2018), also vertraglich an einen Hersteller oder Importeur gebunden. Ausländische Hersteller beliefern ihre Handelsorganisationen nicht direkt aus ihren Ursprungsländern, sondern schalten Importeure als Großhändler ein, dem die deutsche Handelsorganisation zugeordnet ist.

Die Hersteller und Importeure verpflichten ihre **Vertragshändler** schon beim Abschluss des Händlervertrages, eine Werkstatt (für Wartungs- und Garantiearbeiten) und ein Ersatzteillager zu betreiben. Zusätzlich haben diese Betriebe eine Gebrauchtwagenabteilung, über die sie vor allem die in Zahlung genommenen Altwagen der Kunden vermarkten.

Der einzelne autorisierte[1] Vertragshändler hat das **Alleinvertriebsrecht** innerhalb eines bestimmten Absatzgebietes und wird von der *Regionaldirektion* des Herstellers bzw. Importeurs technisch und kaufmännisch betreut. Die Regionaldirektion ist für einen *Distrikt* zuständig, in dem zwischen 30 und 50 Vertragshändler angesiedelt sind. Dadurch unterhalten die Fahrzeughersteller ein lückenloses Vertriebs- und Kundendienstnetz.

Innerhalb der Handelsorganisation werden **A-Händler** (auch Haupt-, Eigen-, Direkthändler oder Partner 1 genannt) und **B-Händler** (auch Unterhändler oder Partner 2) unterschieden. Die A-Händler – das können auch Werksniederlassungen sein – beziehen Neuwagen und Ersatzteile direkt vom Hersteller oder Importeur und treten gegenüber den kleineren B-Händlern als Großhändler auf. Die A-Händler kaufen dem Hersteller oder Importeur, an dessen Handelsorganisation sie angeschlossen sind, *in eigenem Namen und auf eigene Rechnung* Neufahrzeuge ab. Die abzunehmende Zahl an Neufahrzeugen muss jährlich im Voraus beim Herstellerwerk fest bestellt werden. B-Händler helfen den A-Händlern, diese Jahresstückzahl an Fahrzeugen zu verkaufen.

Zwischen Eigenhändler und Hersteller besteht folgende Handelskette:

Ebenfalls vom Hersteller oder Importeur autorisiert sind die **Vertragswerkstätten**. Diese sind reine Werkstattbetriebe, die Wartungs- und Garantiearbeiten durchführen dürfen. Die benötigten Ersatzteile beziehen sie über die Werksniederlassungen oder den nächsten Haupthändler. Teilweise verkaufen die Vertragswerkstätten auch Neuwagen auf eigene Rechnung oder auf Vermittlungsbasis.

> **Beispiel**
>
> Das Autohaus Köppel GmbH ist autorisierter Vertragshändler (A-Eigenhändler) der Cars Best Ltd., USA. Sie bezieht ihre Neufahrzeuge von der Michaelis Import GmbH und hat das Alleinvertriebsrecht in Rheinland-Pfalz.

---

1 autorisiert = als Einziger berechtigt, ermächtigt

1.5.4 Vertrieb durch Handelsvertreter – Agenturgeschäft

Manche Kraftfahrzeughändler treten als **Handelsvertreter**, d.h. als **Agent** ihres Herstellers bzw. Importeurs, am Markt auf. Der Händler ist dabei lediglich ein Absatzmittler und tätigt keine eigenen Geschäfte, sondern schließt seine *Geschäfte in fremdem Namen und für fremde Rechnung ab*.

Als Agent befindet sich der Händler nur in der Vermittlerrolle und braucht die Fahrzeuge nicht vom Herstellerwerk zu kaufen. Er nimmt diese nur in Kommission und benötigt daher nur geringe Eigenfinanzmittel, erhält aber auch keinerlei Händlerrabatte, sondern lediglich eine Verkaufsprovision, aus der er seine Kosten decken muss. Außerdem behalten sich die Herstellerwerke vor, vermittelte Aufträge anzunehmen oder abzulehnen.

Zwischen Händler und Hersteller besteht folgende Handelskette:

Die vermittelnde Tätigkeit des Kraftfahrzeughändlers kann sich auch auf das Geschäft mit Gebrauchtwagen von Vorbesitzern (Auftraggebern) beziehen.

1.5.5 Vertrieb über das Internet – Vertriebsweg der Zukunft?

In Zukunft wird sich der **Autohandel per Internet** immer mehr durchsetzen. Die Internetanbieter wenden sich nicht nur an Gebrauchtwagenkunden, sondern verstärkt auch an Neuwagenkunden. Händler, die sich solchen Internetbörsen bzw. Internetplattformen anschließen, müssen sich an gemeinsame Marktregeln halten. Experten behaupten, dass der elektronische Handel (E-Commerce) über das Internet in naher Zukunft der wichtigste Vertriebsweg für Neu- und Gebrauchtfahrzeuge sein wird.

Nach Angaben der DAT (Deutsche Automobil Treuhand GmbH) haben 98 % der Autokäufer Zugang zum Internet, davon haben rund 83 % Informationen aus dem Internet im Kaufprozess genutzt. Davon haben 52 % der Neuwagen-Käufer Neuwagen-Portale besucht bzw. 84 % der Gebrauchtwagen-Käufer Gebrauchtwagen-Börsen besucht. Davon haben 22 % der Neuwagen-Käufer bzw. 40 % der Gebrauchtwagen-Käufer ihren später erworbenen Pkw im Internet gefunden und erworben. Rein rechnerisch wurden also 10 % aller neu zugelassenen Neuwagen bzw. 28 % aller Gebrauchtwagen über das Internet erworben. Erworben heißt, dass der Käufer auf der Plattform durch den Kaufprozess geführt und dann an einen Vertragshändler bzw. Händler vor Ort mit den günstigsten Konditionen weitervermittelt wurde (vgl. DAT-Report 2020, S. 25, 39).

Informationsquellen beim Neuwagenkauf

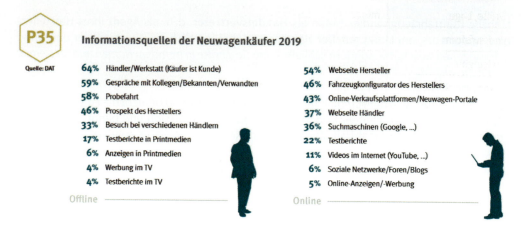

Copyright: Deutsche Automobil Treuhand GmbH

1.5.6 Vertrieb durch freie Kraftfahrzeugbetriebe

Neben den Vertragshändlern, die im Auftrag des Herstellers bzw. Importeurs tätig sind, gibt es rund 21 000 fabrikatsunabhängige Betriebe, d. h. von den Herstellern unabhängige **freie Handelsbetriebe**. Im Bereich des Kraftfahrzeughandels sind hier vor allem der reine Gebrauchtwagenhandel und der freie Ersatzteil- und Zubehörhandel zu nennen. Diese sind keinem Hersteller bzw. Importeur verpflichtet. Der freie Autoteilehandel darf meist keine Originalteile der Hersteller vertreiben, sondern nur Nachbauteile. Ihre Waren beziehen sie direkt beim Ersatzteil-, Zubehör- oder Mineralölproduzenten oder indirekt über einen Autoteilegroßhändler.

Ein weiterer Zweig des Kraftfahrzeuggewerbes sind die **freien Werkstätten**, die ebenfalls keinem Hersteller bzw. Importeur verpflichtet sind. Kfz-Hersteller dürfen jedoch verlangen, dass unter die Gewährleistung fallende Reparaturen, für die sie selbst aufkommen müssen, nur von Vertragswerkstätten vorgenommen werden.

In jüngster Zeit versuchen bekannte Hersteller spezielle markengebundene Werkstattketten aufzubauen, die sich auf den Kundendienst an Gebrauchtfahrzeugen spezialisieren.

Kraftfahrzeug-Spezialwerkstätten beschränken sich auf bestimmte Arbeiten wie den Bremsen-, Stoßdämpfer- oder Auspuffdienst, Elektro-, Karosserie- oder Lackarbeiten. Die benötigten Ersatzteile beziehen diese Betriebe über den Ersatzteilverkauf eines Markenvertragshändlers, der hier als Großhändler auftritt, oder direkt beim Nachbauteile-Hersteller.

Große Wachstumsraten weisen sogenannte **Autoteile-Fachmärkte** (z. B. ATU, D&W) mit angeschlossener Werkstatt auf.

Merkmale von Autoteile-Fachmärkten	
Größe, Lage	mindestens 250 m² Verkaufsfläche, städtische Randlage (Gewerbegebiete)
Verkaufsform	Selbstbedienung, im Bedarfsfall Beratung an Verkaufstheken
Preislagen	Preise liegen in der Regel unterhalb des Facheinzelhandels
Sortiment, Service	umfangreiches, tief gegliedertes Sortiment an Ersatzteilen, Zubehör, Pflegemitteln und Reifen; ein Werkstattservice in unmittelbarer Nähe ermöglicht den sofortigen Einbau der erworbenen Autoteile

Freie EU-Direktimporteure (Parallel- bzw. Grauimporteure) nutzen die Preisdifferenzen bei Fahrzeugen auf dem europäischen Raum und kaufen freihändig auf eigene Rechnung Fahrzeuge an. Sie veräußern diese an ihrem inländischen Geschäftssitz teilweise mit erheblichen Preisabschlägen im Vergleich zur „Unverbindlichen Preisempfehlung" (UPE) des Herstellers an den Endverbraucher.

Genauso legal ist es, wenn ein deutscher Endverbraucher sein neues Fahrzeug **direkt** in irgendeinem EU- oder Nicht-EU-Land kauft und es in Deutschland auf seinen Namen zulässt.

In diesem Fall muss der Käufer die Mehrwertsteuer und die Zulassungssteuer im Kaufland nicht zahlen. So beträgt z. B. in Dänemark die Mehrwertsteuer 25 % und die Zulassungssteuer zwischen 105 % und 180 %. Daher muss der Käufer eines Neufahrzeugs innerhalb von zehn Tagen nach dem Kauf beim zuständigen Finanzamt die deutsche Mehrwertsteuer (19 %) entrichten. Dazu reicht er die Originalrechnung und das Formular „Umsatzsteuererklärung für die Fahrzeug-Einzelbesteuerung" ein. Nach der EU-Definition gilt ein Landfahrzeug als neu, wenn es nicht mehr als 6 000 km zurückgelegt hat oder wenn seine erste Inbetriebnahme zum Zeitpunkt des Erwerbs nicht mehr als sechs Monate zurückliegt.

Neufahrzeuge, für die es noch keine Typgenehmigung (**COC = Certificate of Conformity**) gibt, müssen zur Einzelabnahme nach § 21 StVZO bei der technischen Prüfstelle (z. B. TÜV) vorgeführt werden. Nur wenn das Fahrzeug aus einem EU-Land stammt, sind alle Vertragswerkstätten zu **Garantieleistungen** verpflichtet, wenn der Kunde im Besitz einer Garantieurkunde und eines Servicehefts des ausländischen Vertragshändlers ist (weitere Ausführungen s. z. B. unter www.adac.de, Stichwort: Reimport und Co.).

1.5.7 Vertrieb durch Großbetriebsformen des Einzelhandels – Super Retailing

Super Retailing heißt der Vertrieb von Fahrzeugen über Großbetriebsformen des Einzelhandels, also über Super- und Verbrauchermärkte. Was mit Unterhaltungselektronik und Computern begonnen hat, soll nun mit Fahrzeugen fortgesetzt werden – der Verkauf jenseits des Fachhandels bei Lidl, Aldi, Marktkauf & Co. Dieser Vertriebsweg ist beim Autozubehör schon selbstverständlich. Es werden *zwei Formen* des Super Retailing unterschieden, und zwar der Verkauf bzw. Leasing von Automobilen im Nonfoodbereich (meist in Onlineshops) vorhandener Super- und Verbrauchermärkte und der Verkauf in speziellen Großbetrieben, die sich auf Automobile spezialisieren. Letztere sind bislang nur im Gebrauchtwagengeschäft (Used Car Superstores) zu finden.

Das Institut für Automobilwirtschaft (IFA) stellte drei Typen von Super Retailing fest:

Verramschung	kurzfristige Abverkaufsaktionen von Altfahrzeugen (12 bis 36 Monate alte Neuwagen); z. B. Kia und Hyundai bei Marktkauf
Marketing-Gag	Verkaufsförderung (Sales Promotion) durch Autoverkauf bzw. Autoleasing, z. B. Fiat 500 im Lidl-Onlineshop
langfristig angelegte Vermarktung	Zusammenarbeit von Einzelhandelsbetrieben mit Autoherstellern bzw. -importeuren oder Vertragshändlern als Alternative zum selektiven Vertrieb; z. B. Rover/Massa, Otto-Versand/Opel Steinmetz

1.5.8 Wettbewerbsregeln auf dem Kraftfahrzeugmarkt – Gruppenfreistellung

Für den Kraftfahrzeugmarkt gilt das generelle Verbot wettbewerbsbeschränkender Vereinbarungen nach Artikel 101 AEUV nicht, da Kfz-Betriebe durch die Kfz-Gruppenfreistellungsverordnung[1] und die Allgemeine Vertikal-Gruppenfreistellungsverordnung[2] unter bestimmten Voraussetzungen von diesem Verbot freigestellt sind.
So kann z. B. ein Kfz-Hersteller mit Kfz-Händlern (**vertikaler Vertrieb**) wettbewerbsbeschränkende Vereinbarungen treffen (z. B. Alleinvertriebsrecht) und um diese durchzusetzen, seinen Vertragshändlern drohen, sie einschüchtern, warnen oder bestrafen. Er kann auch Lieferungen verzögern bzw. aussetzen oder drohen, Verträge mit Händlern zu kündigen, die an ausländische Verbraucher verkaufen oder ein bestimmtes Preisniveau nicht einhalten. Sind die Vertragsbeziehungen transparent (z. B. durch einen öffentlich gemachten Verhaltenskodex), dann können Hersteller in der Regel nicht wegen Ausübung mittelbaren Drucks zur Rechenschaft gezogen werden.

Da im Bereich des **Vertriebs neuer Kraftfahrzeuge** keine erheblichen Beeinträchtigungen des Wettbewerbs bestehen, fallen vertikale Vereinbarungen über den Bezug, Verkauf und Weiterverkauf neuer Kraftfahrzeuge seit Juni 2013 unter die Allgemeine Vertikal-Gruppenfreistellungsverordnung[3]. Danach sind vertikale Wettbewerbsbeschränkungen nur zulässig, wenn keines der beteiligten Unternehmen auf dem relevanten Markt einen Marktanteil von mehr als 30 %[4] hat. Unter dieser Voraussetzung können ein Kraftfahrzeuganbieter und ein Händler eine Vereinbarung mit Markenzwang treffen, nach der der Händler verpflichtet ist, Kraftfahrzeuge nur von diesem Anbieter oder anderen von diesem Anbieter angegebenen Unternehmen *zu beziehen,* sofern diese Wettbewerbsverbote nicht länger als fünf Jahre gelten. Dieselben Grundsätze gelten für Vereinbarungen zwischen Anbietern und ihren zugelassenen Werkstätten und/oder Ersatzteilhändlern[5]. Unmittelbare oder mittelbare

---

1 Verordnung (EU) Nr. 461/2010 der Kommission über die Anwendung von Artikel 101 Absatz 3 AEUV auf Gruppen von vertikalen Vereinbarungen und abgestimmten Verhaltensweisen im Kraftfahrzeugsektor.
2 Verordnung (EU) Nr. 330/2010 der Kommission vom 20. April 2010 über die Anwendung von Artikel 101 Absatz 3 AEUV auf Gruppen von vertikalen Vereinbarungen und abgestimmten Verhaltensweisen.
3 Artikel 3 der Kfz-Gruppenfreistellungsverordnung.
4 Nach Artikel 7 der Allgemeinen Vertikal-Gruppenfreistellungsverordnung wird der Marktanteil in diesem Zusammenhang in der Regel anhand des Absatzwertes berechnet.
5 Artikel 3 der Kfz-Gruppenfreistellungsverordnung in Verbindung mit Artikel 5 Absatz 1 Buchstabe a der Allgemeinen Vertikal-Gruppenfreistellungsverordnung.

Verpflichtungen, die die Mitglieder eines selektiven Vertriebssystems verbieten, Marken bestimmter konkurrierender Anbieter *zu verkaufen*, fallen nicht unter die Gruppenfreistellung.

Für vertikale Vereinbarungen, die den Bezug, Verkauf oder Weiterverkauf von **Kraftfahrzeugersatzteilen** und die Erbringung von **Instandsetzungs- und Wartungsdienstleistungen** für Kraftfahrzeuge betreffen, gilt die Marktanteilsschwelle von 30 % nicht[1]. Vereinbarungen, die Kernbeschränkungen enthalten, fallen nicht unter die Gruppenfreistellung[2]. Eine *Kernbeschränkung* liegt vor, wenn eine Vereinbarung zwischen einem *Anbieter von Teilen und einem Abnehmer*, der diese Teile weiterverwendet, den Anbieter daran hindert, die Teile an Endverbraucher, unabhängige Werkstätten und andere Dienstleister zu verkaufen. Diese Bestimmung ist für Originalteile, die nur über den Kraftfahrzeughersteller oder Mitglieder seines Netzes zugelassener Werkstätten zu beziehen sind, besonders relevant. Würden ein Anbieter und ein Händler vereinbaren, dass solche Teile nicht an unabhängige Werkstätten geliefert werden dürfen, so würde dies zum Ausschluss dieser Werkstätten vom Markt für Instandsetzungs- und Wartungsdienstleistungen führen und unter das Verbot wettbewerbsbeschränkender Vereinbarungen (Artikel 101 AEUV) fallen. Kfz-Hersteller dürfen, ihre Gewährleistungspflicht nicht davon abhängig machen, dass Wartungsleistungen wie beispielsweise Ölwechsel nur in zugelassenen Werkstätten durchgeführt werden. Gleichwohl dürfen Kfz-Hersteller verlangen, dass unter die Gewährleistung fallende Reparaturen, für die sie selbst aufkommen müssen, nur von Vertragswerkstätten vorgenommen werden.

Zusammenfassung

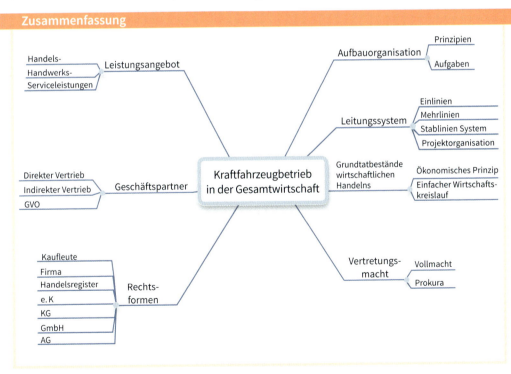

---

1 Artikel 4 der Kfz-Gruppenfreistellungsverordnung.
2 Diese Kernbeschränkungen sind in Artikel 4 der Allgemeinen Vertikal-Gruppenfreistellungsverordnung und Artikel 5 der Kfz-Gruppenfreistellungsverordnung aufgeführt.

Lernfeld 1

Aufgaben

Grundtatbestände wirtschaftlichen Handelns

1. Erstellen Sie für jedes Themengebiet des Kapitels 1 (1.1 bis 1.5) eine Lernkartei und gehen Sie dabei in folgenden Schritten vor:
   - **Schritt 1:** Schreiben Sie die Begriffe zu jedem Themengebiet in die Kopfzeile eines DIN-A6-Kärtchens.
   - **Schritt 2:** Schreiben Sie die Begriffserklärungen auf die Rückseite des entsprechenden Kärtchens und ordnen dieses unter der Leitkarte in Ihren Lernkartei-Behälter ein.
   - **Schritt 3:** Bilden Sie mit Ihren Mitschülern Kleingruppen und erklären Sie sich gegenseitig die Begriffe. Sortieren Sie die Begriffskärtchen nach den Kriterien „Weiß ich" oder „Weiß ich nicht". Schlagen Sie die ungeklärten Begriffe im Lehrbuch nach.

   Tipp: Legen Sie die Karteikarten in einen Zettelkasten mit vier Abteilungen.

   Tipp: Arbeiten mit einer Lernkartei
   Sie schreiben auf der Vorderseite die Fachbegriffe bzw. Fragen und auf der Rückseite die zugehörigen Antworten. Die Karteikarten legen Sie in einen Zettelkasten mit vier Abteilungen ab.

   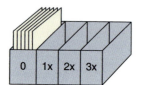
   Ausgangssituation:
   „nicht gewusst"

   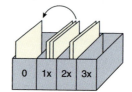
   „einmal gewusst" bzw.
   „zweimal gewusst" bzw.
   „nicht mehr gewusst" (zurück)

   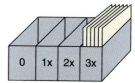
   „dreimal gewusst"
   Situation am Schluss

   Beginnen Sie mit dem Themengebiet „1.1 Grundtatbestände wirtschaftlichen Handelns". Schreiben Sie folgende Begriffe jeweils in die Kopfzeile eines DIN-A6-Kärtchens: Bedürfnis (Begriff), Bedürfnispyramide nach Maslow, Bedürfnisarten (nach Dringlichkeit, Art der Befriedigung), Güter (Begriff), Güterarten (nach der Knappheit, Beschaffenheit, Verwendung), Produktionsfaktoren, ökonomisches Prinzip, Minimalkostenkombination, vertikale volkswirtschaftliche Arbeitsteilung, Globalisierung (Begriff), Gesetz der komparativen Kosten, einfacher Wirtschaftskreislauf.
   Die Begriffserklärungen schreiben Sie auf die Rückseite des entsprechenden Kärtchens und ordnen diese unter der Leitkarte „Grundtatbestände wirtschaftlichen Handelns" in Ihren Lernkartei-Behälter ein.

2. Nehmen Sie zu folgender Aussage Stellung:
   „Die Zugehörigkeit zu einer sozialen Gruppe führt zu gleichförmigem Verbraucherverhalten bzw. Bedarf. Um ihre soziale Stellung nach außen hin zu zeigen, kaufen Menschen Güter als Statussymbole. Man kauft, was man nicht braucht, mit dem Geld, was man nicht hat, um dem zu imponieren, den man nicht mag."[1]

---

1 Quelle: Ortlieb, Heinz-Dietrich; Dörge, Friedrich-Wilhelm: Wirtschaftsordnung und Strukturpolitik. 2. Auflage, Opladen: Leske 1970, S. 213.

3. a) Welche wirtschaftlichen Folgen entstehen durch die Verknappung wichtiger Rohstoffe (z. B. Erdöl, Erdgas, Metalle)?
    b) Inwiefern hilft der technische Fortschritt (z. B. Digitalisierung), die Güterknappheit zu verringern?
    c) Weshalb ist es problematisch, wenn Luft oder Boden als freie Güter bezeichnet werden?
    d) Führen Sie Beispiele an für Rohstoff- und Energieverschwendung in Ihrem privaten Bereich. Machen Sie Vorschläge, wie Sie Rohstoffe bzw. Energie einsparen könnten.

    Tipp: Bilden Sie themengleiche Gruppen und stellen Sie Ihre Ergebnisse auf einer Pinnwand dar. Setzen Sie dabei Formen und Farben der Kärtchen sinnvoll ein.

4. a) Überlegen Sie, welche konkreten Produktionsfaktoren zur Herstellung eines Schreibtisches notwendig sind.
    b) Stellen Sie die vertikale volkswirtschaftliche Arbeitsteilung bzw. Wertschöpfungskette, die ein Schreibtisch durchläuft, auf einem Plakat dar.

5. Ein Betrieb kann ein Produkt mit folgenden Kombinationen der Produktionsfaktoren Arbeit und Kapital herstellen. Eine Arbeitsstunde (Produktionsfaktor Arbeit) kostet den Betrieb 20,00 €, eine Maschinenstunde (Produktionsfaktor Kapital) kostet 40,00 €.

Verfahren	Arbeitsstunden	Arbeitskosten	Maschinenstunden	Maschinenkosten	Gesamtkosten
A	10		1		
B	8		3		
C	6		4		
D	1		6		

    a) Sie ermitteln die Minimalkostenkombination der Produktionsfaktoren Arbeit und Kapital.
    b) Der Preis für eine Arbeitsstunde erhöht sich auf 30,00 €. Sie ermitteln die Minimalkostenkombination der Produktionsfaktoren Arbeit und Kapital und vergleichen Ihr Ergebnis mit der Ausgangssituation.

Organisation und Aufgaben eines Kraftfahrzeugbetriebs

1. Ergänzen Sie Ihre Lernkartei um die Begriffe des Themengebiets „Organisation und Aufgaben eines Kfz-Betriebs".

2. Bilden Sie vier **Expertengruppen** A, B, C und D mit je sechs Mitgliedern. Die Gruppe A befasst sich mit den Fragen a) und b), die Gruppe B mit c) und d) usw. Tauschen Sie anschließend Ihre Informationen in sechs **Puzzle-Gruppen** aus. Die Puzzle-Gruppen bestehen aus je einem Mitglied jeder Expertengruppe A, B, C und D; dieses berichtet jeweils über die Ergebnisse seiner Expertengruppe. Anschließend beantworten zwei Puzzle-Gruppen im Wechsel die Fragen vor der Klasse und stellen sich der Kritik.

Fragen:
a) Unterscheiden Sie die organisatorischen Begriffe „Stelle" und „Abteilung".
b) Welcher Unterschied besteht zwischen einer funktions- und objektorientierten Abteilungsgliederung?
c) Nennen Sie einen Vorteil und einen Nachteil des Funktionsprinzips.
d) Nennen Sie einen Vorteil und einen Nachteil des Objektprinzips.
e) Weshalb ist in der Praxis eine Mischung aus Funktions- und Objektprinzip verbreitet?
f) Erläutern Sie die Merkmale einer prozessorientierten Gliederung des Betriebs.
g) Schildern Sie die Vorteile der prozessorientierten Aufbauorganisation.
h) Beschreiben Sie die wesentlichen Inhalte einer Stellenbeschreibung.

3.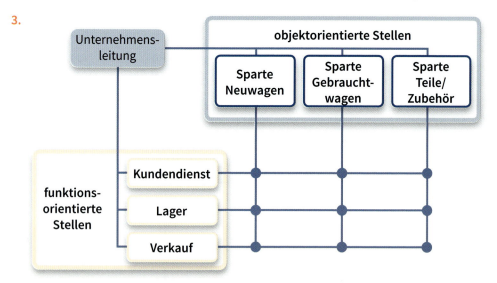

a) Die Matrixorganisation ist eine Kombination des Funktions- und Objektprinzips. Begründen Sie diese Aussage.
b) Erläutern Sie Vor- und Nachteile dieser Organisationsstruktur.

4. Erläutern Sie die Aufgaben der wichtigsten Abteilungen eines Autohauses.
Bilden Sie thementeilige **Gruppen** und stellen Sie Ihre Ergebnisse auf einer Pinnwand dar. Setzen Sie dabei Formen und Farben der **Kärtchen** sinnvoll ein. Wenden Sie die Metaplantechnik an.

5. Werden gleiche Teilaufgaben einer Abteilung bzw. Stelle übertragen, dann liegt **Zentralisation** vor. Werden gleiche Aufgaben auf mehrere unabhängige Aufgabenträger verteilt, dann spricht man von **Dezentralisation**. Grundsätzlich ist festzustellen, dass eine Organisation nach dem Funktionsprinzip zur Zentralisation von Aufgaben führt. Das Objektprinzip neigt dagegen zur Dezentralisation.
a) Begründen Sie diese Feststellung.
b) Beschreiben Sie Vor- und Nachteile der Zentralisation und Dezentralisation von Aufgaben.

6. Ergänzen Sie Ihre Lernkartei um das Themengebiet „Organisation und Aufgaben eines Kfz-Betriebs" und schreiben Sie jeden der folgenden Begriffe in die Kopfzeile eines DIN-A6-Kärtchens: Aufbauorganisation (Aufgaben), Stelle, Abteilung, Funktionsprinzip, Objektprinzip, Organigramm, horizontale Gliederung, vertikale Gliederung, Stellenbeschreibung, Geschäftsleitung (Aufgaben), Verkauf (Aufgaben), Kundendienst (Aufgaben), Lager (Aufgaben), Verwaltung (Aufgaben), Personalwirtschaft (Aufgaben), Leitungssystem (Arten), Einliniensystem (Begriff, Vor-, Nachteile), Mehrliniensystem (Begriff, Vor-, Nachteile), Stabliniensystem (Begriff, Vor-, Nachteile), Kontrollspanne, informelle Organisation.
Schreiben Sie die Begriffserklärungen auf die Rückseite des entsprechenden Kärtchens und ordnen Sie dieses unter der Leitkarte „Organisation und Aufgaben eines Kfz-Betriebs" in Ihren Lernkartei-Behälter ein.

7. Betrachten Sie die Aufbauorganisation des Autohauses Köppel (siehe Seite 35).
   a) Wie viele Leitungsebenen sind den Mitarbeitern der Werkstatt übergeordnet?
   b) Welche Art eines Leitungssystems erkennen Sie?
   c) Stellen Sie fest, welches Leitungssystem in Ihrem Ausbildungsbetrieb vorliegt und vergleichen Sie dieses mit dem Leitungssystem des Autohauses Köppel.

8. a) Nennen Sie Aufgabenbereiche von Stabsabteilungen.
   b) Beschreiben Sie an Beispielen den Zielkonflikt zwischen Stab und Linie.

9. a) Vergleichen Sie die wichtigsten herkömmlichen Leitungs- bzw. Weisungssysteme mithilfe einer Tabelle, in der Sie die wesentlichen Merkmale und die Vor- und Nachteile einander gegenüberstellen.
   b) Zeigen Sie, wie die Unzulänglichkeiten herkömmlicher Leitungssysteme korrigiert werden können.
   Bilden Sie themengleiche **Gruppen** und stellen Sie Ihre Ergebnisse auf einer Pinnwand dar. Setzen Sie dabei Formen und Farben der Kärtchen sinnvoll ein. Regeln zur **Präsentation** (z. B. **Metaplantechnik**) finden Sie unter BuchPlusWeb.

10. Im Autohaus Köppel findet die wöchentliche Abteilungsleiterbesprechung statt. Dabei wird heftig über die Frage diskutiert, wie sich das Autohaus Köppel verstärkt im Internet (vor allem in den sozialen Medien wie Facebook, Twitter, Xing usw.) präsentieren soll und ob man sich einer Internetgebrauchtwagenbörse anschließen soll.
    Nora Köppel (Geschäftsleitung) ergreift das Wort: „Meine Damen und Herren, wie sie sicherlich auch bemerkt haben, kommen wir auf diese Art zu keinem Ergebnis. Ich schlage vor, wir gründen einen Ausschuss, der sich mit diesem Problem befasst. Wir geben dem Internetausschuss vier Wochen Zeit; dann soll er uns einen ausgereiften Vorschlag präsentieren. Wer möchte in diesem Ausschuss mitarbeiten? Sie können auch aus Ihren Abteilungen geeignete Mitarbeiter aussuchen."
    a) Betrachten Sie die Aufbauorganisation des Autohauses Köppel auf Seite 35 und machen Sie einen Vorschlag, wie der Ausschuss zusammengesetzt werden sollte.
    b) Prüfen Sie, ob Nora Köppel den Begriff „Ausschuss" richtig verwendet hat.

Lernfeld 1

11. Betrachten Sie das Organigramm des Autohauses Köppel. Außer den ausgewiesenen (formalen) Beziehungen bestehen noch folgende persönliche (informale) Kontakte:
    - Daniel Gorges (Kundendienstleiter) und Chris Meyer (Geselle in der Werkstatt) sind Stammspieler im selben Fußballverein.
    - Konstantin Engel (Verkaufsberater Gebrauchtwagen) ist mit der Schwester von Lydia Jakob (Sekretärin der Geschäftsleitung) verlobt.
    - Jonas Braunert (Leiter des Zubehörshops) und Paula Raglewski (Sekretärin der Geschäftsleitung) wohnen in derselben Straße und bilden zusammen mit dem Auszubildenden Pascal Palm eine Fahrgemeinschaft.
    - Andreas Pletz (Assistent der Geschäftsleitung) und Laura Tannert (Verkaufsleitung) gehen regelmäßig in dasselbe Fitnessstudio.
    a) Machen Sie im Organigramm des Autohauses Köppel die genannten informalen Beziehungen deutlich.
    b) Informale Beziehungen können die formalen Beziehungen unterstützen aber auch erschweren. Welche Vor- und Nachteile können sich aus solchen informalen Beziehungen zwischen Belegschaftsmitgliedern ergeben?

12. Interpretieren Sie die folgende Karikatur.

13. Lernsituation: „Organisatorischer Aufbau eines Betriebs und dessen Leitungssystem"
    Unternehmensprofil
    Die Kfz-Teilegroßhandlung Auto4Ever KG hatte aufgrund ihrer neuen Herbstaktion und einer konsequenten Kundenorientierung in den letzten Jahren enorme Wachstumsraten zu verzeichnen. Die Auto4Ever KG hat momentan 100 Mitarbeiter an einem Standort. Sie befinden sich in der Ausbildung zur Automobilkauffrau bzw. zum Automobilkaufmann und sind seit zwei Wochen Mitglied des Organisationsteams. Teamleiter ist Herr Block.
    Aufträge
    Sie finden heute folgende Aktennotizen Ihres Teamleiters auf Ihrem Schreibtisch.
    Auszüge aus den Aktennotizen:
    a) **Aktennotiz 1**
        „Unsere Organisation erweist sich immer mehr als Hemmschuh für die weitere Aufwärtsentwicklung. Die vorgesehenen Weisungs- und Informationswege sind viel zu schwerfällig."
        Beweisen Sie diese Aussage für die folgenden Fälle: Frau Bleicher (Rechnungswesen) benötigt von Herrn Birke (Personalverwaltung) die Lohnsumme des abgelaufenen Monats für die Lohnabrechnung. Herr Röhr (Verkauf) benötigt von Herrn Kortus (Lager) eine Fehlmengenliste, um bei Kundenbeschwerden besser vorbereitet zu sein.

b) **Aktennotiz 2**
„Eine bekannte Unternehmensberatungsgesellschaft kommt zu dem Ergebnis, dass erfolgreiche Unternehmen überwiegend nach dem Objektprinzip, weniger erfolgreiche Unternehmen häufiger nach dem Funktionsprinzip organisiert sind. Eine Konkurrenzanalyse ergab, dass unsere Wettbewerber überwiegend nach dem Stabliniensystem organisiert sind. Wir sollten die Auto4Ever KG in diesem Sinne umorganisieren. Ich möchte in unserer nächsten Vorstandssitzung ein diesbezügliches Konzept vorstellen. Sie machen einen Vorschlag, welche Abteilungen als Stabsabteilungen infrage kommen könnten. Bereiten Sie einen Bericht vor, aus dem Vor- und Nachteile des Objektprinzips deutlich werden. Arbeiten Sie doch einmal eine nach dem Objektprinzip gestaltete Aufbauorganisation für unsere Firma aus. Prüfen Sie auch, ob sich eine solche Umorganisation mit unseren Oberzielen Mitarbeiter- und Kundenorientierung verträgt."

Materialien
Organigramm der Kfz-Teilegroßhandlung Auto4Ever KG:

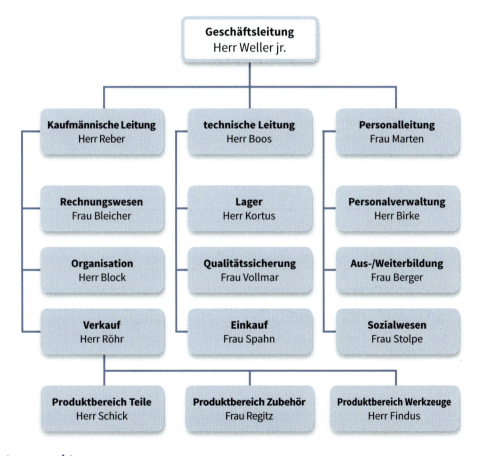

Vertretungsmacht

1. Ergänzen Sie Ihre Lernkartei um die Begriffe des Themengebiets „Vertretungsmacht von Mitarbeitern".

Lernfeld 1

2. Unterscheiden Sie die Begriffe
   a) „Einzelvollmacht" und „Einzelprokura",
   b) „Gesamtvollmacht (allgemeine Handlungsvollmacht)" und „Gesamtprokura".

3. a) Vergleichen Sie Handlungsvollmacht und Prokura mithilfe einer Tabelle, in der Sie die wesentlichen Unterscheidungsmerkmale einander gegenüberstellen.
   b) Erstellen Sie eine **Tabelle**, in der Sie die Rechtshandlungen einander gegenüberstellen, die einem Handlungsbevollmächtigten mit allgemeiner Handlungsvollmacht bzw. einem Prokuristen mit Einzelprokura erlaubt oder verboten sind.
   c) Zählen Sie Rechtshandlungen auf, die nur dem Geschäftsinhaber vorbehalten sind.

4. Betrachten Sie die Aufbauorganisation des Autohauses Köppel auf Seite 35. Welche Vertretungsmacht würden Sie den einzelnen Mitarbeitern übertragen, wenn Sie der Inhaber des Autohauses wären?
   Bilden Sie themengleiche **Gruppen** und stellen Sie Ihre Ergebnisse auf einer Pinnwand dar. Setzen Sie dabei Formen und Farben der Kärtchen sinnvoll ein. Regeln zur **Präsentation** (z. B. Metaplantechnik) finden Sie unter BuchPlusWeb.

5. Entscheiden Sie, welche Vertretungsmacht mindestens notwendig ist, um
   a) ein Grundstück für den Betrieb zu erwerben,
   b) vier Arbeiter zu entlassen und einen Arbeiter einzustellen,
   c) ein Darlehen für den Betrieb aufzunehmen,
   d) einer bewährten Mitarbeiterin allgemeine Handlungsvollmacht zu erteilen,
   e) einer bewährten Mitarbeiterin Kassenvollmacht zu erteilen.

6. **Übertragung der Prokura durch den Inhaber:**

   Hannover, 27. Mai 20..

   Cars & Fun GmbH, Hannover. Die Prokura für Stefan Frenzel ist erloschen. Gesamtprokura: Anna Müller, geb. 11. August 1970, Dreieich; sie ist berechtigt, die Gesellschaft in Gemeinschaft mit einem Geschäftsführer oder einem anderen Prokuristen zu vertreten.

   Handelsregister HRB 154:

   Hannover, 13. Mai 20..

   Cars & Fun GmbH

   Sehr geehrte Frau Müller,

   hiermit erteile ich Ihnen für unsere Firma Gesamtprokura. Damit sind Sie berechtigt, die Gesellschaft in Gemeinschaft mit einem Geschäftsführer oder einem anderen Prokuristen zu vertreten. Die Prokura umfasst nicht den Ankauf von Grundstücken. ...

Der Kraftfahrzeugbetrieb in der Gesamtwirtschaft

Beurteilen Sie jeweils die Rechtslage. Machen Sie ggf. einen Lösungsvorschlag.

a) Der Inhaber von Cars & Fun entzog dem Prokuristen Stefan Frenzel am 13. Mai die Prokura. Stefan Frenzel ist derart erbost darüber, dass er gleich am nächsten Tag 200 Traktorreifen bestellt, obwohl er weiß, dass sein Betrieb mit diesen Reifen nichts anfangen kann. Der Lieferant der Traktorreifen besteht auf Abnahme.

b) Anna Müller unterschreibt am 14. Mai einen Kaufvertrag über einen Sonderposten Feuerlöscher für den Zubehörshop.

c) Am 10. Juni unterschreibt Anna Müller gemeinsam mit ihrer Kollegin Karin Merz (sie hat Einzelprokura) die fälligen Lohnsteuer- und Umsatzsteuervoranmeldungen, da der Geschäftsinhaber Bernd Spoer noch bis 20. Juni im Urlaub ist.

d) Karin Merz hat Einzelprokura mit der Einschränkung, dass sie nur Kaufverträge bis 25 000,00 € selbstständig abschließen darf. Als Karin Merz ein sehr günstiges Angebot eines Lieferanten erhält, bestellt sie eigenmächtig Ware im Wert von 30 000,00 €. Der Geschäftsinhaber verweigert die Annahme der Sendung. Der Lieferant besteht auf Abnahme der Ware.

7. Anscheinsvollmacht

> Wenn jemand im Namen eines anderen einen Vertrag abschließt, ist der Vertrag eigentlich nur dann wirksam, wenn der Vertreter Vollmacht besaß oder der ohne Vollmacht abgeschlossene Vertrag vom Vertretenen trotzdem genehmigt wurde.
>
> Im Handelsrecht besteht darüber hinaus eine gesetzlich geregelte Anscheinsvollmacht: Wer in einem Laden oder einem offenen Warenlager angestellt ist, gilt als bevollmächtigt zu allen solchen Verkäufen und Entgegennahmen, die in einem solchen Laden oder Lager gewöhnlich geschehen (HGB § 56). Eine tatsächliche Bevollmächtigung braucht nicht stattgefunden zu haben, es muss sich auch nicht um Angestellte im arbeitsrechtlichen Sinne handeln. Der Anschein reicht aus. Man geht davon aus, dass ein Ladeninhaber selbst darauf achten muss, wer in seinem Laden wie ein Angestellter auftritt. Das gilt auch für Kaufhausangestellte, die ja ständig im Namen des Kaufhauskonzerns mit den Kunden mündliche Kaufverträge schließen. Die Rechtsprechung sieht diesen Gedanken der Anscheinsvollmacht auch außerhalb des Handelsrechts als allgemeinen Rechtsgedanken an, der sich aus Treu und Glauben (§ 242 BGB) ergibt. Wenn ein Erwachsener (voll Geschäftsfähiger) hätte erkennen und verhindern können, dass jemand anders in seinem Namen Verträge abschließt, dann sind diese Verträge wirksam und er muss sie gegen sich gelten lassen. Es kommt nicht darauf an, ob er davon gewusst hat, sondern nur darauf, ob er bei Anwendung üblicher Sorgfalt davon hätte wissen können und z. B. die andere vertragschließende Seite auf das Fehlen der Vollmacht hätte aufmerksam machen können. Da eine gesetzliche Regelung fehlt, ist der von der Rechtsprechung entwickelte Gedanke der Anscheinsvollmacht in der Rechtswissenschaft umstritten.

Erörtern Sie Vor- und Nachteile der Anscheinsvollmacht.

8. Eva Berger, 51 Jahre, Einzelunternehmerin, betreibt seit 20 Jahren eine gut gehende Autoteilehandlung. Das Ladenlokal befindet sich im eigenen Geschäftsgebäude und erstreckt sich über drei Etagen.
Um Verwaltungsangelegenheiten hat sich Eva Berger wenig gekümmert. Da verlässt sie sich ganz auf Frau Ziegel, eine langjährige, gewissenhafte Mitarbeiterin.

Lernfeld 1

Sie hat ihr Bankvollmacht erteilt, sodass der gesamte Zahlungsverkehr reibungslos verläuft.

Im Verkauf hat Eva Berger acht Mitarbeiter beschäftigt:
- Hans Richter, 46 Jahre, seit Gründung der Firma angestellt, spezialisiert auf Ersatzteile,
- Jürgen Walter, 39 Jahre, seit 15 Jahren in der Firma,
- Nicole Nordmann, 28 Jahre, seit fünf Jahren in der Firma, spezialisiert auf Autozubehör,
- vier jüngere Verkäuferinnen,
- einen Auszubildenden.

Alle anfallenden Entscheidungen hat Eva Berger bisher selbst getroffen. Auch um den Einkauf kümmerte sie sich bisher ausschließlich allein. Sie kauft jährlich für rund 1 000 000,00 € Artikel ein. In letzter Zeit ist Eva Berger immer häufiger auf Reisen, weil sie laufend Messen, Ausstellungen und Rennveranstaltungen besucht, um neue Artikel aufzuspüren und ihre Eignung zu prüfen. Eva Berger ist sich darüber im Klaren, dass sie eine bessere Arbeitsteilung vornehmen muss.

Jürgen Walter, der begeisterter Rallyefahrer mit Rennerfolgen ist, bedrängt sie, ein weiteres Fachgeschäft zu eröffnen. Eva Berger ist gar nicht abgeneigt; das notwendige Startkapital könnte beschafft werden und eine Gelegenheit, in unmittelbarer Nähe geeignete Räume zu mieten, ist ebenfalls vorhanden.

Eva Berger geht davon aus, dass das geplante neue Geschäft eröffnet wird und Walter, dessen Leitung von Anfang an selbstständig übernehmen soll. Im Stammhaus will sie eine Vertretung haben, die in der Lage ist, auch bei ihrer Abwesenheit für die Firma zu handeln. In besonderen und außergewöhnlichen Fällen möchte sie sich aber die Entscheidung selbst vorbehalten.

Arbeiten Sie für Eva Berger einen Vorschlag aus, wem sie und in welchem Umfang Vollmacht erteilen soll, welche Einschränkungen gegebenenfalls zu empfehlen und welche Formvorschriften zu beachten sind.

Rechtsformen von Kraftfahrzeugbetrieben

1. Ergänzen Sie Ihre Lernkartei um die Begriffe des Themengebiets „Rechtsformen von Kfz-Betrieben".

2. Bilden Sie mehrere **Arbeitsgruppen**. Schreiben Sie die Fragen a) bis m) auf **Kärtchen** (eine Frage pro Kärtchen). Beantworten Sie in den Gruppen die Fragen und schreiben Sie die Lösungen auf das jeweilige Kärtchen. Veranstalten Sie in Ihrer Gruppe ein Frage-Antwort-Spiel (wer die meisten Kärtchen gewinnt, ist Gruppensieger). Die Gruppensieger können anschließend den Klassensieger des **Gruppenturniers** unter sich ausspielen.

   Fragen:
   a) Was versteht man unter den Begriffen „Kaufmann", „Firma", „Handelsregister"?
   b) Welche Vorschriften sind bei der Wahl einer Firma gemäß HGB zu beachten?
   c) Unterscheiden Sie mögliche Arten der Firma.
   d) Führen Sie einige Tatsachen auf, die im Handelsregister eingetragen werden.
   e) Die Eintragungen im Handelsregister genießen „öffentlichen Glauben". Was heißt das?
   f) Erläutern Sie einige Vor- und Nachteile eines Einzelunternehmens.
   g) Unterscheiden Sie die Begriffe „Geschäftsführung" und „Vertretung".
   h) Worin unterscheiden sich Einzel- und Gesamtgeschäftsführung?

Der Kraftfahrzeugbetrieb in der Gesamtwirtschaft

    i) Erklären Sie die Begriffe „unbeschränkte", „gesamtschuldnerische" und „unmittelbare Haftung".
    j) Wer hat in einer GmbH das Sagen?
    k) Welche Aufgaben hat die Gesellschafterversammlung einer GmbH?
    l) Was versteht man unter einer GmbH & Co. KG?
    m) Worin unterscheiden sich Personen- und Kapitalgesellschaften?

3. Begründen Sie, ob folgende Selbstständige die Kaufmannseigenschaft besitzen bzw. erwerben können:
Elektrogeschäft mit 50 Beschäftigten; Sportboutique mit zwei Beschäftigten; Zahnarztpraxis mit 15 Beschäftigten; Auto-Importhandel GmbH; landwirtschaftlicher Großbetrieb mit 25 Beschäftigten; Malerbetrieb mit 20 Beschäftigten; Leonie Müller, gelernte Automobilkauffrau (sie führt keinen Betrieb); SolarPlus AG mit zwei Beschäftigten; Hofpflasterer Ringo Scharr (er annonciert regelmäßig im örtlichen Werbeblatt).

4. Kommentieren Sie folgende Sachverhalte:
    a) Ein kleiner Gebäudereinigungsbetrieb in der Universitätsstadt Ulm firmiert unter „Institut für hygienischen Gebäudebetrieb".
    b) Die Dr. Merz Immobilien GmbH firmiert weiterhin unverändert, obwohl der Gesellschafter Dr. Merz vor drei Monaten ausgeschieden ist.
    c) Arslan Cüney betreibt seit kurzer Zeit eine kleine Autowerkstatt unter der Firma Arslan Cüney e. K. Sein Vater, der ebenfalls Arslan heißt, hat am gleichen Ort seit Jahren einen Gebrauchtwagenhandel und firmiert ebenfalls unter Arslan Cüney e. K.

5. Beschreiben Sie die beiden möglichen rechtlichen Wirkungen einer Handelsregistereintragung und nennen Sie je ein Beispiel.

6. Ordnen Sie die Begriffe a) bis j) den Rechtsformen **KG** bzw. **GmbH** zu. Berücksichtigen Sie dabei nur die gesetzlichen Regelungen.
    a) Personengesellschaft
    b) Kapitalgesellschaft
    c) Einzelvertretung
    d) Gesamtgeschäftsführung
    e) Stammkapital
    f) unmittelbare Haftung
    g) Eintragung in Abteilung A des Handelsregisters
    h) Handelsregistereintragung hat rechtserzeugende Wirkung
    i) Komplementär
    j) Geschäftsführer

7. a) Betrachten Sie das Schaubild auf Seite 55. Finden Sie Gründe, weshalb das Einzelunternehmen die bevorzugte Rechtsform der Unternehmen ist. Weshalb firmieren kleine Autowerkstätten meistens als e. K. und größere Autohändler als GmbH?
    b) Stellen Sie in einer **Tabelle** die Rechtsformen der KG, GmbH und AG einander gegenüber. Unterscheiden Sie dabei folgende Merkmale: Begriff, Firma, Kapitalaufbringung, Haftung, gesetzliche Geschäftsführung, gesetzliche Vertretung, gesetzliche Ergebnisverteilung.

Lernfeld 1

8. Herr Czech, Herr Fleig und Frau Frisch sind Gesellschafter der Czech KG.
   Auszug aus dem Gesellschaftsvertrag:

   > **Gesellschaftsvertrag**
   >
   > Einlagen der Gesellschafter
   >
   > Die Gesellschafter verpflichten sich, folgende Einlagen zu leisten:
   >
   > Thomas Czech: 200 000,00 € (Vollhafter)
   >
   > Jens Fleig: 200 000,00 € (Kommanditist)
   >
   > Ute Frisch: 200 000,00 € (Kommanditistin)
   >
   > ...
   >
   > **Ergebnisverteilung**
   >
   > Für die Geschäftsführung erhält jeder Komplementär vom erzielten Reingewinn vorweg eine Vergütung von 60 000,00 €. Überschreitet der Gesamtgewinn die Mindestverzinsung von 10 %, so ist der Rest im Verhältnis 3 : 2 : 2 zu verteilen.

   a) Im abgelaufenen Geschäftsjahr betrug der Reingewinn 400 000,00 €. Führen Sie die **Gewinnverteilung** durch.
   b) Warum beansprucht der Vollhafter Thomas Czech einen Großteil des Reingewinns für sich?
   c) Ein Lieferant fordert Thomas Czech auf, eine Verbindlichkeit in Höhe von 100 000,00 € zu begleichen. Herr Czech verweist den Gläubiger auf seine Mitgesellschafter mit dem Hinweis, er müsse nur ein Drittel der Schuld bezahlen, da er ja auch nur mit einem Drittel an der Gesellschaft beteiligt sei. Nehmen Sie zu dieser Ansicht Stellung.
   d) Thomas Czech bestellt eine Maschine für 100 000,00 €. Darf er dieses Geschäft ohne Mitwirkung der Kommanditisten abschließen? Begründen Sie Ihre Antwort. Ist die Bestellung rechtswirksam?
   e) Angenommen, die Maschine wäre trotzdem geliefert worden. Der Hersteller der Maschine verlangt vom Kommanditisten Jens Fleig die Zahlung der Rechnung. Erläutern Sie die Rechtslage.

9. Silke Abel, Uwe Behrend und Anja Friese wollen eine GmbH gründen. Sie sind bereit, sich mit 50 000,00 €, 30 000,00 € und 20 000,00 € am Stammkapital zu beteiligen.
   a) Wie entsteht eine GmbH?
   b) Entwerfen Sie einen Gesellschaftsvertrag, der alle wichtigen Regelungen enthält. Nehmen Sie dazu das GmbH-Gesetz zu Hilfe.
   c) Silke Abel und Uwe Behrend möchten die Geschäftsführung der GmbH übernehmen. Was ist zu tun? Wägen Sie Vor- und Nachteile einer Gesamtgeschäftsführung gegeneinander ab.
   d) Beurteilen Sie folgende Vorfälle kurz nach der Gründung:
      da) Geschäftsführerin Abel ernennt den Angestellten Sven Mader zum Prokuristen.
      db) Geschäftsführer Behrend will die Firma ändern.

- dc) Geschäftsführerin Abel beschafft ohne Rücksprache mit ihren Mitgesellschaftern ein Lagerverwaltungsprogramm für 100 000,00 €.
- dd) Der Lieferant Knoll KG fordert von der Gesellschafterin Friese (sie ist nicht Mitglied der Geschäftsführung) die Zahlung einer Verbindlichkeit in Höhe von 40 000,00 €.
- e) Im ersten Geschäftsjahr erwirtschaftet die GmbH einen Gewinn in Höhe von 300 000,00 €. Nehmen Sie die **Gewinnverteilung** gemäß GmbHG vor.
- f) Die meisten Konkurrenzbetriebe firmieren als GmbH & Co. KG. Deshalb überlegen Silke Abel, Uwe Behrend und Anja Friese, die GmbH in eine typische GmbH & Co. KG umzuwandeln.
  - fa) Erklären Sie die Rechtsform GmbH & Co. KG.
  - fb) Welche Gründe könnten für eine GmbH & Co. KG sprechen?

  Bilden Sie thementeilige oder themengleiche **Gruppen** und **präsentieren** Sie Ihre Ergebnisse vor der Klasse.

10. Der Einzelunternehmer Jürgen Stölzle, Berlin, überträgt sein Autohaus zu gleichen Teilen auf seine vier Nachkommen. Das Autohaus Jürgen Stölzle hat einen ausgezeichneten Ruf. Das Eigenkapital beträgt zum Zeitpunkt der Übergabe 2 Mio. €.
Nach ersten Gesprächen entschließen sich die vier Nachkommen, Lucia, Sabine, Rainer und Peter, das Autohaus in eine Kommanditgesellschaft umzuwandeln. Einige gesetzliche Regelungen zur Geschäftsführung und Vertretung wollen sie durch vertragliche Vereinbarungen ersetzen, die ihre persönlichen Verhältnisse besser berücksichtigen sollen.
Lucia Stölzle (31 Jahre) arbeitet als Fotoreporterin mit durchschnittlichem Erfolg. Sie ist ledig und wohnt in München.
Sabine Stölzle (30 Jahre) hat nach ihrer Berufsausbildung als Kauffrau im Einzelhandel in verschiedenen Einzelhandelsbetrieben im Verkauf gearbeitet, zuletzt als Abteilungsleiterin. Sie ist seit fünf Jahren verheiratet und hat eine vierjährige Tochter. Sie will sich sowohl um den Haushalt als auch um den Betrieb kümmern.
Rainer Stölzle (36 Jahre), gelernter Großhandelskaufmann, besitzt eine Modeboutique in Oberstdorf (Allgäu). Sein Unternehmen floriert, in naher Zukunft muss er die Zahl seiner Mitarbeiter (zurzeit sechs) verdoppeln.
Peter Stölzle (38 Jahre) ist gelernter Kraftfahrzeugmechaniker und besitzt den Meisterbrief. Er arbeitet seit sechs Jahren im elterlichen Betrieb, zuletzt als Werkstattleiter. Peter ist verheiratet (zwei Söhne), seine Frau Maria arbeitet als Teilzeitkraft im Büro des Autohauses.
Entwerfen Sie für die zu gründende KG einen Gesellschaftsvertrag, der die persönlichen Verhältnisse der vier Nachkommen berücksichtigt.
Erarbeiten Sie zunächst in thementeiliger **Gruppenarbeit** die Rollenkarten für jeden Nachkommen. Führen Sie danach die Vertragsverhandlungen der vier Nachkommen als **Rollenspiel** durch.

11. Auszug aus dem GmbH-Vertrag einer Ingenieurgesellschaft:

Gesellschaftsvertrag

§ 1

Name, Sitz der Gesellschaft

Ratiotec Gesellschaft für Rationalisierungstechnik und Wirtschaftsberatung mit beschränkter Haftung
Sitz der Gesellschaft ist Stuttgart.

§ 2

Gegenstand der Gesellschaft

Gegenstand der Gesellschaft sind:
- die Rationalisierung von Arbeits- und Informationsprozessen,
- die Entwicklung, Herstellung und der Vertrieb von Maschinen und elektronisch gesteuerten Hilfsmitteln zur Rationalisierung,
- Organisationsberatung,
- Beratung in allen wirtschaftlichen Fragen,
- Marketing-Dienstleistungen

sowie alle damit in Zusammenhang stehenden Geschäfte.

Die Gesellschaft kann sich an anderen Gesellschaften beteiligen, erwerben und Zweigniederlassungen gründen. Sie kann ebenfalls die Stellung einer persönlich haftenden Gesellschafterin in einer noch zu gründenden Kommanditgesellschaft übernehmen.

§ 3

Stammkapital

1. Das Stammkapital beträgt 50 000,00 € (fünfzigtausend).
2. Als Stammeinlage haben übernommen:
   - Frau Lisa Berger   25 000,00 € (fünfundzwanzigtausend)
   - Herr Bernd Liebenstein 25 000,00 € (fünfundzwanzigtausend)

Die Stammeinlagen sind in bar zu leisten. Auf jede Stammeinlage ist ein Viertel sofort vor Anmeldung der Gesellschaft zur Eintragung in das Handelsregister einzuzahlen. Der Rest ist auf Anforderung der Gesellschafter einzuzahlen. Unterschreitet die Summe der Viertel die gesetzliche Mindesteinzahlung von 25 000,00 €, so sind die Einzahlungen in der Relation der Gesellschafteranteile bis auf insgesamt 25 000,00 € zu erhöhen.

§ 4

Beginn und Dauer der Gesellschaft, Geschäftsjahr

1. Das Geschäftsjahr ist das Kalenderjahr.
2. Das erste Geschäftsjahr beginnt im Innenverhältnis am ... und endet mit Ablauf des Kalenderjahres.
3. Die Gesellschaft wird auf unbestimmte Zeit gegründet.

Vergleichen Sie den Vertragsinhalt mit den entsprechenden Regelungen des GmbH-Gesetzes.

12.

Die zehn größten deutschen Unternehmen 2019				
Unternehmen	Branche	Umsatz (in Mrd. €)	Gewinn (in Mrd. €)	Mitarbeiter-zahl (in Tsd.)
Volkswagen AG	Automobil	230,7	11,4	642,3
Daimler AG	Automobil	164,3	10,5	289,3
Allianz Gruppe SE	Versicherungen	108,7	6,8	140,6
Schwarz-Gruppe GmbH	Lebensmittelhandel	104,3	k. A.	429,0
Robert Bosch GmbH	Technologie	104,0	5,1	405,0
BMW AG	Automobil	98,7	8,6	134,7
Siemens AG	Elektro	83,1	6,1	372,0
Deutsche Telekom AG	Telekommunikation	75,0	3,5	217,3
Uniper SE	Energie	72,2	–0,5	12,3
Münchner Rück AG	Versicherungen	62,2	0,4	42,4

Pneus-AG – Hamburg

Einladung zur Hauptversammlung

Wir laden hiermit die **Aktionäre** unserer Gesellschaft zu der am 30. Juni 20..., 10:00 Uhr, im Congress Centrum Hamburg, Saal 4, Marseiller Straße 1, 20355 Hamburg, stattfindenden **ordentlichen Hauptversammlung** ein.

Tagesordnung
1. Vorlage des festgestellten **Jahresabschlusses**, des **Lageberichts** des Vorstands sowie des Berichts des Aufsichtsrats für das abgelaufene Geschäftsjahr.
2. Beschlussfassung über die Verwendung des **Bilanzgewinns**. Vorstand und Aufsichtsrat schlagen vor, den für das Jahr ausgewiesenen **Jahresüberschuss** in Höhe von

25 010 356,00 €

wie folgt zu verwenden:

Zahlung einer Dividende von 5,00 € je **Stammaktie** insgesamt	10 000 000,00 €
Zahlung einer Dividende von 6,00 € je **Vorzugsaktie** insgesamt	10 000 000,00 €
Einstellung in weitere Gewinnrücklagen insgesamt	5 000 000,00 €
Gewinnvortrag auf neue Rechnung	10 356,00 €

Lernfeld 1

Das Grundkapital (34 Mio. €) der Pneus AG ist in 34 000 000 Stückaktien (davon 16 000 000 nennbetragslose Vorzugsaktien ohne Stimmrechte) eingeteilt.
a) Weshalb ist die AG die bevorzugte Rechtsform von Großunternehmen?
b) Die Aktiengesellschaft handelt durch ihre Organe Hauptversammlung, Vorstand und Aufsichtsrat. Beschreiben Sie mithilfe des Aktiengesetzes die Aufgaben dieser Organe.
c) Erklären Sie die fett hervorgehobenen Begriffe in der obigen Einladung zur Hauptversammlung.
d) Maria Campioni besitzt 100 Vorzugsaktien der Pneus AG. Berechnen Sie ihre Dividende,
   da) wenn sie einen Freistellungsauftrag bei ihrer Depotbank eingereicht hat.
   db) wenn ihr Freistellungsauftrag schon ausgeschöpft ist.
e) Erläutern Sie die Mitbestimmung der Arbeitnehmer im Aufsichtsrat einer AG.

Geschäftspartner in der Kraftfahrzeugbranche

1. Ergänzen Sie Ihre Lernkartei um die Begriffe des Themengebiets „Geschäftspartner in der Kfz-Branche".

2. Bilden Sie mehrere **Arbeitsgruppen**. Schreiben Sie die Fragen a) bis g) auf **Kärtchen** (eine Frage pro Kärtchen). Beantworten Sie in den Gruppen die Fragen und schreiben Sie die Lösungen auf das jeweilige Kärtchen. Veranstalten Sie in Ihrer Gruppe ein Frage-Antwort-Spiel (wer die meisten Kärtchen gewinnt, ist Gruppensieger). Die Gruppensieger können anschließend den Klassensieger des **Gruppenturniers** unter sich ausspielen.

Fragen:
a) Erläutern Sie das Leistungsangebot eines typischen Kraftfahrzeughändlers.
b) Worin unterscheiden sich Eigenhändler, Werksniederlassungen und Handelsvertreter?
c) Erklären Sie den Unterschied zwischen einem A- und einem B-Händler.
d) Was versteht man unter einem autorisierten Markenvertragshändler?
e) Beschreiben Sie die Handelskette zwischen Vertragshändler und Hersteller.
f) Unterscheiden Sie zwischen Vertragswerkstätten und freien Werkstätten.
g) Welche Vor- bzw. Nachteile hat das Agenturgeschäft?

3. Die Vertriebsorganisation des Kraftfahrzeuggewerbes kennzeichnet die Beziehungen zwischen den Händlern und den Herstellern bzw. Importeuren. Unterscheiden Sie die fünf grundsätzlichen Möglichkeiten der Vertriebsorganisation in der Kraftfahrzeugbranche. Bilden Sie thementeilige oder themengleiche **Gruppen** und stellen Sie Ihre Ergebnisse auf einer Pinnwand dar. Setzen Sie dabei Formen und Farben der Kärtchen sinnvoll ein. Wenden Sie die **Metaplantechnik** an.

Der Kraftfahrzeugbetrieb in der Gesamtwirtschaft

4. a) Betrachten Sie die Grafik auf Seite 76 und die folgende Grafik. Worin unterscheidet sich die Internetnutzung beim Neuwagenkauf von der Internetnutzung beim Gebrauchtwagenkauf? Finden Sie dafür Gründe.

P13 Informationsquellen der Gebrauchtwagenkäufer 2019
Quelle: DAT

Offline:
- 62% Gespräche mit Kollegen/Bekannten/Verwandten
- 48% Probefahrt
- 39% Händler/Werkstatt (Käufer ist Kunde)
- 33% Besuch bei verschiedenen Händlern
- 6% Anzeigen in Printmedien
- 5% Testberichte in Printmedien
- 2% Anfragen bei Sachverständigen (DAT, Dekra, GTÜ, KÜS, TÜV, ...)

Online:
- 69% Online-Verkaufsplattformen (mobile.de, Autoscout24, ...)
- 42% Suchmaschinen (Google, ...)
- 22% Webseite Händler
- 11% Webseite Hersteller
- 10% Soziale Netzwerke/Foren/Blogs
- 9% Testberichte
- 8% Videos im Internet (YouTube, ...)
- 5% Abfrage von Fahrzeugwerten (z. B. www.dat.de)

Copyright: Deutsche Automobil Treuhand GmbH

b) Diskutieren Sie über Chancen und Risiken des Internetverkaufs aus der Sicht des Autohandels und der Endverbraucher.
Tipp: Erarbeiten Sie zunächst die Argumente in **Gruppen**. Erarbeiten Sie danach verbindliche Diskussionsregeln. Wählen Sie einen Diskussionsleiter und bilden Sie eine Pro-, eine Kontra- und eine Beobachtergruppe.

5. a) Erklären Sie, wie die Preisvorteile eines freien EU-Direktimporteurs zustande kommen.
   b) Was muss ein Endverbraucher beachten, wenn er sein Neufahrzeug in einem preisgünstigeren EU-Land kauft?

6. Kfz-Betriebe sind unter bestimmten Voraussetzungen vom generellen Verbot wettbewerbsbeschränkender Vereinbarungen nach Artikel 101 AEUV freigestellt.
   a) Finden Sie Gründe für diese Regelung und nennen Sie die entsprechenden gesetzlichen Grundlagen.
   b) Für sogenannte Kernbeschränkungen gilt die Freistellung nicht. Geben Sie Beispiele für eine Kernbeschränkung an.
   c) Nennen Sie Beispiele für wettbewerbsbeschränkende Vereinbarungen.
   d) Bei der Freistellung wird zwischen Neufahrzeugen auf der einen Seite und Kraftfahrzeugersatzteilen bzw. Instandsetzungs- und Wartungsdienstleistungen auf der anderen Seite unterschieden. Gehen Sie auf die Unterschiede ein.

Lernfeld 1

2 Berufsausbildung im dualen System

AUSGANGSSITUATION

Die Auszubildenden Nora Braun und Carl Löffler kommen gerade von einer Einführungsveranstaltung der Industrie- und Handelskammer (IHK) für alle **Ausbilder und Auszubildenden** zurück. Die Veranstaltung hatte folgende Tagesordnung:

1. Grundlagen der Berufsausbildung
2. besonderer Schutz jugendlicher Auszubildender
3. Arbeitssicherheit und Unfallschutz
4. Funktionen des Tarifvertrags
5. Mitbestimmungsrechte der Arbeitnehmer

Ihre Ausbilderin, Frau Nora Köppel, bittet alle Auszubildenden des ersten Ausbildungsjahrs, das Thema „rechtliche Grundlagen der Berufsausbildung" mithilfe von PowerPoint vor den Auszubildenden des zweiten und dritten Ausbildungsjahrs und dem Ausbildungsteam zu präsentieren.

ARBEITSAUFTRÄGE

1. Sondieren Sie die Unterlagen, die Sie auf der Einführungsveranstaltung der Kammer erhalten haben bzw. gewinnen Sie alle notwendigen Informationen aus Ihrem Lehrbuch, dem Berufsbildungs-, Jugendarbeitsschutzgesetz sowie aus dem im Betrieb ausliegenden Tarifvertrag.
   Tipp: Bilden Sie thementeilige Arbeitsgruppen.
2. Führen Sie die Gruppenergebnisse zusammen und planen Sie die PowerPoint-Präsentation. Beachten Sie dabei die Regeln einer PowerPoint-Präsentation und die Empfehlungen für einen guten Vortrag.
   Tipps: Bilden Sie thementeilige Arbeitsgruppen und lesen Sie die folgenden Kapitel im Buch. Einen Methoden- und Präsentationspool finden Sie unter BuchPlusWeb.
3. Tragen Sie Ihre PowerPoint-Präsentation vor den Auszubildenden des zweiten und dritten Ausbildungsjahrs und dem Ausbildungsteam vor. Stellen Sie die Situation ggf. im Klassenverband nach. Reagieren Sie auf Anmerkungen und Fragen aus dem Zuhörerkreis zur Einhaltung der rechtlichen und tariflichen Vorschriften in Ihrem Betrieb.
4. Bewerten Sie Ihre Präsentationen mithilfe Ihres Kriterienkatalogs. Nehmen Sie Kritikpunkte auf zur Vollständigkeit und inhaltlichen Richtigkeit Ihrer Präsentation, ergänzen Sie Ihre Ausarbeitungen und korrigieren Sie Fehler.
5. Reflektieren Sie über Ihre neue Rolle als Auszubildender und respektieren Sie die Position anderer Auszubildenden und Beschäftigen. Nehmen Sie konstruktives Feedback an, ändern Sie ggf. ihr Verhalten und ziehen Sie Schlüsse für zukünftige Präsentationen.

2.1 Berufsausbildungsvertrag – Niederschrift erforderlich

EINSTIEGSSITUATION

Lehrvertrag

Gruenberg und Biedenkopf, den 27. November 1864

Eduard Groos in Gruenberg einerseits und Philipp Walther in Biedenkopf andererseits haben folgende Uebereinkunft getroffen:

1. Groos nimmt den Sohn des Philipp Walther mit Namen Georg auf vier Jahre, und zwar vom Oktober 1864 bis dahin 1868, als Lehrling in sein Geschaeft auf.
2. Groos macht sich verbindlich, seinen Lehrling in Allen dem, was in seinem Geschaeft vorkommt, gewissenhaft zu unterrichten, ein wachsames Auge auf sein sittliches Betragen zu haben und ihm Kost und Logis in seinem Hause frei zu geben.
3. Groos gibt seinem Lehrling alle 14 Tage des Sonntags von 12:00 bis 5:00 Uhr frei; dabei ist es gestattet, dass er auch an des Sonntags, wo er seinen Ausgangstag nicht hat, einmal den Gottesdienst besuchen kann.
4. Groos verzichtet auf ein Lehrgeld, hat aber dagegen die Lehrzeit auf vier Jahre ausgedehnt.
5. Walther hat waehrend der Lehrzeit seines Sohnes denselben in anstaendiger Kleidung zu erhalten und fuer dessen Waesche besorgt zu sein.
6. Walther hat fuer die Treue seines Sohnes einzustehen und allen Schaden, den derselbe durch boesen Willen, Unachtsamkeit und Nachlaessigkeit seinem Lehrherrn verursachen sollte, ohne Einrede zu ersetzen.
7. Der junge Walther darf waehrend der Dauer seiner Lehrzeit kein eigenes Geld fuehren, sondern die Ausgaben, welche nicht von seinem Vater direkt bestritten werden, gehen durch die Haende des Lehrherrn und der Lehrling hat solche zu verzeichnen.
8. Hat der junge Walther seine Kleidungsstuecke und sonstige Effekten auf seinem Zimmer zu verschließen, aber so, dass sein Lehrherr davon Kenntnis hat und dieser solche von Zeit zu Zeit nachsehen kann, sooft es diesem gewahrt ist, um ihn gehoerig zu ueberwachen.
9. Darf der Lehrling waehrend seiner Lehrzeit kein Wirtshaus oder Tanzbelustigung besuchen, er muesste denn ausdruecklich die Erlaubnis hierzu von seinem Vater oder Lehrherrn erhalten haben und dann besonders darf er auch nicht rauchen im Geschaeft oder außer demselben, es bleibt ihm ganz untersagt.
10. Wenn der junge Walther das Geschaeft der Groos verlaesst, so darf dieser in kein Geschaeft in Gruenberg gehen, ohne dass Groos dazu die Erlaubnis gibt.
11. Zur Sicherstellung, dass beide Teile diese Uebereinkunft treulich halten und erfuellen wollen, ist dieser Contract doppelt ausgefertigt. Jedem ein Exemplar ausgehaendigt und unterschrieben worden.

Groos   *Walther*

Lernfeld 1

1. Vergleichen Sie die Regelungen des Lehrvertrags aus dem Jahre 1864 mit Ihrem Ausbildungsvertrag.
2. Beschreiben Sie die gesellschaftlichen Verhältnisse, die obigem Lehrvertrag zugrunde lagen.
3. Sammeln Sie Probleme und Fragen zu Ihrer Ausbildung mithilfe einer **Kartenabfrage**. Fassen Sie die einzelnen Beiträge zu Problemkreisen zusammen und formulieren Sie dazu Arbeitsaufträge. Bearbeiten Sie diese in thementeiligen **Gruppen** mithilfe des Berufsbildungs- und Jugendarbeitsschutzgesetzes.

2.1.1 Duales System – zwei Lernorte

In Deutschland entscheiden sich etwa 50 % eines jeden Jahrgangs für eine Berufsausbildung im dualen System. Das duale System ist durch das Zusammenwirken der zwei Ausbildungsträger **Ausbildungsbetrieb und Berufsschule** gekennzeichnet.

Die Berufsausbildung hat in einer sich wandelnden Arbeitswelt die für die Ausübung einer qualifizierten beruflichen Tätigkeit notwendigen beruflichen Fertigkeiten, Kenntnisse und Fähigkeiten (berufliche Handlungsfähigkeit) in einem geordneten Ausbildungsgang zu vermitteln und den Erwerb der erforderlichen Berufserfahrungen zu ermöglichen (BBiG § 1 Abs. 3). Um dieses anspruchsvolle Ziel zu erreichen, arbeiten die beiden Lernorte Ausbildungsbetrieb und Berufsschule zusammen. Dabei legt der Lernort Betrieb seinen Schwerpunkt auf das Zusammenwirken fachtheoretischer Inhalte mit der fachpraktischen Anwendung am Arbeitsplatz. In der Berufsschule steht die fachtheoretische unternehmens- und branchenübergreifende Unterrichtung des Auszubildenden im Vordergrund. So kann der Auszubildende sowohl die notwendige Berufserfahrung als auch eine breit angelegte berufliche Grundbildung erwerben.

Aufgabenverteilung im dualen System

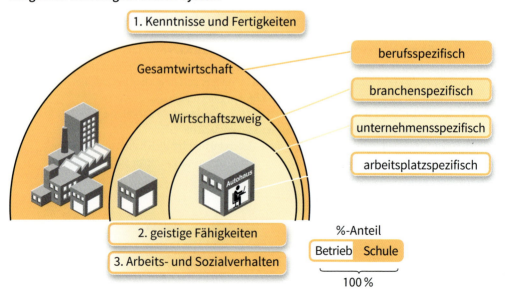

Berufsausbildung im dualen System

Zentrales Ziel der Berufsschule ist es, die Entwicklung umfassender **Handlungskompetenz** zu fördern. Handlungskompetenz ist die Bereitschaft und Befähigung des Einzelnen, sich in beruflichen, gesellschaftlichen und privaten Situationen sachgerecht durchdacht sowie individuell und sozial verantwortlich zu verhalten. Handlungskompetenz entfaltet sich in den Dimensionen Fach-, Selbst- (bzw. Human-) und Sozialkompetenz.

Dimensionen der Handlungskompetenz	
Fachkompetenz	Bereitschaft und Fähigkeit, auf der Grundlage fachlichen Wissens und Könnens Aufgaben und Probleme zielorientiert, sachgerecht, methodengeleitet und selbstständig zu lösen und das Ergebnis zu beurteilen
Selbstkompetenz (Humankompetenz)	Bereitschaft und Fähigkeit, als individuelle Persönlichkeit die Entwicklungschancen, Anforderungen und Einschränkungen in Familie, Beruf und öffentlichem Leben zu klären, zu durchdenken und zu beurteilen, eigene Begabungen zu entfalten sowie Lebenspläne zu fassen und fortzuentwickeln; sie umfasst Eigenschaften wie Selbstständigkeit, Kritikfähigkeit, Selbstvertrauen, Zuverlässigkeit, Verantwortungs- und Pflichtbewusstsein. Zu ihr gehören insbesondere auch die Entwicklung durchdachter Wertvorstellungen und die selbstbestimmte Bindung an Werte.
Sozialkompetenz	Bereitschaft und Fähigkeit, soziale Beziehungen zu leben und zu gestalten (z. B. Teamfähigkeit), Zuwendungen und Spannungen zu erfassen und zu verstehen sowie sich mit anderen rational und verantwortungsbewusst auseinanderzusetzen und zu verständigen (z. B. Konfliktfähigkeit); hierzu gehört auch die Entwicklung sozialer Verantwortung und Solidarität.

Die Dimensionen der Handlungskompetenz werden ergänzt durch die Methodenkompetenz, Lernkompetenz und kommunikative Kompetenz.

Ergänzende übergreifende Kompetenzen	
Methodenkompetenz	Bereitschaft und Fähigkeit zu zielgerichtetem, planmäßigem Vorgehen bei der Bearbeitung von Aufgaben und Problemen (z. B. bei der Planung der Arbeitsschritte)
kommunikative Kompetenz	Bereitschaft und Fähigkeit, kommunikative Situationen zu verstehen und zu gestalten; hierzu gehört es, eigene Absichten und Bedürfnisse sowie die der Partner wahrzunehmen, zu verstehen und darzustellen.
Lernkompetenz	Bereitschaft und Fähigkeit, Informationen über Sachverhalte und Zusammenhänge selbstständig und gemeinsam mit anderen zu verstehen, auszuwerten und in gedankliche Strukturen einzuordnen; zur Lernkompetenz gehört insbesondere auch die Fähigkeit und Bereitschaft, im Beruf und über den Berufsbereich hinaus Lerntechniken und Lernstrategien zu entwickeln und diese für lebenslanges Lernen zu nutzen.

Die Ausbildung darf nur in einem der 326 (Stand: 2019) staatlich anerkannten Ausbildungsberufe erfolgen, zu denen das Bundesministerium für Wirtschaft oder das jeweils fachlich zuständige Bundesministerium im Einvernehmen mit dem Bundesministerium für Bildung eine verbindliche Ausbildungsordnung erlässt. Die **Ausbildungsordnung** beinhaltet vor allem die Bezeichnung des Ausbildungsberufs, die Ausbildungsdauer, die zu vermittelnden Fertigkeiten und Kenntnisse (Ausbildungsberufsbild), eine Anleitung zur sachlichen und zeitlichen Gliederung der Fertigkeiten und Kenntnisse (Ausbildungsrahmenplan) und die Prüfungsanforderungen (BBiG § 5).

Für die Berufsschulen erlassen die Kultusminister der Länder **Lehrpläne**, die mit der Ausbildungsordnung des Ausbildungsberufs und dem von der Kultusministerkonferenz (KMK) empfohlenen Rahmenlehrplan inhaltlich abgestimmt sind. Rechtlich gehört die Berufsschule in die Zuständigkeit der Bundesländer, deren Schulpflichtvorschriften von allen Jugendlichen bis zum Alter von 18 Jahren den Schulbesuch verlangen.

Die Überwachung der Berufsausbildung obliegt den **zuständigen Stellen** (Industrie- und Handelskammern, Handwerkskammern usw.). Die zuständigen Stellen informieren die Betriebe über Ausbildungsmöglichkeiten, überprüfen die Berufsausbildungsverträge auf ihre Rechtmäßigkeit und tragen diese in das Verzeichnis der Berufsausbildungsverhältnisse ein, stellen die fachliche und persönliche Eignung von Ausbildungsbetrieben bzw. Ausbildern fest und betreuen diese, beraten Ausbildende und Auszubildende, helfen bei Streitigkeiten zwischen Ausbildenden und Auszubildenden (Schlichtungsausschuss) und führen Prüfungen und ergänzende Lehrgänge zur betrieblichen Ausbildung durch. Zur Ermittlung des Ausbildungsstandes müssen die Kammern während der Berufsausbildung mindestens eine Zwischenprüfung durchführen (BBiG § 48).

Berufsausbildung im dualen System im Überblick		
Merkmale	Ausbildungsbetrieb	Berufsschule
staatlich geordnet durch	Bund	Bundesländer
begründet durch	Berufsausbildungsvertrag	Schulpflicht
überwacht durch	Ausbildungsordnung	Lehrplan
inhaltlich festgelegt in	zuständige Stellen (Kammern)	Schulaufsicht (Regierungspräsidien)
finanziert durch	Ausbildungsbetrieb	Bundesländer

2.1.2 Form und Mindestinhalte des Ausbildungsvertrags

Wer einen anderen zur Berufsausbildung einstellt (Ausbildender), hat mit dem Auszubildenden einen **Berufsausbildungsvertrag** zu schließen (BBiG § 10).

Der Ausbildende hat unverzüglich nach Abschluss des Berufsausbildungsvertrags, spätestens vor Beginn der Berufsausbildung, den wesentlichen Inhalt des Vertrags schriftlich niederzulegen (BBiG § 11). Die Niederschrift ist von dem Ausbildenden, dem Auszubildenden und dessen gesetzlichem Vertreter zu unterzeichnen.

Die Niederschrift muss folgende **Mindestangaben** enthalten:

1. Art, sachliche und zeitliche Gliederung sowie Ziel der Berufsausbildung, insbesondere die Berufstätigkeit, für die ausgebildet werden soll,
2. Beginn und Dauer der Berufsausbildung,
3. Ausbildungsmaßnahmen außerhalb der Ausbildungsstätte,
4. Dauer der regelmäßigen täglichen Ausbildungszeit,
5. Dauer der Probezeit,
6. Zahlung und Höhe der Vergütung,
7. Dauer des Urlaubs,
8. Voraussetzungen, unter denen der Berufsausbildungsvertrag gekündigt werden kann,
9. ein in allgemeiner Form gehaltener Hinweis auf die Tarifverträge, Betriebs- oder Dienstvereinbarungen, die auf das Berufsausbildungsverhältnis anzuwenden sind,
10. die Form des Ausbildungsnachweises nach § 13 BBiG (schriftlich oder elektronisch)

Die Dauer der regelmäßigen täglichen Ausbildungszeit ist in Betriebs- oder Dienstvereinbarungen festgelegt, die der Arbeitgeber mit dem Betriebsrat aushandelt. Die Höhe der Vergütung und die Dauer des Urlaubs sind meist brancheneinheitlich in Tarifverträgen geregelt (siehe Kapitel 2.5, „Mitwirkung und Mitbestimmung der Arbeitnehmer").

Rechtliche Grundlagen der Ausbildung im Überblick

gesetzliche Grundlagen	Tarifvertrag	Betriebsvereinbarung	Berufsausbildungsvertrag/Arbeitsvertrag
BBiG ... JArbSchG ... ArbZG ... ArbSchG ASiG BetrVG ...	• Vergütung • Mindesturlaub • Höchstarbeitszeit • Kündigungsfristen • ...	• Gleitzeitvereinbarung • Werkstattordnung • Raucherregelung • ...	• Rechte • Pflichten

Vereinbarungen in einem Berufsausbildungsvertrag, die zuungunsten des Auszubildenden von den Vorschriften des BBiG abweichen, sind nichtig (**Unabdingbarkeit**, BBiG § 25).

2.1.3 Rechte und Pflichten nach dem Berufsbildungsgesetz

Im Berufsausbildungsvertrag sind alle wesentlichen Rechte und Pflichten des Auszubildenden und des Ausbildenden festgehalten. Die Rechte des Ausbildenden sind zugleich die Pflichten des Auszubildenden und umgekehrt.

Lernfeld 1

Rechte des Auszubildenden nach dem BBiG

Rechte	Der Ausbildende hat
Berufsausbildung (§ 14 BBiG)	• dafür zu sorgen, dass dem Auszubildenden die Fertigkeiten und Kenntnisse vermittelt werden, die zum Erreichen des Ausbildungszieles erforderlich sind, um das Ausbildungsziel in der vorgesehenen Ausbildungszeit zu erreichen, • selbst auszubilden oder einen Ausbilder ausdrücklich zu beauftragen, • dem Auszubildenden kostenlos die Ausbildungsmittel, insbesondere Werkzeuge und Werkstoffe zur Verfügung zu stellen, die zur Berufsausbildung und zum Ablegen von Zwischen- und Abschlussprüfungen erforderlich sind, • den Auszubildenden zum Besuch der Berufsschule sowie zum Führen von schriftlichen Ausbildungsnachweisen anzuhalten, soweit solche im Rahmen der Berufsausbildung verlangt werden, und diese durchzusehen.
Fürsorge (§ 14 BBiG)	• dafür zu sorgen, dass der Auszubildende charakterlich gefördert sowie sittlich und körperlich nicht gefährdet wird, • dem Auszubildenden nur Aufgaben zu übertragen, die dem Ausbildungszweck dienen und seinen körperlichen Kräften angemessen sind.
Freistellung (§ 15 BBiG)	• den Auszubildenden für die Teilnahme am Berufsschulunterricht und an Prüfungen freizustellen. Das Gleiche gilt, wenn Ausbildungsmaßnahmen außerhalb der Ausbildungsstätte durchzuführen sind.
Zeugnis (§ 16 BBiG)	• dem Auszubildenden bei Beendigung des Berufsausbildungsverhältnisses ein Zeugnis auszustellen. Dieses muss Angaben enthalten über Art, Dauer und Ziel der Berufsausbildung sowie über die erworbenen Fertigkeiten und Kenntnisse des Auszubildenden (**einfaches Zeugnis**). Auf Verlangen des Auszubildenden sind auch Angaben über Verhalten, Leistung und besondere fachliche Fähigkeiten aufzunehmen (**qualifiziertes Zeugnis**).
Vergütung BBiG §§ 17–19 EntgFG § 3	• den Auszubildenden eine angemessene Vergütung zu gewähren[1]. Diese ist nach dem Lebensalter der Auszubildenden so zu bemessen, dass sie mit fortschreitender Berufsausbildung, mindestens jährlich, ansteigt; • eine über die vereinbarte regelmäßige tägliche Ausbildungszeit hinausgehende Beschäftigung besonders oder durch entsprechende Freizeit zu vergüten; • die Vergütung auch für die Zeit der Freistellung zu zahlen[2]; • die Vergütung bis zur Dauer von sechs Wochen auch zu zahlen, wenn der Auszubildende infolge unverschuldeter Krankheit nicht an der Ausbildung teilnehmen kann.

---

[1] Nach § 17 (Abs. 2) BBiG ist die Vergütung angemessen, wenn sie mindestens wie folgt bemessen ist (**Mindestvergütung**):

Beginn der Ausbildung	Im ersten Ausbildungsjahr	Zuzüglich jeweils
im Jahr 2020	515,00 €	18 % im 2. Ausbildungsjahr
im Jahr 2021	550,00 €	35 % im 3. Ausbildungsjahr
im Jahr 2022	585,00 €	40 % im 4. Ausbildungsjahr
im Jahr 2023	620,00 €	

Die Höhe der Mindestvergütung wird erstmals zum 1. Januar 2024 fortgeschrieben.

[2] Die Freistellung des Auszubildenden für den Berufsschulunterricht beinhaltet auch die Pausen in der Schule sowie die Wegezeit von der Berufsschule zum Betrieb (BAG Az.: 5 AZR 413/99). Die **Anrechnung erfolgt** nicht auf die betriebsübliche sondern **auf die gesetzliche Höchstarbeitszeit**. Diese beträgt bei erwachsenen Auszubildenden pro Woche 48, bei jugendlichen Auszubildenden 40 Arbeitsstunden.

Berufsausbildung im dualen System

Rechte des Auszubildenden nach dem BBiG	
Urlaub JArbSchG § 19, BUrlG § 3	den zustehenden **Mindesturlaub** zu gewähren. • Am 1. Januar noch nicht 16 Jahre: mindestens 30 Werktage • Am 1. Januar noch nicht 17 Jahre: mindestens 27 Werktage • Am 1. Januar noch nicht 18 Jahre: mindestens 25 Werktage • Am 1. Januar über 18 Jahre: mindestens 24 Werktage

Pflichten des Auszubildenden nach dem BBiG § 13	
Pflichten	Der Auszubildende hat
Bemühung	• sich zu bemühen, die Fertigkeiten und Kenntnisse zu erwerben, die erforderlich sind, um das Ausbildungsziel zu erreichen. Er ist insbesondere verpflichtet, die ihm im Rahmen seiner Berufsausbildung aufgetragenen Verrichtungen sorgfältig auszuführen.
Berufsschulbesuch	• an Ausbildungsmaßnahmen teilzunehmen, für die er nach § 15 freigestellt wird.
Weisungsbefolgung	• den Weisungen zu folgen, die ihm im Rahmen der Berufsausbildung vom Ausbildenden, vom Ausbilder oder von anderen weisungsberechtigten Personen erteilt werden.
Betriebsordnung	• die für die Ausbildungsstätte geltende Ordnung zu beachten.
Sorgfalt	• Werkzeuge, Maschinen und sonstige Einrichtungen pfleglich zu behandeln.
Stillschweigen	• über Betriebs- und Geschäftsgeheimnisse Stillschweigen zu wahren.

Bei der Gewährung von Urlaub sind die Bestimmungen des Jugendarbeitsschutzgesetzes bzw. des Bundesurlaubsgesetzes zu beachten (JArbSchG § 19, BUrlG § 3). Die Urlaubsregelung im Tarifvertrag hat gegenüber diesen Mindestbestimmungen Vorrang, wenn sie günstiger ist. Ein gesetzlicher Anspruch auf Urlaubsgeld besteht nicht.

Bei **Fernbleiben** von der betrieblichen Ausbildung, vom Berufsschulunterricht oder von sonstigen Ausbildungsveranstaltungen ist dem Ausbildenden unter Angabe von Gründen unverzüglich Nachricht zu geben. Bei einer **Arbeitsunfähigkeit** infolge von Krankheit, die länger als drei Kalendertage dauert, hat der Auszubildende eine ärztliche Bescheinigung über das Bestehen der Arbeitsunfähigkeit sowie deren voraussichtliche Dauer spätestens an dem darauffolgenden Arbeitstag vorzulegen. Der Ausbildende ist berechtigt, die Vorlage der ärztlichen Bescheinigung früher zu verlangen. Dauert die Arbeitsunfähigkeit länger als in der Bescheinigung angegeben, muss der Auszubildende eine neue ärztliche Bescheinigung vorlegen (EntgFG § 5).

2.1.4 Beginn und Ende des Berufsausbildungsverhältnisses

Das Berufsausbildungsverhältnis beginnt mit der **Probezeit**. Diese muss mindestens einen Monat und darf höchstens vier Monate betragen (BBiG § 20). *Während der Probezeit* kann das Berufsausbildungsverhältnis jederzeit ohne Einhalten einer Kündigungsfrist schriftlich gekündigt werden.

Lernfeld 1

Nach der Probezeit kann das Berufsausbildungsverhältnis mit folgenden Kündigungsgründen und -fristen gekündigt werden (§ 22 BBiG):

- vom Auszubildenden mit einer Kündigungsfrist von vier Wochen, wenn er die **Berufsausbildung aufgeben** oder sich für **eine andere Berufstätigkeit** ausbilden lassen will,
- **aus einem wichtigen Grund** ohne Einhalten einer Kündigungsfrist; die Kündigung muss innerhalb von zwei Wochen nach Bekanntwerden des wichtigen Grundes erfolgen.

Wichtige Kündigungsgründe für eine fristlose Kündigung	
Arbeitnehmer	grobe Beleidigung, Verweigerung der Gehaltszahlung, grobe Verletzung der Fürsorgepflicht, Tätlichkeiten, Anstiftung zu strafbaren Handlungen usw.
Arbeitgeber	grobe Beleidigung, Arbeitsverweigerung, grobe Verletzung der Treuepflicht, grobe Verletzung des Wettbewerbsverbots oder der Schweigepflicht, Tätlichkeiten

Die Kündigung muss **schriftlich** und bei Kündigung nach der Probezeit unter Angabe der Kündigungsgründe erfolgen. Wird das Berufsausbildungsverhältnis nach der Probezeit vorzeitig gelöst, so kann der Ausbildende oder der Auszubildende **Ersatz des Schadens** verlangen, wenn der andere den Grund für die Auflösung zu vertreten hat. Dies gilt nicht bei Aufgabe oder Wechsel der Berufsausbildung. Der Schadenersatzanspruch kann nur innerhalb von drei Monaten nach Beendigung des Berufsausbildungsverhältnisses geltend gemacht werden (BBiG § 23).

Das Berufsausbildungsverhältnis endet mit dem **Ablauf der Ausbildungszeit**. Besteht der Auszubildende vor Ablauf der Ausbildungszeit die Abschlussprüfung, so endet das Berufsausbildungsverhältnis mit **Bekanntgabe des Ergebnisses der Abschlussprüfung** durch den Prüfungsausschuss. Bei Nichtbestehen verlängert sich das Berufsausbildungsverhältnis auf Verlangen des Auszubildenden bis zur nächstmöglichen Wiederholungsprüfung, höchstens um ein Jahr (BBiG § 21). Wird der Auszubildende im Anschluss an das Berufsausbildungsverhältnis **weiterbeschäftigt**, ohne dass hierüber ausdrücklich etwas vereinbart worden ist, so wird ein Arbeitsverhältnis auf unbestimmte Zeit begründet (BBiG § 24).

Beispiel

Im Berufsausbildungsvertrag vom Auszubildenden des Autohauses Köppel, Niclas Koltes wurde für das Ende der Ausbildungszeit der 31. Juli vereinbart. Der letzte Prüfungstag (in der Regel die praktische Prüfung) ist der 10. Juni. Der Prüfungsausschuss der Kammer teilt dem Prüfling noch am Tag der praktischen Prüfung mit, ob er bestanden hat.
Wird die Prüfung bestanden, so endet das Ausbildungsverhältnis am 10. Juni. Wird der Auszubildende weiterbeschäftigt, dann wird ab dem 11. Juni ein unbefristeter Arbeitsvertrag begründet. Bei Nichtbestehen der Prüfung endet das Ausbildungsverhältnis am 31. Juli, es sei denn, Niclas Koltes beantragt eine Verlängerung des Ausbildungsverhältnisses.

2.2 Jugendarbeitsschutzgesetz – Schutz des jugendlichen Arbeitnehmers

EINSTIEGSSITUATION

Carl Löffler ist 18 Jahre alt und befindet sich im ersten Ausbildungsjahr zum Automobilkaufmann beim Autohaus Köppel. Carl hat an zwei Tagen in der Woche Berufsschulunterricht.

Montag	08:00 bis 12:20 Uhr (fünf Unterrichtsstunden à 45 Minuten)
Donnerstag	08:00 bis 16:25 Uhr (acht Unterrichtsstunden ohne Mittagspause)

Das Autohaus Köppel rechnet die Berufsschulzeit mit 9,75 Zeitstunden [(5 + 8) · 45/60] auf die wöchentliche betriebliche Arbeitszeit an; für die verbleibende Arbeitszeit geht das Autohaus Köppel von der gesetzlichen Höchstarbeitszeit von 48 Stunden aus (Arbeitszeitgesetz § 3), sodass noch 38,25 Arbeitsstunden verbleiben. Carl Löffler hält die Berechnungsweise für falsch und meint, dass ihm für die Ausbildung im Betrieb nur noch 28,25 Stunden verbleiben müssten, da seine tarifliche Arbeitszeit nur 38 Wochenstunden betragen würde. Er verlangt von der Autohaus Köppel GmbH für die Zeitdifferenz eine Überstundenvergütung auch für die Vergangenheit. Carl geht von folgenden rechtlichen Grundlagen aus:

Berufsbildungsgesetz § 17 Abs. 3:

> Eine über die vereinbarte regelmäßige tägliche Ausbildungszeit hinausgehende Beschäftigung ist besonders zu vergüten oder durch entsprechende Freizeit auszugleichen.

Auszüge aus dem zuständigen Manteltarifvertrag:

> § 1 Die Dauer der wöchentlichen Arbeitszeit beträgt 38 Stunden.
>
> ...
>
> § 12 Für die Arbeitszeit der Frauen und Jugendlichen gelten die gesetzlichen Schutzbestimmungen.

Auszug aus einem Urteil des Bundesarbeitsgerichts (BAG 5 AZR 252/91):

> Die Berufsschulzeit von Auszubildenden ist auf die im Jugendarbeitsschutzgesetz §§ 8, 9 bzw. im ArbZG § 3 festgelegte gesetzliche Höchstarbeitszeit, nicht aber auf die betriebliche bzw. tarifliche Arbeitszeit anzurechnen.

Lernfeld 1

1. Entscheiden Sie, ob dem Auszubildenden Carl Löffler bezahlte Überstunden für die Vergangenheit zustehen.
2. Wie hoch wäre die verbleibende wöchentliche Arbeitszeit, wenn Carl Löffler noch Jugendlicher wäre?
3. Unterbreiten Sie einen Lösungsvorschlag, der alle Beteiligten zufriedenstellt. Stellen Sie den Konfliktfall in einem Rollenspiel dar (mögliche Rollenspieler: Niclas Koltes, Vertreter der Geschäftsleitung, Ausbildungsleitung, Vertreter der Jugend- und Auszubildendenvertretung).

2.2.1 Geltungsbereich

Jugendliche, die in einer Berufsausbildung stehen oder als Arbeitnehmer beschäftigt sind, werden durch das Jugendarbeitsschutzgesetz vor Überforderung, Überbeanspruchung und Gefährdung am Arbeitsplatz geschützt. Jugendlicher ist, wer 15 Jahre, aber noch nicht 18 Jahre alt ist. Als Mindestalter für die Beschäftigung Jugendlicher legt das Gesetz das 15. Lebensjahr fest. Die Beschäftigung von Kindern (= Personen unter 15 Jahren) ist grundsätzlich verboten. Für Jugendliche, die noch der Vollzeitschulpflicht unterliegen, gelten die gleichen Schutzvorschriften wie für Kinder.

2.2.2 Wesentliche Schutzvorschriften

Für die Ausbildung wesentliche Regelungen des JArbSchG im Überblick	
Arbeitszeit (§§ 8, 12, 14, 15 JArbSchG)	• Jugendliche dürfen nur an fünf Tagen in der Woche beschäftigt werden (in Ausnahmefällen auch an einem Samstag, Sonntag oder Feiertag). • Für Jugendliche gilt grundsätzlich eine Arbeitszeit von höchstens acht Stunden täglich und vierzig Stunden wöchentlich. Arbeitszeit ist die Zeit vom Beginn bis zum Ende der Beschäftigung ohne Ruhepausen. Kurzpausen unter 15 Minuten gelten als Arbeitszeit. • Die **Schichtzeit** (Arbeitszeit einschließlich Ruhepausen) darf zehn Stunden nicht überschreiten. • Wenn an einzelnen Werktagen die Arbeitszeit unter acht Stunden beträgt, dann können Jugendliche an den übrigen Werktagen derselben Woche bis zu 8,5 Stunden beschäftigt werden. • Der Arbeitstag eines Jugendlichen beginnt frühestens um sechs Uhr morgens und endet spätestens um 20:00 Uhr abends. Ausnahmen gelten für Jugendliche über 16 Jahren, die im Gaststätten- oder Schaustellergewerbe, in mehrschichtigen Betrieben, in der Landwirtschaft oder in Bäckereien arbeiten.

Freistellung (§ 9 JArbSchG)	Der Arbeitgeber hat den Jugendlichen für die Teilnahme am Berufsschulunterricht bzw. an Prüfungen und außerbetrieblichen Ausbildungsmaßnahmen freizustellen. Darüber hinaus sind Jugendliche an dem Arbeitstag, der der schriftlichen Abschlussprüfung unmittelbar vorausgeht, freizustellen.
Berufsschulzeit (§ 9 JArbSchG)	Auf die Arbeitszeit werden Berufsschultage mit mehr als fünf Unterrichtsstunden bzw. Berufsschulwochen mit mindestens 25 Stunden Unterricht mit acht Stunden angerechnet. Der Arbeitgeber darf den Jugendlichen nicht beschäftigen • vor einem vor 09:00 Uhr beginnenden Unterricht (dies gilt auch für volljährige Auszubildende), • an einem Berufsschultag mit mehr als fünf Unterrichtsstunden von je 45 Minuten, einmal in der Woche, • in Berufsschulwochen mit einem Blockunterricht von mindestens 25 Stunden an mindestens fünf Tagen.
Ruhepausen (§ 11 JArbSchG)	Als *Ruhepause* gilt eine Arbeitsunterbrechung von mindestens 15 Minuten. Bei einer Arbeitszeit von mehr als 4,5 Stunden (bzw. 6 Stunden) müssen die Ruhepausen mindestens 30 Minuten (bzw. 60 Minuten) betragen.
Freizeit (§ 13 JArbSchG)	Nach Beendigung der täglichen Arbeitszeit dürfen Jugendliche nicht vor Ablauf einer ununterbrochenen Freizeit von mindestens zwölf Stunden beschäftigt werden.
Urlaub (§ 19 JArbSchG)	Der Arbeitgeber hat Jugendlichen jährlich einen bezahlten Erholungsurlaub zu gewähren. Wenn der Jugendliche am 1. Januar des Jahres noch nicht 16 Jahre (bzw. 17 Jahre, bzw. 18 Jahre) alt ist, erhält er mindestens 30 Werktage Urlaub (bzw. 27 Werktage, bzw. 25 Werktage). Der Urlaub soll in der Zeit der Berufsschulferien gegeben werden. Für jeden Urlaubstag, an dem die Berufsschule besucht wird, ist ein weiterer Urlaubstag zu gewähren.
Beschäftigungsverbote und -beschränkungen (§§ 22, 23 JArbSchG)	Kinder dürfen grundsätzlich nicht beschäftigt werden. Jugendlichen darf keine Arbeit übertragen werden, die ihre Leistungsfähigkeit übersteigt oder die besondere Unfallgefahren und gesundheitliche oder sittliche Gefahren in sich birgt. Akkordarbeit und andere tempoabhängige Arbeitsformen sowie Arbeiten unter Tage sind verboten.
Gesundheitsschutz (§§ 31, 32, 33 JArbSchG)	Jugendliche dürfen vom Arbeitgeber nicht körperlich gezüchtigt werden. Kein Jugendlicher darf ohne ärztliches Gesundheitszeugnis (**Erstuntersuchung**) beschäftigt werden. Ein Jahr nach Arbeitsbeginn muss eine Nachuntersuchung stattfinden. Nach Ablauf jedes weiteren Jahres kann sich der Jugendliche erneut nachuntersuchen lassen.

2.2.3 Überwachung der Vorschriften des JArbSchG

Die staatlichen Gewerbeaufsichtsämter wachen darüber, dass die Vorschriften des JArbSchG eingehalten werden.

Lernfeld 1

Die Beauftragten der Aufsichtsbehörde sind berechtigt, die Arbeitsstätten während der üblichen Betriebs- und Arbeitszeit zu betreten und zu besichtigen.

Bei schwerwiegenden Verstößen kann das Gewerbeaufsichtsamt ein Strafverfahren oder ein Bußgeldverfahren einleiten, bei geringfügigen Verstößen eine Verwarnung erteilen.

2.3 Arbeitssicherheit und Unfallschutz am Arbeitsplatz

EINSTIEGSSITUATION

Sie überprüfen anhand der Darstellung Ihre eigene Sitzposition und begründen, weshalb es wichtig ist, richtig zu sitzen.
Tipp: www.baua.de

2.3.1 Definition und Grundlagen des Arbeits- und Gesundheitsschutzes

Der **Arbeits- und Gesundheitsschutz** beinhaltet alle Maßnahmen zur Vermeidung von Unfällen und arbeitsbedingter Erkrankungen sowie zur gesundheitsgerechten Arbeitsgestaltung.

Gesetzliche Grundlagen sind das Arbeitsschutzgesetz (ArbSchG), Arbeitssicherheitsgesetz (ASiG), Sozialgesetzbuch VII und darauf aufbauende Rechtsverordnungen (z. B. ArbStättV, BildschArbV). Weitere Grundlage ist das Sozialgesetzbuch VII (Gesetzliche Unfallversicherung) und die von den Trägern der gesetzlichen Unfallversicherung (GUV) erlassenen Unfallverhütungsvorschriften (DGUV-V). Die Vorschriften der Berufsgenossenschaft stellen ein sogenanntes autonomes Recht dar und sind für die Mitglieder der Berufsgenossenschaften verbindlich. Die Deutsche gesetzliche Unfallversicherung (DGUV) sorgt als Spitzenverband der gewerblichen Berufsgenossenschaften und der Unfallversicherungsträger der öffentlichen Hand (Unfallkassen) für die Einheitlichkeit der UVV.

2.3.2 Organisation des betrieblichen Arbeits- und Gesundheitsschutzes

Grundsätzlich ist der **Arbeitgeber (Unternehmer)** für den Arbeits- und Gesundheitsschutz verantwortlich (ArbSchG § 3 i. V. m. DGUV-V 1 § 2). Er hat dabei vorrangig das staatliche Regelwerk sowie das Regelwerk der Unfallversicherungsträger heranzuziehen und muss sich von Fachkräften unterstützen und beraten lassen.

Nach dem Arbeitssicherheitsgesetz hat er **Betriebsärzte** und **Fachkräfte für Arbeitssicherheit (FAS)** schriftlich zu bestellen (ASiG § 1 i. V. m. DGUV-V 1 § 19 und DGUV-V 2). Den Fachkräften für Arbeitssicherheit müssen erforderliches Hilfspersonal sowie Räume, Einrichtungen, Geräte und Mittel zur Verfügung stehen. Weiter ist ihnen die zur Erfüllung ihrer Aufgaben erforderliche Fortbildung zu ermöglichen.

Die Fachkräfte für Arbeitssicherheit haben nach § 6 ASiG folgende Aufgaben

- den Arbeitgeber und die sonst für den Arbeitsschutz und die Unfallverhütung verantwortlichen Personen zu beraten, z. B. bei der Beschaffung von Arbeitsmitteln, Fragen der Ergonomie,
- die Betriebsanlagen, technischen Arbeitsmittel und Arbeitsverfahren insbesondere vor ihrer Einführung sicherheitstechnisch zu überprüfen,
- die Durchführung des Arbeitsschutzes und der Unfallverhütung zu beobachten, z. B. durch regelmäßige Betriebsbegehungen, Auswertung von Unfallereignissen,
- darauf hinzuwirken, dass sich alle Beschäftigten den Anforderungen des Arbeitsschutzes und der Unfallverhütung entsprechend verhalten, insbesondere sie über die Unfall- und Gesundheitsgefahren, denen sie bei der Arbeit ausgesetzt sind, sowie über die Einrichtungen und Maßnahmen zur Abwendung dieser Gefahren zu belehren und bei der Schulung der Sicherheitsbeauftragten mitzuwirken.

In Unternehmen mit regelmäßig mehr als 20 Beschäftigten hat der Unternehmer unter Beteiligung des Betriebsrates[1] **Sicherheitsbeauftragte** (SiFa) zu bestellen (SGB VII § 22 i. V. m. DGUV-V 1 § 20). Die Sicherheitsbeauftragten haben den Unternehmer bei der Durchführung der Maßnahmen zur Verhütung von Arbeitsunfällen und Berufskrankheiten zu unterstützen, insbesondere sich von dem Vorhandensein und der ordnungsgemäßen Benutzung der vorgeschriebenen Schutzeinrichtungen und persönlichen Schutzausrüstungen zu überzeugen und auf Unfall- und Gesundheitsgefahren für die Versicherten aufmerksam zu machen. Zur Vermeidung von Interessenkonflikten sollen als Sicherheitsbeauftragte keine leitenden Angestellten, Meister oder andere betriebliche Vorgesetzte bestellt werden.

---

[1] siehe hierzu Kapitel 2.5 Mitwirkung und Mitbestimmung der Arbeitnehmer

Lernfeld 1

Zuständigkeiten für den Arbeits- und Gesundheitsschutz im Betrieb

Die **Beschäftigten** *sind verpflichtet*, gemäß der Unterweisung und Weisung des Arbeitgebers für ihre Sicherheit und Gesundheit bei der Arbeit Sorge zu tragen. Insbesondere haben sie Maschinen, Geräte, Werkzeuge, Arbeitsstoffe, Transportmittel und sonstige Arbeitsmittel sowie Schutzvorrichtungen und die ihnen zur Verfügung gestellte persönliche Schutzausrüstung (PSA, z. B. Schutzhelm, -brille)[1] bestimmungsgemäß zu verwenden und Mängel unverzüglich zu melden (ArbSchG § 15 i. V. m. DGUV-V 1 §§ 15-18). Die Beschäftigten *sind berechtigt*, dem Arbeitgeber Vorschläge zu allen Fragen der Sicherheit und des Gesundheitsschutzes bei der Arbeit zu machen (ArbSchG § 17). Reagiert der Arbeitgeber nicht auf Hinweise und Beschwerden können sie sich an die zuständige Behörde wenden.

Die Überwachung des Arbeitsschutzes obliegt den **Gewerbeaufsichtsämtern**, die mit den **Trägern der gesetzlichen Unfallversicherung** zusammenarbeiten (ArbSchG § 21).

In Betrieben mit mehr als 20 Beschäftigten muss der Arbeitgeber einen **Arbeitsschutzausschuss** (ASA) einrichten (ASiG § 11). Dieser besteht aus dem Arbeitgeber oder einem von ihm Beauftragten, zwei vom Betriebsrat bestimmten Betriebsratsmitgliedern, Betriebsärzten, Fachkräften für Arbeitssicherheit und den Sicherheitsbeauftragten. Der Arbeitsschutzausschuss tritt mindestens einmal vierteljährlich zusammen und berät Anliegen des Arbeitsschutzes und der Unfallverhütung.

2.3.3 Maßnahmen des Arbeits- und Gesundheitsschutzes

Gefährdungsbeurteilung – welche Maßnahmen sind erforderlich?

Welche Maßnahmen des Arbeits- und Gesundheitsschutzes erforderlich sind, hat der Arbeitgeber durch eine **Gefährdungsbeurteilung** zu ermitteln (ArbSchG § 5). Das Ergebnis der Gefährdungsbeurteilung, die festgelegten Arbeitsschutz-Maßnahmen und das Ergebnis ihrer Überprüfung sind zu dokumentieren (ArbSchG § 6 i. V. m. DGUV-V 1 § 3).

---

1 Siehe hierzu PSA-Benutzungsverordnung

Berufsausbildung im dualen System

Empfohlener Ablauf der Gefährdungsbeurteilung

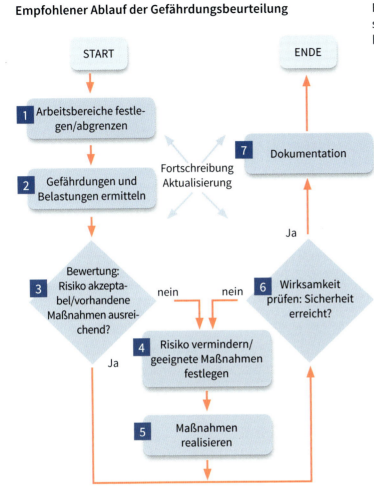

Eine Gefährdung kann sich insbesondere ergeben durch

- die Gestaltung und die Einrichtung der **Arbeitsstätte** und des **Arbeitsplatzes**,
- physikalische, chemische und biologische **Einwirkungen**,
- die Gestaltung, die Auswahl und den Einsatz von **Arbeitsmitteln**, insbesondere von Arbeitsstoffen,
- Maschinen, Geräten und Anlagen sowie den Umgang damit,
- die Gestaltung von **Arbeits- und Fertigungsverfahren**, Arbeitsabläufen und Arbeitszeit und deren Zusammenwirken,
- unzureichende Qualifikation und Unterweisung der **Beschäftigten**,
- **psychische Belastungen** bei der Arbeit.

Unfallverhütungsvorschriften der Berufsgenossenschaften

Die Unfallversicherungsträger (z. B. Berufsgenossenschaften) können unter Mitwirkung ihres Dachverbands DGUV **Unfallverhütungsvorschriften** (UVV) über Maßnahmen zur Verhütung von Arbeitsunfällen, Berufskrankheiten und arbeitsbedingten Gesundheitsgefahren oder für eine wirksame Erste Hilfe erlassen, soweit dies zur Prävention geeignet und erforderlich ist und staatliche Arbeitsschutzvorschriften hierüber keine Regelung treffen (SGB VII § 15). Die Unfallverhütungsvorschriften (DGUV-V) müssen vom Bundesministerium für Arbeit und Soziales genehmigt werden.

In der DGUV-V 1 und der zugehörigen DGUV Regel 100-001 sind die **Grundsätze der Prävention** festgehalten, z. B. allgemeine Vorschriften, Pflichten des Unternehmers und der Versicherten (Arbeitnehmer), Organisation des betrieblichen Arbeitsschutzes (siehe hierzu Kapitel 2.3.2) insbesondere Vorschriften für die **Erste Hilfe** und der Persönlichen Schutzausrüstung.

Vorschriften im Zusammenhang mit der Ersten Hilfe (DGUV-V 1 Abschnitt 3)

Allgemeine Vorschriften (DGUV-V 1 § 24)	Der Unternehmer hat dafür zu sorgen, dass • zur Ersten Hilfe und zur Rettung aus Gefahr die erforderlichen Einrichtungen und Sachmittel sowie das erforderliche Personal zur Verfügung stehen, • nach einem Unfall unverzüglich Erste Hilfe geleistet und eine erforderliche ärztliche Versorgung veranlasst wird, • dass Verletzte sachkundig transportiert werden, • dass den Versicherten durch Aushänge in geeigneter schriftlicher Form Hinweise über die Erste Hilfe und Angaben über Notruf, Erste-Hilfe- und Rettungs-Einrichtungen, über das Erste-Hilfe-Personal sowie über herbeizuziehende Ärzte gemacht und aktuell gehalten werden usw.
Erforderliche Einrichtungen und Sachmittel (DGUV-V 1 § 25)	Der Unternehmer hat dafür zu sorgen, dass • durch Meldeeinrichtungen unverzüglich die notwendige Hilfe herbeigerufen und an den Einsatzort geleitet werden kann, • Mittel zur Ersten Hilfe jederzeit schnell erreichbar und leicht zugänglich sind, • mindestens ein mit Rettungstransportmitteln leicht erreichbarer Erste-Hilfe-Raum oder eine vergleichbare Einrichtung vorhanden ist usw.
Zahl und Ausbildung der Ersthelfer (DGUV-V 1 § 26)	Der Unternehmer hat dafür zu sorgen, dass • für die Erste-Hilfe-Leistung Ersthelfer mindestens in folgender Zahl zur Verfügung stehen: Bei 2 bis zu 20 anwesenden Versicherten ein Ersthelfer, bei mehr als 20 anwesenden Versicherten in Verwaltungs- und Handelsbetrieben 5 %, in sonstigen Betrieben 10 %, • die Ersthelfer in der Regel in Zeitabständen von zwei Jahren fortgebildet werden.
Weitere Vorschriften	• **Zahl und Ausbildung der Betriebssanitäter** (DGUV-V 1 § 27): In größeren Betrieben (mehr als 1 500 Versicherte) müssen Betriebssanitäter in genügender Zahl vorhanden sein und in Zeitabständen von drei Jahren fortgebildet werden. • **Unterstützungspflichten der Versicherten** (DGUV-V 1 § 28): Versicherte haben sich zum Ersthelfer ausbilden, in Zeitabständen von zwei Jahren fortbilden zu lassen und sich nach der Ausbildung für Erste-Hilfe-Leistungen zur Verfügung zu stellen.

Verhaltensregeln bei einem Notfall (Unfall)

Grundsätze	um Hilfe rufen, Ruhe bewahren, Notruf absetzen (bzw. jemanden damit beauftragen), Unfallstelle sichern (dabei eigene Sicherheit beachten)
Notruf absetzen (112)	1. **Wer** meldet? 2. **Wo** ist es passiert (möglichst exakte Ortsangabe)? 3. **Was** ist passiert (Verletzung, Unfall, Feuer)? 4. **Wie viele Verletzte** gibt es? 5. **Welche Verletzungen** liegen vor? (Ist jemand bewusstlos, blutet jemand stark, ist die Atmung gestört?) 6. **Warten auf Rückfragen** (Leitstelle beendet das Gespräch)

Für bestimmte Risiken gelten **spezielle Unfallverhütungsvorschriften**, z. B. DGUV-V 25 Kassen, DGUV-V 68 Flurförderzeuge, DGUV-V 43 Müllbeseitigung, DGUV-V 70 Fahrzeuge. Siehe hierzu unter www.bghw.de/arbeitsschuetzer.

Sicherheits- und Gesundheitsschutzkennzeichnung am Arbeitsplatz

Mindestvorschriften für die Sicherheits- und. Gesundheitsschutzkennzeichnung am Arbeitsplatz ergeben sich aus der Richtlinie 92/58/EWG, der Unfallverhütungsvorschrift DGUV Vorschrift 9, sowie der DIN EN ISO 7010 und der Technischen Regel für Arbeitsstätten ASR A1.3.

Bedeutung und Regeln der Sicherheitskennzeichnung im Überblick

Zeichenart	Bedeutung und Form	Beispiel	
Verbotszeichen	• untersagt ein Verhalten, durch das eine Gefahr entstehen kann • roter Kreis mit rotem Diagonalbalken mit schwarzem Bildzeichen auf weißem Grund		Feuer, offene Zündquelle und Rauchen verboten (P003)
Warnzeichen	• Warnung vor Gefahrstellen oder Risiken durch gefährliche Stoffe und Betriebsanlagen • gleichseitiges Dreieck und schwarzem Bildzeichen auf gelbem Hintergrund		Warnung vor elektrischer Spannung (W012)
Gebotszeichen	• schreibt ein bestimmtes Verhalten vor • Kreis mit weißem Bildzeichen auf blauem Hintergrund		Fußschutz benutzen (M008)
Rettungszeichen	• zeigt den Rettungsweg oder Notausgang, den Weg zu einer Erste-Hilfe-Einrichtung oder diese Einrichtung selbst an • Quadrat oder rechteckige Fläche mit grün-weißem Bildzeichen auf grünem Hintergrund		Rettungsweg/Notausgang (rechts) (E002), meist i. V. m. Richtungspfeil
Brandschutzzeichen	• zeigt den Standort von Feuermelde- und Feuerlöscheinrichtungen an • Quadrat oder rechteckige Fläche mit -weißem Bildzeichen auf rotem Hintergrund		Brandmelder (F005), meist i. V. m. Richtungspfeil

Quelle für Sicherheitssymbole VBG – Ihre gesetzliche Unfallversicherung www.vbg.de, Artikelnummer: 32-09-3090-2, Version 2.0/2013-11, Druck 2013-11.
Siehe auch www.arbeitssicherheit.de.

Lernfeld 1

Verhaltensregeln im Brandfall

Grundsätze	um Hilfe rufen, Ruhe bewahren, Brand melden/Notruf absetzen (bzw. jemanden damit beauftragen), Unfallstelle sichern (dabei eigene Sicherheit beachten)
Brand melden (112)	1. Wer meldet? 2. Wo ist es passiert (möglichst exakte Ortsangabe)? 3. Was ist passiert (Verletzung, Unfall, Feuer)? 4. Wie viele Personen sind betroffen bzw. verletzt? 5. Warten auf Rückfragen (Leitstelle beendet das Gespräch)
In Sicherheit bringen	gefährdete Personen mitnehmen, Türen schließen, Brandschutzzeichen folgen, Aufzug nicht benutzen, Anweisungen der Brandschutzbeauftragten befolgen
Löschversuch unternehmen	richtigen Feuerlöscher benutzen, z. B. für **Klasse A:** Brände von nicht schmelzenden festen Stoffen, die hauptsächlich aus organischem Material bestehen (z. B. Holz, Papier, Stroh, Textilien, Kohle, nicht schmelzende Kunststoffe) **Klasse B:** Brände von flüssigen oder schmelzenden festen Stoffen (z. B. Lösungsmittel, Öle, Lacke, Teer, schmelzende Kunststoffe) **Klasse C:** Brände von Gasen (z. B. Methan, Propan, Butan, Erdgas, Wasserstoff, Acetylen) **Klasse D:** Brände von Metallen (insbesondere brennbare Leichtmetalle wie Magnesium und Aluminium sowie Natrium und Kalium)

Mindestanforderungen für Büro- und Bildschirmarbeitsplätze

Gemäß arbeitswissenschaftlicher Erkenntnisse der Bundesanstalt für Arbeitsschutz und Arbeitsmedizin (BAuA) i. V. m. der ArbStättV und der BildschArbV gelten für Büro- und Bildschirmarbeitsplätze folgende Mindestanforderungen:

Raumtemperatur, Raumluft, Beleuchtung, Lärmpegel	• 19 °C, in Büroräumen mindestens 20 °C, bei Arbeitsbeginn • 40 % bis 70 % relative Luftfeuchtigkeit • mindestens 12 m³ Luftraum pro Arbeitsplatz • bei sitzender Tätigkeit mindestens 8 m² Grundfläche

Raumtemperatur, Raumluft, Beleuchtung, Lärmpegel	• Luftqualität entsprechend der Außenluft • Beleuchtungsstärke in Fensternähe mindestens 300 Lux, in Gruppenbüros mindestens 500 Lux • maximal 55 dB (Dezibel) bei überwiegend geistiger Arbeit, bei sonstigen Tätigkeiten maximal 85 dB
Bildschirmarbeit	• Untersuchung der Augen und des Sehvermögens in regelmäßigen Abständen durch eine fachkundige Person • flimmerfreier Bildschirm (möglichst hohe Bildwiederholfrequenz und Auflösung, keine störenden Spiegelungen (z. B. Klasse I bei Positivdarstellung); leicht dreh- und neigbar • reflexionsfreie, ausreichend große Arbeitsfläche (160 cm × 80 cm), möglichst neig- und höhenverstellbar

Weitere Informationen zu den Technischen Regeln für Arbeitsstätten (ASR) sind abrufbar unter http://www.baua.de/de/Themen-von-A-Z/Arbeitsstaetten/ASR/ASR.html, z. B. ASR A3.4 Beleuchtung, ASR A1.8 Verkehrswege.

2.3.4 Betriebliches Gesundheitsmanagementsystem (BGM)

Nach einer Studie der Unternehmensberatung Roland Berger lassen sich durch betriebliche Gesundheitsförderung bis zu 40 % krankheitsbedingter Ausfallzeiten und die damit verbundenen Kosten sparen. Gesunde Mitarbeiter sind leistungsfähiger, zufriedener und motivierter. Ein Betrieb, der sich um die Fitness seiner Mitarbeiter kümmert, verbessert sein Image und hat Vorteile im „War for Talents".

Ziele und Bausteine des betrieblichen Gesundheitsmanagements
Das betriebliche Gesundheitsmanagement soll alle betrieblichen Strukturen und Prozesse so gestalten, dass sie die Gesundheit und die Leistung der Arbeitskräfte fördern und alle Arbeitskräfte zu einem eigenverantwortlichen und gesundheitsbewussten Verhalten befähigen.

Qualitätsmerkmale und Anforderungen an ein Gesundheitsmanagementsystem sind in der DIN SPEC 91020 BGM[1] beschrieben. Alle drei Jahre ist eine Überprüfung des Erreichten vorgesehen (Auditierung). Mit der DIN SPEC 91020-Zertifizierung wird nicht nachgewiesen,

---

[1] Eine DIN SPEC ist keine echte Deutsche Industrie-Norm (DIN) sondern eine von einem Expertengremium beim Deutschen Institut für Normung (DIN) erarbeitete Spezifikation (SPEC) ohne inhaltliche Ausgestaltung. Die Verfasser der Spezifikation (engl. specification = Beschreibung) wollen einen Handlungsleitfaden folgen lassen.

ob die Anforderungen aus gesetzlichen oder behördlichen Arbeitsschutzvorgaben erfüllt sind, da die DIN SPEC keine inhaltliche Ausgestaltung des Arbeits-, Gesundheits-, Umwelt- und Brandschutzes beinhaltet. Es wird lediglich der Baustein „betriebliche Gesundheitsförderung" zertifiziert und überprüft. Die DIN SPEC 91020 ist seit 2018 in die neue DIN ISO 45001:2018 integriert. Letztere soll die Leistungsfähigkeit des Arbeits- und Gesundheitsschutzmanagementsystems verbessern, indem es in alle Unternehmensprozesse und in die vorhandenen Managementsysteme für Qualität, Umwelt und Energie integriert wird. Auch Lieferanten und Dienstleister des Unternehmens sollen einbezogen werden. Für die Kontrolle des „Arbeits- und Gesundheitsschutzes" sowie des „betriebliche Eingliederungsmanagements" sind die in den Gesetzen (ArbSchG bzw. SGB VII) genannten Kontrollorgane zuständig.

Bausteine des betrieblichen Gesundheitsmanagements

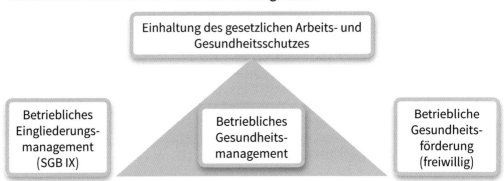

Der **gesetzliche Arbeits- und Gesundheitsschutz** beinhaltet Maßnahmen zur Vermeidung von Unfällen und arbeitsbedingter Erkrankungen sowie zur gesundheitsgerechten Arbeitsgestaltung. Grundlage sind das Arbeitsschutzgesetz (ArbSchG), Arbeitssicherheitsgesetz (ASiG) und darauf aufbauende Verordnungen (z. B. ArbStättV, BildschArbV). Hinzu kommen die Vorschriften der gesetzlichen Unfallversicherung (GUV). Siehe hierzu die Kapitel 2.3.2 und 2.3.3.

Das **betriebliche Eingliederungsmanagement** (BEM) befasst sich mit Möglichkeiten, wie die Arbeitsunfähigkeit von Beschäftigten überwunden und erneuter Arbeitsunfähigkeit vorgebeugt und damit der Arbeitsplatz erhalten werden kann (SGB IX § 84). Das BEM greift für Beschäftigte, die innerhalb eines Jahres länger als sechs Wochen arbeitsunfähig oder wiederholt arbeitsunfähig waren. Der Arbeitgeber klärt die Möglichkeiten (z. B. Hilfen zur Wiedereingliederung, Verabredungen, Unterstützungsleistungen) mit dem Betriebsrat, bei schwerbehinderten Menschen mit der Schwerbehindertenvertretung mit Beteiligung und Zustimmung der betroffenen Arbeitskraft.

Die **betriebliche Gesundheitsförderung** (BGF) soll die Gesundheitskompetenz der Arbeitskräfte stärken *(Verhaltensprävention)* und die Arbeitsbedingungen der Arbeitskräfte gesundheitsgerecht und leistungsförderlich gestalten *(Verhältnisprävention)*. Dabei kann es sich auch um punktuelle, zeitlich befristete Einzelmaßnahmen (z. B. Fortbildung, Pausenregelung) handeln, ohne dass damit ein umfassendes Gesundheitssystem eingeführt wird.

Berufsausbildung im dualen System

2.4 Tarifvertrag – Garant des sozialen Friedens

EINSTIEGSSITUATION

Tarifkonflikt

Die Arbeitnehmer sagen:
- Die Lebenshaltungskosten sind gestiegen. Wir brauchen mehr Geld.
- Die Unternehmen haben gut verdient. Wir wollen unseren Anteil, denn wir haben das durch unsere Arbeit erst möglich gemacht.
- Die Anforderungen am Arbeitsplatz steigen dauernd und die Belastungen nehmen zu, da muss ein Ausgleich her.

Die Arbeitgeber sagen:
- Wir müssen wettbewerbsfähig bleiben. Zu hohe Löhne führen zu Preisen, mit denen wir nicht mehr wettbewerbsfähig sind.
- Vielen Unternehmen geht es sehr schlecht. Sie können keine Lohnerhöhung verkraften, ohne dass weitere Arbeitsplätze gefährdet werden.
- Mehr Lohn heißt weniger Gewinn. Weniger Gewinn heißt weniger Investitionen für Arbeitsplätze.

Die beiden Auszubildenden Pascal Palm und Marie Braun unterhalten sich:

Pascal: „Weißt du es schon? Es gibt wieder Tarifverhandlungen. Bald kriegen wir wieder mehr Geld. Die Gewerkschaften fordern 6,5 % mehr Lohn."

Marie: „Das werden doch höchstens 3 %. Das ist doch jedes Jahr das selbe Theater. Warum können Arbeitgeber und Gewerkschaften nicht einfach gleich 3 % Lohnerhöhung vereinbaren – und der Kuchen ist gegessen. Nein, da muss alle Jahre wieder das große Säbelrasseln stattfinden."

Pascal: „Hoffentlich kommt es zu keinem Streik. Ich bin doch nicht in der Gewerkschaft."

1. Beschreiben Sie Interessen der Arbeitgeber und Arbeitnehmer im Tarifkonflikt.
2. Wie kommen Arbeitgeber- und Arbeitnehmervertreter zu einer Einigung?

2.4.1 Abschluss und Beendigung des Tarifvertrags

Im **Tarifvertrag** vereinbaren die Tarifvertragsparteien ihre Rechte und Pflichten sowie Vorschriften über den Inhalt, den Abschluss und die Beendigung von Arbeitsverhältnissen und über betriebliche und betriebsverfassungsrechtliche Fragen (Tarifvertragsgesetz, TVG § 1). Im Gegensatz zum Arbeitsvertrag, der mit einem einzelnen Arbeitnehmer abgeschlossen wird (Einzelarbeitsvertrag), gilt der Tarifvertrag für eine ganze Gruppe von Arbeitnehmern (*Kollektivarbeitsvertrag*). Der Tarifvertrag bedarf der *Schriftform* und muss im Betrieb ausgelegt werden.

Tarifvertragsparteien, und damit tariffähig, sind Gewerkschaften, einzelne Arbeitgeber sowie Vereinigungen von Arbeitgebern. Zusammenschlüsse von Gewerkschaften und von Vereinigungen von Arbeitgebern, sogenannte *Spitzenorganisationen*, können im Namen der ihnen angeschlossenen Verbände Tarifverträge abschließen, wenn sie eine entsprechende Vollmacht haben (TVG § 2). Sie sind aber auch selbst tariffähig, wenn der Abschluss von Tarifverträgen zu ihren satzungsgemäßen Aufgaben gehört. Die Tarifvertragsparteien handeln Tarifverträge in eigener Verantwortung ohne Einmischung des Staates aus (**Tarifautonomie**). Die Tarifautonomie ist durch das *Grundrecht der Vereinigungsfreiheit* garantiert (Art. 9 GG). Die Tarifvertragsparteien (Koalitionen) müssen von der Gegenseite unabhängig und gegnerfrei organisiert sein. Gewerkschaften müssen laut einem Urteil des Bundesarbeitsgerichts eine ausreichende Durchsetzungsfähigkeit (Gegenmächtigkeit) besitzen.

Spitzenorganisationen der Arbeitnehmer- und Arbeitgeberseite

Arbeitnehmerorganisationen (Gewerkschaften)	• DGB (Deutscher Gewerkschaftsbund mit über 6 Mio. Mitgliedern) als Dachorganisation von acht Einzelgewerkschaften, z. B. ver.di (Vereinigte Dienstleistungsgewerkschaft); IG Metall (Industriegewerkschaft Metall); IG Bergbau-Chemie-Energie; IG Bauen-Agrar-Umwelt, Eisenbahn- und Verkehrsgewerkschaft. *Beachte:* Nur die Einzelgewerkschaften sind tariffähig, der DGB als Dachorganisation ist nicht tariffähig. • DBB (Deutscher Beamtenbund mit 1,3 Mio. Mitgliedern) • CGB (Christlicher Gewerkschaftsbund mit etwa 0,3 Mio. Mitgliedern)
Arbeitgeberorganisationen (Verbände)	VDA (Verband der Automobilindustrie) mit über 600 Unternehmen, **BDA** (Bundesvereinigung der Deutschen Arbeitgeberverbände) als Dachverband mit 14 Landesvereinigungen und 48 Fachverbänden, z. B. Bundesverband Großhandel, Außenhandel, Dienstleistungen e. V., Gesamtmetall (Dachverband der regionalen Arbeitgeberverbände der Metall- und Elektro-Industrie) mit Landes- und Fachverbänden. *Beachte:* Nur die Fachverbände sind tariffähig, der BDA als Dachverband ist nicht tariffähig.

Der **Organisationsgrad** der Arbeitnehmer ist rückläufig (1991: 40,6 %; 2004: 21,2 %; 2019: 18,5 %). **Tarifgebunden** sind nur die Mitglieder der Tarifvertragsparteien (z. B. Mitglieder der entsprechenden Gewerkschaft bzw. des Arbeitgeberverbandes) bzw. der Arbeitgeber, der selbst Partei des Tarifvertrags ist. Für sie gilt der Tarifvertrag unmittelbar und zwingend (*Grundsatz der Unabdingbarkeit*). Abweichende Abmachungen sind nur zulässig, wenn sie durch den Tarifvertrag gestattet sind (Tarifvertrag mit *Öffnungsklausel*) oder wenn sie Regelungen zugunsten der Arbeitnehmer enthalten (*Günstigkeitsprinzip*). Die Tarifgebundenheit bleibt bestehen, bis der Tarifvertrag endet [TVG §§ 3, 4, BetrVG § 77 (3)].

Das Bundesministerium für Arbeit und Soziales kann einen Tarifvertrag im Einvernehmen mit einem aus je drei Vertretern der Spitzenorganisationen der Arbeitgeber und der Arbeitnehmer bestehenden Ausschuss (Tarifausschuss) auf *gemeinsamen Antrag der Tarifvertragsparteien* für allgemeinverbindlich erklären, wenn die **Allgemeinverbindlicherklärung** im öffentlichen Interesse geboten erscheint. Das ist der Fall, wenn die Tarifvertragsparteien darlegen können, dass die in dem betreffenden Tarifvertrag geregelten Arbeitsbedingungen *überwiegende Bedeutung* erlangt haben oder deren Wirksamkeit gegen die *Folgen einer wirtschaftlichen Fehlentwicklung abgesichert* werden muss.

Mit der Allgemeinverbindlicherklärung erfassen die Rechtsnormen des Tarifvertrags in seinem Geltungsbereich auch die bisher nicht tarifgebundenen Arbeitgeber und Arbeitnehmer.

Die Erklärung der Allgemeinverbindlichkeit sowie deren Aufhebung müssen öffentlich bekannt gemacht werden. Der Bundesarbeitsminister kann dieses Recht auf die entsprechenden Landesarbeitsminister übertragen. Die Allgemeinverbindlicherklärung hat Kartellfunktion, da sie die organisierten Arbeitgeber vor dem Wettbewerb der nicht organisierten Konkurrenz und die Arbeitgeberverbände vor dem Austritt ihrer Mitglieder schützt. Die Allgemeinverbindlichkeit kann sich auf den gesamten Tarifvertrag, aber auch nur auf einzelne Bestimmungen beziehen. Von den rund 47 000 Tarifverträgen sind etwa 2 % allgemein verbindlich.

Der Tarifvertrag endet mit Ablauf der Zeit, für die er vereinbart war. Ist er auf unbestimmte Zeit abgeschlossen, dann endet er mit einer wirksamen Kündigung. Die maximale Dauer eines unbefristeten Tarifvertrags beträgt nach vorherrschender Auffassung (in Anlehnung an BGB § 39) nicht länger als zwei Jahre. Nach Ablauf des Tarifvertrags gelten seine Vereinbarungen weiter, bis sie durch eine andere Abmachung ersetzt werden (**Grundsatz der Nachwirkung**). Damit wird einer *Tarif- bzw. Verbandsflucht* vorgebeugt. Andere Abmachungen können Tarifverträge, Betriebsvereinbarungen (sofern BetrVG § 77 mit seiner Regelungssperre nicht greift), Individualabreden oder Firmentarifverträge sein. Während der Nachwirkung eines Tarifvertrags besteht keine Friedenspflicht mehr.

2.4.2 Arten und Funktionen des Tarifvertrags

Tarifverträge können nach den beteiligten Tarifvertragsparteien, nach ihrem Inhalt und nach dem Tarifgebiet unterschieden werden.

Arten von Tarifverträgen

Unterscheidungsmerkmal	Tarifvertragsarten
Tarifvertragsparteien	**Firmen- oder Haustarifvertrag:** Tarifvertrag zwischen einer Einzelgewerkschaft und einem *einzelnen* Arbeitgeber (z. B. VW, IBM) **Verbandstarifvertrag:** Tarifvertrag zwischen einer Einzelgewerkschaft und einem *Arbeitgeber-Fachverband* (z. B. HBV mit dem Bundesverband des Deutschen Groß- und Außenhandels) **Berufsgruppenbezogene Tarifverträge:** Tarifvertrag zwischen einer Spartengewerkschaft und einem einzelnen Arbeitgeber, z. B. Tarifvertrag für Lokomotivführer, Piloten, Fluglotsen, Ärzte

Vertragsinhalt	**Entgelttarifvertrag:** regelt die Höhe der Entgelte und der Ausbildungsvergütungen (die Laufzeit beträgt meist ein Jahr) **Mantel- oder Rahmentarifvertrag:** regelt *allgemeine Arbeitsbedingungen* wie Wochenarbeitszeit, Urlaubsdauer und Urlaubsgeld, Einteilung der Lohn- und Gehaltsgruppen, Kündigungsfristen usw. (die Laufzeit beträgt meist mehrere Jahre)
Tarifgebiet	**Bundestarifvertrag:** gilt für das gesamte Bundesgebiet (z. B. Tarifvertrag öffentlicher Dienst TVöD) **Landestarifvertrag:** gilt für ein bestimmtes Bundesland **Bezirkstarifvertrag:** gilt für einen bestimmten Tarifbezirk (ein Bundesland ist in der Regel in mehrere Tarifbezirke aufgeteilt)

Tarifverträge gelten in der Regel nur für einen bestimmten *Wirtschaftszweig (fachlicher Geltungsbereich)* und erfassen dort alle organisierten Arbeitnehmer, auch wenn ihr Tätigkeitsbereich mit dem speziellen Wirtschaftsbereich (z. B. Metall) nicht direkt zu tun hat (z. B. Pförtner, Reinigungspersonal usw.). Im Falle der Tarifkonkurrenz (der Arbeitgeber fällt in den Geltungsbereich mehrerer Tarifverträge) wird nach dem **Grundsatz der Tarifvertragsspezialität** der sachfernere Tarifvertrag durch den sachnäheren verdrängt. Dabei ist ein Firmentarifvertrag immer spezieller (sachnäher) als ein Flächentarifvertrag. Kollidieren in einem Betrieb mehrere berufsgruppenbezogene Tarifverträge, dann ist der Tarifvertrag derjenigen Gewerkschaft anzuwenden, die zum Zeitpunkt des zuletzt abgeschlossenen Tarifvertrags im Betrieb die meisten Mitglieder hat (Grundsatz der Tarifeinheit, § 4a TVG).

Der einheitliche Tarifvertrag für ganze Branchen und Regionen (**Flächentarifvertrag**) gerät in letzter Zeit zunehmend unter Druck. Die Arbeitgeberverbände fordern die *„Flexibilisierung des Flächentarifs"* und wollen den Betrieben bzw. den Betriebsräten mehr Gestaltungsrechte bei den tariflichen Kernfragen wie Bezahlung und Arbeitszeit einräumen. Die Gewerkschaften verweisen darauf, dass mit der Abschaffung der Unabdingbarkeit des Tarifvertrags ein *Häuserkampf von Betrieb zu Betrieb* die Folge wäre und die gesellschaftlichen Funktionen des Flächentarifvertrags infrage gestellt würden.

Soziale Funktionen des Flächentarifvertrags

Friedensfunktion	Arbeitskämpfe sind während der Geltungsdauer eines Tarifvertrags ausgeschlossen (Wahrung des sozialen Friedens).
Ordnungsfunktion	Die Arbeitsverhältnisse sind für ganze Branchen einheitlich geregelt. Dadurch haben die Arbeitgeber in der gleichen Branche eine in etwa gleiche Kalkulationsgrundlage für die Lohnkosten.
Schutzfunktion	Arbeitnehmer sind durch tarifliche Mindestarbeitsbedingungen gegen einseitige Festlegungen durch die Arbeitgeber geschützt. Weibliche und männliche Arbeitnehmer sind gleichgestellt.

Grundsätzlich haben nur tarifgebundene Arbeitnehmer Anspruch auf die Leistungen des Tarifvertrags. Für Nichtorganisierte gibt es keinen tarifrechtlichen Anspruch aus dem Grundsatz der Gleichbehandlung. Im Regelfall besteht jedoch keine beiderseitige Tarifbindung durch Mitgliedschaft in den tarifvertragsschließenden Koalitionen. In diesen Fällen ist es üblich, dass in standardisierten schriftlichen Arbeitsverträgen auf tarifliche Regelungen Bezug genommen wird. Die meisten Arbeitgeber gewähren allen Arbeitnehmern die Tarifbedingungen, unabhängig davon, ob sie gewerkschaftlich organisiert sind oder nicht. Sie wollen ihre Arbeitnehmer nicht in die Gewerkschaften treiben. Nach einem Urteil des BAG können tarifvertragliche Regelungen auch stillschweigend auf das Arbeitsverhältnis angewandt werden, z. B. durch Bekanntgabe des jeweils neuen Tarifvertrags.

Beispiel: Auszug aus einem Entgelttarifvertrag

§ 1 Geltungsbereich

1.1 Dieser Tarifvertrag gilt
räumlich: für die Regierungsbezirke ... des Landes ... nach dem Stand vom ...
fachlich: für alle Betriebe, die selbst oder deren Inhaber Mitglied des Verbandes der Metallindustrie ..., sind.
persönlich: für alle in den in 1.1.2 genannten Betrieben beschäftigten kaufmännischen und technischen Angestellten und Meister, die Mitglied der IG Metall sind. ...

§ 2 Entgelt

2.1 Die Entgelte für die Beschäftigten in der Metallindustrie in ... werden wie folgt erhöht:
Ab 1. April 20X1 um einmalig 320,00 €. Ab 1. April 20X2 um weitere 2,7 %. ...

§ 4 Inkrafttreten und Kündigung

4.1 Dieses Gehaltsabkommen tritt am 1. April 20X1 in Kraft und ersetzt das Gehaltsabkommen vom 17. Mai 20X0 und kann mit Monatsfrist zum Monatsende, erstmals zum 28. Februar 20X3 gekündigt werden.

Anlage: Entgelttafeln

..., 17. April 20X1

Verband der Metallindustrie ...   Industriegewerkschaft Metall Bezirksleitung ...

     Unterschrift 1   Unterschrift 2

2.4.3 Tarifverhandlungen mit Kampfmaßnahmen

Ablaufschema

Tarifverhandlungen laufen immer nach dem gleichen Ritual ab: Die Gewerkschaften fordern mehr, als sie durchsetzen können; die Arbeitgeber bieten weniger an, als sie am Ende zugestehen müssen.

Lernfeld 1

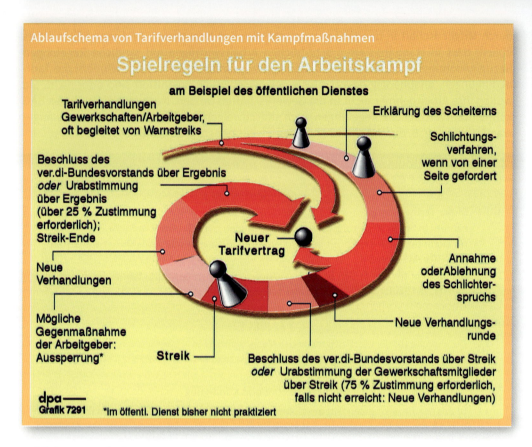

Schlichtung – die letzte Chance vor dem Kampf

Wenn abzusehen ist, dass alle Mittel der Verhandlung ausgeschöpft sind, steuern die Tarifpartner zumeist auf den letzten friedlichen Ausweg zu. Dieser heißt: **Schlichtung**.

Voraussetzung ist, dass **beide Seiten** eine Schlichtung wollen. Die Tarifpartner haben sich in einigen Branchen auf ein festes Schlichtungsabkommen geeinigt. Andere bevorzugen Regelungen von Fall zu Fall. Wichtig: Während der **allgemeinen Schlichtung** – wie übrigens auch während der Tarifverhandlungen – herrscht **Friedenspflicht**. Dies heißt: Ein Streik ist in dieser Zeit nicht zulässig.

Die Schlichtung findet unter aktiver Mitwirkung der Tarifpartner **ohne Beteiligung des Staates** statt. Dies ist eine Lehre aus der Vergangenheit: In der Weimarer Republik gab es eine staatliche Zwangsschlichtung, die aber sowohl dem Staat als auch der Tarifautonomie nicht gut bekam. Die Schlichtungsstelle setzt sich zunächst einmal aus Vertretern der beiden Tarifpartner zusammen. In den meisten Branchen kommt eine neutrale Person dazu. In der Chemischen Industrie zum Beispiel wird jedoch ganz ohne Außenstehende geschlichtet.

In den vergangenen Jahren endeten sehr viele Tarifauseinandersetzungen in der Schlichtung. Wichtigste Gründe:

- Der kleine Verhandlungskreis außerhalb der Öffentlichkeit sprengt festgefahrene Formen.
- Auch unangenehme Entscheidungen der Schlichtungsstelle können beide Tarifparteien wesentlich leichter verkraften, ohne ihr Gesicht zu verlieren.

Die Schlichtungsinstanz ist nicht allein letzte Rettung vor dem Arbeitskampf – sie ist in einigen Branchen zugleich auch wichtigster „Treffpunkt" der Tarifpartner **während** des Arbeitskampfes. So gibt es zum Beispiel in der Metallindustrie für diese Situation die **besondere Schlichtung**.

Wird der Einigungsvorschlag der Schlichtungsstelle von einem der beteiligten Tarifparteien abgelehnt (**Ende der Friedenspflicht**), dann ist der Arbeitskampf das letzte Mittel (*„ultima ratio"*), um einen neuen Tarifvertrag zu erzwingen. Das Recht auf kollektive Kampfmaßnahmen stützt sich zum einen auf das Grundgesetz, das garantiert, dass der Staat gegen Arbeitskämpfe nicht vorgehen darf (GG Art. 9), und auf die europäische Sozialcharta, die als Bundesrecht gilt.

Streik – das Kampfmittel der Arbeitnehmer

Das wichtigste Kampfmittel der Gewerkschaften bei Tarifauseinandersetzungen ist der Streik, bei dem die betroffenen gewerkschaftlich organisierten Arbeitnehmer die Arbeit gemeinschaftlich niederlegen.
Rechtmäßig ist ein **Streik** nur dann, wenn folgende Bedingungen erfüllt sind:

- Vor dem Streik muss eine **Urabstimmung** der betroffenen gewerkschaftlich organisierten Arbeitnehmer stattfinden, wenn das die Satzung der Gewerkschaft vorsieht. Bei manchen Gewerkschaften reicht ein **Vorstandsbeschluss**. Durch die Urabstimmung wird den Arbeitgebern die *Mobilisierungsbereitschaft* der Arbeitnehmer gezeigt („Säbelrasseln"). In der Metallindustrie kann ein Streik nur beginnen, wenn sich *mindestens 75 % der betroffenen Gewerkschaftsmitglieder* dafür aussprechen.
- Der Streik muss **gegen die gegnerische Tarifvertragspartei** geführt werden und **gewerkschaftlich organisiert** sein. Deshalb wird der *„wilde Streik"* als rechtswidrig angesehen.
- Der Streik muss ein **tariflich regelbares Ziel** verfolgen, das der Tarifgegner erfüllen kann. Deshalb ist ein politischer Arbeitskampf, auch ein politischer Demonstrationsstreik (*Generalstreik*), rechtswidrig, weil er einen Hoheitsträger zu hoheitlichem Handeln veranlassen soll. Zugelassen sind nach vorherrschender Meinung *kurzfristige Warnstreiks* (Streiks ohne formelle Scheiternserklärung und ohne Streikgeld), Tagesstreiks (Streikende erhalten Streikgeld) und *Sympathiestreiks* (Arbeitnehmer anderer Branchen solidarisieren sich). Das Bundesarbeitsgericht hat jedoch „längere" Sympathiestreiks für rechtswidrig erklärt (BAG 1 AZR 219/86).

Der Streik kann durch eine Urabstimmung beendet werden, bei der *mindestens 25 %* der betroffenen gewerkschaftlich organisierten Arbeitnehmer für den Streikabbruch stimmen müssen. Meist wird er durch die Annahme (ebenfalls durch Urabstimmung) eines Schlichtungsspruchs der *besonderen Schlichtungsstelle* beendet.

Aussperrung – das Kampfmittel der Arbeitgeber

Zur Abwehr eines Streiks können die Arbeitgeber ihrerseits ihr Kampfmittel, die **Aussperrung**, einsetzen (Kampfmittelparität).

Bei der Aussperrung wird streikenden *und* arbeitswilligen Arbeitnehmern kollektiv die Arbeitsmöglichkeit verweigert. Dies geschieht meist in der Form, dass sämtliche *Arbeitsverhältnisse* **suspendiert**[1] werden, das heißt, die gegenseitigen Rechte und Pflichten aus dem Arbeitsverhältnis werden für die *Dauer des Arbeitskampfes ausgesetzt*. Während der Aussperrung wird kein Lohn bzw. Gehalt gezahlt. Nur in *Ausnahmefällen*, z. B. bei wilden Streiks, können die Arbeitsverhältnisse streikender Arbeitnehmer *gelöst* werden. Nach Beendigung der Aussperrung werden die suspendierten Arbeitsverhältnisse fortgesetzt, die gelösten müssen jedoch neu geschlossen werden, wenn der Tarifvertrag keine *Wiedereinstellungsklausel* enthält.

Die Aussperrung verschärft zwar den Arbeitskampf, trägt aber andererseits dazu bei, die Tarifvertragsparteien rascher, meist unter Einschaltung der Schlichtungsstelle, zu einer Lösung des Arbeitskonflikts und zum Abschluss neuer Tarifverträge zu bringen. Auch die Aussperrung wird bei uns verhältnismäßig selten angewandt.

Das Bundesarbeitsgericht hat in einer Reihe von Urteilen geklärt, welche Reaktionsmöglichkeiten der Arbeitgeber hat, wenn sein Betrieb bestreikt wird.

Überblick über Reaktionsmöglichkeiten des Arbeitgebers bei einem Streik	
Abwehraussperrung	Reaktion auf einen kurzfristigen Warnstreik oder auf einen Erzwingungsstreik. Dieses Recht hat auch ein Arbeitgeber, der keinem Verband angehört. Die Abwehraussperrung und die Suspendierung der Arbeitsverhältnisse muss den Arbeitnehmern in eindeutiger Form erklärt werden.
Aufrechterhaltung des Betriebs	Der Arbeitgeber hält den Betrieb mithilfe von Arbeitswilligen aufrecht und schwächt damit die Wirkung des Streiks ab. In diesem Fall sind nur die Arbeitsverhältnisse derjenigen Arbeitnehmer suspendiert, die sich am Streik beteiligt haben. Die nicht streikenden Arbeitnehmer sind zur Arbeitsleistung verpflichtet und behalten ihren Entgeltanspruch. Wenn eine Weiterbeschäftigung unmöglich ist, dann führt dies zu einem Wegfall der Lohnzahlungspflicht (Grundsatz des Arbeitskampfrisikos).
Stilllegung des Betriebs	Der Arbeitgeber kann einen bestreikten Betrieb oder Betriebsteil für die Dauer des Streiks ganz stilllegen mit der Folge, dass die beiderseitigen Rechte und Pflichten aus dem Arbeitsverhältnis ausgesetzt werden und auch arbeitswillige Arbeitnehmer ihren Lohnanspruch verlieren. Der Arbeitgeber muss dies den Arbeitnehmern eindeutig mitteilen. Anders als

---

1 suspendieren (lat.) = zeitweilig aufheben; einstweilig des Dienstes entheben

Berufsausbildung im dualen System

Stilllegung des Betriebs	bei der Aussperrung beteiligt sich der Arbeitgeber mit der *Stilllegungs- und Unterwerfungserklärung* unter den Streikbeschluss der Gewerkschaft nicht aktiv am Arbeitskampf. Der Arbeitgeber entscheidet alleine darüber, ob es unmöglich oder unzumutbar ist, den Betrieb aufrechtzuerhalten, und deswegen eine Weiterbeschäftigung unmöglich ist. Der Arbeitgeber muss jedoch nicht abwarten, ob und in welchem Umfang sich Arbeitnehmer am von der Gewerkschaft beschlossenen Streik beteiligen. Die Arbeitnehmer müssen sich zur Verfügung halten, solange sie sich nicht dem Streik anschließen. Wer sich dem Streik anschließt, muss dies dem Arbeitgeber mitteilen.

Folgen von Streik und Aussperrung

Nicht in Gewerkschaften organisierte Arbeitnehmer sind während eines Streiks oder einer Aussperrung besonders hart betroffen, denn sie haben weder Anspruch auf Lohn noch auf Streikgeld. Der Arbeitgeber ist für die Dauer des Streiks von seiner Beschäftigungs- und Lohnfortzahlungspflicht auch gegenüber arbeitswilligen Arbeitnehmern befreit. Dies gilt sowohl für unmittelbar betroffene Arbeitgeber, als auch für Arbeitgeber, deren Betriebsablauf durch die Fernwirkung eines Streiks gestört ist (BAG 1 AZR 622/93).

Streikende oder ausgesperrte Gewerkschaftsmitglieder erhalten aus der „Streikkasse" (das sind in der Regel die liquiden Mittel) ihrer Gewerkschaft **Streikgeld** (je nach Gewerkschaft, Dauer der Mitgliedschaft und Bruttoentgelt).

> **Beispiel:** Berechnung des Streikgelds
>
> Ein Arbeitnehmer mit monatlich 2 500,00 € Bruttoverdienst zahlt 25,00 € Gewerkschaftsbeitrag und erhält bei 5-jähriger Mitgliedschaft 14 · 25,00 € = 350,00 € Streikgeld pro Streikwoche.

Bestreikte oder aussperrende Betriebe erhalten aus der Solidaritätskasse ihres Arbeitgeberverbandes eine finanzielle Unterstützung.

Um die volkswirtschaftlichen Schäden (Verluste von Absatzmärkten, geringere Wirtschaftsleistung durch ausgefallene Arbeitsstunden und Aufträge) gering zu halten, gilt für Streik und Aussperrung das *Prinzip der Verhältnismäßigkeit*. Keine Tarifpartei darf den Arbeitskampf so führen, dass die Gegenseite über Gebühr geschwächt wird. Die **„Mini-Max-Strategie"** der Gewerkschaften (z. B. Tages-, Schwerpunktstreiks) ist daher rechtlich umstritten, vor allem, wenn davon Fernwirkungen in andere Tarifbezirke (**„kalte" Aussperrung**) ausgehen. Durch diese Strategie werden die Streikgelder gering gehalten, weil nur wenige „Schlüsselbetriebe" (z. B. kleine, aber wichtige Autozulieferer) bestreikt und damit weite Bereiche eines Wirtschaftszweigs (z. B. der Autoindustrie) lahmgelegt werden. Ausgesperrte (auch „kalt" ausgesperrte) und streikende Arbeitnehmer haben nach bisheriger Rechtsprechung keinen Anspruch auf Kurzarbeiter- oder Arbeitslosengeld (**SGB III § 146**)[1].

---

1 Die Bundesregierung will diesen „Streikparagrafen" wieder lockern.

Lernfeld 1

2.5 Mitwirkung und Mitbestimmung der Arbeitnehmer

EINSTIEGSSITUATION

Frau Köppel schmunzelt über die Karikatur aus der heutigen Tageszeitung:

Überlegen Sie, welches Problem der Karikaturist darstellt und diskutieren Sie im Plenum.

2.5.1 Ebenen der Mitbestimmung im Überblick

Der Interessengegensatz zwischen Kapital und Arbeit bzw. Arbeitgeber und Arbeitnehmer wird durch die Teilnahme der Arbeitnehmer am Willensbildungsprozess ihres Unternehmens gemildert. Es werden drei Ebenen der Mitbestimmung unterschieden:

Arbeitsplatzebene	Betriebsebene	Unternehmensebene
Unmittelbare Arbeitsumgebung des Arbeitnehmers; hier übt der einzelne Arbeitnehmer seine Arbeitstätigkeit aus.	Produktiver Bereich des Unternehmens; hier werden die Sach-Ziele (z. B. Produktion und Lagerung von Gütern) verwirklicht.	Rechtlicher Rahmen des wirtschaftlichen Tuns. Hier werden die Betriebe gelenkt und Formalziele (z. B. Gewinnmaximierung) verfolgt.
⬇	⬇	⬇
Mitbestimmung durch **Individualrechte** des Arbeitnehmers z. B. aufgrund • seines Arbeitsvertrags, • der §§ 81 bis 84 BetrVG, • von Arbeitsschutzvorschriften.	Mitbestimmung des Arbeitnehmers durch **Kollektivrechte** des **Betriebsrats** aufgrund • von Tarifverträgen, • der §§ 87 bis 112 BetrVG.	Mitbestimmung des Arbeitnehmers durch die Arbeitnehmervertreter im **Aufsichtsrat** aufgrund des • Drittelbeteiligungsgesetzes, • Mitbestimmungsgesetzes.

2.5.2 Mitwirkungsrechte des einzelnen Arbeitnehmers

Recht auf Unterrichtung (BetrVG § 81)

Der Arbeitgeber hat den Arbeitnehmer

- über dessen Aufgabe und Verantwortung sowie über die Art seiner Tätigkeit und ihre Einordnung in den Arbeitsablauf des Betriebs zu unterrichten;
- vor Beginn der Beschäftigung über die Unfall- und Gesundheitsgefahren, denen dieser bei der Beschäftigung ausgesetzt ist, sowie über die Maßnahmen und Einrichtungen zur Abwendung dieser Gefahren zu belehren;
- über Veränderungen in seinem Arbeitsbereich rechtzeitig zu unterrichten;
- über die aufgrund einer Planung von technischen Anlagen, von Arbeitsverfahren und Arbeitsabläufen oder der Arbeitsplätze vorgesehenen Maßnahmen und ihre Auswirkungen auf seinen Arbeitsplatz, die Arbeitsumgebung sowie auf Inhalt und Art seiner Tätigkeit zu unterrichten.

Sobald feststeht, dass sich die Tätigkeit des Arbeitnehmers ändern wird und seine beruflichen Kenntnisse und Fähigkeiten zur Erfüllung seiner Aufgaben nicht ausreichen, hat der Arbeitgeber dem Arbeitnehmer zu erörtern, wie dessen berufliche Kenntnisse und Fähigkeiten im Rahmen der betrieblichen Möglichkeiten den künftigen Anforderungen angepasst werden können.

Anhörungs- und Erörterungsrecht (BetrVG § 82)

Der Arbeitnehmer hat das Recht, in betrieblichen Angelegenheiten, die seine Person betreffen, von den nach Maßgabe des organisatorischen Aufbaus des Betriebs hierfür zuständigen Personen gehört zu werden. Er ist berechtigt, zu Maßnahmen des Arbeitgebers, die ihn betreffen, Stellung zu nehmen sowie Vorschläge für die Gestaltung des Arbeitsplatzes und des Arbeitsablaufs zu machen.

Der Arbeitnehmer kann verlangen, dass ihm die Berechnung und Zusammensetzung seines Arbeitsentgelts erläutert und dass mit ihm die Beurteilung seiner Leistungen sowie die Möglichkeiten seiner beruflichen Entwicklung im Betrieb erörtert werden.

Einsicht in die Personalakte (BetrVG § 83)

Der Arbeitnehmer hat das Recht, in die über ihn geführten Personalakten Einsicht zu nehmen. Erklärungen des Arbeitnehmers zum Inhalt sind der Personalakte auf sein Verlangen beizufügen.

Beschwerderecht (BetrVG § 84)

Jeder Arbeitnehmer hat das Recht, sich bei den zuständigen Stellen des Betriebs zu beschweren, wenn er sich vom Arbeitgeber oder von Arbeitnehmern des Betriebs benachteiligt oder ungerecht behandelt oder in sonstiger Weise beeinträchtigt fühlt. Er kann ein Mitglied des Betriebsrats zur Unterstützung oder Vermittlung hinzuziehen.

2.5.3 Betriebsrat – Interessenvertretung der Arbeitnehmer vor Ort

Mitwirkung und Mitbestimmung der Arbeitnehmer sind durch den Betriebsrat garantiert.

Wahl des Betriebsrats

Sobald mindestens fünf Mitarbeiter (über 18 Jahre) in einem Unternehmen beschäftigt sind, können sie **für vier Jahre** in freier, geheimer und unmittelbarer Wahl ihre Interessenvertreter wählen. Diese müssen über 18 Jahre alt sein, mindestens sechs Monate dem Betrieb angehören und wahlberechtigt sein (BetrVG §§ 7 und 8). Die Größe des Betriebsrats ist von der Zahl der Arbeitnehmer abhängig. Bis zu einer Anzahl von 9000 Arbeitnehmern steigert sich die Zahl der Betriebsratsmitglieder bis auf 35; darüber hinaus erhöht sie sich für je angefangene Arbeitnehmerzahl von 3000 um zwei (BetrVG § 9). Ab drei Mitgliedern müssen männliche und weibliche Beschäftigte entsprechend ihrem zahlenmäßigen Anteil im Betriebsrat vertreten sein (BetrVG § 15).

Aufgaben des Betriebsrats

Arbeitgeber und Betriebsrat sollen zum Wohl aller Betriebsangehörigen, des Betriebs und zum Gemeinwohl **vertrauensvoll zusammenarbeiten**. Die Tarifverträge sind dabei zu beachten.

Der Betriebsrat hat folgende **allgemeine Aufgaben** (BetrVG § 80):

- darüber zu wachen, dass die zugunsten der Arbeitnehmer geltenden Gesetze, Verordnungen, Unfallverhütungsvorschriften, Tarifverträge und Betriebsvereinbarungen durchgeführt werden;
- Maßnahmen, die dem Betrieb und der Belegschaft dienen, beim Arbeitgeber zu beantragen;
- die Durchsetzung der tatsächlichen Gleichberechtigung von Frauen und Männern, insbesondere bei der Einstellung, Beschäftigung, Aus-, Fort- und Weiterbildung und dem beruflichen Aufstieg, zu fördern;
- Anregungen von Arbeitnehmern und der Jugend- und Auszubildendenvertretung entgegenzunehmen und, falls sie berechtigt erscheinen, durch Verhandlungen mit dem Arbeitgeber auf eine Erledigung hinzuwirken; er hat die betreffenden Arbeitnehmer über den Stand und das Ergebnis der Verhandlungen zu unterrichten;
- die Eingliederung Schwerbeschädigter und sonstiger besonders schutzbedürftiger Personen zu fördern;
- die Wahl einer Jugend- und Auszubildendenvertretung vorzubereiten und durchzuführen und mit dieser zur Förderung der Belange der in § 60 Abs. 1 BetrVG genannten Arbeitnehmer eng zusammenzuarbeiten; er kann von der Jugend- und Auszubildendenvertretung Vorschläge und Stellungnahmen anfordern;
- die Beschäftigung älterer Arbeitnehmer im Betrieb zu fördern;
- die Eingliederung ausländischer Arbeitnehmer im Betrieb und das Verständnis zwischen ihnen und den deutschen Arbeitnehmern zu fördern.

Bei Meinungsverschiedenheiten zwischen Arbeitgeber und Betriebsrat kann eine **Einigungsstelle** gebildet werden, die paritätisch von Arbeitgeber und Betriebsratsmitgliedern zusammengesetzt ist und deren Vorsitzender, auf dessen Person sich beide Seiten einigen müssen, unparteiisch sein muss.

Mitwirkungs- und Mitbestimmungsrechte

Die Befugnisse des Betriebsrats sind in *sozialen und personellen Angelegenheiten* am wirksamsten, dagegen hat er in *wirtschaftlichen Angelegenheiten* nur Informations- und Beratungsrechte.

Soziale Angelegenheiten betreffen immer eine *größere Gruppe* von Mitarbeitern (z. B. Gleitzeitvereinbarungen). Von **personellen Angelegenheiten** spricht man, wenn nur *einzelne Arbeitnehmer* von einer bestimmten Maßnahme betroffen sind (z. B. Kündigung eines einzelnen Arbeitnehmers). **Wirtschaftliche Angelegenheiten** betreffen *Entscheidungen des Unternehmens* mit wirtschaftlichen Folgen (z. B. Umgestaltung von Arbeitsabläufen, Planung neuer Abläufe und Verfahren).

Die abgestuften Rechte des Betriebsrats		
Mitbestimmung im engeren Sinne	Mitbestimmung/ Initiativrecht BetrVG §§ 87, 91, 95, 98, 104, 112	Soziale Angelegenheiten Arbeitgeber und Betriebsrat haben ein gleichberechtigtes Initiativrecht. Sie können Entscheidungen nur gemeinsam treffen. Bei unüberbrückbaren Meinungsverschiedenheiten entscheidet die Einigungsstelle. Beispiele: Arbeitszeit, Sozialplan, Lohngestaltung
	Zustimmung BetrVG §§ 94, 95, 98, 99, 102, 103	Personelle Angelegenheiten Der Arbeitgeber darf eine Maßnahme nur mit Einverständnis des Betriebsrats durchführen. Der Betriebsrat hat aber kein Recht zur Durchsetzung eines Alternativvorschlages. Beispiele: Einstellungen, Versetzungen, Ein- und Umgruppierungen
Mitwirkung	Beratung BetrVG §§ 90, 92, 96, 97, 106, 111	Wirtschaftliche Angelegenheiten Arbeitgeber und Betriebsrat erörtern eine Angelegenheit in einem gemeinsamen Gespräch. Beispiele: Gestaltung von Arbeitsplatz, Arbeitsablauf und Arbeitsumfang
	Anhörung BetrVG § 102	Wirtschaftliche Angelegenheiten Der Arbeitgeber teilt dem Betriebsrat seine Absichten mit und fordert den Betriebsrat unter Fristsetzung zur Stellungnahme auf. Beispiel: Entlassungen
	Unterrichtung BetrVG §§ 80, 89, 90, 92, 93, 105, 106, 111	Wirtschaftliche Angelegenheiten Der Arbeitgeber teilt dem Betriebsrat anhand von Unterlagen seine Pläne mit. Beispiel: Personalplanung

In den EU-Staaten (Ausnahme: Großbritannien), in Island, Liechtenstein und Norwegen müssen alle europaweit tätigen Unternehmen mit insgesamt mindestens 1 000 Arbeitnehmern einen **Europäischen Betriebsrat** (EBR) einrichten, wenn sie in zwei der genannten Staaten mindestens 150 Arbeitnehmer beschäftigen. Der EBR hat nur Unterrichtungs- und Anhörungsrechte in wirtschaftlichen Angelegenheiten.

2.5.4 Jugend- und Auszubildendenvertretung – nur mit Betriebsrat

Wo ein Betriebsrat besteht und mindestens fünf jugendliche Arbeitnehmer oder Auszubildende (unter 25 Jahren) beschäftigt sind, kann eine **Jugend- und Auszubildendenvertretung** gewählt werden (BetrVG § 60). Die Jugend- und Auszubildendenvertretung ist folglich kein selbstständiges Organ der Betriebsverfassung, sondern bleibt **dem Betriebsrat nachgeordnet**; nur durch dessen Vermittlung kann sie auf den Arbeitgeber einwirken. Damit sie ihre Aufgabe erfüllen kann, muss der Betriebsrat sie rechtzeitig und umfassend informieren und ihr die erforderlichen Unterlagen zur Verfügung stellen. Zu jeder Betriebsratssitzung kann sie einen Vertreter oder eine Vertreterin entsenden; stehen Jugend- und Ausbildungsfragen auf der Tagesordnung, ist sie mit allen Mitgliedern teilnahmeberechtigt. Darüber hinaus haben die Jugend- und Auszubildendenvertreter auch Stimmrecht, wenn im Betriebsrat ein Beschluss gefasst werden soll, der die jugendlichen Arbeitnehmer oder die Auszubildenden betrifft.

Jugend- und Auszubildendenvertretungen werden in den Betrieben jeweils im Oktober oder November für eine **Amtszeit von zwei Jahren** gewählt (BetrVG § 64). Wahlberechtigt sind alle jugendlichen Arbeitnehmer/-innen unter 18 Jahren und alle Auszubildenden unter 25 Jahren. Wählbar sind die Arbeitnehmerinnen und Arbeitnehmer des Betriebs unter 25 Jahren; sie dürfen nicht gleichzeitig dem Betriebsrat angehören (BetrVG § 61). Die Größe der Jugendvertretungen (1 bis 15 Mitglieder) richtet sich nach der Zahl der Jugendlichen und Auszubildenden im Betrieb. Bestehen in einem Unternehmen mehrere Jugend- und Auszubildendenvertretungen, ist eine Gesamt-Jugend- und Auszubildendenvertretung zu errichten.

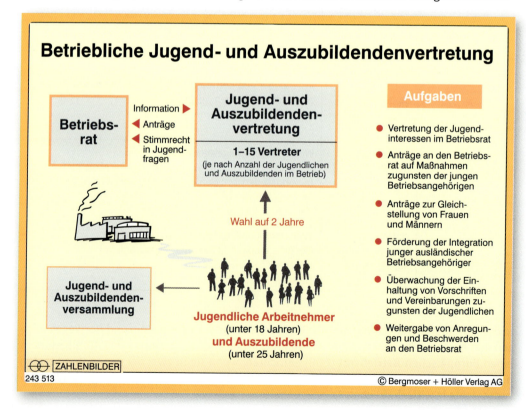

Die Mitglieder des Betriebsrats und der Jugend- und Auszubildendenvertretung dürfen in der Ausübung ihrer Tätigkeit nicht gestört oder behindert werden. Sie dürfen wegen ihrer Tätigkeit nicht benachteiligt oder begünstigt werden; dies gilt auch für ihre berufliche Entwicklung (BetrVG § 78).

Beabsichtigt der Arbeitgeber, einen Auszubildenden, der Mitglied der Jugend- und Auszubildendenvertretung oder des Betriebsrats ist, nach Beendigung des Berufsausbildungsverhältnisses nicht in ein Arbeitsverhältnis auf unbestimmte Zeit zu übernehmen, so hat er dies dem Auszubildenden drei Monate vor Beendigung des Berufsausbildungsverhältnisses mitzuteilen.

2.5.5 Betriebsvereinbarung – Arbeitgeber mit Betriebsrat

In Betriebsvereinbarungen werden vom *Betriebsrat* und dem einzelnen *Arbeitgeber* für das jeweilige Unternehmen **betriebsinterne Regelungen** beschlossen (BetrVG § 77).

Solche betriebsinternen Bestimmungen betreffen z. B. Arbeitszeitregelung, Rauchverbot, Meldung von Unfällen, soziale Maßnahmen, Maßnahmen zur Unfallverhütung.

Tarifvertragliche Regelungen dürfen grundsätzlich nicht Gegenstand einer Betriebsvereinbarung sein, es sei denn, der Tarifvertrag enthält eine Öffnungsklausel.

In Betriebsordnungen und Dienstordnungen, die den Betriebsangehörigen z. B. durch Aushang zugänglich sein müssen, sind solche Betriebsvereinbarungen festgelegt.

Zusammenfassung

Lernfeld 1

Aufgaben

Berufsausbildungsvertrag

1. Ergänzen Sie Ihre Lernkartei um die Begriffe des Themengebiets „Berufsausbildungsvertrag".

2. Bilden Sie mehrere **Arbeitsgruppen**. Schreiben Sie die Fragen a) bis n) auf **Kärtchen** (eine Frage pro Kärtchen). Beantworten Sie in den Gruppen die Fragen und schreiben Sie die Lösungen auf das jeweilige Kärtchen. Veranstalten Sie in Ihrer Gruppe ein Frage-Antwort-Spiel (wer die meisten Kärtchen gewinnt, ist Gruppensieger). Die Gruppensieger können anschließend den Klassensieger des **Gruppenturniers** unter sich ausspielen.

   Fragen:
   a) Erklären Sie den Begriff „duales System" im Zusammenhang mit der Berufsausbildung.
   b) Erläutern Sie die Aufgabenverteilung zwischen den Ausbildungsträgern im dualen System.
   c) Nennen Sie wesentliche Inhalte der Ausbildungsordnung.
   d) Welche Aufgaben haben die zuständigen Stellen bei der Berufsausbildung?
   e) Welche Form muss beim Abschluss eines Berufsausbildungsvertrags eingehalten werden?
   f) Welche Mindestangaben muss ein Berufsausbildungsvertrag enthalten?
   g) Was versteht man unter der Unabdingbarkeit des BBiG?
   h) Nennen Sie einige Rechte (keine Erläuterung) des Auszubildenden nach dem BBiG?.
   i) Nennen Sie einige Pflichten (keine Erläuterung) des Auszubildenden nach dem BBiG?.
   j) In welchen Rechtsvorschriften ist der Urlaub des Auszubildenden geregelt?
   k) Welchen Zweck hat die Probezeit und wie lange dauert diese nach dem BBiG?
   l) Aus welchen Gründen kann der Auszubildende nach Ende der Probezeit kündigen?
   m) Aus welchen Gründen kann der Ausbildende nach Ende der Probezeit kündigen?
   n) Wann endet das Ausbildungsverhältnis?

3. Beurteilen Sie folgende Fälle anhand des BBiG.
   a) Die Auszubildende Nora Braun soll regelmäßig die Kinder der Geschäftsleitung beaufsichtigen; der Auszubildende Niclas Koltes muss gelegentlich Frühstück für seine Kollegen holen.
   b) Da Nora Braun beim Briefeschreiben wiederholt Fehler macht, wird sie von der Abteilungsleiterin vor den anderen Mitarbeitern mit sehr beleidigenden Äußerungen beschimpft.
   c) Niclas Koltes entdeckt sein Interesse für Datenverarbeitung. Er möchte deshalb seine Berufsausbildung als Automobilkaufmann aufgeben und eine Ausbildung zum Informatikkaufmann beginnen.
   d) Geschäftsführer Matti Köppel und Niclas Koltes merken trotz viermonatiger Probezeit erst später, dass sie nicht miteinander auskommen.
   e) Als der Auszubildende Niclas Koltes von seinem Vorgesetzten Daniel Gorges zurechtgewiesen wird, antwortet er mit dem „Götz-Zitat".

Berufsausbildung im dualen System

4. Vergleichen Sie Ihren Berufsausbildungsvertrag mit den Vorschriften des BBiG und ggf. mit den Regelungen des JArbSchG.
Stellen Sie in einer Übersicht die Gesetzesparagrafen mit den entsprechenden Vereinbarungen Ihres Ausbildungsvertrags gegenüber.

5. Auf einer Ausbildungsmesse vertreten Sie Ihren Ausbildungsbetrieb. Ihr Ausbilder hofft, dass Sie die Fragen der wissbegierigen Messebesucher beantworten und auch einige der Schulabgänger und Schulabgängerinnen für das Unternehmen begeistern können. Sie sind umringt von Interessenten und beantworten Fragen.

Lisa (16 Jahre):
a) „Könnte ich einfach so, ohne Papierkram, bei euch mit der Ausbildung anfangen?"
b) „Kann ich bei euch die Ausbildung beginnen, ohne meine Eltern zu fragen?"
c) „Was ist, wenn ich kurz nach Beginn der Ausbildung feststelle, dass mir die Arbeit keinen Spaß macht?"
d) „Welche weiteren Pflichten außer Arbeiten habe ich während meiner Ausbildung?"

Aydin (hat heute seinen 16. Geburtstag):
a) „Das Schönste an der Schule waren die Ferien. Wie würde es für mich bei einem Ausbildungsbeginn am 1. September mit Urlaub aussehen?"
b) „Ich glaube, ich beginne die Ausbildung bei euch. Wenn es mir nach einem Jahr nicht mehr gefällt, kündige ich und mache bei der Konkurrenz meine Ausbildung weiter. Das geht doch?"
c) „Ich finde es gut, dass man auch Geld verdient. Bekommt man diese Ausbildungsvergütung, die hier für das erste Ausbildungsjahr auf dem Plakat steht, auch im zweiten Ausbildungsjahr?"

6. Schlagzeilen aus der Tagespresse zum dualen System:

Hat das duale System noch Zukunft?
Unzeitgemäße Berufsbilder – Modernisierung ist dringend geboten

Das duale System verbindet Arbeiten und Lernen miteinander – effektiver geht es nicht

Das duale System versorgt die Hälfte eines Altersjahrgangs mit Ausbildung

Das duale System – eine Sackgasse
Keine Gleichwertigkeit beruflicher und allgemeiner Bildung

Duales System zu sehr von der Konjunktur abhängig?

Zu hoher Berufsschulanteil hemmt Ausbildungsbereitschaft

Jeder vierte Azubi bricht seine Ausbildung ab

Lernfeld 1

Argumente warum Betriebe ausbilden

- Nachwuchssicherung in der Branche und in der Region
- Unabhängigkeit vom externen Arbeitsmarkt
- Qualifizierung genau nach den Anforderungen des Betriebs
- Möglichkeit die besten Absolventen zu übernehmen
- Vermeidung personeller Fehlentscheidungen
- Einsparung von Kosten für Personalsuche und Einarbeitung
- Vermeidung hoher Fluktuation
- Verbesserung der künftigen Wettbewerbsfähigkeit
- Erhöhung des Ansehens des Betriebs

Argumente warum Betriebe nicht ausbilden

- Auszubildende sind zu wenig im Betrieb
- Keine geeigneten, qualifizierten Bewerber vorhanden
- Ausbildungskosten sind zu hoch, Nutzen zu gering
- Zu viele Vorschriften
- Keine Zeit für die Ausbildung
- Auszubildende können nicht übernommen werden
- Betrieb kann nicht alle Ausbildungsinhalte vermitteln
- Betrieb ist zu spezialisiert, kein geeigneter Ausbildungsberuf bekannt
- Personalsuche auf dem Arbeitsmarkt ist günstiger
- Fachkräftebedarf wird durch Weiterbildung gedeckt

Zusammensetzung der Ausbildungskosten[1]

Bruttokosten der Ausbildung (20 855 € pro Azubi und Jahr)

Personalkosten der Auszubildenden: Bruttoausbildungsvergütungen zuzüglich der Sozialleistungen
Personalkosten des Ausbildungspersonals: Bruttolohn bei internem Ausbildungspersonal zuzüglich der Sozialleistungen. Bei externem Ausbildungspersonal entstehen Kosten für Honorare, Reisen und Übernachtungen
Anlage- und Sachkosten: Anschaffungskosten für die Werkzeug-, Geräteausstattung und Verbrauchsmaterialien der Auszubildenden, Kosten für die Lehrwerkstatt und den innerbetrieblichen Unterricht
Sonstige Kosten: Kammergebühren, Kosten für Lehr- und Lernmaterialien, Berufs- und Schutzkleidung, externe Kurse, die Ausbildungsverwaltung und Rekrutierung der Auszubildenden.

Erträge der Ausbildung (14 377 € pro Azubi und Jahr)

Eingesparte Lohnkosten für einfache produktive Tätigkeiten, die anstelle von un- und angelernten Arbeitskräften durchgeführt werden sowie für Fachkräftetätigkeiten. Dabei wird der Leistungsgrad des Azubi berücksichtigt: beträgt dieser z. B. 50 %, werden von jeder Stunde nur 30 Minuten in die Bewertung einbezogen.
Erträge in der Lehrwerkstatt: Die dort produktiv verbrachten Zeiten werden mit Fachkräftelöhnen unter Berücksichtigung des Leistungsgrads der Auszubildenden bewertet.
Zuschüsse aus Förderprogrammen von Bund, Ländern, dem Europäischen Sozialfonds, der Arbeitsagentur oder Branchenverbänden.

Nettokosten der Ausbildung (6 478 € pro Azubi und Jahr)

Bruttokosten abzüglich Erträge.

---

1 Zahlenangaben gemäß Datenreport zum Berufsbildungsbericht 2020, Seiten 222, 224, 228

Berufsausbildung im dualen System

a) Geben Sie zu den oben dargestellten Schlagzeilen aus der Tagespresse jeweils ein kurzes Statement ab. Stellen Sie weitere Schlagzeilen in einer Wandzeitung dar.
b) Diskutieren Sie über die Vor- und Nachteile der dualen Ausbildung.
c) Erläutern Sie Argumente, warum Betriebe ausbilden bzw. nicht ausbilden.
d) Nur noch ein Fünftel aller Unternehmen in Deutschland beschäftigt Lehrlinge (Datenreport zum Berufsbildungsbericht 2020, S. 191). Die meisten Betriebe bemängeln die hohen Ausbildungskosten. Erläutern Sie die Zusammensetzung der Ausbildungskosten und unterscheiden Sie dabei zwischen Brutto- und Nettokosten.

Jugendarbeitsschutzgesetz

1. Ergänzen Sie Ihre Lernkartei um die Begriffe des Themengebiets „Jugendarbeitsschutz".

2. Erklären Sie anhand des JArbSchG die Begriffe
    a) „Kind",
    b) „Jugendlicher",
    c) „Arbeitszeit",
    d) „Schichtzeit" und
    e) „Ruhepause".

3. In welcher der folgenden Fälle wird gegen das Jugendarbeitsschutzgesetz verstoßen? Begründen Sie Ihre Meinung anhand des JArbSchG § 8 ff.
    a) Der 16-jährige Sven ist in einer freien Vertragswerkstatt als Auszubildender tätig. Er muss samstags arbeiten.
    b) Ein 16-Jähriger, der in Ausbildung steht, arbeitet täglich neun Stunden.
    c) Die Auszubildende Nadine hat am Vormittag sechs Stunden Unterricht zu je 45 Minuten. Am selben Nachmittag muss Nadine im Betrieb arbeiten.
    d) Ein Auszubildender will mit seinen Eltern in Urlaub fahren. Er ist seit zwei Monaten in Ausbildung. Das Urlaubsgesuch wird abgelehnt.
    e) Jens, 15 Jahre alt, tritt am 1. Juli in ein Autohaus zur Ausbildung ein. Im laufenden Jahr werden ihm 14 Tage Urlaub gewährt.
    f) Die Auszubildenden eines Autohauses müssen an ihrem Berufsschultag von 07:30 bis 08:30 Uhr arbeiten. Der Berufsschulunterricht beginnt um 09:00 Uhr.
    g) Die 18-jährige Auszubildende Nancy arbeitet (einschließlich Berufsschulbesuch) montags bis freitags täglich sieben Stunden und samstags sechs Stunden.
    h) Ein 17-jähriger Auszubildender hat bis 20:00 Uhr gearbeitet. Am nächsten Tag muss er um 07:30 Uhr wieder mit der Arbeit beginnen.
    i) Um sich ein Moped kaufen zu können, arbeitet der 16-jährige Auszubildende Otto an seinem freien Samstag mit Zustimmung seiner Eltern als Handlanger auf dem Bau.

4. Noch zu Beginn des 19. Jahrhunderts war in Deutschland ein gesetzlicher Arbeitsschutz unbekannt. Als sich die nachteiligen Einflüsse der Fabrikarbeit auf die Gesundheit der arbeitenden Kinder zu einem sozialen Problem auswuchsen, entschloss sich der Gesetzgeber zum Eingreifen.

Lernfeld 1

> **Regulativ**
>
> ueber die Beschaeftigung jugendlicher Arbeiter in Fabriken
> vom 9. Maerz 1839*
>
> § 1. Vor zurueckgelegtem neunten Lebensjahre darf niemand in einer Fabrik oder bei Berg-, Huetten- und Pochwerken zu einer regelmaeßigen Beschaeftigung angenommen werden.
>
> § 2. Wer noch nicht einen dreijaehrigen regelmaeßigen Schulunterricht genossen hat, oder durch ein Zeugnis des Schulvorstandes nachweist, daß er seine Muttersprache gelaeufig lesen kann und einen Anfang im Schreiben gemacht hat, darf vor zurueckgelegtem sechzehnten Jahre zu einer solchen Beschaeftigung in den genannten Anstalten nicht angenommen werden.
>
> Eine Ausnahme hiervon ist nur da gestattet, wo die Fabrikherren durch Errichtung und Unterhaltung von Fabrikschulen den Unterricht der jungen Arbeiter sichern. Die Beurteilung, ob eine solche Schule genuege, gebuehrt den Regierungen, welche in diesem Falle auch das Verhaeltnis zwischen Lern- und Arbeitszeit zu bestimmen haben.
>
> § 3. Junge Leute, welche das sechzehnte Lebensjahr noch nicht zurueckgelegt haben, duerfen in diesen Anstalten nicht ueber zehn Stunden taeglich beschaeftigt werden.
>
> Die Ortspolizeibehoerde ist befugt, eine voruebergehende Verlaengerung dieser Arbeitszeit zu gestatten, wenn durch Naturereignisse oder Unglueksfaelle der regelmaeßige Geschaeftsbetrieb in den genannten Anstalten unterbrochen und ein vermehrtes Arbeitsbeduerfnis dadurch herbeigefuehrt worden ist.
>
> Die Verlaengerung darf taeglich nur eine Stunde betragen und darf hoechstens fuer die Dauer von vier Wochen gestattet werden.
>
> § 4. Zwischen den im vorigen Paragraphen bestimmten Arbeitsstunden ist den genannten Arbeitern vor- und nachmittags eine Muße von einer Viertelstunde und mittags eine ganze Freistunde und zwar jedesmal auch Bewegung in freier Luft zu gewaehren.
>
> § 5. Die Beschaeftigung solcher jungen Leute vor 5:00 Uhr morgens und nach 9:00 Uhr abends sowie an den Sonn- und Feiertagen ist gaenzlich untersagt.
>
> * Gesetz-Sammlung für die Königlichen Preußischen Staaten, Berlin 1839, Nr. 12, S. 156 ff.

a) Worin bestand der entscheidende Fortschritt, den das obige preußische Regulativ (= Verordnung) vom 9. März 1839 bewirkte?
b) Vergleichen Sie die Regelungen des obigen Regulativs mit den entsprechenden Bestimmungen des JArbSchG.
c) Weshalb ist in vielen Entwicklungsländern die Kinderarbeit weit verbreitet? Was kann der Einzelne zur Bekämpfung der Kinderarbeit beitragen?

Arbeitssicherheit und Unfallschutz am Arbeitsplatz

1. Ergänzen Sie Ihre Lernkartei um die Begriffe des Themengebiets „Arbeitssicherheit und Unfallschutz".

2. Die Bundesanstalt für Arbeitsschutz und Arbeitsmedizin, Dortmund, veröffentlichte folgende Statistik über die am häufigsten angezeigten Berufskrankheiten und Anerkennungen

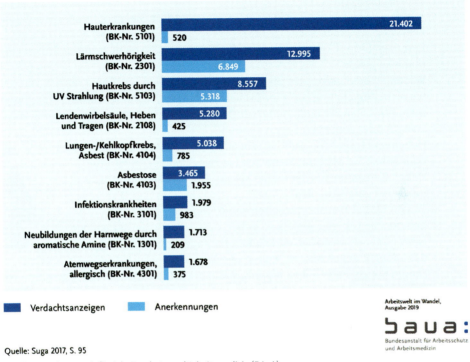

Quelle: Suga 2017, S. 95
Quelle: Bundesanstalt für Arbeitsschutz und Arbeitsmedizin (BAuA)

a) Äußern Sie sich zu der Statistik und gehen Sie auf mögliche Ursachen für die Berufskrankheiten ein.
b) Beschreiben Sie die Zuständigkeiten für den Arbeits- und Gesundheitsschutz im Betrieb (siehe Grafik auf Seite 110) und notieren Sie die jeweiligen Pflichten der Verantwortlichen auf einem Blatt Papier. Unterscheiden Sie dabei zwischen Fachkräften für Arbeitssicherheit und der Sicherheitsbeauftragten.
c) Verfassen Sie einen Kurzbericht über mögliche Ursachen für eine Gefährdung der Arbeitnehmer und über den empfohlenen Ablauf einer Gefährdungsbeurteilung.
d) Unfallverhütungsvorschriften verpflichten den Arbeitgeber und die Unfallversicherten (Arbeitnehmer). Verfassen Sie Handouts über die Vorschriften der DGUV-V 1 im Zusammenhang mit der Ersten Hilfe und die Verhaltensregeln in einem Notfall (Unfall) und in einem Brandfall.

Lernfeld 1

3. Begründen Sie die folgenden Verhaltensweisen zur Vermeidung arbeitsbedingter Unfall- und Gesundheitsgefahren, indem Sie auf die Folgen falscher Verhaltensweisen eingehen.
   - Beim Anheben und Tragen von Lasten verteilen Sie die Last möglichst auf beide Hände, lassen Sie den Rücken gestreckt, behindern Sie nicht Ihre Sicht auf den Verkehrsweg.
   - Benutzen Sie auf Treppen den Handlauf, nehmen Sie nicht mehrere Stufen auf einmal.
   - Verstellen oder verdecken Sie keine Rettungszeichen und Feuerlöscher. Verstellen Sie nicht den Zugang zu Feuerlöschern, Schaltern, Schaltschränken, Maschinenräumen. Verstellen Sie Bedienungsgänge und andere Verkehrswege nicht mit Waren, Leergut oder sonstigen Gegenständen.
   - Heben und tragen Sie nicht zu schwere Lasten. Lassen Sie sich helfen oder gehen Sie zweimal. Benutzen Sie zweckmäßige Hilfsmittel.
   - Heben Sie Lasten aus der Hocke heraus. Die Wirbelsäule muss möglichst gerade bleiben.
   - Tragen Sie bei Transportarbeiten keine Fingerringe.
   - Beladen Sie Fahrzeuge stets so sicher, dass Transportgüter bei der Fahrt nirgends anstoßen und nicht herabfallen können. Sichern Sie das Ladegut gegen Kippen, Rollen und Rutschen.
   - Fahren Sie auf Fahrzeugen nur mit, wenn die Mitfahrt ausdrücklich gestattet ist. Springen Sie auf rollende Fahrzeuge nicht auf und springen Sie während der Fahrt nicht ab.
   - Sichern Sie Fahrzeuge vor dem Be- und Entladen gegen unbeabsichtigtes Bewegen.
   - Befahren Sie nur die für Fahrzeuge freigegebenen Verkehrswege.
   - Berücksichtigen Sie beim Lagern die Tragfähigkeit des Bodens, der Regale und der Schränke.
   - Achten Sie darauf, dass Lager oder Stapel so errichtet oder abgebaut werden, dass keine Gefahren durch herabfallende, umfallende oder wegrollende Gegenstände oder durch ausfließende Stoffe entstehen.
   - Halten Sie sich nicht unter schwebenden Lasten auf.

4. Im Betrieb begegnen Sie folgenden Sicherheitskennzeichen:

   a) Erklären Sie die Art und die Bedeutung der dargestellten Sicherheitssymbole.
   b) Beschreiben Sie weitere Sicherheitskennzeichen nach Form und Farbe und unterscheiden dabei zwischen Verbots-, Gebots-, Warn-, Rettungs- und Brandzeichen.

5. In einer Fachzeitschrift finden Sie folgende Darstellung.

Beschwerden am Bildschirmarbeitsplatz

Durch Bildschirmarbeit werden häufig Muskel- und Skeletterkrankungen ausgelöst wie z. B. Sehnenscheidenentzündungen am Ellenbogen, taube Finger, Nacken-, Schulter- Rückenschmerzen, „Mausarm, „Schildkrötenhals". Je nach Studie und Definition klagen 22 % bis 77,5 % der Bildschirmarbeiter über solche physischen Krankheiten, die durch vielfach schnell wiederholte, gleiche Bewegungen (Repetitive Strain Injuries, RSI) entstehen. 70 % der Bildschirmarbeiter klagen zudem über Symptome des Computer Vision Syndroms (CVS) wie Augenschmerzen und Augendruck, Kopfschmerzen, verschwommenes und schleierhaftes Sehen, tränende, gerötete und trockene Augen bis hin zu Schlafstörungen.[1]

a) Äußern Sie sich zu den dargestellten Problemen der Bildschirmarbeiter.
b) Widerlegen Sie die Behauptung, dass Bildschirmarbeit krank macht, indem Sie auf die Ursachen für gesundheitliche Beschwerden eingehen.
c) Verfassen Sie einen Kurzbericht über die Mindestanforderungen zur Gestaltung von Arbeitsbedingungen gemäß ArbStättV und BildschArbV.

6. Kurzprojekt: Analyse und Gestaltung des eigenen Arbeitsplatzes

Beurteilen Sie Ihren Arbeitsplatz hinsichtlich seiner Gesundheits- und Umweltfaktoren und machen Verbesserungsvorschläge. Präsentieren Sie Ihre Ergebnisse, nehmen konstruktives Feedback an und ändern ggf. Ihr Verhalten. Reflektieren Sie über Ihre Arbeit in der Gruppe.

Gruppe 1:
Beurteilen Sie Ihren Büroraum und speziell Ihren Arbeitsplatz hinsichtlich seiner Umwelt- und Gesundheitsfaktoren. Machen Sie Verbesserungsvorschläge entsprechend Ihren Erkenntnissen und präsentieren Sie diese.

Prüfen Sie Ihren Plan auf seine Durchsetzbarkeit und realisieren Sie diesen. Präsentieren Sie diesen Büroraum bzw. Ihren neu gestalteten Arbeitsplatz vor einem geeigneten Publikum (z. B. Mitgliedern des Betriebsrats, Führungspersonal, Ausbilder).

Tipp: Erstellen Sie zunächst eine Checkliste mit der Sie einen Büroraum (Einzel- bzw. Gruppenbüro) bzw. einen Arbeitsplatz objektiv beurteilen können.

---
1 vgl. ergoptometrie.de/beschwerden-am-bildschirmarbeitsplatz

Gruppe 2:

Erstellen Sie eine Checkliste, mit der ein Büroarbeitsplatz auf seine Umweltverträglichkeit geprüft werden kann. Beurteilen Sie die Ausstattung eines Arbeitsplatzes (Arbeitsmittel Raumausstattung) unter Umweltschutzgesichtspunkten und machen Sie Verbesserungsvorschläge.

Tipp: Analysieren Sie zunächst mehrere Arbeitsplätze (Arbeitsmittel Raumausstattung) unter Umweltschutzgesichtspunkten. Erstellen Sie anschließend eine Mängelliste und gruppieren diese Mängel (z. B. Büromaterial, Büromöbel, Bürogeräte, Abfallentsorgung, Büroreinigung). Entwerfen Sie eine Checkliste für ein umweltfreundliches Büro.

7. Aus einem Interview mit Frau Köppel, Geschäftsleitung des Autohauses Köppel GmbH:

Frau Köppel, Sie tun viel für die Gesundheit Ihrer Mitarbeiter. Wieso?

Weil ich persönlich glaube, dass ich nur dann gute Arbeit leisten, Einsatz und Motivation zeigen kann, wenn ich gerne zur Arbeit gehe und fit und gesund bin. Erst dann kann ich meine Leistung gezielt abrufen und meine Stärken im Unternehmen einbringen. Umgekehrt wirken sich Probleme auch negativ auf die Arbeitsleistungen aus. Deshalb ist eine betriebliche Gesundheitsförderung tatsächlich eine Win-Win-Situation für Unternehmen und Mitarbeiter.

Was genau umfasst Ihr betriebliches Gesundheitsmanagement?

Unser Programm ist weit gefasst. Sie finden darin klassische Fitnesskurse wie Aquabiking und Jogging oder den Body Fit Kurs, der so stark nachgefragt wird, dass wir ihn in diesem Jahr sogar schon dreimal angeboten haben. Außerdem starten viele Teams bei großen Sportereignissen wie dem jährlichen Löwenlauf oder dem Rudern gegen Krebs. Raucherentwöhnung gehört ebenso dazu wie Check-ups alle zwei Jahre, ein Ruheraum, Vorträge und Beratungsangebote.

Ist auch die Kantine Teil des Gesundheitsmanagements?

Absolut. Zwar müssen die Kollegen deshalb nicht auf regionale Spezialitäten verzichten, es gibt aber immer auch frische Salate und Obst auch portionsweise für den Arbeitsplatz als Snack zwischendurch. Das setzen wir im Übrigen auch bei Besprechungen konsequent um. Die obligatorischen Kekse suchen Sie bei uns vergebens. Dafür gibt es Nüsse, Obst und Canapés mit Vollkornbrot.

Ist ein betriebliches Gesundheitsmanagement auch nützlich im Kampf um neue Talente?

Wir sind nicht der größte Arbeitgeber in der Region, vielleicht nicht einmal auf dem Radar vieler Kandidaten. Deshalb können wir mit einem umfassenden Gesundheitsangebot bei der Personalgewinnung punkten. Außerdem ist uns die Vereinbarkeit von Beruf und Familie sehr wichtig. Deshalb bauen wir gerade ein Netzwerk für Pflege- und Krippenplätze auf. Mitarbeiter werden bei uns als Mensch gesehen. Wir sind überzeugt, dass uns das auch für neue Talente attraktiv macht.

a) Fassen Sie die wesentlichen Aussagen des Interviews zusammen.
b) Welcher Baustein des betrieblichen Gesundheitsmanagements wird im Interview angesprochen? Erläutern Sie auch die weiteren Bausteine des betrieblichen Gesundheitsmanagements.
c) Geben Sie weitere konkrete Beispiele aus Ihrem Ausbildungsbetrieb.

Tarifvertrag

1. Ergänzen Sie Ihre Lernkartei um die Begriffe des Themengebiets „Tarifvertrag".

2. Bilden Sie mehrere Arbeitsgruppen. Schreiben Sie die Fragen a) bis j) auf Kärtchen (eine Frage pro Kärtchen). Beantworten Sie in den Gruppen die Fragen und schreiben Sie die Lösungen auf das jeweilige Kärtchen. Veranstalten Sie in Ihrer Gruppe ein Frage-Antwort-Spiel (wer die meisten Kärtchen gewinnt, ist Gruppensieger). Die Gruppensieger können anschließend den Klassensieger unter sich ausspielen.

    Fragen
    a) Worin unterscheiden sich Individual- und Kollektivarbeitsvertrag?
    b) Erklären Sie die Begriffe Tarifvertragspartner, Tarifautonomie, Tariffähigkeit.
    c) Was versteht man unter Allgemeinverbindlichkeitserklärung?
    d) Unterscheiden Sie die Tarifvertragsarten nach den beteiligten Tarifvertragspartnern.
    e) Unterscheiden Sie die Tarifvertragsarten nach dem Inhalt.
    f) Unterscheiden Sie die Tarifvertragsarten nach dem Geltungsbereich.
    g) Erklären Sie die Begriffe Schlichtung, allgemeine und besondere Schlichtung.
    h) Erklären Sie die Begriffe Friedenspflicht, Streik, Aussperrung, kalte Aussperrung.
    i) Wann endet die Friedenspflicht?
    j) Welche Voraussetzung muss erfüllt sein, damit die Tarifvertragspartner Kampfmittel einsetzen dürfen?

3. Schildern Sie den Ablauf von
    a) friedlichen Tarifverhandlungen,
    b) Tarifverhandlungen mit Kampfmaßnahmen.
    Tipp: Präsentieren Sie Ihre Ergebnisse mithilfe einer Plakatwand.

4. Diskutieren Sie über Vor- und Nachteile des Flächentarifvertrags.

5. Führen Sie eine Tarifverhandlung als Rollenspiel durch.
    Informationen
    - Der Gehaltstarifvertrag ist gekündigt. Die Gewerkschaft fordert 5 % Lohnerhöhung wegen höherer Produktivität, Inflation und Steuerbelastung.
    - Der Branchenverband der Arbeitgeber klagt über die schlechte Auftragslage, Wettbewerbsnachteile wegen hoher Kostenbelastung und kündigt Entlassungen an.
    Vorschläge für Rollenkarten:
    Mitglied der Gewerkschaftsdelegation
    a) Begründen Sie Ihre Forderungen nach Gehaltserhöhung und Arbeitsplatzgarantie.
    b) Weisen Sie Gegenargumente und Gegenvorschläge der Arbeitgeberseite zurück.
    c) Weisen Sie den Kompromissvorschlag des Schlichters zurück.

Lernfeld 1

Mitglied der Arbeitgeberdelegation
a) Stellen Sie die Wirtschaftslage aus Sicht der Unternehmer dar und weisen Sie die Forderungen der Gewerkschaft zurück.
b) Unterbreiten Sie der Gewerkschaft einen Gegenvorschlag.
c) Lehnen Sie den Kompromissvorschlag des Schlichters ab.
d) Argumentieren Sie (innerhalb der Arbeitgeberdelegation) für die Aussperrung.

Schlichter
a) Wägen Sie die Argumente der Gewerkschaft und der Arbeitgeber gegeneinander ab.
b) Versuchen Sie, bei den Verhandlungspartnern mehr Verständnis für die Gegenseite herbeizuführen.
c) Schlagen Sie einen Kompromiss vor, der zwischen den Vorstellungen von Gewerkschaft und Arbeitgeberseite liegt.

Gewerkschaftsmitglieder (Klassenverband)
a) Begründen Sie Ihre Forderung nach Gehaltserhöhung und Arbeitsplatzgarantie.
b) Verfolgen Sie aufmerksam die Verhandlungen.
c) Stimmen Sie bei der Urabstimmung für den Streik.

Beobachter
a) Verfolgen Sie aufmerksam die Verhandlungen der Delegationen.
b) Notieren Sie die Argumente beider Seiten.
c) Beurteilen Sie, wie die Klassenkameraden ihre Rollen gespielt haben.
d) Sagen Sie dazu Ihre Meinung in der Diskussion.
   da) Beurteilen Sie den Verlauf der Verhandlungen.
   db) Beurteilen Sie das Verhalten ihrer Mitschüler während des Rollenspiels.

Mitwirkung und Mitbestimmung der Arbeitnehmer

1. Ergänzen Sie Ihre Lernkartei um die Begriffe des Themengebiets „Mitwirkung und Mitbestimmung".

2. Bilden Sie mehrere Arbeitsgruppen. Schreiben Sie die Fragen a) bis h) auf Kärtchen (eine Frage pro Kärtchen). Beantworten Sie in den Gruppen die Fragen und schreiben Sie die Lösungen auf das jeweilige Kärtchen. Veranstalten Sie in Ihrer Gruppe ein Frage-Antwort-Spiel (wer die meisten Kärtchen gewinnt, ist Gruppensieger). Die Gruppensieger können anschließend den Klassensieger des Gruppenturniers unter sich ausspielen.

Fragen:
a) Unterscheiden Sie die drei Ebenen der Mitbestimmung.
b) In welchen Betrieben kann ein Betriebsrat gewählt werden?
c) Welche Arbeitnehmer besitzen das aktive bzw. passive Wahlrecht bei der Betriebsratswahl?
d) Unter welchen Voraussetzungen kann eine Jugend- und Auszubildendenvertretung (JAV) gewählt werden?
e) Welcher Personenkreis besitzt für die JAV das aktive bzw. passive Wahlrecht?

f) Erläutern Sie einige Aufgaben des Betriebsrats und der JAV.
g) Unterscheiden Sie zwischen sozialen, personellen und wirtschaftlichen Angelegenheiten.
h) Erläutern Sie die abgestuften Rechte des Betriebsrats. Unterscheiden Sie dabei zwischen Mitbestimmung (im engeren Sinne) und Mitwirkung.

3. Im Autohaus Unterland KG, Heilbronn, hat der Betriebsrat zur Betriebsversammlung eingeladen.
   a) Welchen Zweck hat diese Betriebsversammlung?
   b) Wie oft findet sie statt?
   c) Betriebsratswahlen stehen bevor. Wer ist wahlberechtigt? Begründen Sie, ob aktives und eventuell passives Wahlrecht vorliegt.
      ca) Monteur Fritz Haußer, 21 Jahre, vier Monate im Betrieb,
      cb) Schlosser Achmed Yglür, Gastarbeiter, 19 Jahre, ein Jahr im Betrieb,
      cc) Angestellte Claudia Herb, 36 Jahre, elf Jahre im Betrieb,
      cd) Auszubildende Renate Schuster, 17 Jahre, 16 Monate im Betrieb.

4. Bei welchen der Vorfälle a) bis n) hat der Betriebsrat ein
   (1) Mitbestimmungsrecht (im engeren Sinne), (2) Mitwirkungsrecht?
   Tipp: Schlagen Sie im BetrVG nach.
   a) Änderung der Pausenzeiten,
   b) Beschaffung neuer Schreibtische zur Verbesserung der Arbeit an Bildschirmarbeitsplätzen,
   c) Kauf eines Nachbargrundstücks zwecks Vergrößerung der Lagerfläche,
   d) Einführung von Arbeitszeitkonten für die gesamte Belegschaft,
   e) Anordnung eines verkaufsoffenen Sonntags anlässlich eines Firmenjubiläums,
   f) Einstellung eines neuen Mitarbeiters,
   g) Entlassung eines Mitarbeiters wegen häufiger Fehlzeiten,
   h) Anordnung von Überstunden wegen Inventurarbeiten,
   i) Verhängung eines Rauchverbots am Arbeitsplatz,
   j) Auflösung des zentralen Schreibbüros und Entlassung der betroffenen Mitarbeiter,
   k) Einführung des Prämienlohns für alle Mitarbeiter in der Werkstatt,
   l) Gründung eines Zweigbetriebs,
   m) Aufstellung des Personalbedarfsplans für das nächste Jahr,
   n) Einführung eines betrieblichen Vorschlagswesens.

5. Welche/r der o. g. Vorfälle (siehe Aufgabe 4) könnte/n zum Gegenstand einer Betriebsvereinbarung gemacht werden?

6. Stellen Sie eine Betriebsvereinbarung (das kann auch die Betriebsordnung sein) aus Ihrem Ausbildungsbetrieb vor. Vergleichen Sie ggf. verschiedene Betriebsvereinbarungen zum gleichen Problembereich (z. B. Nichtraucherschutz, Arbeitszeitflexibilisierung) und diskutieren Sie über die Unterschiede.

7. a) Weshalb nutzt die Mitbestimmung sowohl den Arbeitgebern als auch den Arbeitnehmern?
   b) Welcher Personenkreis zählt nach BetrVG § 5 zu den Arbeitnehmern?

Lernfeld 2

Bestände und Erfolgsvorgänge erfassen und den Jahresabschluss vorbereiten

1 Das Rechnungswesen im Autohaus

AUSGANGSSITUATION

Die Geschäftsführerin Nora Köppel der Autohaus Köppel GmbH ist für den Bereich des Rechnungswesens verantwortlich. Sie begrüßt die Auszubildende Nora Braun in ihrer Abteilung mit den Worten, dass sie jetzt in einem wichtigen Bereich des Autohauses arbeitet.

ARBEITSAUFTRÄGE

1. Warum ist das Rechnungswesen im Kfz-Betrieb die zentrale Abteilung, wenn es darum geht, Informationen für die Geschäftsleitung oder die Abteilungsleiter zu beschaffen?
2. Lösen Sie die Aufgabe in **Gruppenarbeit.** Bilden Sie dazu Gruppen mit nicht mehr als fünf Teilnehmern. Jedes Gruppenmitglied repräsentiert einen Geschäftsbereich, also Neufahrzeugverkauf, Gebrauchtfahrzeugverkauf, Lager, Werkstatt oder Verwaltung, und formuliert notwendige Informationen für seine Abteilung, die das Rechnungswesen zur Verfügung stellen kann. Notieren Sie die Ergebnisse auf **Metaplan-Karten** und stellen Sie das Ergebnis auf einer **Pinnwand** dar.

1.1 Aufgaben des Rechnungswesens

Rechnungswesen ist der Oberbegriff für die gesamte Verwaltung und Auswertung der Geld-, Leistungs- und Warenströme innerhalb eines Autohauses. Ein Teil davon ist die Buchführung. Sie liefert für alle Teile des Rechnungswesens die Basiswerte in einer zeitlich geordneten Reihenfolge und ermöglicht so die Erstellung der täglichen Umsatzzahlen oder der monatlichen kurzfristigen Erfolgsrechnung. Ebenso liefert die Buchführung das Zahlenmaterial für den Jahresabschluss. Buchführung bezieht sich immer auf einen Zeitabschnitt.

Zum **Beispiel** auf:

- einen Tag – durch abendliche Kassenabrechnung,
- einen Monat – durch die kurzfristige Erfolgsrechnung,
- ein Jahr – durch den Jahresabschluss und die Bilanzerstellung.

Aus diesem Grund nennt man die Buchführung auch eine Zeitraum-Rechnung.

Die **Kosten- und Leistungsrechnung** (KLR) ist weiterer Teil des Rechnungswesens. Aufgabe der Kosten- und Leistungsrechnung ist, den Erfolg der einzelnen Abteilungen zu ermitteln. Zu diesem

Zweck stellt sie diejenigen Kosten denjenigen Erlösen gegenüber, die in einer Periode (Monat) angefallen sind. Diese monatliche **Betriebsabrechnung** ist ebenfalls eine Zeitraum-Rechnung. Werden diese Betriebsabrechnungen miteinander verglichen und ausgewertet, so kann der Kfz-Unternehmer Kennzahlen seines Betriebs ermitteln. Diesen Bereich nennt man **Unternehmensstatistik**. Sie gibt einen Überblick über die Entwicklung und wirtschaftliche Lage des Autohauses. Die Statistik ist eine Vergleichsrechnung.

Eine weitere Aufgabe des Rechnungswesens ist die **Kalkulation**. Der Preis eines konkreten Reparaturauftrages soll ermittelt werden. Die dazu benötigten Daten liefert die Kostenrechnung. Die Kalkulation bezieht sich immer auf einen Auftrag oder ein zu verkaufendes Stück (etwa Gebrauchtfahrzeug, Zubehörteil). Aus diesem Grund nennt man die Kalkulation auch eine Auftrags- oder Stückrechnung.

Ein ständig wichtiger werdender Teil des Rechnungswesens ist die **Planung**. Der Kfz-Unternehmer benötigt Informationen darüber, wie in der Zukunft seine Erlöse, seine Kosten und somit auch sein Gewinn aussehen könnten. Planung bezieht sich immer auf einen zukünftigen Zeitraum, somit ist die Planung eine Zukunftsrechnung.

Das Rechnungswesen ...

• erfasst die Geldströme zwischen dem Unternehmen, den Kunden, Lieferanten, Banken usw.; • ermittelt den wirtschaftlichen Erfolg des Unternehmens durch die Gegenüberstellung von Aufwendungen und Erträgen; • ermittelt die Bestände von Vermögen und Kapital.	• ermittelt den Erfolg aus der betrieblichen Tätigkeit, indem die Kosten der verkauften Waren deren Erlösen gegenübergestellt werden; • kontrolliert nachträglich die Wirtschaftlichkeit des Unternehmens.	• sammelt betriebliche Daten; • bereitet diese anschaulich auf; • vergleicht mit betrieblichen und branchenbezogenen Daten; • bildet die Basis für unternehmerische Entscheidungen.	• verarbeitet die aus der KLR gewonnenen Daten; • ermittelt Verkaufspreise, z. B. Stundenverrechnungssatz der Werkstatt.	• wertet die Daten aus der FiBu, KLR und Statistik aus; • leitet zukünftige Entwicklungen daraus ab; • erstellt Absatz- und Kostenpläne.

Betrachtet man die Finanzbuchhaltung (FiBu) für sich alleine, erfüllt sie im Autohaus folgende Zwecke:

- **Selbstinformation für den Kfz-Unternehmer:** Der Unternehmer erhält täglich einen Überblick über die finanzielle Lage des Autohauses.
- **Rechenschaftslegung:** Mitgesellschaftern kann Auskunft gegeben werden, wie ihr Geld im Autohaus verwendet wird.
- **Nachweis der Besteuerung:** Dem Finanzamt können eindeutig die Bemessungsgrundlagen für die Steuern übermittelt werden.
- **Gläubigerschutz:** Kreditgebenden Banken kann die wirtschaftliche Lage des Autohauses dargestellt werden.
- **Beweismittel:** Bei Rechtsstreitigkeiten kann beispielsweise der Nachweis von Zahlungen erbracht werden.

1.2 Das Inventar

> **EINSTIEGSSITUATION**
>
> Die Auszubildende Nora Braun beginnt ihre Ausbildung zur Automobilkauffrau in der Abteilung Rechnungswesen. Sie fragt die Leiterin des Rechnungswesens, Nora Köppel: „Womit beginnt eigentlich die Buchführung in einem Autohaus?" Frau Köppel erklärt Nora, dass die Grundlage einer jeden Autohausbuchhaltung das Inventarverzeichnis ist. Das Inventar ist ein neben der Buchhaltung separat erstelltes Verzeichnis, das alle Vermögensgegenstände und Schulden des Unternehmens enthält.
>
> Erarbeiten Sie einen Vorschlag zur Gliederung und Bewertung der Vermögensteile und der Schulden.

Schaut man sich ein Inventarverzeichnis genauer an, stellt man eine klare Gliederung fest:

A. **Vermögen**
B. **Schulden**
C. **Reinvermögen**

Diese Sachverhalte sind eigentlich leicht zu verstehen, dennoch sollte man sich die Beziehungen genau einprägen, da sie von elementarer Bedeutung für das Verstehen der gesamten Buchführung sind.

- Das **Vermögen** (Aktiva) sind alle materiellen und immateriellen Güter eines Kfz-Unternehmens. Man unterteilt das Vermögen nochmals in Anlagevermögen und Umlaufvermögen.

    – Unter **Anlagevermögen** versteht man solche Vermögensteile, die dem Unternehmen längerfristig zur Verfügung stehen und eigentlich nicht zum Verkauf bestimmt sind (Grundstücke, Gebäude, Maschinen). Hierzu gehören auch die Vorführfahrzeuge; obwohl sie letztendlich verkauft werden, werden sie ersetzt und eine gewisse Zeit betrieblich genutzt. Hier wird nicht das einzelne Vorführfahrzeug betrachtet, sondern die Funktion der Vorführfahrzeuge.

- Unter **Umlaufvermögen** versteht man diejenigen Vermögensteile, die entweder zum Verkauf bestimmt sind (Neufahrzeuge, Gebrauchtfahrzeuge, Ersatzteile usw.) oder ständige Bestandszunahmen oder -abgänge haben (etwa Forderungen, Kasse).

- Als **Kapital** (Passiva) werden die Finanzquellen eines Unternehmens bezeichnet, d. h. die Mittel, mit denen das Vermögen finanziert wurde. Dies können Eigen- oder Fremdmittel sein.
- Die **Schulden** (Fremdkapital) sind grundsätzlich finanzielle Verpflichtungen gegenüber Gläubigern, z. B. Bankschulden oder Schulden bei Lieferanten. Dies ist Kapital von Geldgebern (Fremden), demnach Fremdkapital. Je nach Laufzeit unterscheidet man zwischen langfristigem Fremdkapital und kurzfristigem Fremdkapital.
- Das **Reinvermögen** (Eigenkapital) ist die rechnerische Differenz zwischen Vermögen und Fremdkapital. Es ist das Kapital, das der Kfz-Unternehmer seinem Autohaus aus eigenen Mitteln zur Verfügung stellt.

Das unbewegliche Anlagevermögen, wie Grundstücke und Geschäftsgebäude, wird durch eine Buchinventur erfasst – d. h., Grundbuchauszüge belegen den Wert der einzelnen Grundstücke oder Gebäude.

Das bewegliche Anlagevermögen, wie Betriebsausstattung oder Maschinen, wird durch eine Anlagenbuchhaltung belegt, die für jeden Anlagengegenstand den Wert festhält.

Die Neufahrzeuge, Gebrauchtfahrzeuge, Ersatzteile und Zubehör, also das gesamte Vorratsvermögen, ist jährlich einmal körperlich aufzunehmen, also ist das Vorratsvermögen zu zählen. Die Anzahl wird mit dem Einkaufspreis multipliziert, um so den Inventurwert zu ermitteln.

Das **finanzielle Umlaufvermögen**, also Forderungen gegenüber Kunden, Kassenbestand oder Bankbestand, ermittelt der Buchhalter auf folgende Weise: Für die Kundenforderungen gibt es ein eigenes Verzeichnis, die „Offene-Posten-Liste Debitoren" (Kunden). In dieser Liste ist jeder Kunde mit seiner Kontonummer und seinen noch offenen Rechnungen vermerkt. Die Summe dieser Liste ergibt den Forderungsbestand zum Bilanzstichtag. Der Bankbestand ergibt sich aus den Kontoauszügen zum Bilanzstichtag. Der Kassenbestand ergibt sich aus der Kassenabrechnung zum Bilanzstichtag.

Die **kurzfristigen Schulden**, dies sind offene Rechnungen bei Lieferanten, werden genauso wie die Forderungen in einer eigenen Liste erfasst. Diese Liste heißt „Offene-Posten-Liste Kreditoren" (Lieferanten). Die langfristigen Schulden, also Darlehen bei Banken oder Hypotheken auf Grundstücke, ergeben sich aus den entsprechenden Verträgen.

Das Reinvermögen, das Eigenkapital, ergibt sich, wenn von den Vermögenswerten die Schulden abzogen werden.

> **Reinvermögen (Eigenkapital) = Vermögen – Schulden**

Lernfeld 2

Für alle Vermögensteile und Schulden sind im Inventar Werte (in €) anzugeben. Damit ein einheitliches Verfahren von allen Unternehmen angewendet wird, hat der Gesetzgeber Vorschriften zur Bewertung erlassen.

Inventurverfahren

In der Praxis des Kfz-Gewerbes finden die Stichtagsinventur oder zeitnahe Inventur und die permanente Inventur Anwendung. In der Vergangenheit forderte der Gesetzgeber die Durchführung der Inventur streng zum Ende des Geschäftsjahres, z. B. zum 31. Dezember.

Eine solche Inventur wird **Stichtagsinventur** genannt. Dieses Verfahren lässt sich bei vielen Kfz-Betrieben nicht durchführen, da der Arbeitsaufwand aufgrund der hohen Lagerbestände im Teilelager zu groß ist. Aus diesem Grund lässt der Gesetzgeber eine zeitnahe Erfassung der Bestände zu, in der Regel bis zu zehn Tagen vor oder nach dem Stichtag. Bei dem Verfahren der zeitnahen Inventur muss sichergestellt werden, dass die Bestandsveränderungen zwischen dem Bilanzstichtag und dem früher oder später liegenden Aufnahmetag mit Belegen ordnungsgemäß mengen- und wertmäßig berücksichtigt werden. Nachteilig an diesen beiden Inventurverfahren ist, dass das Betriebsgeschehen erheblich beeinträchtigt wird (Bsp.: Originalersatzteile aus dem Teilelager sollen in der Werkstatt verbaut werden, das Teilelager wird aber gerade körperlich aufgenommen). Außerdem müssen häufig zusätzliche Hilfskräfte eingestellt und angelernt werden oder die Mitarbeiter Überstunden leisten, was gerade zum Jahresende nachteilig ist und zudem erhebliche Mehrkosten verursacht.

Aus den genannten Gründen lässt der Gesetzgeber eine **permanente Inventur** zu. Voraussetzung dafür ist, dass das Kfz-Unternehmen alle Wareneingänge und Warenausgänge per EDV erfasst. Dadurch ist das Kfz-Unternehmen in der Lage, den Warenbestand jederzeit ausdrucken zu lassen. Der am Bilanzstichtag vorliegende buchmäßige Bestand darf als tatsächlicher Bestand angesetzt werden. Alle markengebundenen Kfz-Betriebe verfügen über ein EDV-Lagerprogramm, das täglich alle Zu- und Abgänge mengenmäßig erfasst, sodass ohne eine körperliche Bestandsaufnahme der buchmäßige Bestand zum Bilanzstichtag ermittelt werden kann. Mindestens einmal im Geschäftsjahr muss durch eine **körperliche Inventur** geprüft werden, ob der buchmäßig ermittelte Bestand mit dem tatsächlichen Bestand übereinstimmt. Sollten Bestandsdifferenzen auftreten, ist der Buchbestand zu berichtigen.

Beispiel: Inventar des Autohauses Köppel zum 31.12.

A. Vermögen (Aktiva)	Einzelwert in €	Gesamtwert in €
Anlagevermögen		
1. Grundstücke	135 000,00	
2. Gebäude	946 000,00	
3. Maschinen und Anlagen	456 000,00	
4. Werkzeuge und Vorrichtungen	42 000,00	
5. Betriebseinrichtung	146 200,00	
6. Betriebsfahrzeuge	6 000,00	
7. Vorführfahrzeuge	125 600,00	1 856 800,00

A. Vermögen (Aktiva)	Einzelwert in €	Gesamtwert in €
Umlaufvermögen		
1. Neufahrzeuge	762 450,00	
2. Gebrauchtfahrzeuge	58 350,00	
3. Ersatzteile Original	642 700,00	
4. Zubehör	135 800,00	
5. Forderungen lt. Saldenliste	47 000,00	
6. Bankguthaben	124 600,00	
7. Kassenbestand	1 450,00	1 772 350,00
Summe des Vermögens		**3 629 150,00**
B. Schulden (Passiva)		
I. langfristige Schulden		
1. Darlehen	2 700 000,00	2 700 000,00
II. mittel- u. kurzfristige Schulden		
1. Lieferantenschulden laut „Offener-Posten-Liste Kreditoren"	49 150,00	
2. kurzfristige Bankschulden	22 000,00	71 150,00
Summe der Schulden		**2 771 150,00**
C. Reinvermögen		
Summe des Vermögens		3 629 150,00
– Summe der Schulden		2 771 150,00
= Eigenkapital		**858 000,00**

Durch einen Vergleich der Inventare zweier aufeinanderfolgender Jahre wird die wirtschaftliche Entwicklung eines Unternehmens erkennbar. Eine Veränderung des Eigenkapitals gibt Auskunft darüber, ob im abgelaufenen Wirtschaftsjahr ein Gewinn oder ein Verlust erwirtschaftet wurde. Liegt eine Erhöhung des Eigenkapitals vor, so hat das Unternehmen einen **Gewinn** erwirtschaftet; liegt eine Verminderung des Eigenkapitals vor, hat das Unternehmen einen **Verlust** erwirtschaftet.

> **Beispiel:** Eigenkapitalvergleich des Autohauses Köppel zum 31.12.
>
> | Eigenkapital dieses Jahr | 858 000,00 € |
> |---|---|
> | – Eigenkapital letztes Jahr | 820 000,00 € |
> | = positive Differenz | 38 000,00 € |
>
> Das Autohaus Köppel hat in diesem Jahr einen **Gewinn** von 38 000,00 € erwirtschaftet.

1.3 Die Bilanz

EINSTIEGSSITUATION

Die Auszubildende Nora Braun hat nach der Inventur folgende Frage an den Buchhalter Herrn Löppel: „Wie kommen denn jetzt die ganzen Werte in die Bilanz und wofür benötige ich die Bilanz? Es sind doch alle Werte schon im Inventar aufgenommen."
Diskutieren Sie in der Gruppe, welche Vorteile die Bilanz gegenüber dem Inventar hat.

Lernfeld 2

Die Bilanz vermittelt eine bessere Übersicht über das Vermögen und die Schulden eines Unternehmens als das Inventar. Die Bilanz ist nach § 242 HGB neben dem Inventar zu erstellen. Der Paragraf schreibt vor, dass der Kaufmann zu Beginn seines Handelsgewerbes und für den Schluss eines jeden Geschäftsjahres eine Bilanz aufstellen muss. In der Bilanz wird auf eine mengenmäßige Darstellung des Vermögens und der Schulden verzichtet. Es werden lediglich die Gesamtwerte gleichartiger Posten dargestellt (z. B. der Gesamtwert aller Neufahrzeuge). Für die Gliederung einer Bilanz hat der Gesetzgeber bei Kapitalgesellschaften klare **Gliederungsvorschriften** erlassen.

Bilanz zum 31.12.

Aktiva		Passiva	
I. Anlagevermögen		I. Eigenkapital	687 220,00
Grundstücke	136 000,00	II. Fremdkapital	
Gebäude	820 000,00		
Maschinen	340 000,00	langfristige Schulden	
Betriebsausstattung	160 000,00	Darlehen	1 100 000,00
Fuhrpark	8 000,00	Hypotheken	900 000,00
Vorführfahrzeuge	130 000,00		
		kurzfristige Schulden	
II. Umlaufvermögen			
		Verbindlichkeiten	751 280,00
Neufahrzeuge	750 000,00		
Gebrauchtfahrzeuge	300 000,00		
Teile/Zubehör	620 000,00		
Forderungen	110 000,00		
Bankguthaben	62 500,00		
Kassenbestand	2 000,00		
	3 438 500,00		3 438 500,00

Worüber geben die beiden Seiten der Bilanz Auskunft?

Die Aktivseite der Bilanz gibt Auskunft über die **Mittelverwendung** (Vermögensform).
Die Passivseite der Bilanz gibt Auskunft über die **Mittelherkunft** (Kapitalquellen).

Da natürlich nur so viel Geld in Vermögen angelegt werden kann, wie an Eigen- und Fremdkapital dem Unternehmen zur Verfügung gestellt wurde, muss zwangsläufig die Aktivseite genauso groß sein wie die Passivseite. Daraus ergibt sich die Gleichung:

> **Summe Aktiva = Summe Passiva**

Betrachtet man die Gliederung der Aktivseite der Bilanz, so stellt man fest, dass die am schwierigsten in Geldvermögen umzuwandelnden Positionen zuerst aufgeführt werden (Grundstücke, Gebäude, Maschinen), die **Gliederung der Aktivseite** erfolgt nach zunehmender Geldflüssigkeit.

Die **Passivseite der Bilanz** hingegen ist nach der Fälligkeit der Kapitalien gegliedert. Das Eigenkapital gehört dem Unternehmen, wird damit nicht fällig und steht an erster Stelle. Im eigentlichen Sinne wird das Eigenkapital des Unternehmens vom Unternehmer geliehen und stellt somit ebenfalls eine Verbindlichkeit dar. Die langfristigen Schulden (Darlehen und Hypotheken) werden vor den kurzfristigen Schulden (Schulden bei Lieferanten = Verbindlichkeiten) aufgeführt. Die Bilanz ist mit Ort und Datum zu versehen und vom Geschäftsinhaber zu unterschreiben. Bei Kapitalgesellschaften erfolgt die Unterzeichnung durch die Geschäftsführer.

Zieht man die Bilanzen zweier aufeinanderfolgender Jahre heran, lässt sich der erzielte Gewinn oder Verlust des Autohauses feststellen, indem man die Beträge der Eigenkapitalkonten miteinander vergleicht. Ist das Eigenkapital im zweiten Jahr größer als im ersten Jahr, hat das Autohaus einen Gewinn erwirtschaftet; ist es niedriger, wurde ein Verlust erzielt.

Vergleich zwischen Inventar und Bilanz

Beide Verzeichnisse stellen eine Übersicht über das Vermögen und die Schulden eines Unternehmens dar. Unterschiede finden sich nur in der Darstellungsform. Diese zeigt die folgende Grafik:

Inventar
- sehr ausführlich
- dadurch sehr unübersichtlich
- Staffelform

Bilanz
- kurz und übersichtlich
- Angabe der Gesamtwerte
- Kontenform
- vom Inhaber zu unterschreiben

Zusammenfassung
- Das Inventar gliedert sich in:
  A. **Vermögen**
  B. **Schulden**
  C. **Reinvermögen**
- Reinvermögen (Eigenkapital) = Vermögen – Schulden
- Inventurverfahren sind: Stichtagsinventur und permanente Inventur.
- Die Bilanz vermittelt eine bessere Übersicht über das Vermögen und die Schulden.
- Aktivseite der Bilanz zeigt die **Mittelverwendung**.
- Passivseite der Bilanz zeigt die **Mittelherkunft**.
- Bilanzsumme Aktiva = Bilanzsumme Passiva
- Aktivseite der Bilanz: gegliedert nach Liquidität
- Passivseite der Bilanz: gegliedert nach Fälligkeit

Lernfeld 2

Aufgaben

1. Ordnen Sie die folgenden durch Inventur ermittelten Vermögensgegenstände dem Anlage- oder Umlaufvermögen und die Schulden den langfristigen oder kurzfristigen Schulden zu.
   a) Schreibtisch in der Buchhaltung
   b) Gebrauchtfahrzeugebestand
   c) Geschäftsbauten
   d) Hebebühne
   e) Diagnosecomputer
   f) Neufahrzeugebestand
   g) Forderungen aus Lieferungen und Leistungen
   h) Vorführfahrzeugebestand
   i) Kassenbestand
   j) Schulden bei den Lieferanten für Ersatzteile
   k) Darlehen bei der Sparkasse, Laufzeit zehn Jahre
   l) Kredit bei der Hausbank
   m) Guthaben auf dem Geschäftskonto
   n) firmeneigener Abschleppwagen
   o) firmeneigenes Grundstück
   p) Schulden bei der Herstellerbank für noch nicht bezahlte Neufahrzeuge

2. Erstellen Sie ein **Blanko-Inventar** nach dem Muster der Autohaus Köppel GmbH. Versehen Sie das Inventar mit allen notwendigen Formeln.

3. Der Autohändler Karl Müller, Göttingen, hat durch Inventur zum 31.12. folgende Bestände ermittelt:

Guthaben bei Banken	23 900,00 €
Schulden (lt. Kreditorenbuchhaltung)	18 500,00 €
bebaute Grundstücke	110 000,00 €
Geschäftsbauten	100 000,00 €
Ersatzteile	12 000,00 €
Werkstattausrüstung	68 000,00 €
Neufahrzeuge	80 000,00 €
Gebrauchtfahrzeuge	46 000,00 €
Kassenbestand	1 200,00 €
Vorführfahrzeuge	18 000,00 €
Ausstellungshalle Neufahrzeuge	30 000,00 €
Ausstellungshalle Gebrauchtfahrzeuge	25 000,00 €
Darlehen bei der Commerzbank	150 000,00 €

   Erstellen Sie das Inventar und ermitteln Sie das Reinvermögen.

4. Der gleiche Autohändler Karl Müller, Göttingen, hat durch Inventur zum 31.12. des darauffolgenden Jahres folgende Bestände ermittelt:

Guthaben bei Banken	25 900,00 €
Schulden (lt. Kreditorenbuchhaltung)	19 500,00 €
bebaute Grundstücke	110 000,00 €

Geschäftsbauten	120 000,00 €
Ersatzteile	18 000,00 €
Werkstattausrüstung	68 000,00 €
Neufahrzeuge	70 000,00 €
Gebrauchtfahrzeuge	158 000,00 €
Kassenbestand	1 200,00 €
Vorführfahrzeuge	23 000,00 €
Ausstellungshalle Neufahrzeuge	30 000,00 €
Ausstellungshalle Gebrauchtfahrzeuge	25 000,00 €
Darlehen bei der Commerzbank	170 000,00 €

a) Erstellen Sie das Inventar und ermitteln Sie das Reinvermögen.
b) Stellen Sie durch Eigenkapitalvergleich den Erfolg des Unternehmens im zweiten Jahr fest.

5. Berechnen Sie den Inventurbestand zum 31.12. im Wege der Rückrechnung für den Artikel „Endschalldämpfer".

Anfangsbestand zum 01.01.	12 Stück zu 83,15 €/Stück
Einkauf von Endschalldämpfern am 09.03.	10 Stück zu 83,15 €/Stück
Einkauf von Endschalldämpfern am 09.06.	10 Stück zu 83,15 €/Stück
Einkauf von Endschalldämpfern am 15.08.	15 Stück zu 83,15 €/Stück
Einkauf von Endschalldämpfern am 16.10.	11 Stück zu 83,15 €/Stück
Einkauf von Endschalldämpfern am 14.12.	12 Stück zu 83,15 €/Stück
Verkauf von Endschalldämpfern im Januar	6 Stück
Verkauf von Endschalldämpfern im Februar	4 Stück
Verkauf von Endschalldämpfern im März	0 Stück
Verkauf von Endschalldämpfern im April	6 Stück
Verkauf von Endschalldämpfern im Mai	6 Stück
Verkauf von Endschalldämpfern im Juni	4 Stück
Verkauf von Endschalldämpfern Juli bis Dezember	34 Stück

6. Welche der folgenden Aussagen treffen auf das Inventar zu?
   a) Es ist eine Aufstellung aller Vermögensteile zum Inventurstichtag.
   b) Reinvermögen = Vermögen – Schulden
   c) Das Vorratsvermögen wird mit den Verkaufspreisen bewertet.
   d) Das Vorratsvermögen wird durch Zählen, Messen, Wiegen oder Schätzen ermittelt.

7. Welche der folgenden Begriffe ergänzen die unten stehenden Satzteile zu einer richtigen Aussage?
   (1) Vermögen   (2) Anlagevermögen   (3) Umlaufvermögen
   (4) Fremdkapital   (5) Kapital   (6) Reinvermögen/Eigenkapital
   (7) Einkaufspreis   (8) Verkaufspreis   (9) Stichtagsinventur
   a) Alle materiellen und immateriellen Güter eines Kfz-Unternehmens nennt man das … des Unternehmens.
   b) Diejenigen Vermögensteile, die zum Verkauf bestimmt sind, werden zum … gezählt.
   c) Die Finanzquellen des Unternehmens werden als … bezeichnet.
   d) Grundstücke und Gebäude gehören zum unbeweglichen … .

e) Das gesamte Vorratsvermögen gehört zum … .
f) Die Forderungen gegenüber Kunden gehören zum … .
g) Eine Inventur, die am letzten Tag des Geschäftsjahres (in der Regel dem 31.12.) durchgeführt wird, bezeichnet man als … .
h) Vorführfahrzeuge gehören zum … .
i) Ein Gewinn wurde erwirtschaftet, wenn das … eine Bestandszunahme aufweist.
j) Langfristig zur Verfügung stehende Vermögensteile werden zum … gezählt.
k) Die Schulden des Unternehmens werden als … bezeichnet.
l) Das Vorratsvermögen ist einmal jährlich körperlich aufzunehmen und mit seinem … zu multiplizieren, um den Inventarwert festzustellen.
m) Die rechnerische Differenz zwischen Vermögen und Schulden nennt man … .
n) … bringt der Kfz-Unternehmer selbst in das Unternehmen ein.

8. Erstellen Sie aus den folgenden Endbeständen eine Bilanz.

Grundstück Diedenhofener Str. 6	120 000,00 €
Grundstück Diedenhofener Str. 8	80 000,00 €
Gebäude Diedenhofener Str. 6	220 000,00 €
Fahrzeugverkaufshalle Diedenhofener Str. 8	110 000,00 €
Maschinen (Werkstatt)	110 000,00 €
Betriebs- und Geschäftsausstattung	95 000,00 €
Vorführfahrzeuge	50 000,00 €
Neufahrzeuge	360 000,00 €
Gebrauchtfahrzeuge	320 000,00 €
Ersatzteile	110 000,00 €
Zubehör	73 000,00 €
sonstige Handelswaren	2 600,00 €
Schmierstoffe und Öle	32 000,00 €
Forderungen	
Firma Ehni GmbH & Co. KG	7 900,00 €
Firma Gabelstapler GmbH	19 400,00 €
Herr Jörn Kolz	650,00 €
Frau Marion Dillerle	972,00 €
Herr Björn Löser	912,00 €
Bankguthaben	
Sparkasse Trier	98 000,00 €
Pax Bank eG	56 000,00 €
Kassenbestand	12 200,00 €
Eigenkapital	…? €
langfristige Schulden	
Hypothek Grundstück Diedenhofener Str. 6	50 000,00 €
Hypothek Grundstück Diedenhofener Str. 8	60 000,00 €
Darlehen Laufzeit 10 Jahre bei Sparkasse Trier	500 000,00 €
Darlehen Laufzeit 10 Jahre bei Pax Bank eG	300 000,00 €
kurzfristige Schulden	
Schulden beim Importeur Michaelis Import GmbH	600 000,00 €
Schulden bei der Firma Gumeros AG	8 500,00 €
Schulden bei der Firma Zahn & Rad GmbH	16 300,00 €

9. Untersuchen Sie folgende Aussagen über die Bilanz und stellen Sie eventuelle Fehler heraus.
   a) Die Passivseite der Bilanz gibt Auskunft über die Verwendung des Kapitals.
   b) Die Passivseite der Bilanz wird nach der Fälligkeit der Kapitalien gegliedert.
   c) Zum Anlagevermögen gehören die Wirtschaftsgüter, die dem Betrieb langfristig zur Verfügung stehen.
   d) Das Vorratsvermögen besteht aus den Warenbeständen, dem Bankbestand und den Forderungen.
   e) Die Bilanz ist eine Gegenüberstellung von Vermögen und Schulden in Kontenform.
   f) Die Bilanz wird zu Beginn des Geschäftsjahres erstellt.

10. Prüfen Sie die folgenden Aussagen über Inventar und Bilanz auf ihre Richtigkeit.
    a) Das Inventar enthält Mengen- und Wertangaben, die Bilanz dagegen nur Wertangaben.
    b) Inventar und Bilanz können in der Summe voneinander abweichen.
    c) Die Aktivseite der Bilanz gibt Auskunft über die Mittelverwendung.
    d) Die Passivseite der Bilanz gibt Auskunft über die Mittelherkunft.

11. Aus dem Inventar zum 31.12. des Autohauses Müller, Kassel, gehen folgende Gesamtwerte hervor:

Bankguthaben	320 000,00 €
bebaute Grundstücke	870 000,00 €
Darlehensschulden	1 500 000,00 €
Forderungen	900 000,00 €
Maschinen	150 000,00 €
Neufahrzeuge	800 000,00 €
Gebrauchtfahrzeuge	200 000,00 €
Ersatzteile/Zubehör	600 000,00 €
Verbindlichkeiten	1 200 000,00 €
Betriebs- und Geschäftsausstattung	620 000,00 €
Kasse	12 000,00 €
Gebäude	600 000,00 €
Hypothekenschulden	950 000,00 €
Fuhrpark	23 000,00 €

    Stellen Sie eine ordnungsmäßige Bilanz zum 31.12. auf.

12. Im Inventar finden sich u. a. folgende Positionen:

Forderungen	
Firma Ehni GmbH	6 900,00 €
Firma Gabelstapler GmbH	8 400,00 €
Herr Jörn Kolz	1 650,00 €
Frau Marion Dillerle	878,00 €
Herr Björn Löser	932,00 €

kurzfristige Schulden
- Schulden beim Importeur Michaelis GmbH   950 000,00 €
- Schulden bei der Firma Gumeros AG   13 600,00 €
- Schulden bei der Firma Zahn & Rad GmbH   19 200,00 €

a) Wo werden diese Positionen in der Bilanz ausgewiesen?
b) Wie werden sie bezeichnet?
c) Mit welchem Wert erscheinen die Positionen in der Bilanz?

2 Buchungen auf Bestandskonten

AUSGANGSSITUATION

Am ersten Tag nach den Herbstferien zeigt Frau Köppel der Auszubildenden Nora Braun folgende verkürzte Bilanz. Anhand der Geschäftsvorfälle will sie erläutern, welche prinzipiellen Geschäftsvorfälle zu einer Wertveränderung der Bilanz führen.

Aktiva		Bilanz		Passiva
I. Anlagevermögen		I. Eigenkapital		26 000,00
Geschäftsaustattung	50 000,00			
II. Umlaufvermögen		II. Fremdkapital		
Bankguthaben	70 000,00	Darlehen		80 000,00
Kassenbestand	10 000,00	Verbindlichkeiten		24 000,00
	130 000,00			130 000,00

ARBEITSAUFTRÄGE

Arbeiten Sie anhand des folgenden Textes die vier prinzipiellen Geschäftsvorfälle heraus, die zu einer Wertveränderung in der Bilanz führen. Erstellen Sie hierzu ein Plakat und hängen Sie dieses gut sichtbar für den Rest des Schuljahres in Ihr Klassenzimmer.

2.1 Wertveränderungen in der Bilanz

EINSTIEGSSITUATION

Nora Braun trifft sich in der Pause mit ihrem Mitauszubildenden Pascal Palm. „Sag mal, kennst du dich mit dem Thema ‚Wertveränderungen in der Bilanz' aus", fragt sie diesen. „Nein, nicht wirklich", antwortet Pascal. Sie erläutern den Beiden den Themenbereich.

Die Bilanz hat nur zu einem bestimmten **Stichtag** Gültigkeit. Schon am nächsten Tag können sich die Bilanzwerte ändern, z. B. durch den Kauf einer Hebebühne, den Verkauf eines Neufahrzeuges oder durch Tilgung eines Darlehens. Diese Veränderungen müssen in der Buchführung erfasst werden.

Beispiel: Wertveränderungen in der Bilanz

Folgende Geschäftsvorfälle, für die Belege vorliegen, führen zu Wertverän Bilanz.

1. Geschäftsvorfall: Kassenbeleg/Quittung: Einkauf eines Computers fü

Geschäftsaustattung plus 1 600,00 €   Kass

Lernfeld 2

Die Wertveränderungen beziehen sich lediglich auf die Aktivseite der Bilanz. Einen solchen Geschäftsvorfall nennt man einen **Aktivtausch**. Die Bilanzsumme bleibt gleich.

Aktiva	Bilanz		Passiva
I. Anlagevermögen		I. Eigenkapital	26 000,00
Geschäftsausstattung	51 600,00		
II. Umlaufvermögen		II. Fremdkapital	
Bankguthaben	70 000,00	Darlehen	80 000,00
Kassenbestand	8 400,00	Verbindlichkeiten	24 000,00
	130 000,00		130 000,00

2. Geschäftsvorfall: Vertragskopie: Umwandlung einer kurzfristigen Verbindlichkeit in ein langfristiges Darlehen. Der Gesamtbetrag beläuft sich auf 1 800,00 €.

Verbindlichkeiten minus 1 800,00 €   langfristiges Darlehen plus 1 800,00 €

Die Wertveränderungen beziehen sich lediglich auf die Passivseite der Bilanz. Einen solchen Geschäftsvorfall nennt man **Passivtausch**. Die Bilanzsumme bleibt gleich.

Aktiva	Bilanz		Passiva
I. Anlagevermögen		I. Eigenkapital	26 000,00
Geschäftsausstattung	51 600,00		
II. Umlaufvermögen		II. Fremdkapital	
Bankguthaben	70 000,00	Darlehen	81 800,00
Kassenbestand	8 400,00	Verbindlichkeiten	22 200,00
	130 000,00		130 000,00

3. Geschäftsvorfall: Eingangsrechnung: Kauf eines Druckers auf Ziel für 450,00 €.

Geschäftsausstattung plus 450,00 €   Verbindlichkeiten plus 450,00 €

Die Wertveränderungen beziehen sich auf die Aktiv- und die Passivseite der Bilanz. In beiden Fällen nehmen die durch den Geschäftsvorfall berührten Kontobestände zu. Einen solchen Geschäftsvorfall nennt man **Aktiv-Passiv-Mehrung**. Die Bilanzsumme nimmt zu.

Buchungen auf Bestandskonten

Aktiva		Bilanz		Passiva
I. Anlagevermögen		I. Eigenkapital		26 000,00
Geschäftsausstattung	52 050,00			
II. Umlaufvermögen		II. Fremdkapital		
Bankguthaben	70 000,00	Darlehen		81 800,00
Kassenbestand	8 400,00	Verbindlichkeiten		22 650,00
	130 450,00			130 450,00

4. Geschäftsvorfall: Bankauszug: Überweisung einer fälligen Rechnung über 950,00 €.

Bank minus 950,00 €   Verbindlichkeiten minus 950,00 €

Die Wertveränderungen beziehen sich auf die Aktiv- und die Passivseite der Bilanz. In beiden Fällen nehmen die durch den Geschäftsvorfall berührten Kontobestände ab. Einen solchen Geschäftsvorfall nennt man **Aktiv-Passiv-Minderung**. Die Bilanzsumme nimmt ab.

Aktiva		Bilanz		Passiva
I. Anlagevermögen		I. Eigenkapital		26 000,00
Geschäftsausstattung	52 050,00			
II. Umlaufvermögen		II. Fremdkapital		
Bankguthaben	69 050,00	Darlehen		81 800,00
Kassenbestand	8 400,00	Verbindlichkeiten		21 700,00
	129 500,00			129 500,00

2.2 Auflösung der Bilanz in Konten

EINSTIEGSSITUATION

Frau Köppel hat Nora Braun die Wertveränderungen in der Bilanz ausführlich erklärt. Frau Köppel stellt zufrieden fest: „Das ist die eigentliche Aufgabe der Buchführung. Es zeigt der Unternehmensleitung zu jeder Zeit den Stand und die Veränderungen von Vermögen und Kapital." Nora fragt nach: „Heißt das, dass Sie nach jedem Geschäftsvorfall eine Bilanz erstellen müssen?" „Nein, das wäre sehr zeitraubend, unübersichtlich und damit wenig aussagekräftig, zumal die Geschäftsleitung jederzeit über die Höhe der Forderungen und der Verbindlichkeiten informiert sein will. Schau mir doch einfach mal beim Buchen zu." Das hält Nora auch bis zum Mittag aus. Sie sieht, wie Frau Köppel Zahlen eingibt und sich Protokolle ausdrucken lässt. In der Mittagspause gesteht sie: „Ehrlich gesagt, habe ich

Lernfeld 2

> nichts verstanden." Frau Köppel antwortet darauf: „Rechnungswesen ist keine Magie, aber einige Grundlagen muss man schon beherrschen und diese werden in der Berufsschule an einfachen Beispielen erklärt. Wichtig ist es jetzt für dich, die Zusammenhänge zu verstehen, da die Themen der Buchführung aufeinander aufbauen. Wenn man die Grundlagen nicht versteht, kann man den Rest auch nicht verstehen."
>
> Machen Sie einen Vorschlag, wie man die Veränderungen der Bilanzpositionen „Forderungen" und „Verbindlichkeiten" übersichtlich erfassen kann.

Die Bilanz wird in Konten aufgelöst, um eine genaue Übersicht über Art, Ursache und Höhe der Veränderung der Bilanzposten zu erhalten. Ein Konto hat ebenfalls die Form einer Bilanz. Aber die linke Seite heißt **Soll** und die rechte Seite heißt **Haben**. Die Konten übernehmen aus der Eröffnungsbilanz die Anfangsbestände (AB). Aus diesem Grund werden die Aktiv- und Passivkonten als **Bestandskonten** bezeichnet.

Schema der Auflösung einer Bilanz in Konten:

Aktiva		Bilanz		Passiva
I. Anlagevermögen			I. Eigenkapital	26 000,00
Geschäftsausstattung	50 000,00			
II. Umlaufvermögen			II. Fremdkapital	
Bankguthaben	70 000,00		Darlehen	80 000,00
Kassenbestand	10 000,00		Verbindlichkeiten	24 000,00
	130 000,00			130 000,00

Soll	Geschäftsausstattung	Haben		Soll	Eigenkapital	Haben
AB	50 000,00				AB	26 000,00

Soll	Bank	Haben		Soll	Darlehen	Haben
AB	70 000,00				AB	80 000,00

Soll	Kasse	Haben		Soll	Verbindlichkeiten	Haben
AB	10 000,00				AB	24 000,00

2.3 Aktive und passive Bestandskonten

> **EINSTIEGSSITUATION**
>
> Die Auszubildende Nora Braun sieht die Anfangsbestände der Bestandskonten im Soll oder im Haben. Diskutieren Sie in der Gruppe, warum das so sein muss.

Man unterscheidet zwei Arten von Bestandskonten: aktive Bestandskonten und passive Bestandskonten. Die **aktiven** Bestandskonten werden durch die Auflösung der Aktiv- oder Vermögensseite der Bilanz gebildet. Bei ihnen wird der Anfangsbestand auf der Sollseite gebucht, weil er auch in der Bilanz auf der linken Seite steht. Die **passiven** Bestandskonten werden durch die Auflösung der Passiv- oder Kapitalseite der Bilanz gebildet. Bei ihnen wird der Anfangsbestand auf der Habenseite gebucht, weil er auch in der Bilanz auf der rechten Seite steht.

Soll	Aktiv- oder Vermögenskonto	Haben
Anfangsbestand		Minderungen
Mehrungen		

Soll	Passiv- oder Kapitalkonto	Haben
Minderungen		Anfangsbestand
		Mehrungen

Buchungen auf Bestandskonten

Jeder Geschäftsvorfall berührt mindestens zwei Konten, darum spricht man auch von einer **doppelten Buchführung**. Wenn nun ein Buchungssatz gebildet werden soll, müssen folgende Überlegungen angestellt werden:

- Welche Konten werden überhaupt berührt?
- Handelt es sich hierbei um aktive und/oder passive Bestandskonten?
- Wie wirkt sich der Geschäftsvorfall auf den jeweiligen Bestand der Konten aus?
- Auf welcher Kontenseite muss gebucht werden?

Ein Buchungssatz ist nichts anderes als ein Code, der benutzt wird, um einen Geschäftsvorfall in Kurzform niederzuschreiben. Hierbei gibt es eindeutige Regeln.

Bei einem Geschäftsvorfall wird immer auf mindestens zwei Konten gebucht. Ein Konto im Soll und ein Konto im Haben. Der Buchungssatz nennt das Konto zuerst, auf dem im Soll gebucht wird, und erst dann das Konto, auf dem im Haben gebucht wird. Zwischen den beiden Konten wird das Verbindungswort „an" gesetzt. Einer **Sollbuchung** steht eine **Habenbuchung** in gleicher Höhe gegenüber.

Lernfeld 2

Beispiele

1. Geschäftsvorfall: Kassenbeleg/Quittung: Einkauf eines Computers für 1 600,00 €

Auswirkung	Geschäftsausstattung plus 1 600,00 € (Mehrung)	Kasse minus 1 600,00 € (Minderung)
Buchung	Geschäftsausstattung (Aktivkonto) Soll 1 600,00 €	an Kasse (Aktivkonto) Haben 1 600,00 €

2. Geschäftsvorfall: Vertragskopie: Umwandlung einer kurzfristigen Verbindlichkeit in ein langfristiges Darlehen; der Gesamtbetrag beläuft sich auf 1 800,00 €.

Auswirkung	Verbindlichkeiten minus 1 800,00 € (Minderung)	langfristiges Darlehen plus 1 800,00 € (Mehrung)
Buchung	Verbindlichkeiten (Passivkonto) Soll 1 800,00 €	an Darlehen (Passivkonto) Haben 1 800,00 €

3. Geschäftsvorfall: Eingangsrechnung: Kauf eines Druckers auf Ziel für 450,00 €

Auswirkung	Geschäftsausstattung plus 450,00 € (Mehrung)	Verbindlichkeiten plus 450,00 € (Mehrung)
Buchung	Geschäftsausstattung (Aktivkonto) Soll 450,00 €	an Verbindlichkeiten (Passivkonto) Haben 450,00 €

4. Geschäftsvorfall: Bankauszug: Überweisung einer fälligen Rechnung über 950,00 €

Auswirkung	Verbindlichkeiten minus 950,00 € (Minderung)	Bank minus 950,00 € (Minderung)
Buchung	Verbindlichkeiten (Passivkonto) Soll 950,00 €	an Bank (Aktivkonto) Haben 950,00 €

Für jede Buchung muss im Autohaus ein Beleg vorhanden sein, der als Grundlage für die vorzunehmende Buchung dient. Belege sind z. B. Rechnungen an Kunden, Rechnungen von Lieferanten, Kassenabrechnungen, Kontoauszüge. Damit der Unternehmer die Ursachen für die Veränderungen auf den Bestandskonten nachvollziehen kann, werden vor die Beträge die **Gegenkonten** geschrieben.

Beispiel

Aus dem Konto Geschäftsausstattung geht durch die Angabe des Gegenkontos „Kasse" hervor, dass der Computer bar bezahlt wurde. Umgekehrt finden wir auf dem Konto Kasse vor dem Betrag das Gegenkonto „Geschäftsausstattung"; damit wird erkennbar, wofür die Ausgabe benötigt wurde.

Buchungen auf Bestandskonten

Aktiva	Bilanz		Passiva
I. Anlagevermögen		I. Eigenkapital	26 000,00
Geschäftsausstattung	50 000,00		
II. Umlaufvermögen		II. Fremdkapital	
Bankguthaben	70 000,00	Darlehen	80 000,00
Kassenbestand	10 000,00	Verbindlichkeiten	24 000,00
	130 000,00		130 000,00

Soll	Geschäftsausstattung	Haben		Soll	Eigenkapital	Haben
AB	50 000,00				AB	26 000,00
① Kasse	1 600,00					
③ Verb.	450,00					

Soll	Bank	Haben		Soll	Darlehen	Haben
AB	70 000,00	Verb. 950,00			AB	80 000,00
					Verb.	1 800,00 ②

Soll	Kasse	Haben		Soll	Verbindlichkeiten	Haben
AB	10 000,00	① GA 1 600,00		② Darl. 1 800,00	AB	24 000,00
				④ Bank 950,00	GA	450,00 ③

2.4 Abschluss der Bestandskonten

EINSTIEGSSITUATION

Die Auszubildende Nora Braun fragt den Buchhalter Herrn Löppel: „Was ist nun eigentlich der Schlussbestand eines Kontos? Wir haben Bestandsmehrungen und -minderungen gebucht und die Summen im Soll und Haben sind unterschiedlich hoch."
Warum gibt die Summe der Soll- und Habenbuchungen auf den Konten nicht unbedingt den Schlussbestand des Kontos an?

Zum Bilanzstichtag müssen die durch Auflösung der Bilanz in Aktiv- und Passivkonten entstandenen Bestandskonten wieder in eine Bilanz zusammengeführt werden. Diese nennt man **Schlussbilanz**. Die aktiven und die passiven Bestandskonten müssen abgeschlossen (**saldiert**) werden. Dieses geschieht in drei Schritten:

1. Die summenmäßig größere Seite wird ermittelt und addiert.
2. Die Summe dieser Seite überträgt man auf die andere Seite.

Lernfeld 2

3. Die **Differenz** auf der summenmäßig kleineren Seite wird gebildet. Diese Differenz ist der **Saldo**. Er gibt den Schlussbestand des Kontos am Abschlussstichtag wieder. Alle Salden der Bestandskonten werden auf dem **Schlussbilanzkonto (SBK)** gegengebucht. Die Endbestände der aktiven Bestandskonten werden ins SBK auf die Sollseite gebucht, die Endbestände der passiven Bestandskonten werden ins SBK auf die Habenseite gebucht. Das SBK geht anschließend in die Schlussbilanz über.

Aktiva	Eröffnungsbilanz		Passiva
I. Anlagevermögen		I. Eigenkapital	26 000,00
Geschäftsausstattung	50 000,00		
II. Umlaufvermögen		II. Fremdkapital	
Bankguthaben	70 000,00	Darlehen	80 000,00
Kassenbestand	10 000,00	Verbindlichkeiten	24 000,00
	130 000,00		**130 000,00**

Soll	Geschäftsausstattung		Haben
AB	50 000,00	SB	52 050,00
Kasse	1 600,00		
Verb.	450,00		

Soll	Eigenkapital		Haben
SB	26 000,00	AB	26 000,00

Soll	Bank		Haben
AB	70 000,00	Verb.	950,00 ④
		SB	69 050,00

Soll	Darlehen		Haben
SB	81 800,00	AB	80 000,00
		Verb.	1 800,00

Soll	Kasse		Haben
AB	10 000,00	GA	1 600,00 ①
		SB	8 400,00

Soll	Verbindlichkeiten		Haben
② Darl.	1 800,00	AB	24 000,00
④ Bank	950,00	GA	450,00 ③
SB	21 700,00		

Aktiva	Schlussbilanz		Passiva
I. Anlagevermögen		I. Eigenkapital	26 000,00
Geschäftsausstattung	52 050,00		
II. Umlaufvermögen		II. Fremdkapital	
Bankguthaben	69 050,00	Darlehen	81 800,00
Kassenbestand	8 400,00	Verbindlichkeiten	21 700,00
	129 500,00		**129 500,00**

Buchungen auf Bestandskonten

Abschlussbuchungen der aktiven Bestandskonten		Abschlussbuchungen der passiven Bestandskonten	
SBK an Geschäftsausstattung	52 050,00 €	Eigenkapital an SBK	26 000,00 €
SBK an Bank	69 050,00 €	Darlehen an SBK	81 800,00 €
SBK an Kasse	8 400,00 €	Verbindlichkeiten an SBK	21 700,00 €

Zusammenfassung

- Es gibt vier Arten der Wertveränderung in der Bilanz: Aktivtausch, Passivtausch, Aktiv-Passiv-Mehrung, Aktiv-Passiv-Minderung.
- Die Seiten eines Kontos heißen Soll (linke Seite) und Haben (rechte Seite).
- Die Bilanz wird in aktive und passive Bestandskonten aufgelöst.
- aktives Bestandskonto: Anfangsbestand und Mehrungen im Soll, Minderungen und Schlussbestand im Haben
- passives Bestandskonto: Anfangsbestand und Mehrungen im Haben, Minderungen und Schlussbestand im Soll
- Der Abschluss der Bestandskonten erfolgt über das Schlussbilanzkonto.

Aufgaben

1. Erstellen Sie eine Bilanz. Tragen Sie auf der Aktivseite und auf der Passivseite folgende Anfangsbestände vor:

Ersatzteile	20 000,00 €
Forderungen	6 000,00 €
Kasse	2 000,00 €
Eigenkapital	10 000,00 €
Darlehen	8 000,00 €
Verbindlichkeiten	10 000,00 €

   Geschäftsvorfälle:
   1. Kassenbeleg: Autohaus Köppel bezahlt eine Verbindlichkeit in Höhe von 1 000,00 €.
   2. Vertragskopie: Autohaus Köppel wandelt ein kurzfristiges Darlehen in ein langfristiges Darlehen um. 5 000,00 €
   3. Kassenbeleg/Quittung: Kauf von Ersatzteilen gegen Barzahlung 800,00 €
   4. Eingangsrechnung: Kauf von Ersatzteilen auf Ziel 300,00 €

   a) Stellen Sie bei jedem Geschäftsvorfall die Auswirkung auf die Bilanz fest.
   b) Kennzeichnen Sie die Wertveränderung mit dem zutreffenden Begriff.
   c) Erstellen Sie nach jedem Geschäftsvorfall die veränderte Bilanz.

2. Bestimmen Sie, ob es sich bei den folgenden Geschäftsvorfällen um einen Aktivtausch, einen Passivtausch, eine Aktiv-Passiv-Mehrung oder eine Aktiv-Passiv-Minderung handelt.
   a) Kassenbeleg/Quittung: Ein Kunde bezahlt einen fälligen Rechnungsbetrag per Barzahlung.
   b) Eingangsrechnung: Autohaus Köppel kauft beim Importeur Ersatzteile auf Ziel.

Lernfeld 2

c) Vertragskopie: Kauf eines anliegenden Grundstücks per Banküberweisung zur Erweiterung des Betriebs
d) Bankauszug: Überweisung einer fälligen Lieferantenrechnung
e) Bankauszug/Kassenbeleg: Barabhebung vom Bankkonto; das Geld wird in die Kasse eingelegt.
f) Eingangsrechnung: Autohaus Köppel kauft ein Vorführfahrzeug. Der Hersteller/Importeur bucht den Rechnungsbetrag vom Bankkonto ab.
g) Vertragskopie: Umwandlung eines kurzfristigen Kredits bei der Hausbank in ein langfristiges Darlehen
h) Kontoauszug: Ein Kunde begleicht einen fälligen Rechnungsbetrag per Banküberweisung.
i) Eingangsrechnung: Kauf einer Hebebühne für die Werkstatt auf Rechnung (Ziel)
j) Kontoauszug: Begleichung einer Verbindlichkeit per Banküberweisung

3. Erläutern Sie, welche Bilanzveränderungen folgende Geschäftsvorfälle hervorrufen.
   a) Barabhebung vom Bankkonto für die Geschäftskasse   2 000,00 €
   b) Aufnahme eines Darlehens, das dem Bankkonto gutgeschrieben wird   25 000,00 €
   c) Barkauf eines Büroschrankes   1 200,00 €
   d) Ein Kunde begleicht eine fällige Rechnung per Banküberweisung.   650,00 €
   e) Barverkauf einer gebrauchten Auswuchtmaschine   2 500,00 €
   f) Überweisung einer Lieferantenrechnung durch Banküberweisung   2 600,00 €

4. Untersuchen Sie, welche der unten stehenden Auswirkungen durch die Geschäftsvorfälle 1 bis 4 hervorgerufen werden.
   1. Eingangsrechnung/Bankauszug:
      Kauf eines Diagnosecomputers gegen Bankscheck   18 500,00 €
   2. Bankauszug: Tilgungsrate einer Darlehensschuld   15 000,00 €
   3. Bankauszug: Ein Kunde bezahlt eine offene Rechnung.   1 345,00 €
   4. Eingangsrechnung: Zielkauf eines Abschleppwagens   34 500,00 €
   Auswirkungen:
   a) Dem Unternehmen wird Fremdkapital zugeführt.
   b) Dieser Geschäftsvorfall ruft einen Aktivtausch hervor.
   c) Dieser Geschäftsvorfall ruft eine Aktiv-Passiv-Minderung hervor.
   d) Die Bilanzsumme wird vergrößert.
   e) Es handelt sich um eine Aktiv-Passiv-Mehrung.
   f) Die Bilanzsumme bleibt gleich.
   g) Es findet ein Tausch innerhalb des Umlaufvermögens statt.
   h) Schulden des Unternehmens werden getilgt.

5. Beantworten Sie zu den Geschäftsvorfällen folgende Fragen:
   a) Welche Posten der Bilanz werden berührt?
   b) Handelt es sich um einen Posten der Aktiv- oder der Passivseite der Bilanz?
   c) Wie wirkt sich der Geschäftsvorfall auf die Posten aus?
   d) Um welche der vier prinzipiellen Wertveränderungen der Bilanz handelt es sich?

Geschäftsvorfälle:
Eingangsrechnung: Einkauf eines Regals für das Lager	12 200,00 €
Bankauszug: Bareinzahlung auf das Bankkonto	5 200,00 €
Bankauszug: Tilgungsrate eines Darlehens	8 500,00 €
Ausgangsrechnung: Verkauf eines gebrauchten PCs	650,00 €
Kassenbeleg: Kunde bezahlt Rechnung in bar	870,00 €
Eingangsrechnung: Kauf von Spezialwerkzeugen auf Ziel	4 300,00 €

6. Welche der folgenden Begriffe ergänzen die unten stehenden Satzteile zu einer richtigen Aussage?
   - (1) Bilanz
   - (2) Aktivtausch
   - (3) Passivtausch
   - (4) Aktiv-Passiv-Mehrung
   - (5) Aktiv-Passiv-Minderung
   - (6) Bilanzsumme
   - (7) Wertveränderung

   a) Die ... hat nur zu einem bestimmten Stichtag Gültigkeit.
   b) Es gibt vier prinzipielle Geschäftsvorfälle, die zu einer ... in der ... führen.
   c) Das Autohaus Köppel begleicht eine offene Lieferantenrechnung per Banküberweisung.
      Dieser Geschäftsvorfall bewirkt eine(n) ... .
   d) Das Autohaus Köppel wandelt eine kurzfristige Verbindlichkeit in ein Bankdarlehen um.
      Dieser Geschäftsvorfall bewirkt eine(n) ... .
   e) Bei einem(r) ... erhöht sich die/der ... .
   f) Kauft das Autohaus Köppel ein Gebrauchtfahrzeug per Scheck, so bewirkt dieser Geschäftsvorfall eine(n) ... .
   g) Bei einem(r) ... vermindert sich die/der ... .
   h) Kauft das Autohaus Köppel ein Neufahrzeug auf Ziel, bewirkt dieser Geschäftsvorfall eine(n) ... .

7. Bilden Sie zu den folgenden Geschäftsvorfällen die Buchungssätze:
   a) Eingangsrechnung: Kauf von Ersatzteilen auf Ziel
   b) Bankauszug: Bezahlung einer Lieferantenrechnung für Ersatzteile per Banküberweisung
   c) Kassenbeleg/Quittung: Einzahlung der Tageseinnahme auf das Bankkonto
   d) Kontoauszug: Tilgung eines Bankdarlehens für die Ausstattung der Werkstatt durch Banküberweisung
   e) Vertragskopie: Umwandlung einer Verbindlichkeit in ein Bankdarlehen
   f) Kontoauszug: Ein Kunde bezahlt seine Reparaturrechnung per Banküberweisung.
   g) Eingangsrechnung: Kauf eines Vorführfahrzeugs auf Ziel
   h) Kaufvertrag: Kauf eines gebrauchten Abschleppwagens in bar
   i) Vertragskopie: Aufnahme eines Darlehens für den Ausbau einer Ausstellungshalle. Der Betrag wird dem Bankkonto gutgeschrieben.
   j) Kassenbeleg/Quittung: Ein Kunde begleicht eine Forderung in bar.
   k) Eingangsrechnung: Ein Lieferant liefert Zubehörteile an. Barzahlung aus der Kasse
   l) Kontoauszug/Kassenbeleg: Barabhebung von der Hausbank, Einlage in die Geschäftskasse
   m) Eingangsrechnung: zur Vervollständigung der Betriebsausstattung Kauf von zwei PCs auf Ziel

n) Kontoauszug: Begleichung einer Lieferantenrechnung für Ersatzteile durch Banküberweisung
o) Kontoauszug: zur Erweiterung eines Betriebsgrundstückes Kauf eines angrenzenden unbebauten Grundstücks; die Zahlung erfolgt über die Hausbank.

8. Welche Geschäftsvorfälle liegen den folgenden Buchungssätzen zugrunde?
   a) Neufahrzeuge an Bank
   b) Neufahrzeuge an Verbindlichkeiten
   c) Technische Anlagen und Maschinen an Bank
   d) Verbindlichkeiten an Forderungen
   e) Grund und Boden (unbebaut) an Bank
   f) Bank an Kasse
   g) Kasse an Bank
   h) Postgiro an Bank
   i) Ersatzteile an Kasse
   j) Kraft- und Schmierstoffe an Verbindlichkeiten
   k) Verbindlichkeiten an Darlehen
   l) Betriebsausstattung an Bank
   m) Geschäftsausstattung an Verbindlichkeiten
   n) Verbindlichkeiten an Bank
   o) Kasse an Forderungen

9. Führen Sie ein Kassenkonto. Tragen Sie den Anfangsbestand vor und buchen Sie die folgenden Geschäftsvorfälle ohne Gegenbuchung auf dem Kassenkonto.
   Anfangsbestand 1 800,00 €
   1. Ein Kunde bezahlt seine Reparaturrechnung bar. 634,00 €
   2. Ein Kunde kauft Ersatzteile bar. 127,00 €
   3. Barzahlung der Telefongebühren 378,00 €
   4. Barzahlung von Aushilfslöhnen 240,00 €
   5. Barzahlung an einen Ersatzteillieferanten 1 231,00 €
   6. Barabhebung von der Bank 500,00 €
   Schließen Sie das Konto ab und ermitteln Sie den Endbestand.

10. Führen Sie das Konto Verbindlichkeiten. Tragen Sie den Anfangsbestand vor. Buchen Sie die folgenden Geschäftsvorfälle ohne Gegenbuchung auf dem Verbindlichkeitskonto.
    Anfangsbestand 8 900,00 €
    1. Einkauf von Zubehörteilen auf Ziel 3 400,00 €
    2. Einkauf von Ersatzteilen auf Rechnung 6 879,00 €
    3. Begleichung einer Verbindlichkeit per Banküberweisung 4 567,00 €
    4. Begleichung einer Verbindlichkeit per Barzahlung 2 900,00 €
    Schließen Sie das Konto ab und ermitteln Sie den Endbestand.

Buchungen auf Bestandskonten

11. Die Autohändlerin Resi Scherhag, Kiel, hat durch Inventur folgende Bestände festgestellt:

bebaute Grundstücke	50 000,00 €
Bürogebäude	120 000,00 €
Werkstatt	80 000,00 €
Dienstfahrzeuge	45 000,00 €
sonstige Geschäftsausstattung	210 000,00 €
Neufahrzeuge	188 000,00 €
Gebrauchtfahrzeuge	53 000,00 €
Ersatzteile	120 000,00 €
Zubehör	18 000,00 €
Forderungen	21 000,00 €
Bank	32 000,00 €
Kasse	22 400,00 €
Eigenkapital	… ? €
Verbindlichkeiten	134 000,00 €
Darlehen	340 000,00 €

Geschäftsvorfälle:
1. Kontoauszug: Kunde überweist zum Ausgleich einer Rechnung — 18 000,00 €
2. Eingangsrechnung: Kauf einer EDV-Anlage auf Ziel — 22 000,00 €
3. Kassenbeleg: Bareinzahlung auf das Bankkonto — 1 000,00 €
4. Eingangsrechnung: Kauf eines Neuwagens auf Ziel — 45 000,00 €
5. Kontoauszug: Kauf von Ersatzteilen gegen Bankscheck — 4 800,00 €
6. Kontoauszug: Ausgleich einer Verbindlichkeit durch Banküberweisung — 9 000,00 €
7. Kassenbeleg/Quittung: Kauf von Zubehörteilen in bar — 800,00 €

a) Tragen Sie die Anfangsbestände auf T-Konten vor.
b) Bilden Sie die Buchungssätze.
c) Buchen Sie die Geschäftsvorfälle.
d) Schließen Sie die Konten ab.

12. Welche der folgenden Aussagen treffen
a) auf alle Bestandskonten,
b) nur auf aktive Bestandskonten,
c) nur auf passive Bestandskonten zu?
Begründen Sie Ihre Aussage.
1. Der Anfangsbestand steht im Haben.
2. Sie erteilen Auskunft über die Veränderungen innerhalb des Vermögens.
3. Der Saldo wird im Schlussbilanzkonto gegengebucht.
4. Ihr Endbestand steht auf der Sollseite.
5. Bestandsmehrungen stehen auf der Sollseite.
6. Ihr Saldo wird auf der wertmäßig kleineren Seite gebildet.
7. Bestandsminderungen stehen auf der Sollseite.
8. Ihr Anfangsbestand entspricht dem Endbestand laut Inventur des Vorjahres.

3 Organisation der Buchführung

AUSGANGSSITUATION

Nora Braun sieht Frau Köppel beim Buchen zu und stellt fest, dass Frau Köppel nur Zahlen in das EDV-Programm eingibt. Sie fragt Frau Köppel: „Sind das alles Rechnungsbeträge? Dann haben wir ja viel Geld von unseren Kunden zu bekommen!" Frau Köppel verneint und erklärt: „Diese vierstelligen Nummern gehören zu den Konten, auf denen gebucht wird. Es wäre zu umständlich, jedes Mal den Namen des Kontos einzugeben und dann den Buchungsbetrag. Aus diesem Grund hat jedes Konto eine Nummer."
Herr Köppel will die Zahlen seines Autohauses mit denen anderer Autohäuser vergleichen. Deshalb fordert er von seinem Landesverband des Deutschen Kraftfahrzeuggewerbes Vergleichszahlen an. Diese Vergleichszahlen finden durch eine landesweite Erhebung Eingang in den „Betriebsvergleich". Der Betriebsvergleich gibt Auskunft über den durchschnittlichen Eigenkapitalanteil, den Anteil einzelner Kostenarten am Gesamtaufwand, den Ertrag einzelner Ertragsarten am Gesamtertrag, den Anteil einzelner Vermögenspositionen am Gesamtvermögen. Vergleiche dieser Art setzen aber voraus, dass die Buchhaltung der Autohaus Köppel GmbH die Konteninhalte so festlegt wie die Vergleichsautohäuser.

ARBEITSAUFTRAG

Stellen Sie die Anforderungen an die Buchführung der Autohaus Köppel GmbH für einen Vergleich mit anderen Autohäusern zusammen.

3.1 Der Kontenrahmen

EINSTIEGSSITUATION

Pascal Palm ist verwundert. In der Berufsschule wurde auf einen Kontenrahmen hingewiesen. Er überlegt: „Ist der Schulkontenrahmen der gleiche, wie der Kontenrahmen im Betrieb?!"
Sie erläutern den Beiden den Themenbereich.

Ein wichtiges Ordnungsmittel ist der Kontenrahmen. Er gibt dem Unternehmen eine Übersicht über alle Konten, die in der Finanzbuchhaltung notwendig sein könnten.

Er gliedert sich nach dem Dezimalsystem, das bedeutet, die Konten werden in zehn **Kontenklassen** nach ihrer Zugehörigkeit eingeteilt.

Aufbau des Kontenrahmens:

Kontonummer	Stellenwert	Bedeutung	Konteninhalt
1	einstellig	Kontenklasse	Finanzkonto
12	zweistellig	Kontengruppe	Bankkonto
120	dreistellig	Kontenart	Girokonto
1201	vierstellig	Kontenunterart	z. B. bei der Sparkasse Trier

Der Kontenrahmen SKR 51

Der Kontenrahmen SKR 51 ist nach dem **Prozessgliederungsprinzip** aufgebaut. Danach spiegeln die Kontenklassen 0–9 den betrieblichen Leistungsprozess wider.

Kontenklasse 0: Anlage- und Kapitalkonten
Hier werden solche Konten erfasst, auf denen im Laufe eines Geschäftsjahres nur selten gebucht wird. Dies sind z. B. Grundstücke, Gebäude, Maschinen, Eigenkapital und langfristige Darlehen. Der Abschluss der Kontenklasse 0 erfolgt über das Schlussbilanzkonto.

Kontenklasse 1: Finanz- und Privatkonten
Hier werden die Konten erfasst, auf denen der gesamte Zahlungs- und Kreditverkehr gebucht wird. Dies sind z. B. Bank, Kasse und Forderungen. Der Abschluss der Kontenklasse 1 erfolgt über das Schlussbilanzkonto.
(Ausnahme ist das Privatkonto, das direkt über das Eigenkapitalkonto abgeschlossen wird. Privatkonten gibt es nur bei **Einzelunternehmen** oder **Personengesellschaften**.)

Kontenklasse 2: Abgrenzungskonten
Hier werden die Konten erfasst, auf denen die betriebsfremden und außerordentlichen betrieblichen Aufwendungen und Erträge gebucht werden. Dies sind z. B. Forderungsverluste, Mieteinnahmen und Kassendifferenzen. Der Abschluss der neutralen Aufwendungen/Erträge und Abgrenzungskonten erfolgt über das Gewinn- und Verlustkonto.

Kontenklasse 3: Wareneingangs- und Bestandskonten
Hier werden die Konten erfasst, auf denen die Warenbestände und -umschläge gebucht werden, das sind der Anfangsbestand, die Zugänge und die Abgänge von Neufahrzeugen, Gebrauchtfahrzeugen, Ersatzteilen und Zubehör. Außerdem werden hier die bei der Warenbeschaffung entstandenen Bezugskosten gebucht. Der Abschluss der Wareneingangs- und Bestandskonten erfolgt über das Schlussbilanzkonto.

Kontenklasse 4: Betriebliche Aufwendungen
Hier werden die für die Betriebsabrechnung wichtigen Konten erfasst, auf denen die betrieblichen Aufwendungen gebucht werden. Betriebliche Aufwendungen entstehen durch einen geordneten betrieblichen Ablauf, z. B. Löhne, Gehälter und Büromaterial. Der Abschluss der betrieblichen Aufwandskonten erfolgt über das Gewinn- und Verlustkonto.

Kontenklassen 5 und 6
Diese beiden Kontenklassen sind für interne Konten vorgesehen.

Kontenklasse 7: Verrechnete Anschaffungskosten (VAK)
Hier werden die Einstandspreise der Waren beim Warenverkauf gebucht. Diese Kontenklasse ist eng mit der Kontenklasse 3 verbunden. Wenn z. B. ein Zubehörteil verkauft wird, dann muss es aus dem Lager entnommen werden. Diese Entnahme zu Einstandspreisen wird buchhalterisch in der Kontenklasse 7 berücksichtigt. Die Gegenbuchung erfolgt in der Kontenklasse 3. Der Abschluss der VAK-Konten erfolgt über das Gewinn- und Verlustkonto.

Kontenklasse 8: Erlöskonten

Hier werden die bei den Verkäufen erzielten Verkaufserlöse gebucht. Von Verkaufserlösen spricht man, wenn diese durch den ordentlichen betrieblichen Ablauf entstehen. Dies sind Neufahrzeuge-, Gebrauchtfahrzeuge-, Ersatzteil- und Zubehörverkäufe, aber auch die Dienstleistungen der Werkstatt. Werden Erlöse im Nachhinein geschmälert, werden diese Erlösschmälerungen ebenfalls in dieser Kontenklasse gebucht. Die Erlöskonten werden über das Gewinn- und Verlustkonto abgeschlossen.

Kontenklasse 9: Vortrags-, Kapital-, Korrektur- und statistische Konten

Hier werden die Konten geführt, die aus buchungstechnischen Gründen notwendig sind. Dies sind z. B. das Eröffnungsbilanzkonto; aber auch die Abschlusskonten wie das Gewinn- und Verlustkonto und das Schlussbilanzkonto finden sich in dieser Kontenklasse.

Die Kontenrahmen der unterschiedlichen Hersteller/Importeure basieren weitgehend auf dem Kontenrahmen des SKR 51, sodass dieser als Grundlage für das Rechnungswesen im Kfz-Betrieb dienen kann.

Abschluss von Bestands- sowie Aufwands- und Ertragskonten (= Erfolgskonten):

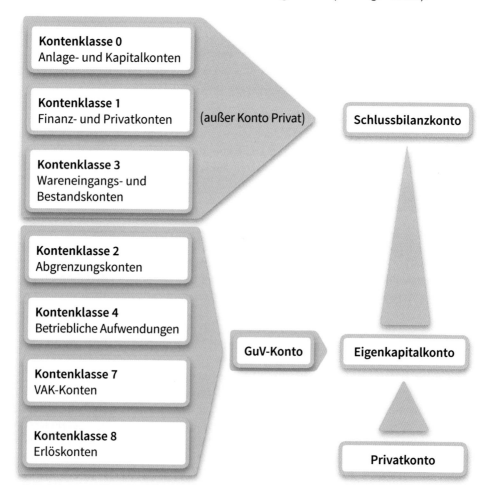

3.2 Bearbeitung von Belegen

> **EINSTIEGSSITUATION**
>
> Während der Urlaubszeit von Frau Köppel hat Nora Braun die Aufgabe bekommen, die täglich anfallenden Belege zu ordnen und für die Buchführung vorzubereiten. Nora sieht den Berg von unterschiedlichen Belegen und stellt sich die Frage, wie sie diese Arbeit am besten erledigen kann.
> Erarbeiten Sie einen Vorschlag, wie Nora Braun die Belege bearbeiten soll. Lösen Sie die Aufgabe in **Gruppenarbeit** und **präsentieren** Sie Ihr Ergebnis mithilfe eines Flipcharts Ihren Mitschülern.

Ein Beleg beweist die sachliche Richtigkeit einer Buchung. Er verbindet den Geschäftsvorfall mit der Buchung.

Grundlage für jede Buchung im Autohaus ist ein **Beleg**. Allein aus der Tatsache heraus, dass bei Betriebsprüfungen die Prüfung der Belege durch die Betriebsprüfer die wesentliche Aufgabe ist, zeigt sich die Bedeutung der Belege.

Für jede Buchung muss nach dem Handelsgesetzbuch §§ 238 II, 257 ein Beleg vorhanden sein. Sollte dieses nicht der Fall sein, liegt ein Verstoß gegen das **Belegprinzip** vor, der wiederum zur Verwerfung der formellen Ordnungsmäßigkeit der Buchführung führt, was zu einer Schätzung der Steuerschuld führen kann. Außerdem können fehlende Belege in einem Konkursfall zu strafrechtlichen Folgen führen. Deshalb gilt:

> **Keine Buchung ohne Beleg!**

Arten von Belegen

In der täglichen Autohauspraxis gibt es eine Vielzahl von Belegen. Sie werden wie folgt unterschieden:

Fremdbelege: Diese Belege kommen von außerhalb des Unternehmens (von Fremden) in das Autohaus.

> **Beispiele**
> Kontoauszüge, Rechnungen von Lieferanten (Eingangsrechnungen), Gutschriften, Steuerbescheide, Gebührenbescheide usw.

Eigenbelege: Diese Belege werden vom Autohaus selbst erstellt.

> **Beispiele**
> Kopien von Ausgangsrechnungen, Lohn- und Gehaltsabrechnungen, Kassenabrechnungen, interne Aufträge usw.

Lernfeld 2

künstliche Belege: Diese Belege sind Eigenbelege. Ihnen liegt jedoch kein üblicher Geschäftsvorfall zugrunde.

> **Beispiele**
> Umbuchungslisten, Ausbuchungslisten, Stornolisten usw.

Anforderungen an einen Beleg

Damit ein Beleg als Buchungsgrundlage von der Finanzverwaltung anerkannt wird, muss er eine Reihe von Anforderungen erfüllen:

- Der Beleg muss sachlich und rechnerisch richtig sein.
- Der Beleg muss mit einem Datum versehen sein. Bei Eigenbelegen ist das der Ausstellungstag, bei Fremdbelegen das Eingangsdatum.
- Der Belegtext muss den Geschäftsvorfall eindeutig nach Ort, Zeit und Gegenstand wiedergeben.
- Eigenbelege müssen vom Verantwortlichen abgezeichnet sein.
- Die Belege sind in einer fortlaufenden, lückenlosen Nummerierung abzulegen.
- Der Beleg muss einen Buchungsvermerk erhalten (Kontierungsstempel), der Auskunft darüber gibt, wer den Beleg auf welchen Konten gebucht hat.
- Der Beleg muss den Anforderungen des Umsatzsteuergesetzes genügen.

Organisation der Buchführung

Michaelis Import GmbH

Michaelis Import GmbH · Dr. Gottfried-Cremer Allee 77 b · 50226 Frechen

Autohaus Köppel GmbH
Diedenhofener Str. 6
54294 Trier

Geschäftsräume: Dr. Gottfried-Cremer Allee 77 b
50226 Frechen
Bankverbindung: Pax Bank eG
IBAN: DE03370601931505051501
BIC: GENODE1PAX

EINGEGANGEN ①
13.08.20..
Erledigt

RECHNUNG-Nr.: 1496/908

Ihre Bestellung vom	Unser Zeichen	Kunden-Nr.	Lieferdatum	Rechnungsdatum
223 10.08.20..	ir-33	88443	12.08.20..	12.08.20..

Pos.	Artikel-Nr.	Artikelbezeichnung	Menge in Stück	Einzelpreis €	Gesamtpreis €
1	357 422 A	Spurstange ③	1	143,50	143,50

② geprüft: Th   nachgerechnet: Th

Konto	Soll-Betrag	Haben-Betrag
3300 Bestand Teile	143,50	
1570 Vorsteuer	27,27	
1600 Verbindlichk.		170,77

⑤   Gebucht: 20.08.20.. Th   ER 4182 ④
⑥

		Nettoentgelt	USt-%	USt-€	Bruttoentgelt
		143,50 €	19	27,27	170,77 €

USt-IdNr.: DE112226688
Steuernummer: 96256/104932
Zahlbar 30 Tage netto.

Lernfeld 2

Ablauf der Belegbearbeitung

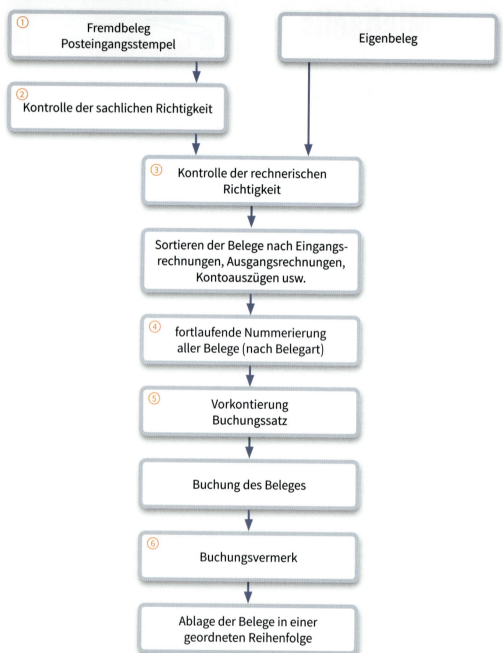

Eine effiziente Belegbe- und -verarbeitung innerhalb eines Autohauses ist von großer Bedeutung. Durch die Vielzahl und Unterschiedlichkeit der täglich anfallenden Belege ermöglicht nur ein einheitliches Vorgehen nach dem obigen Schema einen reibungslosen und fehlerfreien buchhalterischen Ablauf aller Geschäftsvorfälle.

Organisation der Buchführung

Damit Geschäftsvorfälle auch noch nach einiger Zeit nachvollzogen werden können, ist eine geordnete **Ablage der Belege** unverzichtbar; insbesondere bei Rechtsstreitigkeiten haben Belege Beweisfunktion.

3.3 Grundsätze ordnungsmäßiger Buchführung

> **EINSTIEGSSITUATION**
>
> Die Auszubildende Nora Braun fragt sich, warum im Rechnungswesen so viele Vorschriften beachtet werden müssen. Erklären Sie anhand von drei Beispielen, warum die Beachtung der Grundsätze ordnungsmäßige Buchführung für das Autohaus wichtig ist.

Nach dem Handelsgesetzbuch ist der Kaufmann verpflichtet, Bücher zu führen, die eine Übersicht über seine Handelsgeschäfte, die Lage seines Vermögens und seiner Schulden geben. Die Bücher sind nach den Grundsätzen ordnungsmäßiger Buchführung zu führen.

Grundsätze ordnungsmäßiger Buchführung (GoB)

- Die Eintragungen müssen vollständig, sachlich richtig und zeitgerecht geordnet sein.
- Es dürfen keine Geschäftsvorfälle hinzugefügt, weggelassen oder verändert werden.
- Es muss eine lebende Sprache verwendet werden.
- Radieren und Unkenntlichmachen sind nicht erlaubt.
- Alle Aufzeichnungen sind in einer geordneten Ablage fortlaufend numerisch zu führen. Das Speichern auf elektronischen Medien ist erlaubt.
- Am Ende eines jeden Geschäftsjahres sind ein Inventar, eine Bilanz und eine Gewinn- und Verlustrechnung zu erstellen.
- Für Nachprüfungen sind die Unterlagen aufzubewahren (vgl. Aufbewahrungsfristen).

Aufbewahrungsfristen von Belegen

Für Belege gelten nach dem Handelsgesetzbuch folgende Aufbewahrungsfristen:

Bei einer EDV-Buchführung sind, wie bei jeder anderen Buchführung, die GoB zu beachten. Danach gilt insbesondere Folgendes:

- Die buchungspflichtigen Geschäftsvorfälle müssen richtig, vollständig und zeitgerecht erfasst sein sowie sich in ihrer Entstehung und Bearbeitung verfolgen lassen (**Belegfunktion sowie Journalfunktion**).
- Die Geschäftsvorfälle sind elektronisch so zu verarbeiten, dass sie geordnet darstellbar sind und ein Überblick über die Vermögens- und Ertragslage gewährleistet ist (**Kontenfunktion**).
- Die Buchungen müssen einzeln und geordnet nach Konten und diese fortgeschrieben nach Salden sowie nach Abschlussposition dargestellt und jederzeit lesbar gemacht werden können.
- Ein sachverständiger Dritter muss sich in dem benutzten Verfahren der Buchführung in angemessener Zeit zurechtfinden und sich einen Überblick über die Geschäftsvorfälle und die Lage des Unternehmens verschaffen können.
- Das Verfahren der EDV-Buchführung muss durch eine Verfahrensdokumentation, die sowohl die aktuelle Version als auch die historischen Verfahrensinhalte nachweist, verständlich und nachvollziehbar gemacht werden.
- Es muss gewährleistet sein, dass das in der Dokumentation beschriebene Verfahren dem in der täglichen Praxis eingesetzten Programm (Version) voll entspricht (**Programmidentität**).

3.4 Grundbuch, Hauptbuch, Nebenbücher

> **EINSTIEGSSITUATION**
>
> Im Autohaus hat jeder Kunde ein eigenes Kundenkonto, auf dem die offenen Rechnungen des Kunden und Zahlungseingänge des Kunden gebucht werden.
> Überlegen Sie, warum das so ist.

Im **Grundbuch** werden alle Geschäftsvorfälle von den Eröffnungsbuchungen über die laufenden Tagesbuchungen zu den vorbereitenden Abschlussbuchungen bis zu den Abschlussbuchungen aufgrund von Belegen in zeitlicher Reihenfolge gebucht. Das Grundbuch wird auch **Journal** genannt. Die markengebundenen Autohäuser führen sämtliche Aufzeichnungen der Buchhaltung mit elektronischen Datenverarbeitungssystemen (EDV) durch.

Aus dem Grundbuch ist der Stand des Vermögens und der Schulden eines Kfz-Betriebs nicht ersichtlich. Aus diesem Grund müssen alle Buchungen sachlich geordnet werden. Die Ordnung erfolgt auf den **Sachkonten**. Die Sachkonten nehmen systematisch alle Geschäftsvorfälle auf, d. h., jedes Sachkonto nimmt einen bestimmten Vermögenswert, eine bestimmte Schuld oder einen bestimmten Aufwand oder Ertrag auf. Es werden so viele Konten eingerichtet, wie der Kontenplan vorsieht. Die Konten sind in der modernen EDV-Buchhaltung einzelne EDV-Karteiblätter oder Datenverarbeitungslisten. Alle Sachkonten gemeinsam bilden das Hauptbuch.

Im **Grund- und Hauptbuch** werden alle Geschäftsvorfälle kurz und eindeutig wiedergegeben. Aus betrieblichen oder steuerlichen Gründen kann es aber manchmal sinnvoll sein, weitere ausführlichere Informationen zu einem Geschäftsvorfall nochmals niederzuschreiben.

Im Kfz-Gewerbe ist das wichtigste **Nebenbuch** das **Kontokorrentbuch**. Im Kontokorrentbuch, auch **„Buch der Geschäftsfreunde"** genannt, wird für jeden Kunden (Debitor) und für jeden Lieferanten (Kreditor) ein eigenes Konto (Personenkonto) geführt. Auf diesen Konten werden weitere Informationen wie Anschrift, Telefonnummer, Kunden- bzw. Lieferantennummer, Kreditlimit, Tag des letzten Einkaufs usw. gespeichert. Die Geschäftsvorfälle werden vom Grundbuch in die Hauptbuchsachkonten „Forderungen" und „Verbindlichkeiten" und auf die Personenkonten „Debitoren" und „Kreditoren" übertragen. Der Saldo aller Debitoren- bzw. Kreditorenkonten muss genauso groß sein wie der Saldo des Kontos „Forderungen" bzw. „Verbindlichkeiten". Hier liegt eine gute Kontrollmöglichkeit der Buchhaltung vor. Auch das Kontokorrentbuch wird als EDV-Kartei oder Datenverarbeitungsliste geführt.

Im Bedarfsfall können weitere Nebenbücher geführt werden, z. B. ein Kassenbuch, ein Lohnbuch, ein Wechselbuch usw.

Ein **Lohnbuch** beispielsweise kann neben den Auszahlungsbeträgen an die einzelnen Mitarbeiter weitere wichtige Informationen beinhalten. Insbesondere im Werkstattbereich kann ein Lohnbuch die unterschiedlichen Arbeiten der einzelnen Monteure an Kundenfahrzeugen, an eigenen Fahrzeugen und Gewährleistungsarbeiten erfassen und geldlich bewerten. Außerdem können dadurch auch die entstehenden Kosten der Monteure durch unproduktive Zeiten ermittelt werden. Dieses setzt allerdings eine funktionierende Zeiterfassung aller Aufträge in der Werkstatt voraus.

Ein **Wechselbuch** kann neben dem Wechselbetrag Informationen über Laufzeit, Weitergabemöglichkeiten und den Kunden beinhalten. Die Zahlung eines Kunden mit Wechsel bedeutet, dass die Forderung aus der Warenlieferung bis zum Verfalltag des Wechsels gestundet wird. Die Geldforderung erlischt erst durch die Einlösung des Wechsels durch den Kunden. Damit keine unnötigen offenen Rechnungen entstehen, ist eine terminliche Überwachung des Wechselverkehrs mit einem Wechselbuch sinnvoll. Im Automobilhandel wird eine Zahlung per Wechsel eher selten verwendet.

Ein **Kassenbuch** muss von allen Unternehmen, die im Handelsregister eingetragen sind und der Bilanzpflicht unterliegen, geführt werden. In diesem werden alle Bargeldgeschäfte erfasst, also alle Bareinnahmen sowie Barausgaben festgehalten. Zusammen mit dem Kassenbuch muss jedes Unternehmen über eine Geschäftskasse verfügen, in welcher sich das Bargeld befindet.

Folgende Angaben werden im Kassenbuch festgehalten:

- Belegnummer
- Datum des Beleges
- Anfangs-Kassenbestand
- Einnahmen und Ausgaben mit genauem Betrag in Euro
- Buchungstext
- angewandter Steuersatz
- Umsatzsteuer-/Vorsteuerbetrag
- Kassenendbestand
- Soll-Kassenbestand

Lernfeld 2

Achtung:
Der Soll-Kassenbestand muss mit dem Ist-Kassenbestand übereinstimmen. Generell ist der § 145 AO (Abgabenordnung) in Bezug auf das Kassenbuch zu berücksichtigen.

Seit dem 01.01.2017 sind in Bezug auf das Führen des Bargeldkasse (Geschäftskasse) nur noch zwei Verfahren zulässig:

- die offene Ladenkasse
- elektronische Systeme.

Bei Geschäftsschluss ist der Bargeldbestand immer zu dokumentieren. Wäre dies nicht der Fall, könnte unter Umständen die Finanzverwaltung die Buchführung anzweifeln und als fehlerhaft einstufen. Dies hätte zur Folge, dass der Gewinn des Unternehmens geschätzt würde. Daher ist es unbedingt notwendig, die aktuellen Regelungen einzuhalten.
Folgende Abbildung stellt den Zusammenhang zwischen Grundbuch, Hauptbuch und den Nebenbüchern dar:

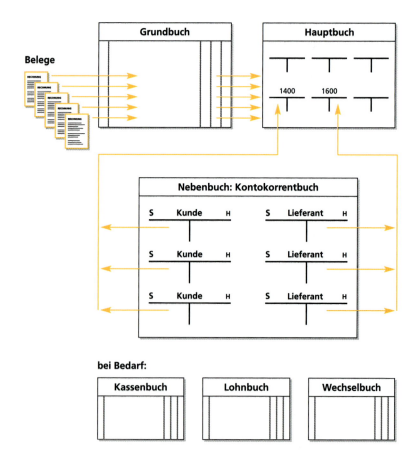

Organisation der Buchführung

> **Zusammenfassung**
> - Der Kontenrahmen gliedert sich nach dem Dezimalsystem.
> - Keine Buchung ohne Beleg.
> - Belegarten sind Fremdbelege, Eigenbelege und künstliche Belege.
> - Die Bücher sind nach den Grundsätzen ordnungsmäßiger Buchführung (GoB) zu führen.

Aufgaben

1. Erstellen Sie folgendes Einteilungsschema und ordnen Sie die nachfolgenden Kontenbezeichnungen den entsprechenden Kontenklassen zu:

Konten-klasse 0	Konten-klasse 1	Konten-klasse 2	Konten-klasse 3	Konten-klasse 4	Konten-klasse 7	Konten-klasse 8	Konten-klasse 9
Anlage- und Kapitalkonten	Finanz- und Privatkonten	Abgrenzungskonten	Wareneingangs- und Bestandskonten	Betriebliche Aufwendungen	VAK-Konten	Erlöskonten	Vortrags-, Kapital- und statistische Konten

Eigenkapital, Maschinen, Gebäude, Mieteinnahmen, Ersatzteile, Zubehör, Gehälter, Verkaufserlöse, Schlussbilanzkonto, Darlehen, Geschäftsausstattung, Neufahrzeuge, Forderungen, Bank, Verbindlichkeiten bei Lieferanten, Büromaterial, Porto, Kassendifferenzen

2. a) Geben Sie mithilfe des Kontenrahmens die Kontenbezeichnung zu folgenden Buchungssätzen an:
   - aa) 3000 an 1600
   - ab) 1200 an 1400
   - ac) 1200 an 1550
   - ad) 3300 an 1200
   - ae) 1000 an 1400
   - af) 1200 an 1000

   b) Geben Sie an, welche Geschäftsvorfälle den obigen Buchungssätzen zugrunde liegen.

3. Beurteilen Sie die Richtigkeit der folgenden Aussagen:
   a) Das Konto Eigenkapital gehört in die Kontenklasse 1.
   b) Das Konto Verbindlichkeiten aus Lieferungen und Leistungen gehört in die Kontenklasse 4.
   c) In der Kontenklasse 0 werden im Laufe eines Geschäftsjahres sehr viele Buchungen getätigt.
   d) In der Kontenklasse 1 wird der Zahlungsverkehr gebucht.
   e) Der Kontenrahmen im Kfz-Gewerbe besteht aus acht Kontenklassen.
   f) Der Warenbestand wird in der Kontenklasse 3 gebucht.
   g) Die Kontenklassen 0, 1 und 3 werden über das Schlussbilanzkonto abgeschlossen.

4. Bilden Sie unter Verwendung der entsprechenden Kontennummern die Buchungssätze zu den folgenden Geschäftsvorfällen:
   1. Eingangsrechnung: Kauf von Zubehör auf Ziel
   2. Bankauszug: Zahlung einer Lieferantenrechnung für Zubehör per Banküberweisung

Lernfeld 2

3. Kassenbeleg/Quittung: Einzahlung der Tageseinnahme auf das Bankkonto
4. Kontoauszug: Tilgung eines Bankdarlehens für die Ausstattung der Verwaltungsräume durch Banküberweisung
5. Vertragskopie: Umwandlung einer Verbindlichkeit in ein Bankdarlehen
6. Kontoauszug: Ein Kunde bezahlt seine Reparaturrechnung per Banküberweisung.
7. Eingangsrechnung: Kauf eines Vorführfahrzeugs auf Ziel
8. Kaufvertrag: Kauf eines gebrauchten Diagnosecomputers in bar
9. Vertragskopie: Aufnahme eines Darlehens für den Ausbau eines Showrooms; der Betrag wird dem Bankkonto gutgeschrieben.
10. Kassenbeleg/Quittung: Ein Kunde begleicht eine Forderung in bar.
11. Eingangsrechnung: Ein Lieferant liefert Zubehörteile an. Bezahlung der Rechnung aus der Kasse
12. Kontoauszug/Kassenbeleg: Bargeldabhebung bei der Bank; das Geld wird in die Kasse gelegt.
13. Eingangsrechnung: für die Betriebsausstattung Einkauf von zwei PCs auf Ziel
14. Kontoauszug: Begleichung einer offenen Lieferantenrechnung für Zubehör durch Banküberweisung
15. Kontoauszug: Kauf eines angrenzenden unbebauten Grundstücks zur Erweiterung des Betriebsgrundstückes; die Zahlung erfolgt über die Hausbank.

5. Welche der folgenden Begriffe ergänzen die unten stehenden Satzteile zu einer richtigen Aussage?
   1. Kontenklasse 0: Anlage- und Kapitalkonten
   2. Kontenklasse 1: Finanz- und Privatkonten
   3. Kontenklasse 2: Abgrenzungskonten
   4. Kontenklasse 3: Wareneingangs- und Bestandskonten
   5. Kontenklasse 4: Betriebliche Aufwendungen
   6. Kontenklasse 7: Verrechnete Anschaffungskosten
   7. Kontenklasse 8: Erlöskonten
   8. Schlussbilanzkonto
   9. Gewinn- und Verlustkonto
   a) Grundstücke und Gebäude werden in der Kontenklasse … erfasst.
   b) Die Bestandsänderungen des Vorratsvermögens werden in der Kontenklasse … gebucht.
   c) Betriebsfremde Erträge werden in der Kontenklasse … gebucht.
   d) Betriebliche Aufwendungen werden in der Kontenklasse … gebucht.
   e) Die Einstandspreise beim Warenverkauf werden in der Kontenklasse … gebucht.
   f) Der Zahlungsverkehr wird in der Kontenklasse … gebucht.
   g) Verkaufserlöse werden in der Kontenklasse … gebucht.
   h) Minderungen der Verkaufserlöse werden in der Kontenklasse … gebucht.
   i) Das Kassenkonto wird in der Kontenklasse … gebucht.
   j) Die Personalkosten werden in der Kontenklasse … gebucht.
   k) Die Kontenklassen 0, 1 und 3 werden über das … abgeschlossen.
   l) Die Kontenklassen 2, 4, 7 und 8 werden über das … abgeschlossen.

Organisation der Buchführung

6. Die Belege werden in Eigen- und Fremdbelege unterschieden. Nennen Sie zu jeder Belegart drei Beispiele.

7. Erläutern Sie die Belegbearbeitung in der Buchhaltung an folgenden Beispielen:
   a) Bankauszug
   b) Eingangsrechnung
   c) Ausgangsrechnung
   d) Müllbescheid
   e) Telefonrechnung

8. Nennen Sie die Gründe, warum Belege fortlaufend nummeriert sein müssen.

9. Ermitteln Sie in Ihrem Ausbildungsunternehmen den Weg einer Eingangsrechnung vom Posteingang bis zur Ablage. Stellen Sie Ihr Ergebnis in einem **Ablaufschema** Ihren Mitschülern vor.

10. Erläutern Sie, welche Informationen Betriebsprüfer aus bearbeiteten und abgelegten Belegen gewinnen können.

Lernfeld 2

4 Die Erfolgskonten

AUSGANGSSITUATION

Die Auszubildende Nora Braun und Frau Köppel, führen folgendes Gespräch: „Ich sehe jeden Tag, dass uns Ersatzteile, Neufahrzeuge und Zubehör usw. geliefert werden; das verschwindet dann alles im Teilelager oder die Neufahrzeuge kommen in die Ausstellungshalle. Wir verkaufen täglich Neufahrzeuge, Ersatzteile und Zubehör und solche Geschäftsvorfälle habe ich bisher noch gar nicht gebucht. Woher weiß ich, ob sich die Verkäufe überhaupt lohnen?", fragt Nora. Frau Köppel: „Das ist richtig, Nora, dazu muss man diese Geschäftsvorfälle auf den Erfolgskonten buchen. Voraussetzung dafür sind Kenntnisse über das Buchen auf Bestandskonten."

ARBEITSAUFTRÄGE

1. Erläutern Sie die Auswirkungen der Lohn- und Gehaltszahlungen einerseits und die des Warenverkaufs andererseits auf die Bilanz.
2. Zeigen Sie die Buchungsmöglichkeiten dieser Vorgänge.
3. Wie kann Ihrer Meinung nach der Erfolg des Autohauses ermittelt werden?
Lösen Sie die Fragen in **Gruppenarbeit**.

Die unternehmerische Tätigkeit eines Kfz-Unternehmers ist auf **Gewinnerzielung** ausgerichtet. Die Ursachen und die Höhe des Erfolgs (Gewinn oder Verlust) werden in der Buchführung im System der Erfolgskonten ermittelt.

Ein **Erfolg** liegt vor, wenn aufgrund des betrieblichen Leistungsprozesses das Eigenkapital erhöht wird.

4.1 Aufwendungen

EINSTIEGSSITUATION

„Was zählt zu den Aufwendungen", möchte die Auszubildende Nora Braun von ihrem Mitazubi, Herrn Löffler, wissen.
Nennen Sie fünf Beispiele für typische Aufwendungen in der Werkstatt eines Autohauses.

Zum Betriebszweck eines Autohauses gehört der Handel mit Fahrzeugen, Ersatzteilen und Zubehör. Damit diese Waren überhaupt erst verkauft werden können, müssen sie vorher eingekauft werden. Für den Verkauf müssen Mitarbeiter eingesetzt werden, die natürlich am Monatsende ihr Gehalt bekommen, und es müssen Betriebsmittel eingesetzt werden, für die z. B. Miete zu zahlen ist. Die eingekaufte Ware, die menschliche Arbeitsleistung und die Betriebsmittel werden als **Produktionsfaktoren** bezeichnet. Werden diese für die betriebliche Leistungserstellung eingesetzt und verzehrt, spricht man von Aufwendungen. Im Kraftfahrzeuggewerbe ist mit der betrieblichen Leistung der Umsatz gemeint.

Aufwendungen mindern das Eigenkapital. Theoretisch könnten Aufwendungen direkt über das Konto Eigenkapital gebucht werden; dadurch würde dies aber sehr viele Eintragungen enthalten und der Unternehmer hätte keine Übersicht über die einzelnen Aufwandsarten und deren Höhe. Aus diesem Grund werden die Aufwendungen stellvertretend auf den Aufwandskonten gebucht. Diese Konten werden letztlich zum Jahresende über das Eigenkapitalkonto abgeschlossen. Das Eigenkapitalkonto ist ein passives Bestandskonto. Auf passiven Bestandskonten werden Minderungen auf der Sollseite gebucht. Daraus folgt, dass **Aufwendungen** im **Soll** des betreffenden Aufwandskontos zu buchen sind.

Beispiel 1

Mietvertrag/Kassenquittung: Barzahlung der Miete für die Werkstatträume 1 200,00 €
Buchung:
4400 Miete, Pacht   1 200,00 €
                              an 1000 Kasse   1 200,00 €

Soll	4400 Miete, Pacht	Haben	Soll	1000 Kasse	Haben
① Kasse	1 200,00			Miete	1 200,00 ①

Beispiel 2

Eingangsrechnung: Zieleinkauf von Bürobedarf   650,00 €
Buchung:
4700 Büromaterial   650,00 €
                              an 1600 Verbindlichkeiten 650,00 €

Soll	4700 Büromaterial	Haben	Soll	1600 Verbindlichkeiten	Haben
② Verb.	650,00			Bürom.	650,00 ②

Beispiel 3

Kontoauszug: Gehaltszahlung per Banküberweisung   1 550,00 €
Buchung:
4200 Löhne und Gehälter   1 550,00 €
  unproduktive Mitarbeiter   an 1200 Bank   1 550,00 €

Soll	4200 Löhne und Gehälter unproduktive Mitarbeiter	Haben	Soll	1200 Bank	Haben
③ Bank	1 550,00			L & G u. M.	1 550,00 ③

Die bisher gebuchten Geschäftsvorfälle (Werteveränderungen in der Bilanz) veränderten lediglich Bestände in der Bilanz. Allerdings wurde eine Bilanzposition, das Eigenkapital, bisher nicht berührt. Der Erfolg der betrieblichen Tätigkeit lässt sich aber nur in der Veränderung des Eigenkapitals ablesen.

Die Aufwendungen für Miete, für das Büromaterial und für die Gehälter tätigt der Unternehmer nur aus dem Grund, sein Eigenkapital zu vermehren, also Gewinn zu erzielen. Die Produktionsfaktoren werden genutzt. Diese Nutzung beinhaltet aber auch das Risiko, Verluste zu erwirtschaften, also das Eigenkapital zu mindern.

Lernfeld 2

4.2 Erträge

> **EINSTIEGSSITUATION**
>
> „Was fällt denn alles unter die Erträge in einem Unternehmen?", fragt Frau Köppel die Azubis.
> Nennen Sie fünf typische Erträge, die in einem Autohaus anfallen.

Jedes Autohaus versucht, die Aufwendungen, die mit dem Verkauf von Fahrzeugen, Ersatzteilen und Zubehör verbunden sind, auf die Kunden abzuwälzen und somit über die Verkaufspreise eine Erstattung des Aufwands zu erreichen. Die Tätigkeit eines Unternehmens ist aber auf Gewinnerzielung ausgerichtet, d. h., das Autohaus möchte über die Erstattung des Aufwands hinaus einen Gewinn erzielen. Damit dies erreicht wird, müssen die Erträge höher als die Aufwendungen sein.

Erträge mehren das Eigenkapital. Theoretisch könnten auch die Erträge über das Konto Eigenkapital gebucht werden; hier gilt ebenfalls die Aussage, dass dadurch das Eigenkapitalkonto sehr unübersichtlich wäre. Aus diesem Grund werden die Erträge stellvertretend auf den **Ertragskonten** gebucht. Diese Konten werden letztlich zum Jahresende über das Eigenkapitalkonto abgeschlossen. Das Eigenkapitalkonto ist ein passives Bestandskonto. Auf passiven Bestandskonten werden Mehrungen auf der Habenseite gebucht. Daraus folgt, dass **Erträge** im **Haben** des betreffenden Ertragskontos zu buchen sind.

Beispiel 4

Kontoauszug: Zinsgutschrift der Bank 600,00 €
Buchung:
1200 Bank 600,00 €
    an 2650 sonstige Zinsen und
    ähnliche Erträge 600,00 €

Soll	1200 Bank	Haben	Soll	2650 sonstige Zinsen und ähnliche Erträge	Haben
④ sonst. Zinsen u. ä. E. 600,00				Bank	600,00 ④

Beispiel 5

Kassenbeleg/Quittung: Bareinnahme für die Vermittlung eines
Gebrauchtfahrzeugs 500,00 €
Buchung:
1000 Kasse 500,00 €
    an 8800 Provisionen 500,00 €

Soll	1000 Kasse	Haben	Soll	8800 Provisionen	Haben
⑤ Prov. 500,00				Kasse	500,00 ⑤

Die Erfolgskonten

> **Beispiel 6**
>
> Kassenbeleg/Quittung: Werkstatterlös für Reparaturleistung in bar   2 500,00 €
> Buchung:
> 1000 Kasse   2 500,00 €
>   an 8400 Erlöse Werkstatt   2 500,00 €

Soll	1000 Kasse	Haben
⑥ Erl. Werkst. 2 500,00		

Soll	8400 Erlöse Werkstatt	Haben
		Kasse 2 500,00 ⑥

4.3 Abschluss der Erfolgskonten

EINSTIEGSSITUATION

Die Auszubildende Nora Braun fragt Herrn Löppel: „Wie weiß das Autohaus, ob es einen Gewinn oder einen Verlust erwirtschaftet hat?"
Überlegen Sie, wie das Rechnungswesen im Autohaus das einfach ermitteln kann.

Der Abschluss der Erfolgskonten erfolgt nicht direkt über das Eigenkapitalkonto, sondern über ein zwischengeschaltetes **Gewinn- und Verlustkonto (GuV-Konto)**. Auf diesem GuV-Konto wird der Erfolg des Unternehmens ermittelt. Die Aufwendungen werden im Soll des GuV-Kontos gesammelt und den Erträgen auf der Habenseite des GuV-Kontos gegenübergestellt.

- **Gewinnsituation:** Aufwendungen < Erträge
- **Verlustsituation:** Aufwendungen > Erträge

Der **Saldo** aus Aufwendungen und Erträgen wird auf das Eigenkapitalkonto gebucht.

Gewinne und Verluste werden dann folgendermaßen gebucht:

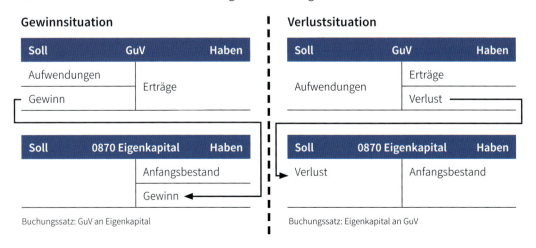

Lernfeld 2

Die Buchung von Aufwendungen und Erträgen auf Erfolgskonten hat für den Kfz-Unternehmer folgende Vorteile:

- Aufwendungen und Erträge werden getrennt nach Aufwands- und Ertragsarten erfasst. Dies ermöglicht eine Analyse, welche Aufwandsarten und welche Erträge den Erfolg des Unternehmens besonders beeinflussen.
- Der Unternehmer kann durch einen Zeitvergleich mehrerer aufeinanderfolgender Jahre die Entwicklung von Aufwendungen und Erträgen in seinem Unternehmen erkennen.
- Durch einen Betriebsvergleich (die Teilnahme an Betriebsvergleichen wird den markengebundenen Kfz-Händlern oftmals durch den Hersteller/Importeur vorgeschrieben) mit anderen Autohäusern der gleichen Marke und vergleichbarer Größe kann der Kfz-Unternehmer oftmals Ursachen für zu hohe Aufwendungen aufdecken.
- Durch einen Branchenvergleich (Branchenvergleichswerte werden von den Landesverbänden des Deutschen Kraftfahrzeuggewerbes regelmäßig herausgegeben) kann der Kfz-Unternehmer seine Aufwendungen und Erträge im Rahmen der gesamten Kfz-Branche analysieren.
- Aufgrund der gewonnenen Kenntnisse können Maßnahmen zur Kostensenkung oder Ertragssteigerung ergriffen werden.

Die Erfolgskonten

Abschluss der Erfolgskonten über das GuV-Konto:

Abschlussbuchungen der Aufwandskonten		Abschlussbuchungen der Ertragskonten	
GuV an Miete, Pacht	1 200,00 €	sonstige Zins. u. ähnliche Erträge an GuV	600,00 €
GuV an Büromaterial	650,00 €	Provisionen an GuV	500,00 €
GuV an Löhne und Gehälter u. M.	1 550,00 €	Erlöse Werkstatt an GuV	2 500,00 €

Abschlussbuchung des GuV-Kontos
GuV an Eigenkapital 200,00 €

Das obige Beispiel zeigt, dass ein Gewinn erwirtschaftet wurde. Den Aufwendungen von insgesamt 3 400,00 € stehen insgesamt 3 600,00 € Erträge gegenüber. Die Nutzung der Produktionsfaktoren erbrachte somit Erträge, die die Aufwendungen um 200,00 € übersteigen. Das Eigenkapital wurde erhöht. In der Schlussbilanz wird das Eigenkapital nun mit einem Bestand von 35 200,00 € ausgewiesen.

Lernfeld 2

Von der Eröffnungsbilanz zur Schlussbilanz:

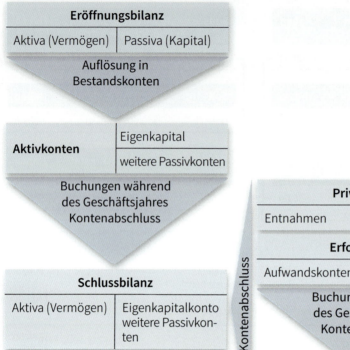

Die obige Grafik zeigt die grundlegenden Zusammenhänge der Buchführung im Autohaus. Die **Bestandskonten** werden aus der Eröffnungsbilanz abgeleitet, im Laufe des Geschäftsjahres bebucht und am Ende des Geschäftsjahres in der Schlussbilanz wieder zusammengeführt. Auf den **Erfolgskonten** werden Aufwendungen und Erträge gebucht. Der Abschluss erfolgt über das **GuV-Konto**. Dessen Saldo gibt das Ergebnis der unternehmerischen Tätigkeit während der Abrechnungsperiode wieder und wird auf das Konto **Eigenkapital** gebucht.

 Auf die Systematik des Privatkontos wird in Kapitel 2.3 im Lernfeld 4 eingegangen.

Die Erfolgskonten

> **Zusammenfassung**
> - Die Tätigkeit eines Kfz-Unternehmers ist auf Gewinnerzielung ausgerichtet.
> - Aufwendungen mindern das Eigenkapital, die Buchung erfolgt im Soll des Aufwandskontos.
> - Erträge mehren das Eigenkapital, die Buchung erfolgt im Haben des Ertragskontos.
> - Der Abschluss der Erfolgskonten erfolgt über das Gewinn- und Verlustkonto (GuV-Konto).
> - Gewinnsituation: Aufwendungen < Erträge
> - Verlustsituation: Aufwendungen > Erträge
> - Das GuV-Konto wird über das Eigenkapitalkonto abgeschlossen.

Aufgaben

1. Bilden Sie zu den folgenden Geschäftsvorfällen die Buchungssätze:
   1. Kontoauszug: Zahlung der Heizkostenpauschale für die Geschäftsräume durch Banküberweisung 650,00 €
   2. Kassenbeleg/Quittung: Barzahlung der Miete für den Abstellplatz der Gebrauchtfahrzeuge 900,00 €
   3. Kontoauszug: Zinslastschrift für einen kurzfr. Kredit 130,00 €
   4. Kassenbeleg/Quittung: Barzahlung von Aushilfslöhnen 470,00 €
   5. Kassenbeleg/Quittung: Barzahlung für die EDV-Wartung 145,00 €
   6. Kontoauszug: Gutschrift der Bank für Zinsen 140,00 €
   7. Kassenbeleg/Quittung: Barkauf von Büromaterial 85,00 €
   8. Kontoauszug: Provisionserträge werden auf die Bank überwiesen 760,00 €
   9. Kontoauszug: Abbuchung der Kfz Steuer für den Abschleppwagen 620,00 €
   10. Kassenbeleg/Quittung: Barzahlung für Porto 200,00 €

2. a) Was sind Erfolgskonten und was bewirkt die Buchung auf ihnen?
   b) Erläutern Sie den Abschluss der Erfolgskonten.
   c) Auf welcher Kontoseite werden Aufwendungen gebucht?
   d) Auf welcher Kontoseite werden Erträge gebucht?

3. Als Auszubildender im Autohaus arbeiten Sie öfters mit dem Handelsvertreter Jürgen Emsig zusammen. Leider beherrscht dieser die Buchführung überhaupt nicht und fragt Sie, wie er denn vorzugehen habe, um sein Eigenkapital am Ende der Buchungsperiode zu bestimmen.
   Bei der Inventur stellte er folgende Bestände fest:
   Betriebs- und Geschäftsausstattung 6 300,00 €
   Pkw 5 600,00 €
   Kassenbestand 8 000,00 €
   Guthaben bei der Bank 25 000,00 €
   Darlehensschuld 10 000,00 €
   Eigenkapital … ? €

Lernfeld 2

Bis zum Abschlussstichtag ereigneten sich folgende Geschäftsvorfälle:
1. Einzahlung aus der Kasse auf das Bankkonto — 1 900,00 €
2. Barkauf eines Schreibtisches — 1 200,00 €
3. in bar erhaltene Provisionszahlung — 600,00 €
4. Zinsen für das Darlehen werden überwiesen. — 80,00 €
5. Tanken gegen Barzahlung — 43,00 €
6. Die Telefongebühren werden abgebucht. — 365,00 €
7. Provision geht auf dem Bankkonto ein. — 1 300,00 €
8. Barkauf von Büromaterial — 490,00 €
9. Barzahlung der Kfz-Versicherungsprämie — 243,00 €
10. Zahlung von Lohn für die Raumpflegerin in bar — 180,00 €
11. Die Bank schreibt Zinsen gut. — 430,00 €
12. Überweisung der Stromkosten — 192,00 €
13. Eine Provisionszahlung geht bar ein. — 2 600,00 €

a) Eröffnen Sie die Konten.
b) Bilden Sie die Buchungssätze.
c) Buchen Sie diese auf den Konten.
d) Schließen Sie die Konten ab.
e) Teilen Sie Jürgen Emsig mit, wie hoch sein Eigenkapital am Ende der Buchungsperiode ist.

4. Folgende Anfangsbestände liegen im Autohaus vor:
Grundstücke — 220 000,00 €
Gebäude — 150 000,00 €
Betriebs- und Geschäftsausstattung — 110 000,00 €
Vorführfahrzeuge — 28 000,00 €
Forderungen — 75 000,00 €
Bank — 56 000,00 €
Kasse — 11 000,00 €
Darlehen — 250 000,00 €
Verbindlichkeiten — 280 000,00 €
Eigenkapital — ... ? €

Geschäftsvorfälle:
1. Kontoauszug: Zahlung der Miete für den Gebrauchtfahrzeugeplatz — 1 200,00 €
2. Kontoauszug: Ein Kunde überweist eine fällige Rechnung. — 6 800,00 €
3. Kontoauszug: Überweisung einer fälligen Lieferantenrechnung — 4 200,00 €
4. Kontoauszug: Überweisung von Gehältern — 2 200,00 €
5. Kontoauszug: Zinsgutschrift der Bank — 10 200,00 €
6. Kontoauszug: Zahlungseingang von Provisionserträgen — 9 800,00 €
7. Kontoauszug: Tilgungsrate eines Darlehens wird abgebucht — 2 500,00 €
8. Kontoauszug: Darlehenszinsen werden abgebucht — 500,00 €
9. Eingangsrechnung: Kauf einer Büroausstattung auf Ziel — 4 500,00 €
10. Kassenbeleg: Barzahlung für die Wartung der Klimaanlage — 130,00 €
11. Kassenbeleg: Ein Kunde zahlt eine offene Rechnung. — 2 600,00 €

12. Kassenbeleg: Ersatzteile werden bar gekauft. — 1 500,00 €
13. Kassenbeleg: Ein Mieter zahlt seine Miete in bar. — 750,00 €
14. Kassenbeleg: Barkauf von Büromaterial — 120,00 €
15. Kassenbeleg: Barkauf eines Büroschreibtisches — 620,00 €
16. Kassenbeleg: Barzahlung für Benzin — 35,00 €
17. Darlehensvertrag: Aufnahme eines Darlehens
    Der Betrag wird dem Bankkonto gutgeschrieben. — 20 000,00 €
18. Kontoauszug: Zahlung einer Lieferantenverbindlichkeit — 18 000,00 €
19. Kontoauszug: Zinslastschrift der Bank — 250,00 €
20. Eingangsrechnung: Kauf eines Diagnosecomputers auf Ziel — 7 300,00 €

a) Eröffnen Sie die Konten.
b) Ermitteln Sie das Eigenkapital zu Beginn der Buchungsperiode.
c) Bilden Sie alle Buchungssätze.
d) Buchen Sie diese auf den Konten.
e) Schließen Sie die Konten ab.

Lernfeld 2

5 Die Umsatzsteuer mit Prozentrechnen

5.1 Prozentrechnen

> **EINSTIEGSSITUATION**
>
> Beim Kauf eines Neufahrzeuges verhandelt die Kundin, Frau Dillerle mit dem zuständigen Verkaufsberater, Herrn Tursch, über einen Nachlass vom Verkaufspreis in Prozent. Überlegen Sie, warum der Kunde den Nachlass in Prozent und nicht in Euro wissen möchte.

Das Autohaus Köppel bezieht Alu-Sport-Felgen von zwei unterschiedlichen Lieferanten. Lieferant A liefert die Felgen für 200,00 € den Satz plus 50,00 € Versandkosten. Lieferant B liefert den Satz Felgen für 250,00 € plus 50,00 € Versandkosten. Wie hoch ist jeweils der Versandkostenanteil in Prozent am Einkaufspreis?

Dem Betrag nach ist der Versandkostenanteil gleich hoch. Im Verhältnis zum Einkaufspreis ist der Versandkostenanteil beim Lieferant A höher als beim Lieferant B.

Vergleichbar werden die Versandkosten, indem festgestellt wird, wie viel Euro Versandkosten auf 100,00 € Einkaufspreis entfallen.

Rechnerische Lösung:

Lieferant A
Auf 200,00 € Einkaufspreis kommen 50,00 € Versandkosten.
Auf 100,00 € Einkaufspreis kommen x € Versandkosten.

$$\frac{x}{100,00\,€} = \frac{50,00\,€}{200,00\,€} \leftrightarrow x = \frac{100,00\,€ \cdot 50,00\,€}{200,00\,€} = 25,00\,€$$

25,00 € Versandkosten auf 100,00 € Einkaufspreis

oder $\frac{25,00\,€}{100,00\,€} = 0,25 = 25\,\%$

Rechnerische Lösung mithilfe des Dreisatzes

Bei der Dreisatzrechnung wird aus mindestens drei bekannten Größen durch logische Schlussfolgerungen die gesuchte vierte Größe ermittelt.

Der Dreisatz besteht aus drei Teilen:

- **Bedingungssatz:** Er gibt das Gegebene an.
- **Fragesatz:** Er gibt das Gefragte an.
- **Bruchsatz:** Er gibt die Lösung an.

Die Umsatzsteuer mit Prozentrechnen

- Bedingungssatz: 200,00 € entsprechen 100 %
- Fragesatz: 50,00 € entsprechen x %
- Bruchsatz: $x = \dfrac{100\% \cdot 50,00\,€}{200,00\,€} = 25\%$

Rechenweg: Im Bedingungssatz und Fragesatz stehen gleiche Bezeichnungen untereinander. Die gesuchte Größe steht immer rechts. Die Lösung wird in drei Schritten vollzogen.

1. Wiederholung der Bedingung: 200,00 € entsprechen der Vergleichsgröße 100 %

2. Von der gegebenen Vielheit wird auf eine Einheit geschlossen: $\dfrac{100}{200}$

3. Von der Einheit wird auf die gesuchte Vielheit geschlossen: $x = \dfrac{100\% \cdot 50,00\,€}{200,00\,€} = 25\%$

Lieferant B

Auf 250,00 € Einkaufspreis kommen 50,00 € Versandkosten.
Auf 100,00 € Einkaufspreis kommen x € Versandkosten.

$\dfrac{x}{100,00\,€} = \dfrac{50,00\,€}{250,00\,€} \leftrightarrow x = \dfrac{100,00\,€ \cdot 50,00\,€}{250,00\,€} = 20,00\,€$

20,00 € Versandkosten auf 100,00 € Einkaufspreis

oder $\dfrac{20,00\,€}{100,00\,€} = \dfrac{20}{100} = 20\%$

Rechnerische Lösung mithilfe der Prozentrechnung

- Bedingungssatz: 250,00 € entsprechen 100 %
- Fragesatz: 50,00 € entsprechen x %
- Bruchsatz: $x = \dfrac{100\% \cdot 50,00\,€}{250,00\,€} = 20\%$

Die Prozentrechnung ist eine Vergleichsrechnung mit der Zahl 100 als Vergleichszahl.
Die Prozentrechnung beinhaltet drei Größen:

Zwei dieser drei Größen müssen immer gegeben sein, um die dritte Größe zu berechnen.

Lernfeld 2

Vermehrter Grundwert

> **Beispiel**
>
> Eine Quittung lautet 16,24 € inklusive Umsatzsteuer.
> Wie viel Euro beträgt die Umsatzsteuer?
> Der Umsatzsteuersatz beträgt zurzeit 19 % der Bemessungsgrundlage.
> In diesem Fall entspricht der Rechnungsbetrag einem Grundwert von 119 %.
>
> **Rechnerische Lösung:**
> - Bedingungssatz: 119 % entsprechen 16,24 €
> - Fragesatz: 19 % entsprechen x €
> - Bruchsatz: $x = \dfrac{16{,}24\,€ \cdot 19\,\%}{119\,\%} = 2{,}59\,€$

Verminderter Grundwert

> **Beispiel**
>
> Ein Autohaus kauft ein Gebrauchtfahrzeug für 7 200,00 € an.
> Das sind 60 % des Neupreises. Wie hoch war der Neupreis?
> In diesem Fall entspricht der Ankaufspreis einem Grundwert von 60 %.
>
> **Rechnerische Lösung:**
> - Bedingungssatz: 60 % entsprechen 7 200,00 €
> - Fragesatz: 100 % entsprechen x €
> - Bruchsatz: $x = \dfrac{7\,200{,}00\,€ \cdot 100\,\%}{60\,\%} = 12\,000{,}00\,€$

5.2 Umsatzsteuer

> **EINSTIEGSSITUATION**
>
> Nora Braun wundert sich über die Umsatzsteuer auf den Rechnungen. Sowohl Eingangs- als auch Ausgangsrechnungen beinhalten 19 %[1] Umsatzsteuer. Sie überlegt sich, dass dann das Autohaus Köppel wohl nicht sehr viel verdienen kann, wenn das Finanzamt immer Geld bekommt. Überprüfen Sie die Annahme von Nora Braun auf ihre Richtigkeit.

Umsatzsteuer beim Einkauf

Um einen Umsatz erbringen zu können, muss das Autohaus als Handelsunternehmen Lieferungen und Leistungen anderer Unternehmen in Anspruch nehmen, die für diese Unternehmen (Lieferanten) Umsatz sind. Die **Eingangsrechnungen** weisen daher neben dem vereinbarten

---

[1] In Autohäusern kommt überwiegend der Umsatzsteuersatz von 19 % zur Anwendung. Es gibt darüber hinaus den verminderten Umsatzsteuersatz von 7 %, der zum Beispiel bei Obst und Gemüse, Milch und Milchprodukten, Fleisch, Fisch, Eier, Honig sowie Getreideerzeugnissen und Backwaren zur Anwendung kommt. Für Briefporto beträgt der Umsatzsteuersatz 0 %.

Die Umsatzsteuer mit Prozentrechnen

Entgelt für die Waren oder Dienstleistungen die Umsatzsteuer aus. Aus der Sicht des beschaffenden Autohauses wird die Umsatzsteuer auf Eingangsbelegen als **Vorsteuer** bezeichnet. Die beim Einkauf von Waren (Neufahrzeuge, Ersatzteile, Zubehör) zu zahlende Umsatzsteuer stellt eine Forderung gegenüber dem Finanzamt dar und wird auf dem aktiven Bestandskonto „1570 Vorsteuer" gebucht.

Beispiel 1

Eingangsrechnung: Kauf eines Autoradios auf Ziel

Eberhard OHG

Eberhard OHG, Willi-Hörter-Platz1, 56068 Koblenz

Autohaus Köppel GmbH
Diedenhofener Str. 6
54294 Trier

Anschrift: Willi-Hörter-Platz1
56068 Koblenz
Telefon: 0261 1284-0
E-Mail: eberhard@ohg.de
Bank: Stadtsparkasse Koblenz
BIC: STBEDE22
IBAN: DE48290500000085313948

Rechnung

Ihr Auftrag vom 18.08.20..

Kunden-Nr.	Rechnungs-Nr.	Rechnungsdatum
20344	10112	20.08.20..
Bei Zahlung bitte angeben		

Pos.	Artikel-Nr.	Artikelbezeichnung	Menge	Einzelpreis €	Gesamtpreis €
1	100 301	Autoradio CDX-100	1	300,00	300,00
			Nettoentgelt 300,00 €	USt-% 19	USt-€ 57,00	Gesamtbetrag 357,00 €

USt-IdNr.: DE111369216
Steuernummer: 94165/01763
Zahlung: 50 Tage Ziel, netto, oder innerhalb von 14 Tagen 2 % Skonto.

Buchung:
3300 Bestand Teile	300,00 €		
1570 Vorsteuer	57,00 €		
		an 1600 Verbindlichkeiten	357,00 €

Soll	3300 Bestand Teile	Haben
①Verb. 300,00		

Soll	1600 Verbindlichkeiten	Haben
		Best. Teile, VSt. 357,00 ①

Soll	1570 Vorsteuer	Haben
①Verb. 57,00		

Umsatzsteuer beim Verkauf

Die Höhe der Umsatzsteuer bemisst sich nach dem vereinbarten Entgelt, das somit die **Bemessungsgrundlage** darstellt. Zur Bemessungsgrundlage gehört alles, was der Unternehmer als Gegenleistung für seine Lieferungen und sonstigen Leistungen mit dem Vertragspartner vereinbart hat. Der Umsatzsteuersatz beträgt zurzeit 19 % der **Bemessungsgrundlage**. Die beim Verkauf ermittelte Umsatzsteuer wird dem Kunden in Rechnung gestellt. Sie stellt eine Verbindlichkeit gegenüber dem Finanzamt dar und wird auf dem passiven Bestandskonto „1770 Umsatzsteuer" gebucht. Das Autohaus, wie jedes andere Unternehmen auch, wälzt die abzuführende Umsatzsteuer auf den Kunden ab. Der Kunde trägt somit die Umsatzsteuer, daher spricht man auch von der **Umsatzsteuertraglast**. Im Gesetz ist vorgesehen, dass die Umsatzsteuer offen in den Ausgangsrechnungen ausgewiesen sein muss.

Beispiel 2

Ausgangsrechnung: Verkauf eines Autoradios auf Ziel

Autohaus Köppel GmbH
Diedenhofener Str. 6
54294 Trier

Autohaus Köppel GmbH, Diedenhofener Str. 6, 54294 Trier

Herrn
Björn Löser
Hermeskeiler Str. 1
54413 Gusenburg

Telefon: 0651 7155-0
Telefax: 0651 7155-23
E-Mail: info@autohaus-koeppel.de
Bank: Sparkasse Trier
IBAN: DE01585501303011222215
BIC: TRISDE55XXX

KOPIE

Rechnung

Ihr Auftrag vom 23.08.20..

Kunden-Nr.	Rechnungs-Nr.	Rechnungstag
8671	18221	23.08.20..
Bei Zahlung bitte angeben		

Pos.	Artikel-Nr.	Artikelbezeichnung	Menge	Einzelpreis €	Gesamtpreis €
1	8105	Autoradio CDX-100	1	400,00	400,00
			Nettoentgelt 400,00 €	USt-% 19	USt-€ 76,00	**Gesamtbetrag** 476,00 €

USt-IdNr.: DE000111339
Steuernummer: 76144/21966

Zahlbar binnen 30 Tagen netto.

Die Umsatzsteuer mit Prozentrechnen

Buchung:
1400 Forderungen 476,00 €

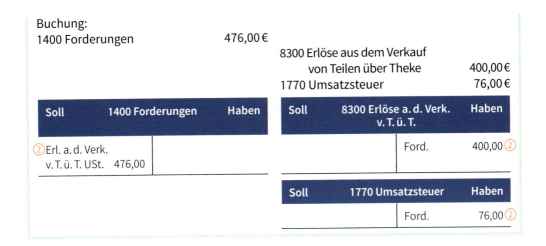

Die Systematik des Mehrwerts

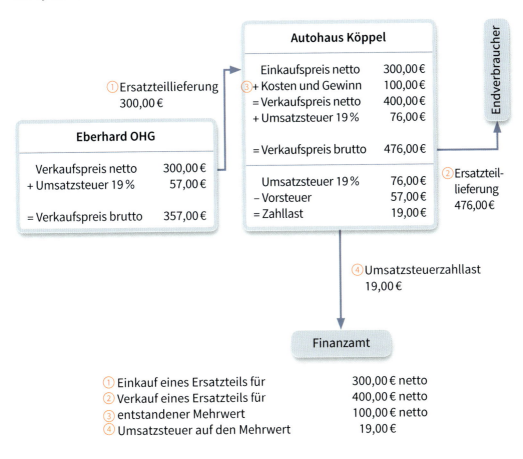

5.3 Abschluss der Umsatzsteuerkonten

EINSTIEGSSITUATION

Am Anfang des Monats muss der Buchhalter Ben Löppel die fällige Umsatzsteuer an das Finanzamt überweisen. Die Auszubildende Nora Braun fragt ihn, ob dies von Vorteil oder Nachteil für das Autohaus ist.
Diskutieren Sie die Frage.

Damit die Umsatzsteuerzahllast ermittelt werden kann, muss der Saldo des Kontos „Vorsteuer" mit dem Saldo des Umsatzsteuerkontos verrechnet werden. Buchhalterisch erfolgt das durch die Umbuchung des Saldos des Vorsteuerkontos auf das Konto „Umsatzsteuer". Die für den abgelaufenen Monat ermittelte **Umsatzsteuerzahllast** ist bis zum 10. des Folgemonats an das zuständige Finanzamt zu entrichten. Sollte die Umsatzsteuer zum Bilanzstichtag am Geschäftsjahresende nicht an das Finanzamt überwiesen sein, so ist das Umsatzsteuerkonto als Verbindlichkeit in das Schlussbilanzkonto aufzunehmen.

Rechnerisch lässt sich die Umsatzsteuerzahllast wie folgt ermitteln:

> **Umsatzsteuerzahllast = Umsatzsteuertraglast – Vorsteuer**

Einkaufsbuchung

Soll	3300 Bestand Teile		Haben
① Verb.	300,00		

Soll	1570 Vorsteuer		Haben
① Verb.	57,00		

Soll	1600 Verbindlichkeiten		Haben
①		Bestand Teile VSt.	357,00

Verkaufsbuchung

Soll	8300 Erlöse a. d. Verk. v. T. ü. T.		Haben
		Ford.	400,00 ②

Soll	1770 Umsatzsteuer		Haben
		Ford.	76,00 ②

Soll	1400 Forderungen		Haben
Erlöse a. d. Verk. v. T. ü. T. USt. 476,00			②

③ **Abschluss des Vorsteuerkontos**
Buchungssatz: 1770 Umsatzsteuer an 1570 Vorsteuer 57,00 €

Soll	1570 Vorsteuer		Haben
① Verb.	57,00	USt.	57,00 ③

Soll	1770 Umsatzsteuer		Haben
③ VSt.	57,00	Ford.	76,00 ②

④ **Ermittlung und Zahlung der Umsatzsteuerzahllast an das Finanzamt per Banküberweisung**
Buchungssatz: 1770 Umsatzsteuer an 1200 Bank 19,00 €

Soll	1770 Umsatzsteuer		Haben
VSt.	57,00	Ford.	76,00
④ Bank	19,00		

Soll	1200 Bank		Haben
AB	1 000,00	USt.	19,00 ④

Die Umsatzsteuer mit Prozentrechnen

Zusammenfassung

- Die Prozentrechnung ist eine Vergleichsrechnung mit der Zahl 100 als Vergleichszahl.
- Die drei Größen in der Prozentrechnung sind Prozentsatz, Grundwert und Prozentwert. Zwei dieser drei Größen müssen gegeben sein, um die dritte Größe zu berechnen.
- Umsatzsteuer beim Einkauf: Konto 1570 Vorsteuer
- Umsatzsteuer beim Verkauf: Konto 1770 Umsatzsteuer
- Umsatzsteuerzahllast = Umsatzsteuertraglast – Vorsteuer
- Abschluss der Umsatzsteuerkonten über das Konto Umsatzsteuer

Aufgaben

1. Das Autohaus Köppel erhält folgendes Angebot über Lederlenkräder:
   Verkaufspreis 135,00 € plus 27,00 € Versandkosten.
   Wie viel Prozent betragen die Versandkosten gemessen am Verkaufspreis?

2. Ein Verkaufskatalog beinhaltet folgendes Angebot:
   Bei Abnahme von zehn Stück erhalten Sie einen Mengenrabatt von 5 %, Stückpreis 65,00 €.
   Wie hoch ist der Einkaufspreis bei einer Abnahme von zehn Stück?

3. Das Autohaus Köppel erhielt einen Mengenrabatt von 15,00 €.
   Der Einkaufspreis betrug vor Abzug des Mengenrabatts 300,00 €.
   Wie viel Prozent Preisnachlass wurde dem Autohaus Köppel eingeräumt?

4. Nach Abzug eines Mengenrabatts von 25 % zahlt das Autohaus Köppel einem Zubehörlieferer 2 550,00 €.
   a) Wie hoch war der ursprüngliche Rechnungsbetrag?
   b) Wie hoch ist der Mengenrabatt in Euro?

5. Dies Autohaus Köppel kauft ein Gebrauchtfahrzeug für 6 400,00 € von einem Privatmann an.
   Dies entspricht 25 % des Neupreises.
   a) Wie hoch war der ursprüngliche Neupreis des Gebrauchtfahrzeuges?
   b) Wie viel Euro Wertverlust erlitt dieses Gebrauchtfahrzeug?

6. In der Schwacke-Liste wird ein Fahrzeug mit einem Neupreis von 18 900,00 € nach einem Jahr mit 13 608,00 €, nach zwei Jahren mit 10 395,00 € bewertet.
   a) Wie hoch ist der Wertverlust in Prozent des Neupreises nach einem Jahr?
   b) Wie hoch ist der Wertverlust in Prozent des Neupreises nach zwei Jahren?

7. Eine Quittung lautet 29,00 € inklusive 19 % Umsatzsteuer.
   Wie viel Euro beträgt die Umsatzsteuer?

Lernfeld 2

8. Folgende Geschäftsvorfälle liegen vor:
   1. Einkauf von Ersatzteilen — 800,00 €
   2. Einkauf von Ersatzteilen — 480,00 €
   3. Einkauf Neufahrzeuge — 126 800,00 €
   4. Verkauf von Ersatzteilen — 900,00 €
   5. Verkauf von Ersatzteilen — 560,00 €
   6. Verkauf Neufahrzeuge — 29 800,00 €

   a) Bilden Sie die Buchungssätze zu den Geschäftsvorfällen. Alle Einkäufe sind Zieleinkäufe; alle Verkäufe sind Zielverkäufe. Alle Beträge sind netto.
   b) Buchen Sie auf den entsprechenden Konten.
   c) Schließen Sie die Umsatzsteuerkonten ab.
   d) Wie hoch ist der Vorsteuerüberhang gegenüber dem Finanzamt?

9. Beantworten Sie folgende Fragen in **Gruppenarbeit**.
   a) Was versteht man unter dem Mehrwert?
   b) Wie wird die Umsatzsteuerzahllast rechnerisch ermittelt?
   c) Welche USt. wird auf dem Konto „Vorsteuer" gebucht?
   d) Welche USt. wird auf dem Konto „Umsatzsteuer" gebucht?
   e) Wie erfolgt der Abschluss der Umsatzsteuerkonten? Stellen Sie Ihr Ergebnis **grafisch** dar.

10. Ermitteln Sie bei den folgenden Geschäftsvorfällen, ob auf das Konto „Vorsteuer", das Konto „Umsatzsteuer" oder auf kein Steuerkonto gebucht wird. Geben Sie zusätzlich die Höhe der eventuell anfallenden Umsatzsteuer an.
    1. Einkauf von Zubehör — 1 800,00 € netto
    2. Verkauf von Zubehör — 600,00 € netto
    3. Einkauf von Ersatzteilen — 630,00 € netto
    4. Einkauf Neufahrzeuge — 156 800,00 € netto
    5. Verkauf von Ersatzteilen — 1 560,00 € netto
    6. Verkauf Neufahrzeuge — 31 800,00 € netto
    7. Ein Kunde bezahlt eine Rechnung bar. — 1 190,00 €

11. Folgende Geschäftsvorfälle liegen vor:
    1. Einkauf von Neufahrzeugen — 34 000,00 € netto
    2. Verkauf von Neufahrzeugen — 36 000,00 € netto
    3. Einkauf von Zubehör — 1 200,00 € netto
    4. Verkauf von Zubehör — 1 800,00 € netto
    5. Einkauf von Büromaterial — 620,00 € netto
    6. Kauf eines Diagnosecomputers für die Werkstatt — 26 300,00 € netto
    7. Verkauf von drei Neufahrzeugen insgesamt — 93 000,00 € netto

    a) Führen Sie ein Vorsteuerkonto und ein Umsatzsteuerkonto und buchen Sie darauf die Geschäftsvorfälle ohne Gegenbuchung.
    b) Schließen Sie die Umsatzsteuerkonten ab.
    c) Ermitteln Sie den Saldo des Vorsteuerkontos.
    d) Ermitteln Sie die Umsatzsteuertraglast.
    e) Ermitteln Sie die Umsatzsteuerzahllast.

Die Umsatzsteuer mit Prozentrechnen

12. Überprüfen Sie die Richtigkeit folgender Aussagen:
    a) Die Vorsteuer geht aus den Eingangsrechnungen hervor.
    b) Die den Kunden berechnete Umsatzsteuer ist eine Verbindlichkeit gegenüber dem Finanzamt.
    c) Die Umsatzsteuerzahllast für die Monate Januar bis März muss in einer Summe am 10. April an das Finanzamt überwiesen werden.
    d) Das Konto „Umsatzsteuer" muss am Jahresende über das GuV-Konto abgeschlossen werden.
    e) Das Konto „Vorsteuer" ist ein aktives Bestandskonto.
    f) Die Überweisung der Umsatzsteuerzahllast an das Finanzamt führt zu einer Verminderung des Gewinns.
    g) Das Konto „Vorsteuer" weist folgenden Wert aus: Soll 56 000,00 €
    Das Konto „Umsatzsteuer" weist folgenden Wert aus: Haben 65 000,00 €
    Die Umsatzsteuertraglast beträgt: 65 000,00 €

Lernfeld 2

6 Vorbereitung des Jahresabschlusses

> **AUSGANGSSITUATION**
>
> Zum Ende des Geschäftsjahres bemerkt die Auszubildende Nora Braun, dass sich Frau Köppel und ihr Steuerberater über viele Geschäftsvorfälle aus dem abgelaufenen Jahr unterhalten. Auf ihre Nachfrage hin wird ihr erläutert, dass das Autohaus Köppel den Jahresabschluss vorbereitet und dazu noch umfangreiche Arbeiten in der Buchhaltung erfolgen müssen.
>
> **ARBEITSAUFTRÄGE**
>
>
>
> Erarbeiten Sie anhand dieses Kapitels, welche Auswirkungen hohe Abschreibungen auf das Autohaus Köppel haben. Präsentieren Sie Ihr Ergebnis in ansprechender Form Ihren Mitschülerinnen und Mitschülern. Nutzen Sie dazu **Flipcharts**.

Vorbereitende Abschlussbuchungen

Dazu gehören:
- Buchung der Abschreibungen auf Anlagen,
- Buchung der Abschreibungen auf Forderungen,
- Bewertung der Lagervorräte (Ersatzteile/Zubehör/Neufahrzeuge/Gebrauchtfahrzeuge),
- Ausgleich von Bestandsdifferenzen zwischen Soll- und Ist-Beständen,
- Ermittlung der Umsatzsteuerzahllast,
- Abschluss der Unterkonten auf ihre Hauptkonten,
- zeitliche Abgrenzung von Aufwendungen und Erträgen und die
- Bildung von Rückstellungen.

Abschreibungen auf Anlagen

Jedes Unternehmen muss das **abnutzbare Anlagevermögen** zum Bilanzstichtag bewerten. Die Bewertung erfolgt nach folgendem Schema: Anschaffungs- oder Herstellkosten abzüglich planmäßiger Abschreibungen. Durch die **planmäßigen Abschreibungen** werden die Anschaffungs- oder Herstellkosten entsprechend der betriebsgewöhnlichen Nutzungsdauer des Anlagegutes auf die Jahre der wirtschaftlichen Nutzung verteilt. Die betriebsgewöhnliche Nutzungsdauer wird von der Finanzverwaltung für alle Gegenstände des Anlagevermögens in den AfA-Listen (AfA = Absetzung für Abnutzung) bestimmt.

Unterjährige Anschaffung von Anlagen

Im Jahr der Anschaffung oder Herstellung des Wirtschaftsgutes vermindert sich für dieses Jahr der Absetzungsbetrag um jeweils ein Zwölftel für jeden vollen Monat, der dem Monat der Anschaffung oder Herstellung vorangeht (§ 7 EStG Abs. 1 Satz 4).

Vorbereitung des Jahresabschlusses

Beispiel

Das Autohaus Köppel erwirbt am 4. April dieses Jahres ein Anlagengut. Der Anschaffungswert beträgt 24 000,00 € netto, die betriebsgewöhnliche Nutzungsdauer zehn Jahre.

Im Jahr der Anschaffung ist der Absetzungsbetrag nach der obigen Vorschrift zu vermindern. Dem April als Anschaffungsmonat gehen drei Monate (Januar, Februar und März) voraus. Der Abschreibungsbetrag ist somit um 3/12 zu vermindern.

Berechnung des Abschreibungsbetrags für das Jahr der Anschaffung:

Nutzungsdauer:	10 Jahre	
jährlicher linearer Abschreibungsbetrag:	$\frac{1 \text{ Jahr}}{10 \text{ Jahre}} \cdot 24\,000,00\,€$	= 2 400,00 €
Verminderung des linearen Abschreibungsbetrags im Jahr der Anschaffung:	$\frac{3 \text{ Monate}}{12 \text{ Monate}} \cdot 2\,400,00\,€$	= 600,00 €
Abschreibungsbetrag im Jahr der Anschaffung:	2 400,00 € – 600,00 €	= 1 800,00 €

Das abnutzbare Anlagevermögen unterliegt einem ständigen Werteverlust und muss nach einer gewissen Zeit durch neue Anlagegüter ersetzt werden. Ursachen des Werteverlustes sind:

- technischer Verschleiß durch die Nutzung des Anlagegutes,
- ruhender Verschleiß durch Umwelteinflüsse,
- wirtschaftlicher Werteverlust aufgrund technischen Fortschritts.

Abschreibungen stehen für die buchmäßige Erfassung der Wertminderung des Anlagevermögens. Im Steuerrecht nennt man die Abschreibung: **Absetzung für Abnutzung**.

Durch die Buchung von Abschreibungen werden die Anschaffungs- oder Herstellkosten als Aufwand auf die Jahre der betriebsgewöhnlichen Nutzung verteilt. Im Handelsrecht nennt man diesen Aufwand planmäßige Abschreibung.

Beispiel

Das Autohaus Köppel kaufte am 22. Januar dieses Jahres von der Firma Boxengasse einen neuen Diagnosecomputer für das Fahrzeugmodell Maximo. Der Diagnosecomputer kostete 12 000,00 € netto. Die betriebsgewöhnliche Nutzungsdauer beträgt sechs Jahre.

Für die Berechnung der Abschreibungshöhe steht dem Autohaus Köppel folgende Methoden zur Verfügung:

- **die lineare Abschreibungsmethode:** Hier werden die Anschaffungskosten mit einer jährlich gleichbleibenden Rate auf die Jahre der wirtschaftlichen Nutzung verteilt.

Lernfeld 2

- **die degressive Abschreibungsmethode:** Im Zuge der Unternehmensteuerreform ist die degressive Abschreibung für bewegliche Wirtschaftsgüter des Anlagevermögens seit dem 01.01.2008 abgeschafft. Trotzdem soll sie noch erklärt werden, da sie in bereits laufenden Prozessen noch Anwendung findet. Sie wurde zeitweise wieder zugelassen für bewegliche Anlagegüter, die in den Jahren 2009 und 2010 angeschafft wurden. Hier werden die Anschaffungskosten in jährlich fallenden Beträgen auf die Jahre der wirtschaftlichen Nutzung verteilt. Dies geschieht durch die Anwendung des 2,5-fachen linearen Abschreibungssatzes, aber maximal 25 % des linearen AfA-Satzes.

Ein Wechsel von der degressiven Abschreibungsmethode zur linearen Abschreibungsmethode ist möglich. Der optimale Zeitpunkt ist dann gegeben, wenn – bezogen auf die Restnutzungsdauer – der lineare Abschreibungsbetrag über dem degressiven Abschreibungsbetrag liegt.

Abschreibungspläne:

	linear	degressiv	optimal v. degr. zur lin. Abschr.
Anschaffungskosten	12 000,00 €	12 000,00 €	
Abschreibung 1. Jahr	2 000,00 €	3 000,00 €	
Buchwert	10 000,00 €	9 000,00 €	
Abschreibung 2. Jahr	2 000,00 €	2 250,00 €	
Buchwert	8 000,00 €	6 750,00 €	6 750,00 €
Abschreibung 3. Jahr	2 000,00 €	1 687,50 €	1 687,50 €
Buchwert	6 000,00 €	5 062,50 €	5 062,50 €
Abschreibung 4. Jahr	2 000,00 €	1 265,63 €	1 687,50 €
Buchwert	4 000,00 €	3 796,87 €	3 375,00 €
Abschreibung 5. Jahr	2 000,00 €	949,22 €	1 687,50 €
Buchwert	2 000,00 €	2 847,65 €	1 687,50 €
Abschreibung 6. Jahr	1 999,00 €	711,91 €	1 686,50 €
Buchwert/Erinnerungswert*	1,00 €	2 135,75 €	1,00 €

* Befindet sich ein abnutzbares Anlagegut nach Ablauf der betriebsgewöhnlichen Nutzungsdauer noch im Betriebsvermögen, wird dieses üblicherweise mit einem Erinnerungswert in Höhe von 1,00 € ausgewiesen.

Buchungssatz der Abschreibung auf den Diagnosecomputer:
Das Autohaus Köppel übernimmt die lineare Abschreibungsmethode; das führt zu folgender Buchung am Jahresende:
4620 Abschreibungen auf Sachanlagen
         an 0200 techn. Anlagen
           und Maschinen 2 000,00 €

Der Wert des Sachanlagegutes wird durch die Habenbuchung vermindert. Die Gegenbuchung auf dem Konto „Abschreibungen auf Sachanlagen" im Soll wirkt sich als Aufwand aus.

Vorbereitung des Jahresabschlusses

① lineare Abschreibungsbuchung am Jahresende
② Abschluss des Aufwandskontos Abschreibungen auf Sachanlagen über GuV
③ Abschluss des Bestandskontos Technische Anlagen und Maschinen über SBK

Soll	4620 Abschreibungen auf Sachanlagen		Haben
① Techn. Anl. u. Masch. 2 000,00		GuV	2 000,00 ②

Soll	0200 Techn. Anlagen und Maschinen		Haben
AB	12 000,00	AfA a. SA	2 000,00 ①
		SBK	10 000,00 ③

Soll	GuV		Haben
② AfA a. SA	2 000,00		

Soll	Schlussbilanzkonto (SBK)		Haben
③ Techn. Anl. u. Masch.	10 000,00		

Besonderheit der geringwertigen Wirtschaftsgüter (GWG)

Liegt der Anschaffungs- oder Herstellwert eines abnutzbaren Anlagegutes bis 250,00 € (netto), dann wird das Anlagegut als Aufwand gebucht.

Beispiel
Der Gebrauchtfahrzeugverkäufer Konstantin Engel kauft einen neuen Tischrechner mit Drucker für 42,00 € bar.
Buchungssatz:
4700 Büromaterial   35,29 €
1570 Vorsteuer   6,71 €
            an 1000 Kasse   42,00 €

Liegt der Anschaffungs- oder Herstellwert eines abnutzbaren Anlagegutes über 250,00 € (netto) bis 1 000,00 € (netto), dann kann das Anlagegut auf fünf Jahre abgeschrieben werden. Dabei sind folgende Regelungen zu berücksichtigen:

- Für diese Anlagegüter wird jährlich ein Sammelposten Wirtschaftsgüter (Sammelposten) gebildet.
- Der jährliche Sammelposten wird linear über fünf Jahre abgeschrieben.
- Die Abschreibung beginnt generell am Anfang des Wirtschaftsjahres, unabhängig davon, wann das Anlagegut tatsächlich angeschafft wurde.

Beispiel
Frau Lydia Jacob aus der Verwaltung bestellt am 12.04. einen neuen Schreibtisch für den Neufahrzeugverkäufer Frank Bertraut von der „Der Büro Profi GmbH" auf Rechnung. Der Schreibtisch kostet netto 579,83 € und wird bei Lieferung am 14.04. bar bezahlt.

Buchungssatz:
0485 Wirtschaftsgüter
    (Sammelposten Jahr 01)   579,83 €
1570 Vorsteuer   110,17 €
            an 1000 Kasse   690,00 €

Lernfeld 2

Frau Paula Raglewski bestellt am 23.06. für die Geschäftsleitung eine Espressomaschine. Die Maschine kostet netto 420,17 € und wird bei Lieferung am 30.06. bar bezahlt.
Buchungssatz:

0485 Wirtschaftsgüter (Sammelposten Jahr 01)	420,17 €	
1570 Vorsteuer	79,83 €	
an 1000 Kasse		500,00 €

Im Laufe des Jahres (Jahr 01) werden keine weiteren GWG angeschafft. Das Konto Wirtschaftsgüter (Sammelposten Jahr 01) hat am Jahresende einen Saldo von 1 000,00 €. Die Anschaffungskosten müssen nun linear auf fünf Jahre abgeschrieben werden.

jährlicher linearer Abschreibungsbetrag: $\frac{1 \text{ Jahr}}{5 \text{ Jahre}} \cdot 1\,000,00 € = 200,00 €$

Buchung der Abschreibung am Jahresende:

4645 Abschreibungen auf Sammelposten für Wirtschaftsgüter	200,00 €	
an 0485 Wirtschaftsgüter (Sammelposten Jahr 01)		200,00 €

Abschreibung von GWG ohne Sammelposten (über 250,00 € bis 800,00 € netto)

Handelt es sich um GWG mit Anschaffungs- bzw. Herstellungskosten, die über 250,00 € bis 800,00 € (netto) liegen und es wird nicht über Wirtschaftsgüter (Sammelposten) abgeschrieben, ist es möglich, diese als Betriebsausgaben im Jahr der Zahlung zu behandeln.

Der Unternehmer hat also ein Wahlrecht. Entweder die Abschreibung von GWG ohne Sammelposten im Jahr der Anschaffung oder die Abschreibung von GWG über die Bildung eines Sammelpostens über 5 Jahre linear. Eine Mischung beider Möglichkeiten ist nicht möglich.

Abschreibungen auf Forderungen

Zum Jahresende müssen die noch ausstehenden Kundenforderungen einer **Bonitätsprüfung** (Einbringlichkeitsprüfung) unterzogen werden. Nicht jede Forderung ist einwandfrei und mit ihrem Nennwert zu bilanzieren.

Es gibt drei Kategorien von Forderungen:

- **einwandfreie Forderungen,**
- **zweifelhafte Forderungen,**
- **uneinbringliche Forderungen.**

Einwandfreie Forderungen werden mit ihrem Nennwert in die Bilanz übernommen, zweifelhafte Forderungen mit ihrem wahrscheinlichen Wert, uneinbringliche Forderungen werden vollständig abgeschrieben.

Vorbereitung des Jahresabschlusses

Eine Forderung wird **zweifelhaft,** wenn der Kunde trotz Mahnverfahren nicht zahlt oder über das Vermögen eines Kunden das Konkursverfahren eröffnet wurde.

Eine Forderung ist **uneinbringlich,** wenn das Mahnverfahren fruchtlos war oder ein Konkursverfahren mangels Masse eingestellt wurde.

Forderungsausfälle müssen als Abschreibungen gebucht werden. Sie wirken sich als Aufwand Gewinn mindernd aus und werden in der Kontenklasse 2 auf dem Konto „2400 Forderungsverluste" gebucht.

Beispiel 1: zweifelhafte Forderung

Über das Vermögen eines Kunden des Autohauses Köppel, Klaus-Dieter Grobschnitt, Trier, wurde das Konkursverfahren eröffnet. Aus einer Reparaturrechnung hat das Autohaus eine Forderung gegenüber Herrn Grobschnitt von 220,00 €. Frau Köppel erkundigt sich beim Konkursverwalter, wie hoch die Konkursquote sein wird. Sie erhält zur Auskunft, ca. 10 %. Für das Autohaus Köppel bedeutet das, dass es für die Forderung in Höhe von 220,00 € maximal mit einer Zahlung aus der Konkursmasse von 10 % = 22,00 € rechnen kann. Der Forderungsausfall beträgt also 198,00 €. Eine Forderung setzt sich immer aus dem Nettowert und der Umsatzsteuer zusammen. Abgeschrieben werden darf aber nur auf den Nettowert 184,87 €. Eine Konkursquote von 10% bedeutet 90 % Ausfall, das entspricht 166,39 €. Der Betrag, der sich aus der Forderung gegenüber Herrn Grobschnitt ergibt, wird zum Jahresende abgeschrieben. Die Umsatzsteuerkorrektur darf erst dann stattfinden, wenn der Ausfall konkret feststeht und das Konkursverfahren im neuen Jahr beendet ist.

Buchung der Abschreibung:
2400 Forderungsverluste   166,39 €
        an 1400 Forderungen
            (Grobschnitt)   166,39 €

Beispiel 2: uneinbringliche Forderung

Ein weiterer Kunde des Autohauses Köppel, die Firma Seifert Im- und Export GmbH, Trier, meldete Konkurs an. Der Konkurs wurde mangels Masse eingestellt. Aus einer Reparaturrechnung hat das Autohaus Köppel eine Forderung gegenüber der Firma Seifert in Höhe von 174,00 €.

Buchung der Abschreibung:
2400 Forderungsverluste   146,22 €
1770 Umsatzsteuer   27,78 €
        an 1400 Forderungen
            (Fa. Seifert GmbH)   174,00 €

① zweifelhafte Forderung Grobschnitt
② uneinbringliche Forderung Seifert GmbH
③ Abschluss des Aufwandkontos Forderungsverluste über GuV
④ Restforderung Grobschnitt

Lernfeld 2

Soll	2400 Forderungsverluste		Haben		Soll	1400 Forderungen (Grobschnitt)		Haben
① Ford. Grob.	166,39	GuV	312,61 ③		AB	220,00	Ford. verl.	166,39 ①
② Ford. Seifert	146,22						SBK	53,61 ④

Soll	1770 Umsatzsteuer	Haben		Soll	1400 Forderungen (Seifert GmbH)		Haben
② Ford. Seifert	27,78			AB	174,00	Ford. verl.; USt.	174,00 ②

Soll	GuV	Haben
③ Ford. verl.	312,61	

Bewertung des Vorratsvermögens

Die Notwendigkeit der Bildung von Abschreibungen auf das Vorratsvermögen ergibt sich aus § 253 Abs. 3 Handelsgesetzbuch. Grundsätzlich muss bei der Bewertung von Vorratsvermögen zweigleisig verfahren werden. Es ist einerseits der Anschaffungswert des Vorratsvermögens zu ermitteln und alternativ der Marktwert. Der niedrigere der beiden Werte ist dann als Bilanzansatz in die Vorratsbewertung aufzunehmen (Niederstwertprinzip).

Das **Niederstwertprinzip** ist sowohl nach Handelsrecht als auch nach Steuerrecht zwingend vorgeschrieben. Es handelt sich hier nicht um ein Wahlrecht. Abschreibungen auf das Vorratsvermögen sind keine planmäßigen Abschreibungen, sondern außerplanmäßige Abschreibungen, deren Notwendigkeit in jedem Einzelfall dem Finanzamt nachgewiesen werden muss.

Neufahrzeuge
Die Notwendigkeit von Abschreibungen auf Neufahrzeuge ist lediglich bei einem Modellwechsel gegeben.

> **Beispiel**
>
> Das Autohaus Köppel hat noch ein Spiders-Cabriolet des alten Modells auf Lager. Das neue Modell weist gegenüber dem alten Modell technische Neuerungen auf, sodass das alte Modell nur einen Marktpreis von 2 000,00 € unter dem Einkaufspreis hat. Diese Differenz ist der Abschreibungsbedarf.
>
> Buchungssatz der Abschreibung zum Jahresende:
> 4621 Abschreibungen auf Kfz   2 000,00 €
>   an 3001 Wertberichtungen
>   Neuwagen*   2 000,00 €

---

* Das Konto 3001 Wertberichtigung Neuwagen wird über das Konto 3000 Bestand Neuwagen abgeschlossen

Vorbereitung des Jahresabschlusses

Gebrauchtfahrzeuge

Bei Gebrauchtfahrzeugen lässt sich der **Marktwert** durch die Schwacke-Liste oder die DAT-Liste leicht ermitteln. Beide Listen ermitteln den Marktwert für Gebrauchtfahrzeuge und geben diesen in Händlereinkaufs- und Händlerverkaufspreis wieder. Der Händlereinkaufspreis der Gebrauchtfahrzeuge laut Liste ist mit den Anschaffungskosten der Gebrauchtfahrzeuge laut Buchhaltung zu vergleichen. Der niedrigere der beiden Werte ist dann als Bilanzansatz in die Vorratsbewertung aufzunehmen (Niederstwertprinzip).

Beispiel

Da die Abschreibung auf Gebrauchtfahrzeuge für jeden Einzelfall vorgenommen werden muss, ist Laura Tannert als Abteilungsleiterin im Fahrzeugverkauf des Autohauses Köppel mit dieser Aufgabe länger beschäftigt. Sie erstellt sich die folgende Liste und ermittelt den Abschreibungsbedarf für Gebrauchtfahrzeuge.

Abschreibungsbedarf für Gebrauchtfahrzeuge (Auszug)

Nr.	Gebrauchtfahrzeug	Anschaffungskosten laut Buchhaltung	Händlereinkaufspreis laut Liste	Abschreibungsbedarf
01	Maximo-Limousine	3 200,00 €	2 800,00 €	400,00 €
02	Maximo-Kombi	7 200,00 €	7 000,00 €	200,00 €
03	Phantasia-Limousine	8 000,00 €	8 000,00 €	0,00 €
04	Big Bag Plus-SUV	9 000,00 €	9 500,00 €	0,00 €
	Summe Abschreibungen			600,00 €

Bei den Gebrauchtfahrzeugen mit der laufenden Nummer 01 und 02 ist der Marktwert unter die Anschaffungskosten gefallen, somit ist die Differenz abzuschreiben. Beim Gebrauchtfahrzeug mit der laufenden Nummer 03 entspricht der Marktwert den Anschaffungskosten, somit besteht kein Abschreibungsbedarf. Beim Gebrauchtfahrzeug mit der laufenden Nummer 04 ist der Marktwert höher als die Anschaffungskosten, somit ergibt sich auch hier kein Abschreibungsbedarf.

Buchungssatz der Abschreibung zum Jahresende:
4621 Abschreibungen auf Kfz   600,00 €
         an 3110 Bestand Gebrauchtwagen
           differenzbesteuert   600,00 €

Teile und Zubehör

Bei der Inventur werden die erfassten Teile und das Zubehör mit ihren Anschaffungskosten bewertet und in die Bilanz übernommen. Häufig verlieren aber Teile/Zubehör an Wert. Auch hier gilt das Niederstwertprinzip.

Lernfeld 2

Beispiel

Im Autohaus Köppel findet der Teiledienstleiter Tim Gehlen im Teilelager noch veraltete Bremsbeläge für das Modell Maximo-Kombi. Diese Teile entsprechen nicht den heutigen Sicherheits- und Umweltstandards und sind somit unverkäuflich. Diese Teile müssen verschrottet werden.

Anschaffungskosten:
5 Sätze Bremsbeläge Maximo-Kombi 23,12 €/Satz = 115,60 €

Buchungssatz der Abschreibung:
4672 Abschreibungen auf sonstige
    Vermögensgegenstände des
    Umlaufvermögens   115,60 €
        an 3300 Bestand Teile   115,60 €

Damit die Finanzverwaltung diese Abschreibung anerkennt, muss der Verschrottungsnachweis geführt werden.

Ausgleich von Bestandsdifferenzen

Die bei der Inventur festgestellten Ist-Werte des Vorratsvermögens müssten eigentlich mit den Soll-Werten der Buchhaltung übereinstimmen. Dies ist oftmals nicht der Fall. Diese Differenzen müssen in der Buchhaltung für den Jahresabschluss ausgeglichen werden, damit **Soll-Werte** und **Ist-Werte** übereinstimmen.

Beispiel 1: Minderbestand

Der Teilebestand hat einen Ist-Wert laut Inventur in Höhe von 32 500,00 €.
Der Soll-Wert laut Buchhaltung beträgt allerdings 33 000,00 €.

Es fehlen also Teile im Wert von 500,00 € im Lager. Diese Differenz kann verschiedene Ursachen haben: Fehler bei der Entnahmebuchung aus dem Lager oder Schwund durch Diebstahl. Für den Jahresabschluss muss dieser Minderbestand ausgeglichen werden.

Buchung Korrektur des Minderbestandes:
7301 VAK Wertberichtigung Teile   500,00 €
        an 3300 Bestand Teile   500,00 €.

Mit dieser Buchung entspricht jetzt der Soll-Wert dem Ist-Wert und der Minderbestand ist als Aufwand gebucht.

Beispiel 2: Mehrbestand

Die Schmierstoffe haben einen Ist-Wert laut Inventur in Höhe von 55 000,00 €.
Der Soll-Wert laut Buchhaltung beträgt allerdings 54 000,00 €.

Es sind also Schmierstoffe für 1 000,00 € zu viel auf dem Lager. Diese Differenz kann verschiedene Ursachen haben, z. B Fehler bei der Entnahmebuchung aus dem Lager. Für den Jahresabschluss muss auch dieser Mehrbestand noch ausgeglichen werden.

Vorbereitung des Jahresabschlusses

Buchung Korrektur des Mehrbestandes:
3500 Bestand weitere Bereiche   1 000,00 €
  an 7501 VAK Wertberichtigung
      weitere Bereiche   1 000,00 €

Bestandsdifferenzen	Auswirkung auf den Wareneinsatz	Auswirkung auf den Gewinn
Mehrbestände	mindern buchhalterisch den Wareneinsatz	erhöhen den Gewinn
Minderbestände	erhöhen buchhalterisch den Wareneinsatz	mindern den Gewinn

① Minderbestand bei Teilen
② Mehrbestand bei Bestand weitere Bereiche (Schmierstoffe)
③ Abschluss des Bestandskontos Teile über SBK
④ Abschluss des Aufwandskontos VAK Wertberichtigung Teile über GuV
⑤ Abschluss des Bestandskontos Bestand weitere Bereiche (Schmierstoffe) über SBK
⑥ Abschluss des Aufwandskontos VAK Wertberichtigung weitere Bereiche über GuV

Soll	3300 Bestand Teile		Haben
AB	33 000,00	VAK Teile.	500,00 ①
		SBK	32 500,00 ③

Soll	7301 VAK Wertberichtigung Teile		Haben
① Teile	500,00	GuV	500,00 ④

Soll	3500 Bestand weitere Bereiche		Haben
AB	54 000,00	SBK	55 000,00 ⑤
② VAK Wertberichtigung weitere Bereiche	1 000,00		

Soll	7501 VAK Wertberichtigung weitere Bereiche		Haben
⑥ GuV	1 000,00	VAK WB	1 000,00 ②

Soll	GuV		Haben
④ Teile	500,00	VAK WB	1 000,00 ⑥

Soll	Schlussbilanzkonto		Haben
③ Teile	32 500,00		
⑤ VAK WB	55 000,00		

Die Bewertung von Teilen und Schmierstoffen im Schlussbilanzkonto erfolgt zu Ist-Werten laut Inventur (Punkt ③ und ⑤).
Die Bestandsdifferenzen wurden erfolgswirksam auf dem GuV-Konto gebucht (④ und ⑥).

Ermittlung der Umsatzsteuerzahllast

Die Ermittlung der Umsatzsteuerzahllast wurde bereits in Kapitel 5.3 behandelt. Da die Bilanz zum Jahresende erstellt wird, wird die Umsatzsteuerzahllast als Verbindlichkeit in die Bilanz übernommen.

① Abschluss des Vorsteuerkontos über das Konto „1770 Umsatzsteuer"
② Abschluss des Umsatzsteuerkontos am Jahresende über SBK

Lernfeld 2

Soll	1570 Vorsteuer		Haben		Soll	1770 Umsatzsteuer		Haben
AB	120 000,00	USt.	120 000,00 ①		①VSt.	120 000,00	AB	140 000,00
					②SBK	20 000,00		

Soll	Schlussbilanzkonto		Haben
		USt.	20 000,00 ②

Buchungssatz: Abschluss Umsatzsteuerkonto über Schlussbilanzkonto
1770 Umsatzsteuer   20 000,00 €
                    an Schlussbilanzkonto   20 000,00 €

Abschluss von Unterkonten (Privatkonto)

Der Unternehmer erhält in einem Einzelunternehmen oder in einer Personengesellschaft kein Gehalt. Die Kosten für die private Lebensführung muss er somit aus dem Gewinn bestreiten. Zu diesem Zweck entnimmt er regelmäßig finanzielle Mittel aus dem Kfz-Unternehmen. Dieses bezeichnet man als **Privatentnahme**. Privatentnahmen werden auf dem Privatkonto in der Kontenklasse 1 gebucht und am Jahresende direkt über das Eigenkapitalkonto abgeschlossen.

> **Beispiel**
>
> Ein Kfz-Unternehmer entnimmt der Kasse monatlich 3 500,00 € für private Zwecke.
> Monatliche Buchung:
> 1800 Privatentnahmen allgemein   3 500,00 €
>   an 1000 Kasse   3 500,00 €
>
> ① Abschluss des Privatkontos über das Festkapitalkonto (Eigenkapitalkonto)
> ② Abschluss des Festkapitalkontos (Eigenkapitalkontos) am Jahresende über SBK
>
>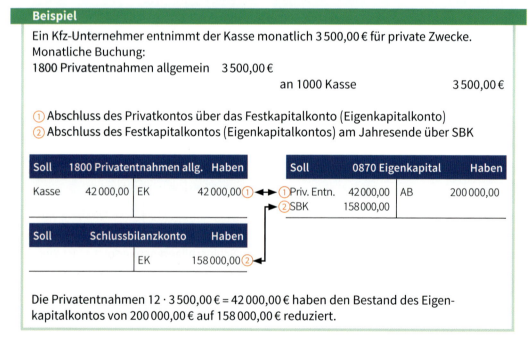
>
> Die Privatentnahmen 12 · 3 500,00 € = 42 000,00 € haben den Bestand des Eigenkapitalkontos von 200 000,00 € auf 158 000,00 € reduziert.

Zeitliche Abgrenzung und Rückstellungen

In der GuV-Rechnung soll der Erfolg eines Wirtschaftsjahres periodengerecht ausgewiesen werden. Bei einigen erfolgswirksamen Geschäftsvorfällen fallen aber die Zahlung und die **Erfolgswirksamkeit** in unterschiedliche Wirtschaftsjahre. In solchen Fällen ist eine zeitliche **Abgrenzung** von Aufwendungen und Erträgen notwendig.

Vorbereitung des Jahresabschlusses

In folgenden Fällen ist eine zeitliche Abgrenzung notwendig:

Beispiel	altes Jahr	neues Jahr
1	Ausgabe	Aufwand
2	Einnahme	Ertrag
3	Aufwand	Ausgabe
4	Ertrag	Einnahme

Beispiel 1: Ausgabe im alten Jahr – Aufwand im neuen Jahr

Das Autohaus Köppel überweist die Kfz-Versicherung des kommenden Jahres in Höhe von 350,00 € für den Abschleppwagen bereits am 29.12. des alten Jahres. Dieser Aufwand gehört in das neue Wirtschaftsjahr. An die Stelle des Aufwandskontos „Versicherungen" tritt jetzt das Bilanzkonto „aktive Rechnungsabgrenzungsposten" (RAP). Mit dieser Buchung wird die Zahlung der Versicherung über die Bilanz erfolgsneutral in das neue Geschäftsjahr übertragen und erst dann als Aufwand gebucht.

Buchung der Zahlung im alten Jahr:
0980 Aktive RAP   350,00 €
                 an 1200 Bank   350,00 €

Abschlussbuchung am 31.12.:
Schlussbilanzkonto   350,00 €
                 an 0980 Aktive RAP   350,00 €

Buchung im neuen Jahr:
4502 Kfz-Versicherungen   350,00 €
                 an 0980 Aktive RAP   350,00 €

① Zahlung der Kfz-Versicherung am 29.12. des alten Jahres
② Abschlussbuchung des Kontos Aktive RAP über das Schlussbilanzkonto

Soll	0980 Aktive RAP		Haben
① Bank	350,00	SBK	350,00 ②

Soll	1200 Bank		Haben
		Aktive RAP	350,00 ①

Soll	Schlussbilanzkonto		Haben
② Aktive RAP	350,00		

---

③ Buchung des Aufwands im neuen Jahr

Soll	0980 Aktive RAP		Haben
AB	350,00	Kfz Vers.	350,00 ③

Soll	4502 Kfz-Versicherungen		Haben
③ Aktive RAP	350,00		

215

Lernfeld 2

Beispiel 2: Einnahme im alten Jahr – Ertrag im neuen Jahr

Das Autohaus Köppel vermietet Stellplätze für Wohnwagen. Am 2. Dezember wird auf das Bankkonto 300,00 € Miete für ein Vierteljahr im Voraus überwiesen. Von dieser Zahlung entfallen 200,00 € für die Monate Januar und Februar in das neue Geschäftsjahr und müssen abgegrenzt werden, während die Mieteinnahme für den Dezember als Ertrag im alten Jahr zu buchen ist.

Buchung der Zahlungseinnahme:
1200 Bank   300,00 €
                an 2750 Grundstückserträge   100,00 €
                   0990 Passive RAP   200,00 €

Abschlussbuchung am 31.12.:
0990 Passive RAP   200,00 €
                an Schlussbilanzkonto   200,00 €

Buchung im neuen Jahr:
0990 Passive RAP   200,00 €
                an 2750 Grundstückserträge   200,00 €

① Buchung der Zahlungseinnahme im alten Jahr
② Abschlussbuchung des Kontos Passive RAP über Schlussbilanzkonto
③ Abschlussbuchung des Ertragskontos Grundstückserträge über GuV

Soll	1200 Bank	Haben
①Grund.ertr.; Passive RAP 300,00		

Soll	2750 Grundstückserträge	Haben
③ GuV 100,00	Bank 100,00 ①	

Soll	0990 Passive RAP	Haben
② SBK 200,00	Bank 200,00 ①	

Soll	GuV	Haben
	Grund.ertr.; 100,00 ③	

Soll	Schlussbilanzkonto	Haben
	Passive RAP 200,00 ②	

---

③ Buchung des Ertrags im neuen Jahr

Soll	2750 Grundstückserträge	Haben
	Passive RAP 200,00 ④	

Soll	0990 Passive RAP	Haben
④ Grund.ertr. 200,00	AB 200,00	

Beispiel 3: Aufwand im alten Jahr – Ausgabe im neuen Jahr

Das Autohaus Köppel überweist die Leasingrate eines Laptops von 160,00 € für den Monat Dezember erst am 5. Januar des neuen Jahres. Die Zahlung gehört als Aufwand in das alte Jahr. Es handelt sich hier um eine tatsächliche Verbindlichkeit zum Jahresabschluss.

Vorbereitung des Jahresabschlusses

Aus diesem Grund wird der Aufwand als „Sonstige Verbindlichkeiten Jahresabgrenzung" in der Bilanz ausgewiesen.

Buchung zum Jahresende:
4762 Leasinggebühren für
    bewegliche Wirtschaftsgüter   160,00 €
                      an 1701 Sonstige Verbindlichkeiten
                               Jahresabgrenzung   160,00 €

Am 5. Januar wird „sonstige Verbindlichkeiten Jahresabgrenzung" durch die Zahlung erfolgsneutral aufgelöst.
Buchung der Zahlung:
1701 Sonstige Verbindlichkeiten
    Jahresabgrenzung   160,00 €
                      an 1200 Bank   160,00 €

① Abgrenzung zum Jahresende
② Abschlussbuchung des Bestandskontos Sonstige Verbindlichkeiten Jahresabgrenzung über Schlussbilanzkonto
③ Abschlussbuchung des Aufwandskontos Leasinggebühren für bewegliche Wirtschaftsgüter über das GuV-Konto

Soll	4762 Leasinggebühren für bewegliche Wirtschaftsgüter	Haben
① Sonst. Verbindl. Jahresabgr. 160,00	GuV 160,00 ③	

Soll	1701 Sonstige Verbindlichkeiten Jahresabgrenzung	Haben
② SBK 160,00	Leasinggebühren für bewegliche Wirtschaftsgüter 160,00 ①	

Soll	GuV	Haben
③ Leasinggebühren für bewegliche Wirtschaftsgüter 160,00		

Soll	Schlussbilanzkonto	Haben
	Sonst. Verbindl. Jahresabgr. 160,00 ②	

---

④ Buchung der Zahlung im neuen Jahr:

Soll	1200 Bank	Haben
	Sonst. Verbindl. Jahresabgr. 160,00 ④	

Soll	1701 Sonstige Verbindlichkeiten Jahresabgrenzung	Haben
④ Bank 160,00	AB 160,00	

Lernfeld 2

Beispiel 4: Ertrag im alten Jahr – Einnahme im neuen Jahr

Für die Vermietung der Wohnwagenstellplätze stehen am 31. Dezember noch 400,00 € Miete aus. Die Mieteinnahme gehört als Ertrag ins alte Jahr. Es handelt sich hier um eine tatsächliche Forderung zum Jahresabschluss. Aus diesem Grund wird der Ertrag als **Sonstige Forderungen Jahresabgrenzung** in der Bilanz ausgewiesen.

Buchung zum Jahresende:
1491 Sonstige Forderungen
    Jahresabgrenzung[1]   400,00 €
                 an 2750 Grundstückserträge   400,00 €

Werden die ausstehenden Mieten überwiesen, werden die Sonstige Forderungen Jahresabgrenzung erfolgsneutral aufgelöst.

Buchung der Zahlung:
1200 Bank   400,00 €
              an 1491 Sonstige Forderungen
                 Jahresabgrenzung   400,00 €

① Abgrenzung zum Jahresende
② Abschlussbuchung des Bestandskontos Sonstige Forderungen Jahresabgrenzung über Schlussbilanzkonto
③ Abschlussbuchung des Aufwandskontos Grundstückserträge über das GuV-Konto

Soll	1491 Sonstige Forderungen Jahresabgrenzung	Haben
① Grundst.-sert. 400,00	SBK	400,00 ②

Soll	2750 Grundstückserträge	Haben
③ GuV 400,00	Sonst. Ford. Jahresabgr.	400,00 ①

Soll	GuV	Haben
	Grundstückserträge 400,00	

Soll	Schlussbilanzkonto	Haben
③② Sonst. Ford. Jahresabgr. 400,00		

④ Buchung der Zahlung im neuen Jahr:

Soll	1200 Bank	Haben
④ Sonst. Ford. Jahresabgr. 400,00		

Soll	1491 sonstige Forderungen Jahresabgrenzung	Haben
AB 400,00	Bank	400,00 ④

Rückstellungen

Für einige Aufwendungen, die dem abgelaufenen Wirtschaftsjahr zugerechnet werden müssen, stehen am Jahresende Höhe und Fälligkeit noch nicht fest.

---

1 Dieses Konto findet sich nicht explizit im SKR 51, ist aber in der Praxis durchaus üblich.

Vorbereitung des Jahresabschlusses

Dazu gehören z. B:

- Gewährleistungsaufwendungen,
- Prozessaufwendungen,
- Gewerbesteuer und
- Kulanzen.

Für eine periodengerechte Erfolgsermittlung müssen für diese ungewissen Verbindlichkeiten **Rückstellungen** gebildet werden. Rückstellungen sind zweckgebundene reservierte Kapitalanteile für Aufwendungen, deren Höhe und Fälligkeit am Bilanzstichtag noch nicht feststehen. Die Höhe der Rückstellungen ist aufgrund von Erfahrungswerten zu schätzen.

Beispiel

Für Gewährleistungen wird vom Autohaus Köppel eine Rückstellung gebildet. Im letzten Geschäftsjahr wurden Reparaturleistungen von insgesamt 222 000,00 € verkauft. Aus den Erfahrungswerten der vorangegangenen Jahre wird ermittelt, dass Gewährleistungen in Höhe von 1 % des Gesamtumsatzes der Werkstatt anfallen.

Buchung der Rückstellung:

4570 Eigene Garantie/Kulanz	2 220,00 €		
		an 0974 Rückstellungen für Gewährleistungen	2 220,00 €

Auswirkung:
Mit dieser Buchung wird ein Aufwand für das abgelaufene Wirtschaftsjahr gebucht.
Der Betrag von 2 220,00 € wird in die Schlussbilanz übernommen.

Buchung am Jahresende:

0974 Rückstellungen für Gewährleistungen	2 220,00 €		
		an Schlussbilanzkonto	2 220,00 €

Rückstellungen müssen nach dem HGB (§ 249 Abs. 3) aufgelöst werden, wenn der Grund für die Bildung der Rückstellung entfällt.
Im neuen Jahr wurden die Rückstellungen vom Autohaus Köppel nicht in Anspruch genommen.
Da ein Gewährleistungsanspruch nicht mehr besteht, sind die Rückstellungen aufzulösen.

Buchung Auflösung der Rückstellungen:

0974 Rückstellungen für Gewährleistungen	2 220,00 €		
		an 2735 Erträge aus der Auflösung von Rückstellungen	2 220,00 €

Lernfeld 2

Der Betrag, der im ersten Jahr Gewinn mindernd gebucht wurde, muss jetzt im zweiten Jahr Gewinn erhöhend gebucht werden.
Wurden die Rückstellungen teilweise in Anspruch genommen, so ist lediglich der Restbetrag der Rückstellung aufzulösen.

① Bildungen von Rückstellungen zum Jahresende
② Abschlussbuchung des Aufwandskontos Eigene Garantie/Kulanz über GuV
③ Abschlussbuchung des Bestandskontos Rückstellungen für Gewährleistungen über SBK

Soll	4570 Eigene Garantie/Kulanz	Haben		Soll	0974 Rückstellungen für Gewährleistungen	Haben
① Rückst. f. Gew. 2 220,00	GuV	2 220,00 ②	③ SBK	2 220,00	Eigene Garantie/Kulanz	2 220,00 ①

Soll	GuV	Haben		Soll	Schlussbilanzkonto	Haben
② Eigene Garantie/Kulanz 2 220,00					Rückst. f. Gew.	2 220,00 ③

Der Gewährleistungsaufwand wird im alten Jahr erfolgswirksam. Der Betrag von 2 220,00 € wird über das Schlussbilanzkonto in das nächste Jahr hinübergenommen.

- -

④ Auflösung der Rückstellung im neuen Jahr
④ Auflösung des Kontos Erträge aus der Auflösung von Rückstellungen über GuV

Soll	2735 Erträge aus der Auflösung von Rückstellungen	Haben		Soll	0974 Rückstellungen für Gewährleistungen	Haben
⑤ GuV	2 220,00	Rückst. f. Gew. 2 220,00 ④		④ Erträge a. d. Aufl. Rück. 2 220,00	AB	2 220,00

Soll	GuV	Haben
	Erträge a. d. Aufl. Rück. 2 220,00 ⑤	

Die Auflösung der Rückstellungen wird im neuen Jahr erfolgswirksam. Der Betrag von 2 220,00 € wird über das GuV-Konto als Ertrag gebucht.

Zusammenfassung

Zu den vorbereitenden Abschlussbuchungen gehören:
- die Buchung der Abschreibungen auf Anlagen,
- die Buchung der Abschreibungen auf Forderungen,
- die Bewertung der Lagervorräte (Ersatzteile/Zubehör/Neufahrzeuge/Gebrauchtfahrzeuge),
- der Ausgleich von Bestandsdifferenzen zwischen Soll- und Istbeständen,
- die Ermittlung der Umsatzsteuerzahllast,
- der Abschluss der Unterkonten auf ihre Hauptkonten,
- die zeitliche Abgrenzung von Aufwendungen und Erträgen und
- die Bildung von Rückstellungen.

Vorbereitung des Jahresabschlusses

Aufgaben

1. Das Autohaus Köppel hat im Januar 2015 eine neue Hebebühne gekauft. Anschaffungskosten: 12 500,00 € (netto); betriebsgewöhnliche Nutzungsdauer zehn Jahre. Erstellen Sie den linearen Abschreibungsplan.

2. Das Autohaus Köppel hat am Bilanzstichtag eine zweifelhafte Forderung in Höhe von 580,00 €.
   Auf diese Forderung schreibt es 90 % zum Bilanzstichtag ab.
   a) Buchen Sie die Abschreibung.
   b) Ermitteln Sie den Saldo des Forderungskontos zum Bilanzstichtag.

3. Folgende Geschäftsvorfälle liegen vor:
   a) Frau Lydia Jakob aus der Verwaltung bestellt am 04.01. einen neuen Bürostuhl für den Neufahrzeugverkäufer Frank Bertraut bei der „Der Büro Profi GmbH" auf Rechnung. Der Bürostuhl kostet netto 373,11 € und wird bei Lieferung am 14.01. bar bezahlt.
   b) Frau Lydia Jakob aus der Verwaltung bestellt am 12.04. einen neuen Aktenvernichter für das Sekretariat bei der „Der Büro Profi GmbH" auf Rechnung. Der Aktenvernichter kostet netto 289,18 € und wird bei Lieferung am 13.04. bar bezahlt.
   c) Frau Paula Raglewski bestellt am 14.09. für den Besprechungsraum ein Flipchart. Das Flipchart kostet netto 253,34 € und wird bei Lieferung am 16.09. bar bezahlt.
   d) Herr Daniel Gorges vom Kundendienst bestellt am 22.11. für die Kundenannahme einen neuen Tresen. Der Tresen kostet netto 949,37 € und wird bei Lieferung und Aufstellung am 06.12. bar bezahlt.
   e) Frau Nora Köppel bestellt am 04.12. Weihnachtskarten. Die Karten kosten 56,00 € netto. Die Weihnachtskarten werden am 05.12 geliefert und bar bezahlt.

   Buchen Sie die Einkäufe und die Abschreibung zum Jahresende. Nutzen Sie für die GWG die Methode der Bildung eines Sammelpostens Wirtschaftsgüter.

4. Folgende regelbesteuerte Gebrauchtfahrzeuge hat das Autohaus auf dem Hof stehen:

Nr.	Gebrauchtfahrzeug	Anschaffungskosten laut Buchhaltungspreis	Händlereinkaufspreis laut Liste
01	Maximo-Limousine	3 500,00 €	3 400,00 €
02	Maximo-Kombi	6 200,00 €	7 000,00 €
03	Phantasia-Limousine	8 000,00 €	8 400,00 €
04	Big Bag Plus-SUV	9 100,00 €	8 500,00 €

   a) Ermitteln Sie für jedes Gebrauchtfahrzeug den Bilanzwert.
   b) Buchen Sie die notwendigen Abschreibungen.

Lernfeld 2

5. Das Autohaus Köppel kauft im Januar 2009 einen neuen Diagnosecomputer für 16 200,00 € netto.
   Die betriebsgewöhnliche Nutzungsdauer beträgt acht Jahre.
   Erstellen Sie mithilfe der EDV einen Abschreibungsplan für die lineare Abschreibungsmethode.

6. Erarbeiten Sie mithilfe der EDV eine Datei, in der Sie lediglich den Anschaffungswert und die betriebsgewöhnliche Nutzungsdauer eingeben müssen, damit ein linearer Abschreibungsplan bis zum Erinnerungswert von 1,00 € errechnet wird. Erarbeiten Sie die Anforderungen dieser Datei in **Gruppenarbeit**. Benutzen Sie Flipcharts, um den Arbeitsablauf zu dokumentieren.

7. Erstellen Sie eine Datei mithilfe der EDV für Ihre Gebrauchtfahrzeugbewertung. Nennen Sie die Datei „GF-Abschreibung".
   In die Datei sollen
   a) die laufende Nummer des Gebrauchtfahrzeugs;
   b) das Fahrzeugmodell;
   c) der Buchwert;
   d) der Marktwert eingegeben werden.

   Es sollen
   e) die Differenz zwischen Buchwert und Marktwert;
   f) der Abschreibungsbetrag;
   g) der Restbuchwert;
   h) die Summe der Abschreibungen;
   i) die Summe des Gebrauchtfahrzeugbestandes ermittelt werden.

   In die Datei geben Sie folgende Daten ein:

Lfd. Nr.	Modell	Buchwert laut Buchhaltung	Händlereinkaufspreis laut DAT/Schwacke
01	Maximo-Limousine	9 400,00 €	8 600,00 €
02	Maximo-Limousine	6 800,00 €	6 800,00 €
03	Maximo-Limousine	6 400,00 €	6 800,00 €
04	Maximo-Limousine	2 600,00 €	2 200,00 €
05	Phantasia-Kombi	12 600,00 €	13 200,00 €
06	Phantasia-Kombi	12 600,00 €	13 200,00 €
07	Phantasia-Kombi	10 800,00 €	10 200,00 €
08	Big Bag Plus-SUV	13 000,00 €	13 400,00 €
09	Luxor-Limousine	15 300,00 €	14 700,00 €
10	Spiders-Cabriolet	15 000,00 €	16 200,00 €
11	Spiders-Cabriolet	18 000,00 €	17 800,00 €
12	Spiders-Cabriolet	21 000,00 €	22 800,00 €

Vorbereitung des Jahresabschlusses

8. Erarbeiten Sie mithilfe der EDV eine Datei, in der Sie lediglich Modell, Marktwert und Händler-Einkaufspreis laut DAT/Schwacke der Gebrauchtfahrzeuge eingeben müssen, damit der Abschreibungsbetrag ermittelt wird. Erarbeiten Sie die Anforderungen dieser Datei in **Gruppenarbeit**. Benutzen Sie Flipcharts, um den Arbeitsablauf zu dokumentieren.

9. Laut Inventur haben Sie einen Istbestand im Teilelager in Höhe von 22 500,00 €. Der Soll-Wert laut Buchhaltung beträgt 23 400,00 €.
   a) Nennen Sie mögliche Ursachen für diese Bestandsabweichung.
   b) Welche Möglichkeiten gibt es, Bestandsabweichungen zu verhindern?
   c) Korrigieren Sie in der Buchhaltung den Bestand „Teile".

10. Folgende Geschäftsvorfälle liegen vor:
    1. Steuerbescheid: Die Kfz-Steuer in Höhe von 168,00 € für den Abschleppwagen wird am 16. Mai für den Zeitraum 1. Juni bis 31. Mai überwiesen.
    2. Mietvertrag/Kontoauszug: Ein Mieter überweist uns im November 600,00 € Miete für einen Wohnwagenstellplatz im Voraus. Die Miete ist für die Monate November bis April.
    3. Darlehensvertrag/Kontoauszug: Am 3. Januar überweist ein Autohaus vereinbarungsgemäß nachträglich 1 200,00 € Zinsen für die Monate November und Dezember.
    4. Kontoauszug: Am 12. Januar überweist ein Mieter vereinbarungsgemäß 120,00 € Miete für den Monat Dezember für den Wohnwagenstellplatz.
    a) Nehmen Sie die zeitliche Abgrenzung vor.
    b) Bilden Sie alle notwendigen Buchungssätze.

11. Buchen Sie die folgenden Geschäftsvorfälle
    a) am Tag der Geldeinnahme bzw. Geldausgabe auf dem Bankkonto,
    b) beim Jahresabschluss zum 31. Dezember zur zeitlichen Abgrenzung,
    c) im neuen Jahr zur Auflösung der RAP:
    1. Bankauszug: Das Autohaus Köppel überweist 880,00 € Feuerversicherungsprämie am 28.12. für das kommende Kalenderjahr.
    2. Bankauszug: Am 29.12. überweist ein Mieter die Januarmiete in Höhe von 560,00 € auf das Bankkonto des Autohauses Köppel.
    3. Bankauszug: am 29.12. Überweisung von 6 500,00 € Hypothekenzinsen
    4. Bankauszug: Am 28.12. überweist das Autohaus Köppel die Kfz-Steuer für das Abschleppfahrzeug in Höhe von 96,00 € für das erste Halbjahr des neuen Jahres.
    5. Bankauszug: Am 18.12. überweist das Autohaus Köppel die vierteljährliche Miete Dezember bis Februar für den Neufahrzeug-Lagerplatz in Höhe von 1 800,00 €.

12. Bilden Sie für die folgenden Geschäftsvorfälle
    a) die Buchungssätze beim Jahresabschluss am 31.12. zur zeitlichen Abgrenzung,
    b) die Buchungssätze für die Geldeinnahme bzw. Geldausgabe auf dem Bankkonto im neuen Geschäftsjahr:
    1. Verpachtung eines Grundstücks; dafür vierteljährlich nachträglich Erhalt einer Pacht in Höhe von 2 400,00 €. Mit der Zahlung ist erst im Januar zu rechnen.
    2. Die Kosten für ein Abonnement belaufen sich für die Zeit vom 01.12. bis 30.06. auf 72,00 € netto. Die Überweisung wird erst im Januar getätigt.

3. Die Heizkostenpauschale für den Monat Dezember in Höhe von 650,00 € wird erst im Januar überwiesen.
4. Ein Mieter zahlt vereinbarungsgemäß seine Miete von 530,00 € immer zum 10. des Folgemonats.

13. Beurteilen Sie die Richtigkeit folgender Aussagen. Bei falschen Aussagen geben Sie die richtige Antwort an.
    a) Die Konten der aktiven und passiven Rechnungsabgrenzung werden über das Schlussbilanzkonto abgeschlossen.
    b) Noch zu zahlende Aufwendungen werden als passive RAP erfasst.
    c) Noch nicht erhaltene Zahlungen werden als sonstige Forderungen Jahresabgrenzung erfasst.
    d) Im Voraus erhaltene Erträge werden als sonstige Verbindlichkeiten Jahresabgrenzung erfasst.
    e) Im Voraus gezahlte Aufwendungen werden als aktive RAP erfasst.

14. Bilden Sie die Buchungssätze
    a) bei Bildung der Rückstellung am 31.12.,
    b) bei Auflösung der Rückstellung im neuen Jahr.
    1. Aufgrund eines guten Geschäftsjahres erwartet das Autohaus Köppel eine Gewerbesteuernachzahlung von 1 800,00 €. Der Steuerbescheid, der im neuen Jahr erfolgt, weist eine Gewerbesteuernachzahlung von 1 600,00 € aus.
    2. In einem zum Jahresende noch nicht abgeschlossenen Prozess werden dem Autohaus Köppel wahrscheinlich 2 300,00 € Prozesskosten auferlegt. Der Prozess wird im neuen Jahr verloren. Das Autohaus Köppel überweist 2 500,00 € Prozesskosten per Banküberweisung.
    3. Für eigene Gebrauchtfahrzeuggewährleistungen rechnet das Autohaus Köppel im neuen Jahr mit Kosten von 2 900,00 €. Im Januar wird eine Gewährleistungsarbeit fällig. Der interne Auftrag verursacht 900,00 € Kosten.

15. Für Gewährleistungen wird vom Autohaus Köppel eine Rückstellung gebildet. Im letzten Geschäftsjahr wurden Reparaturleistungen von insgesamt 268 000,00 € verkauft. Aus den Erfahrungswerten der vorangegangenen Jahre wird ermittelt, dass Gewährleistungen in Höhe von 1,5 % des Gesamtumsatzes der Werkstatt anfallen.
    a) Ermitteln Sie die Höhe der Rückstellung.
    b) Buchen Sie die Rückstellung zum 31.12.
    c) Am 04.01. des neuen Jahres wird eine Gewährleistung in Anspruch genommen; Kosten: 104,00 €. Buchen Sie den internen Gewährleistungsauftrag.

16. In einem Autohaus weisen zum 31.12 die Konten folgende Bestände aus:

Konto-Nr.	Kontenbezeichnung	Soll	Haben
1570	Vorsteuer	123 000,00 €	
1770	Umsatzsteuer		211 000,00 €
0870	Festkapital/Eigenkapital		500 000,00 €
1800	Privatentnahmen allgemein	120 000,00 €	
	GuV	2 400 000,00 €	2 600 000,00 €

   a) Ermitteln Sie die Umsatzsteuerzahllast.
   b) Erläutern Sie, an welcher Stelle der Bilanz die Umsatzsteuerzahllast geführt wird.
   c) Ermitteln Sie den Erfolg des Unternehmens im abgelaufenen Geschäftsjahr.
   d) Ermitteln Sie den Schlussbestand des Eigenkapitalkontos.

17. Beurteilen Sie die folgenden Aussagen auf ihre Richtigkeit und begründen Sie Ihre Antwort.
   a) Liegt eine Einnahme im alten Jahr vor, die im neuen Jahr erfolgswirksam wird, bildet man einen aktiven Rechnungsabgrenzungsposten.
   b) Liegt eine Ausgabe im neuen Jahr vor, die im alten Jahr erfolgswirksam war, bildet man am Jahresende eine „sonstige Verbindlichkeit Jahresabschluss".
   c) Liegt eine Einnahme im alten Jahr vor, die im alten Jahr erfolgswirksam ist, bildet man einen passiven Rechnungsabgrenzungsposten.
   d) Rückstellungen werden gebildet, um den Gewinn des Geschäftsjahres möglichst genau zu ermitteln.
   e) Die Höhe der Rückstellungen kann genau ermittelt werden.
   f) Die Höhe der Rückstellungen muss geschätzt werden.
   g) Wenn der Grund für eine Rückstellung entfällt, so muss diese Gewinn erhöhend aufgelöst werden.

Lernfeld 2

7 Der Jahresabschluss

> **AUSGANGSSITUATION**
>
> Die Auszubildende Nora Braun wundert sich darüber, dass der Steuerberater mit Frau Köppel lange Gespräche über den Jahresabschluss führt. Sie fragt Frau Köppel: „Was ist denn am Jahresabschluss so schwer, man muss doch nur die Salden der Konten nehmen, und schon ist man fertig. Schließlich wurde ja das ganze Jahr ordnungsgemäß auf den vielen Konten gebucht?!" Frau Köppel lacht und antwortet: „Ja, Nora, für einen Außenstehenden hört sich das leicht an, aber in der Praxis ist ein Jahresabschluss mehr als nur das Ordnen von Salden."
>
> **ARBEITSAUFTRAG**
> Was muss noch alles beim Jahresabschluss eines Unternehmens beachtet werden?

Nachdem alle den **Jahresabschluss** vorbereitenden Arbeiten erledigt sind, ist jetzt der Jahresabschluss durchzuführen. Ein Kfz-Unternehmen muss innerhalb einer angemessenen Zeit einen Jahresabschluss erstellen und ggf. prüfen lassen. Der Jahresabschluss muss den gesetzlichen Vorschriften nach HGB und den Grundsätzen ordnungsmäßiger Buchführung (GoB) entsprechen.

Bestandteile des Jahresabschlusses

Der Jahresabschluss besteht aus der Bilanz, der Gewinn- und Verlustrechnung und dem Anhang.

Die **Bilanz** stellt zum Bilanzstichtag das Vermögen dem Kapital in anschaulicher Form gegenüber.

Die **Gewinn- und Verlustrechnung** ermittelt den Gewinn oder Verlust des Geschäftsjahres durch Gegenüberstellung von Aufwendungen und Erträgen aus dem abgelaufenen Geschäftsjahr.

Im **Anhang** werden die Positionen der Bilanz und der GuV-Rechnung erläutert. Ein Anhang ist nur bei Kapitalgesellschaften vorgeschrieben, der außerdem durch einen Lagebericht zu ergänzen ist. Der Lagebericht erweitert den Anhang im Jahresabschluss um Informationen über Stand und Entwicklung des Unternehmens, wobei besonderes Augenmerk auf die zukünftige Entwicklung gelegt wird.

Abschlussgrundsätze

Der Jahresabschluss muss die tatsächliche Vermögens-, Finanz- und Ertragslage des Unternehmens aufzeigen. Dabei müssen einige Grundsätze beachtet werden.

Grundsatz der Klarheit

Der Jahresabschluss muss klar und übersichtlich gegliedert sein. Die Gliederungspunkte und die Bezeichnungen in der Bilanz und der GuV richten sich nach dem Gesetz. Bei Besonderheiten des Unternehmens oder der Branche sind diese bei den Bezeichnungen der Posten zu berücksichtigen. Die Verrechnung von Forderungen mit Verbindlichkeiten oder von Aufwendungen und Erträgen ist nicht erlaubt.

Grundsatz der Stetigkeit

Die einmal gewählte Darstellungsform ist bei aufeinanderfolgenden Jahresabschlüssen beizubehalten. Die Wertansätze der Schlussbilanz sind als Anfangsbestand in das neue Geschäftsjahr zu übernehmen. Bewertungsmethoden dürfen nicht willkürlich von Jahr zu Jahr verändert werden.

Grundsatz der Vollständigkeit und Richtigkeit

Im Jahresabschluss müssen Vermögenswerte, Verbindlichkeiten, Rückstellungen, Rechnungsabgrenzungsposten (RAP), Eigenkapital, Aufwendungen und Erträge nach den Grundsätzen ordnungsmäßiger Buchführung ausgewiesen werden.

Grundsatz der periodengerechten Abgrenzung

Es sind nur Aufwendungen und Erträge in den Jahresabschluss zu übernehmen, die – unabhängig vom Zeitpunkt der Zahlung – wirtschaftlich in das abzuschließende Geschäftsjahr gehören.

Gliederungsvorschriften

Das HGB enthält für Einzelunternehmen oder Personengesellschaften nur grobe Hinweise zur Gliederung der **Bilanz** und der **GuV**. So müssen lediglich nach § 247 HGB in der Bilanz das Anlagevermögen, das Umlaufvermögen, das Eigenkapital, die Schulden sowie die Rechnungsabgrenzungsposten gesondert ausgewiesen und ausreichend gegliedert sein. In der Praxis orientieren sich aber auch Einzelunternehmen und Personengesellschaften an den Gliederungsvorschriften für Kapitalgesellschaften. Diese müssen nach §§ 266–275 die Bilanz und die GuV-Rechnung bezeichnen und gliedern. Für kleine Kapitalgesellschaften hat der Gesetzgeber eine Erleichterung vorgesehen. Sie müssen lediglich eine verkürzte Bilanz aufstellen, die mit Großbuchstaben und römischen Ziffern nach § 266 HGB zu gliedern ist.

Lernfeld 2

Aktiva	Bilanz (§ 266 HGB)	Passiva

A. ausstehende Einlagen auf das gezeichnete Kapital
B. Anlagevermögen
  I. immaterielle Vermögensgegenstände
  II. Sachanlagen
    1. Grundstücke und Bauten
    2. technische Anlagen und Maschinen
    3. andere Anlagen, Betriebs- und Geschäftsausstattung
    4. Vorführfahrzeuge
    5. geleistete Anzahlungen
  III. Finanzanlagen
C. Umlaufvermögen
  I. Vorräte
  II. Forderungen
  III. Wertpapiere
  IV. Schecks, Kassenbestand, Bundesbank- und Postgiroguthaben, Guthaben bei Kreditinstituten
D. Rechnungsabgrenzungsposten
	A. Eigenkapital
	  I. gezeichnetes Kapital
	  II. Kapitalrücklagen
	  III. Gewinnrücklagen
	  IV. Gewinnvortrag
	  V. Jahresüberschuss
	B. Rückstellungen
	C. Verbindlichkeiten
	  1. Verbindlichkeiten aus Lieferungen und Leistungen
	  2. sonstige Verbindlichkeiten
	D. Rechnungsabgrenzungsposten	

Die GuV-Rechnung stellt die Ertragslage des Unternehmens dar. Bei Einzelunternehmen oder Personengesellschaften kann die GuV-Rechnung in Form eines T-Kontos erstellt werden. Nach den vorbereitenden Abschlussbuchungen werden die Aufwendungen auf die Sollseite des GuV-Kontos gebucht, die Erträge auf die Habenseite. Der sich ergebende Saldo ist dann direkt auf das Eigenkapitalkonto zu übertragen:

- in einer **Gewinnsituation**: GuV an Eigenkapital,
- in einer **Verlustsituation**: Eigenkapital an GuV.

Bei Kapitalgesellschaften schreibt das Gesetz die Staffelform vor.

Das Gliederungsschema gemäß § 275 Abs. 2 HGB verdeutlicht die untereinander angeordneten, unterschiedlichen Erfolgsquellen und die Zuordnung der Aufwandsarten und Ertragsarten zu den Positionen der Gewinn- und Verlustrechnung.

Positionen der Gewinn- und Verlustrechnung	RO	Kontengruppen des SKR 51
1. Umsatzerlöse		8000 folgende
2. Bestandsveränderungen in Arbeit befindliche Aufträge	+	8990

Positionen der Gewinn- und Verlustrechnung	RO	Kontengruppen des SKR 51
3. Andere aktivierte Eigenleistungen	+	8994
4. Sonstige Erlöse	+	8900
= als Zwischensumme kann zur Erleichterung der Erfolgsanalyse die „Gesamtleistung" ausgewiesen werden	=	
5. Materialaufwand a) Aufwendungen für Roh-, Hilfs- und Betriebsstoffe, Energie[1] b) Aufwendungen für bezogene Leistungen	– –	7000 7000
= als Zwischenergebnis kann der Saldo aus der Gesamtleistung und dem Materialaufwand vermerkt werden, der als „Rohergebnis" bezeichnet wird	=	
6. Personalaufwand a) Löhne und Gehälter b) Soziale Abgaben	– –	4100 folgende 4140, 4240
7. Abschreibungen auf a) Immaterielle Vermögensgegenstände und Sachanlagen b) Umlaufvermögen	– –	z. B. 4610, 4620 z. B. 4672
8. Sonstige betriebliche Aufwendungen	–	4700 folgende
= als Zwischensumme kann der Saldo aus den Erträgen und den Aufwendungen als „Betriebsergebnis" ausgewiesen werden	=	
9. Erträge aus Beteiligungen	+	2600
10. Erträge aus anderen Wertpapieren und Ausleihungen des Finanzanlagevermögens	+	2620
11. Sonstige Zinsen und ähnliche Erträge	+	2650
12. Abschreibungen auf Finanzanlagen und auf Wertpapiere des Umlaufvermögens	–	4658 folgende
13. Zinsen und ähnliche Aufwendungen	–	2100
= als Zwischensumme kann der Saldo aus den Finanzierungserträgen und -aufwendungen als „Finanzergebnis" ausgewiesen werden	=	
14. Steuern vom Einkommen und vom Ertrag	–	
15. = Ergebnis nach Steuern	=	
16. Sonstige Steuern	–	
17. Jahresüberschuss/Jahresfehlbetrag	=	

---

[1] Im Handelsbetrieb Autohaus enthält diese Position den Aufwand für Waren (Wareneinsatz) nach Verrechnung (VAK).

Der **Jahresüberschuss** oder **Jahresfehlbetrag** wird wegen der unterschiedlichen Haftungsverhältnisse im Gegensatz zu Einzelunternehmen oder Personengesellschaften nicht direkt auf das Konto Eigenkapital übertragen, sondern getrennt unter der Position Jahresüberschuss/-fehlbetrag in der Bilanz ausgewiesen.

Größenabgrenzung der Kapitalgesellschaften (vgl. § 267 HGB)

1. Kleine Kapitalgesellschaften sind solche, die mindestens zwei der drei nachstehenden Merkmale nicht überschreiten:

- 6 000 000,00 € Bilanzsumme nach Abzug eines auf der Aktivseite ausgewiesenen Fehlbetrags (§ 268 Abs. 3),
- 12 000 000,00 € Umsatzerlöse in den zwölf Monaten vor dem Abschlussstichtag,
- im Jahresdurchschnitt 50 Arbeitnehmer.

2. Mittelgroße Kapitalgesellschaften sind solche, die mindestens zwei der drei in Absatz 1 bezeichneten Merkmale überschreiten und jeweils zwei der drei nachstehenden Merkmale nicht überschreiten:

- 20 000 000,00 € Bilanzsumme nach Abzug eines auf der Aktivseite ausgewiesenen Fehlbetrags (§ 268 Abs. 3),
- 40 000 000,00 € Umsatzerlöse in den zwölf Monaten vor dem Abschlussstichtag,
- im Jahresdurchschnitt 250 Arbeitnehmer.

3. Große Kapitalgesellschaften sind solche, die mindestens zwei der drei in Absatz 2 bezeichneten Merkmale überschreiten. Eine Kapitalgesellschaft gilt stets als groß, wenn sie einen organisierten Markt im Sinne des § 2 Abs. 5 des Wertpapierhandelsgesetzes durch von ihr ausgegebene Wertpapiere im Sinne des § 2 Abs. 1 Satz 1 des Wertpapierhandelsgesetzes in Anspruch nimmt oder die Zulassung zum Handel an einem organisierten Markt beantragt worden ist.

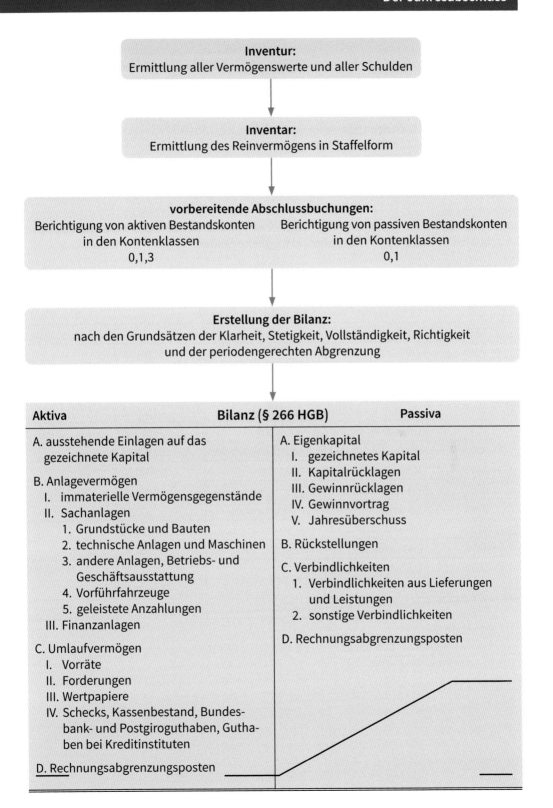

Lernfeld 2

Zusammenfassung

- Der Jahresabschluss besteht aus der Bilanz, der Gewinn- und Verlustrechnung und dem Anhang.
- Der Jahresabschluss muss die tatsächliche Vermögens-, Finanz- und Ertragslage des Unternehmens aufzeigen.
- Für Kapitalgesellschaften gibt es im HBG Gliederungsvorschriften für die Bilanz und die GuV-Rechnung.

Aufgaben

1. Erstellen Sie für eine kleine Kapitalgesellschaft eine Gewinn- und Verlustrechnung in Staffelform nach § 275 HGB aufgrund folgender Salden:

Konto-Nr.	Kontenbezeichnung	Soll	Haben
8000	Erlöse Verkauf Neuwagen		2 300 500,00
8300	Erlöse aus dem Verkauf von Teilen über Theke		560 000,00
8400	Erlöse Werkstatt		450 000,00
7000	VAK Verkauf Neuwagen	1 950 000,00	
7300	VAK Teile über Theke	495 000,00	
4100	Löhne und Gehälter produktiv	95 000,00	
4110	Unproduktive Löhne produktive Mitarbeiter	63 000,00	
4140, 4240	Gesetzliche soziale Aufwendungen	30 000,00	
4200	Löhne und Gehälter unproduktive Mitarbeiter	32 000,00	
4400	Miete, Pacht	16 000,00	
4800	Werbekosten	2 500,00	
4790	Sonstige Kosten des Geschäftsbetriebes	600,00	
4700	Büromaterial	1 200,00	
4410	Energiekosten	26 000,00	
2600	Erträge aus Beteiligungen		78 000,00
2100	Zinsen	150 000,00	
2620	Wertpapiererträge		9 800,00

Ermitteln Sie
a) das Betriebsergebnis,
b) das Finanzergebnis.

2. Erstellen Sie aufgrund der folgenden Salden die Bilanz einer kleinen Kapitalgesellschaft gemäß § 266 HGB:

Konto-Nr.	Kontenbezeichnung	Soll	Haben
0050	Grundstücke	300 000,00	
0080	Bauten auf eigenen Grundstücken	320 000,00	
0200	Technische Anlagen und Maschinen	230 000,00	
0321	Vorführwagen (Pkw)	168 000,00	
0300	Andere Anlagen, Betriebs- und Geschäftsausstattung	26 000,00	
0525	Wertpapiere des Anlagevermögens	47 000,00	
0550	Darlehen		800 000,00
0800	Gezeichnetes Kapital		?
0860	Gewinnvortrag v. V.		125 500,00
1000	Kasse	22 300,00	
1200	Bank	34 600,00	
1400	Forderungen aus Lieferungen und Leistungen	140 000,00	
1600	Verbindlichkeiten aus Lieferungen und Leistungen		600 000,00
1700	Sonstige Verbindlichkeiten		280 000,00
3000	Bestand Neuwagen	430 000,00	
3100	Bestand Gebrauchtwagen regelbesteuert	167 000,00	
3300	Bestand Teile	64 000,00	
3500	Bestand weitere Bereiche (Schmierstoffe)	5 600,00	

Lernfeld 3

Teile und Zubehör beschaffen und lagern

1 Die Beschaffung

AUSGANGSSITUATION

Die Auszubildenden Fin Schneider und Nora Braun sollen in der nächsten Zeit im Lager mitarbeiten. Als erste größere Aufgabe sollen sie einen Angebotsvergleich durchführen. Voraussetzung dafür ist eine genauere Kenntnis der Abläufe.
Zu diesem Zweck und als Einführung in den neuen Arbeitsbereich nimmt sich der Lagerleiter Tim Gehlen die Zeit, um mit den beiden den Lagerbereich zu begehen. Dabei stellt er nicht nur die Räumlichkeiten und deren technische Ausstattung vor, sondern erklärt auch den prinzipiellen Materialfluss, d. h. die Warenbewegungen von der Anlieferung über das Lager bis zum Verbrauch in der Werkstatt oder dem Verkauf im Shop. Er verweist unter anderem auf die zu beachtenden Maßgaben des Arbeits- und Gesundheitsschutzes. Zudem umreißt er die Aufgabenfelder bzw. Zuständigkeiten in seinem Verantwortungsbereich. Für Nora Braun und Fin Schneider wird dabei deutlich, dass der Materialfluss mit einer Vielzahl informationeller und kommerzieller Prozesse verbunden ist, die sie in der nächsten Zeit kennenlernen werden.

Die Aufgabenstellung für den Angebotsvergleich sieht folgendermaßen aus: Von vielen Kunden werden gerne Sitzbezüge gekauft. Es liegen bereits konkrete Kundenanfragen vor. Es sollen einerseits für diese Kunden Bezüge bestellt werden. Andererseits soll untersucht werden, welche Bezüge in Zukunft den Kunden empfohlen werden können.

ARBEITSAUFTRÄGE
1. Beschaffen Sie Informationen über Sitzbezüge. Welche Quellen nutzen Sie dafür? Fassen Sie die Informationen tabellarisch zusammen.
2. Bitten Sie die Lieferanten der Autohaus Köppel GmbH um Angebote. Formulieren Sie mit dem heutigen Datum eine Anfrage als Serienbrief. Lassen Sie Herrn Gehlen unterschreiben.

Die Beschaffung

1.1 Die Beschaffungsanbahnung

EINSTIEGSSITUATION

Der Auszubildende Pascal Palm arbeitet mit der Fachkraft für Lagerwirtschaft, Frau Reisch, an der Vorbereitung der Bestellungen. Zunächst ermitteln beide gemeinsam den Bedarf an Motorenöl. Anschließend erfassen beide die Abrufmengen der Werkstatt und überprüfen die Statistik der Verkäufe an Privatkunden. Im nächsten Schritt wird die Nachfrage mit den Beständen abgeglichen.

Dabei berücksichtigen Frau Reisch und Herr Palm die Informationen von Herrn Breidt von der Michaelis Import GmbH. Herr Breidt hatte für die Luxor-Limousine eine Modelländerung angekündigt. Bei den neuen Modellen wurde der Motor weiter optimiert. Er empfiehlt daher die Verwendung eines hochwertigeren Öls als bisher.

Als Ergebnis der Angebotsbearbeitung wurden die konkreten Bestelldaten und der günstigste Anbieter im Bestellvorschlag ermittelt. Die nächste Aufgabe besteht darin, die Bestellung auszulösen und deren exakte Umsetzung zu überwachen.

Welche Schlussfolgerungen ziehen Sie aus der Empfehlung von Herrn Breidt, bei den neuen Modellen hochwertigeres Öl zu verwenden?

1.1.1 Prozessübersicht

Teile und Zubehör zu beschaffen, für die Werkstattprozesse bereitzustellen und ggf. auch wieder zu verkaufen, gehört zu den Kernprozessen eines Autohauses. Um diese Aufgaben erfüllen zu können, sind Hilfsprozesse, wie z. B. Logistikprozesse, Informations- und Kommunikationsprozesse, unerlässlich. Wichtige Bestandteile der Logistikprozesse sind Transportieren, Umschlagen und Lagern. Während Transportleistungen (z. B. Anlieferungen) überwiegend eingekauft werden, ist die Lagerhaltung nicht vollständig vermeidbar bzw. auslagerbar. Das Lager für Teile und Zubehör versorgt in erster Linie die Werkstatt. Darüber hinaus wird auch direkt an Privat- und Geschäftskunden (Wiederverkäufer) verkauft.

Die Geschäftsprozesse bei Beschaffung, Lagerung und Bereitstellung für den Verbrauch sind besser verständlich, wenn man weiß, wie der Bedarf der Werkstatt entsteht. Die Werkstatt hat die Aufgabe,

- Fahrzeuge für den Verkauf vorzubereiten,
- durch Instandhaltung die Funktionsfähigkeit der Fahrzeuge zu erhalten oder wiederherzustellen,
- Garantie- bzw. Kulanzleistungen zu erbringen und
- auf Kundenwunsch Veränderungen an Fahrzeugen vorzunehmen.

Lernfeld 3

Zur Erfüllung dieser Aufgaben werden verschiedene Hilfsstoffe (z. B. Öl und Benzin) sowie Teile und Zubehör benötigt. Bei **Teilen** handelt es sich um für die Funktionsfähigkeit der Fahrzeuge erforderliche Bestandteile. **Zubehör** umfasst zusätzliche Ausstattungen, wie z. B. Radios und Navigationsgeräte.

Da sich viele Arbeiten im Wartungs- und Instandhaltungsbereich langfristig nicht exakt planen lassen, muss ein Mindestbestand an Teilen und Zubehör vorhanden sein. Dieser Bestand wird im **Lager** bevorratet. Das Lager hat eine Pufferfunktion.

Damit wird sichergestellt, dass in der Werkstatt möglichst keine unerwünschten Wartezeiten entstehen und den Kunden ein hoher Service geboten werden kann. Im Autohaus werden nicht nur Teile und Zubehör benötigt, sondern auch andere Materialien, wie z. B. Betriebsstoffe (Motorenöl, Benzin u. a.). Ein Teil dieser Materialien wird in der Werkstatt verbraucht, ein anderer als Ware wieder verkauft.

Bevor das Material das Lager erreicht, muss es beschafft worden sein. Die einzelnen Schritte der Beschaffung sind typische Abläufe im Handel. Deshalb bilden das Bürgerliche Gesetzbuch (BGB) und das Handelsgesetzbuch (HGB) für alle Beteiligten einen verbindlichen Rechtsrahmen.

Autohaus Köppel GmbH

Beschaffungsanbahnung
- Bedarf ermitteln
- Einkauf disponieren
- Angebote einholen
- Angebote vergleichen

Beschaffungsdurchführung
- Bestellung durchführen
- Wareneingang bearbeiten

Anpreisungen | Anfragen | Angebote | Bestellungen | Lieferungen | Rechnungen

Lieferanten

- Michaelis Import GmbH
- Glasoform OHG
- Zahn & Rad GmbH
- Gumeros AG
- Eberhard OHG
- Elektro Köhler GmbH & Co. KG
- Boxengasse KG
- Rieth KG

Prozesse bei der Beschaffung

1.1.2 Bedarfsermittlung

Die **Bedarfsermittlung** ist die erste Aktivität im Beschaffungsprozess. Dabei muss eine Vielzahl von Informationen berücksichtigt werden, um die Beschaffung bedarfsgerecht und wirtschaftlich durchführen zu können. Aus der **Bestandsführung** des Lagers kommen Informationen über den aktuellen Lagerbestand und die Bestandsentwicklung in der Vergangenheit. Dabei ist es unerheblich, welchen Automatisierungsgrad die Lagerorganisation aufweist. Heute kommen zunehmend EDV-Systeme zur Anwendung. In kleineren Lagern oder ausgewählten Lagerbereichen wird aber z. T. noch mit herkömmlichen Organisationsmitteln, wie z. B. Karteien und Bestandslisten, gearbeitet. Unterschiede ergeben sich lediglich bezüglich des Aufwandes für die Informationsbeschaffung (vgl. Wirtschaftlichkeit des Lagers, Kapitel 2.3).
Die **Hersteller** bzw. **Importeure** informieren die Händler über

- neue Modelle und
- Erzeugnisänderungskampagnen.

Neue Modelle sind teilweise mit anderen Teilen und anderem Zubehör ausgestattet. Die bisherige Bedarfsentwicklung kann also nicht ohne Berücksichtigung dieser Tatsache auf die Zukunft übertragen werden. Bei Bestellungen muss beachtet werden, dass bisher verwendete Teile in den neuen Modellen möglicherweise nicht mehr eingebaut werden können oder sollen. Außerdem führen Verbesserungen an den Teilen häufig zu veränderten Eigenschaften mit entsprechenden Auswirkungen auf die Lebensdauer bzw. die Gebrauchseigenschaften. Die Folge ist eine Veränderung des Instandhaltungsbedarfs und der daraus resultierenden Nachfrage.

Erzeugnisänderungskampagnen (Rückrufaktionen) dienen der Sicherheit der Endkunden. Bei begründetem Verdacht auf technische Mängel werden die betroffenen Fahrzeuge der entsprechenden Modellreihe in die Vertragswerkstätten zurückgerufen. Der Hersteller bzw. Importeur empfiehlt in solchen Fällen den Wechsel bestimmter Teile. Für die Bedarfsermittlung bedeutet dies, dass für die betroffenen Fahrzeuge ausreichend Teile bereitgestellt werden müssen. Außerdem sind dafür häufig die zuvor eingebauten Teile nicht mehr zu verwenden.

Neben dem Bedarf der internen „Kunden" (Monteure der Werkstatt) sind Verkäufe an externe Kunden bei der Bedarfsermittlung zu berücksichtigen. Externe Kunden können andere Händler, Geschäftskunden aus anderen Branchen und die privaten Autokäufer sein. Bei den Privatkunden spielen häufig saisonale Gesichtspunkte und Modeerscheinungen eine Rolle. Hinweise aus den Verkaufsgesprächen sollten daher aufgegriffen werden, um entsprechende Trends rechtzeitig erkennen und ausnutzen zu können.

Die meisten Informationen werden über EDV-Systeme bereitgestellt und zu einem **Bestellvorschlag** aufbereitet. Bestellvorschläge werden für

- Tagesbestellungen,
- Wochenbestellungen und
- Monatsbestellungen

erarbeitet. Trotz Unterstützung durch EDV-Systeme muss die endgültige Entscheidung durch den Menschen getroffen werden. Erfahrungen und zusätzliche aktuelle Informationen können nicht vollständig automatisch berücksichtigt werden. Die Ergebnisse der Bestandsermittlung bilden deshalb die Voraussetzung und den Anstoß für die Einkaufsdisposition.

1.1.3 Einkaufsdisposition

Die Beschaffung von Materialien und Waren erfolgt selbstverständlich nicht willkürlich und planlos. Sowohl die Vorbereitung als auch die Abwicklung der Beschaffung folgen bestimmten Regelabläufen. Die Vorbereitung beginnt mit der **Einkaufsdisposition**. Darunter werden alle Tätigkeiten zur Vorbereitung der Beschaffung verstanden, die zur Befriedigung der internen und externen Kundenwünsche dienen.

Es können sowohl bereits im Sortiment geführte Artikel zu beschaffen sein als auch Materialien oder Waren, die neu ins Sortiment aufgenommen werden sollen. Wenn für die Bestandsführung EDV-Systeme genutzt werden, unterbreiten diese Systeme vielfach Bestellvorschläge für die bereits geführten Artikel. Jeder Artikel hat eine eigene Artikelnummer. Zusätzlich können den Artikeln eine oder mehrere Ersetzungsnummern zugeordnet sein. Die Ersetzungsnummer bezeichnet das gleiche Teil von einem anderen Hersteller. Die Vorschläge ermitteln diese Systeme aus der Bestandsentwicklung. Sofern über die betreffenden Materialien oder Waren in technischer und kaufmännischer Hinsicht Zufriedenheit besteht, können sie zur Nachbestellung vorgeschlagen werden.

Trotzdem sollten auch bei diesen Materialien neue technische Entwicklungen oder verbesserte Beschaffungskonditionen im Auge behalten werden. Für neu ins Sortiment aufzunehmende Artikel muss eine erstmalige Beschaffung vorbereitet werden. Die damit verbundenen Aufgaben lassen sich mit folgenden Schlüsselfragen umschreiben:

- Was ist zu beschaffen?
- Wie viel davon soll beschafft werden?
- Wann soll beschafft werden?
- Woher ist zu beschaffen?

Aus den Antworten auf diese Fragen ergeben sich die Plangrößen

- Sortiment,
- Qualität,
- Menge,
- Zeit und
- Bezugsquellen.

1.1.4 Sortimentsplanung

Gegenstand der Sortimentsplanung im Autohaus ist die Entscheidung darüber, welche Teile und welches Zubehör eingekauft werden sollen. Wichtige Bestimmungsgrößen sind dabei **Art**, **Qualität** und **Preisniveau**. Hierbei spielen naturgemäß die angesprochene Zielgruppe, deren Kaufkraft und die daraus resultierende Fahrzeugkategorie (Kleinwagen, Mittelklassewagen, Wagen der Oberklasse) eine Rolle. Die Entscheidungsfindung wird darüber hinaus beeinflusst durch

- die Vorgaben der Hersteller bzw. Importeure,
- die Nachfrage und
- das vorhandene Kapital.

Im Rahmen der Entwicklung und Produktion sind die Hersteller um eine ständige Verbesserung ihrer Produkte bemüht. Umfangreiche Tests, Erfahrungen aus Produktion und Betrieb sowie die Auswertung der Kundenreaktionen führen zu Vorgaben für den Automobilhandel. Die Einhaltung dieser Vorgaben dient einer höheren Sicherheit, besserem Betriebsverhalten, längerer Lebensdauer usw. Teilweise hat die Einhaltung der Vorgaben verbindlichen Charakter bis hin zur Sicherung von Herstellergarantien.

Das bisherige Nachfrageverhalten kann Anhaltspunkte für den zukünftigen Bedarf liefern. Als Quellen dienen dabei Verkaufsstatistiken und Auswertungen des Werkstattverbrauchs. Daraus ergibt sich, wie oft und in welchem Zeitraum die einzelnen Artikel eingebaut oder verkauft wurden. Zusätzliche Informationsquellen können Berichte über Verkaufserfolge von Wettbewerbern, unbefriedigte Kundennachfragen und Erfahrungen aus der Vergangenheit sein. Gerade Nachfragen, die nicht befriedigt werden konnten, sollten sorgfältig registriert und ausgewertet werden (Fehlverkaufskontrolle). Hieraus lassen sich Schlussfolgerungen über das konkrete Nachfrageverhalten ziehen und ggf. neue Leistungsangebote entwickeln.

Informationen aus der Vergangenheit lassen sich jedoch nicht bedenkenlos auf die Zukunft übertragen. Veränderungen der gesetzlichen Rahmenbedingungen, Erwartungen an zukünftige technische Entwicklungen und Modetrends können zu neuen Marktentwicklungen führen.

Einflüsse	Beispiele
gesetzliche Rahmenbedingungen	- Abgasnormen - Steuerbelastungen - Umweltgesetzgebung (Verpackungsgesetz, Kreislaufwirtschaftsgesetz)
technische Entwicklungen	- alternative Antriebe - neue Werkstoffe (bessere Gebrauchswerteigenschaften, leicht, billig, Möglichkeit zum Recycling usw.)
Modetrends	- Stadtautos (z. B. Smart) - Funcars - Familienfahrzeuge (Vans) - Geländefahrzeuge (SUVs)

Hilfsmittel für die Verkaufsdatenanalyse und die Bedarfsprognose sind Datenbanken der Händler und Hersteller. Durch Pflege der Datensätze im elektronischen Teilekatalog (ETK) lassen sich Prognosedaten errechnen. Einige Herstellerprogramme ermöglichen die Einsicht per Datenfernübertragung vom PC des Händlers in den elektronischen Teilekatalog des Herstellers. Die Verlässlichkeit der Prognosen ist abhängig von der Art der Teile bzw. des Zubehörs. Handelt es sich um Artikel, die noch nicht lange verfügbar sind, fehlen brauchbare Basisdaten.

Bei Artikeln, die bereits längere Zeit im Angebot sind, ist dagegen abnehmender Bedarf, Veränderung oder Ersatz zu befürchten. Bestellungen werden entsprechend der Bestandsentwicklung ausgelöst.

Die unterschiedlich große Nachfrage wirkt sich auf Bestellmengen und Bestellhäufigkeit aus. Verbrauchsgüter (z. B. Dichtungen, Motoröl, Ventile) werden häufiger benötigt als Teile, die selten gewechselt werden müssen.

1.1.5 Mengenplanung

Ziel der Mengenplanung ist die Bestimmung der wirtschaftlichen Bestellmenge. Einflussgrößen der Mengenbestimmung sind Beschaffungskonditionen, Lagermöglichkeiten, voraussichtlicher Verbrauch bzw. Absatz und die Kosten.
Die **Beschaffungskonditionen** charakterisieren den möglichen „Zufluss". Gemeint sind damit vor allem Bestellmengen, Lieferzeiten und damit verbundene Kosten. Nicht alle Materialien oder Waren können in der gewünschten Anzahl bestellt werden. Handelsübliche Mengen (Handelspackungen, Mindestabnahmemengen) und eventuelle Rabatte bei Abnahme bestimmter Mengen sind zu beachten.

Die **Lagermöglichkeiten** sind begrenzt. Es werden nicht nur ausreichend geeignete Lagerflächen und Lagerhilfsmittel benötigt, auch die Eignung der Materialien und Waren für die Lagerung ist zu berücksichtigen (z. B. Mindesthaltbarkeitsdaten).

Das Lager als Speicher muss auch über einen geregelten „Abfluss" verfügen. Dieser entsteht durch den **Verbrauch** der Werkstatt und Verkäufe. Genaue Daten stehen nicht zur Verfügung, da Fahrzeuge, Teile, Zubehör und Werkstattleistungen nicht ständig in gleichem Maße nachgefragt werden. Es kann somit nur mit Abschätzungen bzw. Erfahrungswerten gearbeitet werden. Die Kosten von Bestellung und Lagerung sind hier gegeneinander abzuwägen. Es besteht die Wahl zwischen zwei Möglichkeiten:

- Die Beschaffung großer Mengen führt zu wenigen Bestellungen und Lieferungen. Den niedrigen Beschaffungskosten stehen hohe Lagerkosten gegenüber. Mengenrabatte, Sonderangebote und stark schwankende Preise können ausgenutzt werden. Die endliche Lagerfähigkeit bestimmter Waren, die verfügbare Lagerkapazität und das einsetzbare Kapital setzen der Beschaffung großer Mengen Grenzen.
- Die Beschaffung kleiner Mengen hat viele Einzelbestellungen und Anlieferungen zur Folge. Die Einsparung der Lagerkosten wird mit höheren Beschaffungskosten für viele Einzelbestellungen erkauft. Kann ein kurzfristiger dringender Bedarf nicht über den Lagerbestand abgedeckt werden, sind Umsatzverluste oder Zusatzkosten für Eilbestellungen zu befürchten.

Beide Möglichkeiten stellen Extreme dar. In der Praxis sind für die einzelnen Bestellpositionen wirtschaftlich sinnvolle Kompromisse zu suchen. Die **Beschaffungskosten** setzen sich vor allem aus Personalkosten (Einholen und Vergleichen von Angeboten, Schreiben von Bestellungen, Warenannahme) sowie Kosten für Transport, Verpackung und Umschlag zusammen. Die **Lagerkosten** beinhalten vor allem die Kapitalbindung und Kosten für den Betrieb des Lagers (vgl. Abschnitt Wirtschaftlichkeit des Lagers, Kapitel 2.3).

Optimale Bestellmenge

Die Ermittlung der optimalen Bestellmenge ist eine komplexe Aufgabe, da sowohl die Beschaffungskosten als auch die Lagerhaltungskosten keine konstanten Größen sind. Die Grafik zeigt diesen Zusammenhang schematisch für ein angenommenes Beispiel.

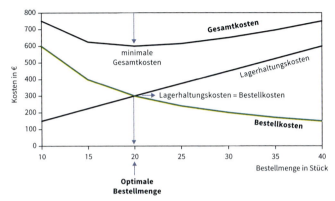

Zudem unterliegen beide Kostenvariablen internen aber auch externen Einflüssen.
Intern können durch das Management des Autohauses Beschaffungs- und Lagerkosten durch rationale Betriebsführung und die Nutzung geeigneter Hilfsmittel (z. B. Lagertechnik) verbessert werden. Externe Einflüsse, wie Angebot und Nachfrage oder die Rahmenbedingungen für die Geschäftsabwicklung (z. B. gesetzliche Vorgaben) sind dagegen kaum beeinflussbar und nicht immer rechtzeitig abzuschätzen.
Um trotzdem einen möglichst guten Kompromiss zu erreichen, bedient man sich einer Reihe betriebswirtschaftlicher Kennzahlen, die heute überwiegend mit Hilfe geeigneter Softwareprodukte bereitgestellt werden können. So ist auch die Berechnung der optimalen Bestellmenge nach der folgenden Formel möglich:

$$\text{Optimale Bestellmenge} = \sqrt{\frac{200 \cdot \text{Jahresbedarf} \cdot \text{Bestellkosten/Bestellung}}{\text{Einstandspreis/Stück} \cdot \text{Lagerkostensatz}}}$$

Voraussetzung für die Anwendung sind die Daten der entsprechenden Kenngrößen.
Auf eine Auswahl wichtiger Lagerkennzahlen (u. a. auf den Lagerhaltungskostensatz) wird in Abschnitt 2 noch eingegangen.
Nicht um jeden Preis muss die optimale Bestellmenge erreicht werden. Vielmehr dient diese als Orientierungsgröße.
Bei drohenden Preissteigerungen auf den Beschaffungsmärkten und Lieferengpässen können Vorratskäufe notwendig sein. Auch geben viele Lieferanten Mindestabnahmemengen, Mindermengenzuschläge und Rabatte in Zusammenhang mit der Bestellmenge an bzw. vor. Bestimmte verpackungs- und transportgerechte Mindestmengen sind ebenfalls gängige Praxis (Ballen, Palette, Wagenladung). Außerdem spielen begrenzte Lager- und Transportmöglichkeiten bei der Bestellmenge eine Rolle. Der Käufer muss unter Beachtung dieser Randbedingungen eine möglichst vorteilhafte Bestellmenge finden.

1.1.6 Zeitplanung

Eine zeitliche Planung der Beschaffung ist erforderlich, damit die Waren zum Verkaufstermin vorhanden sind bzw. durch fehlende Teile oder fehlendes Zubehör die termingemäße Erledigung von Werkstattarbeiten nicht gefährdet wird.

Der Beschaffungszeitpunkt ist von Preis, Lieferzeit, Saison, Umschlagsgeschwindigkeit und Lagerfähigkeit der Materialien oder Waren abhängig. Die einzelnen Einflussgrößen wirken gleichzeitig und beeinflussen sich teilweise gegenseitig.

Ein wichtiges Kriterium für die Bestimmung des Beschaffungszeitpunktes ist der **Preis**. Neben der Ausnutzung von Mengenrabatten und Sonderangeboten sind auch zeitabhängige Preise zu berücksichtigen. Beispiele dafür sind nachfragebedingte Preisänderungen (Saisonartikel) und Preiszuschläge für die kurzfristige Belieferung.

> **Beispiel:** Preiszuschlag für kurzfristige Belieferung
>
> Das Autohaus Köppel bestellt bis 09:00 Uhr Kabelbäume im Zentrallager Cochem von Elektro Köhler GmbH & Co. KG. Spätestens am Folgetag ist die Lieferung ohne Preiszuschlag in Trier. Wäre die gleiche Bestellung für den Folgetag erst nach 12:00 Uhr erfolgt, hätte die Lieferung mit Nachtexpress und entsprechendem Preisaufschlag erfolgen müssen.

Eine wesentliche Einflussgröße ist auch die Höhe der Kapitalbindung. Deshalb ist bei hochpreisigen Artikeln eine sehr sorgfältige Prüfung des Bedarfs erforderlich. Sie sollten deshalb möglichst kurzfristig und nur in der benötigten Menge beschafft werden.

Bei der **Lieferzeit** ist der gesamte Zeitraum zwischen Bestellung und Warenübernahme zu beachten. Die Vorbereitung der Bestellung im Unternehmen, der Informationsweg zum Lieferanten, die Bearbeitung der Bestellung beim Lieferanten, der Transport zum Unternehmen und die Zeit für die Bearbeitung im Wareneingang gehören dazu.

Das Auftreten **saisonbedingter Bedarfsschwankungen** ist bekannt. Schwierig gestaltet sich die Abschätzung der konkreten Auswirkungen. Bleibt in Gegenden mit überwiegend milden Wintern der Schnee aus, sind Lagerbestände mit Winterausrüstung sicher schlechter zu verkaufen als bei einem kräftigen Wintereinbruch.

Die **Umschlagsgeschwindigkeit** ergibt sich aus dem Umsatz bzw. Verbrauch der Ware und der daraus resultierenden Verweilzeit des betreffenden Artikels im Lager. Im Handel gibt es daher den Begriff des „Schnelldrehers" bzw. „Langsamdrehers". Schnelldreher wie bestimmte Verbrauchsmaterialien müssen entsprechend häufiger nachbestellt werden als Langsamdreher.

Das Lager mit seiner Pufferfunktion gleicht zeitliche Differenzen zwischen Beschaffung und Absatz aus. Diese Pufferfunktion kann jedoch nicht bedenkenlos in Anspruch genommen werden. Neben den entstehenden Kosten ist die **Lagerfähigkeit** der Waren zu beachten. Während der Lagerung unterliegen die Waren unterschiedlichen Beanspruchungen, die zu Wertminderung oder Verlust führen können. Dazu zählen nicht nur physische Beanspruchungen

(Wärme, Staub, Feuchtigkeit usw.), sondern auch moralischer Verschleiß, z. B. durch Modeerscheinungen. Materialien oder Waren, die relativ unempfindlich gegen solche Beanspruchungen sind, können im Gegensatz zu empfindlicheren Artikeln in größeren Zeitabständen beschafft werden.

Optimaler Bestellzeitpunkt

Aus den genannten Gründen ist es wichtig einen optimalen **Zeitpunkt** für die jeweiligen Bestellungen zu ermitteln. Denn erfolgt eine Bestellung zu früh, werden unnötige Lagerbestände und somit zu hohe Lagerkosten erzeugt. Bestellt das Unternehmen jedoch zu spät, kann es zu Fehlmengenkosten kommen. Auf der Mengenplanung baut also die Zeitplanung auf.
Da Bestellungen immer wieder notwendig werden, ist es sinnvoll eine Beschaffungsstrategie zu wählen, aus der sich ein Bestellrhythmus ergibt.
Dazu sind zwei grundlegende Verfahren bekannt: Bestellpunktverfahren und Bestellrhythmusverfahren.
Das **Bestellrhythmusverfahren** basiert darauf, dass Bestellungen in gleichem zeitlichen Abstand erfolgen. Die Handhabung des Verfahrens und die Ermittlung der Bestellzeitpunkte sind vergleichsweise einfach. Der Bestellrhythmus kann wie folgt berechnet werden:

> Bestellrhythmus = 360 Tage · optimale Bestellmenge / Jahresbedarfsmenge

Beispiel:
Bestellrhythmus = 360 Tage · 30 Stück / 300 Stück = 36 Tage

Leider ist das Verfahren nur sinnvoll, wenn der Verbrauch relativ konstant ist. Beim **Bestellpunktverfahren** wird dagegen erst dann eine Bestellung ausgelöst, wenn ein vorher festgelegter Lagerbestand (Bestellpunkt) erreicht ist. Fällt also der tatsächliche Verbrauch niedriger aus, wird zu einem späteren Zeitpunkt bestellt. Ist der Verbrauch höher, muss früher eine Bestellung erfolgen.
Die Bestandsmenge beim Erreichen des Bestellpunktes wird als **Meldebestand** bezeichnet. Daher gibt es für dieses Verfahren auch die Bezeichnung Meldebestandsverfahren. Der Bestellzeitpunkt (entsprechend der Meldebestand) ist so zu wählen, dass die Lieferzeit mit dem vorhandenen Lagerbestand überbrückt werden kann. Dies bedeutet, dass die Lagerbewegungen (Zugänge und Abgänge) ständig beobachtet und dokumentiert werden müssen. Ist der Meldebestand eines Artikels erreicht, wird dies vom Lager (bzw. durch entsprechende Software) an den Einkauf weitergeben (Bedarfsmeldung) und eine Bestellung wird ausgelöst.

Von der Einkaufsabteilung wird ein sogenannter **Sicherheitsbestand** (Mindestbestand, eiserner Bestand) festgelegt. Dieser wird im Normalfall nicht angegriffen, sondern dient zur Überbrückung von verschiedenen Unsicherheiten:

- Lieferunsicherheit (Lieferant überschreitet Liefertermin)
- Bestandsunsicherheit (der tatsächliche Bestand ist geringer als der Buchbestand)
- Nachfrageunsicherheit (der Verbrauch ist höher als eingeplant).

Der Sicherheitsbestand ist deshalb bei der Festlegung von Meldeständen zu berücksichtigen.

Lernfeld 3

Beim Eintreffen der optimalen Bestellmenge wird der Höchstbestand erreicht. Dieser bestimmt die maximale Lagerkapazität, die für das betreffende Beschaffungs- bzw. Lagergut bereitgehalten werden soll.

Berechnung des Höchstbestandes:

> **Höchstbestand = Sicherheitsbestand + optimale Bestellmenge**

Beispiel:
Höchstbestand = 10 Stück + 25 Stück = 35 Stück

Die nachfolgende Grafik zeigt die Zusammenhänge und wichtige Größen schematisch am Beispiel des Bestellpunktverfahrens mit den angenommenen Werten.

Beispiel: Grafische Darstellung der Lagerbewegung

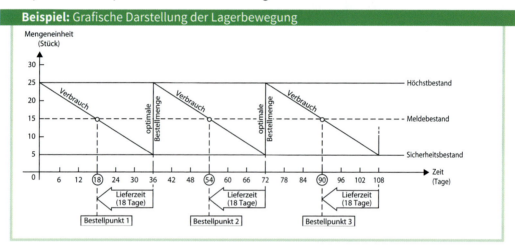

Bei Anwendung des Bestellpunktverfahrens sind die Bestellrhythmen nur im Ausnahmefall gleich groß. Zur Ermittlung der Bestellpunkte kommen heute überwiegend EDV-unterstützte Lagerverwaltungssysteme zum Einsatz.

Im Kapitel 2 wird auf verschiedene Kenngrößen nochmals aus Sicht der Lagerhaltung genauer eingegangen.

Unter dem Bestellpunktverfahren versteht man die Bestellung, sobald der Meldebestand erreicht ist. Fällt der tatsächliche Verbrauch niedriger aus, wird zu einem späteren Zeitpunkt bestellt. Ist der Verbrauch höher, muss früher eine Bestellung erfolgen.

Bei Beschaffungsgütern, die wertmäßig wichtig sind (A-Güter) und deren Verbrauchsmengen stärkere Schwankungen aufweisen (Y-Güter) wird das Bestellpunktverfahren angewendet.

Erfolgt die Bestellung hingegen unabhängig vom aktuellen Lagerbestand und wird in bestimmten gleichbleibenden Zeitabständen bestellt, spricht man vom **Bestellrhythmusverfahren**. Dies könnte dazu führen, dass Überstände entstehen, wenn z. B. der tatsächliche Verbrauch der Güter geringer ausfällt bzw. Fehlmengen entstehen, bei einem unerwartet hohen Verbrauch.

Für Beschaffungsgüter, die wertmäßig unbedeutend sind (C-Güter) und deren Verbrauchsmengen nur geringe Schwankungen aufweisen (X-Güter) wird dieses Verfahren angewendet.

1.1.7 Bezugsquellenermittlung

Im Rahmen der Bezugsquellenermittlung wird geklärt, bei welchem Anbieter bestellt werden soll. Dabei bestehen grundsätzliche Unterschiede zwischen

- Markenhändlern,
- freien Werkstätten und
- Produktionsbetrieben.

Markenhändler unterliegen durch ihren Markenvertrag mit einem bestimmten Hersteller einer Einkaufsbindung. Dadurch besteht keine freie Wahl der Bezugsquelle. Diese Einkaufsbindung bezieht sich auf alle Artikel des betreffenden Herstellers. Freie Werkstätten und Händler ohne Markenvertrag können unter den Anbietern frei wählen.
Für die Informationsbeschaffung über mögliche Bezugsquellen stehen interne und externe Quellen zur Verfügung.
Interne Informationsquellen sind Informationssammlungen innerhalb des Autohauses. Heute überwiegen Lieferanten- bzw. Angebotsdateien. Viele Fahrzeughersteller schicken Daten in Form von Datenträgern (z. B. DVDs) bzw. als Dateien über Datennetze an die Händler. Teilweise werden auch noch konventionelle Mittel, wie z. B. Ordner, Karteien, Listen, genutzt. Der Vorteil der elektronischen Medien liegt in der leichteren Aktualisierbarkeit und den komfortableren Suchmöglichkeiten.

> **Beispiele:** Interne Informationsquellen
> - **Artikelbeschaffungsdatei**: Bei Aufruf des Artikels erscheint der zugehörige Datensatz. Dieser enthält die bekannten Lieferanten (Hersteller) mit Lieferfristen, Preisen u. a.
> - **Lieferantendatei**: Bei Aufruf des Lieferanten wird der entsprechende Datensatz angezeigt. Er enthält das Angebotssortiment an Artikeln mit Bezeichnungen und Lieferkonditionen.
> - **Kataloge und Preislisten** (z. B. von Lexmaul, D & W) geben eine Übersicht der Artikel mit Preisangaben.

Auf **externe Informationsquellen** muss zurückgegriffen werden, wenn intern keine oder nur unzureichende Informationen zur Verfügung stehen. Hierbei kann auch auf Anpreisungen Bezug genommen werden.

> **Beispiele:** Externe Informationsquellen
> - Anruf bei Großhändlern (Teile, Öl)
> - Auswerten von Anzeigen in Fachzeitschriften
> - Besuch von Messen, Ausstellungen (Werkzeuge, Hebezeuge, Lagerausstattung)
> - Gespräche mit Handelsvertretern oder Reisenden (Reifen, Scheiben, Chemie)
> - Bezugsquellennachweise, Branchenadressbücher, Messekataloge, Informationen von Banken, Fachverbänden
> - Industrie- und Handelskammern
> - Datenbanken von Kreditinstituten, Kammern und öffentliche Datenbanken
> - Gelbe Seiten der Telekom
> - Internet

Lernfeld 3

Durch sorgfältige Auswertung aller Informationsquellen können in den meisten Fällen geeignete **Bezugsquellen** ermittelt werden. Ergebnisse der Einkaufsdisposition sind Bestellvorschläge. Die Bestellvorschläge bilden die Grundlage für die Beschaffung.

1.2 Die Vorbereitung der Bestellung

EINSTIEGSSITUATION

Daniel Gorges ist in seiner Eigenschaft als Leiter des Kundendienstes wiederholt von Autokäufern nach einem Dachgepäckträgersystem gefragt worden. Das System soll leicht umrüstbar für Fahrräder, Surfbretter und andere Gegenstände sein. Die Kunden verweisen dabei häufig auf die Zeitschriftenwerbung eines Automobilklubs. Einer der Kunden, Herr Oleniza, hat eine solche Zeitschriftenwerbung mitgebracht. Daniel Gorges bittet Sie zu prüfen, ob dieses Zubehör günstig zu beschaffen ist.

Tim Gehlen, der Lagerleiter der Autohaus Köppel GmbH, ist vom Werkstattleiter Carlo Michaeli darauf aufmerksam gemacht worden, dass in der letzten Zeit mehrere Kunden nach Anhängerzugvorrichtungen gefragt haben. Die Kunden sind eifrige Campingfans und planen vor der Hauptreisezeit den Anbau einer solchen Vorrichtung. Herr Gehlen und Pascal Palm haben sich bereits nach den ungefähren Kosten erkundigt und rechnen mit einigen konkreten Aufträgen. Sie haben sich notiert, für welche Modelle die Nachfrage nach Anhängerzugvorrichtungen erwartet wird. Vorsorglich prüfen beide in den vorliegenden Katalogen, DVDs usw., welche Anbieter Anhängerzugvorrichtungen im Angebot haben. Auf der Homepage der Rieth KG stoßen sie auf ein interessantes Angebot. Leider ist nicht erkennbar, wann die Homepage das letzte Mal aktualisiert wurde. Sie möchten sichergehen, dass die Angebotsdaten noch aktuell sind, und schicken daher eine E-Mail mit der Bitte um genauere Angaben zu den Lieferkonditionen des gewünschten Artikels.

Das Autohaus Köppel holt von verschiedenen Unternehmen schriftliche und kostenlose Angebote für Sitzbezüge ein. Unter anderem erhalten sie ein Angebot der Eberhard OHG. Im Angebot dieses Unternehmens steht u. a.: „Lieferzeit freibleibend". Einen Tag nach Erhalt des Angebots bestellt Herr Gehlen die Sitzbezüge „Olivio". Nach vier Wochen ist die bestellte Ware noch immer nicht geliefert. Er ruft empört bei der Eberhard OHG an und verlangt die sofortige Lieferung der bestellten Waren. Nehmen Sie dazu Stellung.

1.2.1 Warenanpreisung

Ergebnisse der Einkaufsdisposition sind **Bestellvorschläge**. Es besteht somit Klarheit über das Beschaffungsziel, d. h. darüber, was, in welcher Menge, wo und zu welchen Konditionen beschafft werden soll. Die Dynamik des Marktes führt dazu, dass das Angebot im Laufe der Zeit Änderungen unterliegt. So kommen bedingt durch den technischen Fortschritt neue Produkte auf den Markt oder die veränderte Nachfrage wirkt sich auf die Preise aus. Im nächsten Arbeitsschritt wird deshalb geprüft, zu welchen aktuellen Bedingungen die im Bestellvorschlag enthaltenen Positionen beschafft werden können. Daraufhin gilt es, die Bestellvorschläge in konkrete Bestellungen umzusetzen.

Einkaufsdisposition und die Vorbereitung der Bestellung gehen unmittelbar ineinander über. In der Praxis werden beide Tätigkeiten meist von demselben Bearbeiter durchgeführt. Die einzelnen Arbeitsschritte von der Information über das aktuelle Angebot der Lieferanten bis zur Lieferung sind typische Abläufe bei der Abwicklung von Kaufverträgen. Auch hier liefern das BGB und das HGB den rechtlichen Rahmen.

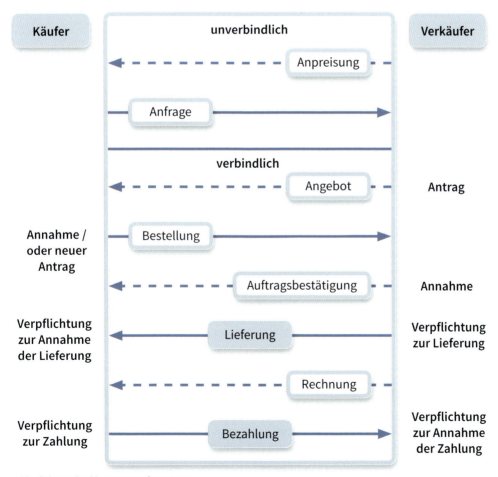

Abläufe beim Abschluss von Kaufverträgen

Lernfeld 3

Informationen über das aktuelle Marktgeschehen liefern Ansatzpunkte für günstige Beschaffungsmöglichkeiten. Solche Informationen können durch den Bearbeiter im Einkauf gezielt angefordert werden. Teilweise gehen auch Informationen unaufgefordert im Autohaus ein. Man spricht dann von Anpreisungen, z. B. in Form von Anzeigen in Zeitungen und Zeitschriften. Dazu zählen auch im Geschäftsraum präsentierte Waren, Auslagen in Schaufenstern, Werbemaßnahmen in Hörfunk und Fernsehen. Anpreisungen jeder Form sind als Aufforderungen zum Kauf zu verstehen. Sie gelten nicht als Angebote, sind rechtlich unverbindlich und richten sich an die Allgemeinheit. Kaufwünsche aufgrund von Anpreisungen (z. B. Entnahme von Waren aus dem Warenträger) sind Anträge. Für das Zustandekommen eines Kaufvertrages müssen solche Anträge erst noch angenommen werden. Dies geschieht z. B. an der Kasse des Autohauses, wenn sich im Verkaufsraum frei zugängliche Warenträger mit Zubehör befinden.

> **Beispiel:** Anpreisung
>
> Das Autohaus Köppel führt eine Sonderaktion unter dem Motto „Sind Sie fit für den Winter?" durch. Es lässt ein Faltblatt drucken, auf dem die angebotenen Waren wie Winterreifen, Schneeketten, Frostschutzmittel usw. dargestellt sind. Neben den Waren bietet das Autohaus Köppel seinen Kunden eine kostengünstige Überprüfung der Fahrzeuge an. Die Faltblätter werden allen Kunden per Post zugeschickt.

1.2.2 Die Anfrage

Für die **Ermittlung von Bezugsquellen** kann auf Anpreisungen Bezug genommen werden. Es werden jedoch auch gezielt Angebote, Warenproben, Muster usw. angefordert. Durch Vergleich der Angebote lassen sich geeignete Lieferanten ermitteln, bei denen dann eine Warenbestellung ausgelöst werden kann.

Bevor ein Kaufvertrag zwischen Kunden und Lieferanten zustande kommt, erkundigt sich der Kunde mithilfe einer Anfrage nach den Konditionen. Dazu zählen u. a. Preise, Qualitätsmerkmale, Mengenangaben sowie Lieferungs- und Zahlungsbedingungen. Anfragen sind formfrei sowie für Kunden und Lieferanten **rechtlich unverbindlich**, d. h. ohne rechtliche Wirkung. Anfragen verpflichten somit weder Käufer noch Verkäufer zum Abschluss eines Kaufvertrages. **Formfreiheit** bedeutet, dass Anfragen nicht an bestimmte Formvorschriften gebunden sind. Sie können in schriftlicher, mündlicher, telefonischer oder fernschriftlicher Form (Telefax, Online-Datenverbindung) abgegeben werden.

Je nachdem, wie konkret die Anfrage ist, kann in allgemeine und bestimmte Anfragen unterschieden werden.

Allgemeine Anfragen beziehen sich noch nicht auf konkrete Waren und Konditionen.

> **Beispiele:** Allgemeine Anfragen
>
> - Der Lagerleiter des Autohauses Köppel, Tim Gehlen, bittet Herrn Gutjahr von der Zahn & Rad GmbH um den neuesten Katalog.
> - Die Boxengasse KG versendet regelmäßig die aktuellen Preislisten.
> - Die Gumeros AG schickt ihren Vertreter, der von einigen neuen Produkten Warenmuster mitbringt.

Die Beschaffung

Wenn ein Kunde vom Verkäufer konkrete Angaben über bestimmte Waren und Konditionen erhalten will, spricht man von **bestimmten Anfragen**. Häufige Inhalte dieser Form der Anfrage sind z. B. Angaben über Qualität und Beschaffenheit der Produkte, Lieferzeiten, Mindestabnahmemengen, Preise, Umweltverträglichkeit der Produkte und der Verpackung. Hat ein Lieferant Informationen über ein Produkt geschickt, an dem ggf. Kaufinteresse besteht, wird er zur Abgabe eines Angebotes aufgefordert. Vielfach entwickeln sich auf diese Weise neue Geschäftsbeziehungen.

Beispiel: Bestimmte Anfrage

Im Katalog der Zahn & Rad GmbH ist ein Hinweis darauf enthalten, dass regelmäßig Restposten an Reifen zu herabgesetzten Preisen abgegeben werden. Die Restposten fallen sehr unterschiedlich an und es sind meist nur Kleinstmengen. Diese Angebote sind nicht im Katalog enthalten. Es wird auf eine Service-Telefonnummer verwiesen. Der Lagerleiter des Autohauses Köppel, Tim Gehlen, erkundigt sich über die angegebene Telefonnummer, welche Reifen zurzeit zu Sonderkonditionen zu haben sind.

1.2.3 Das Angebot

Ein Angebot oder eine Offerte ist eine rechtlich verbindliche und empfangsbedürftige Willenserklärung. Ein Lieferant erklärt sich damit bereit, Materialien zu von ihm bestimmten Bedingungen zu liefern bzw. Leistungen zu erbringen. Die Bindung an ein Angebot erlischt, wenn es gegenüber dem Anbieter abgelehnt oder nicht rechtzeitig angenommen wird. Somit unterscheiden sich Angebote nach ihrer rechtlichen und zeitlichen Bindung.

Das rechtlich verbindliche Angebot kann zeitlich befristet oder unbefristet sein. Bei **zeitlich befristeten Angeboten** ist die rechtliche Bindung bis zum Ablauf der Befristung gegeben. Diese Form ist sehr häufig.

> **Beispiel:** Zeitlich befristetes Angebot
>
> Das Autohaus Köppel möchte das Dach des Verkaufsgebäudes neu decken lassen. Im Angebot der Brandenburger Bau GmbH findet sich der Satz: „An unser Angebot sehen wir uns bis zum 24.05.20.. gebunden."

Bei verbindlichen, aber **unbefristeten Angeboten** ist zu unterscheiden, ob die Vertragspartner anwesend sind oder nicht. Unter Anwesenden, z. B. bei Vertragsverhandlungen, muss die Annahme des Angebotes sofort erfolgen. Die Angebotsbindung bei einem mündlichen Angebot erstreckt sich somit nur auf die Dauer des Verkaufsgesprächs. Die gleiche Regelung gilt für fernmündliche Verhandlungen. Mündliche und auch telefonische Angebote erlöschen damit nach Beendigung des Gesprächs. Dagegen ist unter Nichtanwesenden die unverzügliche Annahme des Angebotes erforderlich. Unverzüglich bedeutet nach BGB § 121 „ohne schuldhaftes Zögern". Es bleibt also eine gewisse Frist zur Überlegung. Diese Frist ist so bemessen, dass der Antragende den Eingang der Antwort unter regelmäßigen Umständen erwarten darf (BGB § 147 Abs. 2). Unbefristete Angebote gelten somit rechtlich nicht auf unbegrenzte Zeit. Wird ein Angebot verspätet angenommen, ist der Anbieter nicht mehr daran gebunden. Die Annahme gilt in diesem Fall als neuer Antrag, d. h. als Aufforderung zu einem neuen Angebot. Dies gilt auch, wenn die Annahme unter Einschränkungen, Erweiterungen oder sonstigen Änderungen erfolgt ist.

Unverbindliche Angebote sind im rechtlichen Sinne keine Angebote. In diesen Fällen handelt es sich um an die Allgemeinheit gerichtete Anpreisungen. Diese beinhalten lediglich die Aufforderung an den Kunden, einen Antrag an den Verkäufer zu richten. Dazu zählen in Schaufenstern und Verkaufsräumen ausgestellte Waren sowie Warenanpreisungen in Prospekten, Katalogen, Postwurfsendungen und Zeitungsanzeigen.

Für Angebote gibt es keine gesetzlich vorgeschriebene Form. Sie können z. B. schriftlich, mündlich, telefonisch und über Datenleitungen erfolgen. Zur Vermeidung von Irrtümern sollte jedoch immer die Schriftform gewählt werden.

Das Angebot hat für den Käufer und den Verkäufer eine besondere Bedeutung. Der Käufer gewinnt aus dem Angebot wichtige Informationen für seine Einkaufsentscheidung. Der Verkäufer hat mit dem Angebot die Möglichkeit, die Leistungen seines Unternehmens vorzustellen. Daraus ergibt sich die Chance, mit dem Angebotsempfänger ins Geschäft zu kommen. Über Angebote kann Wettbewerb mit Mitbewerbern erfolgen.

Die Beschaffung

> **Beispiele**
> - Die Gumeros AG sendet dem Autohaus Köppel ihren Preiskatalog als DVD per Post zu.
> - Die Boxengasse KG schickt einen Reisenden zur Autohaus Köppel GmbH. Beim persönlichen Besuch überbringt dieser einen Bestellkatalog und erläutert die aktuellen Angebote.

Bindung an das Angebot

Obwohl alle Angebote zunächst grundsätzlich verbindlich sind, kann die Bindung an ein Angebot durch den Anbieter oder durch den Angebotsempfänger eingeschränkt bzw. aufgehoben werden. Der Verkäufer ist nicht mehr an sein Angebot gebunden, wenn er das Angebot rechtzeitig widerrufen hat. Dazu muss der Widerruf spätestens gleichzeitig mit dem schriftlichen Angebot beim Kunden eintreffen.

> **Beispiel:** Widerruf
>
> Ein Angebot wurde per Brief an einen anderen Verbundhändler gesandt; nach einem Tag will der Lagerleiter des Autohauses Köppel, Herr Gehlen, aufgrund eines Irrtums widerrufen. In dieser Situation ist ein Widerruf per Telefon oder Telefax zu empfehlen, damit der Widerruf spätestens mit dem Brief eintrifft.

Dem Verkäufer steht auch die Möglichkeit offen, die Bindung des Angebots einzuschränken oder auszuschließen. Dazu können sogenannte **Freizeichnungsklauseln** in das Angebot aufgenommen werden.

Freizeichnungsklauseln	verbindlich	unverbindlich
solange Vorrat reicht	Preis, Lieferzeit	Menge
freibleibend	–	alles
ohne Gewähr, ohne Obligo	–	alles
Preise freibleibend	Lieferzeit, Menge	Preis
Lieferzeit freibleibend	Preis, Menge	Lieferzeit

Wenn ein schriftliches Angebot keine Freizeichnungsklausel beinhaltet, so ist der Anbietende so lange an sein Angebot gebunden, wie er unter verkehrsüblichen Umständen mit einer Antwort rechnen kann. Konkret heißt das, der Kunde muss auf dem gleichen oder einem schnelleren Weg antworten (z. B. bei einem Angebot per Telefax innerhalb eines Tages). Die Beförderungsdauer des Angebots, eine angemessene Überlegungsfrist des Kunden und die Beförderungsdauer der Bestellung sind dabei zu berücksichtigen.

Mit seinem Verhalten kann der Kunde seinerseits die Bindung des Verkäufers an sein Angebot beeinflussen. Die Angebotsbindung des Lieferanten erlischt, wenn

- der Kunde eine vom Angebot abweichende Bestellung abgibt; damit verändert der Kunde das Angebot.

> **Beispiel**
> Die Eberhard OHG bietet das Navigationssystem Pilot zu 499,00 €/Stück an. Die Autohaus Köppel GmbH bestellt das gleiche Produkt jedoch zu 400,00 €/Stück bei der Eberhard OHG GmbH.

- der Kunde zu spät bestellt.

> **Beispiel**
> Die Autohaus Köppel GmbH bestellt auf der Grundlage eines schriftlichen Angebotes der Eberhard OHG erst nach drei Wochen. Die Eberhard OHG hatte jedoch auf dem Angebot nur 14 Tage Angebotsbindung angegeben.

- der Kunde das Angebot ablehnt.

> **Beispiel**
> Dr. med. Kolz äußert im Gespräch mit dem Leiter des Lagers für Teile und Zubehör, Tim Gehlen, unverbindlich sein Interesse an einem hochwertigeren Lautsprechersystem für sein Spiders-Cabriolet. Das gewünschte Produkt ist nicht am Lager. Tim Gehlen fragt daraufhin telefonisch bei der Eberhard OHG an, ob das Lautsprechersystem lieferbar ist. Die Eberhard OHG sendet umgehend ein entsprechendes Angebot per Fax. Herr Gehlen informiert Dr. med. Kolz über technische Daten und Preis. Daraufhin entschließt sich Dr. med. Kolz zum Kauf eines anderen, vorrätigen Systems. Herr Gehlen bedankt sich telefonisch für das Angebot der Eberhard OHG und teilt mit, dass er leider derzeit keinen Bedarf hat. Das Angebot ist damit nicht mehr bindend.

1.2.4 Inhalte des Angebots

Da das Angebot die Bezugsbasis für den Kaufvertrag darstellt, sollten darin bereits alle wichtigen Angaben enthalten sein. Wesentliche Inhalte des Angebots sind üblicherweise Angaben zur Ware und zu den Lieferkonditionen.

Der Warenbegriff wird in diesem Abschnitt als Sammelbezeichnung für alle Materialien und Waren (Produkte, Artikel, Teile) verwendet, um die Formulierungen nicht unnötig zu verkomplizieren.

Ware	Konditionen
• Art • Menge • Güte und Beschaffenheit • Preis • Verpackungsart	• Lieferzeit • Verpackungskosten • Lieferbedingungen (Beförderungskosten) • Zahlungsbedingungen • Gerichtsstand • Erfüllungsort

Art der Ware

Die Ware sollte so genau wie nötig beschrieben werden. Bei der Vielfalt möglicher Produkte besteht unterschiedlich hoher Erklärungsbedarf. Ein eingeführtes und bereits verwendetes Produkt bedarf keiner so gründlichen Beschreibung wie ein neues Produkt. Bei einer neuen, komplizierten und teuren Maschine wird neben der Vorführung und umfassenden Beschreibung vielleicht eine Maschinenbauzeichnung benötigt. Bei einfachen Maschinenschrauben genügt die exakte Bezeichnung. Generell werden zur Beschreibung der Ware handelsübliche Bezeichnungen verwendet. **Güte und Beschaffenheit** der Ware sollten aus der Beschreibung zweifelsfrei hervorgehen. Wenn der Lieferant im Angebot keine Angaben über die Güte der Ware gemacht hat, gilt die gesetzliche Regelung. Danach ist die Ware in mittlerer Güte zu liefern. Zur Bestimmung der Güte (Qualität und Beschaffenheit) einer Ware dienen folgende Merkmale:

Merkmale	Beschreibung	Beispiele
Muster und Proben	Warenmuster sollen dem Käufer die Beschaffenheit (Form, Aussehen usw.) der Ware demonstrieren. Bei Warenproben kann der Käufer selbst an einer kleinen Menge die Produkteigenschaften überprüfen.	• Muster: Lackierungen, Stoffbezüge • Proben: Reinigungs- und Pflegemittel
Güteklassen zur Angabe von Warenqualitäten	Warenqualitäten können über Handelsklassen, Typen und Standards ausgedrückt werden. Bestimmte Produkte werden in Klassen einheitlicher Qualität eingeteilt (Handelsklassen). Über die Einteilung von Waren nach Vergleichsmerkmalen werden Warentypen festgelegt. Standards beschreiben die Durchschnittsqualität eines bestimmten Warentyps.	• Handelsklassen: I. Wahl, II. Wahl • Typen: Car System Typ Megasound • Standards: DIN-Norm
Marken	Sie dienen dazu, Produkte oder Leistungen eindeutig von denen der Wettbewerber zu unterscheiden. Marken bestehen aus Markenname (Bezeichnung) und Markenzeichen (Symbol). Sie unterliegen dem Warenzeichenrecht.	• Goodyear-Reifen • Bosch Batterie • MAGNA Van • PRIMOS Limousine
Gütezeichen	Diese Symbole verdeutlichen Qualitätsmerkmale von Erzeugnissen. Sie können von Herstellern oder von Verbänden und Organisationen vergeben werden.	Geprüfte Sicherheit
Herkunft der Ware	Die Herkunft der Ware ist aus der Kennzeichnung des Herstellungslandes ersichtlich. Mit dem Herstellungsland werden häufig Qualitätsvorstellungen verbunden.	Scheibenwischerblätter „Made in Germany"

Lernfeld 3

Merkmale	Beschreibung	Beispiele
Herstellungszeitpunkt der Ware	Aus der Angabe des Zeitpunktes, zu dem die Ware hergestellt wurde, kann vielfach abgleitet werden, auf welchem technischen Stand sich das Produkt befindet. Bei bestimmten Produkten treten sehr schnell zeitbedingte Qualitätsverluste ein (z. B. Alterung, Verderb).	• Herstellungszeitpunkt von Batterien • Baujahr von Fahrzeugen
Zusammensetzung der Ware	Angaben dazu, aus welchen Bestandteilen ein Produkt besteht, sind in vielen Bereichen gesetzlich vorgeschrieben. Dies gilt insbesondere bei Bestandteilen, die gesundheitsgefährdend sind oder besonders entsorgt werden müssen.	• Bestandteile von Farben und Lacken • Lösungsmittelgehalt bei Pflegemitteln

Menge der Ware

Als Mengenangaben für Waren können genutzt werden:

- gesetzliche Maßeinheiten (kg, m^3, l, m)
- Stückzahlen oder
- handelsübliche Mengeneinheiten (Paar, Dutzend, Sack, Fass, Kiste, Karton, Ballen).

Im Handel mit ausländischen Partnern kommen teilweise auch andere Maß- und Mengeneinheiten zur Anwendung (z. B. inch [in.], foot [ft.], ounce [oz.], gallon [gal]). Die gesetzliche Regelung besagt, dass ein Angebot für jede handelsübliche Menge gilt, sofern nicht anderslautende Angaben gemacht wurden. Üblich sind jedoch mengenabhängige Preisangaben (Mengenrabatte).

Preis der Ware

Der Preis drückt den Wert der Ware in Geld aus. Preisangaben von Waren beziehen sich auf eine **handelsübliche Mengeneinheit** oder eine bestimmte Gesamtmenge. Im Handel ist eine Vielzahl von Preisnachlässen üblich.

	Rabatt	Bonus	Skonto
Begriff	sofortige Preisvergünstigung	nachträgliche Vergütung (Treueprämie, Prämie für das Erreichen bestimmter Abnahmemengen)	Anreiz zur frühzeitigen Bezahlung
Form der Gewährung	Abzug vom Listenpreis	Gutschrift, Auszahlung oder zusätzliche Warenlieferung	Abzug vom Rechnungsbetrag
Beispiel	„abzüglich 10 % Rabatt"	„Sie erhalten einen Bonus von 5 % Ihres Jahresumsatzes."	„binnen 10 Tagen 2 % Skonto"

Die Beschaffung

Preisnachlässe können großen Einfluss auf die Bewertung von Einkaufspreisen haben.

> **Beispiele:** Preisnachlässe
>
> | Felgenschloss | Prozentsatz | € |
> |---|---|---|
> | Listenpreis | | 20,45 |
> | − Rabatt | 5 % | 1,02 |
> | Zieleinkaufspreis | | 19,43 |
> | − Skonto | 2 % | 0,39 |
> | Bareinkaufspreis | | 19,04 |
> | + Bezugskosten | | 0,02 |
> | = Einstands- bzw. Bezugspreis | | 19,06 |
>
> - Das Autohaus Köppel bietet der Gabelstapler GmbH 40 Winterreifen mit einem Mengenrabatt von 10 % an. Damit soll der Kunde zum Kauf einer größeren Anzahl Reifen veranlasst werden.

Verpackungsart

Die Verpackungsarten können nach Inhalt, Aufgabenbereich und Verwendungshäufigkeit unterschieden werden.

- **Verpackungsinhalt**: Einzelpackungen umschließen das Packgut direkt. Sammelpackungen umschließen einlagerungsfähige Mengen eines Packgutes. Im Gegensatz dazu beziehen sich Versandverpackungen auf Kundenaufträge. Sie können somit Einzel- oder Sammelpackungen enthalten.
- **Aufgabenbereich**: Auf der Grundlage des Verpackungsgesetzes werden Transportverpackungen zum Schutz der Packgüter bei Transport, Umschlag und Lagerung, Verkaufsverpackungen zur Umhüllung der Packgüter bis zum Verbrauch und Umverpackungen als zusätzliche Verpackungen zur Verkaufsverpackung (Warenpräsentation, Werbung, Diebstahlschutz) unterschieden.
- **Verwendungshäufigkeit**: Nach der Häufigkeit ihrer Verwendung stehen Ein- und Mehrwegverpackungen zur Auswahl.

Verpackungskosten

Verpackungen können Eigentum des Käufers werden oder dem Käufer vom Lieferanten überlassen werden (leihweise oder gegen Entgelt). Bei Rückgabe durch den Käufer werden die Verpackungskosten vom Lieferanten ganz oder teilweise gutgeschrieben. Wenn Verkäufer und Käufer im Kaufvertrag über die Berechnung der Verpackungskosten keine Vereinbarung getroffen haben, trägt der Käufer gemäß § 448 BGB und § 380 HGB die Kosten der Versandverpackung.

Lieferzeit

Die Lieferzeit ist meistens Bestandteil des Angebots. Anderenfalls greift die gesetzliche Regelung. Danach kann der Käufer auf sofortiger Lieferung bestehen. Auf der anderen Seite hat der Verkäufer die Möglichkeit, sofort zu liefern (§ 271 BGB).

Die Lieferzeiten für Fahrzeuge, Teile und Zubehör, aber auch die Dauer von Werkstattleistungen gehören zu den wesentlichen Leistungskriterien im Automobilhandel. Sie spielen eine wichtige Rolle im Wettbewerb, da sie auch Kaufentscheidungen beeinflussen können.

> **Beispiele:** Lieferzeit
>
> Das Autohaus Köppel vereinbart mit der Michaelis Import GmbH flexible Lieferzeiten für ein abgestimmtes Sortiment an Teilen und Zubehör. So garantiert die Michaelis Import GmbH bei einem Bestelleingang bis 14:00 Uhr eine Lieferung dieser Waren am nächsten Werktag. Zudem wurde bezüglich der Lieferfrist folgende Regelung getroffen und schriftlich festgehalten: „Falls der Verkäufer die vereinbarte Lieferfrist nicht einhalten kann, hat der Käufer eine angemessene Nachfrist zu gewähren …"

Lieferbedingungen (Beförderungskosten)

Bei der Betrachtung der Lieferbedingungen ist zu unterscheiden, ob Käufer und Verkäufer ihren Geschäftssitz am selben Ort haben oder nicht. Danach unterscheidet man Platzkauf und Versendungskauf.

Nach § 447 BGB sind **Warenschulden Holschulden**. Auf dieser Basis trägt beim Platzkauf der Käufer alle Kosten. Dagegen werden beim Versendungskauf dem Verkäufer die Kosten der Übergabe angelastet. Dazu zählen die Wiege- und Ladekosten. Der Käufer trägt dagegen die entstehenden Kosten der Abnahme und Versendung. Der Verkäufer übernimmt also die Kosten bis zur Versandstation (z. B. Poststelle oder Bahnhof des Verkäufers) und der Käufer ab dort.

Die gesetzlichen Regelungen greifen nur, wenn die Vertragspartner keine **vertraglichen Regelungen** zu den Lieferbedingungen im Kaufvertrag vereinbart haben. Häufig finden solche Vereinbarungen ihren Niederschlag in den AGB (vgl. Abschnitt 3.2 AGB). Vertragliche Regelungen der Beförderungskosten sind auch Maßnahmen im Rahmen der Preispolitik. Dies trifft zu, da der Verkäufer unabhängig von vertraglichen Regelungen die anteilig übernommenen Beförderungskosten in die Kalkulation seiner Verkaufspreise einbeziehen wird. Auf diese Weise trägt der Käufer über den Listenverkaufspreis die vom Verkäufer übernommenen Beförderungskosten.

Im Außenhandel gelten besondere Handelsklauseln, u. a. die sogenannten Incoterms (international commercial terms). Diese im internationalen Handel gebräuchlichen Vertragsformeln sollen zunehmend auch national Anwendung finden. Sie verbinden den Gefahrenübergang mit der Preisgefahr. Dies bedeutet, dass der Käufer zur Zahlung des Kaufpreises verpflichtet ist, sobald die Gefahr auf ihn übergeht. Im Extremfall muss der Käufer auch dann den vereinbarten Kaufpreis zahlen, wenn nach dem Gefahrenübergang die Ware eine Wertminderung erleidet oder gar gänzlich untergeht.

In Abhängigkeit von der Versandart können folgende Versandkosten anfallen:

- erstes Rollgeld (Transportkosten für die Anfuhr vom Betrieb des Verkäufers zur Versandstation),
- Wiege- und Verladekosten,
- Fracht (Transportkosten zwischen Versandstation und Empfangsstation) und
- zweites Rollgeld (Transportkosten für die Zufuhr von der Empfangsstation zum Geschäfts bzw. Wohnsitz des Käufers).

Beispiel: Versandkosten

In ihre AGB hat die Zahn & Rad GmbH folgenden Punkt aufgenommen:
„5. Lieferung: Wir liefern porto- und frachtfrei im Bundesgebiet ab einem Auftragswert von 500,00 € zuzüglich Mehrwertsteuer."

Lernfeld 3

Lieferbedingungen	Verkäufer übernimmt Kosten für	1. Rollgeld	Kosten Verladung	Fracht	Kosten Entladung	2. Rollgeld	Käufer trägt Kosten für
„ab Werk" „ab Lager"	Bereitstellung						gesamte Beförderung
„ab hier" „unfrei" „ab Versandstation"	Anfuhr bis Versandstation						Ladegebühr bis Rollgeld
„frei Waggon" „frei Schiff"	Anfuhr + Verladung						Fracht, Entladung, Zustellung
„frei dort" „frachtfrei" „frei Empfangsstation"	Anfuhr + Verladung + Fracht						Entladung, Zustellung
„frei Haus" „frei Lager"	alle Kosten bis zum gesicherten Verfügungsbereich des Käufers						
„frei Regal" „frei Lagerplatz"	alle Kosten bis zum Entladungsort						

Handelsübliche Lieferbedingungen

Lernfeld 3

- Bestellung ohne vorangegangenes Angebot,

> **Beispiel**
>
> Das Autohaus Köppel ist langjähriger Kunde bei der Zahn & Rad GmbH. Obwohl kein aktuelles Angebot vorliegt, bestellt das Autohaus Köppel zwölf Reifen für den Maximo-Kombi. Mit der Auftragsbestätigung durch die Zahn & Rad GmbH kommt der Kaufvertrag zustande.

- freibleibendem Angebot.

> **Beispiel**
>
> Die Eberhard OHG hatte in ihrem Angebot Autoradios mit CD-Player freibleibend angeboten. Die Bestellung des Autohauses Köppel wurde bestätigt. Der Kaufvertrag kam somit zustande.

Darüber hinaus ist die Bestätigung von Angeboten üblich bei
- telefonischer Bestellung zur Vermeidung von Missverständnissen und
- erstmaliger Bestellung als Dank an den Kunden.

Auch für die Form der Auftragsbestätigung gibt es keine verbindlichen Vorgaben.

> **Beispiel:** Form der Auftragsbestätigung
>
> Die Zahn & Rad GmbH bestätigt eine Bestellung der Autohaus Köppel GmbH per Fax.

1.3.3 Wareneingang

Nach Zustandekommen des Kaufvertrags erfolgt im Regelfall die Lieferung. Aus verschiedensten Gründen kann es jedoch zu Verzögerung oder Ausbleiben der Lieferung kommen. Durch Überwachung der Liefertermine achtet der Käufer auf die Einhaltung der vereinbarten Lieferzeit. Hierzu werden z. B. Bestellbücher, Terminkalender oder auch Datenverarbeitungssysteme genutzt.

> **Beispiel:** Überwachung der Liefertermine
>
> Der Lagerleiter Herr Gehlen erfasst alle Liefertermine in seinem Terminkalender. Dadurch kann er die Arbeiten für den jeweiligen Tag besser planen und die vertragsgerechte Lieferung kontrollieren.

Wird bei der Überwachung der Liefertermine festgestellt, dass eine Lieferung nicht rechtzeitig eingegangen ist, muss der Lieferant eventuell durch eine Mahnung in Verzug gesetzt werden. Mit dem Kaufvertrag verpflichtet sich der Verkäufer zur rechtzeitigen Lieferung. Bleibt diese Verpflichtung durch schuldhaft unterlassene oder nicht rechtzeitige Lieferung unerfüllt, liegt Lieferverzug vor. Lieferverzug ist Schuldnerverzug (vgl. Störungen des Kaufvertrags, Kapitel 1.3.4). Geht die bestellte Ware ein, wird sie bei der **Abnahme** durch den Käufer im Beisein des Überbringers **überprüft**. Die Überprüfung erstreckt sich auf

Die **Form** der Bestellung ist nicht verbindlich vorgeschrieben. Es kann schriftlich, mündlich, fernmündlich oder auch auf elektronischem Wege bestellt werden. Zur Vermeidung von Irrtümern und als Beweismittel im Streitfall ist die Schriftform zu empfehlen.

> **Beispiel:** Form der Bestellung
>
> Das Autohaus Köppel bestellt auf der Grundlage eines vorliegenden Angebots der Rieth KG per Fax Spezialbehälter für die Aufbewahrung von Altbatterien.

Die **rechtliche Wirkung** der Bestellung entspricht der des Angebots. In gleicher Weise, wie das Angebot für den Anbieter verbindlich ist, ist auch der Besteller an seine Bestellung gebunden. Die Bestellung ist eine empfangsbedürftige Willenserklärung. Aus diesem Grund wird sie erst wirksam, wenn sie dem Empfänger zugegangen ist. Der Widerruf einer Bestellung muss dem Lieferanten spätestens mit der Bestellung zugehen.

1.3.2 Auftragsbestätigung

Nach Auftragseingang bestätigt der Lieferant die Bestellung mit einer Auftragsbestätigung. Mit dieser Willenserklärung erklärt sich der Lieferant bereit, dem Besteller eine bestimmte Ware zu den angegebenen Bedingungen zu verkaufen. Stimmen Angebot und Bestellung überein, kann die Auftragsbestätigung auch durch schlüssiges Handeln erfolgen. Sobald eine Bestellung (Antrag) mit einer übereinstimmenden Auftragsbestätigung (Annahme) akzeptiert wird, kommt ein Kaufvertrag zustande. Aus diesem Grund ist die Auftragsbestätigung immer dann rechtlich erforderlich, wenn der Kaufvertrag nicht durch Übereinstimmung von Angebot und Bestellung zustande gekommen ist. Ein solcher Fall liegt vor bei

- abgeänderter Bestellung,

> **Beispiel**
>
> Das Autohaus Köppel bestellt Roadsterbügel für das Spiders-Cabriolet zum Preis von 395,00 €. Angeboten war jedoch ein Stückpreis von 399,00 €. Der Kaufvertrag kommt nur zustande, weil der Lieferant den Auftrag mit der Änderung bestätigt.

- zu später Bestellung,

> **Beispiel**
>
> Die Büro-Profi GmbH hatte vor zwei Wochen Kopierpapier zum Sonderpreis angeboten. Das Angebot war zeitlich befristet bis zum vergangenen Freitag. Das Autohaus Köppel hat erst diese Woche die Bestellung abgegeben. Trotzdem kommt der Kaufvertrag zustande, weil die Büro-Profi GmbH den Auftrag bestätigt hat.

1.3 Beschaffungsdurchführung

> **EINSTIEGSSITUATION**
>
> Dem Leiter des Lagers für Teile und Zubehör des Autohauses Köppel, Tim Gehlen, liegt der im Rahmen der Einkaufsdisposition erarbeitete Bestellvorschlag vor. Er bestellt nun schriftlich Position für Position entsprechend dem festgestellten Bedarf. Dabei bezieht er sich immer auf die aktuellen Angebote. Lediglich die langen Lieferzeiten bei einem Angebot der Eberhard OHG findet Herr Gehlen ungünstig. Der Auszubildende Pascal Palm erhält den Auftrag, bei Herrn Eberhard von der Eberhard OHG telefonisch nachzufragen, ob die Lieferung innerhalb von sieben Tagen möglich ist. Sollte dies der Fall sein, soll um ein entsprechend geändertes Angebot gebeten werden. Pascal Palm findet, dass Herr Gehlen an dieser Stelle zu viel Aufwand betreibt. Er meint, der Lagerleiter hätte doch einfach auf der Bestellung die gewünschte Lieferfrist angeben sollen. Die Bitte um ein verändertes Angebot hält er für überflüssig. Nehmen Sie dazu Stellung.
>
> Herr Eberhard konnte nach kurzer Rückfrage die gewünschte Lieferfrist anbieten. Er bestätigt die Angebotsänderung per Fax.
>
> Als Ergebnis der Angebotsbearbeitung wurden die konkreten Bestelldaten und der günstigste Anbieter im Bestellvorschlag ermittelt. Die nächste Aufgabe besteht darin, die Bestellung auszulösen und deren exakte Umsetzung zu überwachen. Sie erläutern das weitere Vorgehen.

1.3.1 Bestellung

Mit dem Angebot bzw. Antrag erklärt der Verkäufer seine Bereitschaft zum Warenverkauf. Mit der Bestellung nimmt der Käufer diesen Antrag an. Durch diese übereinstimmenden Willenserklärungen von Verkäufer und Käufer kommt ein Vertragsverhältnis zustande (Kaufvertrag).

Ein **Kaufvertrag** wird somit bei jedem Kauf eines Gutes abgeschlossen. Er ist formlos (Ausnahme: Grundstückskauf). Mit dem Abschluss eines Kaufvertrags verpflichten sich beide Partner zur Vertragserfüllung (Verpflichtungsgeschäft). Es entsteht ein Schuldverhältnis. Der Verkäufer übernimmt die Verpflichtung, die Ware zu den vereinbarten Bedingungen zu liefern und den Kaufpreis anzunehmen. Die Pflicht des Käufers besteht darin, die ordnungsgemäß gelieferte Ware anzunehmen, zu prüfen und den vereinbarten Kaufpreis zu zahlen. Haben beide Vertragspartner ihre Pflichten erfüllt, sind die geschuldeten Leistungen erfüllt (Erfüllungsgeschäft). Das Schuldverhältnis erlischt damit.

Bestellt der Käufer auf der Grundlage eines ausführlichen Angebots, dessen Bedingungen er akzeptiert, genügt der Bezug auf dieses Angebot. Das heißt, in diesem Fall müssen nicht alle Angaben des Angebots in der Bestellung wiederholt werden. Artikelnummer, Bestellmenge und Preis sollten jedoch in der Bestellung enthalten sein.

Die Beschaffung

Service des Lieferanten
Der Service eines Autohauses ist ein wesentliches Wettbewerbsmerkmal. Um einen optimalen Service mit vertretbarem Aufwand bieten zu können, spielt dieser Gesichtspunkt bei der Wahl der Lieferanten ebenfalls eine entscheidende Rolle.

Beispiele
- garantierte Reaktionszeiten
- Bringservice
- Rücknahme von Verpackungsmaterial

Kreditgewährung
Beim Vergleich der angebotenen Lieferkonditionen sind auch Unterschiede bei den Zahlungszielen zu beachten. Die Ausnutzung großzügiger Zahlungsziele kann vorteilhafter sein als ein niedrigerer Bezugspreis, da der für die Bezahlung des Rechnungsbetrags erforderliche Geldbetrag kurzfristig anderweitig eingesetzt werden kann.

Ökologische Gesichtspunkte
Bedingt durch wachsende Sensibilität der Öffentlichkeit und eine restriktive Gesetzgebung gewinnen Fragen der Ökologie zunehmend an Bedeutung. Deutlich wird dieser Aspekt in der Diskussion über die Verordnung zur Rücknahme von Altautos. Bezogen auf Teile und Zubehör sollte daher bereits bei der Beschaffung auf deren Recyclingfähigkeit bzw. Umweltverträglichkeit geachtet werden. Weitere Ansatzpunkte für ökologisch sinnvolles Handeln ergeben sich bei der Wahl und dem Einsatz geeigneter Transportmittel und Verpackungen.

Beispiele
- Das Autohaus Köppel bezieht seine Farben, Lacke und Lösungsmittel für die Werkstatt von einem Hersteller, der so weit wie möglich Mehrwegverpackungen verwendet. Verpackungen vorangegangener Lieferungen werden bei jeder Neulieferung zurückgeführt.
- Die Hersteller versuchen mit wachsendem Erfolg wasserlösliche Lacke einzusetzen, um die Umweltbelastungen durch Lösungsmittel zu senken.

- gültige Empfängeranschrift,
- Übereinstimmung der Lieferpapiere mit der Lieferung nach Menge und Richtigkeit (Anzahl, Aufschrift, Nummer, Gewicht) sowie
- Unversehrtheit der Verpackung bzw. der unverpackten Ware.

Im Falle von Beanstandungen kann der Käufer die Annahme der Sendung verweigern. Entscheidet sich der Käufer zur Annahme einer Sendung, kann er vom Überbringer die Bescheinigung festgestellter Mängel verlangen. Diese Bescheinigung hat den Charakter einer Tatbestandsaufnahme und bildet die Rechtsgrundlage für eine Mängelrüge.

Beispiel: Bescheinigung festgestellter Mängel

Frau Reisch, Fachkraft für Lagerwirtschaft im Autohaus Köppel, soll eine verpackte Sendung entgegennehmen. Bei der Überprüfung stellt sie eine leichte Beschädigung der Verpackung fest. Ein Schaden an der Ware ist von außen nicht erkennbar. Vorsichtshalber lässt sich Frau Reisch vom Spediteur den Verpackungsschaden auf dem Lieferschein bestätigen.

Angenommene Waren sind unverzüglich **auszupacken und zu prüfen**. Bei verpackten Waren ist diese Prüfung deshalb erforderlich, weil nicht alle vereinbarten Merkmale der Lieferung bei verpackten Waren von außen feststellbar sind. Anhand vorhandener Unterlagen wird die vertragsgemäße Lieferung überprüft. So können z. B. Menge, Art, Qualität und Aufmachung mit den Angaben in Packzetteln, Lieferscheinen oder Auftragsbestätigungen verglichen werden. Etwaige Mängel sind genau zu beschreiben. Damit kann beim Lieferanten eine Mängelrüge geltend gemacht werden. Waren mit Beanstandungen sind zunächst aufzubewahren. Sie dürfen nicht sofort zurückgesandt werden.

Es wird nicht nur eingehende Ware, sondern auch die zugehörige **Rechnung geprüft**. Kriterien sind dabei sachliche und rechnerische Richtigkeit. Die **sachliche Richtigkeit** bezieht sich auf die Übereinstimmung von Rechnung und Bestellung sowie Rechnung und Lieferung. Prüfkriterien sind Menge, Art, Preis, Lieferungs- und Zahlungsbedingungen.

1.3.4 Störungen des Kaufvertrags

In der Praxis können nicht immer alle aus dem Kaufvertrag erwachsenden Verpflichtungen eingehalten werden. In diesen Fällen liegen Störungen des Kaufvertrags vor. Als mögliche Verursacher von Störungen kommen Verkäufer und Käufer in Betracht. Liefert der Verkäufer mangelhaft oder nicht rechtzeitig, liegen **Sachmängel** bzw. **Lieferverzug** vor. Nimmt der Käufer die Lieferung des Verkäufers nicht oder nicht vollständig an, kommt es zum **Annahmeverzug**. Bezahlt der Käufer den vereinbarten Kaufpreis nicht rechtzeitig oder die Zahlung unterbleibt ganz, dann tritt **Zahlungsverzug** als eine weitere durch den Käufer zu vertretende Störung ein. Rechte und Pflichten des Käufers und des Verkäufers sind auch bei Störungen des Kaufvertrags klar geregelt.

Lernfeld 3

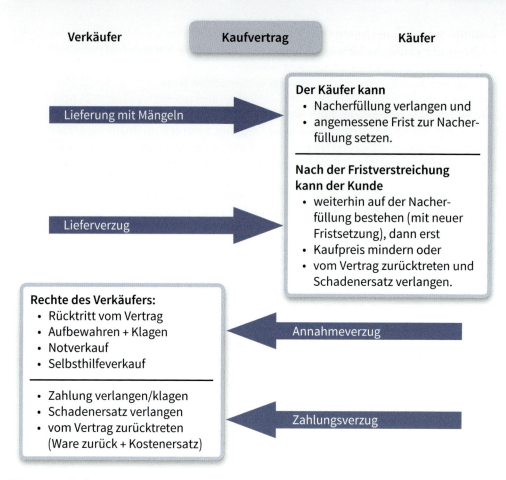

Störungen des Kaufvertrags

Im Autohaus muss auf solche Störungen sachgerecht reagiert werden. Dazu gehört die rechtzeitige Erkennung von Mängeln und ihre richtige Bearbeitung.

Sachmängel

Mängel in der Lieferung (Sachmängel) können in Form von Qualitäts-, Quantitäts- und Gattungsmängeln auftreten.

Qualitätsmängel sind nicht nur Schäden an der Ware, sondern auch das Fehlen zugesicherter Eigenschaften.

> **Beispiele**
> - Die Autohaus Köppel GmbH erhält Frontscheiben mit Kratzern.
> - Das gelieferte Verdeck für das Spiders-Cabrio ist nicht lichtecht.

Die Beschaffung

Quantitätsmängel sind Abweichungen von der vereinbarten Liefermenge. Ein solcher Mangel liegt nur bei Minderlieferungen vor, die nicht durch Nachlieferungen ausgeglichen werden.

> **Beispiel**
>
> Von den 20 bestellten Bremsscheiben für den Maximo-Kombi enthält die Lieferung für das Autohaus Köppel nur 18 Bremsscheiben. Eine Nachlieferung erfolgt nicht.

Gattungsmängel liegen vor, wenn eine andere als die vereinbarte Ware geliefert wird.

> **Beispiel**
>
> Es waren Scheinwerferabdeckungen für den Maximo-Kombi bestellt. Geliefert wurde die gleiche Anzahl für das Spiders-Cabrio. Leider sind diese Scheinwerferabdeckungen nicht für beide Typen verwendbar.

§ 286 BGB Verzug des Schuldners

(1) Leistet der Schuldner auf eine Mahnung des Gläubigers nicht, die nach dem Eintritt der Fälligkeit erfolgt, so kommt er durch die Mahnung in Verzug. Der Mahnung stehen die Erhebung der Klage auf die Leistung sowie die Zustellung eines Mahnbescheids im Mahnverfahren gleich.

(2) Der Mahnung bedarf es nicht, wenn

1. für die Leistung eine Zeit nach dem Kalender bestimmt ist,
2. der Leistung ein Ereignis vorauszugehen hat und eine angemessene Zeit für die Leistung in der Weise bestimmt ist, dass sie sich von dem Ereignis an nach dem Kalender berechnen lässt,
3. der Schuldner die Leistung ernsthaft und endgültig verweigert,
4. aus besonderen Gründen unter Abwägung der beiderseitigen Interessen der sofortige Eintritt des Verzugs gerechtfertigt ist.

(3) Der Schuldner einer Entgeltforderung kommt spätestens in Verzug, wenn er nicht innerhalb von 30 Tagen nach Fälligkeit und Zugang einer Rechnung oder gleichwertigen Zahlungsaufstellung leistet; dies gilt gegenüber einem Schuldner, der Verbraucher ist, nur, wenn auf diese Folgen in der Rechnung oder Zahlungsaufstellung besonders hingewiesen worden ist. Wenn der Zeitpunkt des Zugangs der Rechnung oder Zahlungsaufstellung unsicher ist, kommt der Schuldner, der nicht Verbraucher ist, spätestens 30 Tage nach Fälligkeit und Empfang der Gegenleistung in Verzug.

(4) Der Schuldner kommt nicht in Verzug, solange die Leistung infolge eines Umstands unterbleibt, den er nicht zu vertreten hat.

[...]

Amtlicher Hinweis: Diese Vorschrift dient zum Teil auch der Umsetzung der Richtlinie 2003/35/EG des Europäischen Parlaments und des Rates vom 29. Juni 2000 zur Bekämpfung von Zahlungsverzug im Geschäftsverkehr (ABl. EG Nr. L 200 S. 35).

Beim Wareneingang sollte gewissenhaft auf Sachmängel geprüft werden. Dies ist nicht nur ein Gebot des wirtschaftlichen Handelns, sondern auch eine Pflicht des Käufers (Prüfungspflicht).

Lernfeld 3

Nicht in allen Fällen sind Mängel sofort bei der Prüfung zu erkennen. Es wird deshalb zwischen offenen, verdeckten und arglistig verschwiegenen Mängeln unterschieden.

Offene Mängel sind klar erkennbar.

> **Beispiel**
> Die Kratzer an den gelieferten Frontscheiben sind sofort erkennbar.

Verdeckte Mängel sind bei der Prüfung nicht sofort feststellbar.

> **Beispiel**
> Das Ausbleichen der Farbe am Verdeck für das Spiders-Cabrio tritt erst nach einer gewissen Zeit ein. Im Angebot wurde jedoch Lichtechtheit garantiert.

Wurden vom Verkäufer verdeckte Mängel bewusst verheimlicht, handelt es sich um den Tatbestand des **arglistig verschwiegenen Mangels** bzw. der arglistigen Täuschung. Ein solches Vorgehen ist dem Vertrauen zwischen den Vertragspartnern abträglich und strafbar. Der verursachte Schaden ist somit meist nicht nur materiell, sondern untergräbt auch den Ruf des Lieferanten.

Da der Verkäufer die Gewährleistungspflicht für Mängel an der Ware trägt, sollte der Käufer seiner Prüfungspflicht gewissenhaft nachkommen. Offene Mängel sind unverzüglich nach der Prüfung anzuzeigen. Bei verdeckten Mängeln ist dies meist nicht möglich. Deshalb kann hier der Mangel frühestens nach der Entdeckung dem Lieferanten mitgeteilt werden, sofern die Entdeckung innerhalb der Gewährleistungspflicht erfolgt. Bei arglistig verschwiegenen Mängeln gilt eine Gewährleistungsfrist von drei Jahren vom Ende des Jahres an, in dem der Abnehmer Kenntnis vom Mangel erlangt hat.

Wenn mangelhaft geliefert bzw. geleistet wurde, kann der Kunde

- Nacherfüllung verlangen und
- eine angemessene Frist zur Nacherfüllung setzen.

Die Fristsetzung ist unnötig, wenn

- ein Fixgeschäft (z. B. „fix 15.03.20..") vereinbart wurde und der vereinbarte Termin verstrichen ist oder
- der Schuldner die Leistung ernsthaft und endgültig verweigert oder
- die Nacherfüllung zum zweiten Mal fehlgeschlagen ist oder
- sonstige besondere Umstände den sofortigen Rücktritt rechtfertigen.

Nach der Fristverstreichung kann der Kunde

- weiterhin auf der Nacherfüllung bestehen (mit neuer Fristsetzung), dann erst
- den Kaufpreis mindern oder
- vom Vertrag zurücktreten.

Lieferverzug

Lieferverzug tritt ein, wenn ein Lieferant nicht rechtzeitig liefert oder schuldhaft die Lieferung unterlässt. Ob eine Lieferung rechtzeitig erfolgt ist, lässt sich nur aus der Fälligkeit der Lieferung ableiten. Wurde ein Lieferzeitpunkt vereinbart, ist die Fälligkeit kalendermäßig bestimmt. Der Lieferant gerät ohne Mahnung in Verzug, wenn der vereinbarte Liefertermin bzw. der vereinbarte Lieferzeitraum nicht eingehalten wurde.

> **Beispiel:** Lieferfrist
>
> Die Autohaus Köppel GmbH hat bei der Zahn & Rad GmbH Sommerreifen für das Spiders-Cabrio bestellt. Als Liefertermin ist der Februar 20.. vereinbart. Erfolgt die Lieferung vor dem März 20.., wurde die Lieferfrist eingehalten.

Ist der Lieferzeitpunkt nicht kalendermäßig bestimmt, so muss der Lieferant vom Käufer erst eine Mahnung erhalten, bevor die Fälligkeit eintritt. Für die Mahnung und eventuelle Nachfristsetzungen ist die Schriftform ratsam, um im Streitfall den Vorgang dokumentieren zu können. Noch besser ist die Mahnung per Einschreiben mit Rückschein.

> **Beispiel:** Kalendermäßig unbestimmter Lieferzeitpunkt
>
> Das Autohaus Köppel hat bei der Gumeros AG Pflegemittel bestellt. Ein konkreter Liefertermin wurde nicht vereinbart. Im Angebot steht „Lieferung ab Februar 20..". Die Bestellung wurde unter Bezug auf das Angebot abgegeben. Die Fälligkeit tritt erst mit einer Mahnung ein.

Bei der Bestellung sollte eine kalendermäßig bestimmte Lieferung angestrebt werden. Neben der klaren Fälligkeit ist eine bessere Planung der Bestandsentwicklung möglich.
Als zusätzliches Kriterium zur Fälligkeit gilt für den Lieferverzug das Verschulden des Lieferanten. Nur wenn der Lieferant oder sein Erfüllungsgehilfe (z. B. der Spediteur) fahrlässig oder vorsätzlich handeln, liegt ein Verschulden vor. Der Käufer hat im Falle des Lieferverzugs wahlweise die Möglichkeit, vom Lieferanten.

- die Lieferung der Ware (Nacherfüllung des Vertrags),
- Nacherfüllung des Vertrags und Schadenersatz,
- Rücktritt vom Vertrag oder
- Schadenersatz wegen Nichterfüllung

zu beanspruchen. Ob dieser rechtlich gesicherte Anspruch durch den Käufer geltend gemacht wird, hängt von der konkreten Situation ab. Warenwert, Dringlichkeit des Bedarfs, Möglichkeit der kurzfristigen Beschaffung aus anderen Quellen, Verhältnis zwischen Käufer und Verkäufer können dabei eine Rolle spielen. Zweckmäßig ist die Führung von Bestellrückstandslisten, um den Stand der Lieferungen überwachen zu können.

Annahmeverzug

Annahmeverzug tritt ein, wenn die Warenlieferung fällig war und tatsächlich angeboten wurde. Im Gegensatz zum Lieferverzug muss kein Verschulden vorliegen. Verursacht ein Käufer einen Annahmeverzug, kann der Lieferant auf Abnahme klagen, sich von der Leistungspflicht befreien oder auf juristischem Weg seine aus dem Leistungsverzug erwachsenden Rechte durchsetzen.

Zahlungsverzug

Für den Zahlungsverzug gelten vergleichbare Regelungen zur Fälligkeit wie beim Lieferverzug. Die Frage der Schuldhaftigkeit stellt sich nicht.

- Der Auftraggeber ist automatisch nach Ablauf von 30 Tagen nach Fälligkeit und Zugang einer Rechnung oder einer gleichwertigen Zahlungsaufforderung im Verzug (vgl. § 286 Abs. 3 BGB).
- Zahlt ein Auftraggeber (Verbraucher) nicht fristgemäß, können automatisch Verzugszinsen in Höhe von fünf Prozentpunkten über dem Basiszinssatz verlangt werden. Dieser Basiszinssatz wird von der Bundesbank veröffentlicht und kann bei der Verbraucherzentrale erfragt werden (vgl. § 288 Abs, 1 BGB), Mahnungen sind demnach nicht mehr erforderlich.

> **Beispiel:** Zahlungsverzug
>
> Das Autohaus Köppel hat von der Gumeros AG eine Rechnung über 540,00 € erhalten. In dieser ist als Zahlungstermin der 17. März vereinbart. Nach dem 17. April befindet sich das Autohaus Köppel im Zahlungsverzug und hat Verzugszinsen zu zahlen.

Fällige Zahlungen und erfolgte Mahnungen werden in der Debitorenbuchhaltung überwacht. Beim Zahlungsverzug wird der Verkäufer zum Gläubiger. Er hat die Wahl, seine Rechte gegenüber dem Käufer durchzusetzen, indem er

- auf der Erfüllung des Vertrags besteht (d. h., der Verkäufer nimmt die Ware nicht zurück und besteht auf Bezahlung),
- Vertragserfüllung und Schadenersatz fordert (der Verkäufer fordert den Kaufpreis und zusätzlich Verzugszinsen),
- vom Kaufvertrag zurücktritt (der Verkäufer nimmt die Ware zurück) oder
- Schadenersatz wegen Nichterfüllung fordert (der Verkäufer nimmt die Ware zurück und fordert die Erstattung von Verzugszinsen, Rücknahmekosten u. Ä.).

Die Beschaffung

Zusammenfassung

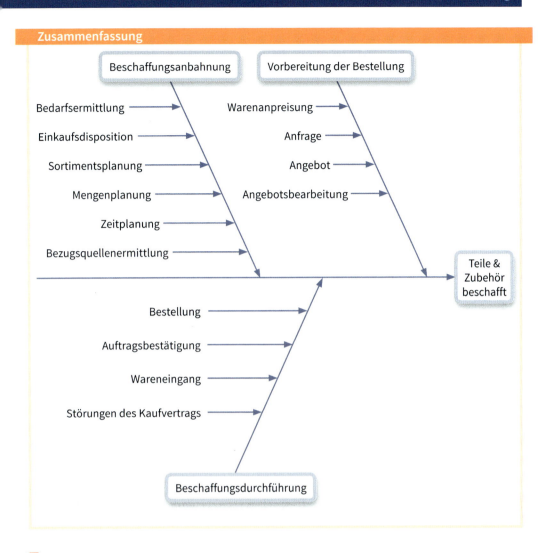

Aufgaben

Beschaffungsanbahnung

1. Wie sind die Abrufmengen und Verkaufsstatistiken zu interpretieren?
2. Ist der bisherige Bedarf ohne Abstriche auch in Zukunft zu erwarten?
3. Welchen Zweck hat die Einkaufsdisposition?
4. Welches Ergebnis liefert die Sortimentsplanung?
5. Welche Größen beeinflussen die Mengenplanung?

6. Welche Ziele verfolgt die Zeitplanung?

7. Welche Informationsquellen können für die Bezugsquellenermittlung genutzt werden? Nennen Sie je zwei Beispiele.

8. Erarbeiten Sie in der Gruppe eine Übersicht der Informationsquellen für die Einkaufsdisposition im Internet. Schülerinnen und Schüler sollten dabei insbesondere die Informationsquellen zusammentragen, die im jeweiligen Ausbildungsbetrieb eine besondere Rolle spielen. Gehen Sie wie folgt vor:

    - Organisieren Sie die Durchführung (Brainstorming und Ergebnisdokumentation).
    - Wählen Sie zweckmäßige Präsentationsformen.
    - Bereiten Sie die Ergebnisse für die Präsentation auf.
    - Präsentieren und diskutieren Sie die Ergebnisse in der Gruppe.

Vorbereitung der Bestellung

Warenanpreisung

1. Tragen Sie Beispiele für Anpreisungen aus dem Bereich Teile und Zubehör zusammen. Unterscheiden Sie zwischen Anpreisungen an Privatkunden und solchen, die das Autohaus von Lieferanten erhält. Diskutieren Sie in der Gruppe die Ergebnisse.

2. Beantworten Sie folgende Fragen:
    a) Welche Beispiele für Anpreisungen im Handel mit Teilen und Zubehör kennen Sie?
    b) An wen richten sich Anpreisungen?
    c) Welche Rechtsfolgen haben Anpreisungen?
    d) Sind Anpreisungen an eine bestimmte Form gebunden?
    e) Müssen Anpreisungen überhaupt erfolgen?

3. Der Lagerleiter der Autohaus Köppel GmbH hat Überbestände bei einigen Zubehörteilen festgestellt, die vor allem in der Urlaubszeit benötigt werden. Dazu gehören Gepäckträgersysteme, Jetbags und Schiebedächer. Die Hauptreisezeit ist jedoch bereits vorbei. Was würden Sie tun?

4. Das Autohaus Köppel hat bisher im Internet nur eine Homepage, auf der sich das Unternehmen präsentiert. Wie könnte das Internet für den Verkauf von Teilen und Zubehör genutzt werden? Sammeln Sie Ideen in der Gruppe. Nutzen Sie das Mindmapping.

Anfrage

1. Beantworten Sie folgende Fragen:
    a) Welche Verbindlichkeit hat eine Anfrage?
    b) In welcher Form können Anfragen erfolgen?
    c) Erläutern Sie den Unterschied zwischen einer bestimmten und einer unbestimmten Anfrage.

2. Um welche Art der Anfrage handelt es sich bei folgendem Brief mit der Bitte um genauere Angaben zum Angebot an Klimaanlagen, die Tim Gehlen an die Eberhard OHG schickt?

3. Wie müsste ein Brief an die Michaelis Import GmbH aussehen, wenn Herr Gehlen beim Importeur nachfragen möchte, ob Anhängerzugvorrichtungen im Angebot sind? Das Kurzzeichen von Herrn Gehlen ist „ge", der Brief ist mit dem Datum vom 30. April zu versehen, Herr Gehlen unterschreibt in Vertretung der Geschäftsleitung. Fehlende Angaben sind sinngemäß zu wählen.

Arten von Angeboten

1. Erläutern Sie, wozu Freizeichnungsklauseln dienen.

2. Erläutern Sie, welche Möglichkeiten ein Lieferant hat, um die Bindung an ein Angebot gänzlich auszuschließen.

3. Die Zahn & Rad GmbH möchte einen neuen Sommerreifen einführen. Um das Produkt bekannt zu machen, soll eine begrenzte Menge zum Sonderpreis angeboten werden. Wie kann die Zahn & Rad GmbH in ihrem Angebot sichern, dass nur die vorher festgelegte Menge zum Sonderpreis abgegeben werden muss?

4. Die Boxengasse KG schickt ein Angebot für 20 Faltbehälter zum Stückpreis von 11,60 €. Unter dem Angebot steht der Satz: „Lieferzeit freibleibend". Welche Angaben des Angebots sind verbindlich?

5. Herr Dr. Kolz möchte für sein Spiders-Cabriolet Leichtmetallräder vom Typ Spice. Schreiben Sie ihm ein Angebot der Autohaus Köppel GmbH für vier Leichtmetallräder 7 x 15 des Modells Spice zum Preis von 99,00 € pro Stück. Allerdings können Sie keine bestimmte Lieferzeit zusichern. Die Artikelnummer der Leichtmetallräder ist 223-45, das Kurzzeichen von Herrn Gehlen ist mit „ge" und das Datum des Schreibens ist mit dem 22. Juni anzugeben. Zahlungsbedingungen: zehn Tage mit 2 % Skonto und 30 Tage Zahlungsziel. Herr Gehlen unterschreibt in Vertretung der Geschäftsleitung. Fehlende Angaben sind sinnvoll zu wählen.

6. a) Herr Dr. Kolz hat per Fax bestellt. Die gewünschten Leichtmetallräder sind nicht vorrätig. Eine Bestellung bei der Eberhard OHG wurde jedoch umgehend ausgelöst. Die bestellten Leichtmetallräder sind kurzfristig eingetroffen. Herr Dr. Kolz ist nicht telefonisch erreichbar. Schreiben Sie eine Faxmitteilung, dass die bestellte Ware eingetroffen ist und zur Abholung bereitliegt.
   b) Hätte Herr Dr. Kolz vom Kauf zurücktreten können? Wie hätten Sie sich verhalten, wenn dieser Fall eingetreten wäre?

Lernfeld 3

Inhalte von Angeboten

1. Nennen Sie drei wichtige Angaben zur Ware, die ein Angebot immer enthalten sollte.

2. Im Angebot wurde kein Lieferzeitpunkt festgelegt. Wann kann der Kunde bei Bestellung die Lieferung verlangen?

3. Was verstehen Sie unter dem Bruttogewicht einer Lieferung?

4. Das Autohaus Köppel hat eine Palette mit Teilen erhalten. Das Bruttogewicht beträgt laut Lieferschein 800 kg. Welches Nettogewicht hat die Ware, wenn die Tara bei 25 kg liegt?

5. Im internationalen Geschäftsverkehr kommen die sogenannten Incoterms (international commercial terms) zur Anwendung. Tragen Sie die wichtigsten Incoterms in einzelnen Gruppen zusammen und präsentieren Sie diese.

6. Informationen über die neuesten Entwicklungen der Michaelis Import GmbH liegen bereits vor. Darin sind schon Preise in US-Dollar genannt. Informieren Sie sich über den aktuellen Kurs zum Euro. Berechnen Sie, welche unverbindliche Preisempfehlung (UPE) sich rechnerisch für das aktuelle Spitzenmodell in Euro ergibt, wenn die UPE für dieses Modell bei 26 500,00 USD liegt.

Angebotsvergleich

1. Nennen Sie Kriterien und Beispiele eines Angebotsvergleichs.

2. Die Autohaus Köppel GmbH möchte im Werkstattbereich drei Universalschränke aus Stahlblech mit vier Fachböden aufstellen. Diese Schränke sind für Kleinteile, aber auch für Aktenordner geeignet. Vergleichbare Produkte bieten die Boxengasse KG, die Rieth KG und auch die Büro Profi GmbH an. Was ist bei der Angebotseinholung zu beachten, damit der Angebotsvergleich möglichst effektiv durchgeführt werden kann?

3. Welches Verfahren ist für den Angebotsvergleich geeignet und wird deshalb häufig verwendet?

4. In welchen Schritten würden Sie vorgehen, wenn Sie die drei Angebote vergleichen sollten?

5. Beim formalen Angebotsvergleich kann es vorkommen, dass sich die einzelnen Angebote kaum unterscheiden. Welche Faktoren können in solchen Fällen beim Angebotsvergleich herangezogen werden?

6. Das Autohaus Köppel möchte im Lager ein zusätzliches Paletten-Regal aus Stahlblech aufstellen. Das Regal soll mit Fachböden versehen sein. Vergleichbare Produkte bieten die Boxengasse KG, die Rieth KG und auch die Büro Profi GmbH an. Frau Reisch legt Ihnen die eingeholten Angebote vor. Das Angebot der Rieth KG enthält den niedrigsten Bezugspreis. Das Rollgeld für die An- und Abfuhr und die Fracht sind bei allen Lieferan-

ten nahezu gleich. Frau Reisch schlägt Ihnen vor, das Paletten-Regal bei der Rieth KG zu bestellen. Sie widersprechen ihr energisch. Erklären Sie Ihr Verhalten.

Beschaffungsdurchführung

Bestellung

1. Welche rechtliche Bedeutung hat die Bestellung?
2. a) Der Lagerleiter der Autohaus Köppel GmbH, Herr Gehlen, hat zur Geschäftszeit per Fax bei der Eberhard OHG 25 Garnituren schwarze Fußmatten bestellt. Die Bestellung erfolgte auf der Grundlage eines gültigen Angebots. Angeboten wurden Fußmatten in Schwarz und Anthrazit.
   b) Beim Abheften des Bestellfaxes stellt Herr Gehlen fest, dass durch ein Versehen die falsche Farbe bestellt wurde. Per Anruf bittet Herr Gehlen Herrn Eberhard von der Eberhard OHG um Änderung der Bestellung in Anthrazit. Sie vereinbaren, dass Herr Gehlen eine neue Bestellung faxen soll. Darauf soll er einen Vermerk anbringen. Der Vermerk soll auf die telefonisch abgestimmte Rücknahme der alten Bestellung verweisen. Herr Eberhard wird die Annahme der neuen Bestellung mit dem Vermerk umgehend per Fax bestätigen. Hätte Herr Eberhard den Änderungswunsch ablehnen können?
3. Welche Störungen des Kaufvertrags kann der Verkäufer verursachen?
4. Welche Pflichten hat der Käufer bei der vertragsgemäßen Anlieferung von Waren?
5. Unter welchen Bedingungen kann der Käufer die Annahme der Ware verweigern?
6. Die Kundin Frau Dillerle hat Sitzbezüge in der Originalverpackung gekauft. Zu Hause hat sie festgestellt, dass bei einem Bezug ein Materialfehler vorhanden ist. Was kann sie nun tun?
7. Ein neuer Großhändler für Zubehör hat dem Autohaus Köppel ein interessantes Angebot unterbreitet. Herr Gehlen wollte die Leistungsfähigkeit des neuen Anbieters testen und hat fünf Fahrradaufsätze für Dachgepäckträger bestellt. Der vereinbarte Liefertermin ist bereits überschritten. Was kann Herr Gehlen tun?
8. Was ist zu tun, wenn ein Kunde trotz gültigem Kaufvertrag die Ware nicht abnimmt?
9. Die Zahn & Rad GmbH hatte dem Autohaus Köppel ein Sonderangebot an Winterreifen unterbreitet. Daraufhin schloss das Autohaus Köppel mit der Zahn & Rad GmbH einen Kaufvertrag über die Lieferung von 24 Winterreifen „Pamir" ab. Der verantwortliche Mitarbeiter der Zahn & Rad GmbH versprach telefonisch für den nächsten Tag die Lieferung der bestellten Reifen. Weder Liefertermin noch Angaben zu den Transport- und Verpackungskosten wurden schriftlich festgehalten. Die Zusage wurde nicht eingehalten. Die Auslieferung der Ware erfolgte erst eine Woche später. Sie sollen nun den Sachverhalt klären.

Lernfeld 3

2 Die Lagerhaltung

AUSGANGSSITUATION

Der Azubi Fin Schneider setzt seine Tätigkeit im Lager der Autohaus Köppel GmbH fort. Nachdem er von Lagerleiter Tim Gehlen eingewiesen wurde, soll er nun im Handlager der Werkstatt die Lagersichtbehälter mit den Normteilen auffüllen. Fin Schneider ist mit Eifer bei der Sache und hat die verbrauchten Teile im Handlager schnell nachgefüllt. Allerdings findet er das Umpacken sehr aufwendig. Fin Schneider fragt Tim Gehlen, warum nicht gleich kleinere Packungen beschafft werden. Der Lagerleiter verweist auf die Mengenrabatte bei der Beschaffung größerer Einheiten und die Notwendigkeit, immer ausreichend Teile dieser Sorte vorrätig zu haben.

ARBEITSAUFTRAG

Ermitteln Sie, welche Funktionen das Lager im Autohaus hat.

2.1 Grundlagen der Lagerhaltung

EINSTIEGSSITUATION

Fin Schneider hat bereits beim ersten Rundgang durch das Lager festgestellt, dass unterschiedliche Hilfsmittel für die Lagerung Verwendung finden. Zum Beispiel wird teilweise in Regalen gelagert, andere Teile liegen auf Paletten und es gibt auch Werkstattschränke. Während sich bei einigen Teilen alleine aus deren Abmessungen bzw. der Masse die

Die Lagerhaltung

> Verwendung bestimmter Hilfsmittel ergibt, ist das bei anderen Teilen nicht so klar nachvollziehbar. Er fragt Tim Gehlen, warum das so ist. Dieser verweist darauf, dass die Teile unterschiedliche Anforderungen an Lagerhaltung stellen, und fordert ihn auf, sich genauer mit den Aufgaben der Lagerhaltung zu beschäftigen. Sie unterstützen den Auszubildenden dabei.

Lager gleichen die zeitliche Differenz zwischen Beschaffung, Verbrauch und Absatz aus. Diese Pufferfunktion ist mit Kosten verbunden, da Flächen, Personal und Kapital gebunden werden. Deshalb besteht das Bestreben, die Lagerbestände minimal zu halten oder eine verbrauchssynchrone Warenanlieferung (Just-in-time-Versorgung) statt eigener Lagerhaltung zu organisieren. Just-in-time-Versorgung bedeutet, dass die Anlieferung genau dann in der gewünschten Menge und Qualität erfolgt, wenn das entsprechende Material benötigt wird. Diese Verfahrensweise wird z. B. bei Automobilherstellern angewendet. Leider ist diese Organisation nur bei lang anhaltenden Produktionsprogrammen zweckmäßig. Im Autohaus lassen sich weder der Verbrauch an Teilen und Zubehör durch die Werkstatt noch der Verkauf ausreichend genau im Voraus ermitteln. Zudem ist die kurzfristige bedarfsgesteuerte Belieferung mit Teilen und Zubehör in vielen Fällen mit höheren Kosten verbunden. Da die Kunden den Service des Automobilhandels auch daran messen, wie schnell ihre Wünsche umgesetzt werden, ist eine Vorratshaltung in bestimmtem Maße unvermeidlich. Die Aufgabe des Kaufmanns besteht nun darin, einen sinnvollen Kompromiss zwischen der Verbesserung der Absatzchancen durch guten Service und den damit verbundenen Kosten für Lagerhaltung oder kurzfristige Beschaffung zu suchen.

Aufgaben der Lagerhaltung

Zu den Aufgaben der Lagerhaltung gehören:

- Sicherung der Versorgung von Werkstatt und Verkauf (Sicherungsaufgabe)
- Ausgleich von Bedarfsschwankungen hinsichtlich Menge und Zeit zwischen Beschaffung, Verbrauch und Verkauf (Überbrückungsaufgabe)
- Umformung von Waren (Umformungs- bzw. Anpassungsfunktion)
- Ausnutzung von Preisvorteilen (Spekulationsfunktion)

Sicherungsaufgabe

Im Lager werden Waren bevorratet, um Kundenwünsche schnell erfüllen zu können. Gleichzeitig sollen eventuelle Lieferschwierigkeiten bzw. längere Lieferzeiten ausgeglichen werden. Zusätzlich dient die Vorratshaltung als Puffer bei schwankendem Bedarf.

> **Beispiel**
> Durch die Vorratshaltung können auch unvorhergesehene Verzögerungen oder Ausfälle von Lieferungen ausgeglichen werden (z. B. wegen Streik oder Wetterunbilden).

Lernfeld 3

Überbrückungsaufgabe
Fallen Beschaffungs- (bzw. Herstellungs-) und Verwendungszeitpunkt auseinander, kann dieser Zeitraum durch die Lagerhaltung überbrückt werden. Durch angepasste Beschaffungsmengen und eine gezielte Vorratshaltung wird somit ein zeit- und mengenmäßiger Ausgleich hergestellt.

> **Beispiel**
>
> Im Sommer kann ein Posten erfahrungsgemäß gut nachgefragter Winterreifen günstig beschafft werden. Kapazitäten für die Einlagerung sind vorhanden und verursachen keine zusätzlichen Kosten. Der Verkauf der Winterreifen erfolgt meist in den Herbstmonaten.

Umformungs- bzw. Anpassungsfunktion
Die Umformung umfasst die Anpassung beschaffter Waren in bedarfsgerechte Mengen. Dies erfolgt durch Umpacken, Umfüllen, Mischen oder Sortieren. Weiterhin ermöglicht die Lagerhaltung Veredelungsfunktionen. So können Grundmodelle durch den Einbau hochwertigeren Zubehörs aufgewertet werden.

> **Beispiel**
>
> Die Autohaus Köppel GmbH kauft Normteile (Schrauben, Muttern) in Großhandelspackungen, da diese Positionen in relativ gleichbleibenden Mengen und Qualitäten aufgebraucht werden. Bei den Einkäufen werden Mengenrabatte der Lieferanten in Anspruch genommen. Die Großhandelspackungen sind für die Einzelentnahme nicht vorgesehen, weshalb eine Umfüllung in Lagersichtbehälter erfolgt.

Spekulationsfunktion
Durch die Ausnutzung saisonaler und mengenabhängiger Preisunterschiede können Vorteile erwirtschaftet werden.

> **Beispiel**
>
> Die Boxengasse KG baut Überbestände ab und bietet deshalb Luftfilter 20 % unter dem Listenpreis an. Die Autohaus Köppel GmbH nutzt dieses Sonderangebot. Dabei wird selbstverständlich dem zu erwartenden Bedarf und den entstehenden Lagerkosten Rechnung getragen.

Lagerarten

Zur Erfüllung der unterschiedlichen Anforderungen der Wirtschaft an die Lagerhaltung gibt es verschiedene Lagerarten. Zu den Klassifizierungskriterien zählen

- Bauform,
- Höhe,
- Gutklassen und
- Anpassung an technische, juristische oder organisatorische Erfordernisse.

Als Bauformen kommen **Freilager**, **überdachte** oder **geschlossene** Lager in Betracht. Mit dem baulichen Aufwand für das Lager steigen die Kosten bezogen auf die Lagerfläche, aber auch die Verwendungsmöglichkeiten.

Im Autohaus werden in begrenztem Maße Freilagerflächen für Schrott und Abfälle benötigt. Formal können auch nicht überdachte Stellflächen für Neu-, Gebraucht- und Werkstattwagen als Freilager betrachtet werden. Überdachte Lagerflächen sind vielfach für den Warenein- und -ausgang sowie in der Nähe der Werkstatt vorhanden. Überdachte Warenein- und -ausgangsbereiche schützen die Ware beim Be- und Entladen vor Witterungseinflüssen. In der Nähe der Werkstatt werden vielfach einige Stellplätze für Werkstattfahrzeuge und Lagerflächen überdacht (z. B. für Mehrwegverpackungen oder Teile, die für das Recycling vorgesehen sind). Geschlossene Lager in entsprechender Größe gehören unmittelbar zum Autohaus. Die geschlossene Bauform bietet Schutz vor Witterungseinflüssen und unbefugtem Zugriff.

Nach dem Kriterium der Höhe werden **Flach- und Hochregalläger** unterschieden. Im Automobilhandel überwiegen Flachläger, da Hochregalläger zwar eine bessere Flächennutzung erlauben aber hinsichtlich Bau und Betrieb höhere Anforderungen stellen.

Die Lagerung folgender Gutklassen erfordert eine spezielle Gestaltung der Läger:

- Stückgut,
- Schüttgut,
- Flüssigkeiten und
- Gase.

Die Schüttgüter und Gase spielen im Automobilhandel keine nennenswerte Rolle. Hier kommen vor allem Stückgutläger in Betracht. Flüssigkeiten sind zum großen Teil so abgepackt, dass sie wie Stückgut behandelt werden können. Lediglich für Flüssigkeiten, die in größeren Mengen benötigt werden bzw. die einer besonderen Behandlung bedürfen, können spezielle Lagerbereiche erforderlich sein, z. B. für Treibstoffe, Reinigungs- und Pflegemittel (vgl. Kapitel 5).

Warengerechte Lagerung

Alle zu lagernden Waren haben spezifische Eigenschaften. Werden die Lagerbedingungen nicht den Erfordernissen der Ware angepasst, sind Lagerverluste zu befürchten. Die damit verbundenen Kosten können vermieden werden, wenn jede Ware entsprechend ihrer Eigenarten im Lager untergebracht und behandelt wird.

Warengerechte Lagerung	
Belüftung	Gut durchlüftete Lagerräume sind bei einigen Warengruppen erforderlich, um der Geruchs- oder Schwitzwasserbildung vorzubeugen.
Licht	Bestimmte Kunststoffe und einige Textilien dürfen keinem intensiven Lichteinfall ausgesetzt werden. Bei Waren aus solchen lichtempfindlichen Materialien können Ausbleichungen oder Versprödungen eintreten.

Lernfeld 3

Warengerechte Lagerung	
Temperatur	Einige Farben und Lacke sind frostempfindlich. Lösungsmittel dürfen wegen der damit verbundenen Brandgefahr keine starke Erwärmung erfahren.
Luftfeuchtigkeit	Die Lagerung einiger Waren erfordert die Einhaltung einer bestimmten Luftfeuchtigkeit. Im Automobilhaus sind dies z. B. Metallwaren, die bei zu hoher Luftfeuchte zur Korrosion neigen, wenn keine Schutzmaßnahmen ergriffen werden.
Staubschutz	Verstaubte Ware kann unbrauchbar werden oder sie muss vor dem Verkauf bzw. Verbrauch gesäubert werden. Der damit verbundene Verlust oder Reinigungsaufwand ist durch entsprechenden Staubschutz vermeidbar.
Schädlingsbefall	Während der Lagerhaltung können Warenverluste durch Schädlinge eintreten. Durch geeignete Schutzmaßnahmen ist die Ware deshalb vor Schädlingen zu schützen. Zu den Schädlingen zählen Mäuse, Motten usw. bis hin zum Schimmel. Gefährdet sind insbesondere Ausstattungsgegenstände aus Naturtextilien und Leder.
Erschütterung	Ausgewählte Waren müssen vorsichtig behandelt werden. Erschütterungen oder unbeabsichtigte Stöße während des Umschlages können bereits zu Beschädigung oder Verlust führen. Beispiele dafür sind empfindliche Messgeräte und Airbags.
Umweltschutz	Für die Lagerung bestimmter Stoffe gelten strenge Auflagen zum Umweltschutz. In den Autohäusern werden z. B. häufig mehrere Tausend Liter Frisch- und Altöl gelagert. Öl ist in starkem Maße wassergefährdend. Aus diesem Grund müssen Vorkehrungen getroffen werden, damit austretendes Öl nicht in den Boden oder in das Grundwasser gelangen kann.

2.2 Organisation eines Lagers

> **EINSTIEGSSITUATION**
>
> Die Autohaus Köppel GmbH hat eine Warenlieferung erhalten. Die Ware wurde von Lagerleiter Tim Gehlen geprüft und in den Bestand übernommen. Die Lagerfachkraft Frau Reisch und der Auszubildende Fin Schneider haben die Waren für die Einlagerung vorbereitet. Gemeinsam lagern sie diese nun ein. Mit Pascal Palm soll im Werkstattbereich das kleine Handlager für die Monteure mit den eingegangenen Teilen aufgefüllt werden. Dort hat jedes Teil bzw. jede Teilegruppe einen festen Platz. Im eigentlichen Lagerbereich befinden sich überwiegend Fachbodenregale.
>
>
>
> In diese lagert Frau Reisch dort, wo freier Lagerplatz vorhanden ist, ein. Sie notiert die Lagerplätze für die spätere Buchung in der Bestandsführung. Pascal Palm und Fin Schneider haben ihre Aufgabe schnell erledigt und helfen nun Frau Reisch bei der Einlagerung in die Fachbodenregale. Sie finden die ungeordnete Einlagerung unrationell und sind der Meinung, auch hier für bestimmte Warengruppen feste Bereiche zu kennzeichnen. Frau Reisch ist anderer Meinung. Nehmen Sie dazu Stellung.

Die Organisation der Arbeitsabläufe im Lager hat wesentlichen Einfluss auf die Wirtschaftlichkeit der Lagerhaltung. Durch zweckmäßige Organisation der anfallenden Arbeiten können nicht nur Kosten im Lagerbereich gespart werden, sondern auch eine reibungslose Versorgung der Werkstatt sichergestellt werden.

Innerhalb der Läger gibt es Funktionsbereiche für die Wareneingangs- und -ausgangsbehandlung sowie für die Warenlagerung. Jeder dieser Bereiche ist für die dort zu erfüllenden Aufgaben ausgestattet und wird auch entsprechend **Wareneingangs-, Warenausgangs- bzw. Warenlagerungsbereich** genannt. Größe und Anordnung der Funktionsbereiche können je nach baulichen Gegebenheiten und Funktion des Lagers unterschiedlich sein. Bei den überwiegend kleineren Lägern im Automobilhandel sind auch Kombinationen einzelner Funktionen möglich. Das kann z. B. so aussehen, dass Arbeitsabläufe des Warenein- und -ausgangs auf der gleichen Fläche stattfinden.

Die grundlegenden Arbeitsabläufe in jedem Funktionsbereich eines Lagers im Autohaus sind aus der folgenden Abbildung ersichtlich. Dabei ist zu beachten, dass teilweise Unterschiede bei den einzelnen Waren bestehen. Darüber hinaus sind die Informations- und Warenflüsse in den Lägern in sehr unterschiedlichem Maße automatisiert. Trotz dieser Unterschiede sind die prinzipiellen Abläufe gleich.

Lernfeld 3

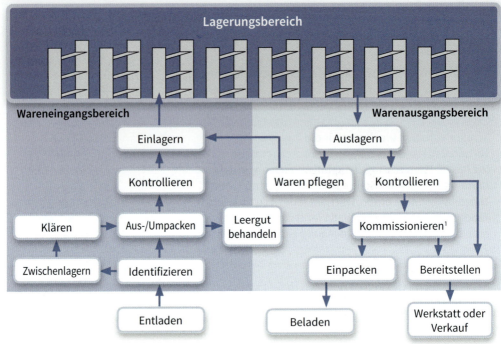

1 Kommissionieren = Zusammenstellen der von einem Kunden bestellten Artikel zu einer Sendung.
Wesentliche Arbeitsabläufe im Lager

Wareneingangsbereich

Die Wareneingangsbehandlung beginnt mit der Übernahme der Ware vom Überbringer. Nach dem Entladen des Lieferfahrzeugs und dem Transportieren zur Abstellfläche im Wareneingangsbereich erfolgt die **Identifikation und Kontrolle** des Wareneingangs. Die Identifikation dient der eindeutigen Erkennung und ist über Identifikationsmerkmale in Form von Warenaufschriften, Identnummern oder Codierungen (z. B. Global Trade Item Number [GTIN] = globale Artikelnummer) möglich.

Der Zweck der Identifikation ist die Kopplung von Waren- und Informationsfluss. Dies beginnt mit der eindeutigen Zuordnung von Ware und Begleitpapier (vgl. Kaufvertrag). Gleichzeitig benötigt jedes Teil oder Zubehör ein eindeutiges Merkmal, um während des gesamten Warenflusses verwaltet werden zu können. Bei sehr kleinen Teilen oder Teilen, an denen kein solches Merkmal angebracht werden kann, wird auch die Verpackung als Identträger genutzt. Die Bedeutung der Identifikation geht weit über die damit mögliche Verwaltung und die Nutzung für die Steuerung des Warenflusses hinaus. Über die eindeutige Kennzeichnung einzelner Teile kann vom Hersteller bis zum Entsorgungsunternehmen der gesamte Produktlebenszyklus verfolgt werden. Mithilfe der Identifikationsmerkmale lassen sich Originalteile von Nachahmungen unterscheiden, Eigentumsnachweise erbringen sowie Haftungsfragen und Garantieansprüche klären.

Lassen sich die Identifikationsmerkmale nicht eindeutig erkennen oder werden Unregelmäßigkeiten festgestellt, wird die Ware bis zur Klärung zwischengelagert. Unregelmäßigkeiten können fehlende Begleitpapiere oder Beschädigungen sein.

> **Beispiel:** Zwischenlagerung bei Unregelmäßigkeit
>
> Im Lager der Autohaus Köppel GmbH gehen Schalldämpfer mit der Artikelnummer 20048712 198 ein. Begleitpapiere und Transportverpackung beziehen sich auf die gleiche Anzahl, aber auf Schalldämpfer mit der Artikelnummer 20048712 197. Lagerleiter Herr Gehlen stellt die Schalldämpfer im Eingangsbereich auf die dafür vorgesehene Fläche. Nachdem die übrigen Wareneingänge bearbeitet wurden, vergleicht Herr Gehlen die Begleitpapiere mit der Bestellung und hält Rücksprache mit Herrn Sacci von der Boxengasse KG. Es stellt sich heraus, dass die gleiche Anzahl beider Schalldämpfertypen bestellt war. Bei der Verpackung ist ein Fehler aufgetreten. Herr Sacci hat sich dafür entschuldigt. Am nächsten Tag sollen die übrigen Schalldämpfer geliefert werden. Herr Gehlen übernimmt die bereits gelieferten Schalldämpfer in den Bestand und vermerkt die telefonische Abstimmung auf dem Lieferschein.

Nach dem Identifizieren kann das **Aus- oder Umpacken** erforderlich sein, wenn die gelieferte Transporteinheit nicht für die Einlagerung geeignet ist. Dies kann der Fall sein, wenn eine Warenlieferung mit verschiedenen Teilen palettiert angeliefert wird, die Teile aber sortenrein eingelagert werden sollen. Dann ist die Transporteinheit (Palette) in Lagereinheiten zu zerlegen. Bei den Identifikations- und Packarbeiten wird die gelieferte Ware nochmals kontrolliert. Dies ist erforderlich, da bei der Warenübernahme Schäden an verpackten Teilen oder Zubehör nicht immer sichtbar sind. Beschädigte Waren dürfen nicht unerkannt eingelagert werden. Ansprüche gegenüber dem Lieferanten könnten dann nicht mehr geltend gemacht werden und die Bestandsverwaltung würde von falschen Angaben ausgehen.

Häufig fällt beim Um- oder Auspacken Leergut in Form von Verpackungen bzw. Transporthilfsmitteln an. Handelt es sich bei den Verpackungen um Einwegverpackungen, ist für eine sinnvolle Verwertung zu sorgen bzw. die Verpackung der Entsorgung zuzuführen. Mehrwegverpackungen werden in den Warenausgangsbereich gebracht und zurückgeführt. Wenn möglich werden Verpackungen im eigenen Hause wiederverwendet. In ähnlicher Weise wird mit Transporthilfsmitteln (Paletten, Behältern) verfahren (vgl. Kapitel 5).

Lagerungsbereich

Im Lagerungsbereich findet die eigentliche Lagerung statt. Hier befindet sich die Lagertechnik bestehend aus Einrichtungen für die Aufbewahrung der Waren (Regale unterschiedlichster Art, Ständer) sowie Hebezeuge und Fördertechnik für die Einlagerung und spätere Entnahme der Waren.

Lernfeld 3

Zur Einlagerung gelangt nur einwandfreie und ordnungsgemäß erfasste Ware. Die ordnungsgemäße Erfassung der Waren ist die Grundvoraussetzung für die Bestandsführung. Die Erfassung steht in engem Zusammenhang mit der Vergabe der Lagerplätze. Unabhängig vom Automatisierungsgrad gilt das Grundprinzip, dass für jede Ware der Lagerplatz registriert werden muss. Es spielt dabei keine Rolle, ob Lagerbestandsbücher, Lagerbestandskarteien oder elektronische Lagerbestandssysteme genutzt werden.

Eingelagerte Ware muss im Bedarfsfall schnell wieder auffindbar sein. Außerdem erfordert die Bewirtschaftung der Bestände einen ständigen Überblick bezüglich Menge, Zustand und Standort der Ware. Um diese Anforderungen erfüllen zu können, erfolgt die Einlagerung der Ware noch klaren Vorgaben. Der Lagerplan (auch Layout) liefert die Übersicht über die Anordnung der Lagerstellen, Lagerwege und sonstige Funktionsbereiche des Lagers. Zusätzlich werden die Lagerplätze mit eindeutigen Identifikationsmerkmalen versehen. Diese Merkmale in Form einer Nummerierung, eines Barcodelabels (Aufkleber mit Barcode) oder einer Beschriftung dienen als Adresse des jeweiligen Lagerplatzes (Lagerplatzadresse) und ermöglichen so die genaue Zuordnung zwischen Lagerplatz und einzulagernder Ware.

Lagerplatzordnung
Die Zuordnung kann nach zwei grundlegenden Ordnungsprinzipien erfolgen:

- feste oder systematische Lagerplatzordnung oder
- freie Lagerplatzwahl (auch chaotische Lagerplatzordnung genannt).

Bei der **festen Lagerplatzordnung** werden Lagerplätze bestimmten Waren oder Warengruppen fest zugeordnet. Das heißt, die Waren werden immer an bestimmten gleichbleibenden Plätzen eingelagert. Der Vorteil dieser Verfahrensweise ist die einfache Organisation. Nachteilig ist jedoch, dass der Lagerplatz am größten möglichen oder durchschnittlichen Bedarf ausgerichtet werden muss. Die Folge ist eine ungenügende Auslastung bei geringerem Bedarf. Fallen bestimmte Artikel aus dem Sortiment, bleiben Leerplätze, bis eine neue Zuordnung vorgenommen wird. Bei Sortimentsänderungen entsteht Änderungsaufwand.

Bei der **freien oder chaotischen Lagerplatzordnung** gibt es keine festen Lagerplätze. Die Waren werden dort eingelagert, wo ein geeigneter freier Lagerplatz zur Verfügung steht. Voraussetzung dafür ist ein entsprechendes Datenverarbeitungssystem. Mithilfe eines solchen Systems wird der Zusammenhang zwischen Lagerplatz und Ware gespeichert und bei Bedarf ermittelt. Bezugspunkte sind dabei die Lagerplatzadresse und eine Warenkennung (meist Artikelnummer, GTIN-Code). Bei größeren Lägern, insbesondere Hochregallägern, wird auf diese Weise der Lagerplatz optimal genutzt und damit der Hauptnachteil der festen Lagerplatzordnung ausgeglichen. Die bessere Nutzung des verfügbaren Lagerraumes führt zur Kosteneinsparung. Allerdings erfordert diese Lagerorganisationsform eine perfekte Handhabung der vorhandenen Datenverarbeitung und eine aufwendige Lagersteuerungsanlage. Fehlerhafte Eingaben in dieses System führen meist dazu, dass die entsprechenden Waren zwar körperlich vorhanden sind, ihr Standort aber nicht mehr exakt ermittelt werden kann. Die Lagerplatzverwaltung ist ausschließlich unter Nutzung der gespeicherten Daten der EDV möglich. Selbst die Sichtkontrolle oder manuelle Ein- und Auslagerungen sind bedingt durch die Bauhöhe und die automatischen Regalbediensysteme nicht mehr möglich.

Die Lagerhaltung

Im Autohaus können beide Organisationsformen alternativ (d. h. feste oder freie Lagerplatzordnung) oder in Kombination vorkommen.

> **Beispiel:** Lagerplatzordnung
>
> Die Autohaus Köppel GmbH hat in ihrem Lager für Teile und Zubehör die freie Lagerplatzordnung festgelegt. Im Lager befinden sich vier Gänge mit Fachbodenregalen. Jedes Regal wurde mit einem Kennbuchstaben (A–H) versehen. Innerhalb der Regale ergibt sich die Lagerplatzadresse aus der Zeilen- und der Spaltennummer. An jedem Regalfach ist ein Aufkleber (Markierungsetikett) mit der Lagerplatzadresse angebracht.

Lagerplätze für die Waren können bei beiden Lagerplatzordnungen nach verschiedenen Kriterien vergeben werden. Häufig gelten mehrere Ordnungskriterien gleichzeitig. Die Kriterien leiten sich aus dem Bestreben ab, die Warenbewegungen im Lager wirtschaftlich zu gestalten. Außerdem haben die Eigenschaften der Lagergüter Einfluss auf die Lagerplatzordnung.

Um unnötige Wege bei der Ein- und Auslagerung zu vermeiden, versucht man, Waren, die häufig umgeschlagen werden (**Schnelldreher**), in Lagerbereichen unterzubringen, die gut zugänglich sind. Umgekehrt werden Waren mit geringer Umschlagshäufigkeit (**Langsamdreher**) in abgelegeneren Bereichen des Lagers untergebracht. Als Kriterium dient hier die Zugriffshäufigkeit des Lagergutes.

Weitere Kriterien für die Wahl des Lagerortes sind häufig Masse bzw. Handhabbarkeit der Lagergüter. Waren, die nur mit Hebezeugen bewegt werden können, werden dort gelagert, wo diese vorhanden sind bzw. einfach eingesetzt werden können. Schwere Waren erhalten Lagerplätze unten im Regal und leichte Waren oben.

Auch die Reihenfolge der Auslagerung kann zur Senkung des Aufwands beitragen. Wird die zuletzt eingelagerte Ware zuerst wieder ausgelagert, entfallen möglicherweise Umlagerungen. Das kann z. B. der Fall sein, wenn mehrere Teile der gleichen Sorte in einem Lagerfach untergebracht sind. Bei der Auslagerung können die Teile zuerst entnommen werden, die vorne liegen, hinten liegende, ältere Teile verbleiben im Fach. Diese Vorgehensweise nennt sich **Lifo-Methode** (last in – first out). Leider ist diese Methode nicht bei Waren anwendbar, die durch Alterung Qualitätsverluste erleiden können. Häufig muss man deshalb in umgekehrter Weise vorgehen. Das heißt, die zuerst eingelagerte Ware wird auch zuerst wieder ausgelagert. Es handelt sich dann um die **Fifo-Methode** (first in – first out). Hier wird möglichen Warenverlusten durch Alterung entgegengewirkt. Allerdings lässt sich dann entsprechend höherer Bedienungsaufwand nicht immer vermeiden.

Auch durch die Einlagerung nach Art des Lagergutes wird auf spezielle Eigenschaften der Lagergüter Rücksicht genommen. Waren, die zu einer Warengruppe gehören oder vergleichbare Eigenschaften haben, lagern zusammen. Andererseits kann es auch erforderlich sein, dass bestimmte Waren nicht miteinander in Kontakt kommen.

> **Beispiel:** Einlagerung nach Art des Lagergutes
> Bei der Autohaus Köppel GmbH werden konservierte Teile in einem Lagerbereich konzentriert. Damit wird die Kontrolle und Pflege dieser Teile erleichtert. Zum anderen ist die Verschmutzung anderer Waren mit Öl nicht zu befürchten.

Warenkontrolle und Warenpflege
Auch sorgfältig und sachgerecht eingelagerte Ware unterliegt im Lager Beanspruchungen, die zu Wertminderung oder Verlust führen können. So sind z. B. durch Staub, Alterung oder nachlassende Wirkung von Schutzmaßnahmen Beeinträchtigungen von Waren möglich. Die eingelagerten Waren stellen einen beachtlichen Vermögenswert dar. Es ist deshalb notwendig, den Lagerbestand ständig zu überprüfen und gegebenenfalls Maßnahmen zum Erhalt der Warenqualität zu ergreifen. Diese Tätigkeiten sind Gegenstand von Warenkontrolle und Warenpflege.

Bei der **Warenkontrolle** werden Qualität (Güte) und Quantität (Menge) ermittelt. Die Überprüfung der Qualität dient der Feststellung eventuell erforderlicher Pflegemaßnahmen bzw. der Aussonderung minderwertiger oder unbrauchbarer Waren. Auf Fragen der mengenmäßigen Kontrolle und Zeitpunkte der Kontrolldurchführung wird im Zusammenhang mit Inventuren näher eingegangen. Die Kontrollen werden soweit wie möglich ohne Warenauslagerung durchgeführt. Wenn dies nicht möglich oder zulässig ist (z. B. aus Gründen des Arbeitsschutzes), muss zur Kontrolle ausgelagert werden.

Alle Tätigkeiten, die dazu dienen, den verkaufs- bzw. verbrauchsfähigen Warenzustand zu erhalten oder wiederherstellen, gehören zur **Warenpflege**. Dazu zählen auch die warengerechte Einlagerung und die Sauberhaltung der Lagerräume.

> **Beispiel:** Warenkontrolle und -pflege
> Im Lager der Autohaus Köppel GmbH wird regelmäßig die Konservierung der eingelagerten Getriebe überprüft. Bei Bedarf wird die Konservierung erneuert. Nach erfolgter Warenkontrolle und Warenpflege werden die Lagergüter wieder eingelagert.

Warenausgangsbereich

Der Ausgangsbehandlungsprozess läuft in der Warenausgangszone ab. Er beginnt mit der Auslagerung. Auslagerungen basieren immer auf konkreten Aufträgen. Sie können von der Werkstatt oder durch einen Verkauf ausgelöst werden. Jede Auslagerung muss ebenso wie die Einlagerung registriert werden. Auch hier kann je nach Automatisierungsgrad ein Eintrag in den entsprechenden Unterlagen erfolgen (Lagerbestandsbücher, Lagerbestandskarteien) oder durch eine entsprechende Eingabe in elektronische Lagerbestandssysteme die Auslagerung vorgenommen werden.

Nach der Auslagerung wird die Ware kontrolliert, damit nur einwandfreie Ware in den Verkauf oder Verbrauch gelangt. Aufträge für die Werkstatt oder für den Thekenverkauf können danach direkt bereitgestellt werden.

Für Verkaufsaktionen ist es teilweise zweckmäßig, Artikel verkaufsfertig aufzubereiten. Tätigkeiten, die zur Verwendbarkeit der Lagergüter führen, diese erhöhen oder erhalten, werden als **Warenmanipulation** bezeichnet. Verkaufsvorbereitende und -begleitende Tätigkeiten werden ebenfalls zur Warenmanipulation gezählt.

> **Beispiel:** Warenmanipulation
>
> In Vorbereitung auf eine Sonderaktion zum Geschäftsjubiläum werden die eingelagerten Alufelgen für die Phantasia-Limousine mit Sonderpreisen versehen.

Verkäufe an Wiederverkäufer umfassen häufig mehrere Waren, die auch unterschiedlichen Warengruppen angehören können. In diesen Fällen bildet man meist Transporteinheiten in Form von Paletten oder Packungen. Das Zusammenstellen der von einem Kunden bestellten Artikel zu einer Sendung wird als **Kommissionierung** bezeichnet. Im Anschluss daran werden die Transporteinheiten bei Bedarf verpackt und versandfertig vorbereitet. Dazu zählen die Ausfertigung der erforderlichen Lieferscheine (Warenbegleitpapier) und Transportpapiere, die Beschriftung bzw. Bezettelung und Maßnahmen zur Transportsicherung (z. B. Kantenschutz, Nässeschutz).

Anschließend werden die Transporteinheiten zum Verladen bereitgestellt. Allerdings dürfen die einzelnen Kommissionen das Lager erst verlassen, wenn die Warenentnahme ordnungsgemäß erfasst worden ist. Die Erfassung schließt das Ausbuchen aus dem Lagerbestand und das Registrieren des Verbleibs ein. Der Verbleib wird über die Verkaufsunterlagen, die erforderlichen Lieferscheine (Warenbegleitpapiere) und Transportpapiere nachgehalten. Auch hier stehen neben traditionellen Formen elektronische Systeme zur Verfügung.

2.3 Wirtschaftlichkeit des Lagers

EINSTIEGSSITUATION

Lagerleiter Tim Gehlen hat bei Arbeiten im Lager den Eindruck, dass in der Artikelgruppe „Reifen" relativ große Bestände vorhanden sind. Er überprüft daher die Bestandsentwicklung im letzten Geschäftsjahr. Er lässt sich am PC anzeigen, wie die Zu- und Abgänge bei Reifen in der letzten Zeit waren. Aufgrund dieser Übersicht zeigt sich, dass die Bestandsmenge durchaus vergleichbar mit anderen Monaten ist. Fin Schneider hat Tim Gehlen bei der Arbeit zugesehen. Er ist verwundert über verschiedene Kennzahlen, die Tim Gehlen zur Beurteilung der Bestandsentwicklung heranzieht. Sie erklären ihm die Kennzahlen sowie deren Bedeutung.

Lernfeld 3

Die Vorratshaltung und damit auch der Betrieb eines Lagers verursacht Aufwand. Diese Aufwendungen werden als **Lagerkosten** bezeichnet. Lagerkosten entstehen durch

- Bau und Unterhaltung des Lagers als technische Anlage,
- die Verwaltung des Lagers (Sach- und Personalkosten),
- Risiken der Lagerung und
- Kapitalbindung.

Das Lager als technische Anlage führt vor allem zu **Sachkosten** für

- die Reinigung, Wartung, Reparatur und Instandhaltung bzw. Miete der Gebäude, Lagereinrichtungen, Umschlagtechnik usw. bis zur Informations- und Kommunikationstechnik,
- den Betrieb des Gebäudes in Form von Energiekosten (Heizung, Klima, Lüftung, Beleuchtung),
- die Sicherung der warengerechten Lagerung einschließlich Warenpflege (Staubschutz, Lagerhilfsmittel),
- Versicherungsprämien für Lagergebäude und -einrichtungen sowie die eingelagerten Waren,
- den Betrieb der Informations- und Kommunikationstechnik als Bestandteil der Verwaltungs- bzw. Organisationskosten (Telefonkosten, Softwarepflege).

Einen weiteren Kostenblock bilden die **Personalkosten**. Hier fließen nicht nur Lohn- und Gehaltskosten für das Lagerpersonal ein. Insbesondere bei kleineren Lägern, wie sie für den Automobilhandel typisch sind, sind durch die Lagerhaltung verursachte Kosten für Arbeitszeitanteile anderer Beschäftigtengruppen zu berücksichtigen. Hierbei müssen alle Arbeitsabläufe, die zur Lagerhaltung gehören, einbezogen werden.

> **Beispiel:** Personalkosten
>
> In der Autohaus Köppel GmbH ist neben dem Lagerleiter Tim Gehlen und der Lagerkraft Frau Reisch auch der Geselle Carlo Michaeli im Umgang mit dem Gabelstapler geschult. Als Urlaubsvertretung für Carlo Michaeli springt Frau Reisch ein, wenn Ware mit dem Gabelstapler im Lager zu bewegen ist. Die dafür anfallenden Kosten sind der Lagerhaltung zuzurechnen.

Kosten für das Lagerrisiko lassen sich nicht gänzlich vermeiden. Sie können durch Mengen- oder Wertverluste des Waren- und Materialbestandes eintreten. Mengenverluste entstehen durch Schwund, Diebstahl oder Verderb. Mögliche Ursachen für Wertverluste können Beschädigungen bei der Ein- und Auslagerung oder Preisverfall sein. Ein Teil der Risiken kann durch Versicherungen abgedeckt werden. Möglicher Schaden und Versicherungsprämie sind hier gegeneinander abzuwägen. Nicht alle Risikokosten sind den Handlungskosten zuzurechnen. Aus technischen Veränderungen, Modellwechseln und Modeerscheinungen resultierende Kosten sind über den Gewinn abgegolten. Die damit verbundenen Risiken sind allgemeiner Art und zählen zum Unternehmerwagnis.

> **Beispiel:** Risikokosten
>
> Im Lager der Autohaus Köppel GmbH ist trotz vorsichtiger Handhabung ein Kratzer an einem Karosserieteil für den Big Bag-SUV entstanden.

Das Lager mit seiner Ausstattung und die eingelagerten Waren und Materialien haben einen hohen Wert. Diese Werte stellen gebundenes Kapital dar, welches das Unternehmen nicht für andere betriebliche Zwecke einsetzen kann. Die Zinsen für dieses Kapital werden als **Kosten der Kapitalbindung** bezeichnet.

> **Beispiel:** Kosten der Kapitalbindung
>
> Die Autohaus Köppel GmbH kauft zwei Lagerschränke mit Sichtlagerkästen zur Aufbewahrung von Kleinteilen. Der Stückpreis beträgt 405,00 €. Die 810,00 € hätten bei einer Verzinsung von 3 % pro Jahr einen Zinsertrag von 24,30 € erbracht.

2.3.1 Lagerkennzahlen

Die Ziele der Lagerhaltung bestehen darin,

- möglichst kleine Lagerbestände vorzuhalten, um die Kosten für Personal, Sachmittel, Lagerrisiken und Kapitalbindung niedrig zu halten und
- die Lagerbestände schnell durch Verkauf oder Verbrauch umzuschlagen, sodass gebundenes Kapital so kurzfristig wie möglich frei wird.

Zur Erreichung dieser Ziele muss der Lagerbestand ständig überwacht und nach wirtschaftlichen Kriterien gesteuert werden. Wenn für jeden einzelnen Artikel der aktuelle Bestand feststellbar ist, lassen sich Nachbestellungen rechtzeitig veranlassen. Überbestände sind so bereits im Entstehen erkennbar bzw. eher abbaubar. Gleichzeitig kann dann sichergestellt werden, dass ausreichend Teile und Zubehör für den Verkauf und die Werkstatt zur Verfügung stehen. Dazu sind geeignete Hilfsmittel erforderlich, die verlässliche Entscheidungsgrundlagen für die Lagerverwaltung liefern.

Ein solches Hilfsmittel stellen Kennzahlensysteme dar. Insbesondere Lagerbestands- und Lagerbewegungskennzahlen liefern bei solider Datenbasis brauchbare Informationen für die wirtschaftliche Lagerhaltung. Elektronische Lagerverwaltungssysteme enthalten meist die entsprechenden Programme für die Kennzahlenbildung. Auch mit einfachen Hilfsmitteln wie dem Lagerbestandsbuch oder Bestandslisten lässt sich eine wirtschaftliche Vorratshaltung durchführen. Entscheidend ist in jedem Fall die exakte Erfassung jeder Bewegung im Lagerbestand vom Wareneingang, über eventuelle Umlagerungen bis zum Warenausgang.

Lernfeld 3

Für die Steuerung des Lagerbestandes sind folgende Kenngrößen der Bestandsentwicklung von besonderem Interesse:

Der **Höchstbestand** ist aus technischer Sicht die maximal einlagerbare Menge. Dieser technische Höchstbestand stellt die größte nutzbare Lagerkapazität für bestimmte Artikel oder Artikelgruppen dar.

> **Beispiel:** Höchstbestand
>
> Im Autohaus Köppel steht für die Lagerung palettierter Waren und Materialien eine gekennzeichnete Lagerfläche und ein Palettenregal zur Verfügung. Wenn diese Stellplätze belegt sind, könnten weitere Paletten nur auf Verkehrsflächen abgestellt werden. Die Verkehrsflächen werden jedoch wegen entstehender Behinderungen, möglicher Unfallgefahren und dem Risiko der Beschädigung grundsätzlich nicht belegt.

Neben technischen gibt es auch wirtschaftliche Grenzen der Bestandsbildung. Der wirtschaftliche Höchstbestand ergibt sich aus dem verfügbaren Kapital für die Vorratsbildung.

Die untere Grenze der Bestandsführung ist der **Mindestbestand** (auch eiserne Reserve oder Mindestlagerbestand). Wie die Bezeichnung „eiserne Reserve" erwarten lässt, soll dieser Warenpuffer eigentlich nie angegriffen werden. Es handelt sich um eine letzte Reserve für unvorhergesehene Störfälle, wie z. B. ausbleibende Lieferungen wegen Wetterunbilden oder Streik. Zur Bestimmung der entsprechenden Bestandsmenge kann nur mit Erfahrungswerten und Abschätzungen gearbeitet werden.

Mit dem **Meldebestand** steht ein Grenzwert zur Verfügung, der den Bestandsführenden warnen soll, den betreffenden Artikel nun umgehend zu bestellen. Die Größe wird so bestimmt, dass sofort ausgelöste Bestellungen erfüllt werden, bevor der Bestand den Mindestbestand erreicht. Zur Ermittlung des Meldebestandes kann folgende Formel genutzt werden:

$$\text{Meldebestand} = (\text{täglicher Warenabfluss} \cdot \text{Liefertage}) + \text{Mindestbestand}$$

Die Berechnung liefert einen Überschlags- bzw. Richtwert. Die Ursache dafür liegt in der nicht genau vorhersehbaren Entwicklung des Warenabflusses durch Verkäufe und Werkstattverbrauch. Auch die Lieferzeit ist keine unveränderliche Größe. Die Bestellmenge bei Erreichen des Meldebestandes wird durch den Höchstbestand begrenzt. Die maximale Bestellmenge kann überschläglich nach der Formel

$$\text{maximale Bestellmenge} = \text{Höchstbestand} - \text{Mindestbestand}$$

berechnet werden. In der Praxis wird die tatsächliche Bestellmenge der aktuellen Entwicklung von Angebot und Nachfrage angepasst (vgl. Kapitel 1).

Die Lagerhaltung

> **Beispiel:** Meldebestand
>
> Die Autohaus Köppel GmbH verkauft täglich ca. sechs Reifen. Die Lieferzeit beträgt zwei Tage. Der festgelegte Mindestbestand liegt bei zwölf Stück. Zurzeit sind 23 Reifen im Lager.
> Frage: Sollte die Autohaus Köppel GmbH bei diesem Lagerbestand nachbestellen?
> Lösung: Die Autohaus Köppel GmbH verkauft in zwei Tagen zwölf Reifen. Wird dazu der Mindestbestand von zwölf Reifen addiert, ergibt sich der Meldebestand von 24 Reifen. In der letzten Zeit ist somit ein überdurchschnittlicher Abfluss eingetreten. Der Meldebestand wurde bereits unterschritten. Eine Nachbestellung sollte sofort durchgeführt werden. Sollte auch in Zukunft der Verkauf so gut laufen, muss der Meldebestand angepasst werden.

Durchschnittlicher Lagerbestand

Im Laufe des Geschäftsjahres unterliegen die Lagerbestände Schwankungen. Für die Kontrolle und Steuerung der Bestände nutzt man daher Mittel- bzw. Durchschnittswerte. Durch den Vergleich mit diesen Durchschnittswerten können der aktuelle Bestand aber auch die Qualität der Bestandsführung leichter beurteilt werden. Für andere Zwecke, wie z. B. für den Abschluss von Versicherungen gegen Warenverlust oder als Planungsgrundlage für die Umgestaltung des Lagerbereiches, wird ebenfalls auf den durchschnittlichen Lagerbestand zurückgegriffen. Je nach Verwendungszweck wird in Mengeneinheiten (meist Stück aber auch kg, Liter usw.) oder mit dem Wert gerechnet. Der Wert ergibt sich durch einfache Multiplikation der Bestandsmenge mit dem Bezugs- oder Einstandspreis.

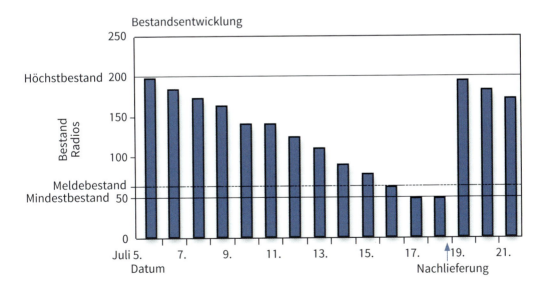

Kenngrößen des Lagerbestandes

Der durchschnittliche Lagerbestand sagt aus, wie hoch der Bestand eines Artikels, einer Artikelgruppe oder des Gesamtbestandes im Jahresdurchschnitt war. Bedingt durch den verbreiteten Einsatz moderner Rechentechnik ist die Bildung solcher Kennzahlen keine Schwierigkeit. Je mehr Bestandswerte in die Berechnung einbezogen werden, umso aussagekräftiger ist die Kennzahl des durchschnittlichen Warenbestandes. Aus diesem Grund werden bei modernen Lagerhaltungssystemen permanente Inventuren unterstützt, die den durchschnittlichen Materialverbrauch je Artikel pro Tag darstellen. Zusätzlich liefern diese Systeme Informationen darüber, wo der entsprechende Artikel verblieben ist (Einbau in ein bestimmtes Fahrzeug oder Verkauf an einen bestimmten Kunden) und welcher Preis erzielt wurde.

2.3.2 Lagerbewegungskennzahlen

Die Kenntnis des durchschnittlichen Lagerbestandes alleine reicht für die Beurteilung der Wirtschaftlichkeit der Lagerhaltung nicht aus. Es werden deshalb zusätzliche Kenngrößen gebildet und ausgewertet. Zur Vereinfachung der Formeln wird der Begriff „Ware" hier auch für Materialien inkl. Teile und Zubehör verwendet. Ein wichtiges Merkmal für die kostengünstige Lagerung ist der möglichst nur kurzzeitige Verbleib der Waren im Lager.

Umschlagshäufigkeit

Die Umschlagshäufigkeit (auch Umschlagsgeschwindigkeit oder Lagerumschlag) drückt aus, wie häufig der durchschnittliche Lagerbestand im Laufe eines Geschäftsjahres umgesetzt wurde. Die Kennzahl wird nach folgender Formel gebildet:

$$\text{Umschlagshäufigkeit} = \frac{\text{Warenverbrauch} + \text{Warenverkauf}}{\text{durchschnittlicher Lagerbestand (in Mengeneinheiten)}}$$

Die angepasste Formel mit Wertkenngrößen lautet dann:

$$\text{Umschlagshäufigkeit} = \frac{\text{Wareneinsatz}}{\text{durchschnittlicher Lagerbestand zu Bezugspreisen}}$$

Als **Wareneinsatz** bezeichnet man den Gesamtwert der verkauften oder verbrauchten Waren. Gerechnet wird dabei mit Einstands- bzw. Bezugspreisen. Die Berechnung zeigt folgendes Schema am Beispiel eines Felgenschlosses:

Beispiel: Einstands- bzw. Bezugspreis

Berechnungsschema	Prozent	Betrag
Listenpreis		20,45 €
– Rabatt	5 %	1,02 €
= Zieleinkaufspreis		19,43 €

Die Lagerhaltung

Berechnungsschema	Prozent	Betrag
– Skonto	2 %	0,39 €
= Bareinkaufspreis		19,04 €
+ Bezugskosten	2 %	0,38 €
= Einstands- bzw. Bezugspreis		19,42 €

Als Mengenkenngröße, die auch den Absatz berücksichtigt, wird ebenfalls die Umschlagshäufigkeit benutzt. Die angepasste Formel lautet in diesem Fall:

$$\text{Umschlagshäufigkeit} = \frac{\text{Warenabsatz}}{\text{durchschnittlicher Lagerbestand}}$$

Der **Warenabsatz** wird in Mengeneinheiten (meistens in Stück) berechnet und drückt aus, welche Warenmenge in einem bestimmten Zeitraum verkauft bzw. verbraucht wurde. Er berechnet sich wie folgt:

$$\text{Warenabsatz} = \text{Anfangsbestand} + \text{Zugänge} - \text{Endbestand}$$

Beispiel: Umschlagshäufigkeit

Die Autohaus Köppel GmbH hatte im Vorjahr einen Wareneinsatz von 2,2 Mio. €. Der durchschnittliche Lagerbestand lag bei 252 000,00 €. Im letzten Jahr stieg der Wareneinsatz auf 2,8 Mio. € bei einem durchschnittlichen Lagerbestand von 274 000,00 €.

	Vorjahr	Rechnungsjahr
Wareneinsatz (in €)	2 200 000,00	2 800 000,00
durchschnittlicher Lagerbestand (in €)	252 000,00	274 000,00
Umschlagshäufigkeit	8,73	10,22

Wie die Berechnung zeigt, konnte die Autohaus Köppel GmbH die Umschlagshäufigkeit von 8,73 auf 10,22 spürbar verbessern.

Je größer die Kennzahl der Umschlagshäufigkeit ist, umso wirtschaftlicher gestaltet sich die Lagerhaltung. Vorteile eines hohen Lagerumschlages sind geringerer Kapitalbedarf und dadurch weniger Zinsen sowie die Senkung der Lagerkosten (z. B. wegen des geringeren Lagerrisikos).

Lernfeld 3

Die Umschlagshäufigkeit ist nicht nur selbst eine Kenngröße mit hohem Aussagewert, sie kann außerdem zur Berechnung weiterer Kenngrößen genutzt werden. Dazu zählen die durchschnittliche Lagerdauer und der Lagerzinssatz.

Durchschnittliche Lagerdauer

Die durchschnittliche Lagerdauer umfasst den Zeitraum zwischen Ein- und Ausgang einer Ware im Lager. Bezugszeitraum ist in der Regel das Jahr, wobei das kaufmännische Jahr 360 Tage hat. Wird ein einzelner Artikel betrachtet, spricht man von der tatsächlichen Lagerdauer. Werden dagegen die Aufenthaltszeiten ganzer Artikelgruppen oder der gesamten Menge einer Ware berechnet, heißt diese Kenngröße durchschnittliche Lagerdauer. Die Formel lautet dann:

$$\text{durchschnittliche Lagerdauer} = \frac{360 \text{ Tage}}{\text{Umschlagshäufigkeit}}$$

Die durchschnittliche Lagerdauer zeigt an, wie wirtschaftlich dieser Artikel bzw. diese Ware aus der Sicht der Lagerhaltung ist. Je geringer diese Kenngröße ausfällt, umso kleiner ist der durch sie verursachte Lagerkostenanteil. Aus der Formel wird deutlich, dass kurze Verweilzeiten der Waren im Lager und hohe Umschlagshäufigkeit wesentliche Einflussgrößen der Wirtschaftlichkeit sind. Beide Größen beeinflussen die Kapitalbindung im Lager.

Beispiel: Durchschnittliche Lagerdauer

Die Autohaus Köppel GmbH hatte im letzten Jahr in der Warengruppe „Filter und Schmierstoffe" eine Umschlagshäufigkeit von 15. Damit ergibt sich die durchschnittliche Lagerdauer = 360 Tage/15 = 24 Tage. Die Artikel der Warengruppe „Filter und Schmierstoffe" waren somit durchschnittlich 24 Tage im Lager.

Lagerzinssatz

Der Lagerzinssatz liefert eine Aussage darüber, wie hoch die durch die Lagerung einzelner Artikel oder Artikelgruppen verursachten Kosten der Kapitalbindung sind. Die Berechnungsformel lautet:

$$\text{Lagerzinssatz} = \frac{\text{durchschnittliche Lagerdauer} \cdot \text{Jahreszinssatz}}{360}$$

Die Lagerhaltung

Beispiel: Lagerzinssatz

Herr Gehlen, der Lagerleiter der Autohaus Köppel GmbH, hat für die Warengruppe „Filter und Schmierstoffe" eine durchschnittliche Lagerdauer von 24 Tagen ermittelt. Der Jahreszinssatz der Bremer Hansebank liegt zur Zeit bei 3,6 %. Es ergibt sich somit der Lagerzinssatz = 24 Tage · 3,6 %/360 Tage = 0,24 %.

Sobald der Lagerzinssatz bekannt ist, können die **Lagerzinsen** errechnet werden. Die Lagerzinsen entsprechen der Höhe der Kosten für die Kapitalbindung. Die Formel hierfür lautet:

$$\text{Lagerzinsen} = \frac{\text{Lagerzinssatz} \cdot \text{durchschnittlicher Lagerbestand}}{100}$$

Beispiel: Lagerzinsen

Herr Gehlen hat für die Warengruppe „Filter und Schmierstoffe" in der Autohaus Köppel GmbH einen durchschnittlichen Lagerbestand von 80 000,00 € errechnet. Mit dem Lagerzinssatz von 0,24 % ergeben sich Lagerzinsen in Höhe von 80 000,00 € · 0,24 % = 192,00 €.

Lagerreichweite

Die Lagerreichweite als weitere wichtige Kenngröße sagt aus, wie lange der durchschnittliche Lagerbestand bei ebenfalls durchschnittlichem Verbrauch ausreicht. Es gilt die Formel:

$$\text{Lagerreichweite} = \frac{\text{durchschnittlicher Lagerbestand (in Mengeneinheiten)}}{\text{durchschnittlicher Absatz pro Tag}}$$

Beispiel: Lagerreichweite

Herr Gehlen hat für die Warengruppe „Reifen" in der Autohaus Köppel GmbH einen durchschnittlichen Lagerbestand von 30 Reifen errechnet. Bei sechs verkauften Reifen pro Tag ergibt sich eine Lagerreichweite von 30 Reifen/6 Reifen pro Tag = 5 Tage.

Lagerkapazität und Lagerfüllungsgrad

Betrieb und Unterhaltung des Lagers verursachen ebenfalls Kosten. Deshalb interessiert die Ausnutzung der vorhandenen Lagerkapazität. Dabei ist zu beachten, dass für die Lagerung Stellflächen auf dem Boden und Stellplätze in Regalen zur Verfügung stehen. Im Gegensatz zu den Stellflächen nutzen Stellplätze den Raum besser aus. Ein Palettenregal mit vier Regalzeilen nimmt je Flächeneinheit fast die vierfache Anzahl Paletten auf. Für die Berechnung von Lagerfüllungsgraden muss deshalb die genutzte Lagerkapazität zur gesamten jeweils verfügbaren Lagerkapazität ins Verhältnis gesetzt werden:

$$\text{Lagerfüllungsgrad} = \frac{\text{genutzte Lagerkapazität}}{\text{verfügbare Lagerkapazität}}$$

Beispiel: Füllungsgrad

Herr Gehlen möchte den Füllungsgrad der 24 m² Bodenlagerfläche ermitteln. Er kann über seine Lagerbestandssoftware feststellen, dass 18 m² belegt sind. Der Füllungsgrad der Bodenlagerfläche liegt also bei: 18 m² genutzte Lagerfläche/24 m² verfügbare Lagerfläche = 75 %.

2.3.3 Bedeutung der Lagerkennzahlen

Die Lagerkennzahlen sind Steuergrößen für die Bewirtschaftung des Lagerbestandes. Sie bieten die Möglichkeit, durch zielgerichtete Maßnahmen wesentlich zur Senkung der Lagerhaltungskosten beizutragen. Durch die Erhöhung der Umschlagshäufigkeit kann die Lagerdauer verkürzt werden. Dadurch lassen sich die Verlustrisiken vermindern und die Kosten für die Warenpflege senken. Je schneller ein Artikel umgeschlagen wird (hohe Umschlagshäufigkeit), desto niedriger ist der durch diesen Artikel verursachte Kostenanteil. Der Grund dafür liegt in der Einsparung von Lagerzinsen durch den verringerten Kapitalbedarf. Möglichkeiten zur Erhöhung der Lagerumschlagshäufigkeit sind:

- die Verringerung der Bestellmengen und des Mindestbestands,
- Just-in-time-Lieferungen,
- Kauf auf Abruf,
- Absatzsteigerung durch verstärkte Werbung oder Sonderverkaufsaktionen für Langsamdreher (Artikel mit geringer Umschlagshäufigkeit).

Eine Verringerung der Bestellmengen und des Mindestbestandes hat enge Grenzen, da der Zeitraum zwischen Bestellung und Lieferung nicht uneingeschränkt verkürzt werden kann. Selbst wenn der Lieferant immer alle bestellten Waren sofort liefern könnte, verbleibt eine notwendige Zeitspanne für die Durchführung der Lieferung (Verpacken, Transportieren usw.). Ähnliches gilt für den Kauf auf Abruf. Der Lieferant wird seinerseits die ständige Lieferbereitschaft auf die Preise umlegen müssen. Einige Hersteller unterscheiden deshalb z. B. Dringteile und Topdringteile. Für diese Teile gelten entsprechend verkürzte Bestell- und Lieferfristen, die selbstverständlich höher berechnet werden.

Just-in-time-Lieferungen sind bei weitgehend planbaren Produktionsabläufen wie in der Automobilproduktion teilweise üblich. Dort wird zu festgelegten Zeiten direkt an das Band geliefert. Eine solche hohe Planungsgenauigkeit ist im Autohaus kaum machbar. Im Automobilhandel besteht aber durchaus die Möglichkeit, Absatzsteigerungen durch verstärkte Werbung zu erreichen. Auch gezielte Sonderverkaufsaktionen für Langsamdreher werden genutzt. Voraussetzung dafür ist eine permanente Überwachung des Lagerbestandes. Ein wichtiges Hilfsmittel dabei sind die verschiedenen Lagerkennzahlen.

> **Beispiel:** Absatzsteigerung durch Werbung
>
> Die Autohaus Köppel GmbH hatte bei der Artikelgruppe „Audio" einen durchschnittlichen Lagerbestand von 15 000,00 €. Die Lagerumschlagshäufigkeit lag bei 11. Eine geschickte Werbekampagne, die auf dem örtlichen Gewerbefest eingeleitet wurde, führte zur Erhöhung der Lagerumschlagshäufigkeit von 11 auf 13. Es konnte somit der Wareneinsatz um 30 000,00 € gesteigert werden.
>
> Wareneinsatz = Lagerumschlagshäufigkeit · durchschnittlicher Lagerbestand

Die Lagerkennzahlen haben eine zentrale Bedeutung für die **Bestimmung der Wirtschaftlichkeit** des Autohauses. Moderne Datenverarbeitungssysteme ermöglichen die gezielte Analyse von Entwicklungstendenzen bei einzelnen Artikeln, ganzen Warengruppen und bezogen auf den gesamten Lagerbestand für unterschiedliche Zeiträume. Durch die regelmäßige Aktualisierung solcher Kennzahlen kann nicht nur die Entwicklung der Leistungsfähigkeit innerhalb des Unternehmens verdeutlicht werden (z. B. durch Teststellung der Umschlaghäufigkeit pro Artikel).

> **Beispiel: Umschlaghäufigkeit**
>
> Der Lagerleiter der Autohaus Köppel GmbH hat einige Artikel erkannt, die länger als sechs Monate nicht nachgefragt wurden. Es handelt sich damit um sogenannte Ladenhüter. Diese Artikel werden nun im Internet unter www.autohaus-koeppel.de günstiger angeboten.

Mithilfe von Branchenkennzahlen aus Fachzeitschriften und Veröffentlichungen der Verbände sind Vergleiche möglich. Ein solcher überbetrieblicher Vergleich liefert Anhaltspunkte dafür, wo Stärken und Schwächen der eigenen Lagerhaltung liegen.

ABC-Analyse

Kennzahlen liefern vielfältige Informationen über die Wirtschaftlichkeit der Lagerhaltung. Dabei handelt es sich aber überwiegend um Momentaufnahmen. Häufig stellt sich jedoch die Frage, welche Artikel welchen Einfluss auf die Veränderung der wirtschaftlichen Kenngrößen haben. Hier hilft die ABC-Analyse. Dieses Verfahren nutzt die Erkenntnis, dass bei vielen Sachverhalten eine mengenmäßig kleine Anzahl von Produkten, Materialien usw. einen großen wertmäßigen Anteil am jeweiligen Verbrauch, Absatz, Bestand o. ä. hat.

Die ABC-Analyse hilft zu erkennen, welche Gegenstände besonders wichtig sind und welche weniger. Das Verfahren ist auf alle Rationalisierungsmaßnahmen anwendbar. In der Materialwirtschaft hat die ABC-Analyse große Bedeutung. Mit ihrer Hilfe lässt sich z. B. feststellen, welche Artikel den größten Anteil am Umsatz oder am gesamten Wert des gelagerten Materials haben. Das Ziel besteht dabei immer darin, sich vorrangig mit solchen Gegenständen zu befassen, die einen hohen Anteil am Wert bzw. an den Kosten aller betrachteten Gegenstände haben. Die betrachteten Gegenstände werden dazu den drei Wertgruppen A, B und C zugeordnet. Die Einteilung erfolgt nach folgenden Gesichtspunkten:

A: Wenige Materialarten haben einen großen Wertanteil am gesamten Materialwert. Auf diese Artikel muss ganz besonders geachtet werden.
B: Zahlreiche Materialarten haben einen relativ kleinen Wertanteil am gesamten Materialwert.
C: Die größte Anzahl der Materialarten hat nur einen sehr kleinen Wertanteil am gesamten Materialwert. Einsparungen bei einzelnen Artikeln dieser Gruppe wirken sich nur in geringem Maße aus.

Erfahrungsgemäß weisen die betrachteten Artikel etwa folgendes Mengen-Wert-Verhältnis auf:

	A-Teile	B-Teile	C-Teile
Wertanteil	60 – 80 %	10 – 25 %	5 – 15 %
Mengenanteil	5 – 15 %	20 – 40 %	50 – 75 %

Die genauen Grenzen zwischen den Klassen sind nicht festgelegt. Oft wird auf Erfahrungswerte zurückgegriffen oder entsprechend der Zielstellung variiert. Die Grundaussage wird dadurch nicht verändert.

> **Beispiel:** ABC-Analyse
>
> Die Analyse läuft in folgenden Schritten ab:
>
> 1. Erfassen des Lagerbestandes für den ausgewählten Untersuchungszeitraum (z. B. ein Quartal) bzw. Übernahme der entsprechenden Daten aus der Datenbank der Lagerbestandsführung.
> 2. Bildung von Artikelgruppen mit ähnlichen Eigenschaften (hier 10).
> 3. Ermitteln von durchschnittlichem Verbrauch sowie durchschnittlichem Preis pro Stück je Artikelgruppe.
>
> | Artikel-gruppe | durchschnittlicher Verbrauch in Stück | durchschnittlicher Preis/Stück | durchschnittlicher Verbrauch |
> |---|---|---|---|
> | 1 | 225 | 62,50 € | 14 062,50 € |
> | 2 | 36 | 162,50 € | 5 850,00 € |
> | 3 | 136 | 37,50 € | 5 100,00 € |
> | 4 | 32 | 2 500,00 € | 80 000,00 € |
> | 5 | 22 | 1 875,00 € | 41 250,00 € |
> | 6 | 153 | 62,50 € | 9 562,50 € |
> | 7 | 413 | 5,00 € | 2 065,00 € |
> | 8 | 54 | 237,50 € | 12 825,00 € |
> | 9 | 1 357 | 2,50 € | 3 392,50 € |
> | 10 | 285 | 6,25 € | 1 781,25 € |
> | Summe | 1 713 | | 175 888,75 € |

Die Lagerhaltung

4. Sortieren der Artikelgruppen nach Wert

Artikel-gruppe	durchschnittlicher Verbrauch in Stück	durchschnittlicher Preis/Stück	durchschnittlicher Verbrauch	Rang nach Verbrauchswert
4	32	2 500,00 €	80 000,00 €	1
5	22	1 875,00 €	41 250,00 €	2
1	225	62,50 €	14 062,50 €	3
8	54	237,50 €	12 825,00 €	4
6	153	62,50 €	9 562,50 €	5
2	36	162,50 €	5 850,00 €	6
3	136	37,50 €	5 100,00 €	7
9	1 357	2,50 €	3 392,50 €	8
7	413	5,00 €	2 065,00 €	9
10	285	6,25 €	1 781,25 €	10
Summe	1 713		175 888,75 €	

5. Ermitteln der kumulierten prozentualen Anteile an der Menge je Artikelgruppe

Artikelgruppe	durchschnittlicher Verbrauch in Stück	prozentualer Anteil an der Menge (kumuliert)
4	32	1,2 %
5	22	2,0 %
1	225	10,3 %
8	54	12,3 %
6	153	17,9 %
2	36	19,2 %
3	136	24,3 %
9	1 357	74,3 %
7	413	89,5 %
10	285	100,0 %
Summe	2 713	

6. Berechnen der kumulierten prozentualen Anteile am Wert je Artikelgruppe

Artikelgruppe	durchschnittlicher Verbrauch	Kumulierter Verbrauchswert
4	80 000,00 €	45,5 %
5	41 250,00 €	68,9 %
1	14 062,50 €	76,9 %
8	12 825,00 €	84,2 %
6	9 562,50 €	89,7 %
2	5 850,00 €	93,0 %

Artikelgruppe	durchschnittlicher Verbrauch	Kumulierter Verbrauchswert
3	5 100,00 €	95,9 %
9	3 392,50 €	97,8 %
7	2 065,00 €	99,0 %
10	1 781,25 €	100,0 %
Summe	175 888,75 €	

7. Klassenbildung

Hier wurden als Klassengrenzen gewählt:

Klasse	A-Teile	B-Teile	C-Teile
Wertanteil	80 %	25 %	15 %

Damit ergeben sich folgende Klassen:

Artikel-gruppe	Kumulierte Verbrauchsmenge	Kumulierter Verbrauchswert	Klasse	Mengenanteil je Klasse	Wertanteil je Klasse
4	1,2 %	45,5 %	A		
5	2,0 %	68,9 %	A		
1	10,3 %	76,9 %	A	10 %	77 %
8	12,3 %	84,2 %	B		
6	17,9 %	89,7 %	B		
2	19,2 %	93,0 %	B	9 %	16 %
3	24,3 %	95,9 %	C		
9	74,3 %	97,8 %	C		
7	89,5 %	99,0 %	C		
10	100,0 %	100,0 %	C	81 %	7 %

8. Ergebnisinterpretation

Es ergibt sich folgende Wert- bzw. Mengenverteilung in den gebildeten Klassen:

Klasse	A-Teile	B-Teile	C-Teile
Anteil Wert	77 %	16 %	7 %
Anteil Menge	10 %	9 %	81 %

Die mengen- und wertmäßige Verteilung stimmt nicht exakt mit den Erfahrungswerten überein. Das ist jedoch nicht anders zu erwarten, da die Erfahrungswerte den Charakter statistischer Durchschnitte haben.

Für den Lagerleiter ist das Ergebnis verwertbar und bedeutet, dass die Artikelgruppen 4, 5 und 1 mit besonderer Sorgfalt bewirtschaftet werden müssen. Überbestände bei diesen Artikeln verschlechtern in besonders großem Umfang die Wirtschaftlichkeit.

Die Lagerhaltung

Zusammenfassung

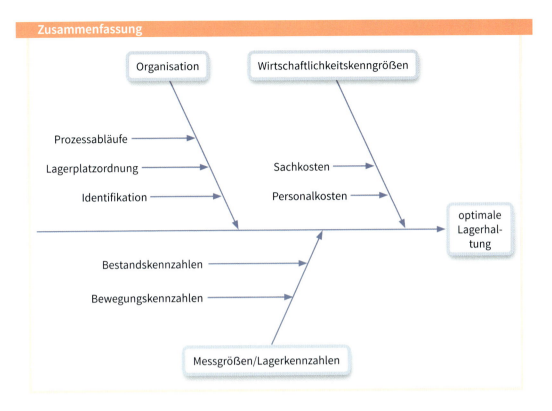

Aufgaben

Grundlagen der Lagerhaltung

1. Welche Aufgaben hat das Lager im Autohaus?

2. Was verstehen Sie unter der Spekulationsfunktion des Lagers?

3. Was bedeutet „warengerechte Lagerung" und warum ist sie nötig?

4. Nennen Sie Beispiele für Anforderungen des Lagergutes an die Lagerung. Welche Risiken entstehen, wenn die Anforderungen des Lagergutes an die Lagerung nicht eingehalten werden?

5. Stellen Sie fest, welche Bereiche in Ihrem Ausbildungsbetrieb für die Lagerhaltung genutzt werden. Welche Lagergüter werden in den einzelnen Bereichen gelagert?

6. Gibt es in Ihrem Ausbildungsbetrieb einen speziellen Lagerbereich für Abfälle? Wie ist dieser Bereich gesichert?

Lernfeld 3

7. Die warengerechte Lagerung erfordert die Behandlung der Lagergüter entsprechend ihrer Guteigenschaften. Welche Aufgabe muss das Lager außerdem zur Erhaltung des Lagergutes erfüllen?

8. Welche Bauformen von Lägern werden in Ihrem Ausbildungsbetrieb genutzt? Warum sind diese unterschiedlichen Bauformen erforderlich?

Organisation eines Lagers

1. Was versteht man unter „chaotischer Lagerplatzordnung"?

2. Welche Vorteile hat diese Lagerplatzordnung?

3. Warum ist für das Handlager im Werkstattbereich die feste Lagerplatzordnung zweckmäßig?

4. Warum darf keine Ware ohne vorherige Buchung eingelagert werden?

5. Was ist eine „feste Lagerplatzordnung"?

6. Welche Vor- und Nachteile hat die feste Lagerplatzordnung?

7. Stellen Sie fest, welche Lagerplatzordnung in Ihrem Ausbildungsbetrieb für den Lagerbereich genutzt wird.

8. Für die Werkstatt sind in einigen Betrieben neben dem eigentlichen Lagerbereich kleine Handlager eingerichtet. Diskutieren Sie in der Gruppe, welche Vor- und Nachteile damit verbunden sind. Visualisieren Sie die Ergebnisse in geeigneter Form.

9. Für die Identifikation der Teile und des Zubehörs werden unterschiedliche Mittel genutzt. Bilden Sie eine Projektgruppe mit dem Ziel, die verschiedenen technischen Möglichkeiten in den Ausbildungsbetrieben herauszufinden und als Übersicht darzustellen.

Wirtschaftlichkeit des Lagers

1. Welche Kennzahlen verdeutlichen die Kapitalbindung der eingelagerten Materialien im Lager des Autohauses?

2. Erläutern Sie, wodurch Lagerkosten entstehen.

3. Welche Bedeutung haben Mindest- und Höchstbestand?

4. Der Bestand an Leichtmetallrädern wurde jeweils zum Monatsende erfasst. Welche durchschnittlichen Lagerbestände ergeben sich bei der Berechnung auf der Grundlage von Monats-, Quartals- und Jahresendbeständen? Erläutern Sie die Ergebnisse.

Die Lagerhaltung

Monat	Monatsendbestand	Monat	Monatsendbestand
Dezember	35		
Januar	24	Juli	24
Februar	28	August	24
März	30	September	28
April	24	Oktober	26
Mai	26	November	35
Juni	26	Dezember	30

5. Erarbeiten Sie mithilfe der Tabellenkalkulation ein Berechnungsschema für Bezugspreise. Ermitteln Sie den niedrigsten Bezugspreis für folgendes Beispiel:

Artikel ... von Lieferant	Listenpreis in €	Rabatt in %	Skonto in %	Bezugskosten in €
1	99,00	5	2	0,30
2	93,00	0	2	0,30
3	98,50	4	3	0,50
4	105,50	8	2	0,40

6. Bei der Bestandskontrolle wurden bei vier Artikelgruppen die folgende Bestandsdaten festgestellt. Welcher Warenabsatz ist bei den einzelnen Artikelgruppen aufgetreten?

Artikelgruppe	Anfangsbestand (in St.)	Zugänge (in St.)	Endbestand (in St.)
1	103	28	80
2	206	30	130
3	399	70	402
4	65	11	59

7. Berechnen Sie die Lagerzinsen, für einen durchschnittlichen Lagerbestand von 102 000,00 €, wenn ein Lagerzinssatz von 0,36 % gilt.

8. Welche Lagerreichweite ergibt sich, wenn der durchschnittliche Verbrauch an Leichtmetallrädern bei acht Rädern pro Tag liegt und der durchschnittliche Lagerbestand 32 Räder beträgt?

9. Im betrachteten Lager steht insgesamt eine Fläche von 24 m² für die Bodenlagerung zur Verfügung. Davon sind gegenwärtig 75 % belegt. Wie viel Fläche ist belegt, wenn der Lagerfüllungsgrad auf 60 % sinkt?

Lernfeld 3

3 Der Absatz

AUSGANGSSITUATION

Der Auszubildende des Autohauses Köppel Pascal Palm soll heute mit Lagerleiter Tim Gehlen im Thekenverkauf mitarbeiten. Nach und nach kommen auch die ersten Kunden. Herr Dr. Kolz hat gerade sein Spiders-Cabrio von der ersten Inspektion aus der Werkstatt geholt. Bei dieser Gelegenheit informiert er sich über das Angebot an Sitzbezügen. Der Kunde entschließt sich zum Kauf einer Garnitur eleganter Sportsitzbezüge. Tim Gehlen bietet Herrn Dr. Kolz an, dass die Bezüge gleich angebracht werden. Dr. Kolz nimmt das Angebot gerne an, bezahlt seine Rechnung und wartet bei einer Tasse Kaffee bis die Sitze bezogen sind.

ARBEITSAUFTRÄGE

1. Stellen Sie fest, wo in Ihrem Ausbildungsbetrieb die Geschäftsbedingungen ausgehängt sind. Diskutieren Sie in der Gruppe, welche Bedeutung die Allgemeinen Geschäftsbedingungen haben, und stellen Sie fest, ob es unterschiedliche Regelungen in den einzelnen Autohäusern gibt.
2. Die Sitzbezüge wurden auf der Grundlage eines Kaufvertrages geliefert, der vollständig den gesetzlichen Regelungen entspricht. Es wurden also keine abweichenden Festlegungen getroffen. Stellen Sie fest, wer die Transport- und Verpackungskosten zu tragen hat.
3. Erläutern Sie, welcher Ort entsprechend der gesetzlichen Regelung der Gerichtsstand bei Streitigkeiten bezüglich der Transport- und Verpackungskosten wäre.

3.1 Verbrauch und Verkauf

EINSTIEGSSITUATION

Neben dem Thekenverkauf an die Kunden des Autohauses Köppel sind auch die Werkstattaufträge abzuarbeiten. Der Auszubildende Pascal Palm möchte die Aufträge nach der Reihenfolge des Eingangs bearbeiten. Lagerleiter Tim Gehlen weist darauf hin, dass es sinnvoller ist, die Werkstattaufträge nach Dringlichkeit zu sortieren (z. B. nach geplanter Bearbeitungsreihenfolge) und zeigt, wie sich die Werkstattaufträge am PC einfach sortieren lassen. Nehmen Sie Stellung.

Verbrauch entsteht durch die Nachfrage nach Teilen und Zubehör der internen Kunden. Diese Nachfrage erwächst aus

- Gebrauchtwagenaufbereitung und
- Neuwagenvorbereitung.

Die **Aufbereitung von Gebrauchtwagen** für den Wiederverkauf führt zum Bedarf an Teilen und Zubehör. Im günstigsten Fall ist es mit der Ergänzung der Betriebsstoffe sowie den Reinigungs- und Pflegemitteln für die Wagenwäsche getan. Häufig sind jedoch Verschleißteile zu wechseln oder kleinere Schäden zu beseitigen.

Die **Vorbereitung der Neuwagen** zum Verkauf erfordert

- die Kontrolle des technischen Zustands (z. B. Überprüfung des Ölstandes),
- die optische Aufbereitung (Reinigung),
- vom Händler veranlasste Veränderungen der Ausstattung sowie
- die Umsetzung spezieller Kundenwünsche.

Für die Durchführung der genannten Maßnahmen fordern die Monteure über Reparaturaufträge die benötigten Artikel vom Lager an. Der Lagerist bucht die Artikel auf die jeweiligen Aufträge der Monteure. Über die Verbuchung der Reparaturaufträge wird sichergestellt, dass die Kosten den entsprechenden Rechnungen zugeordnet werden können und der Lagerbestand in der Bestandsführung aktualisiert wird.

Nachfrage nach Teilen durch externe Kunden (Autobesitzer) entsteht auch durch die Leitlinieninstandsetzung (z. B. Auswechseln des Luftfilters nach einer vom Hersteller vorgegebenen Laufzeit).

Neben dem Verbrauch führt der **Verkauf an Privatkunden und Firmenkunden** zum Abbau der Lagerbestände. Im Servicebereich bieten die meisten Autohäuser ein Sortiment an Teilen und Zubehör für den Thekenverkauf an. Damit sollen vor allem Privatkunden angesprochen werden. Überwiegend handelt es sich dabei um Teile, deren Wechsel durch den Autobesitzer ohne größere Schwierigkeiten selbst durchgeführt werden kann. Ein typisches Beispiel dafür sind Batterien. Hinzu kommen Verbrauchsmaterialien, wie z. B. Motorenöle und destilliertes Wasser sowie Reinigungs- und Pflegemittel. Das Angebot an Zubehör reicht von Fußmatten über Dachgepäckträger bis hin zum Luftverbesserer.

Firmenkunden können für den eigenen Bedarf einkaufen oder als Wiederverkäufer auftreten. Firmenkunden kaufen wie die Privatkunden für den Eigenbedarf, aber meist größere Mengen. Die Wiederverkäufer kaufen für den Verkauf an Dritte. Wiederverkäufer können Verbundhändler, Großhändler oder andere Autohändler sein.

Die Nachfrage nach Teilen und Zubehör durch Wiederverkäufer ist nach langfristigem und kurzfristigem Bedarf zu unterscheiden. Bei **langfristigem Bedarf** erfolgt die Bestellung als Lagerteil. Die benötigten Teile werden bei der Bedarfsermittlung berücksichtigt und entsprechend

Lernfeld 3

mitbestellt. Bei **kurzfristigem Bedarf** muss geprüft werden, ob eine Abgabe möglich und sinnvoll ist. Wenn die Nachfrage ohne Risiko für die Sicherung des eigenen Bedarfs abgedeckt werden kann, ist der Verkauf unproblematisch. Ist dies nicht der Fall, bleibt nur die Bestellung als Dring- bzw. Topdringteil oder der Verzicht auf den Verkauf. Eine Bestellung von Dring- und Topdringteilen führt zu höheren Kosten. Es muss sichergestellt sein, dass diese Kosten auf den Käufer umgelegt werden können.

3.2 Allgemeine Geschäftsbedingungen

> **EINSTIEGSSITUATION**
>
>
>
> Pascal Palm hat seine Aufgaben an der Verkaufstheke erfüllt. Da derzeit auch kein Kunde anwesend ist, betrachtet er sich die Durchschriften der Rechnungen genauer. In der Fußzeile steht der Vermerk „Lieferung und Reparatur erfolgen zu den in unseren Verkaufsräumen ausgehängten Geschäftsbedingungen". Erläutern Sie was dies konkret bedeutet.

Der Inhalt von Kaufverträgen ist gesetzlich nicht verbindlich geregelt. Bei Handelsgeschäften zwischen Kaufleuten werden die inhaltlichen Angaben entweder ausgehandelt oder es wird auf „Allgemeine Geschäftsbedingungen" (AGB) zurückgegriffen. Privatkunden sind in der Regel keine Kaufleute. Es kann bei ihnen nicht vorausgesetzt werden, dass sie über das erforderliche Wissen für das Aushandeln von Vertragskonditionen verfügen. Vielfach wäre es auch zu aufwendig, bei jedem Kaufvertrag individuell zu verhandeln. Bei Geschäften mit Privatkunden werden deshalb überwiegend AGB genutzt. Es handelt sich dabei um für einzelne Wirtschaftszweige vorformulierte und vereinheitlichte Vertragsbedingungen.

Entsprechende Empfehlungen gibt es auch vom Zentralverband Deutsches Kraftfahrzeuggewerbe e. V. (ZDK). Dabei sind zwei unterschiedliche Bereiche zu unterscheiden. Auf der einen Seite der Handel mit gebrauchten und neuen Fahrzeugen und auf der anderen Seite die Erbringung von Instandhaltungsleistungen durch die Werkstatt. Die Empfehlungen des ZDK werden ganz oder teilweise von den Unternehmen übernommen. Obwohl alles, was als Vertragsinhalt vorkommt, auch in den AGB enthalten sein kann, überwiegen folgende Inhalte:

- Auftragserteilung
- Preisvereinbarungen
- Erbringung der Leistung bzw. Lieferung
- Erfüllungsort und Abnahme der Leistung bzw. Lieferung
- Abrechnung

- Zahlung
- erweitertes Pfandrecht
- Gewährleistung
- Haftung
- Eigentumsvorbehalt
- Schiedsstelle
- Gerichtsstand

Die Rechtsgrundlage bilden vor allem, die §§ 305-310 BGB und das Unterlassungsklagengesetz (UKlaG). Ziele der gesetzlichen Regelungen sind vor allem die Inhaltskontrolle von vorformulierten Vertragsbedingungen und der Verbraucherschutz.
Sachlich-rechtliche Vorschriften finden sich im UKlaG. Dabei geht es u. a. um Ansprüche bei Verbraucherrechts- und anderen Verstößen sowie den Verfahrensweg bei Streitigkeiten. Das Gesetz dient zwar allgemein dem Verbraucherschutz, nimmt aber auch direkten Bezug auf die AGB.
Im BGB ist ein ganzer Abschnitt (die genannten §§ 305-310) der „Gestaltung rechtsgeschäftlicher Schuldverhältnisse durch Allgemeine Geschäftsbedingungen" gewidmet. Aus der Sicht des Automobilhandels sind viele der enthaltenen Regelungen von besonderem Interesse. Es sind darin z. B. allgemeine Vorschriften und unwirksame Klauseln enthalten. Nach § 305 sind Absprachen rechtswirksam, sofern sie schriftlich bestätigt wurden: „Allgemeine Geschäftsbedingungen werden nur dann Bestandteil eines Vertrages, wenn der Verkäufer den Käufer bei Vertragsabschluss auf die AGB ausdrücklich ... hinweist." Dazu genügt der deutlich sichtbare Aushang am Ort des Vertragsabschlusses. Der Käufer muss die Möglichkeit haben, in zumutbarer Weise vom Inhalt der Allgemeinen Geschäftsbedingungen Kenntnis zu nehmen. „Kleingedrucktes" und unverständliche Formulierungen sind verboten. So findet sich in § 307 (1) die Aussage: „Bestimmungen in Allgemeinen Geschäftsbedingungen sind unwirksam, wenn sie den Vertragspartner des Verwenders entgegen den Geboten von Treu und Glauben unangemessen benachteiligen." Verboten sind z. B.:

- kurzfristige Preiserhöhungen für Waren und Leistungen (innerhalb von vier Monaten nach Vertragsabschluss)
- Einschränkung von Rechten aus dem Lieferungsverzug
- Ausschluss des Rechts auf Nachbesserung oder Ersatzlieferung bei mangelhafter Lieferung
- Verkürzung der gesetzlichen Gewährleistungsfrist

Nachfolgend sollen die wichtigsten Bestandteile der AGB am Beispiel der „Bedingungen für die Ausführung von Arbeiten an Kraftfahrzeugen, Anhängern und deren Teilen und für Kostenvoranschläge" verdeutlicht werden.

Im Zusammenhang mit der **Auftragserteilung** wird geregelt, welche Leistungen bis wann zu erbringen sind. Zur Herstellung der Rechtssicherheit erfolgt die Auftragserteilung schriftlich.

Lernfeld 3

Da sich die Kunden nicht immer im Klaren darüber sind, mit welchen Kosten die Instandhaltung verbunden ist, empfehlen sich **Preisvereinbarungen**. Möglichen Streitfällen wird damit bereits im Vorfeld begegnet.

Ein weiterer möglicher Streitpunkt ist die Verzögerung bei der **Erbringung der Leistung**. Nicht immer lässt sich bei der Auftragsannahme genau abschätzen, wie lange die Instandhaltung dauert. Dies gilt insbesondere dann, wenn Schäden erst bei der Arbeit erkannt werden. Es ist daher zweckmäßig zu regeln, wie sich der Auftragnehmer verhalten soll, wenn durch veränderten Arbeitsumfang Verzögerungen eintreten. In diesen Fällen verpflichtet sich der Auftragnehmer meistens dazu mit dem Auftraggeber, unverzüglich einen neuen Fertigstellungstermin zu vereinbaren.

Der **Leistungsort** (in der Vertragspraxis auch Erfüllungsort genannt) und die Abnahme der Leistung bzw. Lieferung spielen eine zentrale Rolle bei der Gestaltung von Kaufverträgen. Aus § 269 BGB leitet sich der Erfüllungsort ab. Verstanden wird darunter der Ort, an dem die vertraglich vereinbarte Leistungserfüllung zu erfolgen hat. Als gesetzliche Regelung gilt der **Wohn- oder Geschäftssitz des Verkäufers als Leistungsort für die Warenlieferung**. Am Leistungsort erfolgt der Gefahrenübergang vom Verkäufer auf den Käufer. Die praktische Bedeutung dieser Regelung besteht darin, dass die Risiken der Beeinträchtigung der Ware bis zu diesem Gefahrenübergang der Verkäufer trägt. Mögliche Risiken sind Beschädigung, Verderb, Verlust oder Vernichtung. Der Erfüllungsort spielt auch beim Einkauf eine bedeutende Rolle.

> **Beispiel:** Leistungsort bzw. Erfüllungsort
>
> An die Autohaus Köppel GmbH sollte eine Palette mit Frontscheiben geliefert werden. Der Lkw des Spediteurs wird ohne Verschulden des Lkw-Fahrers in einen Unfall verwickelt. Dabei entstehen derart starke Transportschäden an den Frontscheiben, dass diese unbrauchbar werden. Es war keine vom Gesetz abweichende vertragliche Regelung getroffen worden.
> Gemäß gesetzlicher Regelung ist der Geschäftssitz des Verkäufers der Erfüllungsort. Der Lieferant kann von der Autohaus Köppel GmbH die Zahlung des vollen Kaufpreises verlangen, obwohl die Ware nicht in vertragsgemäßem Zustand geliefert wird. Die Transportversicherung der Spedition dürfte in diesem Fall die Schadenregulierung übernehmen.

Verschuldet der Verkäufer oder der Frachtführer im Zusammenhang mit einer Warenlieferung an den Käufer eine Beschädigung oder den Verlust einer Ware, so gilt das **Verschuldensprinzip**. Der Schuldige muss somit den Schaden tragen.
Ein Verschulden wird durch vorsätzliches oder fahrlässiges Handeln des Verkäufers oder seines Erfüllungsgehilfen begründet.

> **Beispiel:** Verschulden
>
> Eine Warenlieferung wurde wegen unsachgemäßer Ladungssicherung beim Transport beschädigt.

Weiterhin sind folgende Bestimmungen zu beachten:

- **Abholung der Ware durch den Käufer**: Mit der Übergabe der Ware an den Käufer oder seinen Erfüllungsgehilfen erfolgt der Gefahrenübergang auf den Käufer. Viele Autohäuser haben Warenschleusen bzw. Warencontainer eingerichtet. Durch Verträge mit Logistikdienstleistern (Speditionen oder Kurier- und Expressdienste) wird über diese Warenschleusen oder Warencontainer eine Belieferung außerhalb der Geschäftszeiten vereinbart. Da in diesen Fällen keine persönliche Übernahme durch Mitarbeiter des Autohauses erfolgen kann, übernehmen die Logistikdienste in den Verträgen meist das Risiko.

Beispiel: Gefahrenübergang auf den Käufer

Ein Kunde der Autohaus Köppel GmbH hat sein gerade repariertes Fahrzeug aus der Werkstatt abgeholt. Auf dem Weg zu seinem Wohnort wird er in einen Unfall verwickelt. Es entsteht erheblicher Blechschaden an seinem Fahrzeug. Gemäß gesetzlicher Regelung ist der Geschäftssitz des Verkäufers der Erfüllungsort. Der Kunde kann also keine Ansprüche an das Autohaus stellen.

- **Warenversand auf Verlangen des Käufers**: Mit der Auslieferung an den Frachtführer geht die Gefahr auf den Käufer über, dies gilt aber nur bei zweiseitigem Handelskauf.

- **Platzkauf**: Der Geschäftssitz von Käufer und Verkäufer befindet sich am selben Ort. Die Übergabe der verkauften Waren an den Käufer stellt den Gefahrenübergang dar.

  Der Wohnsitz des Käufers ist der Erfüllungsort für die Zahlung. Der Käufer hat auf seine Gefahr und Kosten das Geld an den Wohn- oder Geschäftssitz des Verkäufers zu schicken. Die Basis dafür liefert der Grundsatz, dass Geldschulden Schickschulden sind. Der Erfüllungsort dient nur noch dem Nachweis für die rechtzeitige Bereitstellung des Geldes.

Beispiel: Platzkauf

Der Käufer will dem Lieferanten das Geld durch seine Bank überweisen lassen. Durch einen Buchungsfehler geht dem Lieferanten das Geld nicht zu. Der Lieferant kann nicht nur weiterhin auf Zahlung bestehen, sondern auch für den Zahlungsverzug einen angemessenen bzw. vereinbarten Ausgleich fordern.

- **Vertragliche Regelung**: Käufer und Verkäufer können im Kaufvertrag einen vom Gesetz abweichenden Erfüllungsort vereinbaren. Als solcher Ort kann der Ort des Käufers, des Verkäufers oder ein anderer Ort gewählt werden.

Lernfeld 3

> **Beispiel:** Abweichender Erfüllungsort
>
> Die Autohaus Köppel GmbH hat in ihren AGB folgende Regelung getroffen: „Erfüllungsort/Gerichtsstand: Der Erfüllungsort und der Gerichtsstand ist in jedem Fall Trier."

Bei Warengeschäften ist mit der Abgabe des Angebotes eine Festlegung des Preises erfolgt. Der **Kostenvoranschlag** bzw. die Preisangaben im Auftragsschein haben bei Werkstattleistungen eine vergleichbare Bedeutung. Bei der Arbeit gemäß Kostenvoranschlag kann darauf verwiesen werden. Wurde kein Kostenvoranschlag erstellt, ist die Abrechnung von Werkstattleistungen für den Kunden schwieriger zu überschauen, da eingesetztes Material und Arbeitsleistung in die Abrechnung eingehen. In den AGB verweisen deshalb viele Kfz-Betriebe auf die Art der **Berechnung**.

Auch **Zahlung** ist häufiger Gegenstand von AGB. Wichtige Regelungen beziehen sich dabei auf das Zahlungsziel, die Zahlungsweise, Höhe und Voraussetzungen für Verzugszinsen sowie Vorauszahlungen.

> **Beispiel:** Regelungen zur Zahlung
>
> In ihren AGB hat die Autohaus Köppel GmbH die Empfehlungen des ZDK wörtlich übernommen: „Der Kaufpreis und Preise für Nebenleistungen sind bei Übergabe des Kaufgegenstandes und Aushändigung oder Übersendung der Rechnung zur Zahlung in bar fällig."

Die **Gewährleistung** hat eine besondere Bedeutung im Kfz-Gewerbe und wird deshalb meist sehr ausführlich in den AGB berücksichtigt. Bei der Gewährleistung handelt es sich um das Einstehen für Mängel, die im Kauf- bzw. Werkvertrag zugesichert wurden. Damit wird dem Kunden die Sicherheit gegeben, dass er das Produkt oder die Leistung in einer bestimmten Qualität beanspruchen kann. Da die Erfüllung solcher Zusicherungen für den Lieferanten mit Kosten verbunden ist, müssen klare Bedingungen und eine sinnvolle Begrenzung vereinbart werden. Die entsprechenden Regelungen in den AGB zielen deshalb darauf ab, für beide Vertragspartner eine rechtssichere Vertragsgrundlage zu schaffen.

Für die meisten Fahrzeugeigentümer hat das Auto nicht nur einen sehr hohen Stellenwert im persönlichen Leben, es stellt auch einen erheblichen Vermögenswert dar. Bei Wertminderungen oder gar Verlust stellt sich daher sehr schnell die Frage der **Haftung**. Dies gilt auch für im Fahrzeug befindliche Gegenstände. Darüber hinaus können fehlerhafte Teile oder Fehler bei der Durchführung der Instandhaltung zu Schäden am Fahrzeug oder gar zu Unfällen führen. Die daraus ableitbaren Haftungsansprüche, wie Nachbesserung oder Schadenersatz, müssen klar geregelt sein.

Der Absatz

> **Beispiel:** Regelungen zur Haftung
>
> Bei der Autohaus Köppel GmbH stehen folgende wichtige Regelungen zur Haftung in den AGB: „Hat der Auftragnehmer nach den gesetzlichen Bestimmungen für einen Schaden aufzukommen, der leicht fahrlässig verursacht wurde, so haftet der Auftragnehmer, soweit nicht Leben, Körper und Gesundheit verletzt wurden, beschränkt. Die Haftung besteht nur bei Verletzung vertragswesentlicher Pflichten und ist auf den bei Vertragsabschluss vorhersehbaren typischen Schaden begrenzt."

Mit dem **Eigentumsvorbehalt** sichert sich der Auftragnehmer das Eigentumsrecht an eingebautem Zubehör, Ersatzteilen und Aggregaten bis zu vollständigen Bezahlung durch den Auftraggeber.

Ein fast immer in den AGB geregelter Sachverhalt ist der **Gerichtsstand**. Im Geschäftsleben sind Streitigkeiten zwischen den Vertragspartnern nicht immer zu vermeiden und ohne fremde Hilfe beizulegen. In Streitfällen haben die Vertragspartner deshalb die Möglichkeit, juristische Hilfe in Anspruch zu nehmen. Streitpunkte können z. B. das Bestehen, die Auslegung oder die Erfüllung des Vertragsverhältnisses sein. In der Zivilprozessordnung (ZPO) regelt der Gesetzgeber deshalb, welches Gericht für solche Sachverhalte zuständig ist und wo Klage zu erheben ist. Die sachliche Zuständigkeit ist vom Streitwert abhängig. Daraus ergibt sich die Gerichtsart (Landgericht oder Amtsgericht). Der Ort, an dem die Klage einzureichen ist, wird als Gerichtsstand bezeichnet. Dieser Ort kann durch das Gesetz oder per Vertrag bestimmt sein.

Der **gesetzliche Gerichtsstand** für Streitigkeiten zwischen Käufer und Verkäufer ist durch den Bereich bestimmt, in dem der Erfüllungsort liegt. Der Erfüllungsort ist der Wohn- oder Geschäftssitz des Schuldners. Daraus ergibt sich als Gerichtsstand das Amts- bzw. Landgericht, in dessen Zuständigkeitsbereich sich der Wohn- bzw. Geschäftssitz des jeweiligen Schuldners befindet. Da sich für Waren und Geld nach BGB unterschiedliche Schuldverhältnisse ergeben, wirkt sich dies auch auf den gesetzlichen Gerichtsstand aus:

Treten Streitigkeiten im Zusammenhang mit der Warenlieferung auf, so ist der Gerichtsstand das zuständige Gericht für den Sitz des Verkäufers, denn Warenschulden sind Holschulden.

Bei Streitigkeiten um die Bezahlung ist der Gerichtsstand das zuständige Gericht für den Sitz des Käufers, denn Geldschulden sind Schickschulden.

> **Beispiel:** Gesetzlicher Gerichtsstand
>
> Die in Berlin ansässige Gumeros AG liefert an die Autohaus Köppel GmbH in Trier Motorenöle. Im Falle von Streitigkeiten um die Zahlung leitet sich der gesetzliche Gerichtsstand aus dem Sitz der Autohaus Köppel GmbH ab. Dagegen ist der gesetzliche Gerichtsstand bei Streitfällen um die Warenlieferung Berlin.

Vertragliche Festlegungen zum Gerichtsstand dürfen nur zwischen Kaufleuten und juristischen Personen des öffentlichen Rechts getroffen werden. Der Geschäftssitz des Lieferanten wird häufig als Gerichtsstand für beide Vertragspartner vereinbart. Diese Praxis ergibt sich daraus, dass die Verträge meist unter Nutzung der Allgemeinen Geschäftsbedingungen des Lieferanten geschlossen werden. Im Streitfall spart der Lieferant mit der Festschreibung des Gerichtsstandes im eigenen Gerichtsbezirk nicht nur Zeit und Geld. Er schreibt damit auch fest, welches Recht zur Anwendung kommt (wichtig bei Geschäften mit Vertragspartnern im Ausland!).

> **Beispiel:** Vertraglicher Gerichtsstand
>
> Die Autohaus Köppel GmbH hat in ihren Allgemeinen Geschäftsbedingungen als Gerichtsstand Trier festgelegt.

Der Absatz

Zusammenfassung

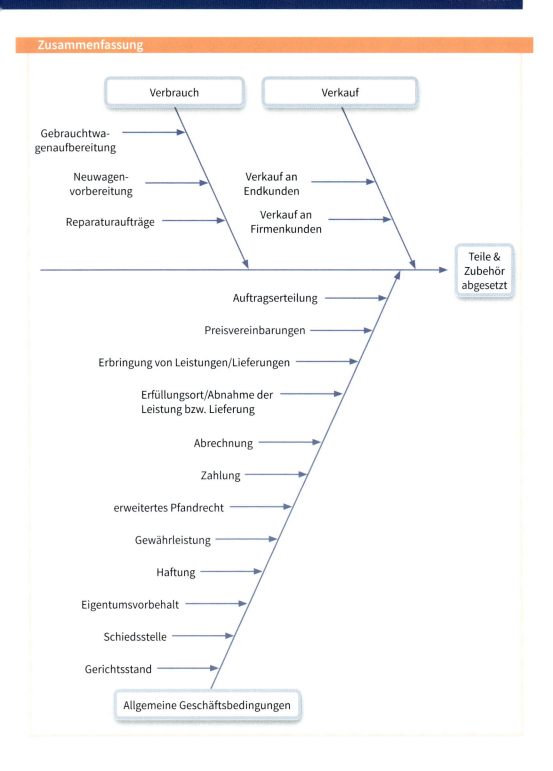

Lernfeld 3

Aufgaben

Verbrauch und Verkauf

1. Wodurch tritt der Verbrauch an Teilen und Zubehör ein?

2. Welche unterschiedlichen Kundengruppen kaufen Teile und Zubehör? Worin unterscheiden sich diese Kundengruppen?

AGB

1. Warum und bei welchen Geschäften werden Allgemeine Geschäftsbedingungen genutzt?

2. Die Gumeros AG hat in ihren AGB als Erfüllungsort Berlin festgelegt. Welche Bedeutung hat diese Festlegung für die Autohaus Köppel GmbH, wenn Verträge auf der Grundlage dieser AGB abgeschlossen werden?

3. Die Autohaus Köppel GmbH hat als Gerichtsstand Trier in den AGB festgelegt. Ein Privatkunde aus Hamburg hat einen Gebrauchtwagen gekauft. Es war Ratenzahlung vereinbart. Trotz mehrmaliger Mahnung hat der Kunde seine Zahlungsverpflichtungen nicht erfüllt. Die Autohaus Köppel GmbH geht juristisch gegen den Schuldner vor. Welcher Gerichtsstand gilt im Streit mit dem Privatkunden?

4. Ein Großhändler aus Frankfurt/Main hat ein interessantes Angebot für Teile und Zubehör unterbreitet und seine AGB mitgeschickt. Einige Passagen in seinen AGB erscheinen dem Lagerleiter des Autohauses Köppel, Tim Gehlen, ungünstig. Was kann Herr Gehlen tun?

5. Im Verkaufsraum der Autohaus Köppel GmbH sind die AGB deutlich sichtbar ausgehängt. Ist das erforderlich und wenn ja, warum?

4 Der Zahlungsverkehr und der Wareneinkauf

AUSGANGSSITUATION

Zum Kundenkreis der Autohaus Köppel GmbH gehört Herr Paul Smith. Er ist Mitarbeiter der amerikanischen Botschaft und lässt seine Big House-Großraumlimousine regelmäßig warten. Heute holt Herr Smith das Fahrzeug ab. Der Werkstattleiter, Carlo Michaeli, hat das Fahrzeug bereits vorgeführt und die Rechnung erläutert. Er begleitet Herrn Smith zu Frau Schmitz an die Kasse. Frau Schmitz begrüßt die Herren und nimmt die Rechnung entgegen. Herr Smith fragt: „Akzeptieren Sie American Express Cards?" Daraufhin antwortet Frau Schmitz: „Sie können selbstverständlich mit Ihrer Kreditkarte bezahlen." Sie nimmt die Karte entgegen, führt die Buchung aus und lässt sich den Beleg quittieren. Anschließend gibt sie Herrn Smith seine Karte, die Buchungsquittung und seine bezahlte Rechnung. Herr Smith verlässt zufrieden das Autohaus. Der Azubi Fin Schneider hat gesehen, dass der Kunde mit Kreditkarte bezahlt hat. Er fragt Frau Schmitz, warum der Kunde ausdrücklich gefragt habe, ob American Express Cards akzeptiert werden.

ARBEITSAUFTRÄGE
1. Beantworten Sie Fins Frage.
2. Stellen Sie fest, welche Zahlungsmöglichkeiten Ihr Unternehmen anbietet, und halten Sie diese in einer Mindmap fest.

4.1 Zahlungsmittel

EINSTIEGSSITUATION

Der Auszubildende Fin Schneider kannte bisher nur Bargeld und die Bezahlung mittels girocard. Er fragt welche Zahlungsmittel im Autohaus Köppel sonst noch vorkommen und warum dies so ist. Geben Sie ihm eine entsprechende Antwort.

Gesetzliches Zahlungsmittel ist das **Bargeld**. Es besteht aus Banknoten und Münzen. Annahmepflicht besteht für Banknoten in unbeschränkter Höhe, dagegen muss ein Gläubiger Münzen nur in beschränkter Anzahl annehmen.

Buchgeld sind **Giroeinlagen** (Sichtguthaben) bei Kreditinstituten. Buchgeld entsteht durch Einzahlung von Bargeld auf Girokonten bzw. durch Kreditgewährung der Geldinstitute. Auch Überweisungen auf Girokonten, wie zum Beispiel Gehaltszahlungen, werden als Buchgeld bezeichnet. Bei Buchgeld besteht keine Annahmepflicht, der Gläubiger muss zustimmen.

Lernfeld 3

Als **Geldersatzmittel** werden im Umlauf befindliche **Schecks** oder **Wechsel** bezeichnet. Für Geldersatzmittel besteht grundsätzlich keine Annahmeverpflichtung. Die Schuld aus der ihnen zugrunde liegenden Verpflichtung bleibt vorläufig bestehen. Der Schuldner hat erst erfüllt, wenn der Scheck oder der Wechsel eingelöst ist.

Die genannten Geldersatzmittel verlieren immer mehr an praktischer Bedeutung. Besonders die Verwendung von Wechseln findet nur noch in wenigen Branchen statt, weshalb auf diese nachfolgend nicht mehr näher eingegangen wird.

4.2 Zahlungsarten

> **EINSTIEGSSITUATION**
>
> Da derzeit keine Kunden an der Kasse des Autohauses Köppel zu betreuen sind, ordnet Frau Schmitz die Rechnungsbelege und legt diese ab. Fin Schneider lässt sich die Belege zeigen und wundert sich über die verschiedenen Möglichkeiten zur Bezahlung von Produkten und Leistungen des Autohauses. Er sieht sich die verschiedenen Belege genauer an. Erläutern Sie ihm die Belege und schlagen Sie ihm eine geeignete Ablagemöglichkeit vor.

Grundsätzlich stehen für die Zahlungsabwicklung

- Barzahlung,
- halbbare Zahlung und
- unbare (bargeldlose) Zahlung

zur Auswahl. Dabei ist die Wahl der Zahlungsart von verschiedenen Voraussetzungen abhängig (z. B. dem Vorhandensein entsprechender Konten bei den Beteiligten). Einen Überblick liefert die nachfolgende Darstellung.

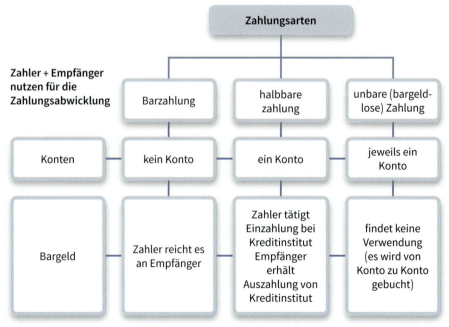

Die Barzahlung erfordert gesetzliche Zahlungsmittel (Münzen, Banknoten). In Deutschland, wie in 18 weiteren europäischen Ländern, ist dies der Euro.

Euroraum

Der Euroraum (auch Euro-Währungsgebiet genannt) besteht aus den Ländern, die mit der dritten Stufe der Wirtschafts- und Währungsunion den Euro als ihre Währung eingeführt haben. Seit dem 1. Januar 2015 sind dies 19 Länder mit zusammen rund 335 Millionen Einwohnern: Belgien, Deutschland, Estland, Finnland, Frankreich, Griechenland, Irland, Italien, Lettland, Litauen, Luxemburg, Malta, Niederlande, Österreich, Portugal, Slowakei, Slowenien, Spanien und Zypern.

4.2.1 Barzahlung

Das Bargeld wird dem Empfänger unmittelbar durch den Zahler übergeben oder durch Dritte ausgehändigt. Nachteile der Barzahlung sind, dass sie zeitraubend, unsicher, unbequem und je nach Übergabe des Geldes auch teuer sein kann (Versand auf dem Postweg, Geldversand über die Postbank).

Eine **Barzahlung durch Übergabe von Banknoten und Münzen** ist vor allem in Einzelhandelsgeschäften üblich. Sie büßt ihre Bedeutung mehr und mehr ein, da sie durch das Vorzählen und Nachzählen der Geldbeträge unbequem, zeitraubend und unsicher ist. Als Beweis für die Zahlung erhält der Kunde in der Regel einen Kassenbeleg, eine Quittung oder einen Vermerk auf der Rechnung. Im Autohaus werden meist nur noch kleinere Beträge bar bezahlt.

Barzahlung durch Geldversand

Beispielsweise die Postbank bietet in Zusammenarbeit mit Western Union den Western Union Bargeldtransfer an. Diese Dienstleistung ermöglicht es, innerhalb weniger Minuten Bargeld in Deutschland oder ins Ausland zu versenden.

Die Einzahlung des Geldes erfolgt bar am jeweiligen Einzahlungsschalter. Ein Konto wird nicht benötigt. Es ist lediglich ein Einzahlungsformular auszufüllen.

Die Auszahlung des transferierten Geldbetrages kann in jeder Postfiliale erfolgen. Hierzu muss der Empfänger lediglich die Geldtransfernummer, die der Sender vorher am Schalter erhalten hat sowie ein gültiges Ausweisdokument vorlegen.

Lernfeld 3

Quittung

Netto EUR	68,88
+19 % MwSt./EUR	13,09
Gesamt EUR	81,97

Nr. 1

EUR in Worten: einundachtzig — Cent wie oben

von Herrn Pflanz

für Sonnenbrille

dankend erhalten.

Ort/Datum: Trier 08.09.20..

Buchungsvermerke — Stempel/Unterschrift des Empfängers

Autohaus Köppel
Schmitz

Quittung

Barzahlung per Postversand

In seltenen Fällen kommt es in der Praxis vor, dass Geld auf dem „normalen Postweg" an einen Empfänger gesendet wird. Um eine Absicherung zu haben, sollte man sich für entsprechende Zusatzleistungen des Versandunternehmens informieren. So zum Beispiel bietet die Deutsche Post den Versand als Wertbrief, Expressbrief oder Einschreibebrief an. Hierbei ist jedoch darauf zu achten, dass die von der Post angegebenen Höchstbeträge, für die die Post während des Versandes haftet, nicht überschritten werden (bis max. 500,00 €). Die Kosten für die verschiedenen Sendungsarten variieren und könnten unter Umständen auch sehr hoch sein.

4.2.2 Halbbare Zahlung

Wenn nur der Gläubiger über ein Girokonto verfügt, kann der Schuldner seine Verbindlichkeiten mit einem **Zahlschein** ausgleichen. Der Betrag wird am Bankschalter bar eingezahlt, der Empfänger erhält eine Gutschrift auf seinem Konto.

Das Formular ist in der Regel zweiteilig und wird im Durchschreibeverfahren benutzt. Es besteht aus

- dem eigentlichen Zahlschein als Auftrag für das Kreditinstitut und
- der Quittung (Durchschlag) für den Zahler.

Zahlschein

Der Vordruck wird oft von Unternehmen zusammen mit der Rechnung an den Kunden verschickt. Dabei sind Anschrift, Kontoverbindung des Zahlungsempfängers und Verwendungszweck bereits vorgedruckt. Es gibt auch ein Kombinationsformular Zahlschein/Überweisung. Der Schuldner kann dann selbst entscheiden, welche Zahlungsweise er wählt.

Die Postdienstleister bieten eine besondere Form der **halbbaren Zahlung** an, die häufig von Versandhäusern genutzt wird. Wenn zahlreiche Sendungen verschickt werden sollen und man sich nicht immer auf den Zahlungswillen des Kunden verlassen kann, werden diese Sendungen per **Nachnahme** verschickt.

Der Zusteller des jeweiligen Postunternehmens liefert Nachnahmesendungen nur gegen Barzahlung aus. Mittels Zahlschein wird der vom Zusteller entgegengenommene Betrag dann dem Girokonto des Zahlungsempfängers gutgeschrieben. Als Nachnahmesendungen können bei den meisten Dienstleistern Päckchen und Pakete verschickt werden. Für den Gläubiger bietet der Nachnahmeversand den Vorteil, dass er das Geld auch direkt bei Übergabe der Sendung „sicher hat", den Betrag also tatsächlich erhält. Unter Umständen muss er jedoch die Nachnahmegebühren zahlen, wenn diese nicht vom Käufer übernommen werden.

4.2.3 Bargeldlose Zahlung

Bei der bargeldlosen Zahlung unterhalten Zahler und Empfänger mindestens je ein Konto bei einem Kreditinstitut. Der Zahlungsbetrag wird vom Konto des Zahlers auf das Konto des Empfängers gebucht. Laut §§ 355–357 HGB ist das Girokonto ein Kontokorrentkonto. Auf ihm kann auch ein Kredit in Anspruch genommen werden. Über die auf dem Konto gebuchten Gelder kann der Konteninhaber oder dessen Bevollmächtigter täglich und uneingeschränkt verfügen (Sichteinlagen). Vorteile des bargeldlosen Zahlungsverkehrs sind:

- kein zeitraubendes Zählen des Geldes
- keine Verluste durch Verzählen
- keine Verluste durch Annahme von Falschgeld

Lernfeld 3

- sichere Geldaufbewahrung bei den Banken
- bequemer und rascher Zahlungsausgleich

SEPA-Überweisung

Der Zahler erteilt seinem kontoführenden Kreditinstitut den Auftrag, einen bestimmten Geldbetrag zulasten seines Kontos dem Konto des Zahlungsempfängers gutzuschreiben. Er verwendet dazu ein zweiteiliges genormtes Formular (zunehmend auch nur noch einteilig) im Durchschreibeverfahren. Die Überweisung kann auf ein Konto im Inland oder im Ausland erfolgen. An der IBAN-Nr. ist ersichtlich, um welches Empfängerland es sich handelt (DE = Deutschland, NL = Niederlande, usw.) Das Formular besteht aus

- dem eigentlichen Überweisungsauftrag (1) für das Kreditinstitut und
- der Quittung ([2], Durchschlag) für den Zahler.

Teil (1) muss mit Datum und der Unterschrift des Zahlers versehen sein und verbleibt als Buchungsbeleg bei der Bank. Der Vordruck ist für den elektronischen Überweisungsverkehr geeignet und maschinenlesbar. Er ist in Block- oder Schreibmaschinenschrift auszufüllen. Verschiedene Kreditinstitute (z. B. die Deutsche Bank) bieten ihren Kunden die Möglichkeit, den Überweisungsträger am Serviceterminal direkt auszufüllen. Auf dem Bildschirm ist dann ein Überweisungsformular zu sehen.

Durch die Globalisierung ist es mittlerweile möglich, in ganz Europa Waren und Dienstleistungen zu erwerben. Um Zahlungen innerhalb der EU zu vereinfachen, wurde im Jahre 2008 der „Einheitliche Europäische Zahlungsraum" – Single Euro Payments Area (SEPA) – eingerichtet. Insgesamt zählen zu diesem die derzeit 28 EU-Länder sowie Island, Norwegen, San Marino, Monaco, Liechtenstein und die Schweiz.

Die Kosten für eine SEPA-Überweisung, egal ob ins Inland oder ins Ausland, sind gleich hoch.

Über die IBAN, die sich aus der Länderkennung, zwei Prüfziffern, der Bankleitzahl des Geld-

Überweisungsauftrag

instituts und der Kontonummer des Kontoinhabers zusammensetzt, und den Internationalen Bank-Code (BIC) können die Überweisungen schnell und einfach durchgeführt werden und der Geldbetrag wird innerhalb eines Tages auf dem Konto des Empfängers gebucht.

Besonderheiten im Überweisungsverkehr

Die Kreditinstitute bieten u. a. folgende Sonderformen im Überweisungsverkehr an:

- Sammelüberweisung
- Dauerauftrag
- Lastschriftverfahren (Einzugsermächtigung, Abbuchungsauftrag)

Durch **Sammelüberweisungen** können mehrere Überweisungsaufträge an unterschiedliche Zahlungsempfänger zusammengefasst werden. Hierzu sind besondere Vordrucke erforderlich. Immer häufiger werden auch Sammelüberweisungen mittels Datenverarbeitung erstellt. Das Verfahren der Sammelüberweisung spart Schreibaufwand und Geld, da die Buchungsgebühr nur für einen Posten erhoben wird. Beispiele für Sammelüberweisungen sind Gehaltszahlungen.

Für Zahlungen, die regelmäßig wiederkehren und in ihrer Höhe gleich sind, ist der **Dauerauftrag** geeignet. Beispiele hierfür sind Mietzahlungen, Vereinsbeiträge, Kindergartenbeiträge usw. Die Daueraufträge können vom Zahlungspflichtigen selbst eingerichtet und jederzeit widerrufen werden. Auch Zahlungen für einen befristeten Zeitraum (ebenfalls als Dauerauftrag angelegt), sind möglich. Vorteile von Daueraufträgen sind, dass Zahlungen nicht vergessen und regelmäßig durchgeführt werden. Das Lastschrifteinzugsverfahren bietet sich an, wenn eine Reihe von Zahlungen mit unterschiedlichen Beträgen (z. B. Telefongebühren) regelmäßig oder unregelmäßig geleistet werden müssen. Dabei bevollmächtigt der Zahlungspflichtige den Zahlungsempfänger schriftlich, die anfallenden Beträge regelmäßig vom angegebenen Konto einzuziehen. Vorteile – wie bei dem Dauerauftrag auch – bestehen darin, dass die Zahlungen nicht vergessen und die offenen Beträge pünktlich beglichen werden.

SEPA-Lastschriftverfahren
Das SEPA-Lastschriftverfahren findet seit dem Jahr 2014 Anwendung. Durch ein Lastschriftmandat, welches der Käufer dem Verkäufer erteilt, wird dieser berechtigt, vom Konto des Zahlers Abbuchungen vorzunehmen. Diese müssen jedoch korrekt und fehlerfrei sein. Ist dies nicht der Fall hat der Zahlende die Möglichkeit, der falschen Abbuchung innerhalb von acht Wochen zu widersprechen und der entsprechende Betrag wird dem Käufer wieder gutgeschrieben. Durch die notwendige Angabe von IBAN sowie BIC kann das Lastschriftverfahren nicht nur national, sondern auch international durchgeführt werden.

Damit der Zahlungsempfänger das Lastschriftverfahren durchführen kann, benötigt er eine **Gläubiger-Identifikationsnummer**, welche in der ganzen EU Gültigkeit hat und die in Deutschland bei der Deutschen Bundesbank beantragt wird (auch online möglich).

Ferner ist eine **Mandatsreferenz** notwendig, die der Zahlungsempfänger individuell vergibt. Anhand dieser beiden Angaben kann der Zahlungspflichtige auf den Kontoauszügen genau sehen, um welchen Lastschrifteinzug es sich handelt. Ein Merkmal des SEPA-Lastschriftverfahrens ist außerdem, dass der Verkäufer mindestens 14 Tage vor dem Einzug des zu zahlenden Betrages eine Information an den Käufer geben muss, an welchem Tag konkret der belastete Betrag fällig ist und vom Konto abgebucht wird.

Vorteile des Lastschriftverfahrens sind:

- Der Zahlungsempfänger beeinflusst den pünktlichen Zahlungseingang
- Der Zahler versäumt keine Zahlungstermine, vermeidet dadurch Unannehmlichkeiten und Kosten
- Der Zahler spart Zeit weil er nicht für jeden Vorgang eine Einzelüberweisung ausstellen muss

4.2.4 Halbbare und bargeldlose Zahlung mit Scheck

Wer mit einem Bankscheck zahlen will, muss bei einem Geldinstitut ein Girokonto besitzen.

> **Der Scheck ist eine Urkunde, mit der der Zahler sein Kreditinstitut anweist, bei Sicht aus seinem Guthaben einen bestimmten Geldbetrag an den Scheckinhaber zu zahlen.**

Der Kontoinhaber darf den Scheck nur ausstellen, wenn auf seinem Konto ein Guthaben mindestens in Höhe des Scheckbetrags vorhanden ist oder wenn ihm sein Kreditinstitut einen entsprechenden Dispositionskredit eingeräumt hat.

Das Kreditinstitut gibt an den Scheckaussteller genormte **Scheckformulare** aus, die **gesetzliche** und **kaufmännische Bestandteile** enthalten. Die gesetzlichen Bestandteile sind nach Art. 1 ScheckG (Scheckgesetz) zwingend vorgeschrieben. Der Scheck ist ungültig, wenn ein oder mehrere gesetzliche Bestandteile fehlen. Die **kaufmännischen Bestandteile** erleichtern die kaufmännische Abwicklung des Zahlungsverkehrs mit Scheck.

Gesetzliche Bestandteile des Schecks:

- die Bezeichnung „Scheck"
- die unbedingte Anweisung, eine bestimmte Geldsumme zu zahlen (Geldsumme in Buchstaben)
- der Name des Bezogenen (Kreditinstitut des Zahlers)
- die Angabe des Zahlungsortes (Geschäftssitz des Kreditinstituts)

Der Zahlungsverkehr und der Wareneinkauf

- Ort und Tag der Ausstellung des Schecks
- die Unterschrift des Ausstellers

Kaufmännische Bestandteile des Schecks:

(I) Schecknummer
(II) Kontonummer des Ausstellers
(III) Bankleitzahl
(IV) Geldsumme in Ziffern
(V) Name des Schecknehmers (Zahlungsempfänger)
(VI) Überbringerklausel
(VII) Verwendungszweck

Die **Überbringerklausel** ermächtigt das bezogene Kreditinstitut, den Betrag ohne Prüfung dem Vorleger auszuzahlen oder seinem Konto gutzuschreiben. Eine Streichung dieser Klausel gilt für den Bezogenen als **nicht erfolgt**.

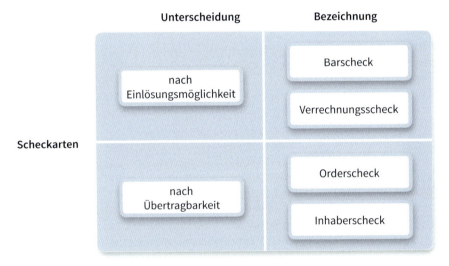

Die Scheckarten

Der **Barscheck** wird im halbbaren Zahlungsverkehr verwendet. Das bezogene Kreditinstitut zahlt dem Vorleger den Scheckbetrag bar aus. Die Bank prüft nicht, ob der Scheckvorleger auch der Scheckberechtigte ist (vgl. Überbringerklausel). Barschecks, bei denen fremde Banken Bezogene sind, werden in der Regel wie Verrechnungsschecks behandelt.

Der **Verrechnungsscheck** gehört zum bargeldlosen Zahlungsverkehr. Verrechnungsschecks werden den Einreichern auf ihren Konten gutgeschrieben. Sie enthalten auf ihrer Vorderseite in der linken oberen Ecke den Vermerk „Nur zur Verrechnung". Durch diesen Vermerk kann aus jedem Barscheck ein Verrechnungsscheck gemacht werden, nicht aber umgekehrt aus einem Verrechnungsscheck ein Barscheck. Durch die Kontoverbindung kann jederzeit nachgeprüft werden, wer den Scheck eingelöst hat. Deshalb ist der Verrechnungsscheck sicherer als ein Barscheck.

Lernfeld 3

In der Praxis werden Schecks nur noch wenig genutzt. Jedoch kommt es vor, dass Versicherungen Ansprüche ihrer Kunden aus beispielsweise Schadenfällen mittels Scheck begleichen.

4.2.5 Zahlungen mit Girokarte, per Kreditkarte oder Electronic Cash, kontaktlosem Zahlverfahren, ELV/Sepa-Lastschriftverfahren und Home- bzw. Onlinebanking

Girokarten

Die EC-Karten der Banken und Sparkassen werden mittlerweile Girokarten genannt. Dadurch ist die Einbindung der mehr als 100 000 000 Karten in den einheitlichen europäischen Zahlungsraum (SEPA) erfolgt.

Mit Girokarten kann Geld rund um die Uhr in Bar an Geldautomaten (Eingabe der PIN erforderlich) abgehoben bzw. bargeldlos in den POS (Points of Sale) gezahlt werden.

Folgende Angaben sind auf den Karten enthalten:

- Bankname
- Name des Karteninhabers
- Kontonummer
- Kartennummer
- Gültigkeitsdatum (gültig bis …)
- IBAN
- BIC
- usw.

Girokarten haben neben dem Bank- und dem Girocard-Logo meist **Co-Brandings** von Mastercard Inc. (Maestro) oder Visa Inc. (V-Pay), um sie weltweit im Zahlungsverkehr an Geldautomaten oder Akzeptanzstellen, die am jeweiligen Logo zu erkennen sind, einsetzen zu können. Bei V-Pay-Karten sind die Daten nur auf dem Chip gespeichert, auch wenn ein Magnetstreifen vorhanden ist, bei Maestro-Karten können auch Daten auf dem Magnetstreifen abgespeichert sein.

Typische für Kartenzahlungen sind Autorisierung mit PIN, die weltweit funktioniert und fast immer online geprüft wird (Online-Transaktion), und mit Unterschrift im elektronischen Lastschriftverfahren (ELV), das in Deutschland und einigen europäischen Staaten noch verbreitet ist. Kartenzahlungen ohne Online-Transaktion sind regelmäßig ohne Zahlungsgarantie.

Neuere Girokarten sind für kontaktloses Bezahlen per NFC (Near Field Communication, Nahfeldkommunikation) eingerichtet, das bei kleinen Beträgen ohne Autorisierung auskommt und sonst eine PIN-Eingabe erfordert.

Kreditkarten

Die Kreditkarten ähneln den Girokarten. Sie unterscheiden sich im Wesentlichen darin, dass die bezahlten Summen nicht jedes Mal einzeln vom hinterlegten Konto, sondern gesammelt nach dem Ende des vereinbarten Abrechnungszeitraums abgebucht werden. Kreditkarten können gegen eine Jahresgebühr bei verschiedenen Banken beantragt werden. Innerhalb eines festgelegten Abrechnungszeitraums, der in der Regel vier Wochen beträgt, werden alle Zahlungen per Kreditkarte „gesammelt" und die Einzelbeträge zu einem Gesamtbetrag aufaddiert, der dann vom hinterlegten Konto abgebucht wird. Barabhebungen an Automaten sind ebenso möglich, wie Käufe im Internet oder in „Offline-Stores". Je nach Kartenanbieter wird beim Bezahlvorgang eine autorisierte Bestätigung (z. B. mittels PIN oder Unterschrift) gefordert.

Contactless payment

Das kontaktlose Zahlen mittels Girocard, Kreditkarte, Watch oder Smartphone erfreut sich immer größerer Beliebtheit. Damit diese Zahlungsweise funktioniert, benötigen die Karten, Smartphones, Watches und die entsprechenden Terminals (POS-Terminals) einen NFC-Chip. Außerdem ist es bei der Nutzung von Smartphones zusätzlich möglich, dass der Zugriff auf das jeweilige Konto oder die Eingabe von Kartendaten erfolgen muss. Ob eine kontaktlose Zahlung möglich ist, kann an dem „Wellen-Symbol" erkannt werden.

Bei Zahlungen bis 25,00 € oder 50,00 € je nach anbietendem Bankinstitut und Handelseinrichtung ist die Eingabe der PIN nicht notwendig.

Mobile Payment

Werden Smartphones (Apple Pay, Google-Pay usw.) zum Bezahlen eingesetzt, kommen spezielle Authentifizierungsverfahren (z. B. Consumer Device Cardholder Verifikation Method (CDCVM)) zur Anwendung. Per Fingerabdruckscanner oder mittels der Kamera wird die Person identifiziert, also deren Identität bestätigt, und die Eingabe einer PIN ist nicht mehr notwendig.

Lernfeld 3

Electronic Cash

Die am häufigsten verwendete Zahlungsart ist das Electronic Cash. Ähnlich, wie bei dem kontaktlosen Zahlen wird ein POS-Terminal (Point of Sale) verwendet. Anders jedoch ist, dass die Girokarte zur Zahlung in das Gerät gesteckt werden muss.

Im Vorfeld gibt der Verkäufer den zu zahlenden Betrag ein, sofern dieser nicht über das Kassensystem automatisch an das POS-Gerät übertragen wird. Nachdem die Girokarte im Gerät ausgelesen wurde, wird der PIN vom Karteninhaber eingeben und das System prüft, ob der PIN korrekt, das zugehörige Konto gedeckt oder gesperrt ist, und die Abbuchung wird ausgeführt. Für den Kunden sowie für den Verkäufer wirft der POS-Terminal jeweils einen Beleg aus, der als Nachweis für die Zahlung sowie für die Finanzbuchhaltung genutzt wird.

Electronic Cash mittels mobiler Endgeräte

Mittlerweile verfügen viele Unternehmen auch über mobile Terminals, die nicht zwingend im Kassenbereich angeschlossen sein müssen und über einen langanhaltenden Akku verfügen.

Finden beispielsweise Veranstaltungen, wie Tage der offenen Tür, Ausstellungen an verschiedenen Orten usw. statt, und der Händler möchte dort seine Waren und Dienstleistungen zum Verkauf anbieten, kann der Kunde über das mobile Terminal seinen Rechnungsbetrag per Karte begleichen.

Der Händler benötigt hierzu ein Smartphone, auf welchem das passende Programm (Mobile Application Software, kurz App) installiert ist und einen Internetzugang. WLAN ist nicht zwangsläufig erforderlich. Nachdem über die App der Zahlbetrag eingegeben wurde, verbinden sich Smartphone und Terminal. Der Zahlbetrag wird angezeigt, die Karte eingesteckt, die PIN eingegeben und der Zahlungsbetrag bestätigt.

In der App ist sofort sichtbar, ob die Zahlung erfolgt ist und der Zahlbeleg kann per SMS oder per E-Mail an den Kunden gesendet werden. Natürlich ist es auch möglich, über einen mobilen Drucker den Beleg wie gewohnt auszugeben. Auch für das Zahlen per Kreditkarte sind die mobilen Geräte geeignet.

Elektronisches Lastschriftverfahren (ELV)/SEPA Lastschriftverfahren

Bei dem ELV/SEPA-Lastschriftverfahren funktioniert die Zahlung fast wie beim Electronic Cash. Der Unterschied besteht jedoch darin, dass nach dem Einlesen der Girocard nicht geprüft wird, ob eine Deckung des Kontos besteht oder ob dieses gesperrt ist. Mit der Unterschrift auf dem Beleg, den das Terminal ausgibt, bestätigt der Kunde den Kauf und erteilt dem Händler ein SEPA-Lastschriftmandat. Er berechtigt den Händler also, den Zahlbetrag von seinem Bankkonto abzubuchen.

Für den Händler hat dieses Verfahren den Nachteil, dass er das Risiko für einen eventuellen Zahlungsausfall trägt, der zu zahlende Betrag nicht direkt, sondern erst einige Zeit später auf dem Konto des Empfängers gebucht wird und der Kunde gemäß den Regelungen für das SEPA-Lastschriftmandat der Lastschrift binnen acht Wochen widersprechen könnte und den Betrag zurückbuchen lassen kann. Dafür kostet dieses Verfahren weniger Gebühren als eine Zahlung mit PIN.

> **Kosten**
> Für den Händler, der die mobilen Terminals bzw. die POS-Terminals nutzt, fallen immer Gebühren an. Zahlen Kunden mit Kreditkarte, sind die Transaktionsgebühren für den Händler höher und variieren von Kreditkartenanbieter zu Kreditkartenanbieter. Zahlungen mit Girocard sind verhältnismäßig günstiger.

Homebanking/Onlinebanking

Über das Online-Banking ist es schnell, sicher und einfach möglich, rund um die Uhr bargeldlose Geldgeschäfte zu tätigen. Von jedem internetfähigen PC, Smartphone oder Tablet kann über die Homepage der kontoführenden Bank der Account des Nutzers mittels Anmeldenamen und Passwort geöffnet werden. Neben Browser und Homepage der Bank sind Zugänge über Programme und Apps möglich. Überweisungen veranlassen, Daueraufträge einrichten, Kontostände prüfen usw. sind einige Beispiele für Transaktionen, die ausgeführt werden können.

Aufgrund von verschiedenen Sicherheitsmerkmalen ist es jedoch erforderlich, neben der Eingabe der Anmeldedaten jede Transaktion mit einer Transaktionsnummer (TAN) zu bestätigen. Diese erhält der Kontoinhaber beispielsweise über ein TAN-Gerät, per SMS auf das vorher bei der Bank registrierte Smartphone oder über eine TAN-Generator-App. Das TAN-Generator-Verfahren setzt sich immer mehr durch und an weiteren Zahlungsmöglichkeiten über das Internet wird stetig gearbeitet.

Rechnungserfassung mittels QR-Code

Viele Rechnungen von Unternehmen sind mittlerweile mit einem QR-Code versehen. Dieser kann über das Smartphone (per Kamera) des Zahlungsempfängers eingescannt werden und alle zahlungsrelevanten Daten wie IBAN und BIC des Empfängers, Überweisungsbetrag oder Verwendungszweck sind vorhanden. Nun wird der Zahlende zum Online-Banking weitergeleitet. Durch die Eingabe einer TAN wird die vorgefertigte Überweisung freigeben und das

Geld vom Konto des Rechnungsempfängers auf das Konto des Rechnungsstellers transferiert. Auch über die Bankterminals ist diese Zahlungsweise möglich.

Unternehmen, die QR-Codes einsetzen, versprechen sich von dem zeitsparenden und bequemen Verfahren eine schnellere Zahlung des Kunden.

4.2.6 Weitere Zahlungsmöglichkeiten

In den letzten Jahren hat sich E-Commerce, also der Kauf und Verkauf von Waren und Dienstleistungen via Internet, rasant entwickelt. Das gilt auch für den Automobilbereich. So können Kunden inzwischen über das Netz Ersatzteile, Zubehör- und Tuningteile sowie Fahrzeuge erwerben oder zum Kauf anbieten.

Für eine einfache Abwicklung durch den Kunden ist es wichtig, dass der Händler neben den „herkömmlichen Zahlungsmethoden", die oben bereits erläutert wurden, auch spezifische Möglichkeiten für den Internethandel anbieten.

Hierzu zählen unter anderem:

PayPal	PayPal erfreut sich großer Beliebtheit und ist zurzeit der größte Anbieter für elektronische Zahlungen. Für den Kunden bietet PayPal den Vorteil, dass die Handhabung einfach ist und die Zahlung sofort erfolgt. Der Empfänger erhält eine E-Mail, dass der Geldbetrag auf seinem PayPal-Konto gutgeschrieben wurde und ist über die Zahlung informiert. Außerdem bietet PayPal seinen Kunden ein Sicherheitsgefühl, da es einen angebundenen Käuferschutz gibt, der den Kunden bei nicht Erreichen der Ware bzw. mangelhafter Ware schützt. Von der Handhabung her ist es so, dass der Kunde ein Konto eröffnet, seine Bankdaten hinterlegt (Girokonto – oder Kreditkartenangaben) und Zahlungen an Unternehmen bzw. Freunde/Familie gesendet werden können. Notwendig sind dabei nur die Eingabe der E-Mail-Adresse des Empfängers und der Betrag, der transferiert werden soll. Unternehmen, die diese Zahlungsmöglichkeit in ihrem Shop anbieten, leiten den Kunden während des Zahlungsvorgangs auf die PayPal-Seite weiter, die Angaben zum Kauf können vom Kunden nochmals geprüft werden und sobald die Zahlung bestätigt wurde und der Kunde den Kauf bestätigt, erhält der Verkäufer den Rechnungsbetrag gutgeschrieben. Er hat also die Sicherheit, dass ein korrekter Zahlungseingang erfolgt ist und kann die Bestellung sofort bearbeiten. Nachteil für den Händler sind teilweise höhere Gebühren.

Der Zahlungsverkehr und der Wareneinkauf

Zahlungs-anbieter	Zahlungsanbieter (Payment Service Provider) oder Banken werden ebenfalls gerne für den Onlinekauf bzw. Verkauf genutzt. Diese sogenannten Finanzierungsdienstleister wickeln für das anbietende Unternehmen die Zahlung ab. Der Kunde zahlt an die Dienstleister (z. B. Klarna) und nicht an das Unternehmen, mit welchem er den Kauf abgeschlossen hat. Dieses wiederum erhält nicht den vollen Rechnungsbetrag vom Zahlungsanbieter sondern der fällige Betrag wird um eine geringe Gebühr vermindert. Vorteile für die Unternehmen sind: • sicherer Geldeingang • kein Risiko in Bezug auf Zahlungsausfall • geringe bis keine Verwaltungskosten/Personalkosten Nachteile für das Unternehmen sind: • ggf. höhere Gebühren Vorteile für den Kunden: • Zahlungsziel meist 14 Tage oder 30 Tage, da Kauf auf Rechnung angeboten wird • schnelle und einfache Abwicklung auch über mobile Endgeräte möglich Nachteile für den Kunden: • meist SCHUFA-Abfragen durch Zahlungsanbieter
Sonstige E-Payment-Anbieter	Neben den genannten Anbietern gibt es auch noch weitere, über die im Internet gezahlt werden kann, z. B. sofortüberweisung.de oder clickandbuy. Vom Prinzip funktionieren diese ähnlich wie PayPal und es fallen Gebühren für die Zahlungen zu Lasten des Verkäufers oder des Anbieters an.

Da sich das Kaufverhalten der Kunden in Bezug auf die genutzten Endgeräte ändert und Tablets sowie Smartphones immer häufiger zum Einsatz kommen, wird sich in der nächsten Zeit in Bezug auf die Zahlungsmöglichkeiten einiges tun.

Eine Vielzahl von Anbietern arbeitet daher jetzt schon mit mobilen Anwendungen (Apps), um Zahlungen für Kunden so einfach, bequem und attraktiv wie möglich zu gestalten. Die Sicherheit steht auch hier im Vordergrund.

Beispiel
Björn Löser bestellt im Onlineshop des Autohauses Köppel Felgenfolie und bezahlt per PayPal. Er loggt sich mit der E-Mail-Adresse sowie dem Passwort in das PayPal-Konto ein und „sendet" die Zahlung an den Empfänger.

Beispiel
Fin Schneider hat für seine Cousine ein neues Fußmattenset gekauft. Diese überweist ihm den vorgelegten Betrag per PayPal. Sie kennt jedoch nur seine E-Mail-Adresse und leitet mithilfe dieser das Geld an Fin weiter.

Lernfeld 3

4.3 Der Wareneinkauf

> **EINSTIEGSSITUATION**
>
> Nora Braun hilft Pascal Palm bei den Hausaufgaben für die Berufsschule. Mit dem Thema Wareneinkauf hat er noch Probleme.
> Sie erläutern Herrn Palm diesen.

Die **Warenbestandskonten** sind Aktivkonten und werden in der Kontenklasse 3 gebucht. Der Abschluss dieser Konten erfolgt über das Schlussbilanzkonto.

Bezogene Waren werden beim Einkauf mit ihren Anschaffungskosten (Bezugs- oder Einstandspreis) erfasst. Folgendes ist dabei zu beachten:

- **Sofortrabatte**, die auf der Eingangsrechnung ausgewiesen sind, mindern die Anschaffungskosten von vornherein und werden nicht gesondert gebucht.
- **Bezugskosten**, wie Fracht und Versicherungen, erhöhen als Anschaffungsnebenkosten die Anschaffungskosten.
- **Vorsteuer** laut Eingangsrechnung gehört nicht zu den Anschaffungskosten, weil sie durch die Verrechnung mit der Umsatzsteuer vom Finanzamt zurückerstattet wird.

Buchung bei der Beschaffung von Waren

Listenpreis	− Anschaffungspreisminderungen	+ Anschaffungsnebenkosten	keine Anschaffungskosten
Preis laut Angebotsliste	Sofortrabatte	Bezugskosten bei der Warenbeschaffung wie Frachten und Versicherungen	absetzbare Vorsteuer
Buchung: Kontenklasse 3 Warenbestandskonto	**vermindert Buchwert:** Kontenklasse 3 Warenbestandskonto	**erhöht Buchwert:** Kontenklasse 3 Warenbestandskonto	**Buchung:** Kontenklasse 1 Finanzkonto 1570 Vorsteuer

> **Beispiel**
>
> Einkauf von Winterrädern
> Die Winterzeit naht und das Autohaus Köppel plant eine Sonderaktion „Fit in den Winter". Dafür bestellt der Teiledienstleiter Tim Gehlen 200 Winterräder vom Typ 175/70 R 13 beim Reifenlieferanten, der Zahn & Rad GmbH. Die Winterräder haben einen Einstandspreis von 65,20 € netto.

Der Zahlungsverkehr und der Wareneinkauf

Die Winterräder werden geliefert und die Zahn & Rad GmbH schickt folgende Rechnung:

Zahn & Rad GmbH — Reifengroßhandel

Zahn & Rad GmbH, Gattinger Str. 123, 97076 Würzburg

Autohaus Köppel GmbH
Diedenhofener Str. 6
54294 Trier

Zahn & Rad GmbH Reifengroßhandel
Gattinger Str. 123
97076 Würzburg
Telefon 0931 1011-0

Bank: Commerzbank Würzburg
BIC: COHADE12
IBAN: DE4529050000000501057820

Rechnung
Bei Zahlung bitte Rechnungs-Nr. und Kunden-Nr. angeben!

Ihre Bestellung	vom	Kunden-Nr.	Rechnungs-Nr.	Rechnungstag
		16348	640	27.08.20..

Pos.	Artikel-Nr.	Artikelbezeichnung	Menge	Einzelpreis €	Gesamtpreis €
1	842303	Winterräder 175/70 R13	200	65,20	13 040,00

Warenwert netto	Verpackung	Fracht (2%)	Entgelt netto	USt-%	USt-€	Gesamtbetrag
13 040,00 €	–	–	13 040,00 €	19	2 477,60	15 517,60 €

USt-IdNr.: DE365911221
Steuernummer: 86229/17211

Zahlungsziel: 45 Tage netto.

Buchung:
3500 Bestand weitere
    Bereiche (Reifen)   13 040,00 €
1570 Vorsteuer   2 477,60 €
    an 1600 Verbindlichkeiten   15 517,60 €

① **Einkaufsbuchung der Reifen**

Soll	3500 Bestand weitere Bereiche (Reifen)	Haben
①Verb. 13 040,00		

Soll	1600 Verbindlichkeiten	Haben
		Bestand w. B. ① (Reifen) VSt. 15 517,60

Soll	1570 Vorsteuer	Haben
①Verb. 2 477,60		

Lernfeld 3

Beispiel

Einkauf von Originalersatzteilen
Der Privatkunde Thomas Oleniza benötigt für seinen Maximo-Kombi „Sports Tourer" einen Endschalldämpfer. Diesen hat das Autohaus Köppel nicht am Lager.

Der Teiledienstleiter Tim Gehlen bestellt beim Importeur Michaelis Import GmbH den benötigten Endschalldämpfer laut Teileliste.

Teileliste (Auszug)

Teilenummer	Bezeichnung	UPE (netto)	Händlerrabatt	Einkaufspreis
20048712	Endschalldämpfer	197,12 €	30 %	137,98 €

Originalersatzteile bezieht das Autohaus Köppel von seinem Importeur. Dabei ist folgende Besonderheit zu beachten. Bei Originalersatzteilen empfiehlt der Importeur die Verkaufspreise durch die **„Unverbindliche Preisempfehlung"** (**UPE**). Von dieser UPE wird der Händlerrabatt abgezogen, und so gelangt man zum Einstandspreis für die Originalersatzteile. Der Einkaufspreis und die UPE gelten für alle Händler dieser Marke.

Der **Händlerrabatt** ist abhängig von der Rabattgruppe, in die ein Originalersatzteil eingruppiert ist (Verschleißteile, z. B. Bremsbeläge; Elektrikteile, z. B. Scheinwerfer, oder Karosserieteile, z. B. Kotflügel) und davon, ob es sich um eine Lager- oder Eilbestellung handelt. Der Händlerrabatt bei der Eilbestellung ist niedriger als bei einer Lagerbestellung.

Der Händlerrabatt ist also abhängig von der Art des bestellten Originalteils sowie von der Schnelligkeit der Belieferung.

Nachdem der Bestellvorgang für den Endschalldämpfer ausgelöst wurde, wird der Importeur aktiv und liefert mit der nächsten Teilelieferung den Endschalldämpfer. Gleichzeitig wird dem Autohaus Köppel die Rechnung zugeschickt.

Im Regelfall fordern Hersteller bzw. Importeure von ihren Händlern eine Bankeinzugsermächtigung für offene Rechnungen aufgrund von Ersatzteillieferungen. Für die Autohäuser bedeutet diese Vorgehensweise eine Vereinfachung des Zahlungsverkehrs mit ihrem Hersteller/Importeur, die ihrerseits keine Verzögerungen beim Zahlungseingang von offenen Rechnungsbeträgen befürchten müssen.

Der Zahlungsverkehr und der Wareneinkauf

Michaelis Import GmbH

Michaelis Import GmbH · Dr. Gottfried-Cremer Allee 77 b · 50226 Frechen

Autohaus Köppel GmbH
Diedenhofener Str. 6
54294 Trier

Geschäftsräume: Dr. Gottfried-Cremer Allee 77 b
50226 Frechen
Bankverbindung: Pax Bank eG
IBAN: DE03370601931505051501
BIC: GENODE1PAX

RECHNUNG-Nr.: 1496 / 998

Ihre Bestellung vom	Unser Zeichen	Kunden-Nr.	Lieferdatum	Rechnungsdatum
223 27.08.20..	ir-33	88443	28.08.20..	28.08.20..

Pos.	Artikel-Nr.	Artikelbezeichnung	Menge in Stück	Einzelpreis €	Gesamtpreis €
1	20048712	Endschalldämpfer	1	137,98	137,98

Warenwert	Verpackung	Fracht	Nettoentgelt	USt-%	USt-€	Bruttoentgelt
137,98 €	–	–	137,98 €	19	26,22	164,20 €

USt-IdNr.: DE 112226688
Steuernummer: 96256/04932

Buchung:
3300 Bestand Teile   137,98 €
1570 Vorsteuer   26,22 €
                                          an 1600 Verbindlichkeiten   164,20 €

② **Einkaufsbuchung Teile/Zubehör**

Soll	3300 Bestand Teile	Haben
②Verb.	137,98	

Soll	1600 Verbindlichkeiten	Haben
		Bestand Teile; ②
		VSt. 164,20

Soll	1570 Vorsteuer	Haben
②Verb.	26,22	

Viele Lieferanten gewähren Ihren Kunden Rabatte (Direktrabatt, Skonto, usw.) oder es werden aufgrund von verschiedenen Tatsachen Gutschriften gewährt. Diese müssen – außer der Direktrabatt, der buchhalterisch nicht erfasst wird – gebucht werden. Das genaue Vorgehen ist im Lernfeld 4 erläutert.

LF 4

335

4.4 Währungsrechnen beim Wareneinkauf

> **EINSTIEGSSITUATION**
>
> Der Hersteller Cars Best hat seinen Sitz in den USA und hat auf einer Rechnung die Beträge in Euro und in US-Dollar ausgewiesen. Pascal Palm soll die Beträge auf ihre Richtigkeit prüfen.
> Überlegen Sie, wo Sie den Kurs für ausländische Währungen erfahren können. Nennen Sie drei potenzielle Quellen.

Autohäuser beziehen Zubehörteile von unterschiedlichen Lieferanten. Die Entscheidung darüber, bei welchem Lieferanten Zubehörteile bezogen werden, hängt in erster Linie vom Einkaufspreis ab.

Beispiel

Das Zubehörsortiment des Autohauses Köppel soll um Dachgepäckträger erweitert werden. Der Teiledienstleiter Tim Gehlen fordert dafür von unterschiedlichen Lieferanten Angebote über Dachgepäckträger an. Nach kurzer Zeit erhält er folgende Angebote, die Nora Braun vergleichen soll. Darüber ist Nora sehr erschrocken, da sie bisher noch nie mit ausländischen Währungen zu tun hatte.

	Spare-Parts Ltd./Ohio USA	Firma Schweizer Autoteile Bern/Schweiz	Trägersysteme Sachsen GmbH/Dresden
Bezugspreis in Landeswährung (netto)	89,00 USD	135,00 CHF	92,00 EUR

Um die Angebote zu vergleichen, werden sie in Euro (EUR) umgerechnet. Dazu wird der aktuelle Kurs benötigt. Der **Kurs** ist eine Mengennotierung und gibt den Preis der ausländischen Währungseinheit bezogen auf 1,00 EUR an.

Den Kurs für ausländische Währungen erfährt man bei Banken und Sparkassen.

Währung	Kurs
Amerikanischer Dollar (US-$, USD)	1,10
Schweizer Franken (sfr, CHF)	1,60

Für den Zahlungsverkehr mit Nicht-Euro-Staaten benutzen die Kreditinstitute vier verschiedene Kurse:

- Kurs für die Hereinnahme von **Sorten** (= ausländische Banknoten) zur Umrechnung in Euro,
- Kurs für die Abgabe von Sorten,
- Kurs für die Entgegennahme von **Devisen** aus dem Ausland (ausländische Schecks oder Überweisungen) und
- Kurs für die Ausführung von Zahlungen in Form von Devisen in das Ausland.

Der Zahlungsverkehr und der Wareneinkauf

Der Unterschied zwischen den beiden Sorten- und Devisenkursen ist die Verdienstspanne der Kreditinstitute. Damit lassen sich die Kreditinstitute ihre Dienstleistungen im Devisen- und Sortengeschäft entlohnen.

Umrechnung von Nicht-Euro-Staaten-Währung in EUR

$$\frac{\text{Auslandswährung}}{\text{Kurs}} = \text{Inlandswährung (EUR)}$$

Amerikanisches Angebot:

$$\frac{89{,}00\ \text{USD}}{1{,}10\ \text{USD/EUR}} = 80{,}91\ \text{EUR}$$

Rechnerische Lösung mithilfe des Dreisatzes:
- Bedingungssatz: 1,10 USD   entsprechen 1,00 EUR
- Fragesatz: 89,00 USD entsprechen   x EUR
- Bruchsatz: $x = \dfrac{1{,}00\ \text{EUR} \cdot 89{,}00\ \text{USD}}{1{,}10\ \text{USD}} = 84{,}38\ \text{EUR}$

Schweizer Angebot:

$$\frac{135{,}00\ \text{CHF}}{1{,}60\ \text{CHF/EUR}} = 84{,}38\ \text{EUR}$$

Rechnerische Lösung mithilfe des Dreisatzes:
- Bedingungssatz: 1,60 CHF   entsprechen 1,00 EUR
- Fragesatz: 135,00 CHF entsprechen   x EUR
- Bruchsatz: $x = \dfrac{1{,}00\ \text{EUR} \cdot 135{,}00\ \text{CHF}}{1{,}60\ \text{CHF}} = 84{,}38\ \text{EUR}$

Vergleich der drei Angebote:

	Spare-Parts Ltd./Ohio USA	Firma Schweizer Autoteile Bern/Schweiz	Trägersysteme Sachsen GmbH/Dresden
Bezugspreis in Landeswährung (netto)	89,00 USD	135,00 CHF	92,00 EUR
Bezugspreis in € (netto)	80,91 EUR	84,38 EUR	92,00 EUR

Nachdem Nora die Angebote in Euro umgerechnet hat, kann sie durch den Vergleich feststellen, dass das amerikanische Angebot der Firma Spare-Parts Ltd. das preisgünstigste ist.

Lernfeld 3

Einfuhrzölle/Einfuhrumsatzsteuer

Sollten beim Warenbezug Einfuhrzölle anfallen, so sind sie auf die Warenbezugskosten aufzuschlagen und in der Kontenklasse 3 zu buchen. Die Einfuhrumsatzsteuer beträgt 19 %. Sie wird auf dem Konto 1588 Entstandene Einfuhrumsatzsteuer gebucht.

Beispiel

Das Autohaus Köppel bestellt bei der Firma Spare-Parts Ltd. /Ohio USA 20 Dachgepäckträger für 89,00 USD/Stück.

Mit folgendem Betrag wird das Autohaus Köppel belastet:

20 Dachgepäckträger für 89,00 USD/Stück	1 780,00 USD	↔	1 618,18 EUR
+ 19 % Einfuhrumsatzsteuer		↔	307,45 EUR
= Rechnungsbetrag		↔	1 925,63 EUR

Buchungssatz:
3300 Bestand Teile   1 618,18 €
1588 Entstandene Einfuhrumsatzsteuer   307,45 €
                    an 1600 Verbindlichkeiten   1 925,63 €

Die **Einfuhrumsatzsteuer** wird wie die Vorsteuer mit der Umsatzsteuer verrechnet.

Zusammenfassung

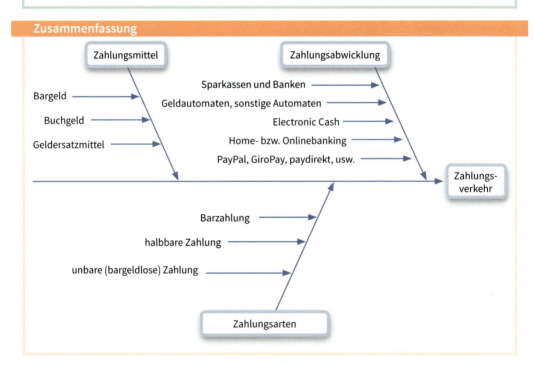

- Warenbestandskonten sind aktive Bestandskonten und werden in der Kontenklasse 3 gebucht. Der Abschluss dieser Konten erfolgt über das Schlussbilanzkonto.
- Sofortrabatte werden buchhalterisch nicht erfasst.
- Bezugskosten erhöhen die Anschaffungskosten und werden auf dem Warenbestandskonto in der Kontenklasse 3 gebucht.
- Vorsteuer gehört nicht zu den Anschaffungskosten.

Der Zahlungsverkehr und der Wareneinkauf

Aufgaben

Zahlungsmittel und Zahlungsarten

1. Herr Smith von der US-Botschaft zahlt seine Rechnungen immer mit Kreditkarte. Welche Gründe könnte er dafür haben?

2. Die Autohaus Köppel GmbH hat eine Lieferung von 20 Sommerreifen 185/65 R14 erhalten. Der Rechnungsbetrag der Rechnung Nr. 2314 vom 2. Mai 20.. der Zahn & Rad GmbH beträgt 2 100,00 €. Die Zahn & Rad GmbH hat ein Konto bei der Deutschen Bank in Würzburg (IBAN: DE60 7907 0016 0000 8149 11, BIC: DEUTDEMM790). Füllen Sie ein Überweisungsformular aus, wenn der Rechnungsbetrag abzüglich 2 % Skonto am 12. Mai 20.. von Frau Nora Köppel überwiesen werden soll. Die Bankverbindung der Autohaus Köppel GmbH lautet: Sparkasse Trier, IBAN: DE01 5855 0130 3011 2222 15, BIC: TRISDE55XXX.

3. Die Fernsprechrechnung der Autohaus Köppel GmbH wurde bisher monatlich nach Vorlage der Rechnung überwiesen. Nun soll die Zahlung ab Oktober 20.. im SEPA-Lastschriftverfahren erfolgen. Die Autohaus Köppel GmbH erteilt ein SEPA-Lastschrftmandat. Füllen Sie ein solches aus. Herr Ben Löppel unterschreibt als Leiter des Rechnungswesens am 22. September 20.. Als Kontoinhaber wird die Autohaus Köppel GmbH angegeben, Sparkasse Trier, IBAN: DE01 5855 0130 3011 2222 15, BIC: TRISDE55XXX.

4. Erläutern Sie das SEPA-Lastschriftverfahren.

5. Welchen Nutzen hat das Onlinebanking für ein Autohaus?

6. Welche Anforderungen an den Zahlungsverkehr erwachsen aus der Ausweitung des Electronic Commerce (Handel über elektronische Netze, z. B. Internet)?

Wareneinkauf und Zahlungsmittel beim Wareneinkauf

1. Bilden Sie zu den Geschäftsvorfällen die Buchungssätze.
   Im Autohaus Köppel werden folgende Geschäftsvorfälle registriert:
   1. Eingangsrechnung: Kauf von 20 Sommerreifen 185/65 R14
      auf Ziel   2 100,00 € netto
   2. Eingangsrechnung: Kauf einer Spurstange für das
      Modell Phantasia-Kombi   156,12 € netto
   3. Eingangsrechnung: Kauf von 120 Liter Motoröl 15W40   3,42 €/Liter netto

2. Geschäftsvorfall: Bestellung von Originalersatzteilen beim Importeur

Artikel	UPE brutto in €	Bestellvorgang	Händlerrabatt in %
2000221	608,12	L*	36
2000329	19,28	L	36
2000666	63,14	L	36
2000701	95,78	L	36
2000444	534,89	E*	24
2000978	79,23	E	24

* L = Lagerbestellung; E = Eilbestellung

Lernfeld 3

Buchen Sie die obige Ersatzteillieferung des Importeurs.
Der Gesamtbetrag wird vom Bankkonto abgebucht.

3. Geschäftsvorfall: Bestellung von Originalersatzteilen beim Importeur

Artikel	UPE brutto in €	Bestellvorgang	Händlerrabatt in %
2000567	412,78	L	36
2000631	21,12	L	36
2000651	98,17	L	36
2000789	97,89	L	36
2000841	523,11	E	24
2000942	68,44	E	24

Buchen Sie die obige Ersatzteillieferung des Importeurs.
Der Gesamtbetrag wird vom Bankkonto abgebucht.

4. Das Autohaus Köppel überweist 1 780,00 US-$ an die Firma Spare-Parts Ltd. für eine fällige Rechnung. Wie hoch ist der Betrag in Euro, wenn der Kurs für die Ausführung von Zahlungen in Form von Devisen in das Ausland 1,12 beträgt?

5. Das Autohaus Köppel kauft von der Firma Spare-Parts Ltd. 15 Dachgepäckträger für 85,00 US-$ das Stück netto auf Ziel, Kurs 1,10.
   a) Ermitteln Sie den Rechnungsbetrag in Euro.
   b) Bilden Sie alle notwendigen Buchungssätze des Einkaufs.

6. Das Autohaus Köppel kauft von einem schweizer Hersteller Zubehör im Wert von 2 400,00 sfr netto auf Ziel, Kurs 1,60.
   a) Ermitteln Sie den Rechnungsbetrag in Euro.
   b) Bilden Sie alle notwendigen Buchungssätze des Einkaufs.

5 Umweltschutz im Autohaus

> **AUSGANGSSITUATION**
>
> Tim Gehlen, Lagerleiter des Autohauses Köppel, prüft Angebote für Wasch- und Reinigungsmittel. Der Auszubildende Fin Schneider unterstützt ihn dabei. Den meisten Angeboten sind EG-Sicherheitsdatenblätter oder Herstellerbescheinigungen beigefügt. Einer der Anbieter macht nur sehr knappe Angaben zu umweltbezogenen Eigenschaften seines Produkts, bietet aber sehr günstige Preis- und Lieferkonditionen. Tim Gehlen bittet Fin Schneider, ein Anschreiben vorzubereiten, in dem der Lieferant um detailliertere Informationen gebeten wird. Bei den übrigen Angeboten vergleicht Tim Gehlen die Angaben unter kaufmännischen und umweltschutzbezogenen Gesichtspunkten. Unter den vorliegenden Angeboten ist das Produkt der Boxengasse KG besonders umweltfreundlich. Die Bestandteile sind biologisch abbaubar und nicht wassergefährdend. Obwohl der Einkaufspreis geringfügig über dem der anderen Anbieter liegt, merkt sich Herr Gehlen dieses Produkt vor. Er möchte nun nur noch die Antwort auf seine Rückfrage abwarten, bevor er sich endgültig entscheidet.
>
>
>
> **ARBEITSAUFTRÄGE**
>
> 1. Informieren Sie sich in Ihrem Ausbildungsbetrieb darüber, welche gefährlichen Stoffe bei Ihnen gelagert werden.
> 2. Stellen Sie für zwei dieser Stoffe die unterschiedlichen Anforderungen an die Lagerung und die von den Stoffen ausgehenden Gefahren gegenüber.

5.1 Allgemeine Aspekte

> **EINSTIEGSSITUATION**
>
> Das Gespräch mit Tim Gehlen hat Fin Schneider bewusst gemacht, dass ökologische Fragen auch im Autohaus eine beachtenswerte Bedeutung haben. Er hat sich vorgenommen, genauer auf die diesbezüglichen Produktkennzeichnungen zu achten, wenn der Umweltaspekt eine Rolle spielt. Sie unterstützen ihn.

Für jedes Unternehmen gibt es handfeste wirtschaftliche Gründe, umweltbewusst zu handeln. Der Gesetzgeber hat umfängliche und zum Teil sehr komplexe Regelungen getroffen, die zwingend einzuhalten sind. Dabei ist zwischen Rechtsgebieten allgemeiner Natur, die weite Teile der Wirtschaft betreffen, und speziellen Sachverhalten mit direktem Bezug auf das Kfz-Gewerbe zu unterscheiden.

Verstöße gegen gesetzliche Vorgaben können mit empfindlichen Sanktionen geahndet werden. Unternehmen, die sich nicht rechtskonform verhalten, gehen somit erhebliche Risiken ein.

Jedes Unternehmen kann für sich entscheiden, ob es lediglich gesetzlich geforderte Mindeststandards erfüllt (defensiven Strategie) oder weitergehende Maßnahmen ergreift (offensive Strategie). Ökologische Belange sind auch für Käufer von Kraftfahrzeugen zunehmend von Interesse. So können mit geeigneten Maßnahmen auch Wettbewerbsvorteile erzielt und Kostenreduzierungen erreicht werden.

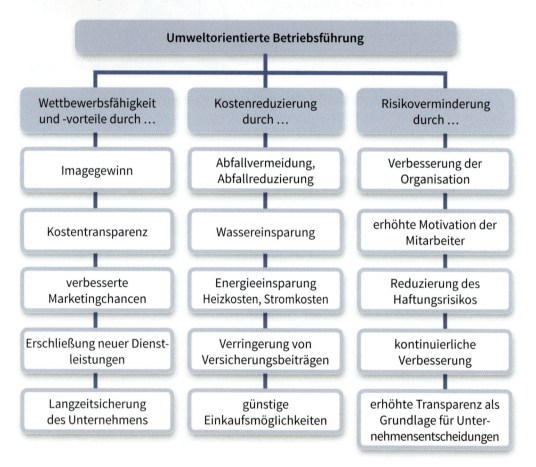

Vorteile umweltorientierter Betriebsführung

Um diese Risiken zu begrenzen, müssen alle Mitarbeiter im Autohaus über das notwendige Wissen verfügen und dieses auch anwenden. Inzwischen ist alleine der Umfang der gesetzlichen Regelungen sehr stark angewachsen, sodass diese Forderungen nicht einfach umzusetzen sind.

5.2 Umweltschutz beim Einkauf

EINSTIEGSSITUATION

Der Kunde Alexander Grau holt sein Fahrzeug von der Hauptuntersuchung ab. Er möchte demnächst in Urlaub fahren. In diesem Zusammenhang fragt er nach einem effektiven Scheibenreiniger zur Beseitigung von Anfluginsekten. Er verweist jedoch darauf, dass er gerne ein ökologisch unbedenkliches Produkt kaufen möchte. Beraten Sie Herrn Grau in diesem Zusammenhang.

Bereits bei der Beschaffung sind umweltfreundliche Produkte auszuwählen und auf die Einhaltung der gesetzlichen Bestimmungen beim Umgang mit gefährlichen Stoffen zu achten. Umweltfreundliche Produkte sind besonders gekennzeichnet (z. B. „Blauer Engel"). An der Kennzeichnung ist ersichtlich, warum das entsprechende Produkt umweltfreundlicher als andere ist (z. B. „weil abwasserentlastend"). Bei der Einkaufsentscheidung spielt natürlich auch der Preis eine Rolle (vgl. Angebotsbearbeitung, siehe Kapitel 1.2.5). Umweltfreundliche Produkte sind teilweise im Einkauf teurer. Bei der Beurteilung des Preises sollte jedoch auch berücksichtigt werden, ob z. B. der höhere Preis durch geringere Entsorgungskosten aufgewogen wird.

Eine Reihe für den Kfz-Bereich wichtiger Erzeugnisse weist Eigenschaften auf, die zu einer Einstufung als gefährliche Stoffe und Zubereitungen (Gefahrstoffe) führen. EG-Sicherheitsdatenblätter und Herstellerbescheinigungen enthalten genaue Angaben zu den Eigenschaften des jeweiligen Stoffes. Darüber hinaus sind darin die vom Stoff ausgehenden Gefahren und Hinweise zur ordnungsgemäßen Entsorgung enthalten. Bei der Beschaffung sollte auf diese Stoffe besonders geachtet werden. Dies ist deshalb wichtig, da für Transport, Anwendung, Lagerung und Entsorgung besondere gesetzliche Regelungen gelten. Der damit verbundene Aufwand verursacht Kosten. Alternative Produkte können daher zu vielfältigen Einsparungen führen.

Die Vielzahl im Handel befindlicher Produkte macht es für den Einkäufer unmöglich, jedes Produkt unter ökologischen Gesichtspunkten beurteilen zu können. Deshalb sollte immer dann, wenn weder Umweltkennzeichnungen noch EG-Sicherheitsdatenblätter oder Herstellerbescheinigungen vorliegen, eine Absicherung über den Kaufvertrag erfolgen. Man kann sich dadurch absichern, dass man sich durch den Lieferanten die Umweltfreundlichkeit des Produkts bzw. die Haftung des Herstellers für eventuelle umweltbezogenen Folgeschäden garantieren lässt.

Generell sollte anhand der verfügbaren Produktinformationen geprüft werden, welche möglichen Umweltbelastungen zu erwarten sind. Dabei ist der gesamte Produktlebenszyklus von der Herstellung über die Nutzung bis hin zur Entsorgung zu berücksichtigen.

Lernfeld 3

> **Beispiel**
>
> Lagerleiter Tim Gehlen erklärt dem Auszubildenden Fin Schneider, welche Angaben in den Produktinformationen Aussagen zu möglichen Umweltbelastungen enthalten. Er nennt
>
> - den Verbrauch an Rohstoffen, Energie und Wasser bei Herstellung, Gebrauch und Entsorgung,
> - gefährliche Produkteigenschaften beim Umgang und der Entsorgung,
> - die Verpackung,
> - entstehende Schadstoffemissionen in Luft, Wasser oder Boden,
> - den Anfall von Rückständen bzw. Abfällen.

5.3 Umweltschutz beim Transport

> **EINSTIEGSSITUATION**
>
> Lagerleiter Tim Gehlen möchte Kühlmittel nachbestellen. Die Lieferung soll kurzfristig erfolgen. Der Lieferant hat das gewünschte Produkt auf Lager. Tim Gehlen sucht nach einem geeigneten Transportunternehmen. Fin Schneider ist verwundert, warum nicht einfach der Dienstleister mit den niedrigsten Preisen beauftragt wird, und lässt sich von Herrn Gehlen erklären, was beim Transport von Kühlmitteln zu beachten ist. Sie beteiligen sich am Gespräch.

Die zu transportierenden Güter weisen sehr unterschiedliche Eigenschaften auf. Es wird deshalb zwischen „normalem Gut" und **Gefahrgut** unterschieden. Zum Schutz der Menschen und der Umwelt hat der Gesetzgeber spezielle Regelungen für Gefahrgut erlassen. Das Gesetz über die Beförderung gefährlicher Güter betrifft giftige, ätzende, entzündliche, explosive, radioaktive u. a. Stoffe oder Gegenstände, von denen bei Transport, Lagerung oder Umschlag Gefahren für Menschen, Tiere, andere Sachen oder Gemeingüter ausgehen können. Aus dem Gesetz leiten sich spezielle nationale Verordnungen für den Transport mit der Eisenbahn, Straßenfahrzeugen, Binnenschiffen, Seeschiffen oder Flugzeugen ab. Diese gesetzlichen Regelungen unterscheiden sich bei den einzelnen Verkehrsträgern. Die internationale Vereinheitlichung der Gesetzgebung auf diesem Gebiet ist ebenfalls noch nicht abgeschlossen. Innerhalb von Betrieben gelten andere Regelungen. Insgesamt ist das gesetzliche Regelwerk sehr umfangreich und noch nicht vollständig in sich abgestimmt.

Nicht alle Transportunternehmen befördern Gefahrgüter. Die meisten Dienstleister, die Gefahrguttransporte durchführen, sind zudem auf bestimmte Arten von Gefahrgütern spezialisiert. Zum Beispiel befördern nur wenige Kurier-, Express- und Paketdienste (KEP-Dienste) ausgewählte Gefahrgüter als Stückgut.

Umweltschutz im Autohaus

Einen Überblick zu wichtigen Rechtsgrundlagen im Zusammenhang mit einer umweltgerechten Betriebsführung liefert folgende Tabelle:

	Arbeitsschutzrecht	Verkehrsrecht	Chemikalienrecht	Wasserrecht
Gesetze	ProdSG Gesetz über die Bereitstellung von Produkten auf dem Markt	GGBefG Gesetz über die Beförderung gefährlicher Güter (Gefahrgutbeförderungsgesetz)	ChemG Gesetz zum Schutz vor gefährlichen Stoffen (Chemikaliengesetz)	WHG Gesetz zur Ordnung des Wasserhaushaltes (Wasserhaushaltsgesetz)
Verordnungen	VbF Verordnung über Anlagen zur Lagerung, Abfüllung und Beförderung brennbarer Flüssigkeiten zu Lande (Verordnung über brennbare Flüssigkeiten)	GGVSEB Verordnung über die innerstaatliche und grenzüberschreitende Beförderung gefährlicher Güter auf der Straße, mit Eisenbahnen und auf Binnengewässern (Gefahrgutverordnung Straße, Eisenbahn und Binnenschifffahrt)	GefStoffV Verordnung zum Schutz vor Gefahrstoffen (Gefahrstoffverordnung)	AwSV Verordnung über Anlagen zum Umgang mit wassergefährdenden Stoffen
Richtlinien	TRbF Technische Regeln für brennbare Flüssigkeiten	TR Technische Richtlinien	TRGS Technische Regeln für Gefahrstoffe	BFR BoGwS Baufachliche Richtlinien Boden- und Grundwasserschutz

Wichtige Rechtsgrundlagen für eine umweltgerechte Betriebsführung

Die Gefahrgutgesetzgebung regelt für gefährliche Güter u. a.,

- ob und wie sie zu befördern sind,
- welche Möglichkeiten der Zusammenladung bestehen oder nicht bestehen (Zusammenladeverbote),
- welche Anforderungen an die Verpackung und Kennzeichnung gestellt werden,
- wie Fahrzeuge und Transporthilfsmittel beschaffen, ausgerüstet, geprüft und gekennzeichnet sein müssen,
- was hinsichtlich Verladeweisen und Ladungssicherung sowie Be- und Entladung zu beachten ist,
- worauf während der Beförderung zu achten ist.

Darüber hinaus sind Anforderungen an die Qualifikation des am Gefahrguttransport beteiligten Personals und die Rechtsfolgen bei Nichteinhaltung der Vorschriften geregelt.

Lernfeld 3

5.4 Umweltschutz bei der Lagerung

EINSTIEGSSITUATION

Der Auszubildende Fin Schneider hilft der Lagerfachkraft Frau Reisch im Lager. Er stellt dabei fest, dass für die Lagerung von Altöl, Altbatterien und gebrauchte Kühlflüssigkeiten spezielle Lagerplätze ausgewiesen und gekennzeichnet sind. Sie erläutern ihm den Grund.

Aus der Sicht des Gesetzgebers sind Transport und Lagerung unterschiedliche Rechtsbereiche, für die unterschiedliche Gesetze gelten. Im Transportrecht spricht man deshalb von Gefahrgütern. Der gleiche Stoff fällt im Lager unter das Chemikalienrecht und wird dort als **Gefahrstoff** bezeichnet.

Mit der „Verordnung zum Schutz vor Gefahrstoffen (Gefahrstoffverordnung – GefStoffV)" werden Einstufung, Kennzeichnung, Verpackung und Umgang mit Gefahrstoffen geregelt. Auch hier besteht der Zweck der Verordnung darin, Gefahren abzuwenden. § 1 GefStoffV umreißt den Geltungsbereich. Demnach besteht das Ziel dieser gesetzlichen Regelung darin, „…den Menschen und die Umwelt vor stoffbedingten Schädigungen zu schützen …". Die Gefahrstoffverordnung hat nach der Änderung von 2017 sieben Abschnitte und drei Anhänge.

Der erste Abschnitt enthält die Zielsetzung der Verordnung, ihren Anwendungsbereich und Begriffsbestimmungen. Der zweite Abschnitt befasst sich mit Gefahrstoffinformationen. Für den Automobilhandel haben hier vor allem die im § 3 bestimmten Gefährlichkeitsmerkmale Bedeutung, weil diese ähnlich der Klasseneinteilung beim Gefahrgut Rückschlüsse auf die Art der Gefährdung zulassen. Die Gefährlichkeitsmerkmale werden in § 4 bei den Regelungen zur Einstufung, Kennzeichnung und Verpackung aufgegriffen. In § 5 ist festgelegt, welche Informationspflichten die „Hersteller, Einführer und erneuten Inverkehrbringer" gefährlicher Stoffe oder Zubereitungen zu erfüllen haben. Dabei wird auf Artikel 31 in Verbindung mit Anhang II der Verordnung (EG) Nr. 1907/2006 Bezug genommen. So ist in der Regel den Abnehmern spätestens bei der ersten Lieferung kostenlos ein Sicherheitsdatenblatt zu übermitteln. Gefordert sind darin Angaben zu folgenden Punkten:

- Stoff-/Zubereitungs- und Firmenbezeichnung
- Zusammensetzung/Angaben zu Bestandteilen
- mögliche Gefahren
- Erste-Hilfe-Maßnahmen
- Maßnahmen zur Brandbekämpfung
- Maßnahmen bei unbeabsichtigter Freisetzung

Umweltschutz im Autohaus

- Handhabung und Lagerung
- Expositionsbegrenzung und persönliche Schutzausrüstungen
- physikalische und chemische Eigenschaften
- Stabilität und Reaktivität
- Angaben zur Toxikologie
- Angaben zur Ökologie
- Hinweise zur Entsorgung
- Angaben zum Transport
- Vorschriften
- sonstige Angaben

GHS-Symbole (Gefahrenstoffverordnung – GefStoffV i. V. m. Verordnung EG Nr. 1272/2008 gültig ab 1.12.2010) (GHS = Globally Harmonised System of Classification and Labelling of Chemicals)

Gefahrensymbole nach Anhang 1 Nr. 2 GefStoffV

5.5 Umweltgerechte Entsorgung

> **EINSTIEGSSITUATION**
>
> Durch ein Entsorgungsunternehmen sollen die Reststoffe, die im Autohaus Köppel angefallen sind, abgeholt werden. Frau Reisch bereitet die erforderlichen Papiere vor. Fin Schneider sieht sich die Papiere genauer an und stellt fest, dass die fachgerechte Entsorgung bestimmter Stoffe nachweispflichtig ist. Erläutern Sie, warum dies der Fall ist.

Jedes Produkt durchläuft einen sogenannten Produktlebenszyklus. Von der Gewinnung der Rohstoffe über den Produktgebrauch bis hin zu dem Zeitpunkt, an dem eine Nutzung nicht mehr gewollt oder möglich ist, entstehen unerwünschte Reststoffe. Diese Reststoffe können im günstigsten Fall für andere Zwecke genutzt werden. Wenn dies nicht gelingt, müssen die nicht verwerteten Reststoffe beseitigt werden. Es entsteht zu entsorgender Abfall.

Mit wachsendem Wohlstand wuchsen in der Vergangenheit auch die Abfallmengen. Nicht nur durch gestiegenes Umweltbewusstsein der Bevölkerung, sondern auch wegen sichtbarer Probleme wie

- Entsorgungsengpässen (zu geringe Deponiekapazität),
- ständig steigenden Entsorgungskosten,
- spürbaren Umweltbelastungen bei der Entsorgung und
- der Verknappung der natürlichen Rohstoffe

musste gehandelt werden. In der Folge entstanden eine Reihe gesetzlicher Regelungen, insbesondere das Kreislaufwirtschaftsgesetz (KrWG). Zweck des Gesetzes ist die Förderung der Kreislaufwirtschaft zur Schonung der natürlichen Ressourcen und die Sicherung der umweltverträglichen Beseitigung von Abfällen (§ 1). Es regelt die Vermeidung, Verwertung und Beseitigung von Abfällen. Neu daran sind besonders die Entsorgungspflicht und das Vermeidungsprinzip.

Die **Vermeidung von Abfällen** beginnt bereits beim Einkauf und reicht bis zum sachgerechten Gebrauch von Produkten.

Beispiele: Abfallvermeidung

Was	Wie	Beispiel
Verminderung des Verpackungsaufwands	Großgebinde statt Einzelverpackungen	Öl aus eigenen Lagerbehältern
	Mehrweg- statt Einwegverpackungen	Mehrwegversandboxen
	nachfülbare Verpackungen bzw. Behältnisse	Pumpsprays statt Treibgassprays

Umweltschutz im Autohaus

Was	Wie	Beispiel
Abfallvermeidung durch Mehrfachnutzung	Austausch kurzlebiger Produkte durch länger nutzbare	aufladbare Batterien
Abfallvermeidung durch umweltfreundliche Produkte und Verfahren	Ersatz umweltbelastender Produkte und Verfahren durch umweltfreundlichere	Pflege- und Reinigungsmittel ohne Abwasser belastende Zusätze

Die **Verwertung** kann stofflich oder durch Energiegewinnung durchgeführt werden. Stoffliche Verwertung bedeutet Rückführung in die Produktion oder Verwendung für andere Zwecke (**Recycling**). Dazu kann eine Aufarbeitung oder Aufbereitung notwendig sein.

> **Beispiel:** Wiederverwertung
>
> Im Automobilhandel werden auch Gebrauchtteile angeboten. Selbstverständlich ist hierbei auf geprüfte Qualität zu achten.

Damit ein möglichst hoher Anteil an Abfällen verwertet werden kann, ist eine sortenreine Sammlung notwendig. Für Stoffe, die sich nicht wiederverwerten lassen, sollte nach Ersatzstoffen gesucht werden.

> **Beispiel:** Sortenreine Sammlung
>
> In der Autohaus Köppel GmbH werden folgende Abfälle getrennt gesammelt und außerhalb der Werkstatt in vorgeschriebenen Behältern zwischengelagert:
>
> - Altöl
> - Altreifen
> - Batterien
> - Blech- und Teileschrott
> - fetthaltige Sonderabfälle (z. B. Putzlappen, Öldosen, Filter)
> - Gewerbemüll (z. B. Kunststoff-, Papier-, Holz- und Glasreste)
> - halogenfreie, brennbare Flüssigkeiten (z. B. Benzin-, Diesel- und Verdünnungsreste)
> - Kühl- und Frostschutzmittel
> - Bremsflüssigkeit
>
> Zur Abholung besteht eine vertragliche Vereinbarung mit einem örtlichen Entsorgungsunternehmen.

Abfälle, die nach Art, Beschaffenheit oder Menge in besonderem Maße gesundheits-, luft- oder wassergefährdend, explosibel oder brennbar sind oder Erreger übertragbarer Krankheiten enthalten oder hervorbringen können, gelten nach § 48 KrWG als **gefährlicher Abfall**. Derartige Abfälle dürfen nicht in den Hausmüll bzw. hausmüllähnlichen Gewerbeabfall. Solche Abfälle müssen in speziell zugelassenen Anlagen entsorgt werden. Die ordnungsgemäße Entsorgung besonders überwachungsbedürftiger Abfälle ist nachzuweisen. Zu den besonders überwachungsbedürftigen Abfällen zählen im Autohaus

Lernfeld 3

- Bremsflüssigkeiten,
- Ölabfälle und
- Inhalte von Öl- /Wasserabscheidern.

Für Unternehmen, in denen regelmäßig gefährliche Abfälle anfallen, schreibt § 59 die Bestellung eines oder mehrerer Betriebsbeauftragter für Abfall (Abfallbeauftragte) vor. Die Aufgaben eines solchen Abfallbeauftragten umfassen nach § 60 u. a.

- die Überwachung der Abfälle auf ihrem Weg von der Entstehung bzw. Anlieferung bis zur Verwertung oder Beseitigung,
- das Sicherstellen der Einhaltung geltender Vorschriften aus Gesetzen und Rechtsverordnungen,
- das Hinwirken auf die Entwicklung und Einführung umweltfreundlicher, abfallarmer Verfahren bzw. Erzeugnisse,
- die Erstellung eines jährlichen Berichts für den Betreiber über getroffene und beabsichtigte Maßnahmen.

Die Einhaltung der Vorschriften wird kontrolliert. Vorsätzliche oder fahrlässige Verstöße werden als Ordnungswidrigkeiten mit Bußgeldern bis zu 100 000,00 € geahndet (§ 69).

Das KrWG wird ergänzt durch eine ganze Reihe von Rechtsverordnungen. Diese Verordnungen konkretisieren und vervollständigen in der Regel die Bestimmungen des KrWG. Dies betrifft z. B. die Abfallüberwachung, Anforderungen an die Abfallbeseitigung, betriebliche Regelungen, produkt- und produktionsbezogene Regelungen sowie die Behandlung von Klärschlamm.
Für das Kfz-Gewerbe sind eine Reihe dieser Bestimmungen von Bedeutung. Dazu zählen u. a.

- die Verordnung über Betriebsbeauftragte für Abfall (Abfallbeauftragtenverordnung – AbfBeauftrV),
- das Gesetz über die Verbringung und Kontrolle der grenzüberschreitenden Verbringung von Abfällen (Abfallverbringungsgesetz – AbfVerbrG),
- die Altölverordnung (AltölV),
- die Verordnung über die Überlassung, Rücknahme und umweltverträgliche Entsorgung von Altfahrzeugen (Altfahrzeug-Verordnung – AltfahrzeugV),
- das Gesetz über das Inverkehrbringen, die Rücknahme und die umweltverträgliche Entsorgung von Batterien und Akkumulatoren (Batteriegesetz – BattG),
- das Gesetz über das Inverkehrbringen, die Rücknahme und die hochwertige Verwertung von Verpackungen (VerpackG).

Umweltschutz im Autohaus

Zusammenfassung

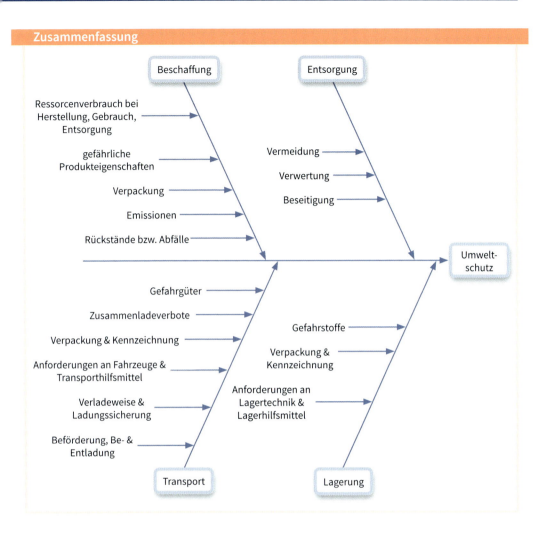

Lernfeld 3

Aufgaben

1. Welche Gründe gibt es für Unternehmen im Kfz-Gewerbe, umweltorientiert zu handeln?

2. Welche für den Einkäufer wichtigen Informationen sind EG-Sicherheitsdatenblättern und Herstellerbescheinigungen zu entnehmen?

3. Welcher Unterschied besteht zwischen Gefahrstoffen und Gefahrgütern?

4. Wie kann im Einkauf auf die Verminderung des Abfalls Einfluss genommen werden?

5. Welche Möglichkeiten hat der Einkäufer, die Abwassermenge und -qualität positiv zu beeinflussen?

6. Wo und wie werden in Ihrem Ausbildungsbetrieb Altbatterien gelagert?

7. Stellen Sie fest, ob es in Ihrem Ausbildungsbetrieb einen Abfallbeauftragten gibt. Welche Aufgaben hat ein solcher Beauftragter?

8. Diskutieren Sie in der Gruppe die Bedeutung des Umweltschutzes im Autohaus. Erstellen Sie eine Präsentation der Ergebnisse.

6 EDV im Autohaus

AUSGANGSSITUATION

Der Auszubildende Fin Schneider hat bereits die meisten Arbeitsabläufe im Autohaus Köppel kennengelernt. Er war im Verkauf, im Kundendienst und der Verwaltung tätig. Auch im Lager sowie im Teile- und Zubehörshop hat Fin Schneider mitgearbeitet. Überall ist die elektronische Datenverarbeitung (EDV) ein wichtiges Arbeitsmittel. Auch der Informationsaustausch mit dem Importeur wird überwiegend elektronisch abgewickelt. Fin Schneider findet es faszinierend, wie die Informationen über durchgeführte Arbeiten aus der Werkstatt in die Rechnung einfließen und die verbrauchten Teile vom Lagerbestand abgebucht werden. Daniel Gorges, der Leiter des Kundendienstes, kümmert sich im Autohaus Köppel um die Rechner. Von ihm wird sich Fin Schneider noch einmal genauer erklären lassen, wie die einzelnen Arbeitsplätze miteinander verbunden sind und wie der Datenaustausch funktioniert.

ARBEITSAUFTRAG

Stellen Sie fest, für welche Aufgaben in Ihrem Ausbildungsbetrieb das Internet genutzt wird. Präsentieren Sie die Ergebnisse Ihren Mitschülern.

6.1 Grundlagen

EINSTIEGSSITUATION

Fin Schneider hat beim Gespräch mit dem Kundendienstleiter Daniel Gorges die Empfehlung erhalten, sich zunächst die wesentlichsten Grundlagen zu erarbeiten. Danach wollen beide gemeinsam die konkrete technische Umsetzung im Autohaus Köppel besprechen. Zur Orientierung hat Herr Gorges folgende Schwerpunkte genannt: Datenbanken und Datennetze. Sie unterstützen bei der Bearbeitung.

Im Automobilhandel sind heute viele Arbeitsabläufe direkt auf die Computernutzung zugeschnitten. Um effektiv mit den vorhandenen Programmen und Lösungen arbeiten zu können, muss der Automobilkaufmann neben der korrekten Anwendung auch die Schnittstellen kennen und verstehen. Leider gibt es nicht nur ein EDV-System für Autohäuser. Die einzelnen Produkte sind auf unterschiedliche Aufgabenbereiche zugeschnitten. Es gibt Komplettpakete, die viele Anwendungsgebiete im Autohaus abdecken. Darüber hinaus werden aber auch spezielle Produkte für ausgewählte Anwendungsfälle angeboten (z. B. für die Werkstatt Diagnosesysteme zur Prüfung bestimmter Fahrzeugkomponenten). Die Autohäuser nutzen unterschiedliche EDV-Lösungen, weil je nach Betriebsgröße, gehandelten Fahrzeugmarken und der Organisation im Betrieb unterschiedliche Anforderungen bestehen. Bei vielen Lösungen spielen Datenbanken und Datennetze eine besonders wichtige Rolle.

Lernfeld 3

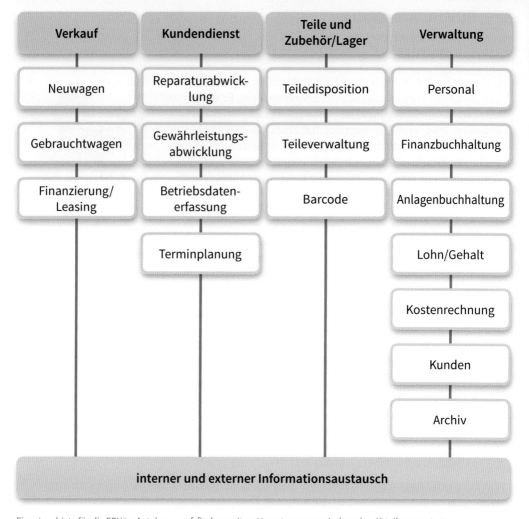

Einsatzgebiete für die EDV im Autohaus, ggf. finden weitere Vernetzungen zwischen den Abteilungen statt.

Datenbanken

Unter einem Datenbankprogramm oder Datenbankmanagementsystem (DBMS) versteht man ein System, das

- große Datenmengen speichert und diese zweckmäßig verwaltet (meist in Tabellen),
- Möglichkeiten zum geregelten Zugriff auf die gespeicherten Daten bereitstellt und
- Werkzeuge für den praktischen Umgang mit den Daten enthält.

Datenbankmanagementsysteme haben den Vorteil, dass verschiedene Nutzer eine Datenbasis gemeinsam nutzen können.

EDV im Autohaus

Weitere Vorteile von DBMS sind:

- Die Nutzung ist im Dialog mit dem Bediener oder durch Programme möglich.

> **Beispiele**
> Der Verkäufer erfasst die Daten eines Neuwagenkäufers. Wenn der Kunde seinen Wagen zur Inspektion bringt, braucht er nur seine Fahrzeugpapiere vorzulegen. Der Werkstattleiter bekommt über die Eingabe der Fahrzeugnummer in das Werkstattsystem die Anschrift des Kunden und die Fahrzeugdaten durch die Datenbank bereitgestellt. Er braucht diese Angaben nicht neu zu erfassen. Es empfiehlt sich jedoch zu prüfen, ob sich die Daten geändert haben, der Kunde könnte z. B. umgezogen sein.

- Den Nutzern werden entsprechend ihres Bedarfs unterschiedliche Sichten auf die Daten ermöglicht.

> **Beispiel**
> Über die Fahrzeugnummer sind dem Werkstattleiter die technischen Daten des entsprechenden Fahrzeugs zugänglich. Er benötigt diese für eine fachgerechte Durchführung der Instandhaltung. Der Verkäufer kann über die Kundendatei feststellen, welches Fahrzeug welcher seiner Kunden gekauft hat. Die technischen Details des Fahrzeugs benötigt er nicht.

- Nutzung und technische Umsetzung der Speicherung sind getrennt organisiert.

> **Beispiel**
> Der Lagerleiter hat die neu eingegangenen Teile in den Bestand übernommen. Dazu hat er die entsprechenden Eingaben in der Erfassungsmaske vorgenommen. Er muss sich nicht darum kümmern, wo und wie die Daten genau gespeichert werden. Das organisiert das DBMS selbstständig.

Jedes Datenbankprogramm muss grundlegende Anforderungen erfüllen. Diese Anforderungen können durch die zentrale Verwaltung der Daten erreicht werden. Für die praktische Anwendung ergeben sich daraus erhebliche Vorteile gegenüber dem konventionellen Umgang mit Daten, wie folgende Tabelle aufzeigt:

Anforderung	Erläuterung	Beispiele
keine Redundanz	Dieselben Daten sind nur einmal gespeichert.	Die Adressdaten des Lieferanten werden nur einmal gespeichert. Alle Teile dieses Lieferanten haben eine Beziehung zu den Adressdaten. Bei Bedarf kann von jedem Teil die Verbindung zu den Daten des Lieferanten hergestellt werden.
Verhindern von Dateninkonsistenz	Es dürfen keine unterschiedlichen Werte für dieselben Daten existieren.	Alle Teile eines Herstellers müssen eine Beziehung zu den Adressdaten dieses Lieferanten haben. Kein Teil hat eine Beziehung zu einem falschen oder keinem Lieferanten.

Lernfeld 3

Anforderung	Erläuterung	Beispiele
keine Verletzungen der Integrität	Die Daten und der Sachverhalt, den sie beschreiben, passen zu jedem Zeitpunkt zusammen.	Ein Lieferant hat seine Geschäftstätigkeit eingestellt. Das Sortiment hat ein anderes Unternehmen übernommen. Die alten Firmendaten wurden durch die neuen ersetzt. In der Datenbank haben alle Teile nur noch Beziehungen zu den jeweils aktuellen Firmendaten. Es ist kein Verweis auf die nicht mehr vorhandenen Firmendaten erhalten geblieben. Kein Teil ist ohne Beziehung zu Firmendaten.
Einhaltung des Datenschutzes (im Sinne des BDSG und der DSGVO)	Unautorisierte Nutzer haben keinen Zugriff auf gespeicherte Daten.	Jeder Nutzer im Autohaus hat nur auf die Daten Zugriff, die er zur Erfüllung seiner Arbeitsaufgaben benötigt. Auf Daten der Kunden können nur autorisierte Nutzer zugreifen.

Datennetze

Viele Informationen im Autohaus werden nicht nur an einem Arbeitsplatz benötigt. Zwischen den einzelnen Arbeitsplätzen sowie zwischen dem Autohaus und seinen Lieferanten und Kunden ist reger Datenaustausch notwendig. Aus diesem Grund werden Rechner über Datenleitungen zu **Rechnernetzwerken** verbunden. Über diese Datenleitungen kann der Datenaustausch direkt und mit sehr hoher Geschwindigkeit erfolgen. Der große Vorteil solcher Online-Datenübertragungen hat dazu geführt, dass heute z. B. die Autohäuser oft direkten Zugriff auf die Teiledaten ihrer Hersteller bzw. Importeure haben.

> **Beispiel:** Rechnernetzwerk
>
> Das Programm „Formel 1 evolution" von CARDIS Reynolds ermöglicht es dem Autohändler, auf den kompletten Originalteilestamm des Herstellers zuzugreifen. Das Programm wird u. a. von Händlern der Marke BMW genutzt.

Sind Rechner an einem Ort miteinander verbunden, entsteht ein **lokales Netzwerk** (LAN – Local Area Network). Neben dem Rechnerverbund über Kabel (meist via Ethernet) besteht auch die Möglichkeit, lokale Funknetze aufzubauen und für die Datenkommunikation zwischen Rechnern zu nutzen (WLAN - Wireless Local Area Network).

> **Beispiel:** Lokales Netzwerk
>
> Alle Rechnerarbeitsplätze im Autohaus sind untereinander vernetzt.

Geht die Vernetzung über den lokalen Bereich hinaus, entsteht ein **Fernnetz** (WAN-Wide Area Network).

> **Beispiel:** Fernnetz
>
> Zum Anschluss des Autohauses an die Neuwagendisposition und die elektronische Ersatzteilbestellung beim Hersteller bzw. Importeur wird ein Fernnetz genutzt.

Internet

Ein Fernnetz ist heute weder in der Wirtschaft noch im privaten Leben wegzudenken – das Internet. Während in der Vergangenheit Datennetze vor allem von Unternehmen genutzt wurden, ist das Internet offen für alle. Damit ergibt sich die Möglichkeit, weltweit zwischen vielen Millionen Rechnern in Privathaushalten, Behörden und Unternehmen Daten auszutauschen.

Das Internet an sich bietet lediglich die Infrastuktur für das Verarbeiten und Übertragen von Informationen.

Erst die Internetdienste bieten verschiedenen Anwendungsmöglichkeiten, mit denen das Internet genutzt werden kann.

Beispiele hierfür sind:

- E-Mail (Electronic Mail) – Die elektronische Post gestattet den schnellen und kostengünstigen weltweiten Nachrichtenaustausch.
- Dateiverwaltung – verschiedene Internetdienste bieten spezielle Clouds an, in denen der Anwender (Privatpersonen oder Unternehmen) Daten speichern und verwalten kann. Auch Programme können über Clouds genutzt werden. Beispiele für Anbieter dieses Internetdienstes sind: iCloud von Apple, Dropbox, One Drive von Microsoft und viele weitere.
- World Wide Web (WWW) – über den Internetdienst www können Webseiten abgerufen werden. Damit dies möglich ist, werden Dokumente miteinander verlinkt.
  Über spezielle Server werden Webseiten zur Verfügung gestellt, die per HTTP bzw. HTTPS (Hypertext Transfer Protokoll, ~ Secure) übertragen und dann in einem Browser wie Firefox, Internet-Explorer usw. zu sehen sind.
- Domain Name System (DNS): Bei diesem Internetdienst ist es so, dass eine Vielzahl von weltweit verteilten Servern den hierarchisch aufgebauten Namensraum des Internets verwalten. Bei jedem Zugriff auf eine Website wird deren Namen (quasi deren Ortsbezeichnung) in IP-Adressen (quasi deren Postleitzahl) umgewandelt. So ist für den Anwender möglich, ohne bekannte IP-Adresse an die gewünschten Informationen zu gelangen.

> **Beispiel**
>
> Nora Köppel möchte die Homepage der Autohaus Köppel GmbH aufrufen und gibt diese in der entsprechenden Leiste an: www.autohaus-koeppel.de
>
> Das DNS wandelt diese Buchstaben in eine IP-Adresse, z. B. 22.159.121.207 um und die entsprechende Seite mit allen Informationen erscheint in ihrem Browser.

Die gesamte Kraftfahrzeugbranche nutzt das Internet auf vielfältige Weise. Kaum ein namhafter Hersteller verzichtet auf die Präsentation seines Unternehmens und seiner Produkte im WWW. Viele Autohäuser sind diesem Beispiel gefolgt. Verbände und Fachverlage stellen Informationen bereit.

Das Internet hat große Bedeutung in den Informationsbeziehungen zwischen Geschäftspartnern (Business-to-Business). Beim Informationsaustausch von Herstellern bzw. Importeu-

ren und Händlern sowie Lieferanten kann das Internet für folgende Aufgaben herangezogen werden:
- Marktforschung im WWW
- Suche nach Produkten und deren Lieferanten im WWW
- Anforderung von Angeboten per E-Mail
- Nutzung elektronischer Kataloge (einschließlich Aktualisierung)
- Zugriff auf den elektronischen Teilekatalog des Herstellers bzw. Importeurs durch den Händler
- direkte Bestellung von Ersatzteilen über den Online-Shop
- Einleiten einer Reklamation

In der Beziehung des Autohauses zu seinen Kunden (Business-to-Consumer) sind ebenfalls eine Reihe Nutzungsmöglichkeiten vorhanden:

- Darstellung des Unternehmens (Public Relations z. B. mit Pressemitteilung über die Vorstellung neuer Modelle)
- Angebot von Produkten und Leistungen im WWW (Gebrauchtwagenangebot, Teile- und Zubehörshop u. Ä.)
- Möglichkeit der Kontaktaufnahme über das Netz
- Online-Shops
- Hinweise auf Veranstaltungen
- Hinweise auf Kooperationspartner und entsprechende Verlinkungen

Vorteile der Nutzung von Internetdiensten sind:

- Die ständige Verfügbarkeit des Internets (das ganze Jahr rund um die Uhr) gestattet es, Kunden wie Geschäftspartnern auch außerhalb der Geschäftszeiten Informationen zu senden und/oder von diesen zu empfangen.

Beispiel
Der Kunde Herr Dr. Kolz kann sich nach Feierabend das aktuelle Angebot des Teileshops im WWW ansehen. Er kann die Angebote von zu Hause aus vergleichen. Der Kundenkreis des Autohauses Köppel bleibt zudem nicht auf die heimatliche Region beschränkt.

- Die weltweite Zugriffsmöglichkeit erweitert die Flexibilität für alle Partner.

Beispiel
Der Mitarbeiter der US-Botschaft, Herr Smith, ist zu Besuch in seiner Heimat. Er vereinbart vor seiner Rückkehr aus den USA im Autohaus Köppel einen Termin für eine Inspektion. Er stimmt sich per E-Mail mit dem Werkstattleiter ab. Diese Form der Kommunikation ist für beide kostengünstig und sie brauchen keine Rücksicht auf die unterschiedlichen Zeitzonen zu nehmen.

- Die Möglichkeit, Daten schnell und kostengünstig übertragen zu können, hilft Zeit und Kosten zu sparen.

> **Beispiel**
> Der Hersteller in Übersee kann ständig die aktuellsten Informationen bereitstellen, wodurch hohe Portokosten entfallen.

- Der ständig wachsende Nutzerkreis erschließt neue Kundenpotenziale.

> **Beispiel**
> Marion Dillerle hat ihrer Freundin in Burg von der neuen Internet-Gebrauchtwagenbörse der Autohaus Köppel GmbH erzählt. Die Freundin betreibt einen Computershop und sucht schon lange einen Oldtimer der Cars-Best-Produktion. Sie wird jetzt immer mal wieder nachsehen, ob sie in der Gebrauchtwagenbörse fündig wird.

6.2 Warenwirtschaftssysteme

> **EINSTIEGSSITUATION**
> Der Auszubildende Fin Schneider hat sich auf das Gespräch mit Herrn Gorges, dem Kundendienstleiter, gut vorbereitet. Fin Schneider ist der Empfehlung von Herrn Gorges gefolgt und hat sich über Datenbanken und Datennetze informiert. Nun wollen beide gemeinsam die konkrete technische Umsetzung im Autohaus Köppel besprechen. Schwerpunkte sollen dabei die Lagerhaltung und die Zusammenarbeit mit den Lieferanten für Teile und Zubehör sein. Unterstützen Sie die beiden.

Mit der Wahl der Software wird bestimmt, welche Arbeitsabläufe mit dem Computer unterstützt werden können. Bei aller Vielfalt der Einsatzmöglichkeiten für die EDV im Automobilhandel lässt sich am Beispiel der Lagerhaltung die prinzipielle Arbeitsweise verdeutlichen.

Über das Lager bestehen Verbindungen zu den wichtigsten Abläufen des Materialflusses vom Einkauf bis zum Verkauf bzw. Verbrauch. Wenn man EDV zur Unterstützung der Abläufe einsetzt, ist es notwendig, jeden Artikel einzeln zu verfolgen. Dabei werden die konkreten Materialbewegungen (physischer Materialfluss), aber auch alle erforderlichen Angaben (Daten) der Artikel erfasst, bearbeitet und ausgewertet. Diese artikelgenaue wert- und mengenmäßige Materialverfolgung vom Einkauf bis zum Verkauf wird allgemein im Handel als **Warenwirtschaft** bezeichnet. Die dazu genutzten EDV-Systeme werden **Warenwirtschaftssysteme** genannt.

In den Autohäusern werden aber nicht nur Waren bewegt, sondern auch Material für den Verbrauch in der eigenen Werkstatt (vgl. Kapitel 3.1). Deshalb sind für die entsprechenden EDV-Systeme meist spezielle Produktbezeichnungen der EDV-Systemhäuser in Gebrauch. Wegen der vielen Gemeinsamkeiten sind die Eigenschaften der Warenwirtschaftssysteme in ihren Kernfunktionen mit den Produkten im Automobilhandel vergleichbar. Große Unterschiede bestehen naturgemäß in der Anbindung an typische Aufgaben der Werkstatt.

Warenwirtschaftssysteme haben die Aufgabe, Beschaffung, Wareneingang, Lagerung, Verkauf und Warenausgang zu steuern, zu registrieren und auszuwerten. Für jeden dieser Aufgabenbereiche stehen entsprechende Teilsysteme zur Verfügung, die untereinander Daten austauschen und auf umfangreiche Dateien zugreifen. Zu diesen Dateien gehören u. a.:

Lernfeld 3

- Die Artikeldatei mit allen erforderlichen Angaben zu sämtlichen Artikeln, die über das System bearbeitet werden. Dazu gehören Artikelnummer, Bezeichnung, Bestandsmenge, Einkaufspreis, Mengeneinheit usw. Die eindeutige Artikelnummer für jeden Artikel dient als Zugriffsschlüssel.
- Die Lieferantendatei enthält Daten der Lieferanten, von den Adressdaten bis hin zu Bankverbindungen.
- Die Kundendatei beinhaltet kundenbezogene Daten, wie z. B. die Anschrift.

Weitere Dateien können auftrags- und fahrzeugbezogene Daten ebenso wie Arbeitszeitrichtwerte für die Werkstatt enthalten. Für den Nutzer ist dabei meist nicht erkennbar, wo und wie die Daten gespeichert werden. Dies ist auch nicht notwendig. Dafür sind entsprechende Datenbankmanagementsysteme zuständig. Über eine grafische Benutzeroberfläche werden dem Bediener die vielfältigen Funktionen zur Verfügung gestellt. Dialoganzeigen erleichtern den Umgang mit diesen Systemen. Außerdem bestehen über Schnittstellen vielfältige Möglichkeiten des Datenaustausches zu anderen EDV-Systemen innerhalb und außerhalb des Autohauses.

Eingehende Ware muss in den Bestand übernommen werden und einen Lagerplatz zugewiesen bekommen. In der Vergangenheit wurden dazu Karteien bzw. Bücher benutzt. Im Zeitalter des Computers werden die Karteien durch Dateien ersetzt. Der Aufbau der Dateien ist jedoch den Karteikarten sehr ähnlich. Bei der Datenerfassung wird dem Bediener ein Eingabeformular auf dem Bildschirm angezeigt. Dieses Eingabeformular (Erfassungsmaske) enthält Anzeigefelder mit der Angabe, was einzugeben ist und Eingabefelder zur Aufnahme der Eingabedaten. Die Richtigkeit der Eingabe wird soweit wie möglich durch die Software überprüft. Fehlerhafte Eingaben sollen dadurch vermieden werden. Inzwischen sind fast alle Artikel mit maschinenlesbaren Datenträgern ausgestattet. Ein typisches Beispiel dafür sind die GTIN-Codes (als Balkencode verschlüsselte weltweit geltende Artikelnummer). Durch den Einsatz mobiler und stationärer Datenerfassungsgeräte, wie z. B. Lesepistole und Scannerkasse, können die Daten schneller, kostengünstiger und mit geringerer Fehlerquote erfasst werden.

Die erfassten Angaben zu den eingegangenen Waren werden dann in Dateien abgelegt. Dabei sind zu unterscheiden:

- Stammdaten, die sich über einen längeren Zeitraum nicht ändern und deshalb nicht ständig neu eingegeben werden müssen

> **Beispiel**
>
> Die Daten der Lieferanten werden einmal erfasst und stehen danach zur Verfügung. Meist werden den Lieferanten interne Schlüsselnummern zugewiesen. Nach deren Eingabe stehen die zugehörigen Daten wie Name, Anschrift usw. zur Verfügung und müssen nicht immer wieder eingegeben werden.

- Bewegungsdaten, die ständig andere Werte annehmen und daher jeweils neu zu erfassen sind

EDV im Autohaus

> **Beispiel**
> Anzahl bzw. Menge der eingehenden Ware und der Lagerplatz müssen bei jedem Wareneingang neu erfasst werden.

Werden Waren z. B. aus dem Handlager entnommen, muss wieder über die entsprechende Erfassungsmaske eingegeben werden, wie viel Ware welcher Sorte von welchem Lagerplatz entnommen wurde. Über das Programm können dann die Bestände aktualisiert und frei gewordene Lagerplätze für neue Einlagerungen freigegeben werden. Bei Bedarf kann zwischenzeitlich der Bestand an bestimmten Artikeln festgestellt werden.

Zusammenfassung

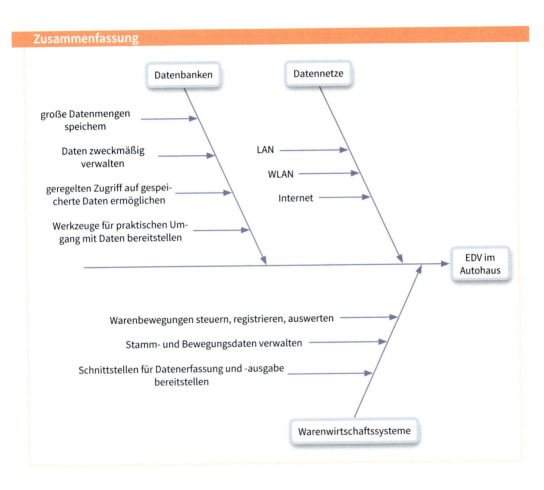

Lernfeld 3

Aufgaben

1. Was ist ein Warenwirtschaftssystem?

2. Welche Vorteile bieten Datenbanken?

3. Unter welcher Adresse finden Sie die Internetpräsentation des Herstellers, dessen Fahrzeuge in Ihrem Ausbildungsbetrieb verkauft werden?

4. Welche Nutzungsmöglichkeiten bietet das Internet Automobilherstellern, Importeuren und Händlern bei der Abwicklung ihrer Geschäftsbeziehungen? Wie nennt man solche Beziehungen?

5. Welche Vorteile bietet die Abwicklung von Geschäften über elektronische Netze?

6. Stellen Sie fest, welche EDV-Systeme in Ihrem Ausbildungsbetrieb genutzt werden.

7. Ermitteln Sie, welche Arbeitsabläufe bzw. Arbeitsgebiete die EDV-Systeme in Ihrem Ausbildungsbetrieb unterstützen. Erstellen Sie eine entsprechende Präsentation der Ergebnisse. Vergleichen und diskutieren Sie die Ergebnisse in der Gruppe.

8. Welches EDV-System hat in Ihrem Ausbildungsbetrieb die Aufgaben eines Warenwirtschaftssystems? Wie wird dieses System mit aktuellen Daten der Teile versorgt und wie werden Bestandsänderungen dem System mitgeteilt?

Lernfeld 4
Teile und Zubehör verkaufen

1 Das Sortiment

AUSGANGSSITUATION

Die beiden Auszubildenden des Autohauses Köppel Carl Löffler und Nora Braun sollen Herrn Jonas Braunert aus dem Teile- und Zubehörshop Vorschläge unterbreiten, wie das Sortiment besser den Kundenwünschen angepasst werden kann.

ARBEITSAUFTRÄGE
1. Stellen Sie das Zubehörprogramm Ihres Autohauses vor.
2. In welcher Produktgruppe haben Sie viel/wenig Auswahl?
3. Ordnen Sie die Sortimente richtig zu:
    a) breites Sortiment
    b) schmales Sortiment
    c) tiefes Sortiment
    d) flaches Sortiment
4. Welche Artikel werden überwiegend nachgefragt?
5. Wie können Sie Ihr Sortiment für die Kunden attraktiver gestalten? Stellen Sie Ihre Vorschläge der Klasse vor und begründen Sie Ihre Entscheidungen.

Lernfeld 4

Unter **Sortiment** versteht man die Gesamtheit der angebotenen Produkte eines Autohauses. Eine der wichtigsten Voraussetzungen für den geschäftlichen Erfolg ist das „richtige" Sortiment.

1.1 Sortimentsaufbau und Sortimentsbegriffe

> **EINSTIEGSSITUATION**
>
> Das Sortiment des Autohauses Köppel umfasst die nachfolgenden Bereiche. Sie sollen sich mit dem Begriff Sortiment auseinandersetzen.
>
> Neuwagen, Gebrauchtwagen → Zubehör → Ersatz- und Verschleißteile → Karosseriebau, Lackiererei → Wagenpflege

Der Aufbau eines Sortiments lässt sich als Pyramide darstellen.

Sortiment	Erläuterung	Beispiele
Sorte	ganz spezielles Produkt hinsichtlich Marke, Größe, Farbe	Leichtmetallfelgen Marke X, Brillantsilber, 6J x 15", ET43, LK112/5
Artikel	spezieller Artikel der betreffenden Artikelgruppe	Leichtmetallfelgen
Artikelgruppe = Produktgruppe	gleichartige Produkte innerhalb eines Produktbereichs	Felgen, Reifen, Kompletträder
Produktbereich	gleichartige Produktgruppe im betreffenden Fachbereich	Autozubehör, Ersatz- und Verschleißteile
Fachbereich	kennzeichnet die Branche bzw. den Verwendungsbereich	Kfz-Branche

Sortimentsbegriffe

Das Autohaus führt im

- **breiten Sortiment** viele Produktgruppen, z. B. Neuwagen, Gebrauchtwagen, Zubehör, Ersatz- und Verschleißteile,
- **schmalen Sortiment** wenige Produktgruppen, z. B. Neuwagen, Zubehör,
- **tiefen Sortiment** in einer Produktgruppe viele verschiedene Artikelgruppen, z. B. beim Autozubehör Dachträger, Dachboxen, Fahrradhalter, Surfbretthalter, Sikhalter, Kanuhalter,

- **flachen Sortiment** in einer Produktgruppe wenig Artikelgruppen, z. B. nur eine geringe Anzahl von Kindersitzen, Sitzschonern,
- **variablen Sortiment** ein sich änderndes Sortiment, wird beispielsweise der Jahreszeit angepasst; im Herbst/Winter Winterreifen, Winterpflegesets, im Frühjahr/Sommer Sommerreifen, Frühjahrpflegesets
- **fixen Sortiment** ein gleichbleibendes Sortiment, was selten vorkommt,
- **Vollsortiment** z. B. alle gängigen Felgen, Reifen, Kompletträder für Neu- und Gebrauchtwagen,
- **Sortimentssegment** Ausschnitte, also Teile des Sortiments, so z. B. Dachträger, Dachboxen.

Eine weitere Unterscheidung der Sortimente ist möglich nach:

- **Verwendung: Gebrauchsgüter** werden lange Zeit verwendet, z. B. Autos, Zubehör, Ersatzteile; **Verbrauchsgüter** können nur einmal verwendet werden, z. B. Benzin, Diesel.
- **Häufigkeit des Verkaufs: Renner** werden häufig verkauft, z. B. Felgen, Räder, Reifen; **Penner** werden selten verkauft, z. B. ausgefallene Spoiler.
- **Bekanntheitsgrad des Produkts:**
  - **Markenartikel:** Der Hersteller bringt sein Produkt unter einheitlicher Aufmachung, gleichbleibender Qualität und intensiver Werbung auf den Markt, z. B. Reifenhersteller.
  - **Handelsmarke:** Der Filialist bringt eigene Produkte unter seiner Marke auf den Markt.
  - **No-Name-Produkte** sind meist niedrigpreisige, qualitativ einfache Waren, wie z. B. Lacke, Öle u. Ä.

Sortimente werden häufig nach **Bedarfsbündeln** gegliedert. Darunter versteht man eine Zusammenstellung von Produkten, die zusammengehören oder -passen.

> **Beispiel**
>
> Der Kunde Jörn Kolz möchte seinen Wagen innen und außen sorgfältig pflegen. Er findet in der Produktgruppe „Pflegemittel" alle wichtigen Produkte wie Lackreiniger, Auto-Glanzwatte, Poliertuch; Haftwachse, Glanzpolitur; Scheibenreiniger, Polsterschaumreiniger u. Ä.

Junge Fahrer suchen oft sportliches Zubehör. Dies umfasst Sortimente wie Leichtmetallräder, Endschalldämpferblenden, Sportschaltknaufe, Sportlenkräder, rote Sicherheitsgurte, Sitze im Längsstreifen-Design u. Ä.

Die Platzierung zusammengehörender bzw. -passender Artikel/Sortimente bringt Vorteile. Sie zeigt das gesamte Angebot eines Produktbereichs, informiert den Kunden und löst Kaufimpulse/-entscheidungen aus.

1.2 Sortimentspolitik

> **EINSTIEGSSITUATION**
>
> Das Autohaus Köppel stellt Produkte zusammen, die den Erwartungen seiner Kunden entsprechen. Das Unternehmen betreibt **Sortimentspolitik**, also trifft es Entscheidungen zur Gestaltung und Veränderung seines Sortiments. Sie sollen sich über diesen Themenbereich informieren.

Lernfeld 4

Die Wünsche der Kunden wandeln sich. Der Automobilmarkt trägt dem Wandel mit ständig neuen Modellen, Farben, Motoren, neuem Design, Zubehör usw. Rechnung. Hersteller, Importeure und Autohäuser passen ihre Sortimente den Kundenwünschen an. Die Sortimente ändern sich.

Drei Maßnahmen sind häufig anzutreffen:

Sortimentserweiterung	Sortimentsbeschränkung	Veränderung des Genres
= **Sortimentsvertiefung**	= **Sortimentsbereinigung**	= **Qualitäts- und Preisstufen werden verändert**
Zum ursprünglichen Sortiment kommen weitere Artikel(gruppen): z. B. weitere Leichtmetallräder, Sitzbezüge.	Produkte, die nicht genügend Gewinn bringen, werden aufgegeben, z. B. werden Autobatterien nur noch von einem Hersteller geführt.	Es werden nur noch hochwertige Markenreifen angeboten; höhere Qualitäts- und Preisstufen = „Trading up", umgekehrt „Trading down".

Grundlagen für eine Sortimentspolitik sind:

- **das betriebliche Warenwirtschaftssystem,** das wichtige Informationen gibt über mengen- und wertmäßigen Absatz der einzelnen Produkte, Bestände u. Ä.;
- **positive Deckungsbeiträge:** Das Autohaus wird versuchen, sich von verlustbringenden Produkten zu trennen. In manchen Fällen, z. B. beim gewinnbringenden Neuwagengeschäft, muss das Autohaus jedoch verlustbringende Gebrauchtwagen in Zahlung nehmen;
- **vorhandene Präsentationsmöglichkeiten:** Wie, wie viele, wo können Neuwagen, Zubehör o. Ä. verkaufswirksam dem Kunden gezeigt und evtl. vorgeführt werden;
- **die Kundenstruktur:** Welche Wünsche haben Kunden, welche Verhaltensweisen sind typisch, welche berufliche Tätigkeiten üben Kunden aus, deren Alter, Interessengebiete … Fragebögen geben u. A. darüber Auskunft;
- **das Marktgeschehen:** Die Marktforschung klärt die Frage, was, wie viele, wo und an wen verkauft werden kann. Unter der Marktbeobachtung versteht man eine fortlaufende, sich über einen längeren Zeitraum erstreckende Marktforschung; die Marktanalyse zeigt eine einmalige Marktforschung, die Marktprognose ist eine Vorhersage der zukünftigen Marktentwicklung.

Zusammenfassung

- Unter dem Sortiment versteht man die Gesamtheit aller Produkte, die ein Unternehmen anbietet.
- Die Sortimentsstruktur gibt Auskunft über die Beschaffenheit des Sortiments hinsichtlich verschiedener Gesichtspunkte wie Vollsortiment, Sortimentsbreite und -tiefe, Standard- und Aktionssortiment, Herstellermarken (= Markenartikel) und Handelsmarken.
- Unter der Sortimentspolitik versteht man Maßnahmen, die das Sortiment entsprechend den Kundenbedürfnissen gewinnbringend planen, gestalten und verändern, wie Sortimentserweiterung, Sortimentsbeschränkung oder Veränderung des Genres.

Das Sortiment

- Ein breites Sortiment liegt vor, wenn viele verschiedene Produktgruppen geführt werden.
- Ein schmales Sortiment liegt vor, wenn wenige Produktgruppen geführt werden.
- Ein tiefes Sortiment liegt vor, wenn in einer Produktgruppe viele Artikel und Sorten geführt werden.
- Ein flaches Sortiment liegt vor, wenn wenige verschiedene Artikel in einer Produktgruppe geführt werden.
- Das Standardsortiment (fixes Sortiment) wird über lange Zeit, meist Jahre, in seiner Zusammensetzung beibehalten.
- Variable Sortimente (Aktionssortimente) sind meist jahreszeitlich begrenzte Sortimente oder Sonderangebotssortimente.

Aufgaben

1.
   a) Welche Teile- und Zubehörartikel bietet Ihr Ausbildungsbetrieb an?
   b) Erstellen Sie zu einem bestimmten Artikel (= Sorte) eine Sortimentspyramide und verwenden Sie dabei die Begriffe „Fachbereich", „Produktbereich", „Artikelgruppe" (= Produktgruppe), „Artikel" und „Sorte".
   c) Welche Sortimente sind in Ihrem Ausbildungsbetrieb Renner bzw. Penner?

2. Welche Artikel passen in folgende Sortimente und/oder ergänzen diese?
   a) Auto-Kommunikation
   b) sportliches Zubehör
   c) Lacke bei kleinen Schäden

3. Frau Dillerle bringt ihr „gutes Stück" vorsorglich in die Werkstatt, um es „winterfest" machen zu lassen. Welche Dienstleistungen sowie Artikel Ihres Sortiments können Sie anbieten?

4. Mario stellt im Sortiment
   a) Renner
   b) Penner fest.
   Erläutern Sie die Begriffe.

5.
   a) Was versteht man unter Sortimentspolitik?
   b) Nennen Sie fünf mögliche Gründe, die Ihren Betrieb veranlassen könnten, das Sortiment zu ändern.

6. Geben Sie zwei Beispiele für Bedarfsbündel an. Welche Vorteile ergeben sich für den Kunden und das Autohaus, wenn Sortimente nach Bedarfsbündeln zusammengestellt werden?

7. Umweltschutz ist ein wichtiges Verkaufsargument.
   a) Nennen Sie Produkte aus dem Teile- und Zubehörbereich, die Problemstoffe enthalten.
   b) Geben Sie Beispiele für Produkte an, die umweltgerecht sind.

Lernfeld 4

2 Produktplatzierung und -präsentation

AUSGANGSSITUATION

Antifrost- und Klarsichtkonzentrat mit Citrusduft
der zuverlässige Frostschutz für die Scheibenwaschanlage, zum Mischen
5 Liter
1 Liter Konzentrat bis −70°

Wischerblätter
geeignet für Audi, BMW, Ford, Mercedes-Benz, Opel, VW

Digitaler Reifendruckmesser
Anzeige in bar/psi

Multimediaradio mit Navigationssystem
mit hochauflösendem Display, Steuerung über die Lenkradfernbedienung

Starthilfe-Spray
zuverlässiger Pkw-Kaltstart im Winter, problemloser Start von Pkw- und Lkw-Dieselmotoren auch bei tiefsten Temperaturen
200 ml

Starter Batterie 60Ah 540 AD59, 12 Volt/L:242/B:175/H:175
wartungsfrei nach DIN, gefüllt und geladen, zwei Jahre Garantie

Carl und Nora erhalten von Herrn Jonas Braunert den Auftrag, „Regale aufzufüllen" und „auf eine verkaufsfördernde Präsentation" zu achten. Die beiden machen sich Gedanken und stellen sich folgende Fragen:

1. Worin unterscheiden sich Produktpräsentation und Produktplatzierung?
2. Wie können Produkte so platziert werden, dass sie eine möglichst große Aufmerksamkeit genießen?
3. Welche Wertigkeit haben die einzelnen Regalhöhen für die Produktplatzierung?
4. Die meisten Kunden laufen, ähnlich wie im Straßenverkehr, rechts durch den Verkaufsraum. Welche Bedeutung hat dies für die Artikelpräsentation und -platzierung?
5. Kunden wollen beim Kauf nicht nur rational, sondern auch emotional angesprochen werden. Wie gelingt dies?

ARBEITSAUFTRAG
Beantworten Sie die Fragen.

Produktplatzierung und -präsentation

2.1 Produktpräsentation im Autohaus

EINSTIEGSSITUATION

Die Verkaufsfläche im Autohaus soll neu gestaltet werden. Die Auszubildenden Nora Braun und Carl Löffler bekommen die Aufgabe, sich über den Themenbereich zu informieren und Verbesserungsvorschläge zu machen. Dabei sollen sie berücksichtigen, dass die Präsentation durch die Art der angebotenen Produkte, die betrieblichen Gegebenheiten, z. B. Größe der Ausstellungsfläche, sowie durch rationale und emotionale Aspekte beeinflusst wird. Unterstützen Sie die beiden.

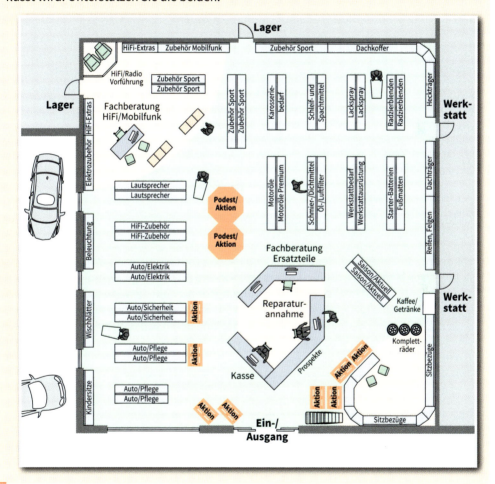

Wie kann eine **verkaufsfördernde Präsentation und Platzierung** erreicht werden? Erfahrungen und umfangreiche Untersuchungen führten zu folgenden Ergebnissen:
- Laufstudien besagen, dass ca. 80 % der Kunden wie im Straßenverkehr einen **Rechtsdrall** haben und deshalb bevorzugt rechts laufen, nach rechts blicken, nach rechts greifen. Deshalb werden hier bevorzugt Produkte platziert, die aufgrund ihrer besonderen verkaufswirksamen Aufmachung/Verpackung Kaufimpulse (= Impulskäufe) auslösen, oder Produkte mit höheren Gewinnspannen.

Lernfeld 4

- Mittelgänge und Warenträger, die **links vom Kundenlauf** liegen, müssen aktiviert und attraktiv gestaltet werden, damit das Kundeninteresse geweckt wird, z. B. durch Verkaufsförderungsaktionen von Herstellern, Videovorführungen von Produkten, attraktive Angebote, Podeste mit Aktionsplatzierung von Neuheiten, Tipps.
- Weil Kunden Ecken und Nischen gerne meiden und Wege abkürzen, müssen sie **in die Ecken gelockt** werden, z. B. durch attraktive Kommunikations- und Navigationsprodukte, Sonderangebote oder Faszinationspunkte, also Produkte, die die Kunden emotional stark ansprechen.

Aus dem Kundenlauf ergeben sich verkaufsstarke und verkaufsschwache Zonen, die eine geplante und umsatzfördernde Produktplatzierung erfordern.

verkaufsstarke Zonen und Folgen für die Produktplatzierung	verkaufsschwache Zonen und Folgen für die Produktplatzierung
• Außengänge und rechts vom Kunden liegende Wege (Artikel mit höherer Kalkulation und Impulsartikel) • Auflaufpunkte und Stirngondeln (aktuelle Artikel, die immer gekauft werden und günstige Angebote) • Kassenzone mit längerer Verweildauer (Artikel, die Impulskäufe ermöglichen, z. B. Pflege- und Reinigungsmittel)	• Eingangszone (attraktive Angebote, größere, preisgünstige Gebinde, Verkaufsförderungsaktionen, Auflaufpunkte) • Mittelgänge und Regale links vom Kundenlauf (Verkaufsförderungsaktionen, herausragende Podeste und Aktionsplatzierung, attraktive Preise) • Ecken und Nischen (attraktives Produktangebot = Magnetartikel, interessante Faszinationspunkte)

Man erkennt, dass die Wege des Kunden und dessen Verhalten den Abverkauf beeinflussen. Deshalb greifen Mitarbeiter, die für die Präsentation und Platzierung zuständig sind, auf solche Erfahrungen zurück und denken sich „Wegeführungen" aus, um die Verweildauer des Kunden zu erhöhen. Dadurch ergeben sich Verkaufschancen. Wichtig ist auch die Art und Höhe der Regale. So zeigt die folgende Darstellung Regalhöhen und deren verkaufswirksame Wertigkeit:

Zone	Höhe	Wertigkeit
Reckzone	über 150 cm	drittbeste Platzierung für Plankäufe
Sichtzone	ca. 120–150 cm	beste Platzierung für Impulskäufe und höher kalkulierte Artikel
Griffzone	ca. 80–120 cm	zweitbeste Platzierung für Impuls- und Plankäufe
Bückzone	unter 80 cm	viertbeste Platzierung für Plankäufe

Ergänzende Hinweise:
- **Deckenhänger** mit Bezeichnungen der Produktgruppen erleichtern das Auffinden der gesuchten Artikel.

Produktplatzierung und -präsentation

- **Regallängen** von 4 m sind überschaubar, größere Längen erschweren die Übersicht.
- **Informationsschienen** am Regal geben Auskunft über die genaue Artikelbezeichnung, die EDV-Artikelnummer und den Preis (Preisauszeichnungspflicht beachten).
- **Produktbeschriftungen** sollen gut lesbar sein.
- **Grifflücken** lassen, z. B. bei Farben und Lacken. Der Kunde „zerstört" ungern eine allzu perfekte Präsentation.
- Eine **bestimmte Artikelgruppe** wird meist waagrecht angeordnet, seltener werden vertikale Präsentationen gewählt.
- **Artikel nach Bedarfsbündel** sprechen ein Thema an, z. B. „Ihr Winterurlaub", „Alles für Ihre Sicherheit", „Die perfekte Autopflege", und zeigen das dazugehörige Sortiment.
- **Ordnung und Sauberkeit** wirken verkaufsfördernd.

Theken ermöglichen Beratungsgespräche, z. B. über Kommunikationsprodukte, Lackberatung. Hinter der Theke erfolgt der Zugang zum Lager, über die Theke erfolgt die Ausgabe der Ware.
Aktionsplatzierungen stellen Neuheiten oder günstige Angebote gesondert heraus.

Zweitplatzierungen sind Platzierungen, die an mehreren Standorten Kaufimpulse auslösen sollen, z. B. sind Autosicherungen bei Lampen und bei Autoelektrik zu finden.

2.2 Präsentation von Neuwagen in Schauräumen

EINSTIEGSSITUATION

Bei der Gestaltung von Schauräumen für neue Modelle, Teile und Zubehör orientiert sich die Marketingabteilung des Autohauses Köppel an grundlegenden **Funktionen eines Marktplatzes.** Da ein neues Modell präsentiert werden soll, bekommen Fin Schneider und Pascal Palm von Frau Köppel die Aufgabe, sich über den Themenbereich zu informieren und ihr Vorschläge für eine geeignete Platzierung zu machen. Sie erläutern den beiden den Themenbereich.

Der Marktplatz ist der Ort, an dem

- **Verkäufer und Kunden sich begegnen**, miteinander sprechen, Informationen und Meinungen austauschen;
- **(potenzielle) Kunden** Kontakt mit den Produkten aufnehmen können, z. B. mit Gebraucht- und Neuwagen, mit Teilen und Zubehör. Sie möchten dabei neue Modelle/Produkte betrachten, bestaunen, sich von Fantasien und Wünschen leiten lassen oder sich auch kritisch damit auseinandersetzen;

Lernfeld 4

- **Käufer sich wohlfühlen sollen.** Dazu trägt ein kundenorientiertes Sortiment, eine ansprechende Präsentation, angenehme persönliche Atmosphäre bei. Für Entspannung sorgen z. B. eine kleine Cafeteria, in der Gespräche „rund ums Auto" geführt werden können, Pflanzen, Faszinationspunkte usw.

Diese Gedanken sagen noch nichts über die architektonische Gestaltung und Präsentation der Verkaufs-/Schauräume aus.

Entwickelt haben sich zwei unterschiedliche Präsentationsformen und eine Mischform:

- die **rationale** (= verstandesmäßige), sachliche und informative Präsentation; als Präsentationselemente stehen zur Verfügung z. B. Drehteller, -bühnen, Präsentationsrampen für Neuwagen, Gitter-Präsenter, Regale für Felgen, Reifen, Räder und sonstiges Zubehör, Vitrinen, Prospektpräsenter, -ständer, Autodachschilder, Hinweisschilder
- die **emotionale** (= gefühlsbetonte) Präsentation, die den Kunden in seinen Gefühlen, Wünschen und Erlebniswelten ansprechen möchte; dies geschieht z. B. durch fantasievolle Ausstattungen/Dekorationen des Verkaufs-/Schauraums

2.3 Visual Merchandising

EINSTIEGSSITUATION

Mit Maßnahmen des „Visual Merchandising" werden die Kunden des Autohauses Köppel in stimmungsvolle Gefühlswelten versetzt, die zur Kaufentscheidung führen sollen. Erstellen Sie eine Übersicht, die den neuen Auszubildenden als Leitfaden dienen kann.

Unter Visual Merchandising versteht man das **Sichtbarmachen** (= visual) **des Produktangebots durch verkaufsfördernde Maßnahmen** (= merchandising).

Visual Merchandising soll

- die Warenpräsentation attraktiv, aufregend und verführerisch gestalten,
- Gefühle, Wünsche, Träume und Fantasien ansprechen, die durch den Kauf der Produkte in Erfüllung (zu) gehen (scheinen),
- Menschen in ihrer Gefühlswelt schneller, tiefer und nachhaltiger erreichen, als dies Medien oder Verkaufsgespräche vermitteln können,
- Kaufimpulse auslösen.

Lernfeld 4

Zusammenfassung

- Wirkungsvolle Präsentationen und Platzierungen informieren die Kunden, sprechen Gefühle an und fördern Kaufimpulse.
- Unter „Warenpräsentation" versteht man, wie die Produkte gezeigt und vorgeführt werden.
- Bei der Platzierung geht es um die Frage, wo die Produkte aufgebaut werden sollen. Dabei sind Ergebnisse von Kundenlaufstudien und zur Wertigkeit von Regalhöhen zu beachten.
- Wie und wo das jeweilige Autohaus seine Produkte zeigt, hängt von der Art der Produkte und den betrieblichen Gegebenheiten ab, wie Verkaufsfläche, Einrichtung, Regalen usw.
- Visual Merchandising ist das effektvolle Sichtbarmachen des Produktangebots durch verkaufsfördernde Maßnahmen in den Schaufenstern oder im Schauraum.
- Unterschiedliche Regale unterstützen die Produktpräsentation.

Aufgaben

1.
   a) Welcher Unterschied besteht zwischen Produktplatzierung und Produktpräsentation?
   b) Welche allgemeinen Absichten verfolgen Präsentation und Platzierung?

2.
   a) Nennen Sie drei verkaufsstarke Zonen im Schauraum. Welche Artikelgruppen sollen dort verkaufsorientiert platziert werden?
   b) Wie kann man verkaufsschwache zu verkaufsstarken Zonen aufwerten?

3. Ein Außenwandregal hat die Höhe von 2 m.
   a) Nennen Sie die Regalzonen und die dazugehörigen Höhenmaße.
   b) Welche Bedeutung haben die unterschiedlichen Regalzonen/-höhen?
   c) Wo platzieren Sie Kindersitze, höher kalkulierte Artikel oder 5-Liter-Motorenölkanister?

4. Bei der Warenpräsentation spielen häufig rationale und emotionale Aspekte eine besondere Rolle. Erläutern Sie die Begriffe und geben Sie Beispiele.

5. Erkunden Sie in Ihrem Autohaus die Präsentation von Fahrzeugen, Teilen und Zubehör. Beantworten Sie folgende Fragen:
   a) Was soll eine wirkungsvolle Produktpräsentation erreichen?
   b) Welche Grundsätze der Produktpräsentation kennen Sie? Machen Sie Vorschläge, wie in Ihrem Autohaus die Präsentation emotional verbessert werden kann. Gestalten Sie den Schauraum virtuell und präsentieren Sie Ihre Ergebnisse.

3 Kundenerwartungen

AUSGANGSSITUATION

Die beiden Auszubildenden Carl Löffler und Nora Braun des Autohauses Köppel berichten: „Letzte Woche fand in unserem Haus ein Kundenforum statt. Es ging um die Frage: Was wollen unsere Kunden, können wir ihren Erwartungen entsprechen?" Zusammen mit der Geschäftsleitung Herrn Matti Köppel und Frau Nora Köppel, dem Kundendienstleiter, der Verkaufsleiterin, einigen weiteren Mitarbeitern und mit uns Auszubildenden diskutierten wir zuerst über einen zu erstellenden Fragebogen zum Thema Kundenerwartungen.
Von 200 schriftlich geladenen Gästen kamen 48; sie wurden freundlich im schön geschmückten Schauraum begrüßt. Einige Gäste haben sich sofort mit dem neuen Maximo-Kombi „Sports Tourer" beschäftigt. Geschäftsführer und Verkaufsleiterin führten durch das Autohaus. Unsere moderne Werkstatt faszinierte die Gäste. Anschließend wurden ein Imbiss und Getränke gereicht. In dieser entspannten Atmosphäre erläuterte Herr Köppel das Ziel der Fragebogenaktion zum Thema Kundenerwartungen. Das Autohaus wolle die Bedürfnisse und Erwartungen der Kunden an den Betrieb, seine Produkte, insbesondere an die Werkstattleistungen, und natürlich auch an seine Mitarbeiter kennenlernen. Dabei sollten Stärken und Schwächen herausgefunden werden. Im Mittelpunkt aller Aktivitäten des Autohauses stehe der Kunde. Dieses Denken und die konsequente Umsetzung sichere dem Autohaus, seinen Mitarbeitern und den Kunden Erfolg."

ARBEITSAUFTRÄGE

1. Welche Erwartungen haben Kunden an Sie als Automobilkaufmann/-frau, das Autohaus, die Produkte und die Werkstattleistung?
2. Wie stellen Sie sich auf die Erwartungen der Kunden ein?

Lernfeld 4

3.1 Kundenerwartungen an die Automobilkauffrau/den Automobilkaufmann

EINSTIEGSSITUATION

Pascal Palm liegt das folgende Schaubild aus einer Automobilfachzeitschrift vor. Er soll eine Präsentation zu diesem Themenbereich entwerfen, die am Tag der offenen Tür vorgeführt wird. Sie unterstützen ihn dabei.

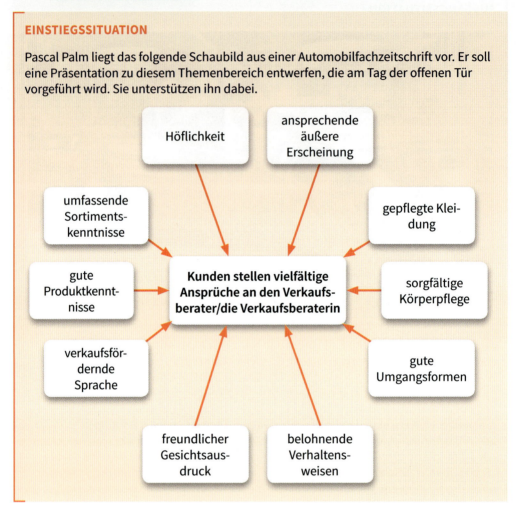

Ansprechende äußere Erscheinung

Der erste Eindruck, den der Kunde von dem Automobilkaufmann/der Automobilkauffrau gewinnt, geht von seiner/ihrer äußeren Erscheinung aus, insbesondere von der Kleidung und Körperpflege. Damit **ein positiver, sympathischer** Eindruck entsteht, werden im Allgemeinen folgende Anforderungen an die Kleidung gestellt. Sie soll

- sauber, gepflegt, zweckmäßig sein,
- zum Stil des Autohauses bzw. der Abteilung passen,
- zur Person des Automobilkaufmannes/der Automobilkauffrau passen (Alter, Figur, Typ).

Die Tätigkeit im Lager, beim Kundendienst, im Verkauf oder in der Verwaltung erfordert somit unterschiedliche Kleidung.

Gute Umgangsformen schaffen eine positive Verkaufsatmosphäre

Gute Umgangsformen sind Ausdruck der Achtung und Wertschätzung gegenüber Mitmenschen. Dadurch trägt man selbst zur positiven, verkaufsfördernden Atmosphäre bei, schafft Sympathie und Vertrauen. Wer **andere „gewinnen"** will, braucht gute Umgangsformen. Wenn zwei Unternehmen gleiche Produkte/Leistungen zum gleichen Preis anbieten, kann das positive Verhalten des Mitarbeiters den Ausschlag für ein bestimmtes Unternehmen geben. Kunden wollen positive Erfahrungen im Umgang mit Automobilkaufleuten machen.

Im Umgang mit Menschen gilt: **Jeder Mensch strebt danach, belohnt und nicht bestraft zu werden.**

Verhaltensweisen des Verkaufsberaters, die belohnend wirken	Verhaltensweisen des Verkaufsberaters, die bestrafend wirken
• freundlich grüßen, Blickkontakt aufnehmen, höflich und behilflich sein	• mangelnde Höflichkeit, Kunden unfreundlich anstarren, Blickkontakt meiden, plumpe Komplimente machen, Hilfe unterlassen
• Engagement und Interesse zeigen	• mangelndes Engagement und Desinteresse, Lustlosigkeit, Gleichgültigkeit
• zuhören, zustimmen • Wahrhaftigkeit, Redlichkeit, Ehrlichkeit, Zuverlässigkeit, Korrektheit, Sorgfalt, Pünktlichkeit	• weghören, überhören, ins Wort fallen, widersprechen • besserwisserisch, abfällige Werturteile abgeben, mit „Tricks" arbeiten, aufdringlich sein, unwahre Auskünfte geben, Notlügen und Ausreden benutzen

Ständiges Lächeln wirkt unnatürlich und unecht. Ein kurzes, freundliches Lächeln zeigt Charme und lässt sympathisch erscheinen. Man hält Blickkontakt zum Kunden, ohne ihn anzustarren.

Konfliktfreie, verkaufsfördernde Sprache

Die Sprache ist ein wichtiges Mittel zur Verständigung.

Geschulte Automobilkaufleute

- vermeiden Gesprächsstörer, die das Verkaufsgespräch abwürgen,
- verwenden Gesprächsförderer, die Vorstellungen von Kunden offenlegen,
- wenden Formulierungen an, die auf Vorteile des Produkts hinweisen,
- formulieren positiv und anregend,
- nutzen die Fragetechnik, um das Verkaufsgespräch weiterzubringen.

Lernfeld 4

Individuelle Beratung

Vielfach wünschen Kunden umfassende Informationen über Eigenschaften, Vorteile, Einsatz, Verwendung, Qualitätsmerkmale, Pflege, Umweltfreundlichkeit von Produkten und angebotenen Werkstattleistungen. Dies erfordert fundierte **Produkt- und Sortimentskenntnisse und verkaufskundliches Wissen.** Solche **fachlichen Kompetenzen** ermöglichen es, den Kunden situationsgerecht, individuell und qualifiziert zu bedienen und zu beraten, und bewirken Kundenbindung.

Um die Erwartungen der Kunden erfüllen zu können, ist eine möglichst positive Einstellung erforderlich zu:

positive Einstellung zu(m)	Beispiele
sich	Man findet sich und seine Arbeit o. k., lernt aus eigenen und fremden Fehlern, ist freundlich, hilfsbereit und fair, geht Probleme an, löst diese und ist erfolgreich und gewinnend.
Kunden	Man ist offen für die Wünsche der Kunden und versucht diese bestens zu erfüllen, man erbringt für den Kunden wertvolle und nützliche Dienste und ist ein fairer Partner.
Betrieb	Man bejaht die Zusammenstellung des Produktangebots, akzeptiert Mitarbeiter und Vorgesetzte und bringt sich positiv und kreativ in das Unternehmen ein.
Kollegen	Man arbeitet vertrauensvoll mit Kollegen zusammen, lernt von ihnen, unterstützt sie, hilft ihnen, bildet ein Team und kann mit deren Mitarbeit und Unterstützung rechnen.
Produkt- und Dienstleistungen	Man identifiziert sich weitgehend mit dem Produkt-/Dienstleistungsangebot, man behandelt die Produkte sorgfältig, macht sie nicht schlecht, sondern erkennt ihre vielen positiven Eigenschaften und Vorzüge an.

3.2 Erwartungen an das Autohaus und seine Produkte

> **EINSTIEGSSITUATION**
>
> In der Berufsschule beschäftigen Sie sich zurzeit mit dem Themenbereich „Welche Erwartungen werden an ein Autohaus gestellt?". Dieses Thema wurde auch während des Kundenforums im Autohaus Köppel besprochen.
>
> Fertigen Sie nun zu diesem Thema ein Plakat an.

Kundenerwartungen

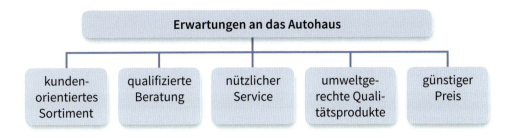

Der Verbraucher ist wählerisch, kritisch und mündig. Medien wie Zeitungen, Kataloge, Prospekte, Testberichte, Verbrauchersendungen, Internet u. Ä. versorgen ihn mit Produktwissen. Vielfach ist er gut informiert und interessiert. Deshalb verlangt er insbesondere bei erklärungsbedürftigen Produkten wie Neu-, Altfahrzeugen, Autoteilen und Zubehör, Verschleißteilen, Lacken ein kundenorientiertes Sortiment, **qualifizierte, situationsgerechte Beratung**, die auf seine speziellen Probleme eingeht und nützlichen Service.

Will der Kunde ein Fahrzeug mit einer HighEnd-Anlage kaufen, so erwartet ihn eine **Auswahl** verschiedener Hersteller sowie Bedienungselemente, unterschiedliche Preislagen, verschiedene Designs usw. Auf die vielfältigen Wünsche richtet sich das Autohaus mit seinem Sortiment ein.

In der Automobilbranche sind Serviceleistungen besonders gefragt. Deshalb bieten Autohäuser ein umfangreiches Servicepaket an. Dazu zählen z. B.:

- Direktannahme: Auf der Hebebühne werden mit dem Kunden die Fahrzeugmängel festgestellt und dann wird der Auftrag erteilt.
- Leihwagenservice während der Reparaturzeit zu günstigem Preis
- Hol- und Bringservice im Kundendienst
- schneller Öl-/Reifenwechsel
- gutes Preis-Leistungs-Verhältnis
- Montage von Zubehör wie Radio, Kindersitz o. Ä.
- Garantieleistungen
- Kundenzeitschrift
- Serviceleistungen bei der Bezahlung wie Ratenkauf, Kreditkarte, Leasing
- Inzahlungnahme eines gebrauchten Pkw

So sollten **kundenorientierte Serviceleistungen** beschaffen sein:

- nur wirklich gebrauchte/benötigte Serviceleistungen anbieten
- gute Beratung und fachmännische Ausführung sind notwendig
- vereinbarte Termine einhalten
- Service schnell und reibungslos abwickeln
- Reklamationen schnell und zufriedenstellend erledigen

Derart ausgeführte Serviceleistungen führen zu hoher Kundenzufriedenheit und binden Kunden durch überzeugende Leistungen an das Unternehmen. In vielen Fällen entscheidet sich der Kunde aufgrund der Serviceleistungen für ein bestimmtes Autohaus.

Lernfeld 4

Der Kunde, der einen Neu- oder Gebrauchtwagen, Zubehör, Ersatzteile o. Ä. kauft, will seine Bedürfnisse befriedigen. Das Produkt muss **nützliche Gebrauchseigenschaften, schönes Aussehen, Qualität, einen günstigen Preis** usw. besitzen und auch **umweltfreundlich/ -gerecht** sein.

Beispiel

Der Kunde Herr Björn Löser, möchte seinen neuen SUV mit einer besseren Soundanlage ausstatten. Auch die Musik, die auf seinem Smartphone gespeichert ist, soll abgespielt werden können.

Herr Löser erwartet von der besseren Soundanlage im neuen SUV:

nützliche Gebrauchs- eigenschaften	Qualität	schönes Aussehen (hoher Geltungswert)
• einfacher Einbau • exzellenter Klang • leichte und zuverlässige Bedienung • unempfindlich und präzise arbeitender CD/DVD-Wechsler (Vorführung) • AUX-In-Buchse für externe Audioquellen, wie iPod, MP3-Player, Smartphone		• ansprechendes Klavierlack-Design • schön und ergonomisch geformte Bedienungselemente • hochauflösendes Display • Audio-Streaming für Musiküber- tragung

umweltfreundliches bzw. -gerechtes Produkt	günstiger Preis
• umweltgerechte und ressourcenschonende Herstellung des Produkts • Wiederverwertung am Lebensdauerende • niedrige Emissionen	• günstiges Preis-Leistungs-Verhältnis • Sondermodelle, Rabatte, Aktionen

Zusammenfassung

- Kunden erwarten von Verkaufsberatern ein gepflegtes Aussehen (Kleidung und Körperpflege) und Sympathie fördernde Umgangsformen (Sozialkompetenz).
- Im Umgang mit Kunden sollte auf Verhaltensweisen geachtet werden, die Kunden „belohnen".
- Fachkompetenz in Form von Fachwissen sowie Sortimentskenntnisse sind Voraussetzungen für erfolgreiches Verkaufen.
- Dem Kunden wird ein bedarfsorientiertes Sortiment, qualifizierte Beratung, eine attraktive Produktpräsentation und nützlicher Service geboten.

Kundenerwartungen

- Der Kunde erwartet Produkte in guter Qualität mit nützlichen Gebrauchseigenschaften (Gebrauchswert), schönem Aussehen (Geltungswert) sowie ein günstiges Preis-Leistungs-Verhältnis.
- Kundenorientierte Serviceleistungen sind häufig der Schlüssel zum Erfolg. Entsprechen die Leistungen des Autohauses und der Mitarbeiter den Wünschen und Erwartungen der Kunden, kaufen Sie in diesem Autohaus.

Aufgaben

1. Welche Erwartungen stellen Kunden an den Teile- und Zubehörbereich Ihres Autohauses und an die Serviceleistungen in der Kfz-Werkstatt?

2. Welche Erwartungen haben Kunden an Sie als Automobilkaufmann bzw. Automobilkauffrau? Nennen Sie verschiedene Anforderungsmerkmale und machen Sie eine Aussage, ob das betreffende Merkmal sehr wichtig, wichtig oder weniger wichtig ist.

3. a) Welche Verhaltensweisen eines Verkaufsberaters wirken auf den Kunden besonders „belohnend", welche „bestrafend"? Sammeln Sie einige Beispiele.
   b) Was signalisiert dem Kunden ein freundlicher Gesichtsausdruck?
   c) Welche Vorteile bringen gute Umgangsformen für Kunden und Automobilkaufleute?

4. Warum benötigen Sie bei Ihrer Arbeit gute Produktkenntnisse und umfassende Sortimentskenntnisse? Begründen Sie dies anhand eines Beispiels Ihrer Abteilung.

5. Suchen Sie in einem Auto- bzw. Zubehörprospekt nach Aussagen zum Gebrauchswert und zum Geltungswert. Nennen und beschreiben Sie bei drei Produkten Ihres Betriebs mögliche Gebrauchs- und Geltungswerte.

6. Viele Autohaus-Kunden entscheiden sich aufgrund überzeugender Werkstattleistungen für ein bestimmtes Autohaus/einen bestimmten Hersteller. Deshalb steht die Qualität der Werkstattleistung im Vordergrund.
   a) Entwerfen Sie für Ihr Autohaus einen Fragebogen zu den zwölf wichtigsten Werkstattleistungen, die Ihr Kunde erwartet.
   b) Um festzustellen, ob und in welcher Qualität die im Fragebogen erstellten Leistungen erbracht werden, sollen Kunden Noten von 1 (sehr gut) bis 5 (mangelhaft) erteilen.
   c) Erarbeiten Sie Lösungsvorschläge, um „Schwachstellen" zu beseitigen.
   d) **Präsentieren** Sie die Ergebnisse bzw. Ihre praktischen Erfahrungen.

Lernfeld 4

4 Verbale und nonverbale Kommunikation

AUSGANGSSITUATION

Die Auszubildende Nora Braun liest einen Artikel über die Kommunikationsformen und stößt dabei auf beispielhafte Äußerungen von Verkaufsberatern:
„Da liegen Sie völlig falsch. Heute ist das ganz anders."
„Darf ich Sie auf unser günstiges Angebot hinweisen. Bitte sehen Sie …"
„Da hätten Sie früher kommen müssen, jetzt ist es zu spät!"
„Sie sind damit noch nicht einverstanden? Bitte, nennen Sie Ihre Bedenken!"

ARBEITSAUFTRÄGE

1. Wie kann das Verkaufsgespräch möglichst angenehm und verkaufsfördernd gestaltet werden?
2. Welche der oben genannten Äußerungen wirken sich störend auf das Verkaufsgespräch aus?
3. Welche Äußerungen sind gesprächsfördernd? Begründen Sie Ihre Meinung.
4. Welche Vorteile bringen richtig erkannte körpersprachliche Signale (nonverbale Kommunikation)?
5. Mit welchen Fragen können wir
   a) den Bedarf des Kunden ermitteln,
   b) den Kunden positiv beeinflussen,
   c) die Kaufentscheidung vorbereiten?

Verbale und nonverbale Kommunikation

4.1 Die Sprache

> **EINSTIEGSSITUATION**
>
> Die Auszubildenden der Autohaus Köppel GmbH besuchen eine Verkaufsschulung. Die Informationen, die sie auf dieser erhalten, sollen übersichtlich in einem Handout zusammengefasst werden. Dieses wird später an alle Verkaufsmitarbeiter weitergeleitet. Sie unterstützen die Azubis und fertigen das Handout an.

Die **Sprache** ist das **wichtigste Mittel der Verständigung** (= Kommunikationsmittel). Sie wird ständig genutzt, wenn Informationen ausgetauscht werden. Damit Gespräche möglichst störungsfrei und verkaufsfördernd verlaufen, sollten Kommunikationsstörungen vermieden werden. Die Mitarbeiter des Autohauses Köppel vermeiden Gesprächsstörer und setzen Gesprächsförderer ein.

4.1.1 Gesprächsstörer

Unter Gesprächsstörern versteht man **Aussagen und Verhaltensweisen, die das Verkaufsgespräch erschweren bzw. abwürgen.** Solche Aussagen müssen vermieden werden.

Killerphrasen und Reizworte

> **Beispiele**
> - „Davon haben Sie keine Ahnung!"
> - „Das sehen Sie völlig falsch!"
> - „Sie wollen mir als Fachmann doch nicht …"
> - „Überlassen Sie das doch uns Fachleuten, wie …"
> - „Was verstehen Sie denn von der Sache!"

Solche und ähnliche Äußerungen sind „Killer". Sie wirken herausfordernd und meist gesprächstötend. **Ein verlorener Kunde ist der größte Verlust.**

Befehle

> **Beispiele**
> - „Sie müssen noch einen Augenblick warten, Sie sehen doch, dass …"
> - „Mischen Sie sich nicht ein!"

Lernfeld 4

- „Sie müssen doch zugeben, dass ..."
- „Unterschreiben Sie jetzt hier die Bestellung!"
- „Mit der Beschwerde müssen Sie sich woanders hinwenden!"
- „Entscheiden Sie sich endlich!"

Befehle, die häufig in dem Wort „müssen" zum Ausdruck kommen, lassen erkennen, dass sich der **Verkaufsberater über den Kunden stellt.** Deshalb verzichtet man auf solche Aussagen. Sie sind geeignet, Widerstände beim Kunden auszulösen.

Überreden

Beispiele

- „Nehmen Sie doch diese günstigen Kompletträder!"
- „Zögern Sie nicht lange, sonst sind diese sportlichen Alu-Felgen weg!"
- „An Ihrer Stelle würde ich sofort das teurere Modell nehmen."

Die Entscheidung für ein Produkt soll der Kunde und nicht der Verkaufsberater treffen. Weder sollte der Kunde bevormundet, noch das Geschäftsinteresse über das Anliegen des Kunden gestellt werden. Massiven Einfluss (= „**Hochdruckverkauf**") auf ihn auszuüben, zu versuchen, um jeden Preis zum Kaufabschluss zu kommen, bewirkt oftmals das Gegenteil.

Vorwürfe machen

Beispiele

- „Ich habe Sie doch gerade ausdrücklich darauf hingewiesen, dass ..."
- „Haben Sie trotz meines Hinweises nicht beachtet, dass ..."
- „Das habe ich mir gleich gedacht, dass Sie damit ..."
- „Ich habe Sie von Anfang an gewarnt, dass ..."
- „Wären Sie gleich gekommen, dann hätten wir ..."

Verhält sich der Kunde nicht wunschgemäß, sind häufig Vorwürfe zu hören. Für den Kunden wird es schwierig, sich zu rechtfertigen. Er gerät in eine Konfliktsituation, die möglicherweise seine Kauflust beeinträchtigt.

Kundenerwartungen dämpfen

Beispiele

- Der Kunde sucht eine Austausch-Lichtmaschine. Automobilkaufmann: „Oh je, das ist natürlich schwierig!"
- Der Kunde sucht nach einem Multimediasystem mit Touchscreen. Automobilkaufmann: „... das kostet aber ..."
- Der Kunde fragt nach einer Austauschkupplung, die nicht (mehr) geführt wird. Automobilkaufmann: „Da werden Sie sich aber schwertun!"

Von sich reden

> **Beispiele**
> - Kunde erzählt ein Problem. Automobilkaufmann: „Also ich habe das damals so gemacht …" oder: „Bei mir läuft das immer so …"
> - „Ich finde, das ist aber so …"

Solche Aussagen dämpfen die Kundenerwartungen und verunsichern. Sie nehmen dem Kunden die Hoffnung, etwas Geeignetes zu finden. Er könnte daraus schließen, dass seine Wünsche nicht erfüllbar sind.

4.1.2 Gesprächsförderer

Gesprächsförderer sind Aussagen und Verhaltensweisen, die dem Kunden signalisieren:

Bitte sprechen Sie ausführlich über **Ihre Wünsche und Erwartungen**, ich möchte Ihr Anliegen verstehen, damit ich Sie gut bedienen und beraten kann.

Zuhören

Die Aussage „Der hört mir zu" enthält Anerkennung und Wertschätzung und sollte für einen guten Verkäufer zutreffen. **Zuhören ist die Kunst**, dann zu schweigen, wenn der Kunde anfängt, Wünsche, Vorstellungen, Absichten, Meinungen, Einwände vorzubringen.

Ob wir teilnahmslos oder **interessiert zuhören**, merkt der Kunde an häufig anzutreffenden **Verhaltensweisen**: weit geöffnete Augen, Blickkontakt, bestätigendes Nicken oder Worte wie „jaaa", „ah ja", „aha", „mm", „interessant", „tatsächlich", „darüber sollten wir uns unterhalten". Dies alles signalisiert dem Kunden Interesse und bedeutet für ihn: Hier werde ich gehört und verstanden.

Zustimmen

Jeder Mensch strebt nach Bejahung, Zustimmung, Anerkennung. Je mehr man dem Kunden dieses Gefühl in Worten und Verhaltensweisen gibt, desto sympathischer findet er den Verkäufer und desto günstiger ist die Atmosphäre für einen Kaufabschluss.

> **Beispiele**
>
> Folgende Worte drücken Zustimmung aus:
> „Ja"; „Richtig"; „Sehr recht"; „Sie sagen ganz richtig"; „Sie haben recht"; „Das stimmt"; „Jawohl, gerne"; „Sie haben gut gewählt"; „Sie sind auf diesem Gebiet sachkundig"; „Ich kann Sie gut verstehen" …

Bei Meinungsverschiedenheiten lässt man keine Spannung oder persönliche Missstimmung aufkommen. Auch wenn man um der Sache willen nicht nachgeben kann, zeigt man Verständnis, Interesse und bedingte Zustimmung.

Nachfragen

> **Beispiele**
>
> Kunde: „Ich suche einen Grundträger, der auf Fahrzeuge mit Dachreling passt."
> Verkaufsberater: „Könnten Sie noch weitere Angaben hierzu machen, damit wir den richtigen Träger leichter finden?"

Durch Nachfragen zeigt man Interesse für die Anliegen des Kunden und macht es ihm leicht, darüber zu berichten. Mit geeigneten Fragen kann das Verkaufsgespräch weitergebracht werden (vgl. Abschnitt „Fragetechnik").

Denkanstöße geben

> **Beispiele**
>
> Kunde: „Ich weiß nicht, ob ich das teure oder das preiswerte Motoröl nehmen soll."
> Verkaufsberater: „Das Teure hat mehrere Vorteile, es …"

Mit dem **Denkanstoß** soll die Entscheidung dem Kunden nicht abgenommen werden, sondern ihn veranlassen, **Gründe für oder gegen etwas** zu **suchen**. Eine Entscheidung, die er selbst trifft, trägt und verteidigt er besser als eine vom Verkäufer empfohlene.

> **Beispiele**
>
> Weitere Beispiele, mit denen Denkanstöße ausgelöst werden können:
> - „Ist es für Sie ein Vorteil, wenn der Artikel …"
> - „Ein wichtiger Vorteil dieses Produkts ist …"
> - „Haben Sie daran gedacht, dass …"

4.1.3 Kundenorientierte Sprache

Erfolgreiche Verkaufsgespräche werden sowohl auf der Sachebene als auch auf der emotionalen Ebene geführt. Auf der Sachebene werden dem Kunden rationale (= verstandesmäßige) Informationen zum gewünschten Produkt gegeben, wie Vorteile, Eigenschaften, Einsatzmöglichkeiten. Auf der emotionalen Ebene lösen wir bei dem Kunden positive Gefühle aus und schaffen eine angenehme, verkaufsfördernde Atmosphäre.

Verbale und nonverbale Kommunikation

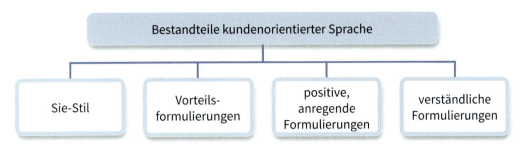

Sie-Stil

Die Sprache drückt aus, ob die Anliegen des Kunden oder seine eigenen Interessen im Mittelpunkt stehen. Aussagen in „ich"-Form enthalten häufig Anweisungen und Befehle. **Wir sprechen kundenorientiert im Sie-Stil** und verwenden die Worte: „Sie", „Ihr", „Ihre", „Ihnen".

statt „ich" und „wir"	besser: „Sie"
„Ich zeige jetzt einen Kindersitz, die …"	„Sehen Sie bitte, dieser Kindersitz ist …"
„Wir haben da eine große Auswahl an …"	„Sie finden bei uns eine große Auswahl an …"
„Ich empfehle dieses Öl wegen …"	„Dieses Öl hat folgende Vorteile …"
„Ich finde, Sie sollten …"	„Was meinen Sie zu …"
„Dagegen möchte ich einwenden …"	„Bitte bedenken Sie …"

Vorteilsformulierungen

Darunter versteht man Formulierungen im Sie-Stil, die gleichzeitig durch ein Tätigkeitswort **den Kunden auf (gewünschte) Vorteile hinweisen.**

Beispiele

- „das bringt Ihnen …"
- „das hilft Ihnen …"
- „Sie sparen dadurch …"
- „damit erreichen Sie …"
- „das sichert Ihnen …"
- „das garantiert Ihnen …"
- „das fördert …"
- „damit erhöhen Sie …"
- „das verbessert Ihre …"
- „bei dieser Packung sparen Sie …"

Solche und ähnliche Formulierungen verdeutlichen dem Kunden kurz und treffend die Vorteile eines bestimmten Produkts. Sie bilden das Fundament kundenbezogener Argumente.

Positive, anregende Formulierungen

Positive, anregende Formulierungen wirken auf den Kunden ansprechender als negative Formulierungen. Der Aussagegehalt bleibt derselbe.

Lernfeld 4

negative, nicht anregende Aussagen ⟶	positive, anregende Aussagen
„Oh je, da werden wir uns aber schwertun."	„Sie finden bei uns eine große Auswahl an…"
„Ohne Klimaanlage schwitzen Sie sich im heißen Sommer zu Tode."	„Die Klimaanlage sorgt für eine angenehme Innentemperatur, bei der Sie sich richtig wohlfühlen."
„Da haben Sie keinen schlechten Kauf getätigt."	„Sie haben gut gewählt."

Verständliche Formulierungen

Die nachfolgende Tabelle zeigt, durch welche sprachlichen Merkmale Aussagen im Verkaufsgespräch leichter oder schwerer verständlich werden.

schwerer verständlich ⟶	leichter verständlich
lange, verschachtelte Sätze	kurze, einfache Sätze
Vielzahl unwichtiger Argumente	wenige zugkräftige Argumente
passive Satzkonstruktionen (werden, wird)	aktive Satzkonstruktionen
nicht erklärte Fachausdrücke	erklärte Fachausdrücke
Verwendung vielsilbiger Hauptwörter (…ung, …keit)	Verwendung treffender Eigenschafts- (= Adjektive) und passender Tätigkeitswörter (= Verben)

Treffende **Adjektive beschreiben** Produkte, Vorgänge und Situationen **genau**.

> **Beispiele**
> - „Dieses Modell ist neu, modern gestylt, spritzig, kraftvoll und günstig in der Steuer!"
> - „Ein Modell mit schickem Outfit, sparsamem Motor, bequemem Automatikgetriebe, sauberen Abgaswerten, überzeugendem Sicherheitskonzept und günstigem Preis!"

Passende **Verben (Zeit- und Tätigkeitsworte) verkürzen** Sätze, bezeichnen Vorgänge und Handlungen.

> **Beispiel**
> - „Unsere Werkstatt repariert, wartet, pflegt und erhält somit den Wert Ihres Fahrzeugs!"

Statt des Konjunktivs (hätte, könnte, wollte, täte) wird der Indikativ verwendet, der eine klare Aussage macht.

> **Beispiel**
> statt: „Ich könnte Ihnen etwas zeigen …"
> besser: „Bitte sehen Sie hier …"

4.2 Körpersprache

> **EINSTIEGSSITUATION**
>
> Auch die Körpersprache ist eine Art der Kommunikation. Nachdem die Auszubildenden das Handout erstellt haben, bekommen Sie von Frau Köppel den Auftrag, sich mit dem Themenbereich Körpersprache zu befassen.
> Deren Wirkung soll den Auszubildenden in einer szenischen Darstellung näher gebracht werden. Sie unterstützen das Team.

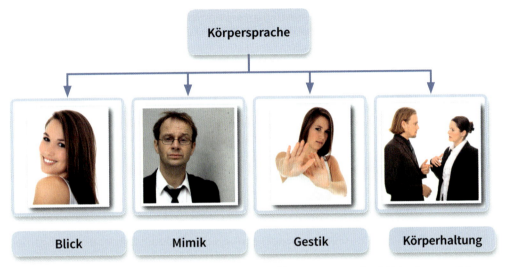

Körpersprachliche Signale des Kunden, wie der offene, zugewandte Blick, der verschlossene Gesichtsausdruck, die abwehrende Handbewegung oder die Hinwendung des Kunden zum Verkaufsberater, sprechen eine deutliche Sprache. Werden **körpersprachliche Signale** spontan, d. h. verzögerungsfrei ausgelöst, entspringen sie dem Unterbewusstsein. **Der Körper lügt nicht,** er verrät ggf. etwas, was man eigentlich für sich behalten wollte.

Wer **körpersprachliche Signale** beobachtet und richtig zu deuten weiß, hat folgende **Vorteile**:

- Er erfährt wortlos Einstellungen, Empfindungen, Absichten seines Kunden.
- Er kann bestehendes Interesse, Desinteresse, Abneigungen, Meinungsverschiedenheiten schneller erkennen und darauf reagieren.
- Er kann den Kunden besser verstehen und sich leichter auf ihn einstellen.

Blickkontakt

Die **Blicke** des Kunden (und die eigenen) **können vielsagend sein:**

beobachtete Signale	mögliche Bedeutung	mögliche Reaktion
offener, zugewandter Blick des Kunden	Interesse, Zuwendung, Zuneigung, Sympathie, Offenheit, Wertschätzung, Freude	weitermachen hinsichtlich Gesprächsinhalt, der Produktvorführung und der Verkaufsargumente
Kunde schaut verlegen weg, fehlender Augenkontakt	Interesse-, Teilnahmslosigkeit, Ablehnung (vgl.: „keines Blickes würdigen")	Kontakt schaffen durch Alternativen, anderen Gesprächsinhalt, andere Argumente
Blick „von oben herab"	Überlegenheit, Stolz, Hochmut, Verachtung, soll Unsicherheit erzeugen	nichts unternehmen, was die Spannung weiter steigern könnte
wandernder Blick	Kunde vergleicht verschiedene Produkte, sucht nach weiteren Möglichkeiten, Unentschlossenheit	beim Produktvergleich behilflich sein, neue Produkte zeigen, zugkräftige Argumente bringen

Wir stellen zum Kunden **Blickkontakt** her und bringen auf diese Weise zum Ausdruck: „Ich bin für Sie da", „Was kann ich für Sie tun?". Dieser Blick darf jedoch nicht zu intensiv und zu streng fixiert sein: Der Kunde könnte dies als unangenehm, aufdringlich, abschätzend oder sogar als beleidigend empfinden.

Mimik

Darunter versteht man den **Gesichtsausdruck.** Er entsteht durch Bewegungen der Stirnpartie, der Augen, der Nase und des Mundes. Der Beobachter nimmt den Gesichtsausdruck als Gesamteindruck wahr. Er kann z. B. vielsagend, offen, freundlich, interessiert, aber auch unsicher, verschlossen, angespannt, ablehnend und feindselig auf den Gesprächspartner wirken.

Die Mimik des Kunden **gibt Auskunft über seine innere Einstellung:**

positive Einstellung des Kunden	negative Einstellung des Kunden
Interesse, Offenheit	**Unlust, Unzufriedenheit, Unbehagen**
Signale: freundliches Gesicht, Lachen oder Lächeln, wobei der Mundwinkel und ggf. die Augenbrauen nach oben gezogen sind, voll geöffnete Augen, senkrechte Stirnfalte über der Nasenwurzel (Konzentrationsfalte bei starkem Interesse)	**Signale:** starrer Gesichtsausdruck, Stirnfalten (Querfalten), herabgezogener Mundwinkel, Nasenfalte zwischen Nase und Mund („Nase rümpfen"), wobei sich der Nasenflügel und die Oberlippe heben, „saurer" Gesichtsausdruck, wahrnehmbare Spannungen in den Lippen

Verbale und nonverbale Kommunikation

Gestik

Darunter versteht man die **Ausdrucksbewegungen, die vom Kopf, Arm, der Hand und den Fingern ausgeführt werden.** Auch damit werden Botschaften übermittelt.

Interesse, Zuwendung, Aufmerksamkeit	Unsicherheit, Nachdenklichkeit, Unentschlossenheit, Zweifel	Ablehnung, negative Einstellung, Unlust, Unzufriedenheit
Signale: bestätigendes Nicken mit dem Kopf, die Griffhand bewegt sich, als wolle sie etwas er- bzw. begreifen; von unten nach oben offene Handfläche; genießerisches Aneinanderreiben der Hände	Signale: Hin- und Herbewegung des Kopfes, geneigter Kopf, hochgezogene Schultern, die Schultern heben und senken sich, verkreuzte Arme, ausgestreckter Zeigefinger am Lippenrand	Signale: Abkehr des Gesichts vom Gesprächspartner, Handflächen mit gespreizten Fingern bewegen sich nach unten, als wollten sie mildern, abwehren, ablehnen

Der Griff zur Nase kann je nach Gesamtsituation Zeichen der Betroffenheit, des „Ertapptseins" sein oder die Befürchtung enthalten „ertappt" zu werden („sich an der eigenen Nase nehmen"); der erhobene Zeigefinger kann mahnend, belehrend oder warnend wirken, die Hände in der Tasche können von innerer Unsicherheit oder Desinteresse zeugen.

Körperhaltung

Bewegungen des Kopfes, des Oberkörpers und der Beine signalisieren:

- „Was Sie mir zeigen und sagen, interessiert mich überhaupt nicht!" oder
- „Das ist ja sehr interessant, was Sie gerade zeigen oder sagen, bitte machen Sie weiter!"

Zustimmung, Interesse, Zuwendung, positive Einstellung	Ablehnung, Desinteresse, negative Einstellung
Signale: Zuwendung des Körpers zum Produkt oder zum Verkaufsberater aufgerichteter Kopf als Zeichen der Aufgeschlossenheit, Vorwärtsbewegung von Kopf und Oberkörper	Signale: Abwendung des Körpers vom Produkt oder vom Verkaufsberater der Betreffende sucht Schutz in größerer Entfernung; Zurücknehmen des Kopfes und des Oberkörpers oder nach vorn fallender Oberkörper („er sinkt in sich zusammen")

Zusammenfassung

- Die Sprache ist eines der wichtigsten Mittel der Verständigung (= Kommunikationsmittel) und damit ein bedeutendes „Werkzeug" im Verkaufsgespräch.
- Verkaufsgespräche sollen störungsfrei, dialogfördernd und kundenorientiert geführt werden. Positives Denken und positive Einstellungen helfen dabei.
- Gesprächsförderer sind Aussagen und Verhaltensweisen, die dem Kunden signalisieren: „Ich möchte Ihr Anliegen verstehen, um Sie gut bedienen und beraten zu können". Wichtige Gesprächsförderer sind: Zuhören, Zustimmen, Nachfragen und Denkanstöße geben.

Lernfeld 4

- Unter Gesprächsstörern versteht man Aussagen, die das weitere Gespräch erschweren oder abwürgen. Wichtigste Gesprächsstörer sind: „Killerphrasen", Befehle, Überredung, von sich reden, Vorwürfe machen, Kundenerwartungen dämpfen.
- Die Mitarbeiter im Autohaus wenden eine kundenorientierte Sprache im Sie-Stil an, mit Vorteilsformulierungen, positiven und anregenden Formulierungen, in einfachen, kurzen Sätzen.
- Ihr Körper und der des Kunden senden unbewusst stumme Signale, Mitteilungen und Botschaften aus, die vieles über Empfindungen, Gefühle und Interessen „verraten". Körpersprachliche Signale gehen vom Blick, der Mimik, Gestik und Haltung aus.
- Genau beobachtete und richtig gedeutete Ausdrucksbewegungen helfen dabei, den Kunden besser zu verstehen, um individueller auf ihn eingehen zu können.
- Von besonderer Bedeutung sind die körpersprachlichen Signale, die während des Gesprächs mit dem Kunden auf Interesse, Unentschlossenheit und Ablehnung schließen lassen.
- Um Fehldeutungen vorzubeugen, ist es wichtig, möglichst viele Ausdrucksbewegungen zu erfassen. Diese ergänzen sich oft wechselseitig, weil sie dasselbe aussagen.
- Eine vorurteilsfreie Beobachtung und viel Erfahrung schützen vor Fehldeutungen.

Aufgaben

1. Erklären Sie die Begriffe „Gesprächsstörer" und „Gesprächsförderer". Nennen Sie unterschiedliche Beispiele aus Ihrem Berufsalltag.

2. Ermitteln Sie anhand folgender Äußerungen die Art des Gesprächsstörers oder -förderers:
   a) „Sie müssen doch selbst wissen, was Sie wollen!"
   b) „Schade, dass Sie keine Ahnung haben, was wir im Sortiment führen!"
   c) „Der Startergenerator senkt den Spritverbrauch um ca. zehn Prozent."

3. Wie reagiert wahrscheinlich der Kunde, wenn Sie „Killer" verwenden, aufmerksam zuhören oder Denkanstöße geben?

4. Situation: Ein Kunde überlegt, ob er sein Fahrzeug kaufen oder leasen soll.
   Kunde: „Ich bin mir ganz schön unschlüssig, ob ich das Fahrzeug kaufen oder leasen soll!"
   Verkaufsberater: „Welche Rolle spielt bei Ihnen die Höhe der monatlichen Belastungen?"
   a) Nimmt der Verkaufsberater dem Kunden hier die Entscheidung ab?
   b) Welcher Vorteil liegt vor, wenn der Kunde selbst die Entscheidung trifft?
   c) Nennen Sie zum obigen Situationsbeispiel noch eine weitere, gleichartige Formulierung, die den Kunden zum Nachdenken bringt.

5. „Dieser Kombi ist sowohl ein Nutzfahrzeug als auch ein familienfreundliches Fahrzeug für die Freizeit. Das Modell bietet fünf bequeme Sitzplätze, einen großen Kofferraum, dem neuesten Stand der Technik entsprechende Assistenzsysteme zur Erhöhung der aktiven und passiven Sicherheit, hohes Ausstattungsniveau, beste

Verarbeitungsqualität, bequemen Zugang zu den hinteren Sitzen durch einen nach vorne schwenk- und verschiebbaren Beifahrersitz, einen umklappbaren hinteren Sitz mit umklappbarer Lehne für den Transport sperriger Güter. Ein komfortables, vielseitig nutzbares, zuverlässiges und vor allem sicheres Fahrzeug."

Dieser Text enthält kundenorientierte sprachliche Elemente.
Ermitteln Sie die Bestandteile kundenorientierter Sprache und ordnen Sie diese den Formulierungen richtig zu. Welche Funktion besitzen die vielen Adjektive?

6. Der Stammkunde, Herr Löser, fragt nach der Qualität des Motors im Neufahrzeug und erhält folgende Auskunft:
   „Dieser 2.0 TDI Clean Diesel hat einen Reihen-Vierzylinder-Dieselmotor mit Abgasturboaufladung, 1 968 ccm Hubraum, 184 PS, ein maximales Drehmoment von 380 Nm bei 1800-3250 U/min und einen CO_2-Ausstoß von 143 g/km."
   a) Was halten Sie von dieser Auskunft? Begründen Sie Ihre Meinung.
   b) Formulieren Sie verständlicher.

7. a) Was versteht man unter körpersprachlichen Signalen?
   b) Geben Sie jeweils ein Beispiel an. Auf welche unterschiedlichen Ausdrucksbewegungen beziehen sich diese?

8. Welche Vorteile haben Verkaufsberater, die körpersprachliche Signale beobachten und diese in der jeweiligen Situation richtig deuten?

9. Was besagt die Aussage: „Der Körper ‚lügt' nicht"? Wie erklärt sich dies?

10. Nachstehende Tabelle zeigt drei verschiedene Verkaufssituationen und die dazugehörigen Signale:

Verkaufssituation	beobachtete Signale
Der Autoverkäufer fragt den Kunden nach seinen Vorstellungen, erhält aber keine Antwort.	Der Kunde legt den ausgestreckten Zeigefinger an den Lippenrand und scheint ins Unendliche zu schauen.
Der Autoverkäufer zeigt und führt einen Artikel vor.	Der Kunde kommt näher, zeigt weit geöffnete Augen.
Eine ältere Kundin verlangt ein Scheibenklar-Konzentrat, das nicht mehr hergestellt wird. Sie sagen: „Das gibt es seit zehn Jahren nicht mehr!"	Die Kundin sackt etwas in sich zusammen, die Schultern fallen leicht nach vorne.

a) Deuten Sie diese Signale.
b) Wie würden Sie als Verkaufsberater darauf reagieren?

Lernfeld 4

5 Richtiges Verhalten in unterschiedlichen Gesprächssituationen

AUSGANGSSITUATION

Zu den Aufgaben der Automobilkauffrau/des Automobilkaufmannes gehört natürlich auch das Führen von Kundengesprächen.

Fin Schneider und Nora Braun haben bereits an einer Verkaufsschulung zum Thema „Sprache" teilgenommen und ein entsprechendes Handout für Ihre Kolleginnen und Kollegen erstellt. Auch mit der Körpersprache und deren Wirkung haben sie sich intensiv befasst.

Heute liegt ein Zeitungsartikel mit der Überschrift „Fragen Sie richtig, sonst verlieren Sie Ihren Kunden" auf dem Arbeitsplatz der beiden Auszubildenden. Frau Köppel hat diesen aus einer Fachzeitschrift und bittet Nora Braun und Herrn Schneider, sich mit den Themenbereichen „Frageformen und situationsgerechte Kontaktaufnahme" auseinanderzusetzen und für die Kolleginnen und Kollegen eine übersichtliche PowerPoint-Präsentation zu erstellen.

Dabei sollen sie auch auf den Zusammenhang zwischen einem positiven Verkaufsergebnis und der richtigen Fragetechnik bzw. Kontaktaufnahme eingehen.

ARBEITSAUFTRÄGE

1. Informieren Sie sich über Ihren Themenbereich.
2. Erstellen Sie eine übersichtliche PowerPoint-Präsentation unter Berücksichtigung der Funktion Folienmaster.
3. Gestalten Sie Ihr Dokument ansprechend unter Berücksichtigung verschiedener Formatierungen. Fügen Sie auch Effekte und Animationen in Ihrer Präsentation ein (Aber Achtung: „Weniger ist mehr")
4. Bereiten Sie sich auf die Präsentation vor.
5. Präsentieren Sie Ihre Ergebnisse in einer szenischen Darstellung.
6. Erläutern Sie, warum die richtige Fragestellung bei der Beratung von Kunden und dem Führen von Gesprächen so wichtig ist. Gehen Sie dabei auch auf die situationsgerechte Kontaktaufnahme ein.
7. Geben Sie sich gegenseitig ein Feedback und ergänzen Sie ggf.
8. Ziehen Sie aus Ihren Erkenntnissen wichtige Schlüsse für zukünftige Beratungsgespräche.

Jeden Tag führen Menschen Gespräche – mal mehr – mal weniger.

Im beruflichen Bereich hängt das positive Führen von Gesprächen meist mit dem Erfolg des Unternehmens zusammen.

„Begeistern Sie Ihre Kunden und bleiben Sie immer ehrlich und fair."

Richtiges Verhalten in unterschiedlichen Gesprächssituationen

Die Beachtung dieses Grundsatzes schafft Vertrauen. Die Kunden fühlen sich gut beraten und ernst genommen, werden das Unternehmen weiterempfehlen und bei anstehenden Kaufentscheidungen immer wieder auf dieses zukommen.

5.1 Frageformen

> **EINSTIEGSSITUATION**
>
> Während des Verkaufsseminars haben sich die Auszubildenden der Autohaus Köppel GmbH unter anderem mit den Frageformen beschäftigt. Diese sollen Sie sich wieder in Erinnerung rufen.

Hinter jeder Frage, die wir im Verkaufsgespräch an den Kunden richten, **steckt eine bestimmte Absicht.** Die verschiedenen Frageformen, die damit verbundenen Absichten, Beispiele und ihre Anwendung in unterschiedlichen Verkaufssituationen werden im Folgenden vorgestellt.

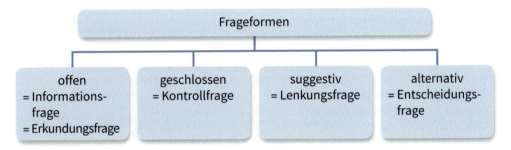

Die richtige Anwendung von Fragen bringt für das Verkaufsgespräch Vorteile. Wer fragt,

- spricht weniger und erfährt mehr vom Kunden (Bedarf, Vorstellung, Einwände),
- aktiviert den Kunden zum Nachdenken,
- zeigt Interesse am Kunden und löst Interesse bei ihm aus,
- sorgt für angenehme Gesprächsatmosphäre und vermeidet Konflikte,
- lenkt und verkürzt das Gespräch in Richtung Kaufentscheidung.

Die offene Frage (= Informations-, Erkundungsfrage)

Die offene Frage veranlasst den Kunden, sich zu äußern, und **bringt** im Verkaufsgespräch **wichtige Informationen** über seine Wünsche, Vorstellungen, Meinungen, Gedanken. Häufig beginnt die Frage mit den Fragewörtern **wer, wie, wo, was, wann** oder **warum**.

> **Beispiele**
> - „Welche Anforderungen stellen Sie an Ihren Neuwagen?"
> - „Welche Lasten wollen Sie mit Ihrem Lastenträger befördern?"
> - „Was soll Ihnen Ihr neues Connected-Paket bieten?"
> - „Worauf legen Sie bei einem Kindersitz besonderen Wert?"
> - „Was meinen Sie zu …?"

- „Wie gefällt Ihnen …?"
- „Wie finden Sie …?"
- „Welche Vorstellungen haben Sie zu …?"
- „Was gefällt Ihnen noch nicht an …?"

Die offene Frage eignet sich bei der Bedarfsermittlung, um Wünsche und Vorstellungen kennenzulernen; bei der Warenpräsentation, um Gedanken und Meinungen zum Produkt zu hören; bei Kundeneinwänden, um Bedenken zu erfahren. Weil sachliche Informationen erfragt werden, wird sie auch als Informations- oder Erkundungsfrage bezeichnet.

Die geschlossene Frage (= Kontrollfrage)

Wünscht der Fragesteller von seinem Gesprächspartner eine kurze, knappe Antwort, ist eine geschlossene Frage angebracht. Sie engt die Antwort ein, beschränkt den Dialog und führt zu einer speziellen Antwort. Deshalb wird sie auch als Kontrollfrage bezeichnet.

Beispiele

- „Ist das die richtige Reifengröße?"
- „Kennen Sie die Vorteile dieses Navigationssystems?"
- „Soll ich Ihnen die anfallenden Servicearbeiten nochmals aufzählen?"
- „Sind Sie damit einverstanden, dass …?"
- „Nehmen Sie diese Starterbatterie?"

Die Suggestivfrage (= Lenkungsfrage)

Suggestivfragen sollen den Kunden beeinflussen (suggerieren = beeinflussen, etwas lenken), ihm eine Antwort „in den Mund legen".

Die **positive Suggestivfrage soll zur Antwort „ja" führen.** Eine Rolle spielen dabei Worte wie: doch, bestimmt, sicher, auch, meinen Sie auch, gerade, lieber gleich.

Beispiele

- „Meinen Sie nicht auch, dass das sportliche Modell sehr gut aussieht?"
- „Stimmen Sie mir zu, dass diese sportlichen Felgen optisch sehr ansprechend sind?"
- „Finden Sie nicht auch, dass Ihnen diese Reifen die beste Traktion garantieren?"
- „Ihnen ist ein sparsamer, umweltfreundlicher Motor doch sicher auch wichtig. Oder?"

Doch Vorsicht, die Suggestivfrage **„riecht",** wenn sich der Verkäufer nicht der Mühe unterzieht, seinen Kunden durch Argumente (Vorteile) zu überzeugen. „Durchschaut" der Kunde den Verkäufer, dem nur etwas am Umsatz, nicht aber an den eigentlichen Interessen des Kunden liegt, stellt er gegebenenfalls eine **„entlarvende" Gegenfrage.**

Richtiges Verhalten in unterschiedlichen Gesprächssituationen

Negative Suggestivfragen führen meist zur Antwort „nein". Dadurch geht ein Verkaufsgespräch schnell zu Ende, Verkaufschancen nehmen ab.

Beispiele

- „Sind Sie nicht an … interessiert?"
- „Daran haben Sie kein Interesse?"
- „Den permanenten Allradantrieb brauchen Sie nicht?"
- „Sonst brauchen Sie nichts?"
- „Sonst noch was?"
- „Das wäre es wohl?"

Die Alternativfrage (= Entscheidungsfrage)

Die Alternativfrage lässt dem Befragten die **Wahl zwischen zwei Möglichkeiten.** Der Kunde soll sich zwischen beiden Möglichkeiten (= Alternativen) entscheiden, nachdem eine ausführliche Produktvorführung mit entsprechenden Verkaufsargumenten vorausgegangen ist. Auf diese Weise **bereitet man die Entscheidung vor** und führt das Gespräch zum positiven Abschluss.

Beispiele

- „Bevorzugen Sie die hellen oder die dunklen Nylon-Bezüge?"
- „Sagt Ihnen der Universal-Lastenträger besser zu als der spezielle?"
- „Gefallen Ihnen die Alu-Felgen in Anthrazit oder die in Brillantsilber besser?"

Zusammenfassung

- Fragen dienen der Informationsbeschaffung, sie beweisen Interesse am Kunden, beteiligen ihn aktiv, lenken und verkürzen das Verkaufsgespräch in Richtung Kaufabschluss.
- Offene Fragen veranlassen den Kunden, ausführlich über seine Wünsche, Vorstellungen, Interessen, Meinungen, Einwände zu berichten. Sie bringen enge oder weite Informationen.
- Geschlossene Fragen sind angebracht, wenn kurze und knappe Antworten des Kunden erwünscht sind.
- Positive Suggestivfragen beeinflussen den Kunden positiv und führen zu der Antwort „ja", negative Suggestivfragen führen zu der Antwort „nein"!
- Alternativ fragen (Entscheidungsfragen) engen die Auswahl ein und führen den Kunden häufig schneller an die Entscheidung heran.

Lernfeld 4

5.2 Situationsgerechte Kontaktaufnahme

EINSTIEGSSITUATION

Im Schauraum des Autohauses Köppel sieht sich ein Kunde die neuesten Modelle an. Sie sollen den Kunden betreuen.

Es gibt verschiedene Auffassungen, wie und wann eine Kundin bzw. ein Kunde anzusprechen ist. Allgemein kann festgehalten werden, dass eine gute Beobachtungsgabe hilfreich ist. Aber Achtung: „Starren Sie die Kunden nicht an" und „drängen Sie sich diesen nicht auf". Erst, wenn die Kundin/der Kunde länger bei einem Modell verweilt und sich dieses intensiv anschaut, sollten sie tätig werden und die Kundin/den Kunden ansprechen.

Folgende Regeln sollten Sie berücksichtigen:

- Begrüßen Sie Ihren Kunden und stellen Sie sich vor.
- Seien Sie freundlich und höflich und achten Sie auf eine angemessene Lautstärke.
- Achten Sie auf eine angemessene Sprache und Ihre Wortwahl.
- Machen Sie Sprechpausen und „texten" Sie Ihre Kundin/Ihren Kunden nicht zu!
- Hören Sie aktiv zu und lassen Sie die Kundin/den Kunden aussprechen.
- Beantworten Sie alle Fragen und „schweifen Sie nicht vom Thema ab".
- Berücksichtigen Sie die Distanzzonen und kommen Sie Ihrem Gesprächspartner nicht zu Nahe.
- Achten Sie auf die Aktualität Ihres Fachwissens! Nur kompetente Mitarbeiter können gute Verkaufsgespräche führen.

Nachfolgend sind verschiedene Situationen der Kontaktaufnahme angeführt und erläutert:

Der Kunde
- gibt zu erkennen, dass er angesprochen werden möchte,
- beschäftigt sich mit dem Produkt,
- hat einen bestimmten Kaufwunsch,
- will sich „nur mal umsehen".

Der Kunde gibt zu erkennen, dass er angesprochen werden möchte

Der Kunde **schaut sich suchend nach einem Verkaufsberater um oder geht zielgerichtet auf diesen zu.** Begrüßen Sie den Kunden situationsgerecht, je nach Alter, Bekanntheitsgrad, regionaler Gepflogenheit und signalisieren ihm, dass er bei uns willkommen ist. Halten Sie

Richtiges Verhalten in unterschiedlichen Gesprächssituationen

Blickkontakt, ohne den Kunden anzustarren, und achten Sie auf einen angemessenen Gesprächsabstand, damit der Kunde sich nicht bedrängt oder gar belästigt fühlt (Abstand etwa 0,80 m bis 1,50 m).

> **Beispiele:** Kundenansprache
> - „Guten Tag, wie kann ich Ihnen behilflich sein?"
> - „Grüß Gott, was kann ich für Sie tun?"
> - „Bitte schön, was darf ich Ihnen zeigen?"

Solche und ähnliche Aussagen signalisieren dem Kunden Interesse. Unnötiges Warten lassen wertet der Kunde als Desinteresse und Geringschätzung.

Der Kunde beschäftigt sich bereits mit dem Produkt

Die offene Warendarbietung ermöglicht dem Kunden freien Zugang zu den Produkten. Betrachtet der Kunde beispielsweise eine Dachbox, öffnet er diese, prüft das Volumen usw., kann ein **Interesse an dem Produkt** festgestellt werden.

Die Gedanken des Kunden kreisen wahrscheinlich um folgende Fragen: „Ist das für mich das richtige Produkt?", „Welche vorteilhaften Eigenschaften hat es?", „Wie ist der Preis?".

Es ist nicht sinnvoll, den Kunden aus seinen Gedanken herauszureißen. Besser: Der Verkaufsberater wartet, bis der Kunde durch Blickkontakt seine Gesprächsbereitschaft signalisiert. Jetzt ergibt sich die **Chance, mit dem Kunden „über das Produkt" ins Gespräch zu kommen**. Nützliche und qualifizierte Produktinformationen helfen dem Kunden weiter und verstärken sein Interesse.

Beispiele: Kunde im Teile- und Zubehörshop

Kunde	passende Aussagen des Verkaufsberaters
betrachtet die Form der Dachbox	„Diese Dachbox hat optimale aerodynamische Eigenschaften, dadurch werden unangenehme Fahrgeräusche weitestgehend reduziert."
klopft prüfend an die Box	„Dieser Kunststoff ist besonders langlebig, formstabil und UV-beständig …"
öffnet die Box	„Diese Box fasst bis 350 Liter. Sie können Taschen, Skier, Campinggegenstände und viele andere Utensilien verstauen …"
prüft den Verschluss	„Die 3-Punkt-Zentralverriegelung garantiert einen sicheren Verschluss und optimalen Diebstahlschutz."

Aushändigungsverkauf

Beim Aushändigungsverkauf erfüllt der Verkaufsberater einen relativ genau geäußerten Kundenwunsch. Er händigt mit treffenden Argumenten das gewünschte Produkt aus.

Lernfeld 4

Beispiel 1

Der Kunde äußert einen klaren Wunsch.
Kunde: (weist mit dem Finger auf die Wischblätter seines Autotyps) „Ich hätte gerne diese Wischerblätter."
Verkaufsberater: „Der neu entwickelte Kunststoff dieser Wischerblätter ist besonders haltbar und deshalb langlebig!"

Beispiel 2

Der Kundenwunsch erfordert eine Rückfrage.
Kunde: „Führen Sie Auto-Innenreiniger?"
Verkaufsberater: „Möchten Sie einen universellen Flüssigreiniger für Kunststoffteile, Sitzbezüge und Glas oder einen schonenden Schaumreiniger für Verschmutzungen auf Polstern und Teppichen?"
Kunde: „Bitte den Universalreiniger!"

Es ist sehr **sinnvoll, wirkungsvoll und verkaufsfördernd**,

- die Bezeichnung verschiedener Produkte zu nennen und diese zu zeigen,
- wenige, wichtige, überzeugende Eigenschaften/Verkaufsargumente zu nennen,
- treffende Argumente zur Qualität, zum Aussehen und zur Verwendung zu geben,
- den Kunden selbst aktiv in die Auswahl einzubeziehen („Bitte sehen Sie …", „Wie gefällt Ihnen …?", „Was meinen Sie zu …?").

Aus jedem Aushändigungsverkauf kann ein Beratungsverkauf werden.

Der Kunde will sich „nur mal umschauen"

Viele Kunden, wollen sich nur einmal umsehen, orientieren, informieren und inspirieren lassen. Die offene Produktdarbietung, die Präsentation der Produkte und das verlockende Sortiment sollen Kaufimpulse auslösen.

Hinter den Worten „Ich möchte mich nur mal umschauen" können die **Befürchtungen** des Kunden stehen: Wenn ich mich beraten lasse,

- fühle ich mich zum Kauf verpflichtet,
- werde ich zu etwas überredet, was mir nicht gefällt.

Der zur Beratung und zum Kauf gedrängte Kunde, der sich „nur mal umschauen" will, reagiert normalerweise misstrauisch, unwillig, abweisend und ungehalten oder verlässt verärgert das Autohaus.

Viele Kunden wollen sich **ohne Kaufzwang** bewegen und informieren können. Das Interesse für Ihr Autohaus ist etwas Positives. Wer ungestört Kontakt zum Produkt aufnehmen und sich unbeeinflusst mit ihm beschäftigen kann, bei dem wird der Besitzwunsch geweckt und die Kaufentscheidung vorbereitet. **Aufdringlichkeit verjagt Kunden!**

Richtiges Verhalten in unterschiedlichen Gesprächssituationen

Zusammenfassung

- Die Kontaktaufnahme mit Kunden ist situationsabhängig. Beratungskäufe erfordern eine andersartige Kontaktaufnahme als Aushändigungskäufe.
- Der gute Kontakt ermöglicht eine angenehme Gesprächsatmosphäre, schafft Sympathie, Vertrauen und ist kundenorientiert.
- Die Kontaktaufnahme im Beratungsgespräch wird durch kontaktfördernde Maßnahmen erreicht: auf den Kunden zugehen, einen situationsgerechten freundlichen Gruß, freundlichen Gesichtsausdruck, Augenkontakt, richtigen Gesprächsabstand, aktives Zuhören u. Ä.
- Die Kontaktaufnahme beim Aushändigungskauf, bei dem der Kunde einen relativ genau geäußerten Wunsch nennt, ist produktbezogen. Der Verkäufer nennt wenige, wichtige, überzeugende Eigenschaften/Verkaufsargumente.
- Kunden, die sich „nur mal umschauen" wollen, drängt man nichts auf, signalisiert aber die Kontaktbereitschaft und steht auf Wunsch des Kunden zur Verfügung.

Aufgaben

1. Ermitteln Sie die jeweilige Frageform:
   a) „Dieses sportliche Design sieht doch interessant aus?"
   b) „Sonst brauchen Sie nichts?"
   c) „Die preisgünstigere Batterie?"
   d) „Wie gefällt Ihnen der neue bunte Sitzbezug?"
   e) „Sollen wir den Ölwechsel für Sie durchführen oder wollen Sie das selbst vornehmen?"

2. Versuchen Sie anhand folgender Fragen die entsprechenden Absichten des Fragestellers herauszufinden.
   a) „Welche Anforderungen stellen Sie an den Gebrauchtwagen?"
   b) „Wollen Sie lieber einen hochwertigen Gebrauchtwagen oder einen Neuwagen?"
   c) „Sie sind doch auch der Meinung, dass der Gebrauchtwagen mit Garantie für Sie günstiger wäre?"
   d) „Soll ich Ihnen die Kofferraumgröße nochmals demonstrieren?"

3. Hinter jeder Frage eines Verkaufsberaters steckt eine bestimmte Absicht. Nennen Sie diese bei
   a) der offenen Frage,
   b) der geschlossenen Frage,
   c) der positiven Suggestivfrage,
   d) der Alternativfrage.

4. Im Freigelände des Autohauses Köppel befasst sich eine junge Kundin seit einiger Zeit mit Gebrauchtfahrzeugen. Als sich die Kundin suchend umschaut, kommt der Verkaufsberater Konstantin Engel hinzu, der weitere Modelle zeigt und erklärt. Die rote Limousine gefällt der Kundin sehr gut, ist aber teuer. Die stahlblaue, preiswertere hat ebenfalls ihr Interesse geweckt, hat aber mehr Kilometer zurückgelegt.
   a) Worin sehen Sie das Hauptproblem der Kundin?
   b) Versuchen Sie die Kundin suggestiv – unter Berücksichtigung dieses Hauptinteresses – zu beeinflussen (wörtliche Rede).

Lernfeld 4

5. Formulieren Sie zu folgenden Situationen die entsprechenden Fragen, die das Verkaufsgespräch weiterbringen.
   a) Ein Kunde sucht einen Grundträger.
   b) Ein Automobilkaufmann möchte zum Neuwagen die entsprechenden Pflegemittel verkaufen.
   c) Nach ausführlicher Warenvorführung verschiedener Kindersitze will der Verkäufer zum Abschluss kommen.

6. „Die richtige Anwendung von Fragen ermöglicht z. B. eine angenehme Gesprächsatmosphäre und vermeidet Konflikte." Verdeutlichen Sie diese Aussage anhand eines Beispiels.

7. Björn Löser schaut sich im Zubehörshop seit einiger Zeit Alu-Felgen an. Herr Braunert, der dies beobachtet hat, kommt hinzu, grüßt freundlich und spricht den Kunden an. Welche Kontaktaufnahme ist sinnvoll? (mit Begründung)
   a) „Suchen Sie etwas Bestimmtes?"
   b) „Kann ich Ihnen behilflich sein?"
   c) „Wollen Sie Alu-Felgen?"
   d) „Darf ich Ihnen unverbindlich unsere große Auswahl an Alu-Felgen zeigen?"

8. Frau Dillerle betritt den Ausstellungsraum: „Ich möchte mich nur mal umsehen!"
   a) Welche Befürchtungen eines Kunden stecken hinter solchen Äußerungen?
   b) Nennen Sie Formulierungen, die geeignet sind, solchen Befürchtungen entgegenzutreten.
   c) Wie beurteilen Sie es, wenn sich der Verkaufsberater ohne „saure" Miene mit folgenden Worten zurückzieht: „Wenn Sie irgendwelche Fragen haben, stehe ich Ihnen gerne zur Verfügung. Weitere Modelle finden Sie hier …"

9. Führen Sie eine szenische Darstellung durch und notieren Sie sich Ihre Beobachtungen.
   Situation: Eine Kundin beschäftigt sich seit längerer Zeit mit den ausgestellten Sitzbezügen.

Rolle Verkaufsberater	Rolle Kundin
• Sie sprechen die Kundin situationsgerecht an. • Sie wollen nicht aufdringlich sein. • Sie möchten der Kundin weiterhelfen.	Sie legen nur dann Wert auf Bedienung und Beratung, wenn der Verkaufsberater nützliche Informationen bringt bzw. Sie einen Rat brauchen.

Beobachtungsmerkmale
- Wird die Kundin situationsgerecht angesprochen?
- Worauf bezieht sich das Gesagte?
- Hilft die gegebene Information der Kundin weiter?

6 Bedarfsermittlung bei beratungsintensiven Produkten

AUSGANGSSITUATION

Eine ca. 20-jährige Kundin sieht sich seit einiger Zeit im Freigelände des Autohauses Köppel Gebrauchtwagen an. Die Verkaufsberaterin Dana Zoren kommt dazu.

Frau Zoren:	*„Guten Tag!"* (mustert die Kundin von oben bis unten)
Kundin:	*„Ich suche einen guten Gebrauchtwagen!"*
Frau Zoren:	*„Haben Sie an einen bestimmten gedacht?"*
Kundin:	*„Nein!"*
Frau Zoren:	*„Wollen Sie einen Benziner oder einen Diesel?"*
Kundin:	*„Ich weiß nicht so recht, was ich nehmen soll!"*
Frau Zoren:	*„Sie müssen doch selbst wissen, was Sie wollen! Welche Farbe soll denn der Gebrauchte haben?"*
Kundin:	(zeigt einen ratlosen Gesichtsausdruck) *„Ach, ich weiß nicht so recht, vielleicht rot?"*
Frau Zoren:	*„Zurzeit habe ich nur zwei rote Gebrauchtwagen da. Soll ich die Ihnen zeigen?"*
Kundin:	(macht einen enttäuschten und ratlosen Gesichtsausdruck) *„Ja, bitte, deshalb komme ich zu Ihnen!"*
Frau Zoren:	*„Wie viel Geld wollen Sie etwa ausgeben?"*
Kundin:	*„Nicht mehr als 5 000,00 €!"*
Frau Zoren:	*„Tja, dann werden Sie sich schwertun. Gute Gebrauchte kosten mehr als 5 000,00 €!"*
Kundin:	*„Schade, dass Sie nichts Geeignetes zeigen konnten. Vielleicht hat Ihr Mitbewerber …?"*

ARBEITSAUFTRÄGE

1. Welche Fehler hat die Verkaufsberaterin gemacht?
2. Welche Fragen verlangten bereits bei der Bedarfsermittlung eine Entscheidung der Kundin?
3. Wie wirken sich solche Fragen bei der Bedarfsermittlung auf den Handlungsspielraum der Verkaufsberaterin aus?
4. Wie könnte Frau Zoren der Kundin das Gefühl vermitteln, im Autohaus Köppel einen guten Gebrauchtwagen zu finden?

DIESELBE SITUATION BEIM MITBEWERBER

Verkaufsberater:	*„Guten Tag! Was kann ich für Sie tun?"*
Kundin:	*„Ich suche einen guten Gebrauchtwagen!"*
Verkaufsberater:	*„Auf gute Gebrauchtwagen haben wir uns spezialisiert. Die Auswahl ist groß. Wir werden für Sie bestimmt einen finden, der Ihren Wünschen und Bedürfnissen sehr nahekommt! Welche Vorstellungen haben Sie bzw. welche Anforderungen stellen Sie an das Fahrzeug?"*
Kundin:	*„Ich muss täglich zum 35 km entfernten Arbeitsplatz fahren. Die Verkehrsanbindung an meinen Wohnort ist relativ schlecht. Der Wagen dürfte nicht zu groß sein, da die Parkplätze vor unserem Büro klein sind!"*

Lernfeld 4

> Verkaufsberater: „Vielen Dank für die nützlichen Hinweise! Sie finden bei uns eine große Auswahl infrage kommender Gebrauchtwagen. Bitte sehen Sie hier …"
> Kundin: (Verkaufsberater zeigt und führt vor) „Toll, sehr interessant …!"
>
> **ARBEITSAUFTRÄGE**
> 5. Was wird wohl die Aussage „Auf gute Gebrauchte haben wir uns spezialisiert" bei der Kundin bewirken?
> 6. Auf welche Frage bei der Bedarfsermittlung konnte der Verkaufsberater gute Gebrauchtwagen zeigen und vorführen, die den Vorstellungen der Kundin nahekommen?
> 7. Warum ist es besser, der Kundin Gebrauchtwagen zu zeigen, als sie lange auszufragen?

6.1 Vertrauensauslöser verwenden

> **EINSTIEGSSITUATION**
>
> Beurteilen Sie den folgenden Dialog unter Berücksichtigung der Fachtexte:
> Kunde des Autohauses Köppel: „Ich interessiere mich für einen Fahrradträger."
> Verkaufsberaterin Dana Zoren: „Wir führen verschiedene Fahrradträger. Dieser..."

Der Kunde, der Bedienung oder Beratung wünscht, gibt dies dadurch zu erkennen, dass

- er sich suchend nach einem Verkaufsberater umschaut bzw.
- er auf den Verkaufsberater zugeht oder wartet, bis dieser „frei" ist.

Nach der Begrüßung, und nachdem der Kunde seinen Wunsch genannt hat, kann man **durch Vertrauensauslöser eine angenehme, verkaufsfördernde Gesprächsatmosphäre schaffen.** Aussagen, die die Erwartungen des Kunden dämpfen, sind zu vermeiden.

Beispiele	
Vertrauensauslöser	Aussagen, die Kundenerwartungen dämpfen können
„Wir werden sicher das Richtige für Sie finden."	„Oh je, das ist natürlich schwierig."
„Alu-Felgen führen wir in großer Auswahl."	„Leider führen wir nur Felgen von …."
„Wir haben uns auf diese Wünsche und Probleme eingestellt."	„Mit diesem Wunsch werden Sie sich schwertun."

Vertrauensauslöser verstärken im Kunden das Gefühl, dass er mit einem leistungsfähigen Autohaus und einem fachkundigen Verkaufsberater in Kontakt getreten ist.

6.2 Direkte Bedarfsermittlung

> **EINSTIEGSSITUATION**
>
> Beurteilen Sie den folgenden Dialog unter Berücksichtigung der Fachtexte:
> Kunde des Autohauses Köppel: „Ich suche einen Gebrauchtwagen."
> Verkaufsberaterin Dana Zoren: „Welche Anforderungen stellen Sie an das Fahrzeug?"

Bei dieser Methode der Bedarfsermittlung stellen wir **offene Fragen,** um den speziellen Bedarf zu ermitteln und um Hinweise über die Beschaffenheit des gewünschten Produkts zu erhalten.

Häufig sind Kaufwünsche noch unbestimmt, sie enthalten also keine konkreten Angaben, z. B. über Motorleistung, Ausstattung, Fahreigenschaften usw.

Beim Kauf von beratungsintensiven Produkten wissen die meisten Kunden nicht genau, wie das gewünschte Produkt beschaffen sein soll. Ziemlich genaue Angaben können sie aber darüber machen, wie das Produkt genutzt werden soll und welche Anforderungen/Erwartungen sie an das Produkt stellen.

Alle Fragen, die den Kunden veranlassen, **über** seinen **Bedarf** oder Kaufgrund **nachzudenken** und sich darüber zu äußern, geben Hinweise über das Produkt, seine gewünschten Eigenschaften, eventuelles Aussehen, Ausstattung usw.

Beispiele

Fragen des Verkaufsberaters	mögliche Kundenantworten
„Welche Anforderungen stellen Sie an den Gebrauchtwagen?"	„Er sollte ein gutes Platzangebot, keine zu hohe Laufleistung und einen sparsamen Verbrauch haben."
„Auf welche Ausstattungen legen Sie Wert?"	„Hohe Verarbeitungsqualität, übersichtliche Assistenzsysteme ..."

Die **Antworten ermöglichen es, Rückschlüsse** auf das Produkt zu ziehen und solche Produkte zu zeigen, die den Wünschen des Kunden am nächsten kommen.

Beispiele:

unpassende Fragen	falsche Fragen
• „Welche Farbe soll der Gebrauchtwagen haben?"	• „Suchen Sie etwas Bestimmtes?"
• „Wie viel PS/kW sollte das Auto haben?"	• „Wie viel Geld möchten Sie denn ausgeben?"
• „Haben Sie schon eine genaue Vorstellung von der Innenausstattung?"	• „Welche Farbe sollte die Innenausstattung haben?"

Bei diesen Beispielen liegen geschlossene Fragen vor. Werden diese bereits bei der Bedarfsermittlung gestellt, haben sie folgende **Nachteile**:

- Sie **verlangen** vom Kunden **Entscheidungen**, für die er noch nicht reif ist, weil er das Produkt, seine Eigenschaften und Vorzüge noch gar nicht kennt.
- Die **Produktauswahl**, die die Verkaufsberater vorzeigen und vorführen können, **wird kleiner**.
- **Kunde und Verkaufsberater sind „festgelegt"**, das Verkaufsgeschehen lässt sich kaum noch steuern.

6.3 Indirekte Bedarfsermittlung

EINSTIEGSSITUATION

Beurteilen Sie den folgenden Dialog unter Berücksichtigung der Fachtexte.

Ein Kunde betritt den Zubehör-Shop des Autohauses Köppel.
Herr Braunert: „Guten Tag!"
Kunde: „Ich suche Sitzbezüge für meinen neuen SUV."
Herr Braunert: „Für SUVs passt die Größe A." (Kunde und Herr Braunert gehen an das Regal für Sitzbezüge. Herr Braunert zieht drei heraus und führt diese vor.) „Wenn Sie die besonders fröhlich bedruckten aus dem unempfindlichen Polyamid-Stoff lieben, dürften diese von besonderem Interesse für Sie sein. Bevorzugen Sie dagegen eher ruhigere Farbtöne, wären diese Bezüge eine interessante Alternative!"
Kunde: „So in der Art, vielleicht könnte …"

Bei dieser **Methode der Bedarfsermittlung** stellt der Verkaufsberater möglichst wenig Fragen. Er zeigt, nachdem die Kundenwünsche bekannt sind, sofort ein **„Testangebot"** von zwei bis drei infrage kommenden Produkten und wartet die Reaktionen des Kunden ab. Der Verkaufsberater zieht daraus Rückschlüsse auf die gewünschten Eigenschaften des Artikels, auf dessen Aussehen, Einsatz, Verwendung, Pflege usw.

Wenn die zuerst gezeigten Produkte noch nicht den Kundenvorstellungen entsprechen, kommen die anschließend vorgeführten Artikel seinen Wünschen näher.

Die indirekte Bedarfsermittlung bringt folgende **Vorteile**:

- Kein unnötiges „Ausfragen" von Kunden. Diese äußern sich zu dem vorgelegten/gezeigten Produkt selbst, was Rückschlüsse ermöglicht.
- Man richtet das Interesse des Kunden rasch auf das gewünschte Produkt.

Bedarfsermittlung bei beratungsintensiven Produkten

Zusammenfassung

- Beim Beratungsverkauf können Vertrauensauslöser verkaufsfördernd und Aussagen, die Kundenerwartungen dämpfen, verkaufshemmend wirken.
- Bei der direkten Bedarfsermittlung beratungsintensiver Ware
  - bringen offene Fragen, die den Kunden veranlassen, über seinen Bedarf nachzudenken und sich dazu zu äußern, das Verkaufsgespräch weiter,
  - engen geschlossene Fragen und Entscheidungsfragen Kunden und Verkaufsberater in der Produktauswahl ein.
- Bei der indirekten Bedarfsermittlung stellt der Verkaufsberater möglichst wenig Fragen und zeigt sofort „Testangebote" von zwei bis drei infrage kommenden Produkten. Der Kunde äußert sich dann, was Rückschlüsse auf seine genauen Wünsche ermöglicht.

Aufgaben

1. Ein Kunde im Zubehörshop: „Ich suche Sitzbezüge!"
   Verkaufsberater:
   a) „Welche Farbe soll's denn sein?"
   b) „Haben Sie an etwas Bestimmtes gedacht?"
   c) (zeigt verschiedene Bezüge) „Welche gefallen Ihnen am besten?"
   d) „Aus welchem Material sollen die Bezüge sein?"
   Welche Frage halten Sie für die beste? (mit Begründung) Welche Fragen engen die Auswahl ein oder legen Kunden und Verkaufsberater fest und sind deshalb weniger geeignet?

2. Situationen im Autohaus Köppel:
   a) „Ich suche Sportfelgen."
   b) „Ich interessiere mich für ein Plug-and-Play-Soundsystem."
   c) „Als Handwerker brauche ich einen robusten Neuwagen."
   Stellen Sie Fragen, um den Wünschen des Kunden näherzukommen.

3. Stellen Sie die Vor- und Nachteile der direkten und indirekten Bedarfsermittlung zusammen. Begründen Sie, welche Methode Ihnen sympathischer erscheint.

4. a) Was sollen Vertrauensauslöser bewirken? Geben Sie Beispiele hierfür an.
   b) „Da hätte ich höchstens noch …". Was halten Sie von solchen Aussagen?

5. „Geschlossene Fragen bei der Bedarfsmitteilung von beratungsintensiven Produkten zu stellen, führt selten ans Ziel." Begründen Sie diese Aussage.

6. Führen Sie ein **Rollenspiel** durch und notieren Sie sich Ihre Beobachtungen.
   Eine Studentin kommt ins Autohaus und interessiert sich für einen Gebrauchtwagen.

Lernfeld 4

Rolle des Verkaufsberaters	Rolle der Kundin
• Sie machen vertauensauslösende Aussagen.	• Sie geben Auskunft auf die Fragen des Verkaufsberaters.
• Sie ermitteln die Wünsche der Kundin.	• Sie erwarten nach erfolgreicher Bedarfsermittlung Angebote.

Beobachtungsmerkmale
- Welche vertrauensauslösenden Aussagen wurden gemacht?
- Sind die Fragen der Bedarfsermittlung so gestellt, dass die Antworten der Kundin Auskunft über den wirklichen Bedarf geben?

7 Kaufmotive ermitteln und passende Produkte vorführen

AUSGANGSSITUATION

Das Autohaus Köppel verfügt über einen großen Bestand an Neu- und Gebrauchtwagen. Die Verkaufsberater werden unter anderem mit folgenden Situationen konfrontiert:

1. Die Familie Neuhaus sucht einen größeren SUV, in dem die Familie bequem Platz findet. Der Kofferraum soll groß genug sein, um die Campingausrüstung aufnehmen zu können.
2. Der Inhaber der Gabelstapler GmbH interessiert sich für einen preiswerten Kombi.
3. Herr Jörn Kolz bittet um Prospekte und technische Angaben für besonders umweltfreundliche Neuwagen.
4. Andrea Ehni von der Ehni GmbH & Co. KG, eine Stammkundin, hat eine Probefahrt in der Maximo-Limousine gemacht, die sie von der hervorragenden Technik und der fantastischen Ausstattung überzeugte. Das MP3-Radio-Navigationssystem findet sie ganz ausgezeichnet. Ein Kauf wird in Aussicht gestellt.

ARBEITSAUFTRÄGE

1. Obwohl die Kunden alle an Autos interessiert sind, liegen in jedem Einzelfall spezielle Beweggründe vor. Ermitteln Sie diese.
2. Warum wäre es nicht sinnvoll, wenn die Verkaufsberater in allen Verkaufsgesprächen von der Größe, Höchstgeschwindigkeit, Leistung des Motors u. Ä. sprechen würden?
3. Welche Vorteile bringt es, wenn man Beweggründe der Kunden beim Kauf klar erkennt?
4. Wie sollte eine gekonnte Produktvorführung aussehen, damit sie möglichst vielen Wünschen der Kunden gerecht wird?

Lernfeld 4

7.1 Kaufmotive und Nutzenerwartungen

> **EINSTIEGSSITUATION**
>
> Fin Schneider und Pascal Palm sollen sich mit dem Themenbereich Kaufmotive und Nutzenerwartungen auseinandersetzen und ihr neu erworbenes Wissen in der Praxis anwenden. Sie unterstützen die beiden.

Kaufmotive geben Auskunft darüber, was den Kunden zum Kauf bewegt bzw. welchen Nutzen oder Vorteil er vom Produkt erwartet. Jedes Produkt hat die Fähigkeit, Nutzen zu bringen.

Produkt	Nutzen/Nutzenerwartungen (Beispiele)
Limousine	Bequemlichkeit, Mobilität, Unabhängigkeit
Luxusauto	Anerkennung, Prestige, Geltung
Offroadfahrzeug	Freiheit, Spaß, Erlebnis, Entdeckung
Elektromotor	geringe Emissionen, Umweltschutz
Kollisionswarner, Notbremssystem	Schutz vor einem Aufprall
Radio-Navigationssystem	Anzeige von diversen Funktionen, Musikgenuss

Werden im Verkaufsgespräch Kaufmotive bzw. **Nutzenerwartungen erkennbar**, können Verkaufsberater

- leichter ein kundenorientiertes Angebot unterbreiten,
- gezielter Produkte zeigen und vorführen sowie
- individueller kunden- und motivbezogen argumentieren.

Häufige Kaufmotive sind beispielsweise:

Sparsamkeit, geringe Kosten, Wirtschaftlichkeit

Kunden, die sich von diesem Motiv leiten lassen, wollen einen **Vorteil, der sich in Geld ausdrücken** lässt.

> **Beispiele:**
> Modelle in ansprechender und funktioneller Ausstattung, sparsame Motoren, wirtschaftliche „Platzwunder", für die Beförderung von Personen und Gütern, Modelle mit geringen Unterhaltskosten, jedoch ansprechendem Design usw.

Bequemlichkeit und Komfort

Kunden mit diesem Motiv legen Wert auf **Erleichterungen, Bequemlichkeit und Komfort**.

> **Beispiele:**
> Automatikgetriebe, großer Innenraum mit viel Kopf-, Schulter- und Beinfreiheit, ansprechende Materialien, kluge Assistenz-, Reise- und Komfortsysteme usw.

Sicherheit und Zuverlässigkeit

Der Wunsch, sich **vor möglichen Risiken und Verlusten zu schützen**, die Erwartung in die Sicherheit und Zuverlässigkeit stehen hier im Vordergrund.

> **Beispiele:**
> ESP, Parktronic, Diebstahl-Schutz-Pakete, Fahrassistenz-Pakete, Spurhalte-Pakete, Totwinkel-Assistent, Einparkhilfen, usw.

Schönes Aussehen und Geltung

Äußerungen oder das Verhalten von Kunden lassen erkennen, dass sie nach **Anerkennung, Beliebtheit, Einfluss, Ansehen und Geltung** streben. „Die Leute sollen sehen, was man sich leisten kann!"

> **Beispiele:**
> LED-High-Performance-Scheinwerfer, hochwertige Innenausstattungspakete, Chrom-Interieur und -Exterieur, Ablagepakete usw.

Neugierde, Entdeckung und Abenteuer

Kunden mit diesem Motiv sind an Neuheiten sehr interessiert, sie wollen gleich von Anfang an dabei sein, ausprobieren, nichts versäumen, erleben, entdecken usw. **Neugierde, Wünsche auf Erlebnisse, Entdeckung, Abenteuerlust** sind die treibenden Kräfte.

> **Beispiele:**
> Autofahren soll Spaß machen, das Auto soll zum Erlebnis werden, Offroadfahrzeuge mit großer Bodenfreiheit, Steigfähigkeit, Fahrstabilität bei Schräglagen usw.

Lernfeld 4

Gesundheit, Wohlbefinden und Umweltschutz

Bei vielen Kunden gewinnen Beweggründe wie **Gesundheit, Wohlbefinden und die Umweltfreundlichkeit** zunehmend an Bedeutung.

> **Beispiele:**
> bandscheibenfreundlich konstruierte Sitze, Sitzbezüge und übrige Materialien des Innenraums aus angenehmen und weichen Materialien, Heizung/Klimaanlage, geringe Verbrauchs- und Emissionswerte; Autos, die ökologischen Konzepten und Erfordernissen in Produktion, Nutzung und Recycling entsprechen usw.

Kundenwünsche und erkannte Kaufmotive	mögliche Antworten (Beispiele)
„Ich suche einen günstigen, kleinen Gebrauchtwagen!" **Motiv: Sparsamkeit**	„Diese Kleinwagen sind vom Preis her sehr interessant, außerdem wirtschaftlich im Unterhalt, günstig in der Steuer und der Versicherung …"
„Führen Sie stabile Kindersitze?" **Motiv: Sicherheit**	„Dieses Modell hier ist TÜV-geprüft, außerdem von neutralen Sachverständigen getestet und empfohlen. Es bietet Ihrem Kind hohen Schutz und Sitzkomfort …"

7.2 Produkte vorführen

> **EINSTIEGSSITUATION**
>
> Frau Neuhaus kommt in das Autohaus Köppel. Sie sucht für ihren zweijährigen Sohn einen Kindersitz. Der Kindersitz sollte sich leicht ein- und ausbauen lassen, Sicherheit bieten, eine vorbildliche Sitzhaltung ermöglichen, mitwachsen, sich mit einem Handgriff in einen bequemen Schlafsitz verwandeln lassen. Was empfehlen Sie Frau Neuhaus und wie sieht Ihr Vorgehen bei der Beratung aus?

Bei **beratungsintensiven und erklärungsbedürftigen Produkten** braucht der Kunde (meist) Hilfe. Nur der Fachmann kennt die Eigenschaften, Vorzüge (und Nachteile) des Produkts. Er kann diese dem Kunden anschaulich zeigen, auf seine speziellen Wünsche eingehen und Entscheidungshilfen geben.

Kaufmotive ermitteln und passende Produkte vorführen

Eine gekonnte Produktdarbietung
- verkürzt das Verkaufsgespräch (das Auge nimmt schnell viele Informationen auf),
- weckt die Aufmerksamkeit und das Interesse beim Kunden und
- steigert den Besitzwunsch.

> **Beispiel**
>
> Kundin: „Ich suche einen Kindersitz!"
> Verkaufsberater: „Darf ich fragen, wie alt Ihr Kind ist, um die richtige Größe zu ermitteln?"
> Kundin: „Mein Sohn ist zwei Jahre alt!"
> Verkaufsberater: „Dieser Sitz ist für Kinder von 9 bis 18 kg. Er übertrifft die Anforderungen der Norm ECE-R44/04 und bietet damit hohen Schutz und Sitzkomfort für Ihren Sohn. Bitte sehen Sie …"

Grundsätze der Produktvorführung

Wirkungsvolle Produktvorführungen setzen die folgenden „Mittel" ein. In ihrer Gesamtheit sind diese bestens geeignet, Kunden zu überzeugen.

zeigen	Vorteile ansprechen	Kunden aktivieren	kontrollieren, ob der Kunde überzeugt ist

Die Preislage
Der Kunde erwartet eine **Auswahl an Artikeln in unterschiedlichen Preislagen** (keine Extrempreislagen). Sprachliche und körpersprachliche Signale des Kunden geben Hinweise auf höhere bzw. niedere Preislagen. Beginnt die Produktvorführung sofort mit der höchsten Preislage, fühlt sich der Kunde meist überfordert; dies führt zu Kaufhemmungen. Beginnt die Produktvorführung in der untersten Preislage, verbleibt wenig Spielraum für noch günstigere Preislagen, außerdem könnte der Eindruck entstehen, der Kunde könne sich höherpreisige Produkte nicht „leisten".

Die Auswahlmenge
Der Kunde möchte einzelne Artikel miteinander vergleichen, um auswählen zu können. **Zu viele Artikel verwirren** bzw. erschweren die Entscheidung. Bei **zu wenigen Artikeln fehlen** dem Kunden die **Vergleichsmöglichkeiten**.

Lernfeld 4

Das Auge des Kunden nimmt in kurzer Zeit mehr Produktinformationen als viele Worte auf. Diese Erkenntnis gilt es zu nutzen:

Beispiele

- Der Verkausberater erläutert die Gebrauchs- und Verwendungsmöglichkeiten: „Dieser Sitz hat eine ergonomisch ausgeformte Sitzfläche, eine körpergerecht geformte Kopfstütze und höher verstellbare Hosenträgergurte für die Sicherheit. Wenn Ihr Kind unterwegs schlafen möchte, verwandeln Sie diesen Sitz mit einem Handgriff in einen bequemen Schlafsitz …"
- Der Verkaufsberater weist auf Besonderheiten hin: „Aluminium-Rohrrahmen absorbieren bei einem unvermeidlichen Unfall Aufprall-Energie und verringern so das Verletzungsrisiko Ihres Kindes!"
- „Mit wenigen Handgriffen können Sie die Höhe und Neigung des Sitzes auf die Bedürfnisse Ihres Kindes einstellen."

Eine anschauliche Produktvorlage weist auf die Vorteile des Produkts hin.

Beispiele

- „Der Sitz ist platzsparend und transportfreundlich. Sie klappen einfach die Lehne um und können den Sitz leicht transportieren!"
- „Der stabile, verstellbare Aluminium-Rahmen wirkt bei einem Crash wie eine Knautschzone!"
- „Die Bezüge aus reiner Baumwolle sind hautfreundlich, abnehmbar und bis 40 °C in der Waschmaschine waschbar!"

Zusammenfassung

- Hinter dem Wunsch des Kunden, ein bestimmtes Produkt zu kaufen, stehen Nutzenerwartungen.
- Kaufmotive geben darüber Auskunft, was den Kunden zum Kauf bewegt (= Nutzenerwartungen).
  Häufige Kaufmotive sind:

    - Sparsamkeit, geringe Kosten
    - Wirtschaftlichkeit, Umweltschutz
    - Sicherheit, Zuverlässigkeit
    - Bequemlichkeit, Komfort
    - Neugierde, Entdeckung
    - schönes Aussehen

- Sind Kaufmotive durch Äußerungen oder Verhaltensweisen des Kunden erkennbar, lässt sich leichter ein kundenorientiertes Angebot unterbreiten, Produkte gezielt vorführen sowie kunden- bzw. motivbezogen argumentieren.

Kaufmotive ermitteln und passende Produkte vorführen

- Die Kaufentscheidung wird durch die wirkungsvolle Produktvorführung bzw. -vorlage erleichtert
- Grundsätze der Produktvorlage:
  - Die Verkaufsberater zeigen Produkte in unterschiedlichen Preislagen.
  - Zu viele Produkte verwirren den Kunden, zu wenige erschweren den Kauf.
  - Die Verkaufsberater zeigen die Vorzüge des Produkts, ihre Verwendungs- und Gebrauchsmöglichkeiten sowie ihre Besonderheiten, verwenden dabei treffende Aussagen und sprechen die Sinne des Kunden an.
  - Eine anschauliche Produktvorführung, die den Kunden einbezieht, überzeugt am besten.

Aufgaben

1. In das Autohaus Köppel kommen Kunden mit unterschiedlichen Interessen, z. B. für Navigationssysteme, für Allwetterreifen oder für einen Zweitwagen für eine Familie mit Kindern.
   a) Welche Nutzenerwartungen sind in solchen Situationen üblicherweise von Bedeutung?
   b) Formulieren Sie in wörtlicher Rede jeweils zwei Beispiele für mögliche Verkaufsargumente.
   c) Was bringt es dem Kunden und dem Autohaus, wenn die Verkaufsberater motiv- und somit kundenbezogen argumentieren?

2. Im Fragebogen eines Automobilherstellers finden sich die unten stehenden Einzelaspekte: Welche Kaufkriterien sind für Privatkunden bzw. Firmenkunden von Bedeutung?

Bedeutung	sehr wichtig	wichtig	wenig wichtig	unbedeutend
Fahrverhalten	☐	☐	☐	☐
Ausstattung/Komfort	☐	☐	☐	☐
Motorleistung	☐	☐	☐	☐
Design/Optik	☐	☐	☐	☐
Preis/Leistung	☐	☐	☐	☐
Werkstattservice	☐	☐	☐	☐

3. Beantworten Sie folgende Fragen:
   a) Welcher Zusammenhang besteht zwischen „Kaufkriterien" und „Kaufmotiven"?
   b) Was versteht man unter Kaufmotiven?
   c) In welcher Weise sind für den Verkaufsberater klar erkennbare Kaufmotive nützlich?

Lernfeld 4

4. Welche Vorteile bringt eine gekonnte Produktvorführung dem Kunden, den Verkaufsberatern und dem Autohaus?

5. Die Auszubildende Nora Braun berichtet: „Wenn bisher Kunden kamen und von oberflächlichen Kratzern und Lackfehlern an ihrem Auto berichteten, habe ich ihnen ein Pflegesystem, bestehend aus Rotationspolierung und Polierset, empfohlen. Manchmal hatte ich den Eindruck: Keiner hört so richtig zu. Der Verkauf war mühsam und schleppend.
Nun hatte ich eine Idee, den Umsatz an Pflegesystemen zu steigern: Unsere Werkstatt stellte eine alte Motorhaube mit stumpfem Lack zur Verfügung, die ich bei den Pflegemitteln positionierte. Jetzt führe ich an der Motorhaube vor, wie Kratzer zu beseitigen sind."
   a) Weshalb war der Verkauf anfänglich „mühsam und schleppend", obwohl Nora freundlich war und gute Produktkenntnisse besitzt?
   b) Auf welche Weise ist es Nora gelungen, den Abverkauf wesentlich zu steigern?
   c) Wo könnten Sie genauso wirkungsvoll das Poliersystem vorführen, wenn der Kunde zu Ihnen an die Theke kommt, Ihnen aber keine Demonstrations-Motorhaube zur Verfügung steht?

6. Rostflecken an älteren Autos, insbesondere an Kotflügeln, sind unvermeidlich. Deshalb müssen solche Schäden ausgebessert werden. Viele Hersteller bieten Lack-Reparatursets an.
   a) Beschreiben Sie in Kurzform eine Verkaufsstrategie nach den Grundsätzen wirkungsvoller Produktdemonstration.
   b) Welche Produkte für die Beseitigung von Rostflecken bieten Sie an?

7. Ein Kunde signalisiert Interesse an einem Neuwagen.
   a) Formulieren Sie zwei Sätze, die das Interesse des Kunden für ein neues Modell steigern können.
   b) Wie können Sie mit einer wirkungsvollen Produktvorführung einem Kaufabschluss näher kommen?

8 Mit Argumenten vom Produkt und Preis überzeugen

AUSGANGSSITUATION

Der Kunde Thomas Oleniza schaute sich bei einem Wettbewerber nach neuen Winterkompletträdern um. Ein Verkaufsberater war ihm dabei mit folgenden Worten behilflich:

Verkaufsberater: (zeigt Reifen auf Alufelgen montiert) „Diese preiswerten Winterkompletträder von V haben ein bewährtes Rundschulter-Profil, netzförmige Einschnitte, gute Traktion, ein laufrichtungsgebundenes Reifenprofil mit sehr guten Aquaplaning-Eigenschaften. Wären diese Räder hier die richtigen?"

Herr Oleniza: „Nun, das ist ja alles wesentlich komplizierter, als ich dachte. Ich verstehe wenig davon. Vielen Dank, auf Wiedersehen!"

Derselbe Kunde versucht es nochmals im Autohaus Köppel.

Azubi Carl Löffler: „Darf ich Sie fragen, ob Sie besondere Anforderungen an die Räder stellen?"

Herr Oleniza: „Ja, ich wohne hier in dieser schneereichen Landschaft, frühmorgens sind die Straßen nicht immer gut geräumt!"

Carl: „Ich zeige Ihnen gerne unsere neuesten Winterkompletträder." (Carl zeigt und führt Winterkompletträdern vor) „Diese kreuzförmigen Verstärkungen am Laufflächenprofil verbessern einen kraftvollen Antrieb bei Schnee!"

Herr Oleniza: „Ich fürchte mich besonders vor Eis."

Carl: „Bitte sehen Sie hier die breite Lauffläche, die bei vereisten Straßen durch die erhöhte Breite für einen effektiven Kontakt zwischen Reifen und Fahrbahn sorgt!"

Herr Oleniza: „Sehr unangenehme Fahrerlebnisse habe ich bei Matsch!"

Carl: „Diese gerade verlaufenden Hauptführungsrillen gewährleisten bei Matsch eine ausgezeichnete Wasserableitung!"

Herr Oleniza: „Das überzeugt mich! Wann kann ich die Räder montieren lassen?"

Carl: „Wir finden bestimmt einen Termin."

ARBEITSAUFTRÄGE
1. Besitzt der Verkaufsberater beim Mitbewerber Ihrer Meinung nach Produktkenntnisse? Begründen Sie Ihre Meinung.
2. Weshalb war das Beratungsgespräch erfolglos?
3. Carl setzte verstärkt kundenbezogene Verkaufsargumente ein. Unterscheiden Sie verschiedene Verkaufsargumente, auch hinsichtlich ihrer Wirksamkeit.
4. Wie kann man Kunden am besten vom Preis überzeugen?

Lernfeld 4

Verkaufsargumente sind Begründungen und Beweise, die dem Kunden seinen persönlichen Vorteil (= Nutzen) durch das Produkt verständlich machen und ihn überzeugen sollen. Die Art und Weise, **wie man den Kunden wirkungsvoll** von seinem persönlichen Nutzen **zu überzeugen versucht**, nennt man **Argumentation.** Diese hat nichts mit Überredung oder Überrumpelung zu tun.

8.1 Produkt- und kundenbezogene Verkaufsargumente

> **EINSTIEGSSITUATION**
>
> Fin Schneider und Pascal Palm sollen ein Plakat zum Themenbereich „Produkt- und kundenbezogene Verkaufsargumente" erstellen, das später im Pausenraum aufgehängt werden soll. Sie unterstützen die beiden und fertigen das Plakat an.

Die folgende Tabelle zeigt, aus welchen Bereichen z. B. für eine **Maximo**-Limousine Verkaufsargumente abgeleitet werden können:

Verkaufsargumente lassen sich ableiten vom/von	Beispiele für Verkaufsargumente
Aussehen/Design	„Dieses Modell besitzt ein sportliches Fahrwerk und Sitze in spezifischem Längsstreifen-Design!"
Karosserie	„Die vollverzinkte Karosserie schützt gegen Rost. Sie erhalten eine Garantie von …!"
Motor	„Bitte wählen Sie aus diesem umfangreichen Motorenprogramm Ihren Motor aus!"
Innenraum	„Der Innenraum bietet große Beinfreiheit, Sportsitze, Sitz- und Kopfraumheizung für Fahrer und Beifahrer."
Sicherheit	„Der Fahrer-, Beifahrer- und die Seitenairbags schützen Sie bei einem Aufprall …"
Ausstattung	„Der Touchscreen mit Navigationssystem bietet Ihnen …"
Fahrverhalten	„Testberichte loben Straßenlage, Lenkung und Bremsen. Federung, Innengeräusche sind …"
Umweltverhalten	„Der sparsame, saubere Motor mit geringen CO_2-Emissionen …"
Serviceleistungen	„Ein Servicenetz von 2 000 Partnern in Deutschland …" „Gewährleistung von zwei Jahren gibt der Hersteller für …"
Preis	„Unser Hauspreis beträgt …"

8.1.1 Produktbezogene Verkaufsargumente

Darunter versteht man Argumente, die etwas aussagen über das Produkt, dessen Eigenschaften, Merkmale, den Preis und die Serviceleistung.

Mit Argumenten vom Produkt und Preis überzeugen

Beispiele

Bereich	produktbezogene Verkaufsargumente
Produkt	„Zur Ausstattung des Grundmodells gehört der Touchscreen …"
Preis	„Dieses Modell ist sehr günstig kalkuliert!"
Einsatz/Verwendung	„Dieser Kombi ist vielseitig nutzbar!"
Serviceleistung	„Der Hersteller gewährt fünf Jahre Garantie auf Lack und Karosserie!"

Diese Argumente eignen sich als **Einstieg in die Verkaufsargumentation,** nachdem sich der Kunde bereits mit dem Produkt beschäftigt hat, sowie **bei Kunden mit Fachwissen oder bei Fachleuten.** Dieser Personenkreis will das Sortiment mit ausgewählten Produktinformationen kennenlernen. Die produktbezogenen Verkaufsargumente sind sachbezogen und stellen das Produkt mit seinen Merkmalen und Eigenschaften in den Mittelpunkt des Verkaufsgesprächs. Nur Kunden mit Fachwissen sind in der Lage, z. B. bei Neuwagen aus den Ausstattungen wie ESP, ASR, ABS, Attention-Assistent usw. Vorteile abzuleiten. Wünscht der Kunde bei erklärungsbedürftigen Produkten Bedienung und Beratung, muss der Vorteil (= Nutzen), den das Produkt mit sich bringt, verständlich gemacht werden.

8.1.2 Kundenbezogene Verkaufsargumente

Die wichtigste Aufgabe des Beratungsgesprächs besteht darin, dem Kunden den Nutzen eines Produkts zu verdeutlichen.

Der Nutzen umfasst den **Gebrauchsnutzen (praktischer Nutzen),** wie Karosserie, Motor, Innenraum, Sicherheit, Ausstattung, Fahrverhalten, Umweltverhalten, Service, Pflege u. Ä., sowie den **Geltungsnutzen (ideeller Nutzen),** wie schönes Aussehen, Prestige, Attraktivität, Beliebtheit, Anerkennung, Aufmerksamkeit, Freude u. Ä.

Die folgende Tabelle zeigt, welchen Nutzen (Vorteil) Autoteile bieten:

Produktmerkmal	Produktnutzen
Apple CarPlay, Audio 20 CD	„Damit können Sie bequem am Monitor SMS-Nachrichten lesen oder Ihre Lieblingstitel anhören."
Notbremssystem	„Das Notbremssystem schützt Sie vor Aufprall."
vollverzinkte Karosserie	„Die verzinkte Karosserie schützt Ihr Fahrzeug gegen Rost und erhöht somit die Lebensdauer."
Reifen mit guten Aquaplaning-Eigenschaften	„Die Reifen bieten durch ihre Konstruktion ein wirksames Ableiten des Regenwassers und gewährleisten Ihnen eine sichere Kontrolle über das Fahrzeug."

Damit der Kunde seinen persönlichen Nutzen (Vorteil) leicht erkennt, sind **Vorteilsformulierungen** günstig. Treffende Verben, die kurz und verständlich den Vorteil verdeutlichen. Die

Lernfeld 4

Wirksamkeit kundenbezogener Verkaufsargumente lässt sich in der Sie-Formulierung weiter erhöhen.

Beispiele: Vorteilsformulierungen

- „Das bringt Ihnen …"
- „Das hilft Ihnen …"
- „Damit sparen Sie …"
- „Das sichert Ihnen …"
- „Das garantiert Ihnen …"

- „Das erhöht Ihren …"
- „Das verbessert Ihre …"
- „Das fördert Ihre …"
- „Das ermöglicht Ihnen …"
- „Damit können Sie …"

- „Die Aquaplaning-Eigenschaften dieses Reifens sind sehr gut: Die V-förmigen Schrägrillen bieten Ihnen ein wirksames Ableiten des Fahrbahn-Regenwassers und gewährleisten Ihnen eine sichere Kontrolle über das Fahrzeug!"
- „Das Navigationssystem ermöglicht Ihnen Ihren gewünschten Standort und Ihr Ziel mühelos optisch hier auf dem Display zu erkennen oder akustisch wahrzunehmen!"

aus Produktmerkmalen wie Bestandteilen, Rohstoffen, Eigenschaften usw. → Nutzen ableiten durch Anwendungen der Vorteilsformulierung, Formulierung in Sie-Form = kundenbezogene Verkaufsargumente

8.2 Motiv- und umweltbezogene Verkaufsargumente

EINSTIEGSSITUATION

Ein Kunde lässt sich im Autohaus Köppel beraten. Beurteilen Sie den Dialog und nehmen Sie Stellung dazu.

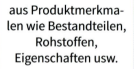

Kunde: „Ich suche ein Fahrzeug mit geringem Benzinverbrauch und günstiger Kfz-Steuer!"
(Motiv: Sparsamkeit)

Herr Bertraut: „Das Modell Best Circle-Hybrid ist mit einem Benzin- und Elektromotor ausgestattet. Dadurch sparen Sie nicht nur Benzin, sondern auch Kfz-Steuern."

Kunde: „Könnte man notfalls auch im Auto übernachten, falls dies einmal erforderlich wird?"
(Motiv: Ersparnis, Sicherheit, Bequemlichkeit)

Herr Bertraut: „Die vielfach verstellbaren Sitze ermöglichen Ihnen auch waagerechte Einstellungen als Liegesitze. Überprüfen Sie bitte selbst, wie bequem die Sitze sind!"

8.2.1 Motivbezogene Verkaufsargumente

Motivbezogene Verkaufsargumente sind besonders individuell, weil sie **am treffendsten** auf die persönlichen Wünsche, Vorstellungen und Nutzenerwartungen des Kunden eingehen!

Einige Beispiele für Vorteilsformulierungen mit entsprechenden Verben, die zu den Kaufmotiven passen:

- Ersparnis: bringt, erhöht, steigert, vermehrt
- Ansehen und Geltung: zeigt, gewinnt, gibt, schafft, bestätigt, steigert
- Bequemlichkeit: erleichtert, vereinfacht, ermöglicht, erspart
- Sicherheit: garantiert, sichert, gewährleistet, vermindert
- Gesundheit/Umwelt: hilft, schützt, vermeidet, steigert, verhindert
- soziales Mitgefühl: schenkt, gibt, hilft, bringt
- Entdeckung: zeigt, erlebt, gibt, ermöglicht

8.2.2 Umweltbezogene Verkaufsargumente

Der Schutz der Natur als Grundlage des Lebens tritt immer stärker in das Bewusstsein der Menschen. Wichtig ist nicht nur, ein Auto zu fahren, das umweltfreundlich hergestellt wird, den Kraftstoff optimal nützt, aus recycelbaren Materialien besteht. Auch Service- und Reparaturarbeiten müssen auf Umweltschutz achten. Durch umweltbezogene Verkaufsargumente

- wird das Umweltbewusstsein des Kunden angesprochen,
- wird der Absatz umweltverträglicher Produkte und Dienstleistungen gefördert und
- wird die Umwelt geschützt.

Wichtige Gesichtspunkte beim Argumentieren sind:

Rohstoffeinsatz	Recycling	Umweltschutz in der Werkstatt
Bei der Pkw-Herstellung kommen umweltschonende Roh-, Hilfs- und Betriebsstoffe zum Einsatz.	Wertstoffe werden getrennt und fließen den Materialkreisläufen wieder zu.	vorsichtiger Umgang mit Gefahren- und Giftstoffen, Rücknahme und Wiederverwertung von Produktabfällen
Beispiele • umweltverträgliche Farben und Lacke • Stoßfänger aus wiederverwertbarem Polypropylen	**Beispiele** Bei Batterien wird Batteriesäure zu 100 % recycelt, Blei in neuen Batterien wiederverwendet, das Gehäuse thermisch verwertet.	**Beispiele** separates Entsorgen von Bremsflüssigkeit, Rostschutzmitteln, Altöl, Reinigungsstoffen; beschädigte/schadstoffhafte Teile werden sortenrein gesammelt

Lernfeld 4

> **Beispiele:**
> - „Ihre Altbatterie nehmen wir zurück. Die Batteriesäure wird zu 100 % recycelt, das Blei findet sich in neuen Batterien wieder …"
> - „Unser Werkstattmeister informiert Sie gerne über umweltfreundliche Leistungen!"
> - „Wichtige Teile des Fahrzeugs werden trennungsfreundlich produziert, um das Recyceln zu erleichtern!"
> - „Mt dem Best Circle-electric car fahren Sie energiesparend und umweltschonend."

8.3 Argumentationstechnik

EINSTIEGSSITUATION

Argumentieren, aber wie? Mit dieser Frage sollen Sie sich heute auseinandersetzen und überlegen, warum eine gute Argumentationstechnik so wichtig ist.

Verkaufsargumente: • warenbezogen • kunden-, motiv- und umweltbezogen	**+**	Produkt anschaulich demonstrieren	**+**	Kunden so aktivieren, dass er sich selbst überzeugt
Beispiel Verkaufsberater Frank Bertraut: „Dieser schicke Neuwagen erfüllt Ihre Wünsche hinsichtlich …"		**Beispiel** Verkaufsberater Frank Bertraut: „Der Innenraum ist breiter und bietet größere Beinfreiheit."		**Beispiel** Verkaufsberater Frank Bertraut: „Bitte überzeugen Sie sich selbst von dem bequemen, ergonomisch gestalteten Sitzen und machen Sie eine Probefahrt!"

Bei der Argumentationstechnik geht es darum, **wie man den Kunden am besten überzeugt**. Sie besteht aus drei zusammengehörenden Merkmalen, die im Verkaufsgespräch miteinander kombiniert werden.

Die Kunst erfolgreichen Verkaufens besteht darin, möglichst viele Situationen herbeizuführen, bei denen man den **Kunden** so **aktiviert**, dass er sich selbst von den Vorzügen des Produkts überzeugt.

Beispiele

Kunden zum Handeln auffordern	Meinung erfragen, Kontrollfragen stellen
• „Machen Sie doch eine Probefahrt und überzeugen Sie sich von …" • „Bitte sehen Sie selbst, der Kofferraum bietet viel Platz für Ihre Campingausrüstung." • „Probieren Sie selbst die Höhenverstellung des Fahrersitzes."	• „Was hat sich bei der Probefahrt für Sie ergeben?" • „Sind Sie überzeugt, dass der Kofferraum Ihre Campingausrüstung aufnehmen kann?" • „Konnten Sie die Sitzhöhe Ihren Wünschen und Erfordernissen anpassen?"

8.4 Preisgespräche überzeugend führen

EINSTIEGSSITUATION

Der Kunde Björn Löser bringt seinen sechs Jahre alten Gebrauchtwagen wegen eines Defekts der Lichtmaschine zur Reparaturannahme in die Werkstatt. Am Service-Point nimmt Klaus Zimmer seinen Auftrag entgegen.

Frau Reisch: „Für Ihren Pkw habe ich drei passende Lichtmaschinen: ein No-Name-Produkt für 89,00 €, eine Austauschlichtmaschine für 159,00 € und eine neue Marke Y für 349,00 €, der Einbau kostet jeweils 190,00 €. Welche Lichtmaschine möchten Sie denn gerne?"
Herr Löser: „Fragen Sie mich bitte etwas Leichteres!"

Sie bekommen die Aufgabe, Herrn Löser kompetent zu beraten.

8.4.1 Das Preis-Leistungs-Verhältnis

Kunden, die ein Produkt kaufen wollen, sind bereit dafür „Opfer" zu bringen. Die Trennung vom Geld erfordert eine Entscheidung, die umso leichter fällt, je mehr der gewünschte Artikel persönlichen Nutzen (= Vorteile) bringt. Da die finanziellen Möglichkeiten der Kunden häufig begrenzt sind, überlegen sie sich, ob die Ware ihr Geld wert ist.

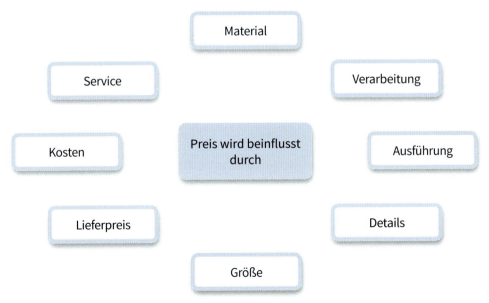

Die Darstellung zeigt, welche Merkmale den Preis eines Produkts beeinflussen.

Der Kunde setzt bewusst oder unbewusst den Preis in Beziehung zum Wert bzw. zur Leistung eines Produkts. Dies führt zu persönlichen (subjektiven) Wertvorstellungen wie ein hoher, angemessener oder günstiger Preis.

Aus diesen Zusammenhängen lassen sich wichtige Gesichtspunkte für die Preisargumentation ableiten.

Der Kunde kauft, was ihm nützt. Gerade bei erklärungsbedürftigen Produkten, bei denen der Kunde Beratung wünscht, leitet man aus den Produktmerkmalen einer Ware den Nutzen ab. Ein überzeugendes Preisgespräch setzt alle Möglichkeiten ein, die aus der Verkaufsargumentation bekannt sind, um **Nutzen und Wertvorstellungen** beim Kunden zu erzielen, z. B.

- waren- und kundenbezogene Verkaufsargumente,
- anschauliche Produktdemonstration,
- Aktivierung des Kunden so, dass er sich möglichst selbst überzeugt.

Beispiele
„Austausch-Lichtmaschinen sind hochwertig aufgearbeitet. Sie werden zunächst einer Eingangsprüfung unterzogen, dann vollständig zerlegt, Verschleißteile durch Originalersatzteile ausgetauscht und anschließend kontrolliert. Das bringt Qualität zu günstigen Preisen!"

8.4.2 Die richtige Preisargumentation verhindert Preisschocks

Ein **überzeugend geführtes Preisgespräch** stellt zuerst den Nutzen eines Produkts heraus. Der Kunde kann dann erkennen und entscheiden, ob das gezeigte und vorgeführte Produkt das richtige ist.

Weil es leichter ist, Nutzenvorstellungen im Kunden aufzubauen, als mögliche Preiseinwände auszuräumen, sollten Preise nicht vorzeitig genannt werden.

Einige Techniken in der Preisargumentation helfen, **Preisschocks** zu **verhindern**.

- **optische Verkleinerung:** Man führt den Preis auf eine kleinere Menge/Anzahl zurück oder verteilt den Preis auf mehrere Nutzungsjahre.

Beispiel
„Bei zehnjähriger Nutzung des Neuwagens betragen die monatlichen Kosten nur 129,00 €."

- **Zerlegungsmethode:** Man zerlegt die Gesamtleistung in Teilleistungen.

Beispiel
Das Grundmodell kostet 20 000,00 €, an Sonderausstattungen kommen hinzu …"

- **Vergleichsmethode:** Man vergleicht das gewünschte Produkt mit einem gleichartig teureren. Dadurch erscheint der Preis des gewünschten Artikels nicht mehr so hoch.

> **Beispiel**
> „Diese preiswerteren Reifen sind auf trockener und nasser Fahrbahn fast so gut wie diese teureren hier! Sie sparen …"

- **Verharmlosungsmethode:** Man verharmlost den Aufpreis des teureren Produkts.

> **Beispiel**
> „Die wesentlich bessere Ausstattung des Fahrzeugs kostet nur 800,00 € mehr!"

8.4.3 Preisvorstellungen des Kunden beachten

Im Verkaufsalltag kann man beobachten, dass Kunden **Waren des Grundbedarfs,** z. B. Nahrungsmittel, Schuhe u. Ä., **sehr preisbewusst** kaufen. Dieselben Kunden achten bei langlebigen, hochwertigen Gebrauchsgütern, z. B. Autos, häufiger auf gute Qualität und sind bereit, dafür einen höheren Preis zu zahlen. Bei Artikeln, bei denen Kunden ihr **Geltungsbedürfnis** zum Ausdruck bringen können, z. B. Exklusivartikel, Luxuslimousinen, **spielt der Preis meistens keine Rolle.**

Hat der Kunde bestimmte Preisvorstellungen, respektiert man diese und stellt sich, sofern es das Angebot zulässt, darauf ein. Vier Preiserwartungen sind häufig anzutreffen:

Preiserwartungen	sich darauf einstellen
Kunde will preiswert kaufen	• den Preisvorteil begründen und durch entsprechende Präsentation und Verkaufsargumente dem Kunden das Gefühl eines vollwertigen Produkts geben • wenn möglich, auf preisgünstige Produkte wie Auslaufmodelle, Austauschartikel u. Ä. hinweisen
Kunde sucht den Preis als Garantie für gute Qualität	• Qualitätsmerkmale zeigen, veranschaulichen, erklären • Qualität verschiedener Artikel vergleichen • auf die längere Nutzungsdauer hinweisen („das Teuerste ist oftmals auf die Dauer das Billigste")
„Der Preis spielt keine Rolle" (Preis ist Ausdruck des Geltungsbedürfnisses)	das Außergewöhnliche, Luxuriöse, Einmalige, z. B. Luxusmodelle, limitierte Auflagen zeigen, veranschaulichen, erklären
Kunde setzt sich eine Preisgrenze	Produkte innerhalb dieser Preisgrenze zeigen und auf preiswerte Ware hinweisen, die den gewünschten Nutzen stiftet, auf entbehrliche Extras verzichten, Finanzierungsvorschläge, Alternativangebote unterbreiten

Lernfeld 4

Zusammenfassung

- Verkaufsargumente sind Begründungen, Beweise und Hinweise über Eigenschaften, Vorteile, Nutzen eines Produkts, seinen Einsatz, Preis, Service usw. Damit erleichtert der Verkaufsberater dem Kunden die Kaufentscheidung.
- Produktbezogene Verkaufsargumente sind sachliche Informationen über das Produkt, ohne eine direkte Beziehung mit dem jeweiligen Kunden herzustellen.
- Kundenbezogene Verkaufsargumente leiten aus Eigenschaften und Merkmalen eines Produkts Nutzen für den Kunden ab. Der Kunde kauft, was praktischen Nutzen und Geltungsnutzen bringt. Als wirkungsvolle Formulierung wählt der Verkaufsberater die Sie-Form und die Vorteilsformulierung.
- Motivbezogene Verkaufsargumente sind treffend und individuell, weil diese von erkennbaren Nutzenerwartungen (Kaufmotiven) ausgehen. Häufig helfen sie, Problemlösungen zu finden.
- Mit umweltbezogenen Verkaufsargumenten wird der Absatz umweltverträglicher Produkte und Dienstleistungen und damit zugleich der Umweltschutz gefördert.
- Eine wirkungsvolle und überzeugende Argumentation besteht aus dem Zusammenwirken von

    - einer verständlichen, kurzen, klaren Nutzenargumentation,
    - anschaulichem Zeigen und Vorführen von Produkten und
    - einer Aktivierung des Kunden, sodass er sich selbst überzeugt.

- Die Verkausberater stellen sich auf unterschiedliche Erwartungen des Kunden hinsichtlich des Preises ein.
- Ein überzeugendes Preisgespräch „verpackt" den Preis in Nutzen durch situationsgerechte Produktvorführung und kundenbezogene Verkaufsargumente (= Sandwich-Methode).
- Preisschocks lassen sich durch

    - verteilen des Preises auf die Nutzungs-, Anwendungsdauer (= optische Verkleinerung),
    - zerlegen in Gesamt- und Teilleistungen (= Zerlegungsmethode),
    - vergleichen mit einem gleichartigen, teureren Produkt (= Vergleichsmethode),
    - verharmlosen des Aufpreises gegenüber dem teureren Produkt (= Verharmlosungsmethode) vermeiden.

- Erst wenn der Kunde danach fragt und vorher verkaufsfördernde Argumente genannt wurden, wird der Preis ohne Betonung und eigene Wertung genannt.

Mit Argumenten vom Produkt und Preis überzeugen

Aufgaben

1. Der Kunde, Herr Grau, interessiert sich für ein „gutes gebrauchtes Auto". Der Verkaufsberater Antonio Giglione zeigt ihm mehrere infrage kommende Pkw. „Dieser Wagen hier hat 70 000 km, kommt aus erster Hand und ist erst drei Jahre alt. Wir bieten Ihnen für drei Jahre volle Garantie auf Motor und Karosserie. Bitte überzeugen Sie sich selbst durch eine Probefahrt von dem angenehmen Fahrverhalten und davon, dass alles in Ordnung ist. Über günstige Finanzierungsmöglichkeiten für Sie können wir uns nach der Probefahrt unterhalten."
   a) Welche produktbezogenen Verkaufsargumente wurden genannt?
   b) „Wir bieten Ihnen für drei Jahre volle Garantie für Motor und Karosserie." Was soll durch dieses kundenbezogene Verkaufsargument erreicht werden?
   c) Worin zeigt sich, dass der Autoverkäufer die Argumentationstechnik beherrscht?

2. Verwandeln Sie folgende produktbezogene in kundenbezogene Verkaufsargumente unter Anwendung der Vorteils- und Sie-Formulierung.
   a) nachrüstbare Klimaanlage
   b) Abschlepp- und Innenraumabsicherung
   c) klangvolles Soundsystem
   d) Sicherheit bietender Seitenairbag

3. a) Auf welche Weise können Sie den Nutzen bzw. Vorteil eines Produkts dem Kunden zeigen und ihn aktivieren, sich selbst zu überzeugen?
   „Der Neuwagen bietet viel Komfort!"
   „Hier ein Gebrauchtwagen mit viel Sicherheit!"
   b) Überlegen Sie, wie Sie bei häufig verkauften Produkten Ihres Sortiments in ähnlicher Weise vorgehen können.
   c) Wie stellen Sie fest, ob sich der Kunde bereits von den Vorteilen des Produkts überzeugt hat?

4. Führen Sie zu folgender Situation ein **Rollenspiel** durch und notieren Sie sich Ihre Beobachtungen: Ein junger Mann betrachtet sehr interessiert und neugierig Autoradios.

Rolle Verkaufsberater	Rolle Kunde
Sie sprechen den Kunden an.	Sie sagen, dass Sie sich für ein Audiosystem interessieren.
Sie beraten den Kunden, aktivieren ihn, zeigen die Ware, führen diese vor.	Sie lassen sich verschiedene Systeme zeigen und wollen Vorteile kennenlernen.

Beobachtungsmerkmale
- Welche Verkaufsargumente/Produktinformationen werden genannt?
- Werden Nutzenerwartungen des Kunden angesprochen?
- Wird das Produkt anschaulich vorgeführt?
- Konnte der Kunde überzeugt werden?

Lernfeld 4

5. Nora hörte bei einem Beratungsgespräch folgende Aussagen:
   „Wenn Ihnen dieses preiswerte Navigationsgerät eher zusagt als das teurere, sparen Sie 85,00 €!"
   „Der Aufpreis mit der wesentlich besseren Ausstattungsvariante beträgt nur 600,00 €!"
   a) Welche Methoden liegen vor, um Preisschocks zu verhindern?
   b) Bilden Sie zu den zwei übrigen Methoden Beispiele (in wörtlicher Rede) zu Produkten Ihres Sortiments.

6. Wie entsteht bei Kunden die Vorstellung, dass ein Produkt teuer bzw. preiswert ist?

7. a) Warum ist es nicht sinnvoll, zu Beginn des Verkaufsgesprächs den Preis zu nennen?
   b) Angenommen, ein Kunde fragt sofort nach einem preiswerten Motoröl. Wann würden Sie den Preis nennen?
   c) Nachdem einem Kunden die Eigenschaften und Vorteile eines Batterieladegeräts gezeigt und erklärt wurden, nannte der Verkaufsberater den Preis. Warum ist es hier vorteilhaft, den Preis am Schluss zu nennen?

8. Firmenkunde Luca Schara: „Warum ist ein Hybridmotor wesentlich teurer als ein herkömmlicher?" Verkaufsberater: „Weil er besser ist!"
   Geben Sie darauf eine bessere Antwort (in wörtlicher Rede), indem Sie den Preisunterschied begründen.

9 Kundeneinwände und Verkaufsabschluss

> **AUSGANGSSITUATION**
>
> In letzter Zeit kommt es häufiger vor, dass Kunden mit den Leistungen der Autohaus Köppel GmbH weniger zufrieden sind. Fin Schneider ist bei einem Gespräch zwischen der Kundin Frau Dillerle und dem Meister Michaeli anwesend. Frau Dillerle ist mit den ausgeführten Lackierarbeiten unzufrieden.
>
>
>
> **ARBEITSAUFTRÄGE**
> 1. Wogegen richten sich häufig die Einwände Ihrer Kunden?
> 2. Warum bringen Kunden Einwände vor?
> 3. Wie reagieren Sie, wenn ein Kunde Einwände vorbringt?

9.1 Gründe für Kundeneinwände

> **EINSTIEGSSITUATION**
>
> Aufgrund der vermehrten Kundeneinwände sollen sich die Auszubildenden mit diesem Themenbereich auseinandersetzen und eine übersichtliche Mindmap erstellen. Sie fertigen die Mindmap an.

Jeder Kauf verlangt vom Kunden eine Entscheidung. Deshalb ist es verständlich, wenn Bedenken, Widerstände, Hemmungen und Einwände auftreten. Sie bieten Möglichkeiten, die Vorstellungen und Erwartungen des Kunden näher kennenzulernen, sind also **nützliche „Wegweiser"** für das weitere Kundengespräch.

Kunden äußern Einwände auf verschiedene Weise; sie fragen, zweifeln, sind kritisch, aber auch sachlich und ruhig, manchmal erregt, abfällig, verletzend usw.

Häufige Gründe für Einwände sind z. B.:

Kunde wünscht weitere Informationen	Kunde ist noch nicht überzeugt	Kunde sucht einen Vorwand bzw. benutzt eine Ausrede
über Eigenschaften, Ausstattung, Vor- und Nachteile	vom Autohaus und seinen Mitarbeitern, von den Verkaufsargumenten, vom Preis, von den Eigenschaften des Produkts	um das Autohaus ohne „Gesichtsverlust" verlassen zu können
Beispiel „Die Bedienung des Navigationssystems ist sicher schwierig!"	**Beispiel** „Können Sie mir das noch näher erläutern?"	**Beispiel** „Ich wollte mich nur einmal unverbindlich umschauen …"

Lernfeld 4

Ist der Grund für den Einwand erkannt, so kann gezielt darauf geantwortet werden. Kundeneinwände können sich beziehen auf:

- **das Produkt/die Serviceleistung**

    - „Die Farbe der Sitzbezüge gefällt mir nicht!"
    - „Hat Ihre Werkstatt früher keinen Termin frei?"

- **den Preis**

    - „Die Aluminiumfelgen sind aber teuer!"
    - „Für den geringen Preis können die Reifen nichts taugen!"

- **das Autohaus/den Automobilkaufmann**

    - „Was, Sie führen keine Kindersitze der Marke X?"
    - „Kennt sich in Leasingfragen niemand richtig aus?"

- **die Argumentation**

    - „Können Sie mir dies nicht einfacher erklären?"
    - „Mir wäre es lieber, wenn Sie mir den Neuwagen einmal vorführen würden."

Auf den Verlauf und damit auf den Erfolg des Verkaufsgesprächs lässt sich Einfluss nehmen. Die folgende Tabelle stellt positives und negatives Verhalten gegenüber:

Die Stimmung wird	
durch positives Verhalten verbessert	durch negatives Verhalten verschlechtert
ruhig, sachlich, freundlich bleiben, verständnisvoll zuhören: der Kunde fühlt sich dann verstanden	ungeduldig, unsachlich, unhöflich reagieren, spannungserhöhende Redensarten: der Kunde wird zum Gegner
Meinung des Kunden respektieren, denn jeder Mensch strebt nach Bejahung und Anerkennung	belehren, rechthaberisch sein, Einwand zerreden; der Kunde empfindet dies als Herabsetzung
unterschiedliche Ansichten herunterspielen, Einwand „beantworten"	direkten Widerspruch herausfordern

Einwände, die nicht zu entkräften sind

Dazu gehören:

- **Ausreden:** Diese sind keine wirklichen Einwände, sondern Vorwände und Schutzbehauptungen, um das Autohaus verlassen zu können. Sie stehen in keinem Zusammenhang mit vorangegangenen Argumenten. Man respektiert dies und ermöglicht dem Kunden einen freundlichen, ungetrübten Abgang.

Kundeneinwände und Verkaufsabschluss

- **Vorurteile und vorgefasste Meinungen:** Wer z. B. eine bestimmte Farbe nicht mag, fällt diese Entscheidung gefühlsmäßig. Mit verstandesmäßigen Argumenten ist hier nicht beizukommen. Man respektiert dies und zeigt alternative Produkte.
- **Produkte, die den Kunden in seinem Wohlbefinden stören,** einengen, unbequem sind: Wer z. B. der Meinung ist, dass die Sitze zu unbequem sind, dem zeigt man, wenn möglich, bequemere Alternativen.

9.2 Methoden der Einwandbehandlung

EINSTIEGSSITUATION

Nachdem die Auszubildenden die Mindmap zum Thema „Gründe für Kundeneinwände" erstellt haben, befassen sie sich nun mit den Methoden, die bei der Einwandbehandlung angewendet werden können. Diese sollen in einem Handout erfasst und per E-Mail an alle Verkaufsmitarbeiter weitergeleitet werden. Sie erstellen das gewünschte Handout.

Die Mitarbeiter des Autohauses Köppel kennen verschiedene Methoden, um Kundeneinwände zu beantworten. Diese können eine wirksame **Hilfe** sein, **wenn sie** nicht schematisch, **sondern situations- und kundenbezogen** angewandt werden.

Die „Ja-aber"-Methode

Bei dieser Methode gibt man dem Kunden erst einmal recht. **Auf die Zustimmung folgt das Gegenargument,** also die nicht gesehene Seite des Problems.

Kunde: „Dieses Modell ist aber teuer!"
Verkaufsberater: „Sie haben recht, auf den ersten Blick ist das eine Menge Geld, bedenken Sie aber, dass das Modell sehr viele Ausstattungsdetails wie … enthält!"

Vom Wort „aber" sollte man möglichst wenig Gebrauch machen. Für den Kunden wirkt es wie ein Warnsignal.

Einige Formulierungsbeispiele, die Zustimmung und Gegenargumente enthalten:

Zustimmung (Ja) ⟶	Gegenargument (Aber)
„Ich stimme Ihnen völlig zu …"	„Beachten Sie bitte, …"
„Ich stimme Ihrer Auffassung zu …"	„Vergleichen Sie andererseits bitte …"
„Im Allgemeinen ist das richtig, …"	„Allerdings darf ich Sie darauf hinweisen, dass …"
„Richtig, dass Sie …"	„Die Frage ist nur, ob …"
„Sicher ist das wichtig, dass …"	„Nur sollten Sie sich im Klaren sein, ob …"

Bumerang-Methode (= Umkehrmethode)

Bei der Bumerang-Methode versucht man deutlich zu machen, dass der **vermeintliche Nachteil in Wirklichkeit für den Kunden einen Vorteil bedeutet,** den er bisher noch nicht gesehen hat. Jede Sache hat zwei Seiten, es kommt nur auf die Betrachtungsweise an.

Kunde: „Das sind ja runderneuerte Reifen!"
Verkaufsberater: „Dafür sparen Sie eine Menge Geld!"

Der Verkaufsberater stimmt auf diese Weise dem Einwand des Kunden zu, wandelt diesen dann in ein Argument **für** das Produkt um.

Die Umkehrmethode wird meist mit folgenden Formulierungen eingeleitet:

- gerade deshalb ist …
- aus diesem Grund
- deswegen
- dafür

Fragemethode

Die Fragemethode eignet sich gut, wenn aufgrund der sprachlichen und körpersprachlichen Signale des Kunden zu erkennen ist, dass insbesondere unausgesprochene Einwände vorliegen. **Man fordert den Kunden auf, seine Bedenken offen zu äußern,** um dann gezielt darauf einzugehen.

Kunde: „Ich glaube, das ist doch nicht das Richtige für mich!"
Verkaufsberater: „Sie haben offensichtlich noch Bedenken. In welcher Hinsicht gehen Ihre Erwartungen noch nicht in Erfüllung?"

Die Fragemethode hat folgende **Vorteile**:

- Man zeigt durch Fragen Interesse am Einwand.
- Der Kunde kann seine Erwartungen an das Produkt verdeutlichen und erhält Gelegenheit, davon zu sprechen.
- Man erfährt die Gründe für die Einwände.

Kundeneinwände und Verkaufsabschluss

> **Beispiele**
>
> - „Bitte sagen Sie, was Ihnen an dieser Ausstattung noch nicht gefällt, damit wir zusammen die geeignetste für Sie aussuchen."
> - „Bitte äußern Sie Ihre Bedenken zu dem Werkstatt-Vorschlag!"
> - „Worin liegen Ihre Zweifel bei dieser Finanzierung?"
> - „Was meinen Sie zu den Komfort-Sitzbezügen?"

Vergleichsmethode

Diese Methode schwächt den Einwand des Kunden durch **Vergleichen mit anderen Produkten** ab, um zu zeigen, dass das **vorgelegte Produkt die meisten Vorteile besitzt**.

Kunde: „Vielleicht würde mir eine einfachere Ausstattung genügen!"
Verkaufsberater: „Die höherwertige Ausstattung bietet Ihnen im Vergleich zur einfacheren mehr Annehmlichkeiten, Bequemlichkeiten und Komfort, die den Fahrspaß wesentlich erhöhen!"

9.3 Der Verkaufsabschluss

> **EINSTIEGSSITUATION**
>
> Nach einem ausführlichen Verkaufsgespräch im Autohaus Köppel mit anschaulicher Produktvorführung und vielen guten Verkaufsargumenten sagt der Verkaufsberater Frank Bertraut:
>
> 1. *„Entschließen Sie sich bitte bald, morgen könnte es zu spät sein!"*
> 2. *„Ich lasse Ihnen die Felgen gleich montieren!"*
> 3. *„Für Sie kommen nur die Felgen von A infrage."*
> 4. *„Sagen Ihnen die Felgen A oder die Felgen B besser zu?"*
>
> Beurteilen Sie die getroffenen Aussagen unter Berücksichtigung der Fachtexte.

9.3.1 Der Kunde signalisiert Kaufbereitschaft

Wenn das Beratungsgespräch in die letzte „Runde" geht, sind folgende Situationen typisch:

- Die Wünsche des Kunden sind (immer noch) nicht erfüllt; er drückt ein klares oder umschreibendes Nein aus, z. B. „Das muss ich mir nochmals überlegen" oder lässt durch körpersprachliche Signale Ablehnung erkennen, z. B. abweisende Handbewegung.
- Der Kunde drückt seine eindeutige Zustimmung aus, z. B. „gut, das nehme ich".
- Der Kunde signalisiert durch körpersprachliche Mitteilungen seine Kaufbereitschaft, z. B. freundliches Gesicht, zustimmendes Kopfnicken.

Lernfeld 4

Bei der dritten Situation steht das Verkaufsgespräch kurz vor dem Ziel. **Der Kunde zeigt Interesse, ist kaufbereit, zögert aber noch** und denkt z. B. „Ich würde ja gerne kaufen, aber mache ich das Richtige?" Wenn das Angebot im Interesse des Kunden liegt und er seine Kaufbereitschaft zeigt, sollte die Abschlusstechnik zur Anwendung kommen.

Wirklich vorhandene Kaufbereitschaft erkennt man an sprachlichen und körpersprachlichen Mitteilungen des Kunden.

Werden solche Signale nicht wahrgenommen, erlahmt das Kaufinteresse; der Kunde „steigt aus", die Früchte einer planvollen Argumentation erntet dann vielleicht ein anderes Autohaus.

sprachliche Kaufsignale	körpersprachliche Kaufsignale
• Kunde erkundigt sich nach Einzelheiten • Kunde sagt z. B.: „gefällt mir sehr gut", „das suche ich schon lange", „das ist das Richtige", „passt genau" • Kunde sichert Entscheidung ab, indem er Argumente wiederholt • Kunde stellt Fragen nach Zahlungsweise, Skonto, Zugabe, Art der Zustellung, Zeitpunkt der Auslieferung u. Ä.	• Kunde nickt zustimmend • strahlende Miene mit nach oben gezogenem Mundwinkel • genießerisches Aneinanderreiben der Hände, mehrmals in die Hand nehmen und Besitzergreifen der Ware • Griff nach Geldbeutel, Bankkarte, Kreditkarte

9.3.2 Abschlusstechniken

Werden ein oder mehrere Kaufsignale festgestellt, sollte versucht werden, den Kauf zum Abschluss zu bringen. Dazu gibt es vier Möglichkeiten:

Kontrollfragen stellen, die der Kunde mit „ja" beantwortet	Alternativfragen stellen	wichtige Vorteile zusammenfassen	Empfehlung und Begründung

Kontrollfragen stellen, die der Kunde mit „ja" beantwortet

Kunde:	„… schwierig, mich zu entscheiden!"
Verkaufsberater:	„Sie sagten, Sie wollten sehr sportliche, gute Alu-Felgen …"
Kunde:	„Ja!"
Verkaufsberater:	„Gefallen Ihnen nach wie vor die sportlichen Leichtmetallfelgen in Anthrazit?"
Kunde:	„Ja!"
Verkaufsberater:	„Dann sind diese hier die richtigen für Sie!"
Kunde:	„Ja, die gefallen mir wirklich gut, die nehme ich!"

Kundeneinwände und Verkaufsabschluss

Alternativfragen führen direkt zur Entscheidung und damit zum Abschluss

- „Gefällt Ihnen die Limousine oder der Kombi besser?"
- „Sagen Ihnen diese dekorativen Sitzbezüge oder die einfarbigen hier mehr zu?"

Diese Methode bietet dem Gesprächspartner **die Wahl zwischen zwei möglichen Produkten.** Voraussetzung ist, dass er diese selbst als vorteilhafte Alternativen anerkennt. Dadurch wird die Auswahl kleiner und die Kaufentscheidung leichter.

Zusammenfassen der wichtigen Vorzüge

Verkaufsberater: „Sie legen, wie Sie sagen, Wert auf Reifen mit guter Nasshaftung, die besonders langlebig und spritsparend sind!"
Kunde: „Ja, das sind so meine Vorstellungen!"
Verkaufsberater: „Diese Reifen der Marke X besitzen alle die gewünschten Vorzüge!"
Kunde: „Gut, die nehme ich!"

Alle wichtigen Vorzüge, die der Kunde wünscht, **werden nochmals zusammengefasst.** Der Kunde erkennt: Wenn ich diesen Artikel nehme, gehen meine Wünsche und Vorstellungen in Erfüllung.

Empfehlung und Begründung

Kunde: „Was soll ich jetzt machen?"
Verkaufsberater: „Ich empfehle Ihnen diese abnehmbare Anhängerkupplung. Sie ist für Ihr Fahrzeugmodell konzipiert und wird in unserer Werkstatt fachmännisch eingebaut."

9.3.3 Abschlussverstärker sichern die Kaufentscheidung des Kunden ab

Wenn sich der Kunde für ein bestimmtes Produkt entschieden hat, treten gelegentlich Zweifel auf: „War die Entscheidung richtig?", „Stimmt der Preis?", „… hätte ich …", „wenn ich nur …". Zweifel an der getroffenen Entscheidung lassen sich durch **„Abschlussverstärker"** zurückdrängen, indem die wichtigsten Vorteile des Produkts nochmals angesprochen werden.

Beispiele
- „Ihre Entscheidung ist deshalb richtig, weil Sie …"
- „Sie haben gut gewählt, weil …"

Hochdruckverkauf schadet

Beispiele
- „Entschließen Sie sich bitte sofort, morgen schon könnte …"
- „Warum zögern Sie? Greifen Sie doch zu!"
- „Das müssen Sie nehmen, sonst …"

Lernfeld 4

Hier geht es nicht um die Interessen des Kunden, sondern um die des Verkaufsberaters/Autohauses. Aufforderungen, Aufdringlichkeit, die den **Kunden unter Druck setzen, sind „Erpressung"** und führen meist zu Kundenverlust.

Will sich der Kunde den Kauf nochmals überlegen, ist dies zu respektieren. Eine freundliche Verabschiedung gilt als Dank für sein Interesse am Autohaus. Eine gekonnte Verabschiedung schafft eine positive Nachwirkung und verstärkt die Kundenbindung.

Zusammenfassung

- Preiseinwände haben verschiedene Gründe, auf die sich Verkaufsberater einstellen sollten.
- Der Kunde signalisiert Einwände sprachlich oder körpersprachlich. Sie sind nützliche „Wegweiser" für das Verkaufsgespräch.
- Negative und positive Verhaltensweisen des Verkaufsberaters beeinflussen den weiteren Verlauf und damit den Erfolg des Verkaufsgesprächs.
- Häufige Ursachen für Einwände sind:

  - Kunden sind vom Autohaus, den Verkaufsberatern, der Argumentation, dem Produkt, dem Preis noch nicht überzeugt und wünschen noch weitere Informationen.
  - Kunden suchen nach einem Vorwand/einer Ausrede und möchten das Autohaus verlassen, ohne zu kaufen.

- Einwände, die sich auf einen zu hohen Preis, Vorurteile oder Ausreden beziehen, sind zu akzeptieren, denn Kunden müssen nicht kaufen!
- Wirksame situations- und kundengerechte Einwandmethoden sind:

  - die „Ja-aber"-Methode, die Zustimmung und dann Gegenargumente bringt,
  - die Umkehrmethode, die aus vermeintlichen Nachteilen Vorteile macht,
  - die Fragemethode, die Gründe für die Einwände aufdeckt,
  - die Vergleichsmethode, die Einwände durch Vergleich ähnlicher Produkte abschwächt und Vorteile herausstellt.

- Die Bemühung des Verkaufsberaters, zum Kaufabschluss zu kommen, heißt Abschlusstechnik.
- Wichtige Abschlusstechniken sind:

  - Kontrollfragen stellen, auf die der Kunde mit „Ja" antwortet,
  - Alternativfragen stellen, die direkt zur Entscheidung und zum Abschluss führen,
  - alle wichtigen Vorteile eines Produkts zusammenfassen,
  - Empfehlungen aussprechen und begründen.

- Abschlussverstärker helfen dem Kunden, getroffene Entscheidungen leichter vor sich selbst oder gegenüber anderen zu vertreten.
- „Hochdruckverkauf" setzt Kunden unter Druck und ist daher abzulehnen.
- Eine gekonnte Verabschiedung erzeugt eine positive Nachwirkung im Kunden und bildet die Grundlage für neue Käufe.

Kundeneinwände und Verkaufsabschluss

Aufgaben

1. a) Warum fürchten sich unerfahrene Autoverkäufer vor Kundeneinwänden?
   b) Nennen Sie wichtige Gründe für Kundeneinwände.

2. a) Weshalb sollte man auf Einwände nicht verärgert reagieren?
   b) Welche allgemeine Verhaltensweisen können bei Kundeneinwänden den Lauf der Verkaufsgespräche positiv beeinflussen?

3. Wogegen richten sich folgende Einwände?
   a) „Diese Stoßdämpfer sind aber sehr teuer!"
   b) „Ihr Kollege kann besser beraten!"

4. Situation im Autohaus Köppel: Welche Methode liegt bei der Beantwortung folgender Einwände vor?
   a) Kunde: „Dieses Design gefällt mir nicht!"
      Nora: „Welche Ausführung bevorzugen Sie?"
   b) Kunde: „Diese Batterie ist aber teuer!"
      Nora: „Im Unterschied zu der preiswerten ist diese wartungsfrei!"
   c) Kunde: „So viel wollte ich für die Alu-Felgen nicht ausgeben!"
      Nora: „Ich stimme Ihnen zu, das ist ein stolzer Preis. Bitte beachten Sie aber, dass Sie eine hohe Qualität und besonders sportliche Ausführung erhalten."

5. Sie stellen fest, dass eine Kundin noch nicht klar erkennbare Einwände hat. Formulieren Sie zu jeder Situation eine Frage, die den Einwand deutlich macht.
   Kundin: „Die Farbe des Modells gefällt mir nicht so recht!"
          „Schwierig, den richtigen Gebrauchtwagen für meine Zwecke zu finden!"

6. „Ein Austauschgenerator statt eines neuen würde mir genügen!" Beantworten Sie den Einwand mit der „Ja-aber"-Methode sowie mit der Vergleichsmethode.

7. a) Welche Methode der Einwandbehandlung ist wohl die am häufigsten angewandte?
   b) Welche Methode wirkt eher belehrend?
   c) Warum gilt unter Verkaufsexperten die Fragemethode als besonders elegant?

8. Was versteht man unter dem Begriff „Abschlusstechnik"?

9. Ermitteln Sie Carlas jeweilige Abschlusstechnik anhand folgender Äußerungen:
   a) „Ich empfehle Ihnen die Limousine, weil sie …"
   b) „Wollten Sie lieber diese Fußmatten aus natürlichen Rohstoffen oder die aus synthetischen Materialien?"
   c) „Sie sagten, dass Sie Wert legen auf ein Multimediagerät mit hochauflösendem Display und direkter USB-iPod/iPhone-Steuerung von einem führenden Hersteller. Dieses Gerät besitzt alle die gewünschten Vorzüge."

Lernfeld 4

10. Welche Methode der Abschlusstechnik halten Sie für besonders geeignet? (mit Begründung)

11. a) Geben Sie drei Formulierungsbeispiele für einen Hochdruckverkauf an.
    b) Weshalb schadet der Hochdruckverkauf?

12. a) Welche Bedeutung hat die „gekonnte" Verabschiedung?
    b) Geben Sie Beispiele hierfür an.

10 Besondere Verkaufssituationen bewältigen

AUSGANGSSITUATION

Die Familie Neuhaus mit drei kleinen Kindern kommt ins Autohaus Köppel. Sie interessiert sich für einen neuen leistungsstarken SUV, mit dem sie sich auch einmal abseits der öffentlichen Straßen bewegen können. Hierzu einige Fakten:

Motor:	Diesel
Zylinder:	6-Zylinder
Getriebe:	7G-TRONIC
Leistung kW/PS:	180/245
Hubraum cm^3:	2987

Verbrauch EU l/100 km

– innerorts:	11,1
– außerorts:	9,1
– kombiniert:	9,8
CO_2-Emisson g/km:	261
Abgasnorm:	Euro 6
Effizienzklasse:	D

ARBEITSAUFTRÄGE
1. Warum wird den Kunden Zubehör angeboten? Welches Zubehör führt Ihr Autohaus?
2. Wie können Sie Kunden für ein Alternativangebot interessieren?
3. Wie reagieren Sie, wenn Kunden Begleitpersonen mitbringen, die sich auch für den Kauf interessieren, aber anderer Meinung sind?
4. Wie gehen Sie vor, wenn Kunden Reklamationen vorbringen?

10.1 Verkauf von Zubehör

EINSTIEGSSITUATION

Während des Verkaufsgesprächs erwähnt Herr Neuhaus, dass seine Familie im Urlaub gerne kleinere Ausflüge mit den Fahrrädern macht.

Die Verkaufsberaterin Annika Fink greift diese Information des Kunden auf und sagt: „Wenn Sie und Ihre Familie gerne Rad fahren, empfehle ich Ihnen diese praktischen Fahrradhalter, die auf dem Grundträger montiert werden. Damit können Sie sicher und bequem Ihre eigenen Räder mit in den Urlaub nehmen." Nehmen Sie Stellung zu dieser Aussage und erläutern Sie, warum das Zubehör-Geschäft für ein Autohaus wichtig ist.

Zu einer individuellen und fachmännischen Beratung gehört, dass den Kunden Zubehör angeboten wird. Dies sind Produkte rund um das Fahrzeug, die dieses aufwerten, sicherer machen, sinnvoll ergänzen, pflegen, seine Leistung steigern, erweitern oder erhalten, das Aussehen des Fahrzeugs verbessern und das Fahrvergnügen steigern.

Beispiele

Zubehör, das den praktischen Nutzen des Fahrzeugs verbessert	Zubehör, das das Aussehen des Fahrzeugs anhebt und das Fahrvergnügen steigert
• Dachträger, Dachboxen • Fahrradträger, Kajak-, Snowboardhalter • Alarmsysteme • Gepäckraumschalen • Fußmatten, Sitzbezüge • Sitzheizung • Freisprecheinrichtungen • Anhängervorrichtungen • Rückfahrkamera • Navigationssysteme	• Sportspiegel, Sportendrohre • Heckspoiler, Heckflügel • Alufelgen, Einstiegsleisten in Edelstahl • LED-Rückleuchten • Komfortsitze, Sitzbezüge • Panoramadächer • Soundsysteme • Tablethalter

Um den Kunden von der Nützlichkeit des Zubehörs zu überzeugen, muss verständlich argumentiert, das Zubehör anschaulich präsentiert sowie der Kunde so aktiviert werden, dass er sich selbst von den Vorteilen des Zubehörs überzeugen kann.

Besondere Verkaufssituationen bewältigen

Einen bestimmten, unbedingt einzuhaltenden Zeitpunkt für das Anbieten von Zubehör gibt es nicht. Bei Produkten, die die optische Wirkung des Fahrzeugs verbessern, ist es sinnvoll, bereits während der Präsentation des Fahrzeugs entsprechendes Zubehör zu zeigen.

> **Beispiel**
>
> „Diese Sitzbezüge aus 100 % Baumwolle werden passend für Ihren Fahrzeugtyp gefertigt. Dabei werden alle Details für Gurte, Verstellriegel und Kopfstützen berücksichtigt."
> Das passende Zubehör kann bereits jetzt die Attraktivität des Fahrzeugs erhöhen. Der Kunde kann sich auf diese Weise auch selbst von der Wirkung, Zweckmäßigkeit und Nützlichkeit des Angebots überzeugen.
> Die Kaufstimmung sollte genutzt werden, denn wenn der Kunde den Ausstellungsraum verlassen hat, ist es zu spät.

10.2 Alternativangebote richtig unterbreiten

> **EINSTIEGSSITUATION**
>
> Im Autohaus Köppel erkundigt sich Frau Dillerle nach verschiedenen Navigationssystemen. Sie sollen Frau Dillerle kompetent beraten.

Wünscht ein Kunde ein Produkt, das man in Ausführung, Ausstattung, Marke, Typ, oder Zusammensetzung überhaupt nicht führt, bietet man ihm eine Alternative an, die dessen Wünsche genauso gut erfüllt, wie das zunächst verlangte Produkt.

Beispiele	
der Kunde wünscht	Alternative
• Grundträger und Fahrradhalter	• Fahrradträger für Anhängevorrichtung
• Gepäckraumeinlage	• Gepäckraumschale
• Stahlfelgen	• Alufelgen
• Sitzbezug aus Polyester	• Sitzbezug aus Baumwolle
• Soundsystem der Marke X	• Soundsystem der Marke Y

Alternativangebote bedeuten für:

den Kunden	den Verkaufsberater	das Autohaus
• der scheinbar nicht erfüllte Wunsch geht doch noch in Erfüllung • kein weiterer Zeitaufwand	• kunden- und geschäftsorientiertes Verhalten • Anerkennung bei Kunden und Geschäftsinhaber	• kein Umsatzverlust • keine Imageeinbuße wegen Sortimentslücken

Lernfeld 4

Dabei sollten ungeschickte Formulierungen vermieden werden.

ungeschickte Formulierung	bessere Formulierung
„Dieser Artikel ist uns im Moment ausgegangen."	„Darf ich Ihnen einen gleichwertigen Artikel zeigen, der …"
„Autopolitur von Donax führen wir nicht. Ich kann Ihnen da höchstens noch die von Glonax zeigen."	„Die Politur von Glonax ist vorteilhafter als die von Donax, weil …"
„Ersatzweise kann ich Ihnen die Sitzbezüge in dunkelgrün anbieten."	„Sie finden bei uns bestimmt die farblich passenden Sitzbezüge für Ihren Wagen."

Weicht der Preis des Alternativangebots wesentlich ab, so ist dies zu begründen. Dabei hebt man den Nutzen des Angebots noch einmal hervor.

> **Beispiel**
>
> „Dieser Stahlgürtelreifen zeichnet sich nicht nur durch hohe Kilometerleistung und mehr Sicherheit gegen Aquaplaning aus, sondern garantiert Ihnen darüber hinaus durch seine Bauweise einen tadellosen Geradeauslauf und besonders gute Kurvenstabilität."

Fragt ein Kunde nach einer bestimmten Marke, kann dies verschiedene Gründe haben. Entweder hat er selbst mit Produkten dieser Marke gute Erfahrungen gemacht oder Freunde und Bekannte haben ihm zu dieser Marke geraten. Falsch wäre es jetzt, dem Kunden die Marke „ausreden" zu wollen oder diese gar herabzusetzen. Stattdessen führt der Verkaufsberater dem Kunden einen gleichwertigen Artikel einer im Autohaus geführten Marke vor. Will der Kunde dennoch „seiner" Marke treu bleiben und lehnt er das Angebot ab, bestellt man das Produkt, sofern dies möglich ist und der Kunde damit einverstanden ist.

10.3 Kunden mit Begleitpersonen

> **EINSTIEGSSITUATION**
>
> Pascal Palm führt ein Verkaufsgespräch. Die Kunden treffen folgende Aussagen:
>
> Herr Neuhaus: „Das wäre der richtige Wagen für uns."
> Frau Neuhaus: „Denk doch an die Kinder und das viele Gepäck im Urlaub."
>
> Peter Neuhaus ist begeistert von der neuen Maximo-Limousine. Seine Frau möchte lieber den Phantasia-Kombi. Wie würden Sie während des Gespräches weiter vorgehen? Berücksichtigen Sie dabei die verschiedenen Arten von Begleitpersonen.

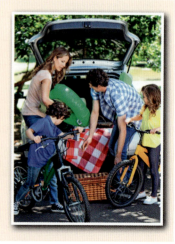

Besondere Verkaufssituationen bewältigen

So unterschiedlich die Gründe sind, Begleiter zum Einkauf mitzubringen, so verschieden sind auch deren Rollen. Wenn man herausfindet, welche Rolle die Begleitperson spielt, kann man leichter eine Verkaufsstrategie aufbauen.

Mögliche Rolle der Begleitperson:

Aktivität	Fachwissen	Einfluss
• ist aktiv • ist passiv	• ist fachkundig • ist unkundig	• beeinflusst positiv • beeinflusst negativ

Die aktive Begleitperson

Interessierte Begleiter schalten sich meist selbst in das Verkaufsgeschehen ein. Sie kennen die Wünsche und Vorstellungen des Kunden, stellen Fragen, geben Anregungen, erteilen Ratschläge und versuchen zusammen mit dem Kunden das Beste auszuwählen.

Diese Unterstützung nimmt man gerne an und behandelt die Begleitperson als willkommenen Partner.

Die passive Begleitperson

Eine uninteressierte Begleitperson beteiligt sich nicht am Verkaufsgespräch und versucht auch nicht, den Kunden durch Mimik oder Gestik zu beeinflussen. Dauert das Verkaufsgespräch länger, bietet man der Begleitperson eine Sitzgelegenheit an, legt ihr Zeitungen, Zeitschriften, Prospekte vor oder bietet ihr weitere Annehmlichkeiten des Hauses an, z. B. Getränke, kleine Snacks. Man verkürzt ihr so die Wartezeit und verhindert, dass sie durch ungeduldiges Verhalten den Kunden ablenkt.

Kindern wird die Spielecke gezeigt oder sie werden sinnvoll beschäftigt.

Die fachkundige Begleitperson

Wer fachkundig ist,

- kennt die Produkte,
- versteht und verwendet Fachausdrücke,
- prüft und vergleicht die vorgeführten Produkte,
- fragt nach Zubehör,
- schützt den Kunden vor Fehlkäufen.

Fachkundige Begleitpersonen bezieht man unterstützend in die Verkaufshandlung ein und gibt ihnen Gelegenheit, ihre Kenntnisse anzuwenden. Auf diese Weise fühlt sich der Kunde in der Wahl seines fachkundigen Begleiters bestätigt.

Lernfeld 4

Die unkundige Begleitperson

Ist es um die Fachkenntnisse des Begleiters nicht so gut bestellt, berichtigt man seine Aussagen, ohne ihn bloßzustellen. Der Kunde vertraut seinem Begleiter, sonst hätte er ihn nicht mitgebracht. Dieses Vertrauensverhältnis darf man nicht zerstören.

Beispiel	
Begleitperson:	„Sitzbezüge aus Baumwolle verlieren doch nach dem Waschen ihre Passform!"
Verkaufsberater:	„Diese äußerst strapazierfähigen Sitzbezüge aus 100 % Baumwolle behalten auch nach mehrmaligem Waschen bis zu 60° ihre Form."

Die einflussreiche Begleitperson

Einflussreiche Begleitpersonen unterstützen den Kunden mit Argumenten, lenken das Interesse auf bestimmte Produkte, lehnen Vorschläge ab oder raten dem Kunden zum Kauf. Die Aufmerksamkeit gilt hier zwar vornehmlich dem vermutlich ausschlaggebenden Begleiter, doch darf man den Kunden, für den das Produkt bestimmt ist, nicht vernachlässigen. Übt die Begleitperson einen positiven, kauffördernden Einfluss aus, ist dies eine wertvolle Unterstützung.

Sind Kunde und Begleiter jedoch unterschiedlicher Meinung und übt die Begleitperson einen kaufhemmenden Einfluss aus, versucht man

- mit wirkungsvollen Argumenten zu überzeugen,

Beispiel
„Bitte prüfen Sie selbst, wie strapazierfähig der Schonbezug ist."

- zwischen Kunde und Begleitperson zu vermitteln,

Beispiel
„Diese Schonbezüge entsprechen ganz Ihren Wünschen: Sie sind strapazierfähig und haben eine gute Passform (Verkaufsberater wendet sich an den Kunden), darüber hinaus sehen sie schick aus und sind leicht zu pflegen (Verkaufsberater wendet sich an die Begleitperson)."

- die Begleitperson positiv zu beeinflussen.

Beispiel
„Schonbezüge können modisch und gleichzeitig strapazierfähig sein."

10.4 Reklamation und Umtausch

> **EINSTIEGSSITUATION**
>
> **Sind Sie zufrieden mit unserem Service?**
>
>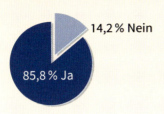
>
> Matti Köppel, der Marketingleiter des Autohauses Köppel, beauftragt die Auszubildenden Carl Löffler und Nora Braun eine Telefonumfrage durchzuführen, ob ihre Kunden mit dem Service des Autohauses Köppel zufrieden sind. Das Ergebnis: 14,2 % haben Grund zur Klage. Folgende Antworten wurden unter anderem gegeben:
>
> 1. Rückrufaktion eines Autohauses: „Bei diesem Modell können im Wasserkreislauf der Heizung Druckspitzen mit Undichtigkeiten auftreten. Folge: Heißes Wasser oder Dampf können ins Fahrzeuginnere gelangen!"
> 2. Beim Kindersitz ist die Befestigung defekt.
> 3. Frau Dillerle hat sich nach winterlichen Startschwierigkeiten „anschieben" lassen, wobei der Katalysator defekt geworden ist.
> 4. Herr Oleniza, der die neuen Reifen selbst montieren wollte, hat versehentlich die falsche Größe erhalten.
> 5. Frau Neuhaus möchte die noch originalverpackten bunten Sitzbezüge gegen die unifarbenen eintauschen.
>
> Befassen Sie sich mit den Themen Reklamation und Umtausch und halten Sie alle wichtigen Informationen auf einem Plakat fest.

10.4.1 Reklamationen

Unter dem Begriff **Reklamation** versteht man **Beanstandungen, Beschwerden, Klagen, Einsprüche**. Diese ergeben sich, nachdem der Kunde ein Produkt gekauft oder eine Werkstattleistung erhalten hat. Häufige Gründe sind:

- fehlerhaftes Produkt bzw. Werkstattleistung, z. B. erfolglose Suche eines Fehlers in der Auto-Elektrik,
- falsche Behandlung des Produkts durch den Kunden, z. B. in der Bedienung, Pflege,
- falsche oder ungenügende Beratung, z. B. unzutreffende Angaben über den Verbrauch, CO_2-Emmissionen usw.

Bei der Behandlung von Reklamationen hat der Mitarbeiter die Rolle des „Mittlers" zwischen Autohaus einerseits und Verbraucher andererseits zu übernehmen.

der Kunde erwartet	Ziele des Autohauses (und Herstellers)
• dass er nicht um sein Recht kämpfen muss • faire Behandlung ohne zusätzliche(n) Ärger, Unmut, Enttäuschung • situationsgerechte, individuelle Hilfe	• Fehler finden, Ursache abstellen • weiteren Ärger, Unannehmlichkeit, Unmut dem Kunden ersparen • Rufschädigung vermeiden, großzügige Hilfe ermöglicht Kundenbindung

Lernfeld 4

Die **Gesprächsatmosphäre** bei Reklamationen kann unterschiedlich sein: Einige Kunden sind unsicher und schüchtern, andere kühl und berechnend, wieder andere enttäuscht und unzufrieden, die nächsten verärgert, gereizt und aggressiv. Hinzu kommt die Angst des Mitarbeiters: Kommen unliebsame Auseinandersetzungen auf mich zu, gelingt es, eine zufriedenstellende Lösung für alle Beteiligten zu finden, bleibt der Kunde unserem Autohaus treu usw.?

Die folgenden Ausführungen sind **Grundregeln** für die erfolgreiche Behandlung von Reklamationen. Sie lassen genügend Spielraum, um im konkreten Fall individuell auf den Kunden einzugehen.

Die einzelnen Schritte im Überblick:

Verständnis für die Reklamation zeigen

Man vermeidet möglichst die Worte „Reklamation" und „Beanstandung", „Klage", „Beschwerde" und spricht dagegen von „Ihrem Problem", „Ihrer Frage", „Ihrem Anliegen". Auf diese Weise verlieren die Worte ihre Schärfe und Härte.

Verständnisvolle Worte verbessern die Gesprächsatmosphäre und wirken beruhigend:

- „Es tut mir Leid, dass Sie …"
- „Gut, dass Sie gleich gekommen sind, wir wollen die Angelegenheit so schnell wie möglich in Ordnung bringen."
- „Ich bedaure, dass Sie Unannehmlichkeiten hatten."

Aufmerksam zuhören

Ist der Kunde verärgert, gereizt, aggressiv, dann will er seinen Unmut und Groll loswerden. Man darf ihm die Gelegenheit, sich zu entladen, nicht nehmen. Deshalb unterbricht man ihn nicht! **Persönliche und unsachliche Angriffe überhört** man einfach. Auf diese Weise verlagert man das Gespräch von der emotionalen auf die sachliche Ebene.

Fehler besichtigen und schriftlich aufnehmen

Man besichtigt den Fehler in Anwesenheit des Kunden und vergleicht den geschilderten Sachverhalt mit dem tatsächlichen. Die Feststellung, die ggf. schriftlich aufgenommen wird, macht dem Kunden deutlich, dass sein Anliegen verstanden wird, und führt zu mehr Sachlichkeit und Vertrauen.

Besondere Verkaufssituationen bewältigen

Entschuldigen und bedanken

Bei berechtigten Reklamationen entschuldigt man sich für den Fehler: „Ich entschuldige mich bei Ihnen für …" Dies gilt auch dann, wenn Kollegen oder Lieferanten für den Fehler verantwortlich sind. Wer den Fehler begangen hat, ist dem Kunden gleichgültig.

Ein Dank kann sich darauf beziehen, dass der Kunde z. B. gleich gekommen ist und das Autohaus dadurch vor weiterem Schaden und vor Unannehmlichkeiten bewahrt hat.

Hilfe anbieten

Laut bürgerlichem Gesetzbuch haftet das Autohaus dafür, dass die Produkte fehlerfrei und für den Gebrauch nutzbar sind. Deshalb sollten Fehler korrigiert und Hilfe angeboten werden:

- **Nachbesserung in der Werkstatt:** Verliert z. B. der Neuwagen Öl oder ist eine Reparaturarbeit nicht erfolgreich erledigt worden, kann der Auftraggeber die Beseitigung des Mangels verlangen, wenn dies nicht mit unverhältnismäßig hohen Kosten verbunden ist.
- **Neulieferung:** Der Kunde erhält bspw. den gleichen Zubehörartikel oder einen gleichwertigen in fehlerfreier Ausführung.
- **Minderung:** Ist der Fehler unerheblich und will der Kunde das fehlerhafte Produkt behalten, erhält er einen Preisnachlass.
- **Rücktritt vom Vertrag:** Kommt keine der vorgenannten Möglichkeiten in Betracht, erhält der Kunde sein Geld zurück. Wenn er damit einverstanden ist, kann ihm auch ein Gutschein angeboten werden. Damit geht der Umsatz nicht verloren.

Großzügigkeit, Entgegenkommen (= Kulanz) sind zwar aufwendig, ersparen aber allen Beteiligten Ärger und kommen dem Ziel der Kundenbindung am nächsten. Wenn man den Kunden fragt, ob er mit der gebotenen Lösung zufrieden ist und er bejaht dies, ist die Reklamation erfolgreich erledigt.

Bei unberechtigten Reklamationen führt man das Gespräch so, dass der Kunde den **Behandlungsfehler** selbst erkennt und damit seine Beschwerde als gegenstandslos betrachtet. Man erreicht dies durch geeignete Fragen:

- „Könnten Sie bitte einmal schildern, wie Sie die Dachbox montiert haben?"
- „Haben Sie sich bei der Einstellung an die Bedienungsanleitung gehalten?"

In **Kleinigkeiten** sollte man **dem Kunden großzügig entgegenkommen** und **Kulanz** als Service zeigen. Wenn man sich bei größerem Streitwert nicht einigen kann, bittet man den Kunden, sich an eine unabhängige Prüf- und Schiedsstelle zur Klärung zu wenden. Ist die Reklamation berechtigt, übernimmt das Autohaus die Kosten.

Lernfeld 4

10.4.2 Umtausch

Beim Umtausch geht es um die Rücknahme eines **fehlerfreien** Produkts. Dem Wunsch des Kunden, ein übereilt gekauftes Produkt oder eines, das ihm nicht mehr gefällt, schnell und ohne Nachteil loszuwerden, sind Grenzen gesetzt. Die häufigsten Umtauschgründe sind:

- Das Produkt gefällt nicht mehr.
- Es passt nicht in der Größe, z. B. falsche Größe der Sitzbezüge.
- Es ist schon vorhanden (weil Geschenkkauf).
- Kunde fühlte sich zum Kauf gedrängt.

Einige Grundregeln dienen als Orientierung für die bessere Bewältigung, lassen aber genügend Spielraum, sich individuell auf den jeweiligen Kunden und die entsprechende Situation einzustellen.

Zuhören, um den Umtauschgrund zu erfahren

Man hört gut zu, um zu erfahren, wo dem Kunden der „Schuh drückt", hält Augenkontakt, ohne ihn anzustarren, nickt mit dem Kopf. Dies signalisiert Offenheit, Zuwendung und Interesse.

Verständnis zeigen

Folgende und ähnliche Sätze schaffen Kontakt zum Kunden und bewirken Verständnis für sein Anliegen:

- „Worin liegt das Problem?"
- „Wir möchten, dass Sie zufrieden sind!"
- „Wir werden bestimmt eine Lösung finden."

Situation klären

Um sicher zu gehen, was der Kunde will, werden öffnende Fragen verwendet, z. B.:

- „In welcher Hinsicht erfüllt der Grundträger noch nicht Ihre Wünsche?"
- „Sind Sie mit dem vollsynthetischen Hightech-Leichtlauföl noch nicht so ganz zufrieden?"
- „Was gefällt Ihnen an dem Sitzbezug nicht?"

Umtausch ist ein Kundendienst: Nur wenige Kunden versuchen, diesen Service zu missbrauchen. Diese Leistung wird anerkannt und sie wirkt verkaufsfördernd. Wie weit das Entgegenkommen geht und wer darüber entscheidet, liegt im Ermessen der Geschäftsleitung.

Folgende Hilfen können angeboten werden:

- **andere Produkte** mit ähnlichen Eigenschaften anbieten (Alternativangebote), ggf. mit Aufpreis oder Rückerstattung der Preisdifferenz,
- **Gutschrift,** wenn der Kunde nichts Passendes findet,
- **Erstattung des Geldbetrags** als großzügigste Hilfe, wenn andere Hilfen nicht mehr in Betracht kommen.

Auch entspricht es der Kulanz, dann noch umzutauschen, wenn die Umtauschfrist abgelaufen ist.

10.5 Kaufvertragsstörungen

> **EINSTIEGSSITUATION**
>
> Pascal Palm und Nora Braun beschäftigen sich in der Berufsschule mit dem Themenbereich „Kaufvertragsstörungen". Sie sollen diese als Wiederholung in einer Mindmap zusammenfassen. Fertigen Sie diese Mindmap an und greifen Sie dabei auf bereits vorhandenes Wissen aus dem Lernfeld 3 zurück. Präsentieren Sie Ihre Ergebnisse im Plenum.

Im Lernfeld 3 wurde bereits auf den Themenbereich „Störungen des Kaufvertrages" eingegangen und die Störungen, die auftreten können, ausführlich erläutert.

Wichtig ist, wie im Lernfeld 3 ebenfalls erläutert, dass auf solche Störungen sachgerecht reagiert wird. Neben dem rechtzeitigen Erkennen, z. B. von Mängeln, muss auch die richtige Bearbeitung erfolgen. Für die Kommunikation bedeutet dies, dass der anfallende Schriftverkehr fachgerecht und auf einer Sachebene erfolgt. Dies ist notwendig, um Kunden, trotz der jeweiligen Kaufvertragsstörung, ggf. weiterhin an das Unternehmen zu binden.

Lernfeld 4

10.6 Kommunikation mit Vertragspartnern bei Kaufvertragsstörungen

> **EINSTIEGSSITUATION**
>
> Nora Braun fragt ihren Mitauszubildenden Fin Schneider: „Du, Fin, was passiert denn, wenn ein Kunde nicht zahlt? Gibt es da bei uns im Autohaus vielleicht verschiedene Vordrucke, die genutzt werden können? Und was ist rechtlich alles zu beachten?". Fin zuckt mit den Achseln. „Ich weiß das ehrlich gesagt gar nicht richtig. Am besten fragen wir mal bei Frau Köppel nach, oder?" „Das machen wir", antwortet Nora.
> Befassen Sie sich mit dem Themenbereich und erstellen Sie eine Übersicht über das jeweilige Vorgehen. Gehen Sie auch auf rechtliche Aspekte ein.

10.6.1 Mahnwesen

Der Autohändler muss auf den pünktlichen Zahlungseingang seiner Forderungen achten. Werden Forderungen nicht beglichen, kann dies zu erheblichen Schwierigkeiten im eigenen Betrieb führen.

- Die eigenen finanziellen Mittel (Liquidität) verringern sich.
- Es müssen zusätzlich teure Bankkredite aufgenommen werden.
- Die eigene Skontoausnutzung wird erschwert.
- Die Verlustgefahr wird erhöht.

Kein Kaufmann möchte sich diesen Gefahren und den möglichen negativen wirtschaftlichen Folgen aussetzen. Deshalb müssen säumige Kunden gemahnt werden. Nicht immer verbirgt sich eine Böswilligkeit dahinter, wenn der Kunde nicht zahlt. Bleibt eine erwartete Zahlung aus, sollte man nicht gleich mit dem Gericht drohen, sondern die bekannten kaufmännischen Mahnstufen einhalten, also:

- Zahlungserinnerung,
- 1. Mahnung,
- 2. Mahnung.

Werden Forderungen nicht fristgerecht erfüllt, kommt es meist zu einem langen Rechtsstreit zwischen den Vertragsparteien. Nach dem BGB werden zwei Arten von Mahnverfahren unterschieden:
1. das außergerichtliche (kaufmännische) Mahnverfahren
2. das gerichtliche Mahnverfahren

Außergerichtliches Mahnverfahren

Mit der Mahnung gerät der Kunde in Zahlungsverzug, wenn der Zahlungstermin nicht genau kalendermäßig festgelegt war. Wie die Mahnung ausgesprochen wird, ist völlig formfrei. Es wird jedoch empfohlen, diese schriftlich zu übergeben, um später einen Beweis zu haben. Im **kaufmännischen Mahnverfahren** sollte zuerst ein freundliche Zahlungserinnerung abgefasst und danach sollte bei weiteren Mahnungen die Schärfe der Formulierung bis zur Androhung eines gerichtlichen Mahnverfahrens gesteigert werden. Folgender Ablauf hat sich in der Praxis durchgesetzt:

- freundliches Erinnerungsschreiben mit Zweitschrift des Überweisungsträgers (Zahlungserinnerung)
  - 1. Mahnung: freundliche, jedoch bestimmte Formulierung mit dem Hinweis auf die Fälligkeit des offenen Betrages und die Aufforderung zur Zahlung bis zu einem festgesetzten Termin, ggf. schon mit Berechnung von Verzugszinsen
  - 2. Mahnung: letztmalige Aufforderung zur Zahlung und meist mit Androhung von gerichtlichen Maßnahmen – ferner werden erneute Verzugszinsen in Rechnung gestellt

Zahlt der Kunde nach dem Zugang der 2. Mahnung nicht, wird vom Gläubiger das gerichtliche Mahnverfahren eingeleitet.

Lernfeld 4

Das außergerichtliche Mahnverfahren wird von den Betrieben sehr unterschiedlich gehandhabt. Es hängt auch davon ab, welche Gründe zum Zahlungsverzug führten, welche Geschäftsbeziehungen bisher bestanden und wie die eigene wirtschaftliche Situation eingeschätzt wird. Die Bedeutung lässt sich in folgenden Punkten zusammenfassen:

- Hat der Kunde zu einem fest vereinbarten Zahlungstermin bzw. innerhalb der Zahlungsfrist den Rechnungsbetrag nicht beglichen, gerät er in Zahlungsverzug. Wurde kein Zahlungstermin vereinbart, tritt der Zahlungsverzug mit dem Zugang der Mahnung (Zahlungserinnerung) ein.
- Der Kfz-Betrieb kann mit der laufenden Überwachung der Fälligkeitstermine und Zahlungseingänge
  - seine Liquidität erhöhen,
  - Kreditkosten vermeiden,
  - Skonti seiner Lieferanten in Anspruch nehmen,
  - seine eigene Kreditwürdigkeit wahren,
  - das Forderungsrisiko, z. B. durch Verjährung, verringern.

Um den Verwaltungsaufwand für das außergerichtliche bzw. gerichtliche Mahnwesen zu umgehen, beanspruchen viele Unternehmen diese Dienstleistung von sogenannten Inkasso-Gesellschaften. Dazu werden entsprechende Verträge mit den Inkassobüros abgeschlossen. Die anfallenden Gebühren für das Eintreiben der offenen Forderungen durch die Inkasso-Gesellschaften sind vom Schuldner zu tragen.

Gerichtliches Mahnverfahren

Hat die außergerichtliche Mahnung keinen Erfolg, so wird der Kfz-Betrieb (Gläubiger) das gerichtliche Mahnverfahren einleiten, indem er bei der zuständigen Zentralstelle des Bundeslandes, in welchem sich der Gläubiger befindet, einen Antrag auf die Erlassung eines Mahnbescheids zu stellen.

Nachdem der Antrag beim Amtsgericht eingegangen ist und die Gebühren vom Gläubiger bezahlt wurden, wird ohne Prüfung des Sachverhaltes der Mahnbescheid an den Schuldner gesendet.

Besondere Verkaufssituationen bewältigen

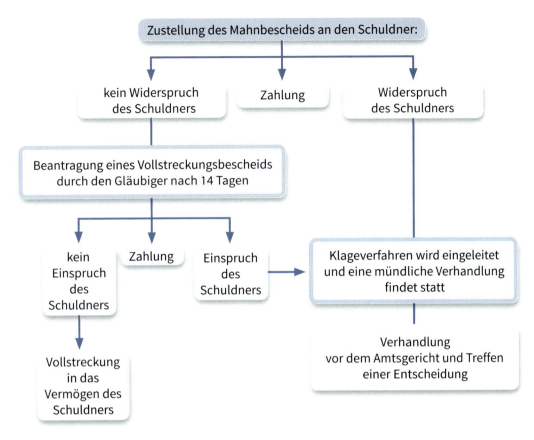

Mit Ausstellung des Mahnbescheides hat der Schuldner noch innerhalb einer Frist die Möglichkeit, den geschuldeten Betrag zuzüglich Zinsen und Gebühren zu zahlen. Reagiert der Schuldner wieder nicht, kann der Gläubiger einen Vollstreckungsbescheid beantragen.

Die Ausstellung eines Vollstreckungsbescheides ist die letzte Zahlungsaufforderung des Gerichtes an den Schuldner. Der Schuldner hat das Recht, gegen den Vollstreckungsbescheid innerhalb von zwei Wochen Einspruch einzulegen. Dadurch verhindert er die Zwangsvollstreckung.

Schweigt der Schuldner, dann wird der **Vollstreckungsbescheid** rechtskräftig, das heißt, er bekommt die gleiche Wirkung wie ein Gerichtsurteil. Nun hat der Gläubiger die Möglichkeit, die Zwangsvollstreckung durchzusetzen. Es kann ein Gerichtsvollzieher mit der Pfändung und Versteigerung von Sachwerten beauftragt oder eine Lohn- oder Gehaltspfändung vorgenommen werden.

Alle Kosten des gerichtlichen Mahn- und Vollstreckungsverfahrens muss der Schuldner tragen.

453

10.6.2 Verjährung

Nach § 195 BGB beträgt die **regelmäßige Verjährungsfrist drei Jahre**. Der Beginn der regelmäßigen Verjährungsfrist ist im § 199 BGB festgelegt. Danach beginnt die Verjährungsfrist mit dem Schluss des Jahres, in dem der Anspruch entstanden ist und der Gläubiger Kenntnis von seinem Anspruch erlangt hat.

Nach drei Jahren verjähren Ansprüche aus regelmäßig wiederkehrenden Leistungen und Gewährleistungsansprüche aus Werkverträgen, die weder Herstellung, Wartung oder Veränderung einer Sache zum Inhalt haben, noch ein Bauwerk betreffen. Kauf- und werkvertragliche Gewährleistungsansprüche auf alle neuen und gebrauchten Waren sowie Reparaturen verjähren nach § 438 BGB (für Kaufverträge) und § 634a BGB (für Werkverträge) innerhalb von **zwei Jahren**. Hier beginnt die Verjährungsfrist bei Lieferung bzw. bei Abnahme. In den **AGBs** oder in einzelvertraglichen Regelungen kann die Verjährungsdauer beim Verkauf gebrauchter Waren an den Verbraucher, z. B. Verkauf von Gebrauchtwagen oder gebrauchten Teilen, auf ein **Jahr** festgelegt werden.

Der Schuldner hat nach Ablauf der Verjährungsfrist das Recht, seine Leistung zu verweigern (Einrede der Verjährung). Damit bleibt zwar die Forderung des Gläubigers bestehen, dieser kann sie jedoch nicht mehr einklagen. Zahlungen, die der Schuldner bereits getätigt hat, kann er nach der Verjährung nicht zurückfordern.

Der Beginn der Verjährung am Jahresschluss kann nur dann ausnahmsweise später liegen, wenn rechtskräftige Ansprüche aus den Kauf- oder Werkverträgen bestehen. Das Gericht prüft und berücksichtigt den Eintritt der Verjährung nur dann, wenn sich der Vertragspartner ausdrücklich auf die Verjährung beruft, also die Einrede der Verjährung erhebt.

Überblick – Verjährungsfristen

Die Frist der Verjährung kann nach § 212 BGB (Neubeginn der Verjährung) von Neuem beginnen. Der Neubeginn der Verjährung kann sowohl durch den Gläubiger als auch vom Schuldner bewirkt werden.

Besondere Verkaufssituationen bewältigen

Zeitraum der Verjährung	Welche Ansprüche verjähren?
30 Jahre	vergleiche § 197 BGB, dreißigjährige Verjährungsfrist: 1. Schadenersatzansprüche, die auf der vorsätzlichen Verletzung des Lebens, des Körpers, der Gesundheit der Freiheit oder der sexuellen Selbstbestimmung beruhen 2. Herausgabeansprüche aus Eigentum, anderen dringlichen Rechten, den § 2018, 2130 und 2362 sowie Ansprüche, die der Geltendmachung der Herausgeberansprüche dienen 3. rechtskräftig festgestellte Ansprüche 4. Ansprüche aus vollstreckbaren Vergleichen oder vollstreckbaren Urkunden 5. Ansprüche, die durch die im Insolvenzverfahren erfolgte Feststellung vollstreckbar geworden sind 6. Ansprüche auf Erstattung der Kosten der Zwangsvollstreckung Soweit Ansprüche nach Absatz 1 Nr. 3 bis 5 künftig fällig werdende regelmäßig wiederkehrende Leistungen zum Inhalt haben, tritt an die Stelle der Verjährungsfrist von 30 Jahren die regelmäßige Verjährungsfrist.
10 Jahre	• Eigentumsübertragungsrechte
5 Jahre	• Mängelansprüche bei Bauwerken • Gewährleistungsansprüche aus Kaufverträgen über Sachen, die für ein Bauwerk verwendet wurden
3 Jahre	• regelmäßige Verjährungsfrist
2 Jahre	• Ansprüche aus kauf- und werkvertraglichen Gewährleistungen • Verbrauchsgüterkäufe für neue Produkte (z. B. Kauf eines neuen Fahrzeugs)

Der Gläubiger verursacht den Neubeginn durch die Beantragung oder Vorwegnahme einer gerichtlichen oder behördlichen Vollstreckungshandlung. Der Neubeginn der Verjährung wird durch den Schuldner verursacht, wenn er seine Schuld z. B. durch eine Stundungsbitte, Abschlagzahlung, Zinszahlung oder durch Sicherheitsleistungen anerkennt. *Bei einem Neubeginn beginnt die Frist der Verjährung von Neuem zu laufen.* Der Neubeginn der Verjährung ist relativ selten, meist wird die Verjährungsfrist durch Rechte von Gläubiger oder Schuldner gehemmt.

Die **Hemmung der Verjährung** ist im § 209 BGB geregelt. Tritt sie ein, wird die Verjährungsfrist angehalten und läuft erst nach Klärung von Rechten weiter. Die Hemmung der Verjährung kann durch Gläubiger oder Schuldner verursacht werden. Der Gläubiger verursacht die H´ mung, wenn er gegen den Schuldner Klage erhebt oder einen Mahnbescheid zustellt

Nimmt der Schuldner sein Leistungsverweigerungsrecht in Anspruch, ver´ Hemmung.

Lernfeld 4

Gläubiger und Schuldner verursachen die Hemmung bei

- Verhandlungen über einen Anspruch,
- Anrufung von Prüfstellen (Technische Überwachung) oder Gütestellen (Handwerkskammer),
- Antrag auf Durchführung eines Beweisverfahrens,
- Verfahren zur Ausfertigung einer Fertigstellungsbescheinigung,
- Antrag auf eine einstweilige Verfügung.

Die Frist der Verjährung setzt während der Hemmung aus und verlängert sich um die Dauer der Hemmung.

Zusammenfassung

- Wohlüberlegte und richtig unterbreitete Zusatzangebote sind zweckmäßig und sinnvoll, helfen dem Kunden weiter und steigern den Umsatz.
- Notwendige Zusatzartikel, die einen gekauften Hauptartikel erst verwendungsfähig machen, müssen empfohlen werden, da der Kunde mit dem gekauften Hauptartikel sonst nichts anfangen kann.
- Nützliche Zusatzartikel sollte man empfehlen, um den Wert des gekauften Hauptartikels zu erhöhen oder zu erhalten oder um diesen für den Kunden noch vielseitiger zu machen.
- Eine anschauliche Präsentation, verständliche Argumente und eine aktive Einbeziehung des Kunden überzeugen vom Wert des Zusatzangebots.
- Verlangt ein Kunde ein Produkt, das Ihr Autohaus nicht führt oder das gerade ausgegangen ist, sollte ihm ein ähnliches, gleichwertiges Produkt angeboten werden (Alternativangebot).
- Wirkungsvolle Verkaufsargumente und anschauliche Warenpräsentation überzeugen den Kunden von dem Alternativangebot.
- Weicht der Preis des Alternativangebots wesentlich ab, sollte dies begründet werden.
- Kundenwünsche und „Markentreue" sind nicht unerschütterlich. Es sollte daher nicht auf die Chance des Alternativkaufs verzichtet werden.
- Kunden bringen aus vielerlei Gründen Begleitpersonen mit. Entscheidend ist, dass die Rolle der Begleitperson richtig erkannt wird.
- Ist eine Begleitperson passiv, schenkt man ihr trotzdem Beachtung und versucht, ihr den Aufenthalt im Autohaus so angenehm wie möglich zu gestalten, damit sie den Kunden nicht ablenkt.
- Aktive, fachkundige Begleitpersonen bezieht man in das Verkaufsgespräch ein und nutzt ihr Interesse, ihr Wissen und ihren positiven Einfluss auf den Kunden.
- Begleitpersonen, die einen kaufhemmenden Einfluss auf den Kunden ausüben, versucht man durch
  - wirkungsvolle Argumente zu überzeugen,
  - Denkanstöße und Suggestivfragen positiv zu beeinflussen.
- Passende Alternativangebote helfen, zwischen Kunde und Begleiter zu vermitteln.
- Zur erfolgreichen Erledigung von Reklamationen gehört Verständnis zu zeigen, aufmerksam zuzuhören, den Fehler zu berichtigen, ihn ggf. schriftlich aufzunehmen, sich zu entschuldigen und zu bedanken.
- Aus den möglichen Hilfen, wie Nachbesserung, Neulieferung, Umtausch, Preisnachlass, Rücktritt vom Vertrag, wird die individuelle und situationsgerechte Hilfe für den Kunden ausgesucht.

Besondere Verkaufssituationen bewältigen

- Durch Großzügigkeit und Entgegenkommen (= Kulanz), soweit dies möglich ist, gelingt es, den Kunden zu erhalten und vielleicht sogar noch stärker an das eigene Autohaus zu binden.
- Unberechtigte Reklamationen ergeben sich vielfach durch falsche Behandlung von Produkten. Bei Kleinigkeiten sollte großzügig verfahren werden, bei großem Streitwert, falls keine Einigung möglich ist, können unabhängige Prüf- oder Schiedsstellen eine Klärung herbeiführen.
- Umtauschpflicht besteht nur, wenn das Produkt Fehler hat, eine zugesicherte Eigenschaft fehlt oder ein Kauf mit vereinbartem Umtauschrecht vorliegt.
- Dem Kunden auch dann entgegenzukommen, wenn er selbst für den Fehlkauf verantwortlich ist, geschieht aus Kulanz und ist Kundendienst. Dies setzt aber voraus, dass das Produkt einwandfrei ist und sich noch verkaufen lässt.
- Die Verhaltensweisen zielen darauf ab, den Kunden zufriedenzustellen, um ihn für das Autohaus zu erhalten (= Servicepolitik).

Aufgaben

1. Zählen Sie Zubehör Ihres Autohauses auf, das den praktischen Nutzen eines Fahrzeugs verbessert sowie das Aussehen/Fahrvergnügen/Prestige steigert.

2. Welche Vorteile bringt der Verkauf von Zubehör den Kunden bzw. dem Autohaus?

3. Wie können Sie Zubehör anbieten, ohne aufdringlich zu wirken?

4. Beurteilen Sie die Aussage: „Auf Zubehör weise ich nicht hin. Die Kunden müssen selbst wissen, was sie wollen."

5. Ein Kunde hat sich zum Kauf eines Fahrzeugs entschlossen, zu dem es zahlreiches Zubehör gibt. Führen Sie ein **Rollenspiel** durch und notieren Sie Ihre Beobachtungen.

Rolle Verkaufsberater	Rolle Kunde
Versuchen Sie den Kunden zum Kauf von Zubehör zu bewegen.	Sie sind aufgeschlossen gegenüber den Argumenten und erwarten eine umfassende Beratung, die Sie vom Nutzen des angebotenen Zubehörs überzeugt.

Beobachtungsmerkmale
- Wie ist es dem Verkäufer gelungen, beim Kunden Interesse für das Zubehör zu wecken?
- War die Zubehörpräsentation anschaulich?
- Wie wurde der Kunde aktiviert?
- Wodurch ist es gelungen, den Kunden zu überzeugen?

6. Warum ist es sinnvoll, dem Kunden Alternativangebote zu unterbreiten, wenn das gewünschte Produkt nicht geführt wird?

Lernfeld 4

7. Welche Voraussetzungen muss ein Produkt erfüllen, damit es vom Kunden als echte Alternative empfunden wird?

8. Erstellen Sie eine Übersicht mit Artikeln Ihres Autohauses und ermitteln Sie, welche Alternativen angeboten werden können.

9. Warum ist es besser, dem Kunden Alternativangebote zu zeigen, als ihm lange zu erläutern, welche Produkte statt des verlangten infrage kommen?

10. Beurteilen Sie folgende Aussagen:
    a) Verkäufer: „Ja, die Alarmanlage führen wir. Die kostet aber 880,00 €."
    b) Kunde: „Führen Sie Sommerreifen von M ...?"
       Verkäufer: „Leider nein, wir haben nur Reifen von C ..."

11. Eine Kundin möchte Winterreifen der Größe 205/55 R 16 H der Marke B. Reifen dieser Marke sind gerade nicht vorrätig. Führen Sie ein **Rollenspiel** durch.

Rolle Verkaufsberater	Rolle Kundin
Bieten Sie der Kundin gleichwertige Reifen anderer Hersteller an und versuchen Sie, die Kundin für Ihre Angebote zu begeistern.	Sie benötigen die Reifen sofort und können nicht auf eine Sonderbestellung warten. Sie beharren nicht auf der ursprünglichen Marke, sind aber ausgesprochen wählerisch und preissensibel.

Beobachtungsmerkmale
- Sind die Alternativangebote passend?
- Mit welchen Aussagen wurde die Kundin vom Alternativangebot überzeugt?
- Wurden mögliche Qualitätsunterschiede/Preisabweichungen ausreichend begründet?

12. Woran können Sie erkennen, welchen Einfluss eine Begleitperson auf den Kunden ausübt?

13. Schildern Sie, auf welche Weise das Wissen und der Einfluss eines Begleiters auf den Kunden für den Verkaufsvorgang nutzbar gemacht werden kann.

14. Welche Vorteile können sich ergeben, wenn ein Kunde einen erfahrenen Fachmann mitbringt?

15. Wie reagieren Sie, wenn Ihnen die Begleitperson einmal fachlich überlegen ist?

16. Manchmal kommt es während eines Verkaufsgesprächs vor, dass Kunde und Begleiter miteinander flüstern oder dass der eine den anderen beiseite zieht.
    a) Was signalisiert dies?
    b) Wie reagieren Sie in diesem Fall?

17. Was unternehmen Sie, wenn dem Kunden ein Produkt gefällt, der Begleiter aber vom Kauf abrät?

Besondere Verkaufssituationen bewältigen

18. Ein junges Paar interessiert sich für einen Neuwagen. Führen Sie ein **Rollenspiel** durch und betrachten Sie genau das Geschehen anhand der unten aufgeführten Merkmale.

Rolle Verkaufsberater	Rolle Kunde	Rolle Kundin
Sie führen den Kunden Fahrzeuge vor, die den geäußerten Kaufwünschen entsprechen.	Sie legen Wert auf eine starke Leistung.	Sie wollen ein sparsames, umweltfreundliches Fahrzeug.

Beobachtungsmerkmale
- Wurden die unterschiedlichen Rollen der Kunden erkannt?
- Mit welchen Argumenten gelang es, zwischen den Kunden zu vermitteln?
- Wodurch wurde der Verkaufsabschluss möglich bzw. woran scheiterte dieser?

19. Der Stammkunde, Herr Frisch, kommt zur Tür hereingestürmt und wendet sich sofort an die Verkaufsleiterin Frau Laura Tannert.: „Sie haben mir einen sparsamen Motor versprochen. Der Spritverbrauch liegt aber weit über der Norm. Das ist Betrug am Kunden; ich verlange …"
    a) Versuchen Sie (in wörtlicher Rede) den Stammkunden mit verständlichen Worten zu beruhigen.
    b) Handelt es sich im vorliegenden Fall um eine berechtigte Reklamation?
    c) Was erwartet wohl der Kunde?
    d) Machen Sie konkrete Vorschläge, wie Sie dem Kunden helfen können.

20. Welche kaufmännischen Rechte würden Sie dem Kunden in folgenden Situationen anbieten?
    a) Die sechsteiligen Sitzbezüge sind leicht angeschmutzt.
    b) Das Batterieladegerät funktioniert nicht, Ersatzlieferung erfolgt in vier Wochen.
    c) Die Dachbox ist nicht wasserdicht. Eine darin gelagerte Fotoausrüstung erlitt einen Wasserschaden.

21. Durch welches kaufmännische Recht können Sie reklamierenden Kunden am weitesten entgegenkommen?

22. Eine Kundin bringt den vor drei Stunden gekauften, noch nicht montierten Kindersitz zurück und möchte ihn gegen einen „besseren" umtauschen.
    a) Wie ist die rechtliche Lage?
    b) Welche Lösung bzw. Hilfe schlagen Sie der Kundin unter dem Gesichtspunkt der Kulanz vor, wenn der teurere Kindersitz der Marke A im Sortiment geführt/nicht geführt wird?
    c) Was will man durch Kulanz erreichen?

11 Der Warenverkauf

AUSGANGSSITUATION

Nora Braun ist für das Buchen des Warenverkaufs zuständig. Genau kennt sie sich noch nicht mit den Abläufen und den notwendigen Konten aus. Herr Löppel bittet sie daher, sich mit diesem Themenbereich vertraut zu machen.

ARBEITSAUFTRÄGE

1. Sie informieren sich über den Warenverkauf und halten wichtige Informationen in einer MindMap fest.
2. Nehmen Sie ggf. Änderungen/Ergänzungen vor und nutzen Sie Ihr neu gewonnenes Wissen für die Zukunft.

Die **Erlöskonten** sind Erfolgskonten. Sie werden in der Kontenklasse 8 gebucht und über das GuV-Konto abgeschlossen.

In einem Autohaus werden täglich eine Vielzahl von Rechnungen erstellt. Diese Rechnungen (über 250,00 € brutto) müssen nach geltendem Recht gem. § 14 Abs. 4 i. V. m. § 14a Abs. 5 UStG folgende Angaben enthalten:

- vollständiger Name und Anschrift des leistenden Unternehmers und des Leistungsempfängers
- Steuernummer oder Umsatzsteueridentifikationsnummer
- Ausstellungsdatum der Rechnung
- fortlaufende Rechnungsnummer
- Menge und handelsübliche Bezeichnung der gelieferten Gegenstände oder die Art und den Umfang der sonstigen Leistung
- Zeitpunkt der Lieferung bzw. Leistung
- nach Steuersätzen und -befreiungen aufgeschlüsseltes Entgelt
- im Voraus vereinbarte Minderungen des Entgelts
- Entgelt und hierauf entfallender Steuerbetrag sowie Hinweis auf Steuerbefreiung

Für Lieferscheine gibt es keine gesetzlichen Vorgaben.

11.1 Buchung des Warenverkaufs

EINSTIEGSSITUATION

Beim Blick in den Kontenplan des Autohaus Köppel findet Nora Braun stark untergliederte Erlöskonten in der Kontenklasse 8. Sie fragt sich warum das so sein muss. Geben Sie Ihr eine entsprechende Antwort.

Erlöse	–	Erlösminderungen	+	keine Erlöse
Preis laut Angebotsliste oder unverbindliche Preisempfehlung Hersteller/Importeur		Nachlässe		in Rechnung gestellte Umsatzsteuer
Buchung: Kontenklasse 8 Erlöskonten		**vermindert Erlöse:** Kontenklasse 8 Erlöskonten		**Buchung:** Kontenklasse 1 Finanzkonto 1770

Der Warenverkauf

Beispiel

Winterräder im Thekenverkauf
Das Autohaus Köppel startet die Sonderaktion „Fit in den Winter". Der Teiledienstleiter Tim Gehlen verkauft dem Kunden Jörn Kolz einen Satz Winterräder im Thekenverkauf. Herr Kolz bezahlt per **girocard** an der Kasse und erhält folgende Rechnung:

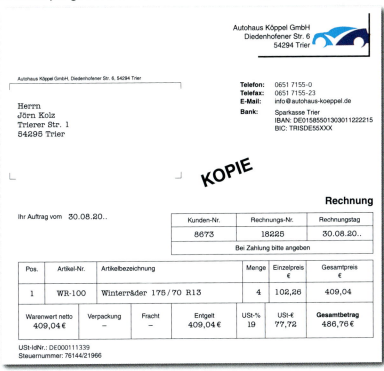

Buchung des Thekenverkaufs:
1200 Bank   486,76 €
                 an 8500 Erlöse weitere Bereiche[1]
                      (Reifen)   409,04 €
                 an 1770 Umsatzsteuer   77,72 €

Gleichzeitig mit der Erlösbuchung nimmt das EDV-System eine zweite Buchung vor. Die Reifen haben einen Einkaufspreis von 65,20 €/Stück (siehe Rechnung der Zahn & Rad GmbH aus Kapitel 4.3).
7500 VAK weitere Bereiche (Reifen) 260,80 €
                 an 3500 Bestand weitere Bereiche
                      (Reifen)   260,80 €

Die **VAK-Konten** sind Erfolgskonten und werden in der Kontenklasse 7 gebucht und über das GuV-Konto abgeschlossen. Mit dieser Buchung wird der Einstandspreis der Räder (4 · 65,20 € = 260,80 €) in die Betriebsabrechnung gebucht und gleichzeitig wird der Warenbestand der Kontenklasse 3 korrigiert, also die Lagerentnahme gebucht. Diese VAK-Buchung wird immer automatisch vom EDV-System gebucht. Es greift dabei auf die im EDV-System hinterlegten Einkaufswerte zurück.

---

[1] Verkäufe von Reifen, Zubehör und Schmiermittel werden in der Praxis über das Konto 8500 oder über die Konten 8300 und 8310 gebucht.

Lernfeld 4

Erläuterung zu den VAK-Konten in der Kontenklasse 7

Wenn Handelsware eingekauft wird (z. B. Winterräder), dann erfolgt die Buchung des Warenbestands in der Kontenklasse 3 auf dem Konto 3500 Bestand weitere Bereiche (Reifen). Wenn die Winterräder verkauft werden, dann entnimmt der Teiledienstleiter die Räder dem Lager, stellt dem Kunden eine Rechnung über den Verkaufspreis zzgl. der zu zahlenden Umsatzsteuer aus und händigt dann dem Kunden, nach Bezahlung, die Winterräder aus. Verkaufserlöse werden in der Kontenklasse 8 gebucht. Der Verkauf der Winterräder wird auf dem Konto 8500 Erlöse weitere Bereiche (Reifen) gebucht. Der vereinnahmte Rechnungsbetrag wird dem eigenen Bankkonto (Zahlung per girocard) Konto 1200 Bank gutgeschrieben, also in der Kontenklasse 1. Beim Einkauf wurde auf das Konto 3500 Bestand weitere Bereiche (Reifen) gebucht, beim Verkauf bisher nicht. Denn die Winterräder wurden zwar dem Teilelager entnommen, aber in der Buchhaltung sind sie nach wie vor vorhanden. Um auch buchhalterisch eine Bestandskorrektur vorzunehmen, müssen die Winterräder auf dem Konto 3500 Bestand weitere Bereiche (Reifen) auf der Habenseite ausgebucht werden. Die Sollbuchung erfolgt auf dem VAK-Konto 7500 VAK weitere Bereiche (Reifen). Mit dieser Buchung wird der Einstandspreis der Winterräder als Aufwand den Verkaufserlösen der Winterräder im GuV-Konto gegenübergestellt.

Ein Verkaufsvorgang stellt ...

- eine Bestandsminderung in der Kontenklasse 3 dar: Die Winterräder wurden dem Lager entnommen.
- einen Erlös in der Kontenklasse 8 dar: Die Netto-Verkaufserlöse werden in der Kontenklasse 8 gebucht.
- einen Aufwand in der Kontenklasse 7 dar: Die Kosten der Warenbeschaffung werden als VAK in die Betriebsabrechnung übernommen.

Mit dieser Art der Erlösbuchungen ist es überhaupt erst möglich, die **„kurzfristige Erfolgsrechnung" (KER)** zu erstellen. Die KER ermittelt monatlich das Ergebnis der einzelnen Abteilungen, indem sie von den Erlösen eines Monats den dafür tatsächlich aufgewendeten Wareneinstandswert des Monats abzieht und so zum **Bruttoertrag** kommt. Von diesem Bruttoertrag werden dann alle weiteren Kosten abgezogen, sodass am Ende das Abteilungsergebnis ermittelt werden kann. Auf dieses elementare Instrument der Unternehmenssteuerung im Kfz-Betrieb wird in der Kostenrechnung ausführlich eingegangen.

① **Verkaufsbuchung der Winterräder**

Soll	1200 Bank	Haben
① Erl. w. B. (Reifen); USt. 486,76		

Soll	8500 Erlöse weitere Bereiche (Reifen)	Haben
	Bank	409,04 ①

Soll	1770 Umsatzsteuer	Haben
	Bank	77,72 ①

Der Warenverkauf

② **Buchung der Lagerentnahme Winterräder**

Soll	3500 Bestand weitere Bereiche (Reifen)	Haben		Soll	7500 VAK weitere Bereiche (Reifen)	Haben
AB	13 040,00	VAK w. B. (Reifen) 260,80 ②		② Best. w. B. (Reifen) 260,80		

Beispiel

Verkauf von Originalersatzteilen
Herr Oleniza wird vom Teiledienstleiter Tim Gehlen telefonisch darüber informiert, dass der bestellte Endschalldämpfer für sein Fahrzeug eingetroffen ist und er ihn abholen kann.
Herr Oleniza kommt noch am selben Tag und holt die bestellte Ware ab. Er bezahlt bar.
Herr Oleniza erhält folgende Rechnung:

Die Kasse quittiert den Zahlungseingang.
Buchung des Ersatzteilverkaufs:
1000 Kasse   234,57 €
                              an 8300 Erlöse aus dem Verkauf
                                      von Teilen über Theke   197,12 €
                              an 1770 Umsatzsteuer   37,45 €

Lernfeld 4

Buchung der Lagerentnahme (siehe Einkaufsrechnung Michaelis Import GmbH im Kapitel 4.3):
7300 VAK Teile über Theke   137,98 €
                                           an 3300 Bestand Teile   137,98 €

③ **Verkaufsbuchung Originalersatzteile**

Soll	1000 Kasse	Haben
③ Erl. a. d. Verk. v. T. ü. T.; USt. 234,57		

Soll	8300 Erlöse aus dem Verkauf von Teilen über Theke	Haben
	Kasse	197,12 ③

Soll	1770 Umsatzsteuer	Haben
	Kasse	37,45 ③

④ **Buchung der Lagerentnahme Originalersatzteile**

Soll	3300 Bestand Teile	Haben
④ AB	137,98	VAK Teile ü. T. 137,98

Soll	7300 VAK Teile über Theke	Haben
④ Bestand Teile	137,98	

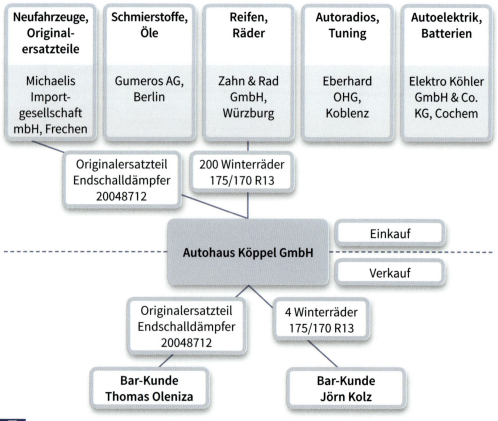

Bezugsquellen des Autohauses Köppel

11.2 Abschluss der Wareneinkaufs- und Warenverkaufskonten

> **EINSTIEGSSITUATION**
>
> Die Auszubildende Nora Braun durfte beim Monatsabschluss im Rechnungswesen zusehen. Der Saldo des GuV-Kontos steht am Monatsende im Soll. Irritiert fragt sie Herrn Löppel: „Haben wir diesen Monat Verlust gemacht?"
> Welche Antwort würden Sie Nora Braun geben? Erklären Sie die Gewinn- und Verlustsituation auf einem GuV-Konto.

Das **GuV-Konto** ist ein Sammelkonto, das die Aufwendungen und Erträge eines Geschäftsjahres aufnimmt. Es wird am Jahresende über das Eigenkapitalkonto abgeschlossen. Im GuV-Konto stehen die Aufwendungen für den Warenbezug (VAK) auf der Sollseite den Erträgen aus den Warenverkäufen auf der Habenseite gegenüber. Die Differenz nennt man allgemein **Rohgewinn**. Im Kfz-Gewerbe heißt der Rohgewinn **Bruttoertrag**. Dieser Bruttoertrag ist eine wichtige wirtschaftliche Kennzahl, auf die später noch ausführlich eingegangen wird. Um letztlich den Gewinn eines Kfz-Unternehmens zu ermitteln, werden vom Rohgewinn alle weiteren Kosten abgezogen, dies sind z. B. Personalkosten, Heizkosten, Bürobedarf.

Ermittlung des Rohgewinns (Bruttoertrag)
① Abschlussbuchung der VAK Teile über Theke über GuV
② Abschlussbuchung der VAK weitere Bereiche (Reifen) über GuV
③ Abschlussbuchung des Erlöskontos Erlöse aus dem Verkauf von Teilen über Theke über GuV
④ Abschlussbuchung des Erlöskontos Erlöse weitere Bereiche (Reifen) über GuV

Soll	7300 VAK Teile über Theke		Haben
VAK Teile ü. T.	137,98	GuV	137,98 ①

Soll	8300 Erlöse aus dem Verkauf von Teilen über Theke		Haben
③ GuV	197,12	Kasse	197,12

Soll	7500 VAK weitere Bereiche (Reifen)		Haben
Erl. w. B. (Reifen)	260,80	GuV	260,80 ②

Soll	8500 Erlöse weitere Bereiche (Reifen)		Haben
④ GuV	409,04	Bank	409,04

Soll	GuV		Haben
① VAK Teile über Theke	137,98	Erlöse a. d. Verkauf v. Teilen ü. T.	197,12 ③
② VAK weitere Bereiche (Reifen)	260,80	Erlöse weitere Bereiche (Reifen)	409,04 ④
Rohgewinn (Bruttoertrag)	207,38		

> **Zusammenfassung**
>
> - Die Warenbestandskonten sind aktive Bestandskonten und werden in der Kontenklasse 3 gebucht. Der Abschluss dieser Konten erfolgt über das Schlussbilanzkonto.
> - Die Erlöskonten sind Erfolgskonten. Sie werden in der Kontenklasse 8 gebucht und über das GuV-Konto abgeschlossen.
> - Die VAK-Konten sind Erfolgskonten und werden in der Kontenklasse 7 gebucht. Sie werden über das GuV-Konto abgeschlossen.

Lernfeld 4

Aufgaben

1. Im Autohaus Köppel werden folgende Geschäftsvorfälle registriert:
   1. Ausgangsrechnung: Barverkauf von vier Sommerreifen 185/65 R14
      (in der EDV hinterlegter Einkaufswert = 105,00 € netto pro Reifen)   520,00 € netto
   2. Ausgangsrechnung: Barverkauf der Spurstange für das Modell Phantasia-Kombi
      (in der EDV hinterlegter Einkaufswert = 156,12 € netto)   223,03 € netto

   Anfangsbestände: 3500 Best. w. Bereiche (Reifen)   2100,00 €
                      3300 Bestand Teile   4300,00 €
                      1000 Kasse   6312,00 €

   a) Bilden Sie zu den Geschäftsvorfällen alle notwendigen Buchungssätze.
   b) Buchen Sie die Geschäftsvorfälle.
   c) Schließen Sie die Ertrags- und die VAK-Konten ab.
   d) Ermitteln Sie den Rohgewinn.
   e) Ermitteln Sie die Umsatzsteuerzahllast.

2. Geschäftsvorfall: Verkauf von Originalersatzteilen

Artikel	UPE brutto in €	Bestellvorgang	Händlerrabatt in %
2000221	608,12	L*	36
2000329	19,28	L	36
2000666	63,14	L	36
2000701	95,78	L	36
2000444	534,89	E	24
2000987	79,23	E	24

* = Lagerbestellung; E = Eilbestellung

Das Autohaus Köppel verkauft an einen Kunden die Ersatzteile 2000444 und 2000978 im Thekenverkauf in bar. Bilden Sie die notwendigen Buchungssätze der Barverkäufe.

3. Beurteilen Sie die folgenden Aussagen auf ihre Richtigkeit und begründen Sie Ihre Antwort.
   a) Warenbestandskonten sind aktive Bestandskonten.
   b) Bezogene Waren werden beim Einkauf mit ihrem Bruttopreis in die Kontenklasse 3 gebucht.
   c) Originalersatzteile haben eine UPE. Die Einkaufskalkulation entfällt somit.
   d) Der Rohgewinn der Originalersatzteile ist die Differenz zwischen UPE netto und dem Händlereinkaufspreis netto.
   e) Ertragskonten sind Erfolgskonten.
   f) Erfolgskonten werden über das SBK abgeschlossen.
   g) VAK-Buchungen stellen einen betrieblichen Aufwand dar.

12 Währungsrechnen und Privatbuchungen

AUSGANGSSITUATION

Das Marktgebiet der Autohäuser umfasst nicht nur die Bundesrepublik Deutschland, sondern auch das europäische und das außereuropäische Ausland. Insbesondere Gebrauchtfahrzeuge werden - begünstigt durch den Internethandel - häufiger in das Ausland verkauft.

ARBEITSAUFTRÄGE

1. Welche Risiken können sich bei Auslandsgeschäften über das Internet für das Autohaus ergeben?
2. Welche Vorgehensweise schlagen Sie bei Auslandsgeschäften über das Internet vor?

12.1 Währungsrechnen beim Warenverkauf

EINSTIEGSSITUATION

Ein Kunde des Autohauses Köppel möchte mit ausländischer Währung zahlen. Wie kann festgestellt werden, dass die ausländischen Banknoten keine Fälschungen sind?

Möchten Kunden mit ausländischer Währung zahlen, muss der Rechnungsbetrag in die ausländische Währungseinheit umgerechnet werden.

Beispiel

Ein Mitarbeiter der amerikanischen Botschaft, Herr Joseph B. Smith, lässt regelmäßig sein Fahrzeug in der Werkstatt des Autohauses Köppel warten und reparieren. Für Werkstattleistungen ist der Rechnungsbetrag sofort bei Abholung des Fahrzeuges zu zahlen. Für Herrn Smith beträgt die aktuelle Reparaturrechnung 212,50 EUR. Leider hat er nur amerikanische Dollar dabei und möchte damit die Reparaturrechnung bezahlen. „Das ist kein Problem", sagt Claus Zimmer an der Kasse, „wir müssen nur eben den aktuellen Kurs bei der Bank erfragen." Er lässt Nora Braun bei der Trierer Sparkasse den Kurs des US-Dollars beim Ankauf von ausländischen Sorten erfragen. Dieser beträgt zurzeit 1,20 USD.

> **Umrechnung von Euro in Nicht-Euro-Staaten-Währung**
> **Euro · Kurs = Auslandswährung**

212,50 EUR · 1,20 USD/EUR = 255,00 USD
Herr Smith zahlt seine Rechnung mit 255,00 USD und kann sein Fahrzeug mit nach Hause nehmen.

Rechnerische Lösung mithilfe des Dreisatzes:
- Bedingungssatz: 1,00 EUR entspricht 1,20 USD
- Fragesatz: 212,50 EUR entsprechen x USD
- Bruchsatz: x = 212,50 EUR · 1,20 USD/EUR = 255,00 USD

12.2 Eigenverbrauch, Privatentnahmen, Privateinlagen

> **EINSTIEGSSITUATION**
>
> Im Kontenplan des Autohauses Köppel findet die Auszubildende Nora Braun keine Privatkonten.
> Überlegen Sie, wie der Geschäftsführer Herr Köppel seinen Lebensunterhalt finanziert.

Der Kfz-Unternehmer benötigt für seinen Lebensunterhalt finanzielle Mittel. Diese entnimmt er der Kasse oder hebt sie vom betrieblichen Bankkonto ab. Darüber hinaus kann er dem Kfz-Betrieb Güter für den **privaten Verbrauch** entnehmen. Diese Entnahmen, Geld oder Sachen, haben mit dem betrieblichen Zweck nichts zu tun und werden **Privatentnahmen** genannt. Privatentnahmen mindern das Eigenkapital und müssten daher auf der Sollseite des Eigenkapitalkontos gebucht werden. **Privateinlagen** mehren das Eigenkapital und müssten daher auf der Habenseite des Eigenkapitalkontos gebucht werden.

Damit eine Übersicht über die Privatentnahmen und -einlagen möglich ist, werden Privatentnahmen und -einlagen zunächst über die Unterkonten des Eigenkapitalkontos (1800 Privatentnahmen allgemein sowie 1890 Privateinlagen) gebucht. Am Ende des Geschäftsjahres werden die Privatkonten über das Eigenkapitalkonto abgeschlossen.

Privatentnahmen oder **Privateinlagen** sind nur bei Einzelunternehmen oder Personengesellschaften wie offene Handelsgesellschaft (OHG) und Kommanditgesellschaft (KG) möglich. Privatbuchungen sind bei Kapitalgesellschaften wie der Aktiengesellschaft (AG) oder der Gesellschaft mit beschränkter Haftung (GmbH) nicht möglich, da es hier an der privaten Sphäre mangelt. Kapitalgesellschaften werden nicht von Inhabern geleitet, sondern von angestellten Geschäftsführern.

Private Warenentnahmen sind umsatzsteuerpflichtig und werden aus diesem Grund auf dem Konto 8970 Entnahme durch den Unternehmer zum Einstandspreis gebucht, denn der Kfz-Unternehmer erzielt gegenüber sich selbst keinen Gewinn. Das Konto 8970 Entnahme durch den Unternehmer ist ein Erfolgskonto und wird am Ende des Geschäftsjahres über das GuV-Konto abgeschlossen.

Beispiele

Beispiel 1
Ein Einzelunternehmer entnimmt dem Teilelager ein DAB+ Autoradio mit Bluetooth als Geburtstagsgeschenk für seine Tochter. Der Einkaufspreis betrug 350,00 € netto.

Buchung:
1800 Privatentnahmen allgemein   416,50 €
                                       an 8970 Entnahme durch den
                                                       Unternehmer   350,00 €
                                                       1770 Umsatzsteuer   66,50 €

VAK-Buchung:
7300 VAK Teile über Theke an 3300 Bestand Teile 350,00 €

Währungsrechnen und Privatbuchungen

Beispiel 2
Ein Einzelunternehmer entnimmt der Kasse 3 500,00 € für einen privaten Wochenendtrip nach London.

Buchung:
1800 Privatentnahme allgemein   3 500,00 €
                                              an 1000 Kasse   3 500,00 €

Beispiel 3
Ein Einzelunternehmer legt zur Unterstützung der Liquidität 12 500,00 € in die Kasse ein.

Buchung:
1000 Kasse   12 500,00 €
                                              an 1890 Privateinlagen   12 500,00 €

① Buchung des Eigenverbrauchs
② Buchung der Privatentnahme
③ Buchung der Privateinlage
④ Abschluss der Privatkonten
⑤ Abschluss des Kontos Entnahme durch den Unternehmer
⑥ Abschluss des Kontos VAK Teile über Theke

Soll	1800 Privatentnahmen allgemein	Haben		Soll	8970 Entnahme durch den Unternehmer	Haben	
①Entnahme d.d.U.	416,50	Eigenkapital	3 916,50 ④	⑤GuV	350,00	Privatentn. allg.	350,00 ①
②Kasse	3 500,00						

Soll	1770 Umsatzsteuer	Haben	
		Privatentn. allg.	66,50 ①

Soll	7300 VAK Teile über Theke	Haben		Soll	3300 Bestand Teile	Haben	
①VAK Teile ü.T.	350,00	GuV	350,00 ⑥	AB	7 000,00	VAK Teile ü.T.	350,00 ①

Soll	1000 Kasse	Haben		Soll	1890 Privateinlagen	Haben	
AB	9 500,00	Privatentn. allg.	3 500,00 ②	④Eigenkapital	12 500,00	Kasse	12 500,00 ③
③Privateinlage	12 500,00						

Soll	GuV	Haben		Soll	0870 Eigenkapital	Haben	
⑥VAK Teile ü.T.	350,00	Entnahme durch den Unternehmer	350,00 ⑤	④Privatentn. allg.	3 916,50	AB	200 000,00
						Privateinlagen	12 500,00 ④

469

Lernfeld 4

④ **Abschluss der Privatkonten**
1890 Privateinlagen
    an 0870 Eigenkapital   12 500,00 €

0870 Eigenkapital
    an 1800 Privatentnahmen
        allgemein   3 916,50 €

⑥ **Abschluss des VAK-Kontos Teile und Zubehör**
GuV an 7300 VAK Teile über Theke   350,00 €

⑤ **Abschluss des Kontos Entnahme durch den Unternehmer**
8970 Entnahme durch den Unternehmer
    an GuV   350,00 €

Zusammenfassung

- Der Kurs ist eine Mengennotierung und gibt den Preis der ausländischen Währungseinheit bezogen auf einen Euro an.
- Sorten = ausländische Banknoten
- Devisen = ausländische Schecks oder Überweisungen
- Ein Einzelunternehmer entnimmt finanzielle Mittel aus dem Unternehmen für seinen Lebensunterhalt. Die Buchung erfolgt auf Privatkonten. Der Abschluss der Privatkonten erfolgt über das Eigenkapitalkonto.

Aufgaben

1. Ein Kunde bezahlt eine offene Werkstattrechnung über 110,00 EUR mit Schweizer Franken (CHF). Wie hoch ist der Betrag in Schweizer Franken, wenn der Kurs für die Hereinnahme von Sorten (= ausländische Banknoten) 1,80 beträgt?

2. Bilden Sie zu den folgenden Geschäftsvorfällen alle notwendigen Buchungssätze.
    a) Kassenbeleg: Ein Kfz-Einzelunternehmer entnimmt der Kasse 320,00 € für private Zwecke.
    b) Ausgangsrechnung: Ein OHG-Gesellschafter entnimmt dem Teilelager einen Satz Alu-Felgen für private Zwecke. Eine Felge hat einen Einstandspreis von 125,00 € netto.
    c) Bankauszug: Ein Kfz-Einzelunternehmer überweist seine private Lebensversicherungsprämie in Höhe von 450,00 € vom betrieblichen Bankkonto.
    d) Kassenbeleg: Ein Kfz-Einzelunternehmer legt 6 500,00 € aus einem Lottogewinn in die Kasse.
    e) Ausgangsrechnung: Ein Kfz-Einzelunternehmer entnimmt dem Teilelager sechs Liter Synthetiköl. Das Öl hat einen Einstandspreis von 11,85 € netto je Liter.

3. Anfangsbestände: Bank 11 000,00 €, Kasse 4 000,00 €, Eigenkapital 120 000,00 €. Aufwendungen von 225 000,00 € und Erträge von insgesamt 267 000,00 € sind bereits auf dem GuV-Konto gebucht.
Folgende Geschäftsvorfälle sind noch zu buchen:
    1. Privatentnahme vom Bankkonto über 2 800,00 €
    2. Privatentnahme von Ersatzteilen über 920,00 € netto

    a) Eröffnen Sie die Konten „Bank", „Kasse" und „Eigenkapital" mit ihren Anfangsbeständen.

b) Buchen Sie in einem GuV-Konto die Aufwendungen und Erträge ohne Gegenkonto.
c) Bilden Sie alle notwendigen Buchungssätze.
d) Schließen Sie das Privatkonto und das GuV-Konto ab.
e) Ermitteln Sie den Schlussbestand des Eigenkapitalkontos.
f) Ermitteln Sie das Ergebnis der betrieblichen Tätigkeit.

4. Die Zahlen der Buchhaltung von vier verschiedenen Autohäusern in der Unternehmensform des Einzelunternehmens weisen für das Geschäftsjahr folgende Werte auf:

Autohaus	Autohaus 1	Autohaus 2	Autohaus 3	Autohaus 4
Eigenkapital am Jahresanfang	3 000 000,00 €	2 500 000,00 €	4 000 000,00 €	3 500 000,00 €
Gewinn	86 000,00 €	58 000,00 €		
Verlust			75 000,00 €	95 000,00 €
Privateinlagen		18 000,00 €		60 000,00 €
Privatentnahmen	60 000,00 €		55 000,00 €	

Ermitteln Sie das Eigenkapital der Autohäuser zum Ende des Geschäftsjahres.

5. Die Bilanz eines Autohauses in der Unternehmensform des Einzelunternehmens enthält am Anfang des Geschäftsjahres folgende Vermögensteile und Schulden:
Anlagevermögen: 200 000,00 €   Umlaufvermögen: 600 000,00 €
Fremdkapital: 650 000,00 €
Am Ende des Geschäftsjahres betragen:
Anlagevermögen: 220 000,00 €   Umlaufvermögen: 550 000,00 €
Fremdkapital: 630 000,00 €
Die Privatentnahmen betrugen während des Geschäftsjahres   80 000,00 €.
a) Wie hoch war das Eigenkapital in Euro zu Beginn des Geschäftsjahres?
b) Wie hoch war das Eigenkapital in Euro zum Ende des Geschäftsjahres?
c) Wie hoch war der Erfolg in Euro im Geschäftsjahr?

6. Beurteilen Sie die folgenden Aussagen auf ihre Richtigkeit und begründen Sie Ihre Antwort.
a) Der Einzelunternehmer darf dem Unternehmen finanzielle Mittel für den privaten Lebensunterhalt entnehmen.
b) Privatentnahmen mindern das Eigenkapital.
c) Privateinlagen mindern das Eigenkapital.
d) Private Warenentnahmen sind umsatzsteuerpflichtig.
e) Zu jeder Privatentnahme muss eine VAK-Buchung erfolgen.
f) Private Geldentnahmen sind nicht umsatzsteuerpflichtig.
g) Die Privatkonten werden über das Eigenkapitalkonto abgeschlossen.
h) Das Konto Entnahme durch den Unternehmer wird über das Eigenkapitalkonto abgeschlossen.

Lernfeld 4

13 Buchungen beim Zahlungsverkehr

AUSGANGSSITUATION

Der Auszubildenden Nora Braun wird in der Abteilung Rechnungswesen die Terminüberwachung übertragen. Sie soll den Zahlungseingang von Kunden (Debitoren) überwachen und die Zahlungsausgänge an Lieferanten (Kreditoren) vorbereiten. Frau Köppel will täglich über die noch offenen Posten informiert werden.

ARBEITSAUFTRAG

Überlegen Sie, wie Sie eine sinnvolle Ablage der Eingangs- und Ausgangsrechnungen organisieren können. Entwickeln Sie ein geeignetes System für die Terminmappen.

13.1 Zahlungsverkehr mit Lieferanten und Kunden

EINSTIEGSSITUATION

Um ihre Aufgaben ordnungsgemäß erledigen zu können, möchte sich Nora Braun eine Infomappe anlegen. Bei Bedarf kann sie dann in dieser verschiedene Vorgänge nachlesen. Sie erstellen diese Infomappe über den Themenbereich Zahlungsverkehr mit Lieferanten und Kunden.

Der **Zahlungsverkehr** wird in der Buchhaltung über die Nebenbücher **Debitoren** und **Kreditoren** abgewickelt. Das heißt, für jeden Kunden wird ein eigenes Kunden- oder auch Debitorenkonto und für jeden Lieferanten ein eigenes Lieferanten- oder auch Kreditorenkonto geführt.

Würden alle unbaren Geschäftsvorfälle auf den Konten „1400 Forderungen" oder „1600 Verbindlichkeiten" gebucht, so wären diese Konten sehr unübersichtlich. Der Unternehmer könnte die Forderungsbestände gegenüber einzelnen Kunden und die Schuldenstände gegenüber einzelnen Lieferanten nicht mehr erkennen. Eine systematische Überwachung von Zahlungsterminen wäre nicht mehr möglich. Die Folge daraus wären verspätete Zahlungseingänge und verspätete Zahlungsausgänge. Verspätete Kundenzahlungen verschlechtern die eigene Liquidität und rufen Folgekosten hervor, das sind z. B. Zinskosten und Mahngebühren. Verspätete Zahlungsausgänge können ebenso Nachteile hervorrufen, beispielsweise durch die Nichtinanspruchnahme von Skonto (Skonto ist ein Barzahlungsrabatt für eine Zahlung innerhalb einer vereinbarten Frist) oder eine Verschlechterung des Firmenimages.

Buchungen beim Zahlungsverkehr

Beispiel

Autohaus Köppel: Eintragungen auf dem Debitoren(Kunden)konto „D1402 Firma Ehni GmbH & Co. KG, Luxemburger Str. 11, 54294 Trier"

Vorangegangenes Jahr:

Datum	Beleg	Text	Soll	Haben
02.01.		Saldovortrag Ausgangsrechnung (AR) 1615	12 200,00	
12.01.	Bankauszug Nr. 10	Zahlungseingang		12 200,00
18.06.	AR 1717	Zielverkauf	412,00	
25.06.	Bankauszug Nr. 144	Zahlungseingang		412,00
28.12.	AR 3210	Zielverkauf	4 200,00	
31.12.		Umsätze	16 812,00	12 612,00
		Abschlusssaldo	4 200,00	

Neues Jahr:

Datum	Beleg	Text	Soll	Haben
02.01.		Saldovortrag Ausgangsrechnung (AR) 3210	4 200,00	

13.2 Zahlungsformen

EINSTIEGSSITUATION

Die Auszubildende Nora Braun lässt sich eine Liste mit offenen Kundenforderungen ausdrucken. „Das ist aber viel Geld, was wir noch von den Kunden zu bekommen haben", sagt sie zum Buchhalter Herrn Löppel." Das ist richtig", antwortet er.
Überlegen Sie, warum das Autohaus Köppel nicht bei jedem Kunden auf eine sofortige Bezahlung der offenen Rechnung besteht.

Ein Schuldner hat folgende Möglichkeiten, einen offenen Posten zu begleichen:

Art der Zahlung	Buchung
Barzahlung des Schuldners an der Kasse. Der Gläubiger erhält Bargeld.	1000 Kasse an 1400 Forderungen
Halbbare Zahlung: Der Schuldner benutzt Bargeld und zahlt dieses mittels eines Zahlscheins bei einem Kreditinstitut ein. Der Gläubiger erhält eine Gutschrift auf seinem Bankkonto.	1200 Bank an 1400 Forderungen

Lernfeld 4

Art der Zahlung	Buchung
Bargeldlose Zahlung: Sowohl Schuldner als auch Gläubiger besitzen ein Bankkonto. Der Gläubiger erhält eine Gutschrift auf seinem Bankkonto.	1200 Bank an 1400 Forderungen

Eine bargeldlose Zahlung kann auf folgende Arten durchgeführt werden:

- **Überweisungsauftrag:**
  Der Schuldner beauftragt sein kontoführendes Kreditinstitut mittels eines Überweisungsformulars bei jeder vorzunehmenden Zahlung, den Rechnungsbetrag vom Konto des Schuldners auf das Konto des Gläubigers zu überweisen. Dieser Auftrag kann auch über elektronische Medien erteilt werden, beispielsweise durch Homebanking via Internet oder aber mittels der Nutzung von Kundenterminals des Kreditinstitutes. Mit der girocard und Eingabe der Geheimnummer kann ein elektronisches Überweisungsformular ausgefüllt und abgesendet werden.
- **Dauerauftrag:**
  Der Schuldner erteilt seinem kontoführenden Kreditinstitut einmalig einen Dauerauftrag, zu bestimmten regelmäßigen Terminen einen gleichbleibenden Betrag an den Gläubiger zu überweisen. Ein Dauerauftrag empfiehlt sich bei Zahlung von Mieten, Zeitschriftenabonnements, Tilgungsraten von Darlehen usw.
- **Kontoeinzugsermächtigung:**
  Der Schuldner erteilt dem Gläubiger einmalig eine schriftliche Ermächtigung, um Zahlungen bei Fälligkeit mittels einer Lastschrift von seinem Konto einzuziehen. Diese Ermächtigung ist jederzeit widerrufbar. Die Kontoeinzugsermächtigung empfiehlt sich bei Zahlungen in unterschiedlicher Höhe an den Gläubiger, z. B. Telefongebühren, Steuerzahlungen an das Finanzamt.
- **Verrechnungsscheck (in der Praxis kaum noch üblich):**
  Schecks, die den Vermerk „nur zur Verrechnung" tragen, können nur auf dem Wege einer Gutschrift auf dem Konto des Gläubigers eingelöst werden. Es ist somit feststellbar, welcher Gläubiger den Scheckbetrag erhielt. Ein Verrechnungsscheck ist sicherer als ein Barscheck, der bei dem ausstellenden Kreditinstitut von jedermann eingelöst werden kann. Diese Zahlungsform verliert immer mehr an Bedeutung.
- **EC Cash:**
  Der Schuldner begleicht eine offene Rechnung mithilfe seiner girocard am Kartenterminal des Händlers. Der offene Betrag wird am Kartenterminal eingegeben und der Schuldner autorisiert die Zahlung durch die Eingabe seiner Geheimnummer. Der Betrag wird vom Konto des Schuldners abgebucht und dem Konto des Gläubigers gutgeschrieben.

13.3 Buchung von Zahlungseingängen und Zahlungsausgängen

> **EINSTIEGSSITUATION**
>
> Nora Braun sieht sich die Kontoauszüge der Hausbank an. Sie fragt sich dabei, woher der Buchhalter weiß, zu welchen offenen Posten die Zahlungseingänge und -ausgänge gehören. Überlegen Sie, welche Angaben benötigt werden, um Zahlungen den richtigen Kunden oder Lieferanten zuzuordnen.

Buchungen beim Zahlungsverkehr

Beispiel

Dem Autohaus Köppel liegt folgender Kontoauszug der Trierer Sparkasse vor:

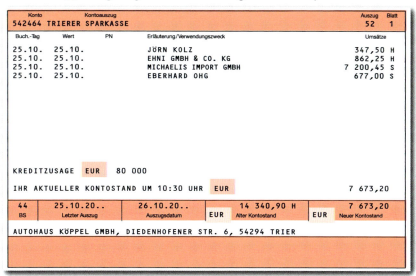

Nora Braun versieht den Kontoauszug mit dem Kontierungsstempel und der Vorkontierung, d. h., sie trägt die Kontennummern der zu bebuchenden Konten1 auf der Soll- und der Habenseite ein.

Zahlungseingänge

Konto	Soll	Haben
1200	1 209,75	
D 1401		347,50
D 1402		862,25
gebucht am:		
von:		

Zahlungsausgänge

Konto	Soll	Haben
K 1601	7 200,45	
K 1604	677,00	
1200		7 877,45
gebucht am:		
von:		

---

* D = Debitorenkonto
K = Kreditorenkonto

Lernfeld 4

Buchung des Kontoauszuges:

1200 Bank	1 209,75 €			
		an 1401 Debitorenkonto Jörn Kolz		347,50 €
		an 1402 Debitorenkonto Ehni GmbH & Co. KG		862,25 €
1601 Kreditorenkonto Michaelis Import GmbH	7 200,45 €			
1604 Kreditorenkonto Eberhard OHG	677,00 €			
		an 1200 Bank		7 877,45 €

① Buchung der Zahlungseingänge

② Buchung der Zahlungsausgänge

③ Abschlussbuchung Bankkonto

Soll	1200 Bank		Haben
AB	14 340,90	Kreditoren	7 877,45 ②
①Debitoren	1 209,75	SB	7 673,20 ③

Soll	1601 Kreditorenkonto Michaelis Import		Haben
②Bank	7 200,45	Verb.	7 200,45

Soll	1401 Debitorenkonto Jörn Kolz		Haben
Erl.; USt.	347,50	Bank	347,50 ①

Soll	1604 Kreditorenkonto Eberhard OHG		Haben
②Bank	677,00	Verb.	677,00

Soll	1402 Debitorenkonto Ehni GmbH & Co. KG		Haben
Erl.; USt.	862,25	Bank	862,25 ①

Soll	SBK		Haben
③Bank	7 673,20		

Abschluss Bankkonto (falls das Bankkonto am Jahresende diesen Schlussstand aufweisen würde)

SBK 7 673,20 € an Bank 7 673,20

SEPA (Single Euro Payments Area)

Mit der Einführung von SEPA konnte der Zahlungsverkehr in den 28 EU Staaten sowie in Island, Lichtenstein, Norwegen, Monaco, der Schweiz und San Marino harmonisiert und mit einheitlichen Überweisungen und Lastschriften abgewickelt werden. Hintergrund hierfür war, dass der europäische Binnenmarkt ineffizient und in seiner Waren- und Dienstleistungsfreiheit unvollendet blieb, da im bargeldlosen Zahlungsverkehr bisher unterschiedliche Systeme existierten. Mit SEPA kann der europäische bargeldlose Euro-Zahlungsverkehr schneller und kostengünstiger durchgeführt werden.

Die IBAN (International Bank Account Number) ersetzt die Bankleitzahl und die Kontonummer. Sie besteht aus einem internationalen Teil, Länderkennzeichen und Prüfnummer sowie einem nationalen Teil. Für Deutschland setzt sich dieser Teil aus der Bankleitzahl und der Kontonummer zusammen.

Die IBAN ist in Deutschland immer 22 Stellen lang:

- Länderkennzeichen: zwei Stellen (für Deutschland DE)
- Prüfziffer: zwei Stellen
- Bankleitzahl: acht Stellen
- Kontonummer: zehn Stellen

Der BIC (Bank Identifier Code) wurde als internationale Bankleitzahl eingeführt.
Mit beiden Angaben, IBAN und BIC, kann das Automobilunternehmen grenzüberschreitend offene Rechnungen begleichen.

13.4 Zahlung mit Skontoabzug

> **EINSTIEGSSITUATION**
>
> Der Buchhalter Herr Löppel hat heute auf seinen Tagesplan die Eintragung stehen: „Überweisungen mit Skontoabzug tätigen". Die Auszubildende Nora Braun möchte wissen, warum Unternehmen denn überhaupt Skonto gewähren.
> Überlegen Sie, aus welchen Gründen ein Unternehmen Skonto gewährt.

Skonto ist ein Barzahlungsrabatt für eine Zahlung innerhalb einer vereinbarten Frist. Skonto kann vom Autohaus bei Kundenforderungen gewährt oder bei Lieferantenschulden in Anspruch genommen werden.

Gewährte Skonti und erhaltene Skonti sind Aufwendungen und Erträge, die in der Kontenklasse 2 gebucht werden. Der Abschluss erfolgt über das GuV-Konto.

In beiden Fällen muss die Umsatzsteuer korrigiert werden.

Lernfeld 4

Gewährtes Skonto (Kundenskonto)

Beispiel

Ausgangsrechnung an Herrn Jörn Kolz über 618,00 € für Zubehör; das Autohaus Köppel räumt Herrn Kolz bei Zahlung innerhalb von sieben Tagen 3 % Skontoabzug ein.

Autohaus Köppel GmbH
Diedenhofener Str. 6
54294 Trier

Autohaus Köppel GmbH, Diedenhofener Str. 6, 54294 Trier

Herrn
Jörn Kolz
Trierer Str. 128
54295 Trier

Telefon: 0651 7155-0
Telefax: 0651 7155-23
E-Mail: info@autohaus-koeppel.de
Bank: Sparkasse Trier
IBAN: DE01585501303011222215
BIC: TRISDE55XXX

KOPIE

Rechnung

Ihr Auftrag vom 01.11.20..

Kunden-Nr.	Rechnungs-Nr.	Rechnungstag
8680	18230	01.11.20..
Bei Zahlung bitte angeben		

Pos.	Artikel-Nr.	Artikelbezeichnung	Menge	Einzelpreis €	Gesamtpreis €
1	30012-1780	Zubehörset „Racing"	1	532,76	532,76

Warenwert netto	Verpackung	Fracht	Entgelt	USt-%	USt-€	**Gesamtbetrag**
532,76 €	–	–	532,76 €	19	101,22	**633,98 €**

USt-IdNr.: DE000111339
Steuernummer: 76144/21966

Zahlbar binnen 7 Tagen abzüglich 3 % Skonto oder binnen 30 Tagen netto.

---

① **Buchung der Ausgangsrechnung**

1404 Debitorenkonto Kolz   633,98 €
                        an 8500 Erlöse weitere Bereiche (Zubehör)   532,76 €
                        an 1770 Umsatzsteuer   101,22 €

In der EDV hinterlegter Einkaufspreis des Zubehörs: 402,00 €

① **Buchung der Lagerentnahme**

7500 VAK weitere Bereiche (Zubehör)   402,00 €
                        an 3500 Bestand weitere Bereiche (Zubehör)   402,00 €

Herr Kolz zahlt nach fünf Tagen unter Abzug von 3 % Skonto 614,96 € bar.

Buchungen beim Zahlungsverkehr

② **Buchung der Zahlung**

1000 Kasse   614,96 €
                       an 1404 Debitorenkonto Kolz   614,96 €

Nach der Zahlung verbleibt der Skontoabzug auf dem Kundenforderungskonto. Der Skontoabzug wurde vom Bruttobetrag abgezogen und enthält somit anteilige Umsatzsteuer, die korrigiert werden muss, und den Netto-Skontoabzug, der im Nachhinein die Erlöse mindert.

③ **Buchung des Skontoabzugs**

2930 Gewährte Skonti   15,98 €
1770 Umsatzsteuer   3,04 €
                       an 1404 Debitorenkonto Kolz   19,02 €

① Buchung der Ausgangsrechnung   ③ Buchung des Skontoabzugs
② Buchung der Zahlung   ④ Abschluss der Erfolgskonten

Soll	1404 Debitorenkonto Kolz		Haben
① Erl. Zub.; USt 633,98	Kasse		614,96 ②
	Skonto; USt.		19,02

Soll	1000 Kasse	Haben
② D-Kolz 614,96		

Soll	2930 Gewährte Skonti		Haben
③ D-Kolz 15,98	GuV		15,98 ④

Buchung der Lagerentnahme

Soll	7500 VAK w. B. (Zubehör)		Haben
① Best. Zub. 402,00	GuV		402,00 ④

Soll	8500 Erlöse weitere Bereiche (Zubehör)		Haben
④ GuV 532,76	D-Kolz		532,76 ①

Soll	1770 Umsatzsteuer		Haben
③ D-Kolz 3,04	D-Kolz		101,22

Soll	3500 Bestand w. B. (Zubehör)		Haben
AB 1 500,00	VAK Zub.		402,00 ①

Soll	GuV		Haben
④ VAK w. B. (Zubehör) 402,00	Erlöse w. B. (Zubehör)		532,76 ④
④ Gewährte Skonti 15,98			
Rohgewinn (Bruttoertrag) 114,78			

④ **Abschluss der Erfolgskonten**

GuV
                       an VAK weitere Bereiche (Zubehör)   402,00 €

GuV
                       an Gewährte Skonti   15,98 €

Erlöse weitere Bereiche (Zubehör)
                       an GuV   532,76 €

Lernfeld 4

Erhaltenes Skonto (Lieferantenskonto)

Das Autohaus Köppel erhält folgende Eingangsrechnung der Firma Elektro Köhler GmbH & Co. KG:

Elektro Köhler GmbH & Co. KG

AUTOTEILEGROSSHANDEL

Elektro Köhler GmbH & Co. KG, Ravenestr.22, 56812 Cochem

Autohaus Köppel
Diedenhofener Str. 6
54294 Trier

Elektro Köhler GmbH & Co. KG
Ravenestr.22, 56812 Cochem
Telefon 02671 3434-0
Telefax 02671 3434-12

Bank: Citibank Cochem
BIC: CISTDE72
IBAN: DE7590500000098453223

Bei Zahlung bitte Rechnungs-Nr. und Kunden-Nr. angeben!

Kunden-Nr.	Rechnungs-Nr.	Datum
17396	1342	05.11.20..

Rechnung

Pos.	Artikel-Nr.	Artikelbezeichnung	Menge	Einzelpreis €	Gesamtpreis €
1	281001	Autobatterien 12 V / 36 ah	10	22,50	225,00

Warenwert netto	Verpackung	Fracht	Entgelt netto	USt-%	USt-€	Gesamtbetrag
225,00 €	–	–	225,00 €	19	42,75	267,75 €

USt-IdNr.: DE225537789
Steuernummer: 17559/63113

Zahlung: 60 Tage Ziel netto oder innerhalb von 5 Tagen mit 3 % Skonto

① Buchung der Eingangsrechnung

3300 Bestand Teile	225,00 €		
1570 Vorsteuer	42,75 €		
		an 1605 Kreditorenkonto Elektro Köhler	267,75 €

Den Skontoabzug nimmt das Autohaus Köppel in Anspruch und zahlt nach vier Tagen unter Abzug von 3 % Skonto 259,72 € per Banküberweisung.

Buchungen beim Zahlungsverkehr

② **Buchung der Zahlung**
1605 Kreditorenkonto
   Elektro Köhler   259,72 €
      an 1200 Bank   259,72 €

③ **Buchung des Skontoabzuges**
1605 Kreditorenkonto
   Elektro Köhler   8,03 €
      an 2900 Erhaltene Skonti   6,75 €
      an 1570 Vorsteuer   1,28 €

① Buchung der Eingangsrechnung
② Buchung der Zahlung
③ Buchung des Skontoabzugs
④ Abschluss des Kontos erhaltene Skonti

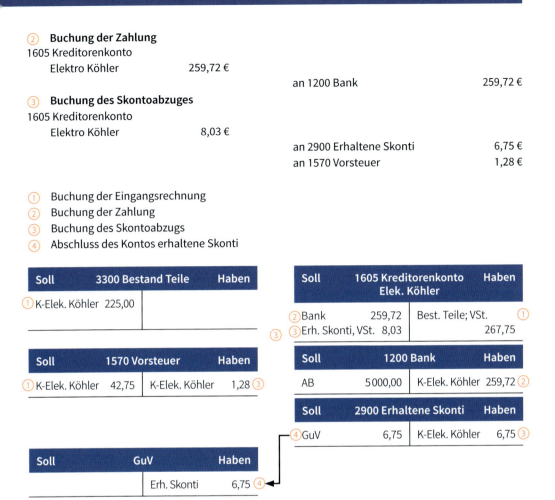

④ **Abschluss Erhaltene Skonti**
Erhaltene Skonti an GuV   6,75 €

13.5 Kontoführungsgebühren und Nebenkosten des Geldverkehrs

EINSTIEGSSITUATION

Die Auszubildende Nora Braun zahlt für Ihr Online-Bankkonto keine Kontoführungsgebühren. Überlegen Sie, warum Onlinebanken ihren Service ohne Kosten anbieten.

Das Autohaus Köppel führt das Firmenkonto bei der Trierer Sparkasse. Für das Führen des Kontos berechnet die Sparkasse monatlich eine Pauschale in Höhe von 75,00 €, die jeweils zum Monatsersten vom Bankkonto abgebucht wird. Für das Autohaus Köppel entstehen somit monatliche Ausgaben, die in der Kontenklasse 4 als Kosten zu buchen sind. Die Kontenklasse 4 wird über das GuV-Konto abgeschlossen.

Lernfeld 4

Buchung der Kontenführungspauschale:

4726 Nebenkosten des Geldverkehrs	75,00 €		
		an 1200 Bank	75,00 €

13.6 Rücksendungen und Gutschriften

> **EINSTIEGSSITUATION**
>
> Im Posteingang findet die Auszubildende Nora Braun ein Schreiben eines Kunden mit der Bitte um Rücknahme eines Navigationsgerätes.
> Welche buchhalterischen Auswirkungen hat diese Rücknahme?

Rücksendungen an Lieferanten

Erhält ein Autohaus falsche oder nicht bestellte Waren, so wird diese Ware unfrei zurückgesendet. Ist der Wareneingang bereits gebucht, so muss dieser storniert (rückgängig gemacht) werden.

> **Beispiel**
>
> Das Autohaus Köppel sendet falsch geliefertes Zubehör im Wert von 714,00 € brutto an den Lieferanten zurück.
>
> Buchung:
> | | | | |
> |---|---|---|---|
> | 1600 Verbindlichkeiten | 714,00 € | | |
> | | | an 3500 Bestand weitere Bereiche (Zubehör) | 600,00 € |
> | | | an 1570 Vorsteuer | 114,00 € |

In der EDV-Buchhaltung wird die **Stornobuchung** wie die ursprüngliche Buchung getätigt, lediglich mit einem führenden Minuszeichen vor dem Eurobetrag.

Rücksendungen von Kunden

Wurde einem Kunden falsches Zubehör geliefert, wird dieses natürlich zurückgenommen. Ist das Autohaus nicht sofort in der Lage, das Bestellte zu liefern, so erhält der Kunde sein Geld zurück bzw. eine Gutschrift. In diesem Fall ist die Erlösbuchung zu stornieren.

> **Beispiel**
>
> Ein Kunde sendet dem Autohaus Köppel zu viel geliefertes Zubehör zurück.
> Bruttowert: 357,00 €, VAK-Wert: 250,00 €. Die Ware war noch nicht bezahlt.
> Buchung:
> | | | | |
> |---|---|---|---|
> | 8500 Erlöse w. B. (Zubehör) | 300,00 € | | |
> | 1770 Umsatzsteuer | 57,00 € | | |
> | | | an 1400 Forderungen | 357,00 € |
>
> Rückbuchung der Lagerentnahme:
> | | | | |
> |---|---|---|---|
> | 3500 Bestand w. B. (Zubehör) | 250,00 € | | |
> | | | an 7500 VAK w. B. (Zubehör) | 250,00 € |

Buchungen beim Zahlungsverkehr

War die Ware bereits bezahlt, so ergibt sich folgende Buchung für die Rücküberweisung:
8500 Erlöse w. B. (Zubehör)   300,00 €
1770 Umsatzsteuer   57,00 €
                               an 1200 Bank   357,00 €

Preisnachlass

Preisnachlässe können aus verschiedenen Gründen gewährt werden. Erhält ein Kunde schon beim Verkauf einen Preisnachlass, wird dieser als **Sofortrabatt** bezeichnet und buchhalterisch nicht gesondert erfasst. Es werden lediglich um den Preisnachlass verminderte Erlöse gebucht.

Erhält ein Kunde nachträglich einen **Preisnachlass**, so ist dieser zu buchen, da eine Umsatzsteuerkorrektur notwendig wird. Der Preisnachlass vermindert die Erlöse, die die Bemessungsgrundlage für die Umsatzsteuer sind. Vermindert sich die Bemessungsgrundlage, vermindert sich auch die Umsatzsteuertraglast.

Beispiel

Das Autohaus Köppel gewährt einem Kunden aufgrund eines Webfehlers an Schonbezügen 29,75 € Preisnachlass. Der Kunde bekommt sein Geld bar zurück.

Buchung:
8500 Erlöse w. B. (Zubehör)   25,00 €
1770 Umsatzsteuer   4,75 €
                               an 1000 Kasse   29,75 €

Rücksendungen aus Sicht der Autohaus Köppel GmbH

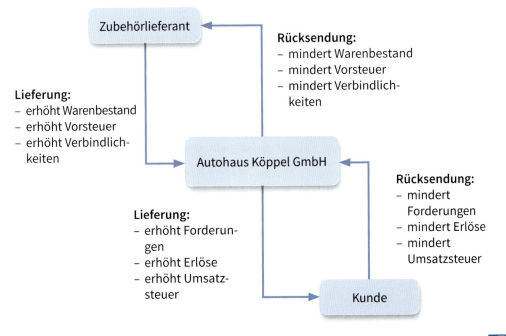

Lernfeld 4

Zusammenfassung

- Der Zahlungsverkehr wird in der Buchhaltung über die Nebenbücher „Debitoren" und „Kreditoren" abgewickelt.
- Unterschiedliche Arten der Zahlungsformen sind: Barzahlung, halbbare Zahlung und bargeldlose Zahlung.
- Die IBAN ist in Deutschland immer 22 Stellen lang.
- Skonto ist ein Barzahlungsrabatt für eine Zahlung innerhalb einer vereinbarten Frist.
- Gewährtes Skonto und erhaltenes Skonto sind Erträge und Aufwendungen, die in der Kontenklasse 2 gebucht werden. Der Abschluss erfolgt über das GuV-Konto. Es erfolgt eine Umsatzsteuerkorrektur.
- Rücksendungen von Kunden mindern die Erlöse und die Umsatzsteuer.
- Rücksendungen an den Lieferanten mindern den Bestand und die Vorsteuer.

Aufgaben

1. Folgende Geschäftsvorfälle liegen vor:
   1. Ausgangsrechnung Nr.: 078/20..: Ersatzteilverkauf an Herrn Alexander Grau auf Ziel. Ersatzteile: 1 077,59 €, USt.: 204,74 €. In der EDV hinterlegter Einkaufspreis der Ersatzteile: 775,86 €.
   2. Ausgangsrechnung Nr.: 088/20..: Ersatzteilverkauf an Herrn Peter Neuhaus auf Ziel. Ersatzteile: 860,53 €, USt.: 163,50 €. In der EDV hinterlegter Einkaufspreis der Ersatzteile: 678,79 €.
   3. Eingangsrechnung Nr.: 983/20..: Michaelis Import GmbH-Ersatzteillieferung auf Ziel, Nettowarenwert 5 264,18 €, 19 % Umsatzsteuer 1 000,19 €.
   4. Eingangsrechnung Nr.: 4757/20..: Boxengasse KG Spezialwerkzeug auf Ziel, Nettowarenwert 683,62 €, 19 % Umsatzsteuer 129,89 €.
   5. Kontoauszug Nr.: 53

   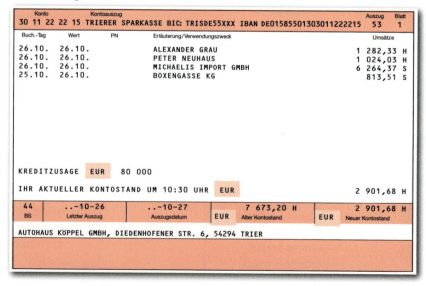

   Bilden Sie alle notwendigen Buchungssätze.

2. Das Autohaus Köppel erstellt eine Ausgangsrechnung an Herrn Björn Löser über 533,45 € für vier Reifen und räumt ihm bei Zahlung innerhalb von sieben Tagen 3 % Skontoabzug ein.

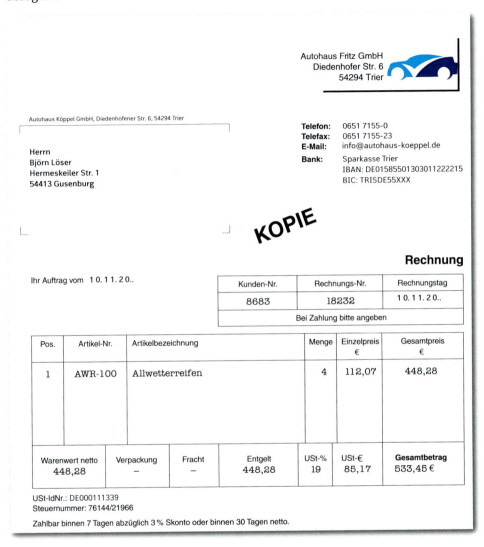

In der EDV hinterlegter Einkaufspreis der Reifen: 320,00 €

Herr Löser zahlt nach fünf Tagen unter Abzug von 3 % Skonto den Rechnungsbetrag per Banküberweisung. Nehmen Sie alle notwendigen Buchungen vor.

Lernfeld 4

3. Das Autohaus Köppel erhält folgende Eingangsrechnung der Zahn & Rad GmbH:

Zahn & Rad GmbH — Reifengroßhandel

Zahn & Rad GmbH, Gattinger Str. 23, 97076 Würzburg

Autohaus Köppel GmbH
Diedenhofener Str. 6
54294 Trier

Zahn & Rad GmbH Reifengroßhandel
Gattinger Str. 23
97076 Würzburg
Telefon 0931 1011-0

Bank: Commerzbank Würzburg
BIC: COHADE12
IBAN: DE452905000000501057820

Rechnung Bei Zahlung bitte Rechnungs-Nr. und Kunden-Nr. angeben!

Ihre Bestellung	vom	Kunden-Nr.	Rechnungs-Nr.	Rechnungstag
	13.11.20..	16348	874	15.11.20..

Pos.	Artikel-Nr.	Artikelbezeichnung	Menge	Einzelpreis €	Gesamtpreis €
1	AWR-100	Autoreifen 175 / 70 R13	10	42,50	425,00

Warenwert netto	Verpackung	Fracht (2%)	Entgelt netto	USt-%	USt-€	Gesamtbetrag
425,00 €	–	–	425,00 €	19	80,75	505,75 €

USt-IdNr.: DE364562987
Steuernummer: 11229/16336

Zahlungsziel: 45 Tage netto, bei Zahlung innerhalb 5 Tagen 3 % Skonto.

Den Skontoabzug nimmt das Autohaus Köppel in Anspruch und zahlt nach vier Tagen unter Abzug von 3 % Skonto per Banküberweisung. Nehmen Sie alle notwendigen Buchungen vor.

4. Das Autohaus Köppel gewährt einem Kunden aufgrund eines Farbfehlers an Schonbezügen 58,00 € Preisnachlass. Der Kunde bekommt sein Geld in bar zurück. Nehmen Sie alle notwendigen Buchungen vor.

5. Ein Kunde des Autohauses Köppel sendet nicht benötigte Ersatzteile zurück.
Die Rechnung war bereits gebucht und bezahlt. Bruttoverkaufspreis 603,20 €, VAK 482,00 €.
Das Autohaus Köppel überweist den Betrag. Nehmen Sie alle notwendigen Buchungen vor.

Buchungen beim Zahlungsverkehr

6. Das Autohaus Köppel sendet der Michaelis Importgesellschaft mbH falsch gelieferte Ersatzteile zurück.
   Bruttowert der Ersatzteile: 4 988,00 €. Die Rechnung war bereits gebucht und bezahlt. Die Michaelis Importgesellschaft mbH verrechnet den Betrag mit den Verbindlichkeiten. Nehmen Sie alle notwendigen Buchungen vor.

7. Das Autohaus Köppel weist zu Beginn der Buchungsperiode Juni in der Finanzbuchhaltung folgende Salden aus:

1000 Kasse	6 900,00 €
1200 Bank	79 000,00 €
1400 Forderungen	61 000,00 €
1600 Verbindlichkeiten	168 000,00 €
1570 Vorsteuer	0,00 €
1770 Umsatzsteuer	36 000,00 €
3300 Bestand Teile	230 000,00 €
3500 Bestand weitere Bereiche (Reifen)	33 000,00 €

   Folgende Geschäftsvorfälle liegen im Juni vor:

   1. 02.06. Eingangsrechnung 1332: zehn Kupplungsscheiben zu je 230,00 € netto auf Ziel

   2. 02.06. Eingangsrechnung 1333: 160 Sommerreifen 195/50 R15 zu je 43,50 € netto auf Ziel

   3. 03.06. Eingangsrechnung 1334: 30 Allwetterreifen 195/50 R15 zu je 55,60 € netto auf Ziel

   4. 05.06. Bankauszug Nr. 12: Zahlung der Eingangsrechnung 1332: … €
      Zahlung der Eingangsrechnung 1333: … €
      Zahlung der Eingangsrechnung 1334: … €

   5. 08.06. Ausgangsrechnung 4432: eine Kupplungsscheibe im Thekenverkauf in bar: 328,50 € netto

   6. 08.06. Ausgangsrechnung 4433: 1 Allwetterreifen 195/50 R15 im Thekenverkauf in bar zu 84,80 € netto

   7. 08.06. Ausgangsrechnung 4435: vier Sommerreifen 195/50 R 15 im Thekenverkauf auf Ziel zu 68,50 € netto je Reifen

   8. 10.06. Bankauszug Nr. 17: Zahlungseingang für Ausgangsrechnung 4435: … €

   9. 11.06. Kassenbeleg 402/06: Barauszahlung eines Preisnachlasses für die Ausgangsrechnung 4432 von 20,00 €

   10. 15.06. Ausgangsrechnung 4517: sechs Kupplungsscheiben im Thekenverkauf an einen freien Händler zu je 300,00 € auf Ziel

11. 17.06. Bankauszug Nr. 24: Zahlungseingang für Ausgangsrechnung 4517: ... €
Zahlungsausgang Überweisung der Umsatzsteuerzahllast des abgelaufenen Monats Mai: ... €
Lastschrift für Kontenführungsgebühren: 120,00 €
Lastschrift der Michaelis Importgesellschaft mbH für Ersatzteillieferungen: 48 500,00 €
Zahlungseingang einer Kundenforderung: 15 200,00 €

a) Bilden Sie alle notwendigen Buchungssätze.
b) Buchen Sie die Geschäftsvorfälle auf T-Konten.
c) Schließen Sie die Erfolgskonten über das GuV-Konto ab.
d) Ermitteln Sie den gesamten Rohgewinn (Bruttoertrag).
e) Wie hoch sind die Abschlusssalden der Konten 1000 Kasse, 1200 Bank, 1400 Forderungen, 1600 Verbindlichkeiten, 3300 Bestand Teile, 3500 Bestand weitere Bereiche (Reifen)?

Englisch - Lernfeld 3

Teile und Zubehör beschaffen und lagern

1 Anfragen in englischer Sprache verfassen und Korrespondenzen führen

AUSGANGSSITUATION

Die Autohaus Köppel GmbH hat neben den Kunden aus dem Inland auch Kunden aus dem Ausland, die betreut werden müssen. Außerdem befinden sich einige Lieferanten in englischsprachigen Ländern.

In der monatlichen Azubirunde spricht Matti Köppel dieses Thema an und bittet die Auszubildenden, sich mit den gängigen Vokabeln und Redewendungen vertraut zu machen, damit sie in der Lage sind, Anfragen sowie anfallende Korrespondenz auch in englischer Sprache zu verfassen bzw. zu führen.

ARBEITSAUFTRÄGE
1. Informieren Sie sich über Ihren Themenbereich.
2. Erstellen Sie eine Anfrage an den Hersteller Cars Best Ltd., Ansprechpartner Samuel Smith über das Modell Best Circle-Hybrid 3-türig und erfragen Sie für zehn Fahrzeuge die Lieferzeit.
3. Erstellen Sie außerdem eine E-Mail-Anfrage an den Hersteller Cars Best Ltd., E-Mail-Adresse adam.shaw@carsbest.us. Sie möchten wissen, wann die bestellten 50 Dachgepäckträger geliefert werden (Kalenderwoche oder genaues Datum soll mitgeteilt werden).
4. Vergleichen Sie Ihre Ergebnisse und besprechen Sie diese im Plenum.
5. Nehmen Sie ggf. Änderungen/Ergänzungen vor.
6. Wenden Sie Ihr neu gewonnenes Wissen in der Zukunft an.

1.1 Schreiben in ausländischer Sprache verfassen

EINSTIEGSSITUATION

Die Auszubildenden Pascal und Nora unterhalten sich. Pascal möchte von Nora wissen, wie der Briefaufbau im Englischen aussieht. Nora weiß dies auch nicht genau. Beide beschließen, ein übersichtliches Plakat zu diesem Themenbereich zu erstellen.

Sie helfen den Beiden und entwerfen das Plakat mit allen wichtigen Inhalten. Anschließend wird dieses im Plenum besprochen.

Englisch - Lernfeld 3

Haben Kunden oder Geschäftspartner ihren Sitz im Ausland, ist es erforderlich, die Kommunikation mit diesen in der entsprechenden Sprache zu führen.

Für den allgemeinen Schriftverkehr sind in Deutschland die Regeln der DIN 5008 – Schreib- und Gestaltungsregeln anzuwenden. Außerhalb von Deutschland werden diese jedoch nur teilweise oder sogar überhaupt nicht berücksichtigt.

Die Empfängeranschrift auf einem deutschen Schreiben steht beispielsweise im Adressfeld auf der linken Seite des Briefes. In der Schweiz wird diese auf der rechten Seite aufgeführt.

Neben den anzuwendenden Regeln ist es wichtig, dass die Rechtschreibung der jeweiligen Sprache beherrscht wird. Wann wird ein Wort groß – oder kleingeschrieben? Wie wird die Vokabel richtig geschrieben?

Aufbau eines Geschäftsbriefes im Englischen:

adressee - Empfängeranschrift	sender´s adress - Absenderanschrift
	Date (25 October 20..)

Salutation – Anrede - ohne Komma zu schreiben

Subject line – Betreffzeile

Body of the letter - Brieftext

Complimentary close - Grußformel

Signature - Unterschrift

enc. (enclosure) – Anhang (dieser wird nicht durch Fettschrift hervorgehoben)

Business Correspondence

Autohaus Köppel GmbH
Diedenhofener Str. 6
54294 Trier

Autohaus Köppel GmbH, Diedenhofener Str. 6, 54294 Trier

Mr Consul
Sung-Ku Kang
Kastanienallee 35
14471 Potsdam

Telefon: 0651 7155-0
Telefax: 0651 7155-23
E-Mail: info@autohaus-koeppel.de
Bank: Sparkasse Trier
IBAN: DE01585501303011222215
BIC: TRISDE55XXX

Date
8th May 20..

Dear Consul Kang

QUOTATION

Yours sincerely
Matti Köppel
Matti Köppel

Encl. 1

Englisch - Lernfeld 3

> A business letter should be as clear, concise, and courteous as possible. Avoid informal contracted forms like don't, wouldn't, and can't.
>
> If you know the name of the person you are addressing, always use it. In that case you should end the letter with "Yours sincerely" or, more informally, just "Sincerely".
>
> If you do not know the addressee's name, you should start the letter with "Dear Sir or Madam" and end it with "Yours faithfully".

Phrases for use in business correspondence

Opening phrases	
Thank you very much for your letter dated …	Besten Dank für Ihren Brief vom …
We acknowledge receipt of your letter …	Wir bestätigen den Erhalt Ihres Schreibens …
Further to our telephone conversation …	Bezug nehmend auf unser Telefongespräch …
Referring to our previous letter …	Mit Bezug auf unseren vorhergehenden Brief …
We were referred to you by …	Wir wurden von … an Sie verwiesen
Your name was given to us by …	Sie wurden uns von … genannt
Closing phrases	
We look forward to hearing from you soon.	Wir hoffen bald von Ihnen zu hören.
A prompt reply would be greatly appreciated.	Ich wäre Ihnen für eine umgehende Antwort sehr dankbar.
We thank you very much in advance.	Vielen Dank im Voraus.
If you require further information, please do not hesitate to contact us.	Bitte zögern Sie nicht, sich mit uns in Verbindung zu setzen, falls Sie weitere Informationen benötigen.
Please let me know your decision at your earliest convenience.	Bitte teilen Sie mir möglichst bald Ihre Entscheidung mit.
Other useful phrases	
As agreed …	Wie vereinbart …
As requested …	Wie gewünscht …
In view of …	Angesichts …
We are pleased to inform you …	Wir freuen uns, Ihnen mitteilen zu können …
We regret having to inform you …	Wir bedauern, Ihnen mitteilen zu müssen …
We appreciate your interest in …	Wir danken Ihnen für Ihr Interesse an …

Anfragen in englischer Sprache verfassen und Korrespondenzen führen

Other useful phrases

We would be pleased to receive …	Wir würden uns freuen … zu erhalten
We should be very grateful if …	Wir wären Ihnen sehr dankbar, wenn …
We wish to point out …	Wir möchten darauf hinweisen …
We reserve the right …	Wir behalten uns vor …
We accept no responsibility for …	Wir übernehmen keine Verantwortung für …
We note with regret …	Wir haben mit Bedauern festgestellt …
We can not grant you …	Wir können Ihnen kein … gewähren.
You have been recommended to us by …	Sie wurden uns von … empfohlen.
You can rely on …	Sie können sich auf … verlassen.
Please let us have …	Bitte schicken Sie uns …
Please let us know …	Bitte teilen Sie uns mit …
Please acknowledge receipt of …	Bitte bestätigen Sie den Erhalt …
Please confirm …	Bitte bestätigen Sie …
Please ensure …	Bitte stellen Sie sicher …
Please look into the matter.	Bitte gehen Sie der Angelegenheit nach.
Please contact us should you need …	Bitte setzen Sie sich mit uns in Verbindung, wenn Sie … benötigen.
Please accept our apologies for …	Bitte nehmen Sie unsere Entschuldigung für … entgegen.
Please treat this matter as confidential.	Wir bitten um vertrauliche Behandlung dieser Angelegenheit.
Under separate cover …	Mit getrennter Post …

1.2 Formulieren einer Anfrage

EINSTIEGSSITUATION

Der Auszubildende Pascal Palm soll eine Anfrage schreiben. Leider sind seine Englischkenntnisse weniger gut. Sie unterstützen ihn und erläutern, welche Inhalte eine Anfrage hat.

Englisch - Lernfeld 3

Sind Anfragen in englischer Sprache anzufertigen, bieten sich die nachfolgenden Inhalte an:

Formulieren einer Anfrage (Letter of Enquiry)	
Wir interessieren uns Wir haben ihr … gesehen	We are interested in We have seen your …,
Wir bekamen Ihre Kontaktdaten von…	We got your details from…
Wir sind ein großes Unternehmen.	We are a big company/firm.
Wie ist Ihr aktueller Listenpreis ….	What is your current list price …
Bitte senden Sie uns…	Please send us
Schlusssatz	We look forward to hearing from you soon. We look forward to…
Grußformel	Yours sincerely (wenn die Anrede „Dear Mr. Köppel" lautet) Yours faithfully (wenn die Anrede „Dear Sir or Madam" lautet)

Anfragen per E-Mail

Mittlerweile ist es gängige Praxis, Anfragen per E-Mail zu versenden. Dabei ist zu beachten, dass Schreiben per E-Mail meist formloser als Geschäftsbriefe formuliert werden. Doch auch beim Verfassen von E-Mails ist ein Betreff in der Betreffzeile, eine Anrede, fehlerfreier Brieftext und ein korrekter Briefabschluss, der zur Anrede passt, einzufügen.

> **Keep it short and simple (KISS-Formel). Verfasse einen aussagekräftigen aber einfachen und kurzen Text und vermeide so Fehler!**

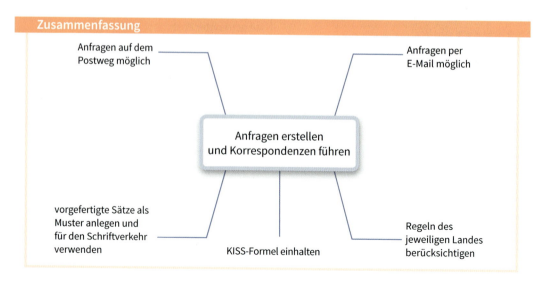

Anfragen in englischer Sprache verfassen und Korrespondenzen führen

Aufgaben

1. Erstellen Sie sich eine Vorlage am PC, in der Sie Mustersätze für Anfragen einfügen. Speichern Sie diese ab und vergleichen Sie Ihre Ergebnisse mit Ihrem Partner. Verwenden Sie die Datei für Ihre Tätigkeit im Autohaus.

2. Informieren Sie sich in Ihrem Autohaus über das Vorgehen beim Verfassen von Anfragen in fremder Sprache und halten Sie die gefundenen Daten stichpunktartig fest. Wenden Sie Ihr neu gewonnenes Wissen in der Praxis an.

3. Put the following letter into the correct order:
   a) Unfortunately, due to the nature of the problem, there is very little we can do to expedite the delivery of your car.
   b) Yours sincerely
   c) Dear Consul Baker
   d) 15th August …
   e) Mr Consul
      Sung-Ku Baker
      Kastanienallee 35
      14471 Potsdam
   f) We are extremely sorry for this delay and hope that it will not cause you too much inconvenience.
   g) Order No. 2713
   h) Nora Braun
   i) We have just been informed by our supplier that the delivery of your car will be delayed because of a strike at UNICA Cars.
   j) However, we have reason to hope that the strike will be over in approx. two weeks' time. In any event we will keep you informed.

4. Translate the following sentences:
   a) Wir danken Ihnen für Ihr Interesse an unserem LUXERA Cabriolet.
   b) Wie gewünscht senden wir Ihnen anbei eine Informationsbroschüre.
   c) Bitte setzen Sie sich mit uns in Verbindung, falls Sie weitere Informationen benötigen.
   d) Wir freuen uns, Ihnen mitteilen zu können, dass Ihr neues Auto inzwischen bei uns eingetroffen ist.
   e) Die Rechnung erhalten Sie mit getrennter Post.
   f) Bitte teilen Sie uns mit, ob Sie an unserem Treffen teilnehmen können.
   g) Wir bedauern unser Versehen außerordentlich. Bitte nehmen Sie unsere Entschuldigung entgegen.
   h) Wir haben mit Bedauern festgestellt, dass das gelieferte Fahrzeug keine Klimaanlage hat.
   i) Bitte stellen Sie sicher, dass wir umgehend Ersatz erhalten.
   j) Bitte bestätigen Sie den Erhalt unseres Schreibens.
   k) Ich wäre Ihnen dankbar, wenn Sie die Zahlung so bald wie möglich veranlassen könnten.

Englisch - Lernfeld 3

5. Write letters:
   a) Your company is celebrating its 20th anniversary and wishes to invite its regular customers. There will be a big party with free drinks and a raffle. The most attractive prizes include a navigation system and a sound system. Write an English invitation for your foreign customers.
   b) You have arranged an appointment for your boss with a potential business partner. Write a fax confirming the time of the appointment. Enclose directions on how to find your company.
   c) Your boss has seen an interesting advertisement from an American supplier of navigation systems in the trade press and asks you to request further information. Draft an enquiry in which you introduce your firm in a few words. Do not forget to ask the prices, the period of delivery, and the terms and conditions of delivery and payment.
   d) You have ordered snow tyres and they were due to arrive on 15th October. Today is 30th October, but you have still not received them. Moreover, the weather forecast has announced that there will be an early onset of winter in the coming days. Write a fax to your supplier to ask what is happening and when you can expect the snow tyres to be delivered.

Englisch - Lernfeld 4

Teile und Zubehör verkaufen

1 Kunden in fremder Sprache beraten

AUSGANGSSITUATION

Der Amerikaner, Maxim Baker, ist ein neuer Kunde der Autohaus Köppel GmbH. Er interessiert sich seit längerer Zeit für das neue SUV-Modell. Zusammen mit seiner Frau hat er mit Frau Zoren einen Termin im Autohaus vereinbart. Für telefonische Rückfragen, die nach dem Verkaufsgespräch ggf. aufkommen, steht Frau Zoren Herrn Baker jederzeit zur Verfügung.

Die Auszubildende, Nora Braun, soll während des Verkaufsgespräches anwesend sein und auch die Nachbetreuung von Herrn Baker zusammen mit Frau Zoren übernehmen.

ARBEITSAUFTRÄGE

1. Informieren Sie sich über Ihren Themenbereich.
2. Erstellen Sie einen Leitfaden, wie ein Verkaufsgespräch in englischer Sprache geführt werden kann und welche Vokabeln notwendig sind.
3. Erläutern Sie, warum das Kennen von Fachbegriffen – auch in englischer Sprache so wichtig ist.
4. Präsentieren Sie Ihre Ergebnisse im Plenum und wenden Sie ihr neu gewonnenes Wissen in der Zukunft an.

1.1 Cockpit-Handbuch (Manuals - Book of Instructions)

EINSTIEGSSITUATION

Nora Braun ist aufgeregt. Der Kunde, Herr Baker, kommt am morgigen Tag und möchte das neue SUV-Modell erklärt haben. Sie unterstützen Frau Braun beim Vokabeln lernen.

Behind the Big Bag-SUV steering wheel you will be impressed by lots of meaningful details. The clearly arranged cockpit does not leave any questions open. The useful instruments are easy to reach as well as being to use.

Englisch - Lernfeld 4

1. light range adjustment — Einstellung der Beleuchtung
2. light switch — Lichtschalter
3. air vents — Belüftungsschlitze
4. indicator, dipped beam switch — Hebel für Blinker, Abblendlicht
5. left seat heating — Heizung für linken Sitz
6. hazard warning light switch — Warnblinklicht
7. heated rear window switch — Schalter für Heckscheibenheizung
8. right seat heating — Heizung für rechten Sitz
9. on board literature compartment — Ablage für Informationsmaterial
10. gear lever — Schaltknüppel
11. controls for — Regler für
    - heating and ventilation — Heizung und Belüftung
    - air conditioning — Klimaanlage
12. radio — Radio
13. ashtray — Aschenbecher
14. wiper and washer switch — Hebel für Scheibenwischer und Waschanlage
15. steering and ignition lock — Zündschloss
16. pedals — Pedale
17. horn — Hupe
18. steering column — Lenksäule

Kunden in fremder Sprache beraten

19. display panel with gauges and warning lights including
    - rev counter
    - speedometer
20. bonnet release lever

Anzeigentafel mit Messgeräten und Warnleuchten einschließlich
- Drehzahlmesser
- Tachometer

Griff zum Öffnen der Motorhaube

Operating Instructions

Ignition switch
When you switch on the ignition, the vehicle and the key automatically compare data. This is shown by a warning light on the dashboard. If the wrong key is used, the car will not start.

Seat belt warning lamp
The warning lamp lights up for about six seconds after ignition as a reminder to fasten your seat belt. If the seat belt is not fastened, an acoustic signal will sound after switching on the ignition which will stop after six seconds or when the seat belt is fastened.

Instrument lighting
When the lights are on, the level of the instrument lighting can be set to any intensity by turning the control next to the light switch.

Indicator switch
To signal a lane change move the switch up or down to the pressure point and hold in this position. The warning lamp should flash at the same time.

Hazard warning lights
The hazard warning lights can be switched on by pressing the button. In this case all turn signals flash simultaneously.

Switch on the hazard warning lights if, for example:
- Your vehicle stops because of a technical defect,
- You have an emergency,
- You reach the tail of a traffic jam.

Pedals
It should always be possible to depress fully the clutch and accelerator pedals. All pedals must be able to return, unhindered, to their rest positions. The movement of the pedals must not be restricted! For this reason, do not locate any items in the footwell which could roll or slide underneath the pedals.

Rev Counter
The rev counter needle must not move into the red zone of the scale.
Change down a gear at the latest when engine turnover is no longer smooth.
Changing up in good time helps to save fuel and keep noise down.

Handbrake
To apply the handbrake pull up the lever firmly. On hills, the 1st gear should also be engaged. The handbrake should always be applied firmly enough so that it is not possible to inadvertently drive away with the handbrake on.

When the handbrake is applied with the ignition on, the brake warning lamp comes on. To release the handbrake pull the lever up slightly, press in the locking knob, and push the lever right down.

Some useful vocabulary to help you with the text above:
ignition – Zündung; warning light – Kontrolllampe; dashboard – Armaturenbrett; switch–Schalter; lane change – Änderung der Fahrtrichtung; pressure point – Anschlag; to flash – aufleuchten; emergency – Notfall; clutch pedal – Kupplung; accelerator pedal – Gaspedal; rest position – Ruheposition; footwell – Fußraum; scale – Skala; to change down – herunterschalten; gear – Gang; engine turnover – Motorumdrehung; to change up – hochschalten; lever – Hebel; inadvertently – unbeabsichtigt.

> Admittedly, safety instructions and operating manuals are often not easy to understand. However, not understanding them can put you and your clients at serious risk. Make sure that you understand every single word and avoid interpreting unclear passages. If anything is unclear, don't hesitate to ask your colleagues or business partners. Everybody will appreciate your eagerness to learn, while a serious mistake can mean a lot of trouble.

1.2 Gespräche am Telefon führen (On the Phone)

EINSTIEGSSITUATION

Nora Braun hat ein Telefonat geführt. Bei dem Anrufer handelte es sich um einen Bekannten von Frau Köppel, die jedoch zur Zeit des Telefonats in einem Meeting war. Damit Nora alle wichtigen Informationen an Frau Köppel weitergeben kann, macht sie sich während des Telefongespräches Notizen. Für die Zukunft möchte ihre Englischkenntnisse verbessern.

Sie unterstützen Frau Braun dabei.

Bei der Annahme von Telefongesprächen sind verschiedene Regeln einzuhalten. So zum Beispiel nennt man möglichst zuerst den Firmennamen des Unternehmens, dann den eigenen Namen und zum Schluss „begrüßt" man den Anrufer und fragt nach dem Anliegen.

Stellt der Angerufene fest, dass der Anrufer in einer anderen Sprache spricht, ist es sinnvoll, ihm in dieser zu antworten oder einen Kollegen, der die entsprechende Sprache spricht, zu beauftragen, das Gespräch weiter zu führen.

Notizen während des Telefonates können hilfreich sein. Auch das Kennen der Buchstabiertafel ist von Vorteil, wenn der Angerufene seinen Namen oder die Anschrift buchstabiert bzw. von dem angerufenen Unternehmen Dinge wissen möchte.

Kunden in fremder Sprache beraten

Ein Dialog in englischer Sprache könnte folgendermaßen ablaufen:

One day Mrs. Köppel has to discuss an important business matter with her husband. She does not want to be disturbed and therefore asks Nora Braun to take her calls. The phone rings and Nora answers it.

Nora:	Autohaus Köppel. Mein Name ist Nora Braun. Was kann ich für Sie tun?
Caller:	Hello, this is Andrew Patterson from Cincinnati. Am I speaking to Mrs. Köppel?
Nora:	No, my name is Nora Braun. I am the trainee here. May I help you?
Caller:	I would like to speak to Mrs. Köppel. I am a former business friend of hers from the US. Could you please put me through?
Nora:	I'm sorry, Mrs. Köppel is not available at the moment. She is in a meeting. Can I take a message for her?
Caller:	I am working for an American component supplier now and will have to make a business trip to Germany next week. I would be very pleased to meet Mrs. Köppel again and discuss some business matters with her. Do you know what day would suit her best?
Nora:	I am sorry, I don't have access to her diary, but I am sure she will be pleased to call you back.
Caller:	That would be great. I will be available until 6.00 p.m. our time.
Nora:	Could you please give me your phone number?
Caller:	I am on 35 89 36 94.
Nora:	Is 35 the area code?
Caller:	No, sorry, I did not mention the area code. It is 513.
Nora:	And could you please repeat your name?
Caller:	Yes, of course. My name is Andrew Patterson.
Nora:	Is that with a P or a B?
Caller:	With a P.
Nora:	Thank you very much. Mrs. Köppel will get back to you as soon as she is free.
Caller:	Thank you. Goodbye.
Nora:	Goodbye.

As people are easily misunderstood when talking on the telephone, it is a good idea to repeat any important information back to the other person.

Always make sure that you know the name of the person you are talking to. If necessary, ask them to spell out their name for you.

Make notes during the call to help you remember what was said. Confirm important information by fax after the call.

And please never pretend you have understood when in fact you have not!

Englisch - Lernfeld 4

Deutsche und internationale Buchstabiertafeln (German and international phonetic or spelling alphabet)

Buchstabe	National (Deutschland DIN 5009)	International (ICAO, ITU, IMO, NATO)
A	Anton	Alfa
Ä	Ärger	Alpha-Echo
B	Berta	Bravo
C	Cäsar	Charlie
CH	Charlotte	Charlie-Hotel
D	Dora	Delta
E	Emil	Echo
F	Friedrich	Foxtrott
G	Gustav	Golf
H	Heinrich	Hotel
I	Ida	India
J	Julius	Juliett
K	Kaufmann	Kilo
L	Ludwig	Lima
M	Martha	Mike
N	Nordpol	November
O	Otto	Oscar
Ö	Ökonom	Oscar-Echo
P	Paula	Papa
Q	Quelle	Quebec
R	Richard	Romeo
S	Samuel	Sierra
SCH	Schule	-
T	Theodor	Tango
U	Ulrich	Uniform
Ü	Übermut	Uniform-Echo
V	Viktor	Victor

Kunden in fremder Sprache beraten

Buchstabe	National (Deutschland DIN 5009)	International (ICAO, ITU, IMO, NATO)
W	Wilhelm	Whiskey
X	Xanthippe	X-Ray
Y	Ypsilon	Yankee
Z	Zacharias	Zulu

1.3 Gespräche im Verkaufsraum (Receiving a Visitor and Sales Talks)

EINSTIEGSSITUATION

Frau Köppel hat mit ihrem Bekannten, Mr. Patterson, einen Termin vereinbart. Nora Braun soll diesen empfangen, da Frau Köppel kurzfristig einen wichtigen Termin vor dem Treffen mit Mr. Patterson wahrnehmen muss.

Außerdem besucht der Kunde, Mr. Baker, das Autohaus.

Sie unterstützen Frau Braun.

1.3.1 Besucher empfangen (Receiving a Visitor)

Werden Besucher im Autohaus empfangen, ist es wichtig, dass diese angemessen und freundlich begrüßt werden. Spricht der Besucher/Kunde eine fremde Sprache, sollte der Verkaufsberater auch in dieser mit dem Kunden kommunizieren.

Gespräche in englischer Sprache können folgendermaßen aussehen:

> Today, Mr Patterson is due to arrive at 3.00 p.m. At 2.45 p.m. Mrs Köppel, who is in a meeting with the tax consultant, calls Nora and asks her to receive her visitor and tell him that she will probably be a few minutes late. When the receptionist informs Nora that Mr Patterson has arrived, she goes to the foyer to greet him.
>
> Nora: Good afternoon, Mr Patterson. My name is Nora Braun. I talked to you on the telephone the other day. Mrs Köppel is still in a meeting and has asked me to receive you and offer you her apologies for being a few minutes late.
> Visitor: Hello Miss Braun, how do you do?
> Nora: [shaking hands] How do you do? Did you have a pleasant journey?
> Visitor: Yes, thank you, it was fine.
> Nora: May I take your coat?
> Visitor: Yes please.

Englisch - Lernfeld 4

[*She takes his coat and hangs it up on the hall-stand.*]
Nora: [*indicating the way*] This way please.
[*Nora and Mr Patterson arrive at the conference room.*]
Nora: Take a seat please. Would you like some coffee?
Visitor: No, thank you. I don't drink coffee.
Nora: How about some tea?
Visitor: Yes please, that would be lovely.
[*Nora gets some tea for Mr Patterson.*]
Nora: Here you are. Mrs Köppel will be with you in a minute.

After the meeting is over, Mrs Köppel asks Nora to show Mr Patterson out.

Nora: Hello, Mr Patterson. I will show you the way out.
Visitor: Thank you.
Nora: Where do you have to go next? Do you think you will find your way, or shall I give you directions?
Visitor: Actually I have another appointment and I am already rather late. Would you mind calling a taxi for me?
Nora: There is a taxi rank right across the street. You can't miss it.
Visitor: Oh, that's great.
[*Nora accompanies him to the door and hands him his coat.*]
Nora: Here is your coat.
Visitor: Thank you. Goodbye.
Nora: Pleased to have met you. Goodbye.

Some useful vocabulary to help you with the text above:
tax consultant – Steuerberater; to receive – empfangen; to greet – begrüßen; apology – Entschuldigung; pleasant – angenehm; directions – Wegbeschreibung.

> The answer to "how do you do?" is quite simply "how do you do?" When you meet someone for the second time, it is usual to ask "how are you?" The adequate answer is "fine, thank you." Neither of these questions is a query about your well-being!
>
> You should also remember that in English-speaking countries first names are used much more readily than in Germany. Therefore, don't be surprised if after introducing yourself, your guest immediately uses your first name.

1.3.2 Verkaufsgespräche führen (Sales Talks)

Sind Verkaufsgespräche zu führen, sollten alle Vokabeln in Zusammenhang mit der zu verkaufenden Ware bekannt sein. Nur so ist es möglich, den Kunden kompetent und überzeugend zu beraten.

Ein Verkaufsgespräch in englischer Sprache kann folgendermaßen ablaufen:

On day, while Mrs Zoren is still away on holiday, Mr and Mrs Baker arrive. Mr Baker, who has already taken a Big Bag-SUV for a test drive, is convinced that it is the ideal car for his family. However, his wife is concerned about the safety of her children and has insisted on talking to the vendor herself. Nora has to attend to them. It is her first sales talk in English and therefore an enormous challenge for her.

Nora:	Good morning, Mr Baker. Good morning, Mrs Baker. My name is Nora Braun. What can I do for you?
Mr Baker:	Good morning. As you probably know, I am considering buying a Big Bag-SUV for my wife. Actually I think that it is the ideal car for our purposes, but my wife is extremely concerned about the safety of our children. So she has decided to come here with me and talk to you herself before we make a final decision.
Nora:	There is really nothing to be worried about, Mrs Baker. The Big Bag-SUV is an exceptional safe car. However, it will probably be advisable to get a special child restraint system for your children. How old are they?
Mrs Baker:	Our boy is already thirteen years old, but our daughter is only six. I mainly need the car to take them to school, you see.
Nora:	For your son, the standard equipment will be sufficient. It includes air bags for the driver and the front passenger and seat belts at front and rear. However, you ought to have a special child seat for your daughter.
Mr Baker:	Doesn't this mean that the airbag on the passenger-side has to be deactivated?
Nora:	No, it doesn't. This only applies to those child seats for very small children which are fixed in the front. The child seat for your daughter should be fixed behind the passenger seat where there is no airbag anyway.
Mr Baker:	I see. Well, then I think we will buy the appropriate child seat. Is there anything else we can do to improve the safety?
Nora:	Well, of course the safety features of a car are not limited to the restraint system, they also include the brake system and the lights, for example. If you wish to reach the maximum safety standard, I would recommend ALB as well as our light and sight package, which includes fog lights and heated windscreen washer jets.
Mr Baker:	That sounds quite reasonable. Can you tell me what that would cost?
Nora:	It will be approximately 700,00 € for the ALB and 100,00 € for the light and sight, but as I do not usually work in the sales department I can not give you the exact price. I would suggest that I talk it over with Mr Miller as soon as he is back and then send you a formal offer.
Mr Baker:	That's all right.
Nora:	Can we just quickly determine the other details, so that I have a reliable basis for our offer?

Mr Baker:	Yes, of course. I have already made my decision regarding the engine. I want a four-cylinder petrol engine with a cubic capacity of 2500.
Nora:	Very well. Which kind of transmission would you like? Would you prefer a manual gearbox or automatic transmission? As our cars are imported from the US, automatic transmission is about the same price.
Mrs Baker:	Oh, I would very much prefer an automatic transmission. A manual gearbox is such a hassle.
Mr Baker:	It's true that automatic transmission is more convenient. So that's settled.
Nora:	Are there any other special features you would like in addition to the ALB and the light and sight package? We offer a lot of optional extras like air conditioning, central locking, power steering etc. They are all listed in our sales brochure. Would you just like to take a look? [hands him the brochure] If your children are sensitive or suffer from hay fever, you should get a dust and pollen filter, for example.
Mr Baker:	They don't have hay fever, but I still think that filters would be better for their health. And air conditioning is quite important. Being a diplomat, I can be sent to another country any time, and we can just as well end up in the Congo.
Nora:	What about a sound system?
Mrs Baker:	Oh, I don't think we need one. I am not going to be driving long distances with the car, and it would probably be stolen anyway.
Nora:	Don't worry about that. Our radios and sound systems are all protected by anti-theft coding.
Mrs Baker:	That's very nice, but I really do not think that it is necessary and if I change my mind I can still get a sound system some time later.
Nora:	Yes, actually it is no problem to install a sound system later. If you should require any additional equipment, we are always pleased to serve you. And, of course, we also service and repair your car if any problems should arise.
Mr Baker:	Yes, I know that your service is very good.
Nora:	Thank you very much. I am glad you're satisfied. Let me just summarise the details then: I will send you an offer for a Big Bag-SUV with a four-cylinder petrol engine with a cubic capacity of 2500 and automatic transmission. The special features shall include a child seat for a six year old child, ALB, the light & sight package, air conditioning, and a dust and pollen filter. Is that correct?
Mr Baker:	Yes, I think that would meet all our requirements. When do you think you can send us the offer?
Nora:	I'll send it as soon as Mrs. Zoren is back, probably in two or three days.
Mr Baker:	That's fine. Thank you. Goodbye then.
Nora:	Goodbye, Mr Baker. Goodbye, Mrs Baker. Pleased to have met you.
Mrs Baker:	Goodbye.

Some useful vocabulary to help you with the text above:
advisable – ratsam; fog lights – Nebelscheinwerfer; windscreen washer – Waschanlage; jets – Düsen; offer – Angebot; reliable – zuverlässig; cylinder – Zylinder; petrol engine – Benzinmotor; cubic capacity – Hubraum; manual gearbox – Schaltgetriebe; automatic transmission – Automatikgetriebe; hassle – Umstand; optional extras – zusätzliche Ausstattungsmerkmale;

Kunden in fremder Sprache beraten

central locking – Zentralverriegelung; power steering – Servolenkung; dust and pollen filter – Staub- und Pollenfilter; anti-theft coding – Diebstahlsicherungscode; to service – warten.

> Considering that she did not have a chance to prepare for this sales talk, Sabrina has handled the situation very well. Fortunately, you will normally be in a better position. If you know that you have a sales talk coming up, you should think about the questions the customer is likely to ask and note down the answers. You should also make sure that you have English information brochures and photos at hand.
>
> And don't forget that there is also much non-verbal communication involved. You will make a much better impression if you dress carefully, look your customer in the face, and smile at him from time to time.

Zusammenfassung

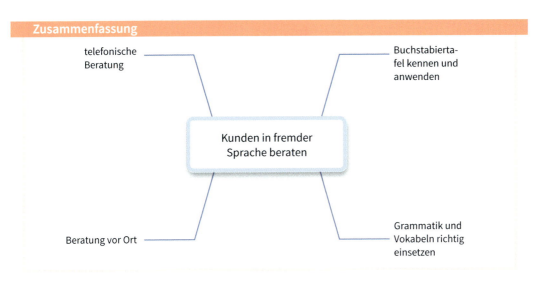

- telefonische Beratung
- Buchstabiertafel kennen und anwenden
- Beratung vor Ort
- Grammatik und Vokabeln richtig einsetzen

Kunden in fremder Sprache beraten

Aufgaben

1. Imagine that a client is calling you, but that the line is very bad. Write down the questions you would ask to find out the missing information.
   a) This is Mr. … speaking.
   b) I am calling from …
   c) I would like to speak to …
   d) I am considering buying a …
   e) I am mainly going to use the car for …
   f) It is important to me that the car has got …
   g) I prefer a car with air conditioning because …
   h) I think it would be better to speak to you personally. Can I come on …?
   i) I could be there at … p.m.

Englisch - Lernfeld 4

2. Imagine that you are being given some information over the phone that is incorrect. Write down what you would say to let the caller know that he is wrong.
   a) You are Mrs. Köppel's secretary, aren't you?
   b) The name of your English sales clerk is Richard Smith, isn't it?
   c) Your address is Schillerstraße 12. Isn't it?
   d) Your company is located near the central station, isn't it?
   e) You close at 8.00 p.m., don't you?
   f) The price of the Magna Van is 11 000,00 €, isn't it?
   g) You also sell motorbikes, don't you?
   h) Air conditioning forms part of the standard equipment, doesn't it?
   i) It takes you only a day to service a car, doesn't it?
   j) The spare part I need will arrive in two days then.

3. Translate the following sentences:
   a) Guten Morgen. Mein Name ist Nora Braun. Was kann ich für Sie tun?
   b) Wir haben eine schlechte Verbindung.
   c) Einen Moment bitte. Ich verbinde Sie weiter.
   d) Bitte legen Sie nicht auf.
   e) Es tut mir leid, dass ich Sie habe warten lassen.
   f) Frau Köppel ist leider im Moment nicht erreichbar.
   g) Wie kann ich Herrn Patterson erreichen?
   h) Möchten Sie eine Nachricht hinterlassen?
   i) Frau Köppel ruft Sie gerne zurück.
   j) Ich gebe Ihnen meine Durchwahl.

4. Translate the following questions:
   a) Haben Sie uns ohne Schwierigkeiten gefunden?
   b) Möchten Sie eine Tasse Kaffee?
   c) Hatten Sie einen angenehmen Flug?
   d) Wo wohnen Sie?
   e) Ist in Ihrem Hotel alles in Ordnung?
   f) Besuchen Sie Deutschland zum ersten Mal?
   g) Gefällt es Ihnen in Deutschland?
   h) Darf ich Sie zum Essen einladen?
   i) Soll ich Ihnen ein Taxi rufen?

5. Explain the following things to a visitor:
   a) How to find your company.
   b) Where to stay in your town. Give descriptions of hotels and name prices.
   c) Where to find a good restaurant. Describe the quality of the food and the service.
   d) Where to rent a car. Explain the procedure.
   e) How to get to the next bank. Mention the opening hours.
   f) How to make a phone call from a public telephone.
   g) How to get to the central station or to the next airport by public transport.

Kunden in fremder Sprache beraten

6. Role-play
   Work in pairs to act out a situation like the one above. Make some polite small-talk. Ask your visitor if he has some spare time and recommend important sights in your town.

7. Translate the following questions:
   a) Werden Sie das Auto hauptsächlich im Stadtverkehr benutzen?
   b) Müssen Sie mit Ihrem Auto große Gegenstände befördern?
   c) Bevorzugen Sie einen Benzinmotor oder einen Dieselmotor?
   d) Welche zusätzlichen Ausstattungsmerkmale wünschen Sie?
   e) Benötigen Sie eine Klimaanlage?
   f) Möchten Sie eine Probefahrt machen?
   g) Wie möchten Sie gerne bezahlen?

8. Role-play
   Work in pairs to act out a situation like the one above. However, in this case your customer is a young American businessman who is fascinated by fast, sporty cars. He likes features like leather interior trim, sports seats, and a navigation computer. And, of course, he also wants a sound system and a CD-player.

9. Do you wish to brush up your grammar?
   Grammar review:
   Making recommendations and proposals and expressing assumptions regarding the customer's wishes, you will often use words like can, would, may or need. They are called modal auxiliaries and fulfil a fundamental function.
   Take a grammar book and read the corresponding section.

Englisch - Lernfeld 4

Glossary

Motor	engine
Abgasrückführung	exhaust gas recirculation
Ansauganlage	intake system
Einspritzung	injection system
Kolben	piston
Kolbenring	piston ring
Kraftstoffpumpe	fuel pump
Kraftstoffschlauch	fuel hose
Kurbelwelle	crankshaft
Luftfilter	air cleaner
Luftführung	air ducts
Motorblock	engine block
Nockenwelle	camshaft
Ölfilter	oil filter
Ölpumpe	oil pump
Ölwanne	oil sump
Pleuelstange	connecting rod
Schwungrad	flywheel
Starter	starter
Steuerkette	timing chain
Ventil	valve
Ventilator	cooling fan
Vergaser	carburettor
Zylinder	cylinder
Kraftstoffbehälter, Abgasanlage	**fuel tank, exhaust emission control system**
Abgas	exhaust gas
Abgasanlage	exhaust system
Abgaskrümmer	exhaust manifold
Abgasrohr	exhaust pipe

Glossary

Kraftstoffbehälter, Abgasanlage	fuel tank, exhaust emission control system
Abgasventil	exhaust valve
Entlüftungsschlauch	breather hose
Katalysator	catalytic converter
Kraftstoffbehälter	petrol tank
Kraftstoffeinlassventil	fuel inlet valve
Kraftstofffilter	fuel filter
Kraftstoffpumpe	fuel pump
Kraftstoffrohr	fuel pipe
Schalldämpfer	muffler
Getriebe	**Transmission**
Gang	gear
Getriebe	transmission
Kupplung	clutch
Kupplungsgehäuse	transmission case
Schalthebel der Gangschaltung	gear lever
Schaltgabel	selector fork
Schaltstange	selector shaft
Schaltwelle	shift rod
Vorderachse, Lenkung	**front axle, Steering**
Ausgleichgetriebe	differential
Feder	spring
Gelenkwelle	propeller shaft
Lenkgetriebe	steering gear
Lenkrad	steering wheel
Lenksäule	steering column
Lenkungsdämpfer	steering damper
Querlenker	transverse control arm
Servolenkung	power steering
Stoßdämpfer	shock absorber
Zahnstangenlenkung	rack-and-pinion steering

Englisch - Lernfeld 4

Hinterachse	rear axle
Achszapfen	journal
Bremstrommel	brake drum
Hinterachskörper	rear axle assembly
Lagerbock	bearing block
Räder, Bremsen	**wheels, brakes**
Bremsbacke	brake shoe
Bremskraftverstärker	brake servo
Bremsleitung	brake pipe
Bremsschlauch	brake hose
Bremsträger	brake anchor plate
Bremszylinder	brake cylinder
Felge	rim
Handbremse	handbrake
Profil	tread
Radbremszylinder	wheel brake cylinder
Reifen	tyre
Scheibenbremse	disc brake
Winterreifen	snow tyre
Aufbau	**body**
Armaturenbrett	dashboard
Bodenbelag	floor covering
Bodengruppe	floor assembly
Dachverkleidung	roof lining
Dichtung	seal
Fahrgestell	chassis
Fahrwerk	running gear
Fensterscheibe	window
Handschuhfach	glove compartment
Klappenschloss	lid lock
Kofferraum	boot , trunk

Glossary

Aufbau	body
Kopfstütze	head rest
Kotflügel	fender
Kühlergrill	radiator grill
Längsträger	side member
Motorhaube	bonnet
Querträger	cross member
Rückenlehne	backrest
Rückspiegel	rear-view mirror
Sicherheitsgurt	seat belt
Sitz	seat
Stoßstange	bumper
Türschloss	door lock
Verkleidung	panel
Elektrische Ausrüstung	**electrical equipment**
Anlasser	starter motor
Batterie	battery
Blinker	direction indicator
Drehstromgenerator	alternator
Drehzahlmesser	revolution counter
Elektrischer Fensterheber	power window, electric windows
Elektrolüfter	electric fan
Heizung	heating
Hupe	horn
Innenleuchte	interior light
Instrumentengehäuse	instrument housing
Klimaanlage	air conditioning
Kraftstoffvorratsanzeiger	fuel gauge
Lenkschloss	steering lock
Lichtschalter	light switch
Lüftung	ventilation

Englisch - Lernfeld 4

Elektrische Ausrüstung	electrical equipment
Nebelscheinwerfer	(front) fog light
Öldruckschalter	oil pressure switch
Relais	relay
Schalter für Abblendlicht	dipped beam lever
Schalter für Rückfahrscheinwerfer	switch for backup light
Schalter für Warnblinklicht	hazard warning light switch
Scheibenwaschanlage	windscreen washer
Schließanlage	security system
Schlussleuchte	tail light
Sicherungsdose	fuse box
Tachometer	speedometer
Temperaturanzeiger	temperature gauge
Türkontaktschalter	door contact switch
Zündkerze	spark plug
Zündleitung	ignition cable
Zündspule	coil
Zündverteiler	ignition distributor
Maße und Gewichte	**dimensions and weights**
Breite	overall width
Höhe	overall height
Länge	overall length
Leergewicht	unladen weight
Radstand	wheelbase
Spurbreite	track width
Tankvolumen	fuel tank capacity
Wendekreisdurchmesser	turning-circle
zulässiges Gesamtgewicht	max. authorised weight
Zubehör	**accessories**
Dachgepäckträger	roof rack
Kindersitz	child seat

Glossary

Zubehör	accessories
Nummernschild	license plate
Radio	radio
Verbandskasten	first-aid kid
Wagenheber	jack
Warndreieck	warning triangle
Werkzeug	tool

Sachwortverzeichnis

A

ABC-Analyse 299
Abenteuer 411
Abgeltungssteuerverfahren 70
Abgeltungsteuer 70
Abgrenzungskonten 171
abnutzbare Anlagevermögen 204
Absatz 306
Abschlussgrundsätze 226
Abschlusstechniken 434
Abschlussverstärker 435
Abschreibungen 204
Abschreibungen auf Forderungen 208
Absetzung für Abnutzung 205
Abverkauf 370
Adjektive 388
AfA-Listen 204
AG 66
Agent 75
A-Händler 74
Aktien 66
Aktienarten 67
Aktiengesellschaft 66
Aktionsplatzierungen 371
aktive Begleitperson 443
Aktive RAP 215
aktives Bestandskonto 161
Aktiv-Passiv-Mehrung 158
Aktiv-Passiv-Minderung 159
Aktivtausch 158
Alleinvertriebsrecht 74
Allgemeine Geschäftsbedingungen (AGB) 308
allgemeine Handlungsvollmacht 48
Allgemeine Vertikal-Gruppenfreistellungsverordnung 78
Allgemeinverbindlicherklärung 119

Alternativangebote 441
Alternativfrage 397, 435
Anforderungen an einen Beleg 174
Anfrage 248
Angebot 250
Angebotsbearbeitung 260
Angebotsvergleich 260
Anhang 226
Anlagekonten 171
Anlagevermögen 146
Annahmeverzug 272
Anschaffungskosten 332
Anschaffungswert 210
Ansehen 410
Arbeitsschutzausschuss 110
Arbeits- und Gesundheitsschutz 108
Arbeitsunfähigkeit 103
Argumentationstechnik 422
Artvollmacht 48
Aufbauorganisation 33
Aufbewahrungsfristen 177
Aufsichtsrat 69
Auftragsbestätigung 265
Auftragserteilung 309
Aufwandskonto 185
Aufwendungen 184
Ausbildungsordnung 100
Aushändigungsverkauf 399
Ausschüsse 45
Aussehen 380, 411
Außenorganisation 73
äußere Erscheinung 376
Aussperrung 124
Auswahl 379
Auswahlmenge 413
Autohandel per Internet 75

B

Bardividende 70

Bargeld 317
bargeldlose Zahlung 321, 474
Barscheck 325
Barzahlung 319, 473
Beanstandungen 445
bedanken 447
Bedarfsbündel 365
Bedarfsermittlung 237, 403, 406
– direkte 405
Bedingungssatz 194
Bedürfnis 24
Bedürfnispyramide 25
Befehle 383
Beförderungskosten 256
Begleitpersonen 442
Beleg 173
Bemessungsgrundlage 198
Bequemlichkeit 410, 411
Beratung 379
Beratungsintensive Produkte 403
Berufsausbildungsvertrag 100
Beschaffung 234
Beschaffungsanbahnung 235
Beschaffungsdurchführung 264
Beschwerden 445
Beschwerderecht 127
Bestandsdifferenzen 212
Bestandskonten 157, 160, 161, 171, 190
Bestellung 246, 264
Betriebliche Aufwendungen 171
betriebliche Gesundheitsförderung 116
betriebliches
– Eingliederungsmanagement 116
– Gesundheitsmanagement 115

Sachwortverzeichnis

Betriebsrat 128
Betriebsvereinbarung 131
Beweise 418
Bewertung 210
Bewertung der Lagervorräte 204
Bezugskosten 332
Bezugsquellenermittlung 245
B-Händler 74
BIC 477
Bilanz 149, 151, 226
Bilanzsumme 230
Blickkontakt 390
Bonitätsprüfung 208
Bruchsatz 194
Bruttoertrag 462, 465
Buchgeld 317
Buchungssatz 161
Bumerang-Methode (= Umkehrmethode) 432

C

Certificate of Conformity 77
COC 77
Controlling 40
Corporate Identity 37

D

Datenbanken 354
Datennetze 356
Dauerauftrag 323, 474
Debitoren 472
Deckenhänger 370
Deckungsbeiträge 366
degressive Abschreibungsmethode 206
Denkanstöße geben 386
Devisen 336
DIN SPEC 91020 BGM 115
direkte Bedarfsermittlung 405
direkter Vertrieb 73
doppelten Buchführung 161
Dreisatzrechnung 194
duales System 98

Durchgriffshaftung 61
durchschnittliche Lagerdauer 296
durchschnittlicher Lagerbestand 293

E

EC Cash 474
EDV im Autohaus 353
Eigenbeleg 173
Eigenkapital 147, 190
Eigentumsvorbehalt 313
einfacher Wirtschaftskreislauf 31
einfaches Zeugnis 102
einflussreiche Begleitperson 444
Einfuhrumsatzsteuer 338
Einfuhrzölle 338, 467
Eingangsrechnungen 196
Einigungsstelle 128
Einkaufsdisposition 238
Einliniensystem 41
Einsprüche 445
Einstellung 390
Einwandbehandlung 431
Einwände 430
einwandfreie Forderungen 208
Einzelgeschäftsführung 59
Einzelprokura 49
Einzelunternehmen 56
Einzelvollmacht 48
e. K. 56
Elementarfaktoren 33
Empfehlung 435
Entdeckung 410, 411
Entscheidungsfrage 397
Erfolg 184
Erfolgskonten 184, 190
Erfolgswirksamkeit 214
Erkundungsfrage 395
Erlöskonten 172, 460
Erstuntersuchung 107
Erträge 186
Ertragskonto 186
EU-Direktimporteure 77

Europa-AG 71
Europa GmbH 66
europäische Aktiengesellschaft 71
europäischer Betriebsrat 129
Euroraum 319

F

Fachkraft für Arbeitssicherheit 109
fachkundige Begleitperson 443
Feuerlöscher 114
Fifo-Methode (first in – first out) 287
Filialprokura 49
Finanzkonten 171
Firma 53
Firmengrundsätze 53
Flächentarifvertrag 120
Forderungsausfälle 209
Formkaufleute 52
Formulierung
 – anregende 387
 – verständliche 388
Frage
 – geschlossene 396
 – offene 395
Frageformen 395
Fragemethode 432
Fragesatz 194
freie Kraftfahrzeugbetriebe 76
freies Gut 26
Fremdbeleg 173
Friedenspflicht 122
Funktionen eines Marktplatzes 371
Funktionsprinzip 33
Fürsorgepflicht 102

G

Gattungsmängel 269
Gebrauchseigenschaften 380
Gebrauchsgüter 26, 365

Sachwortverzeichnis

Gefährdungsbeurteilung 110
Geldersatzmittel 318
Geldkreislauf 31
Geltung 410, 411
Genre 366
gerichtliches Mahnverfahren 452
Gerichtsstand 313
geringwertige Wirtschaftsgüter 207
Gesamtgeschäftsführung 63
Gesamtprokura 49
gesamtschuldnerische Haftung 59
Gesamtvertretung 63
Geschäftsleitung 37
Geschäftspartner 72
geschlossene Frage (= Kontrollfrage) 396
Gesellschafterversammlung 62
Gesellschaft mit beschränkter Haftung 61
Gesprächsförderer 385
Gesprächsstörer 383
Gestik 391
Gesundheit 410, 412
Gesundheitsmanagementsystem 115
Gewährleistung 312
Gewerbe 51
Gewinn 149
Gewinnerzielung 184
Gewinnsituation 187, 228
Gewinn- und Verlustkonto 187
Gewinn- und Verlustrechnung 226
Giroeinlage 317
Globalisierung 30
Global Trade Item Number (GTIN) 284
GmbH 61
GmbH & Co. KG 64
GoB 177
Grundbuch 178

Grundsätze ordnungsmäßiger Buchführung 177
Gruppenfreistellung 78
günstiger Preis 380
Günstigkeitsprinzip 118
Güter 26
Güterkreislauf 31
Gutschrift 482
GuV-Konto 187, 465
GWG 207

H

Haben 160
Habenbuchung 161
halbbare und bargeldlose Zahlung mit Scheck 324
halbbare Zahlung 320, 473
Handelsgewerbe 51
Handelsmarke 365
Handelsregister 53
Handelsvertreter 75
Händlerrabatt 334
Handlungskompetenz 99
Handlungsvollmachten 48
Hauptversammlung 68
Hemmung der Verjährung 455
Hochdruckverkauf 435
Höchstbestand 292
Homebanking 329
horizontale Gliederung 36

I

IBAN 477
immaterielle Güter 26
Impulskäufe 369
indirekte Bedarfsermittlung 406
Individualbedürfnis 25
individuelle Beratung 378
Informationsfrage 395
informelle Organisation 46
Inhaberaktien 67
Innenorganisation 73
Internet 357
Internethandel 75

Inventar 146, 151
Inventarverzeichnis 146
Inventurverfahren 148
Istkaufleute 52

J

Ja-aber-Methode 431
Jahresabgrenzung 217, 218
Jahresabschluss 226
Jahresfehlbetrag 230
Jahresüberschuss 230
Journal 178
Jugendarbeitsschutzgesetz 106
Jugend- und Auszubildendenvertretung 130
juristische Person 52

K

Kalkulation 145
kalte Aussperrung 125
Kannkaufleute 52
Kapital 147
Kapitalertragsteuer 70
Kapitalkonten 171, 172
Kaufbereitschaft 433
Kaufleute 51
kaufmännisches Mahnverfahren 451
Kaufmotive 409, 410
KER 462
Kfz-Gruppenfreistellungsverordnung 78
KG 58
Killerphrasen 383
Klageverfahren 453
Kleingewerbetreibende 52
Kollektivbedürfnis 26
Komfort 411
Kommanditgesellschaft 58
Kommissionierung 289
Kommunikation 382
komparative Kostenvorteile 30
Kompetenzen 99
Konsumgüter 26

Sachwortverzeichnis

Kontaktaufnahme 398
Konten 160, 172
Kontenführungspauschale 482
Kontenklasse 170
Kontenrahmen 170
Konto 159
Kontoeinzugsermächtigung 474
Kontokorrentbuch 179
Kontrollfrage 396, 434
Kontrollspanne 44
Körperhaltung 391
körperliche Inventur 148
Körpersprache 389
körpersprachliche 434
Kosten 410
Kosten- und Leistungsrechnung 144
Kostenvoranschlag 312
Kreditoren 472
Kunden aktivieren 422
kundenbezogene Verkaufsargumente 419
Kundendienst 38
Kundeneinwände 429
Kundenerwartungen 375, 376
Kundenerwartungen dämpfen 384
Kundenlauf 370
kundenorientierte Sprache 386
Kundenstruktur 366
Kündigung 104
künstlicher Beleg 174
Kurs 336
kurzfristige Erfolgsrechnung (KER) 462

L

Lager 39
Lagerarten 280
Lagerbewegungskennzahlen 294
Lagerfüllungsgrad 297
Lagerhaltung 278
Lagerkapazität 297
Lagerkennzahlen 291
Lagerkosten 290
Lagerplatzordnung 286
Lagerreichweite 297
Lagerrisiko 290
Lagerungsbereich 285
Lagerzinssatz 296
Langsamdreher 287
Laufstudie 369
Leistungsort 310
Leitungssystem 41
Lenkungsfrage 396
Lieferbedingungen 256
Lieferverzug 271
Lieferzeit 256
Lifo-Methode (last in – first out) 287
Limited (Ltd.) 65
lineare Abschreibungsmethode 205

M

Markenartikel 365
Marktanalyse 366
Marktbeobachtung 366
Marktforschung 366
Marktgeschehen 366
Marktprognose 366
Marktwert 211
materielle Güter 26
Matrixorganisation 82
Maximalprinzip 28
Mehrliniensystem 43
Meldebestand 292
Mengenplanung 240
Mimik 390
Minderbestand 212
Minderung 447
Mindestanforderungen für Büro- und Bildschirmarbeitsplätze 114
Mindestbestand 292
Mindestbestellmenge 262
Mindesturlaub 103
Minimalkostenkombination 28
Minimalprinzip 28
Mini-Max-Strategie 125
Mitbestimmungsebenen 126
Mittelherkunft 150
Mittelverwendung 150
motivbezogene Verkaufsargumente 421

N

Nachbesserung 447
Nachfragen 386
Namensaktien 67
Nettodividende 71
Neubeginn der Verjährung 454
Neulieferung 447
Niederstwertprinzip 210, 211
No-Name-Produkte 365
Notruf 112
Nutzen 420
Nutzenerwartungen 410
Nutzungsdauer 205

O

Objektprinzip 34
offene Frage (= Informations-, Erkundungsfrage) 395
öffentlicher Glaube 54
Öffnungsklausel 118
ökonomisches Prinzip 28
Onlinebanking 329
optische Verkleinerung 424
Organe der Aktiengesellschaft 69
Originalersatzteile 334

P

passive Begleitperson 443
Passive RAP 216
passives Bestandskonto 161
Passivtausch 158
Penner 365
periodengerecht 214

Sachwortverzeichnis

permanente Inventur 148
Personalwirtschaft 40
persönliche Haftung 57
Pflichten des Auszubildenden 103
planmäßige Abschreibungen 204
Planung 145
Platzierung 365, 369
Platzkauf 311
positive, anregende Formulierungen 387
Präsentation 369
– emotionale 372
– rationale 372
Präsentationsform 372
Präsentationsmöglichkeiten 366
Preisargumentation 424
Preis der Ware 254
Preiserwartungen 425
Preisgespräche 423
Preislage 413
Preis-Leistungs Verhältnis 423
Preisnachlass 483
Preisschock 424
Preisstufen 366
Preisvereinbarungen 310
Preisvergleich 262
Preisvorstellung 425
Primärbedürfnis 25
Privateinlagen 468
Privatentnahmen 468
privater Verbrauch 468
Privatkonto 171, 214
Produktbeschriftungen 371
produktbezogene Verkaufsargumente 418
Produktdarbietung 413
Produktionsfaktoren 27, 184
Produktionsgüter 26
Produktplatzierung 368
Produktpräsentation 369

Produktvorführung 413
Projektorganisation 44
Prokura 49
Prozentrechnen 194
Prozentrechnung 195
prozessorientierte Gliederung 36
Prozessübersicht 235

Q

qualifiziertes Zeugnis 102
Qualitätsmängel 268
Qualitätsstufen 366
Qualitätsvergleich 261

R

Rationalisierung 410
Rechnungswesen 144
Rechte des Auszubildenden 102
Rechtsform 55
Regalhöhe 370
Reinvermögen 146, 147
Reizworte 383
Reklamationen 445
Renner 365
Rohgewinn 465
Rollenspiel 427
Rücksendungen 482
Rückstellungen 214, 218
Rücktritt vom Vertrag 447
Ruhepause 107

S

Sachkonten 178
Sachmängel 268
Saldo 164
Sammelüberweisung 323
Scheck 324
Schichtzeit 106
Schlichtung 122
Schlussbilanz 163
Schlussbilanzkonto (SBK) 164
Schnelldreher 287
Schulden 146, 147

SE 71
Sekundärbedürfnis 25
SEPA 476
Service 445
Serviceleistungen 379
Sicherheit 410, 411
Sicherheitsbeauftragter 109
Sicherheitskennzeichnung 113
Sicherungsaufgabe 279
Sichtguthaben 317
Sie-Stil 387
Skonto 477
Sofortrabatt 332, 483
solidarische Haftung 59
Soll 160
Sollbuchung 161
Sorten 336
Sortiment 363, 364
– breites 364
– fixes 365
– flaches 364, 365
– schmales 364
– variables 365
Sortimentsaufbau 364
Sortimentsbegriffe 364
Sortimentsbereinigung 366
Sortimentsbeschränkung 366
Sortimentserweiterung 366
Sortimentsplanung 238
Sortimentspolitik 365
Sortimentspyramide 364
Sortimentssegment 365
Sortimentsvertiefung 366
Sparsamkeit 410
Spekulationsfunktion 280
Spezialvollmacht 48
Sprache 377, 383
Stabliniensystem 43
Stammaktien 67
statistische Konten 172
Stellenbeschreibung 37

Sachwortverzeichnis

Stichtag 157
Stichtagsinventur 148
Stornobuchung 482
Störungen des Kaufvertrags 267
Streik 123
Streikgeld 125
Suggestivfrage 396
Super Retailing 77

T

Tarifautonomie 118
Tarifeinheit 120
Tarifgebundenheit 118
Tarifkonkurrenz 120
Tarifverhandlungen 121
Tarifvertrag 117
Tarifvertragsarten 119
Terminvergleich 262
Testangebot 406
Trading down 366
Trading up 366
typische GmbH & Co. KG 64

U

Überbringerklausel 325
Überbrückungsaufgabe 280
Überreden 384
Überweisung 322
Überweisungsauftrag 474
Überweisungsverkehr 323
UG (haftungsbeschränkt) 65
Umformungs- bzw. Anpassungsfunktion 280
Umgangsformen 377
Umkehr-Methode 432
Umlaufvermögen 147
Umsatzerlöse 230
Umsatzsteuer 196, 197
Umsatzsteuertraglast 198
Umsatzsteuerzahllast 200
Umschlagshäufigkeit 294
Umtausch 445, 448

umweltbezogene Verkaufsargumente 421
umweltfreundliches Produkt 380
umweltgerechte Entsorgung 348
umweltorientierte Betriebsführung 342
Umweltschutz 341, 410, 412
Umweltschutz bei der Lagerung 346
Umweltschutz beim Einkauf 343
Umweltschutz beim Transport 344
unbeschränkte Haftung 57
uneinbringliche Forderungen 208
Unfallverhütungsvorschriften 111
unkundige Begleitperson 444
unmittelbare Haftung 59
Unternehmensregister 54
Unternehmergesellschaft (haftungsbeschränkt) 65
Unternehmerlohn 58
Urabstimmung 123

V

VAK 171
VAK-Konten 461
Verbrauch 306
Verbrauchsgüter 26, 365
Vergleichsmethode 425, 433
Verhaltensregeln bei einem Notfall 112
Verhaltensregeln im Brandfall 114
Verharmlosungsmethode 425
Verjährungsfristen 454
Verkauf 37

Verkaufsabschluss 429, 433
Verkaufsargumente 418
Verkaufsförderung 373
verkaufsschwache Zonen 370
verkaufsstarke Zonen 370
Verkaufsvorgang 462
Verlust 149
Verlustsituation 187, 228
vermehrter Grundwert 196
verminderter Grundwert 196
Vermögen 146
Verpackungsart 255
Verpackungskosten 256
Verrechnete Anschaffungskosten 171
Verrechnungsscheck 325, 474
Verschrottungsnachweis 212
Verschuldensprinzip 310
verständliche Formulierungen 388
vertikale Gliederung 36
Vertragshändler 74
Vertrauensauslöser 404
Vertretungsmacht 47
Vertriebswege 73
Verwaltung 39
Visual Merchandising 373
volkswirtschaftliche Arbeitsteilung 30
Vollsortiment 365
Vollstreckungsbescheid 453
vorbereitende Abschlussbuchungen 204
Vorsteuer 197, 332
Vorteilsformulierungen 387, 420
Vortragskonten 172
Vorwürfe machen 384
Vorzugsaktien 67

Sachwortverzeichnis

W

Währungsrechnen 336
Warenabsatz 295
Warenanpreisung 247
Warenausgangsbereich 288
Warenbestandskonten 332
Wareneingang 266
Wareneingangsbereich 284
Wareneingangskonten 171
Wareneinkauf 332
warengerechte Lagerung 281
Warenkontrolle 288
Warenmanipulation 289
Warenpflege 288
Warenwirtschaftssysteme 359
Werksniederlassung 73
Wertigkeit 370
wirtschaftliches Gut 26
Wirtschaftlichkeit des Lagers 289
Wirtschaftssektoren 29
Wohlbefinden 410, 412

Z

Zahlung 312
Zahlungsarten 318
Zahlungsbedingungen 259
Zahlungsmittel 317
Zahlungsverkehr 317, 472
Zahlungsverzug 272
zeitliche Abgrenzung 214
Zeitplanung 242
Zerlegungsmethode 424
Zeugnis 102
Zonen
- verkaufsschwache 370
- verkaufsstarke 370
Zubehör 440
Zuhören 385
zuständige Stellen 100
Zustimmen 385
Zuverlässigkeit 410, 411
Zuverlässigkeit des Lieferanten 262
Zwangsvollstreckung 453
zweifelhafte Forderungen 208
Zweitplatzierung 371

Bildquellenverzeichnis

BC GmbH Verlags- und Medien-, Forschungs- und Beratungsgesellschaft, Ingelheim: 138.2, 138.3, 138.7, 138.8, 347.1, 347.2, 347.3, 347.4, 347.5, 347.7, 347.8, 347.9.

Bergmoser + Höller Verlag AG, Aachen: Zahlenbilder 130.1.

Bundesanstalt für Arbeitsschutz und Arbeitsmedizin, Berlin: 137.1.

Deutsche Automobil Treuhand, Ostfildern: DAT-Report 2020 76.1, 95.1.

fotolia.com, New York: adempercem 284.1; Africa Studio 412.1; anetlanda 246.1; ArTo 389.2; Avantgarde 235.1; AzmanL 341.1; bilderzwerg 113.4; BUSARA 344.1; createur 113.3; Dalibor 380.1; Dierks, Janina 283.1; ehrenberg-bilder 423.1; eyewave 321.1, 322.1; foto.fritz 389.4; gzorgz Titel; hürdler, sabine 115.1; industrieblick 398.1; Jandric, Julien 498.1; jeancliclac 32.1; Kaesler Media 389.1, 389.3; KELENY 375.1; Kneschke, Robert 500.1; Kosmider, Patryk 319.1; kotoyamagami 343.1; Kramin, Vladimir 439.1; Kurhan 32.2; Kzenon 429.1; Livyy, Taras 24.1, 24.2, 24.3, 24.4, 24.5, 24.6, 24.7, 24.8; luckybusiness 442.1; Michel, T. 113.2, 114.1, 114.2, 114.3, 114.4; Mojzes, Igor 289.1, 382.1; Moraiti, Konstantinos 72.1, 72.2; Nejron Photo 278.1; Olson, Tyler 32.3, 353.1; Pavel L Photo and Video 308.1; Photographee.eu 306.1, 306.2; pressmaster Titel; Rawpixel.com 420.1, 489.1; Reitz-Hofmann, Birgit 346.1; Renze , Gundolf 104.1; Ryazanov, Alexey 234.1; S., Lisa 317.1; Stasique Titel; vektorisiert 138.4, 138.5, 138.6; viperagp 363.1; WavebreakmediaMicro Titel.

Galas, Elisabeth, Schwelm: 138.1.

Hild, Claudia, Angelburg: 47.1, 84.1, 98.1, 117.1, 126.1, 369.1.

iStockphoto.com, Calgary: g-stockstudio 409.1; van der Wal, Sjoerd 372.1; yasinguneysu 373.1.

Jouve Germany GmbH & Co. KG, München: 41.1, 42.1, 54.1, 54.2, 80.1, 80.2, 80.3, 175.1, 180.1, 197.1, 198.1, 241.1, 244.1, 249.1, 320.1, 333.1, 335.1, 461.1, 463.1, 475.1, 478.1, 480.1, 484.1, 485.1, 486.1, 491.1.

LIVING CONCEPT, Münster: 1.1.

Picture-Alliance GmbH, Frankfurt/M.: dpa-infografik 55.1, 66.1, 122.1, 451.1.

Shutterstock.com, New York: Kastelic, Matej 19.1, 96.1; Rizhniak, Nestor Titel.

stock.adobe.com, Dublin: Annas, Karin & Uwe 417.1; eveleen007 108.1; fotohansel 327.1; Golden Sikorka 328.1; Grochowski, Guido 453.1; industrieblick 371.1; Leo 420.2; markus_marb 113.1; MigrenArt 347.6; Nowack, Petra 324.1; pantovich 440.1; Popov, Andrey 139.1; von Lieres 327.2.

Umschlagfotos: fotolia.com, New York: gzorgz, pressmaster, Stasique, WavebreakmediaMicro

Shutterstock.com, New York: Rizhniak, Nestor

Wir arbeiten sehr sorgfältig daran, für alle verwendeten Abbildungen die Rechteinhaberinnen und Rechteinhaber zu ermitteln. Sollte uns dies im Einzelfall nicht vollständig gelungen sein, werden berechtigte Ansprüche selbstverständlich im Rahmen der üblichen Vereinbarungen abgegolten.